Emmerich
Sonnenschein

Miete

Handkommentar

Volker Emmerich

Jürgen Sonnenschein

Miete

§§ 535–580a BGB
2. Wohnraumkündigungsschutzgesetz

J. Schweitzer Verlag
München 1983

Dr. Volker Emmerich, o. Professor an der Universität Bayreuth
Dr. Jürgen Sonnenschein, o. Professor an der Universität Kiel

Aufteilung der Bearbeitung

§§ 535–555	Volker Emmerich
§§ 556–557 a	Jürgen Sonnenschein
§§ 558–563	Volker Emmerich
§§ 564–565 e	Jürgen Sonnenschein
§§ 566–568	Volker Emmerich
§§ 569–569 b	Jürgen Sonnenschein
§§ 570–580 a	Volker Emmerich
Art 1 2. WKSchG	Jürgen Sonnenschein
Art 3 2. WKSchG §§ 1–3 MHRG	Volker Emmerich
Art 3 2. WKSchG §§ 4–10 MHRG, Art 4–8 2. WKSchG	Jürgen Sonnenschein

Zitierweise

Emmerich-Sonnenschein, Miete, Vorbem 1 zu §§ 535, 536
Emmerich-Sonnenschein, Miete, §§ 535, 536 Rz 1
Emmerich-Sonnenschein, Miete, § 1 MHRG Rz 1
Emmerich-Sonnenschein, Miete, Art 5 WKSchG

Stand der Bearbeitung

1. Juni 1983

CIP-Kurztitelaufnahme der Deutschen Bibliothek

Emmerich, Volker:
Miete : §§ 535–580a BGB, 2. Wohnraumkündigungsschutzgesetz ; Handkommentar / Volker Emmerich ; Jürgen Sonnenschein. – München : Schweitzer, 1983.
ISBN 3-88709-048-9
NE: Sonnenschein, Jürgen:

Satz und Druck: Georg Wagner, Nördlingen.
Einbandentwurf: Andreas Schwarz, Isny.
Printed in Germany.

Inhalt

* Zitiert wird nicht nach Seiten, sondern nach Randziffern.

Vorwort

Der vorliegende, in erster Linie für die Praxis bestimmte Handkommentar enthält die Erläuterung der §§ 535 bis 580a BGB sowie des 2. Wohnraumkündigungsschutzgesetzes und damit eine Gesamtdarstellung des geltenden Mietprivatrechts. Der Inhalt des Buches deckt sich mithin auf den ersten Blick mit dem unseres „großen" Kommentars zum Mietrecht, der 1981 in zweiter Auflage vorgelegt wurde. Wenn wir uns gleichwohl entschlossen haben, zusätzlich einen mittleren Kommentar zum Mietrecht vorzulegen, so vor allem aus folgenden Gründen: Ein Großkommentar kann aus in der Sache liegenden Gründen immer nur in einem mehrjährigen Rhythmus erscheinen. Er gerät daher unvermeidlich stets in die Gefahr, zumindest in einzelnen Beziehungen zu veralten. Diese Gefahr besteht in besonderem Maße im Mietrecht, das in der letzten Zeit einen Schwerpunkt des gesetzgeberischen, vor allem politisch motivierten Interesses gebildet hat. Ein Beispiel ist das Mietrechtsänderungsgesetz vom Dezember 1982, das zu einem Hauptstreitpunkt im Bundestagswahlkampf von 1983 wurde. Hinzu kommt die schnelle Entwicklung der Praxis, gefördert vor allem durch die unaufhörlich wachsende Zahl von Rechtsentscheiden.

Wir sind daher der Meinung, daß neben dem Großkommentar zum Mietrecht für die Praxis unverkennbar ein Bedürfnis für einen mittleren Handkommentar besteht, der in möglichst rascher Folge erscheint, um immer auf dem neuesten Stand zu sein. Diesem Zweck dient das vorliegende Werk. Entsprechend der angedeuteten Zielsetzung steht dabei die umfassende Auswertung der höchstrichterlichen Rechtsprechung im Mittelpunkt der Darstellung. Vor allem die Rechtsentscheide sind lückenlos ausgewertet worden. Wir haben darüber aber unser Ziel, eine systematische Darstellung des Mietrechts im Rahmen des gesamten deutschen Privatrechts zu geben und unnötigen Sonderentwicklungen vorzubeugen, nicht aus dem Auge verloren. Es ist und bleibt unsere Hoffnung und unser Ziel, das Mietrecht wieder so weit wie möglich in das allgemeine Privatrecht und damit auch in die Marktwirtschaft einzuordnen.

Bayreuth und Kiel, im Sommer 1983

VOLKER EMMERICH, JÜRGEN SONNENSCHEIN

Allgemeine Literatur zum Mietrecht

Barthelmess	Kommentar zum 2. Wohnraumkündigungsschutzgesetz und zum Miethöhegesetz (2. Aufl 1980)
Bub-Graf v. Westphalen .	Das AGB-Gesetz und seine Auswirkungen auf das Mietvertragsrecht, insbesondere auf Formularverträge (1979)
Emmerich	Das Recht der Leistungsstörungen (1978)
Emmerich-Sonnenschein .	Mietrecht (2. Aufl 1981; zitiert: Mietrecht)
Enneccerus-Lehmann ...	Schuldrecht (15. Bearbeitung 1958)
Erman	Handkommentar zum Bürgerlichen Gesetzbuch (7. Aufl 1981)
Esser-E Schmidt	Schuldrecht, Allgemeiner Teil, 2 Bände (5. Aufl 1975 und 1976)
Esser-Weyers	Schuldrecht, Besonderer Teil Bd I (5. Aufl 1977)
Fischer-Dieskau/ Pergande/Schwender ...	Wohnungsbaurecht (Stand 1982)
Gutekunst-Forster	Modernisierungs- und Energieeinsparungsgesetz (1979)
Hans	Das neue Mietrecht in den weißen Kreisen (1965 ff)
Heck	Grundriß des Schuldrechts (1929/1958)
Herpers	Wohnraummietrecht (1980)
Heuer-Kühne ua	Lehrbuch der Wohnungswirtschaft (1979)
Jauernig ua	Bürgerliches Gesetzbuch (2. Aufl. 1982)
Kiefersauer-Glaser	Grundstücksmiete (11. Aufl 1965)
Köhler	Handbuch der Wohnraummiete (1981)
Larenz	Lehrbuch des Schuldrechts I (13. Aufl 1982), II (12. Aufl 1981)
Leonhard	Besonderes Schuldrecht des BGB (1931)
Löning	Die Grundstücksmiete als dingliches Recht (1930)
Mietrecht	s Emmerich-Sonnenschein
Mittelstein	Die Miete nach dem Rechte des deutschen Reiches (4. Aufl 1932)
MünchKomm-Voelskow ..	BGB §§ 535 ff (1980)
Niendorff	Mietrecht nach dem BGB (10. Aufl 1914)
Palandt	Bürgerliches Gesetzbuch (42. Aufl 1983)
Pergande	Wohnraummietrecht (1968)
BGB-RGRK-Gelhaar ...	BGB §§ 535 ff (12. Aufl 1977)
Roquette	Das Mietrecht des BGB (1966)
Schade-Schubart-Wienicke	Wohn- und Mietrecht (1982)
Schmidt-Futterer/Blank .	Wohnraumschutzgesetze (4. Aufl 1981)
Soergel-Kummer	BGB §§ 535 ff (11. Aufl 1980)
Sternel	Mietrecht (2. Aufl 1979)
Thieler-Frantzioch-Uetzmann	Rechtsentscheide Mietrecht (1982 ff)
Weimar	Die Sachmängelhaftung im Mietrecht (1957)
Wissenschaftlicher Beirat beim Bundesministerium für Wirtschaft	Gutachten von 1970 ,,Entwicklung der Wohnungsmieten und die geplanten Maßnahmen zur Begrenzung des Mietanstiegs" (1973)
ders	Gutachten von 1982 ,,Probleme der Wohnungswirtschaft"

Abkürzungsverzeichnis

A

aaO	am angegebenen Ort
AbbauG	Gesetz über den Abbau der Wohnungszwangswirtschaft und über ein soziales Miet- und Wohnrecht vom 23. 6. 1960 (BGBl I 389, BGBl III 4 Nr 402–24)
abl	ablehnend
ABl	Amtsblatt
ABlMR AmZ	Amtsblatt der Militärregierung Deutschland, Amerikanisches Kontrollgebiet (zitiert nach Ausgabe und Seite)
ABlMR BrZ	Amtsblatt der Militärregierung Deutschland, Britisches Kontrollgebiet (zitiert nach Nr und Seite)
Abs	Absatz
Abschn	Abschnitt
abw	abweichend
AcP	Archiv für die civilistische Praxis (zitiert nach Band und Seite)
aE	am Ende
Änd	Änderung
ÄndG	Änderungsgesetz (zum jeweils datierten Regelungskomplex)
aF	alte Fassung
AG	Amtsgericht (zitiert mit jeweiligem Ortsnamen); in Verbindung mit einer Gesetzesabkürzung auch Ausführungsgesetz (zB AGBGB)
AGB	Allgemeine Geschäftsbedingungen
AGBG	Gesetz zur Regelung des Rechts der Allgemeinen Geschäftsbedingungen vom 9. 12. 1976 (BGBl I 3317)
allgM	allgemeine Meinung
ALR	Allgemeines Landrecht für die preußischen Staaten von 1794
Alt	Alternative
aM	anderer Meinung
AMVO	Altbaumietenverordnung vom 23. 7. 1958 (BGBl I 549, BGBl III 4 Nr 402–21)
Anh	Anhang
Anl	Anlage
Anm	Anmerkung
AnwBl	Anwaltsblatt, Nachrichten für die Mitglieder des Deutschen Anwaltvereins (zitiert nach Jahr und Seite)
ArchBürgR	Archiv für Bürgerliches Recht (zitiert nach Band und Seite)
Art	Artikel
AT	Allgemeiner Teil
Aufl	Auflage
AVB FernwärmeV	Verordnung über Allgemeine Bedingungen für die Versorgung mit Fernwärme vom 20. 6. 1980 (BGBl I 742)

AVB WasserV	Verordnung über Allgemeine Bedingungen für die Versorgung mit Wasser vom 20. 6. 1980 (BGBl I 750)
Az	Aktenzeichen

B

BAG	Bundesarbeitsgericht
BAGE	Entscheidungen des Bundesarbeitsgerichts (zitiert nach Band und Seite)
BAnz	Bundesanzeiger
Bay	Bayern
BayNotZ	Mitteilungen des Bayerischen Notarvereins (Bayerische Notarzeitschrift, zitiert nach Jahr und Seite)
BayObLG	Bayerisches Oberstes Landesgericht
BayObLGZ	Sammlung von Entscheidungen des Bayerischen Obersten Landesgerichts in Zivilsachen (zitiert nach Band und Seite; ab 1948/50 zitiert nach Jahr und Seite)
BB	Betriebs-Berater (zitiert nach Jahr und Seite)
BBauBl	Bundesbaublatt (zitiert nach Jahr und Seite)
BBauG	Bundesbaugesetz idF vom 18. 8. 1976 (BGBl I 2256)
Bd	Band
bearb	bearbeitet
Bearb	Bearbeitung
Begr	Begründung
Beil	Beilage
Bekl	Beklagte(r)
Bem	Bemerkungen
ber	berichtigt
betr	betreffend
Betrieb	Der Betrieb (zitiert nach Jahr und Seite)
BetrVerfG	Betriebsverfassungsgesetz vom 15. 1. 1972 (BGBl I 13)
BeurkG	Beurkundungsgesetz vom 28. 8. 1969 (BGBl I 1513)
BFH	Bundesfinanzhof
BFHE	Sammlung der Entscheidungen (und Gutachten) des Bundesfinanzhofs (zitiert nach Band und Seite)
BGB	Bürgerliches Gesetzbuch vom 18. 8. 1896 (RGBl 195, BGBl III Nr 400–2)
BGBl I; II; III	Bundesgesetzblatt Teil I; II; III
BGH	Bundesgerichtshof
BGHSt	Entscheidungen des Bundesgerichtshofes in Strafsachen (zitiert nach Band und Seite)
BGH WarnR	WARNEYER, Die Rechtsprechung des Bundesgerichtshofs in Zivilsachen (zitiert nach Jahr und Nr)
BGHZ	Entscheidungen des Bundesgerichtshofes in Zivilsachen (zitiert nach Band und Seite)
BJagdG	Bundesjagdgesetz idF vom 29. 9. 1976 (BGBl I 2849)
BlGBW	Blätter für Grundstücks-, Bau- und Wohnungsrecht (zitiert nach Jahr und Seite)
BM	Bundesminister, Bundesministerium (mit Kürzel für das jeweilige Ressort)

BMietG (jeweils mit entsprechender Ordnungsziffer)	Gesetz über Maßnahmen auf dem Gebiete des Mietpreisrechtes (Bundesmietengesetz): BMietG I vom 27. 7. 1955 (BGBl I 458, BGBl III 4 Nr 402–19); BMietG II vom 23. 6. 1960 (BGBl I 389, BGBl III 4 Nr 402–24); BMietG III vom 24. 8. 1965 (BGBl I 969, 971); BMietG IV vom 11. 12. 1967 (BGBl I 1251); BMietG V vom 20. 12. 1968 (BGBl I 1411); BMietG VI vom 19. 12. 1969 (BGBl I 2358); BMietG VII vom 18. 6. 1970 (BGBl I 786); BMietG VIII vom 30. 10. 1972 (BGBl I 2052); BMietG IX vom 30. 10. 1972 (BGBl I 2054); BMietG X vom 17. 11. 1975 (BGBl I 2868); BMietG XI vom 24. 7. 1979 (BGBl I 1202); BMietG XII vom 3. 8. 1982 (BGBl I 1106)
BNotO	Bundesnotarordnung vom 24. 2. 1961 (BGBl I 98, BGBl III 3 Nr 303–1)
BR	Bundesrat
BR-Drucks	Bundesrats-Drucksache
BReg	Bundesregierung
BStBl I; II; III	Bundessteuerblatt Teil I; II; III
BT	Besonderer Teil; Bundestag
BT-Drucks	Bundestags-Drucksache
BVerfG	Bundesverfassungsgericht
BVerfGE	Entscheidungen des Bundesverfassungsgerichts (zitiert nach Band und Seite)
BVerwG	Bundesverwaltungsgericht
BVerwGE	Entscheidungen des Bundesverwaltungsgerichts (zitiert nach Band und Seite)
II. BVO	Verordnung über wohnungswirtschaftliche Berechnungen (Zweite Berechnungsverordnung) idF vom 18. 7. 1979 (BGBl I 1077)
BW	Baden-Württemberg
bzw	beziehungsweise
C	
ca	circa
cic	culpa in contrahendo
D	
DEMV	Deutscher Einheitsmietvertrag in der Bekanntmachung vom 7. 3. 1934 (DJ 1934, 304)
Denkschr	Denkschrift; auch Denkschrift zum Entwurf eines Bürgerlichen Gesetzbuchs nebst Anlagen I bis III (Stenographische Berichte über die Verhandlungen des Reichstages, 9. Legislaturperiode – IV. Session 1895/97, Erster Anlagenband, RT-Drucks zu Nr 87; zitiert nach Seite)
ders	derselbe
dgl	desgleichen; dergleichen
DGVZ	Deutsche Gerichtsvollzieher-Zeitung (zitiert nach Jahr und Seite)

dh	das heißt
dies	dieselbe(n)
Diss	Dissertation
DJ	Deutsche Justiz (zitiert nach Jahr und Seite)
DJT	Deutscher Juristentag
DJZ	Deutsche Juristenzeitung (zitiert nach Jahr und Spalte)
DNotZ (DNotV)	Deutsche Notarzeitschrift (früher Zeitschrift des Deutschen Notarvereins; zitiert nach Band und Seite)
DÖV	Die Öffentliche Verwaltung (zitiert nach Jahr und Seite)
DR (DRW)	Deutsches Recht (zitiert nach Jahr und Seite)
DRiZ	Deutsche Richterzeitung (ab 1950 vereinigt mit Jusitz und Verwaltung; zitiert nach Jahr und Seite)
DRpflZ	Deutsche Rechtspfleger Zeitschrift (zitiert nach Jahr und Seite)
DRZ	Deutsche Rechtszeitschrift (zitiert nach Jahr und Seite)
dt	deutsch(e, er)
DVBl	Deutsches Verwaltungsblatt (zitiert nach Jahr und Seite)
DVO	Durchführungsverordnung (zum jeweiligen Regelungskomplex, abgekürzt zitiert)
DWohnA	Deutsches Wohnungsarchiv (zitiert nach Jahr und Seite)
DWW (DWohnW)	Deutsche Wohnungswirtschaft. Organ des Zentralverbandes der Deutschen Haus-, Wohnungs- und Grundeigentümer (zitiert nach Jahr und Seite)

E

E I; II; III	Entwürfe zum BGB (zitiert mit dem jeweiligen Paragraphen)
EG	Einführungsgesetz (zu einem unter seiner Abkürzung anschließend zitierten Gesetz, zB EGBGB)
EGBGB	Einführungsgesetz zum Bürgerlichen Gesetzbuch vom 18. 8. 1896 (RGBl 604, BGBl III 4 Nr 400–1)
EheG	Ehegesetz vom 20. 2. 1946 (KRABl 77, BGBl III 4 Nr 404–1)
Einf	Einführung
Einl	Einleitung
einschr	einschränkend
EMV	Einheitsmietvertrag für Baugeräte in der Bekanntmachung vom 6. 6. 1940 (RAnz Nr 132)
EMW	s Glaser
entspr	entsprechend
Entw	Entwurf
EnWiG	Gesetz zur Förderung der Energiewirtschaft (Energiewirtschaftsgesetz) vom 13. 12. 1935 (RGBl I 1451)
ErbbVO (ErbbRVO)	Verordnung über das Erbbaurecht (Erbbaurechtsverordnung) vom 15. 1. 1919 (RGBl 72, BGBl III 4 Nr 403–6)

Erl	Erlaß; Erläuterungen
ES	Entscheidungssammlung
EStG	Einkommensteuergesetz idF vom 6. 12. 1981 (BGBl I 1249, 1560)
eV	eingetragener Verein

F

f, ff	folgend(e)
FamRZ	Zeitschrift für das gesamte Familienrecht. Ehe und Familie im privaten und öffentlichen Recht (zitiert nach Jahr und Seite)
FAZ	Frankfurter Allgemeine Zeitung für Deutschland (zitiert nach Datum und Seite)
Fn	Fußnote
FS	Festschrift
FWW	Die freie Wohnungswirtschaft. Informationsdienst des Verbandes Freier Wohnungsunternehmen eV (zitiert nach Jahr und Seite)

G

G	Gesetz
GBA	Grundbuchamt
GBl	Gesetzblatt
GBO	Grundbuchordnung idF v. 5. 8. 1935 (RGBl I 1073, BGBl III 3 Nr 315–11)
GE	s GrundE
gem	gemäß; gemeinsam
GemWW	Gemeinnütziges Wohnungswesen. Organ des Gesamtverbandes Gemeinnütziger Wohnungsunternehmen (vor 1950 Gemeinnützige Wohnungswirtschaft; zitiert nach Jahr und Seite)
GG	Grundgesetz für die Bundesrepublik Deutschland vom 23. 5. 1949 (BGBl 1, BGBl III 1 Nr 100–1)
ggf	gegebenenfalls
Glaser	Entscheidungssammlung für das gesamte Miet- und Wohnungsrecht, hrsg von GLASER (zitiert nach Sachgruppe und Seite)
GRMG	Gesetz zur Regelung der Miet- und Pachtverhältnisse über Geschäftsräume und gewerblich genutzte unbebaute Grundstücke (Geschäftsraummietengesetz) vom 25. 6. 1952 (BGBl I 338, BGBl III 4 Nr 402–18)
Gruchot	Beiträge zur Erläuterung des Deutschen Rechts, begründet von GRUCHOT (zitiert nach Band und Seite)
GrundE	Das Grundeigentum. Zeitschrift für die gesamte Grundstücks-, Haus- und Wohnungswirtschaft. Organ des Verbandes der Berliner Haus- und Grundbesitzervereine eV (zitiert nach Jahr und Seite)
GS	Großer Senat (kennzeichnet im Anschluß an den Kürzel für das Reichsgericht oder ein Bundesgericht seine Urheberschaft für die Entscheidung); auch Gesetzsammlung

GVBl	Gesetz- und Verordnungsblatt (mit Kürzel des jeweiligen [Bundes-]Staates)
GWB	Gesetz gegen Wettbewerbsbeschränkungen idF vom 24. 9. 1980 (BGBl I 1761)
GWW	s GemWW

H

H	Heft
HansGZ	Hanseatische Gerichtszeitung (zitiert nach Jahr und Seite)
HansOLG	Hanseatisches Oberlandesgericht
HansRGZ	Hanseatische Rechts- und Gerichts-Zeitschrift (zitiert nach Jahr, Abteilung und Spalte)
HausratVO	Verordnung über die Behandlung der Ehewohnung und des Hausrats (Sechste Durchführungsverordnung zum Ehegesetz) vom 21. 10. 1944 (RGBl I 256); Überschrift geändert durch 1. EheRG vom 14. 7. 1976 (BGBl I 1421)
HeimG	Gesetz über Altenheime, Altenwohnheime und Pflegeheime für Volljährige (Heimgesetz) vom 7. 8. 1974 (BGBl I 1873)
HeizkostenVO	Verordnung über die verbrauchsabhängige Abrechnung der Heiz- und Warmwasserkosten (Verordnung über Heizkostenabrechnung) vom 23. 2. 1981 (BGBl I 261, 296)
HEZ	Höchstrichterliche Entscheidungen. Sammlung von Entscheidungen der Oberlandesgerichte und der obersten Gerichte in Zivilsachen (zitiert nach Band und Seite)
HGA	Hypothekengewinnabgabe
HGB	Handelsgesetzbuch vom 10. 5. 1897 (RGBl 219, BGBl III 4 Nr 4100–1)
hL	herrschende Lehre
hM	herrschende Meinung
HMR	Handbuch des gesamten Miet- und Raumrechts, hrsg von FISCHER (zitiert nach Stichwort und Blatt, Rechtsprechungsbeilage nach Jahr und Nr)
HöfeO	Höfeordnung idF vom 26. 7. 1976 (BGBl I 1933)
HRR	Höchstrichterliche Rechtsprechung (zitiert nach Jahr und Nr)
hrsg	herausgegeben
Hrsg	Herausgeber
HS	Halbsatz
HuW	Haus und Wohnung (zitiert nach Jahr und Seite)

I

idF	in der Fassung
idR	in der Regel
iE	im Ergebnis
iS	im Sinne
iVm	in Verbindung mit

J

JA	Juristische Arbeitsblätter (zitiert nach Jahr und Seite)
JbAkDR	Jahrbuch der Akademie für Deutsches Recht (zitiert nach Jahr und Seite)
JBl	Justizblatt (mit Kürzel für den jeweiligen Oberlandesgerichtsbezirk; zitiert nach Jahr und Seite)
JFG	Jahrbuch für Entscheidungen in Angelegenheiten der freiwilligen Gerichtsbarkeit und des Grundbuchrechts (zitiert nach Band und Seite)
Jg	Jahrgang
Jh	Jahrhundert
JherJb	Jherings Jahrbücher für die Dogmatik des bürgerlichen Rechts (zitiert nach Band und Seite)
JMBl	Justizministerialblatt
JR	Juristische Rundschau (zitiert nach Jahr und Seite)
JurA	Juristische Analysen (zitiert nach Jahr und Seite)
Jura	Juristische Ausbildung (zitiert nach Jahr und Seite)
JurBüro	Das juristische Büro (zitiert nach Jahr und Spalte)
JurJb	Juristen-Jahrbuch (zitiert nach Band und Seite)
JuS	Juristische Schulung (zitiert nach Jahr und Seite)
Justiz	Die Justiz. Amtsblatt des Justizministeriums Baden-Württemberg (zitiert nach Jahr und Seite)
JVBl	Justizverwaltungsblatt (zitiert nach Jahr und Seite)
JW	Juristische Wochenschrift (zitiert nach Jahr und Seite)
JZ	Juristenzeitung (zitiert nach Jahr und Seite)

K

Kap	Kapitel
KG	Kammergericht; Kommanditgesellschaft
KGBl	Blätter für Rechtspflege im Bezirk des Kammergerichts (zitiert nach Jahr und Seite)
KGJ	Jahrbuch für Entscheidungen des Kammergerichts in Sachen der freiwilligen Gerichtsbarkeit, in Kosten-, Stempel- und Strafsachen (zitiert nach Band, Abteilung und Seite)
KO	Konkursordnung idF vom 20. 5. 1898 (RGBl 612, BGBl III 3 Nr 311–4)
Komm	Kommission
KRABl	Amtsblatt des Kontrollrats in Deutschland (zitiert nach Jahr und Seite)
KRG	Kontrollratsgesetz
krit	kritisch
KSchG	Kündigungsschutzgesetz vom 25. 8. 1969 (BGBl I 1317, BGBl III 8 Nr 800–2)
KTS	Zeitschrift für Konkurs-, Treuhand- und Schiedsgerichtswesen (zitiert nach Jahr und Seite)

L

LG	Landgericht (zitiert mit jeweiligem Ortsnamen)
Lit	Literatur
LM	LINDENMAIER-MÖHRING, Nachschlagewerk des Bundes-

	gerichtshofs (zitiert nach Paragraph und Ordnungsziffer)
LPachtG	Gesetz über das landwirtschaftliche Pachtwesen (Landpachtgesetz) vom 25. 6. 1952 (BGBl I 343, BGBl III 7 Nr 7813–2)
LS	Leitsatz
LZ	Leipziger Zeitschrift für Deutsches Recht (zitiert nach Jahr und Spalte)
M	
m	mit
MDR	Monatsschrift für Deutsches Recht (zitiert nach Jahr und Seite)
mE	meines Erachtens
MHRG	Gesetz zur Regelung der Miethöhe (Art 3 WKSchG II) vom 18. 12. 1974 (BGBl I 3604)
MietRÄndG I; II; III	Gesetz zur Änderung mietrechtlicher Vorschriften: I/ vom 29. 7. 1963 (BGBl I 505); II/ vom 14. 7. 1964 (BGBl I 457); III/ vom 21. 12. 1967 (BGBl I 1248)
MietschAusnVO	Verordnung über Ausnahmen vom Mieterschutz vom 27. 11. 1951 (BGBl I 926)
MietschG	Mieterschutzgesetz vom 15. 12. 1942 (RGBl I 712, BGBl III 4 Nr 402–12)
Mitt	Mitteilungen (zitiert in Verbindung mit der jeweils sie herausgebenden Körperschaft)
MMV	Mustermietvertrag 1976, hrsg vom Bundesminister der Justiz (Beil Nr 2 z BAnz Nr 22 v 3. 2. 1976)
ModEnG	Gesetz zur Förderung der Modernisierung von Wohnungen und von Maßnahmen zur Einsparung von Heizenergie (Modernisierungs- und Energieeinsparungsgesetz) idF vom 12. 7. 1978 (BGBl I 993); s WoModG
Mot	Motive zu dem Entwurfe eines Bürgerlichen Gesetzbuches für das Deutsche Reich (1888; zitiert nach Band und Seite)
MR	Militärregierung
MRVerbG	Gesetz zur Verbesserung des Mietrechts und zur Begrenzung des Mietanstiegs sowie zur Regelung von Ingenieur- und Architektenleistungen vom 4. 11. 1971 (BGBl I 1745)
mwN	mit weiteren Nachweisen
N	
NdsRpfl	Niedersächsische Rechtspflege (zitiert nach Jahr und Seite)
NeubauMietVO	Verordnung über die Ermittlung der zulässigen Miete für preisgebundene Wohnungen (Neubaumietenverordnung) idF vom 18. 7. 1979 (BGBl I 1103)
nF	neue Fassung; neue Folge
NJW	Neue Juristische Wochenschrift (zitiert nach Jahr und Seite)
NMVO	s NeubauMietVO

Nr	Nummer
NRW	Nordrhein-Westfalen
O	
OGHBrZ	Oberster Gerichtshof für die Britische Zone, auch Entscheidungen des Obersten Gerichtshofes für die Britische Zone in Zivilsachen (zitiert nach Band und Seite)
OHG	Offene Handelsgesellschaft
OLG	Oberlandesgericht (zitiert mit jeweiligem Ortsnamen)
OLGE	Die Rechtsprechung der Oberlandesgerichte auf dem Gebiete des Zivilrechts (zitiert nach Band und Seite)
OLGZ	Entscheidungen der Oberlandesgerichte in Zivilsachen einschließlich der freiwilligen Gerichtsbarkeit (zitiert nach Jahr und Seite)
OVG	Oberverwaltungsgericht
OVGE	Entscheidungen der Oberverwaltungsgerichte für das Land Nordrhein-Westfalen in Münster sowie für die Länder Niedersachsen und Schleswig-Holstein inLüneburg mit Entscheidungen des Verfassungsgerichtshofes Nordrhein-Westfalen und des Niedersächsischen Staatsgerichtshofes (zitiert nach Band und Seite)
OWiG	Gesetz über Ordnungswidrigkeiten idF vom 2. 1. 1975 (BGBl I 80)
P	
Pr, pr	Preußen, preußisch(e, r)
Prot	Protokolle der Kommission für die zweite Lesung des Entwurfs des Bürgerlichen Gesetzbuchs (1897–1899; zitiert nach Band und Seite)
R	
RAnz	Deutscher Reichsanzeiger (zitiert nach Jahr und Seite)
RAussch	Rechtsausschuß
RdA	Recht der Arbeit (zitiert nach Jahr und Seite)
RdL	Recht der Landwirtschaft (zitiert nach Jahr und Seite)
Rdnr	Randnummer
RE	Rechtsentscheid in Wohnraummietsachen nach Art III MietRÄndG III idF des ÄndG vom 5. 6. 1980 (BGBl I 657)
Recht	Das Recht (zitiert nach Jahr und Nr der Entscheidung bzw Seite des Aufsatzes)
RechtsVO	Rechtsverordnung
REGAmZ	Rückerstattungsgesetz Amerikanische Zone, Gesetz Nr 59: Rückerstattung feststellbarer Vermögensgegenstände (ABlMR AmZ Ausgabe G, 1 = BayGVBl 1947, 221)
REGBrZ	Rückerstattungsgesetz Britische Zone, Gesetz Nr 59: Rückerstattung feststellbarer Vermögensgegenstände an Opfer der nationalsozialistischen Unterdrückungs-

	maßnahmen (ABlMR BrZ Nr 28, 1169 = VOBl BrZ 152)
RegE	Regierungsentwurf
RE Miet	Rechtsentscheide Mietrecht (Sammlung mit Nachlieferungen von THIELER-FRANTZIOCH-UETZMANN, 1982 ff)
RFH	Reichsfinanzhof
RFHE	Sammlung der Entscheidungen und Gutachten des Reichsfinanzhofs (zitiert nach Band und Seite)
RG	Reichsgericht
RGBl I; II	Reichsgesetzblatt Teil I; II
RGSt	Entscheidungen des Reichsgerichts in Strafsachen (zitiert nach Band und Seite)
RG WarnR	WARNEYER, Die Rechtsprechung des Reichsgerichts in Zivilsachen (zitiert nach Jahr und Nr)
RGZ	Entscheidungen des Reichsgerichts in Zivilsachen (zitiert nach Band und Seite)
Rh-Pf	Rheinland-Pfalz
RJA	Reichsjustizamt; Entscheidungssammlung in Angelegenheiten der freiwilligen Gerichtsbarkeit und des Grundbuchrechts (zitiert nach Band und Seite)
RM	Reichsministerium; Reichsminister (mit Kürzel für das jeweilige Ressort)
RMBl	Reichsministerialblatt
Rpfleger	Der Deutsche Rechtspfleger (zitiert nach Jahr und Seite)
Rspr	Rechtsprechung
RStBl	Reichssteuerblatt (zitiert nach Jahr und Seite)
RT	Reichstag
Rz	Randziffer

S

s	siehe
S	Satz; Seite
SchiffsRG	Gesetz über Rechte an eingetragenen Schiffen und Schiffsbauwerken (Schiffsrechtegesetz) vom 15. 11. 1940 (RGBl I 1499, RGBl III 4 Nr 403–4)
SchlHAnz	Schleswig-Holsteinische Anzeigen (zitiert nach Jahr und Seite)
SchlHOLG	Schleswig-Holsteinisches Oberlandesgericht
SchlTermG I; II; III	Gesetz zur Änderung des Schlußtermins für den Abbau der Wohnungszwangswirtschaft und über weitere Maßnahmen auf dem Gebiet des Mietpreisrechts: I / vom 4. 8. 1965 (BGBl I 969); II / vom 19. 1. 1969 (BGBl I 2357); III / vom 30. 10. 1972 (BGBl I 2051)
SeuffA	SEUFFERT's Archiv für Entscheidungen der obersten Gerichte in den deutschen Staaten (zitiert nach Band und Nr)
SeuffBl	SEUFFERT's Blätter für Rechtsanwendung (zitiert nach Band und Seite)

SJZ	Süddeutsche Juristen-Zeitung (zitiert nach Jahr und Seite oder Spalte)
SoergRspr	SOERGELS Rechtsprechung zum BGB, EGzBGB, CPO, KO, GBO und RFG; wechselnde Titel; zuletzt (ab 1932): Jahrbuch des Zivil-, Handels- und Prozeßrechts (zitiert nach Band und Nr oder Seite)
sog	sogenannt
Sp	Spalte
StädtebaufördG	Gesetz über städtebauliche Sanierungs- und Entwicklungsmaßnahmen in den Gemeinden (Städtebauförderungsgesetz) idF vom 18. 8. 1976 (BGBl I 2318)
StAnz	Staatsanzeiger
Sten Ber	Stenographische Berichte
StGB	Strafgesetzbuch idF vom 2. 1. 1975 (BGBl I 1)
str	streitig
stRspr	ständige Rechtsprechung

U

u	und
ua	unter anderem; und andere
uä	und ähnliches
Urt	Urteil
UStG	Umsatzsteuergesetz idF vom 26. 11. 1979 (BGBl I 1953)
usw	und so weiter
uU	unter Umständen
UWG	Gesetz gegen den unlauteren Wettbewerb vom 7. 6. 1909 (RGBl 499, BGBl III 4 Nr 43–1)

V

v	von; vom
VerfGH	Verfassungsgerichtshof
VerglO	Vergleichsordnung vom 26. 2. 1935 (RGBl I 321, BGBl III 3 Nr 311–1)
Verh	Verhandlungen
VersR	Versicherungsrecht. Juristische Rundschau für die Individualversicherung (zitiert nach Jahr und Seite)
VG	Verwaltungsgericht
VGH	Verwaltungsgerichtshof
vgl	vergleiche
VO	Verordnung
VOBl	Verordnungsblatt (in Verbindung mit der jeweiligen Körperschaft)
Vorbem	Vorbemerkung

W

WarnJb	WARNEYERS Jahrbuch der Entscheidungen auf dem Gebiete des Zivil-, Handels- und Prozeßrechts (wechselnde Titel; zitiert nach Jahr, Seite, Paragraph und Gesetz)
WarnR	Die Rechtsprechung des Reichsgerichts auf dem Ge-

biete des Zivilrechts, hrsg von WARNEYER (zitiert nach Jahr und Nr)

WBewG . . . . Wohnraumbewirtschaftungsgesetz idF vom 23. 6. 1960 (BGBl I 389, 418, BGBl III 2 Nr 234–1)

WEG . . . . Gesetz über das Wohnungseigentum und das Dauerwohnrecht (Wohnungseigentumsgesetz) vom 15. 3. 1951 (BGBl I 175, BGBl III 4 Nr 403–1)

WiStrG . . . . Gesetz zur weiteren Vereinfachung des Wirtschaftsstrafrechts (Wirtschaftsstrafgesetz) idF vom 3. 6. 1975 (BGBl I 1313)

WKSchG I; II . . . . I/ Gesetz über den Kündigungsschutz für Mietverhältnisse über Wohnraum vom 25. 11. 1971 (BGBl I 1839); II/ Zweites Gesetz über den Kündigungsschutz für Mietverhältnisse über Wohnraum (Zweites Wohnraumkündigungsschutzgesetz) vom 18. 12. 1974 (BGBl I 3603)

WM . . . . Wertpapier-Mitteilungen (zitiert nach Jahr und Seite)

WobauÄndG . . . . WobauÄndG 1965: Gesetz zur verstärkten Eigentumsbildung im Wohnungsbau und zur Sicherung der Zweckbestimmung von Sozialwohnungen (Wohnungsbauänderungsgesetz 1965) vom 24. 8. 1965 (BGBl I 945); WobauÄndG 1968: Gesetz zur Fortführung des sozialen Wohnungsbaues (Wohnungsbauänderungsgesetz 1968) vom 17. 7. 1968 (BGBl I 821); WobauÄndG 1971: Gesetz zur Durchführung des langfristigen Wohnungsbauprogramms (Wohnungsbauänderungsgesetz 1971) vom 17. 12. 1971 (BGBl I 1993); WobauÄndG 1973: Gesetz zur Änderung des Wohnungsbindungsgesetzes 1965 und des Zweiten Wohnungsbaugesetzes (Wohnungsbauänderungsgesetz 1973) vom 21. 12. 1973 (BGBl I 1970); WobauÄndG 1980: Gesetz zur Änderung des Wohnungsbindungsgesetzes und des Zweiten Wohnungsbaugesetzes (Wohnungsbauänderungsgesetz 1980) vom 20. 2. 1980 (BGBl I 159)

WobauG I; II . . . . I/ Erstes Wohnungsbaugesetz idF vom 25. 8. 1953 (BGBl I 1047); II/ Zweites Wohnungsbaugesetz (Wohnungsbau- und Familienheimgesetz) idF vom 30. 7. 1980 (BGBl I 1085)

WoG . . . . Wohnungsgesetz vom 8. 3. 1946 (KRABl 117)

WoBindG . . . . Gesetz zur Sicherung der Zweckbestimmung von Sozialwohnungen (Wohnungsbindungsgesetz) idF vom 22. 7. 1982 (BGBl I 972)

WoGeldG . . . . Wohngeldgesetz idF vom 27. 12. 1982 (BGBl I 1921)

WoGeldVO . . . . Wohngeldverordnung idF vom 8. 1. 1981 (BGBl I 35)

WoModG . . . . Gesetz zur Förderung der Modernisierung von Wohnungen (Wohnungsmodernisierungsgesetz) vom 23. 8. 1976 (BGBl I 2429); s ModEnG

WoVermittlG . . . . Gesetz zur Regelung der Wohnungsvermittlung vom 4. 11. 1971 (BGBl I 1745, 1747)

WRP . . . . Wettbewerb in Recht und Praxis (zitiert nach Jahr und Seite)

WRV	Verfassung des Deutschen Reiches (Weimarer Reichsverfassung) vom 11. 8. 1919 (RGBl 1383, BGBl III 1 Nr 100–2)
WuM	Wohnungswirtschaft und Mietrecht (zitiert nach Jahr und Seite)
WuW	Wirtschaft und Wettbewerb (zitiert nach Jahr und Seite)
WuW/E	WuW-Entscheidungssammlung zum Kartellrecht (zitiert nach Entscheidungsträger und Seite)

Z

z	zum
ZAkDR	Zeitschrift der Akademie für Deutsches Recht (zitiert nach Jahr und Seite)
zB	zum Beispiel
ZGB	Zivilgesetzbuch (in Verbindung mit dem jeweils erlassenden Staat)
ZGenW	Zeitschrift für das gesamte Genossenschaftswesen (zitiert nach Jahr und Seite)
Ziff	Ziffer
ZMR	Zeitschrift für Miet- und Raumrecht (zitiert nach Jahr und Seite)
ZPO	Zivilprozeßordnung idF vom 12. 9. 1950 (BGBl I 535, BGBl III 3 Nr 310–4)
ZRP	Zeitschrift für Rechtspolitik (zitiert nach Jahr und Seite)
zT	zum Teil
zust	zustimmend
ZVG	Gesetz über die Zwangsversteigerung und die Zwangsverwaltung (Zwangsversteigerungsgesetz) vom 24. 3. 1897 (RGBl 97, BGBl III 3 Nr 310–14)
zw	zweifelhaft

Bürgerliches Gesetzbuch
vom 18. August 1896 (RGBl 195)
§§ 535–580a

Vorbemerkungen zu §§ 535, 536

I. Einführung 1

Die Miete ist im BGB die **Grundform** der entgeltlichen Überlassung von Sachen und insbes von Grundstücken zum Gebrauch an andere und damit die bei weitem wichtigste Erscheidungsform der sog. Gestattungsverträge, zu denen namentlich noch die Pacht und die Leihe gehören. Die **soziale Bedeutung** der Miete kann überhaupt nicht überschätzt werden, da in Deutschland nach wie vor mehr als die Hälfte der Bevölkerung zur Miete wohnt. Die gesetzliche Regelung der Miete ist daher seit jeher von existenzieller Bedeutung für den überwiegenden Teil der Bevölkerung, woraus sich unmittelbar die besondere Anfälligkeit des Mietrechts für gesetzgeberische Interventionen erklärt.

Ihre gesetzliche Regelung hat die Miete heute im BGB (§§ 535 bis 580 a) 2
sowie in einer Fülle von Nebengesetzen gefunden, unter denen das Miethöheregelungsgesetz (**MHRG**) herausragt, weshalb es auch in diesem Kommentar mitbehandelt wird. Die meisten anderen Nebengesetze betreffen hingegen das öffentliche Mietpreisrecht, dessen Bedeutung ständig zurückgeht, so daß sich hier eine Behandlung erübrigt.

Gegenstand der Miete können sowohl bewegliche als auch unbewegliche 3
Sachen sein. Obwohl nun Fahrnismiete und Grundstücksmiete – zumindest in rechtssoziologischer Sicht – unverkennbar erhebliche Unterschiede aufweisen, hatte doch das BGB ursprünglich beide Formen der Miete im wesentlichen gleich behandelt und nur wenige Sondervorschriften für die Grundstücksmiete (einschließlich der Raummiete, s § 580) gebracht (s bes §§ 566, 571 bis 579). Mittlerweile hat sich jedoch vor allem die **Wohnraummiete** wegen ihrer überragenden, sozialen Bedeutung weitgehend verselbständigt. Eine immer größere Zahl von mietrechtlichen Vorschriften gilt nur noch für sie oder doch nur für die Raummiete. Indessen darf hieraus nicht der Schluß gezogen werden, daß die Fahrnismiete jede praktische und damit auch rechtliche Bedeutung verloren hätte; die zunehmende Verbreitung der Leasingverträge belegt das Gegenteil.

II. Geschichte

4 **1.** Das Mietrecht des BGB hatte ursprünglich nur wenig Rücksicht auf die besondere, soziale Schutzbedürftigkeit des Wohnraummieters genommen. Unter dem Eindruck der wachsenden Wohnungsnot während des ersten Weltkriegs war es deshalb ungefähr ab 1917 in zunehmendem Maße durch das sog **Mietnotrecht** verdrängt worden (wegen der Einzelheiten s Mietrecht Vorbem 1–19 zu §§ 535, 536). Dieses Mietnotrecht umfaßte zuletzt eine hoheitliche Erfassung und Verteilung des Wohnraums, einen umfassenden Kündigungsschutz für den Mieter und eine Mietpreisbindung.

5 Nachdem in den Jahren von 1925 bis 1936 die Wohnungszwangswirtschaft fortlaufend gelockert worden war, brachten die folgenden Jahre zunächst eine Rückkehr zur totalen Wohnraumbewirtschaftung, die erst ab 1960 wieder systematisch abgebaut wurde (sog **Lücke-Plan**). Zugleich wurde das Mietrecht des BGB in wesentlichen Punkten mit dem Ziel eines stärkeren Mieterschutzes geändert (**soziales Mietrecht**).

6 Erhebliche Mietpreissteigerungen ab Ende der sechziger Jahre veranlaßten dann jedoch den Gesetzgeber ab 1971 zu einer partiellen Rückkehr zum längst überwunden geglaubten Mieterschutz. Durch das 1. Wohnraumkündigungsschutzgesetz (**WKSchG I**) v 25. 11. 1971 (BGBl I S 1839) wurde deshalb das Kündigungsrecht des Vermieters erheblich eingeschränkt. Zum Ausgleich wurden aber dem Vermieter gleichzeitig Mietzinserhöhungen in einem besonderen Verfahren einmal jährlich bis zur Höhe der sog ortsüblichen Vergleichsmiete gestattet.

7 Diese Regelung war ursprünglich bis Ende 1974 befristet gewesen, wurde aber durch das 2. Wohnraumkündigungsschutzgesetz (**WKSchG II**) v 18. 12. 1974 (BGBl I 3603), dessen Kern das MHRG ist, in ein *Dauerrecht* verwandelt. In den folgenden Jahren ging der Mietwohnungsbau – aus welchen Gründen auch immer – erheblich zurück. Deshalb entschloß sich der Gesetzgeber mit Wirkung vom 1. 1. 1983 ab wieder zu einer gewissen *Lockerung* des neuen Mieterschutzes (Gesetz zur Erhöhung des Angebots von Mietwohnungen v 20. 12. 1982, BGBl I 1912). Seitdem ist vor allem die Vereinbarung von Staffelmieten wieder zulässig.

8 **2.** Eine gesetzliche **Mietpreisbindung** gibt es heute in großem Umfang nur noch in Berlin bis Ende 1989 (G v 3. 8. 1982, BGBl I 1106). Gesetzliche Beschränkungen der Mietzinshöhe bestehen darüber hinaus im ganzen Bundesgebiet für bestimmte Wohnungen aufgrund des WoBindG von 1974 idF v 30. 7. 1980 (BGBl I 1120) sowie des II. WoBauG v 1965 idF v 30. 7. 1980 (BGBl I 1085). Im übrigen ist an die Stelle des alten Mietnotrechts das neue, soziale Mietrecht getreten (oben Vorbem 5–7).

9 **3.** Die gesetzliche Entwicklung ist in den letzten Jahren im Grunde in eine

ganz *falsche Richtung* gelaufen. Die einzigen Schritte in die richtige Richtung waren der Lücke-Plan von 1960 und der Beginn der Subjektförderung durch das WohngeldG von 1965 idF v 21. 9. 1980 (BGBl I 1741). Ganz verfehlt waren hingegen die partielle Rückkehr zur Zwangswirtschaft und die ständig ausgebaute Objektförderung, die mittlerweile niemand mehr bezahlen kann. Unter solchen Rahmenbedingungen sollte sich niemand über den ständigen Rückgang des freien Wohnungsbaus wundern, mögen auch zu dieser Entwicklung im einzelnen zahlreiche, verschiedene Ursachen beigetragen haben.

Was heute auch in der Wohnungswirtschaft nottut, ist *mehr Mut zum* **10**
Markt. Der Gesetzgeber sollte sich daher endlich aufraffen, die Wohnungszwangswirtschaft (die noch keine Wohnung zusätzlich geschaffen hat) für immer zu verabschieden und den Markt von allen Fesseln zu befreien. Zugleich sollte der Mietwohnungsbau steuerlich umfassend gefördert und der Mieterschutz im BGB noch weiter verstärkt werden. Man kann sicher sein, daß dann auch dieser Markt sehr bald wieder sein Gleichgewicht finden wird, zumal in Deutschland schon lange – statistisch gesehen – ein Überangebot an Wohnungen besteht. Lediglich die bekannte, fatale Marktspaltung verhindert es weithin, daß sich dieser Wohnungsüberhang auf dem Markt bemerkbar macht.

III. Überblick

1. Schuldverhältnis **11**

Der Mietvertrag ist ein normaler, gegenseitiger, schuldrechtlicher Vertrag, durch den ein Dauerschuldverhältnis begründet wird. Die allgemeinen Vorschriften des BGB über Verträge und über Schuldverhältnisse gelten daher grundsätzlich auch für die Miete, soweit nicht die §§ 535 bis 580 a und das MHRG Sonderregeln enthalten. Ein **dingliches Recht** des Mieters wird hingegen durch den Mietvertrag **nicht** begründet. § 571, der dem Grundstücksmieter einen sonst dem Schuldrecht unbekannten Schutz gegen Dritte zubilligt, hat allein mieterschützende Funktion und bedeutet keine Verdinglichung der Miete (s unten § 571 Rz 2 f).

2. Erscheinungsformen **12**

a) Aufgrund der Entwicklung des Mietrechts muß man heute vor allem die **Wohnraummiete** von der sonstigen Raum- und Grundstücksmiete unterscheiden (s oben Vorbem 3 ff). Maßgebend für die Abgrenzung ist dabei in erster Linie die **Zweckbestimmung** der Räume nach den Abreden der

Parteien. Wohnraummiete ist mithin nur anzunehmen, wenn zum privaten Aufenthalt von Menschen geeignete Räume auch gerade für diesen Zweck vermietet werden (RGZ 124, 4, 6; BGH LM Nr 1 zu § 564 b BGB; WM 1982, 1390). Folglich liegt keine Wohnraummiete vor, wenn an sich für Wohnzwecke geeignete Räume tatsächlich für andere Zwecke vermietet werden (BGH LM Nr 1 zu § 554 b BGB), wenn zB eine juristische Person Räume mietet, um sie an ihre Mitarbeiter weiterzuvermieten (RGZ 124, 4; BGHZ 84, 90; BGH LM Nr 1 zu § 29 a ZPO; WM 1982, 1390).

13 **b)** Werden gleichzeitig Wohnräume und sonstige Räume vermietet, so handelt es sich um ein sog. **Mischmietverhältnis**. In diesem Fall folgt jeder Vertrag seinen eigenen Regeln, wenn die Verträge über die Wohnräume und über die sonstigen Räume nur äußerlich verbunden, rechtlich aber selbständig sind (OLG Hamburg ZMR 1979, 279). Andernfalls bildet der Vertrag hingegen stets eine *Einheit*, so daß er auch nur einheitlich entweder den besonderen Regeln für die Wohnraummiete oder den allgemeinen Regeln für die Grundstücksmiete unterworfen werden kann, je nachdem, was für die Parteien im *Vordergrund* stand, wobei es vor allem auf den Mietwert der Räume sowie auf deren Größe ankommt (BGH LM Nr 1 zu § 554 b BGB; Nr 1 zu § 564 b BGB; OLG Schleswig WuM 1982, 266; LG Berlin MDR 1980, 407). Stehen hiernach Wohnraum- umd Geschäftsraummiete **gleichberechtigt** nebeneinander, so ist schließlich im Interesse des Mieterschutzes von der einheitlichen Anwendung der Vorschriften über die Wohnraummiete auszugehen (OLG Hamburg ZMR 1979, 279; OLG Schleswig WuM 1982, 266).

IV. Abgrenzung

14 1. Pacht und Leihe

a) Die **Pacht** ist eine Sonderform der Miete (vgl. § 581 Abs 2). Sie unterscheidet sich von der Miete vor allem dadurch, daß Gegenstand der Pacht auch Rechte sein können und daß der Pächter im Gegensatz zum Mieter auch die Früchte ziehen darf, soweit sie nach den Regeln einer ordnungsmäßigen Wirtschaft als Ertrag der Sache anzusehen sind (§ 581 Abs 1). Die Abgrenzung im einzelnen ist häufig sehr schwierig (s Staudinger-Emmerich Vorbem 45 ff zu § 581).

15 **b)** Miete und Pacht sind stets entgeltliche, gegenseitige Verträge (§§ 535, 581). Jede unentgeltliche Überlassung von Sachen zum Gebrauch ist hingegen nach § 598 **Leihe**. Eine andere Möglichkeit besteht nicht, so daß in der unentgeltlichen Überlassung von Sachen zum Gebrauch niemals zugleich eine Schenkung gesehen werden kann (BGHZ 82, 354).

2. Kauf 16

Die Miete als gesetzlich geregelte Grundform der auf Gebrauchsüberlassung gerichteten Verträge steht in begrifflichem Gegensatz zu allen Veräußerungsverträgen, die auf die **endgültige** Übertragung des Eigentums an Sachen gerichtet sind. Gleichwohl kann im Einzelfall die Abgrenzung erhebliche Schwierigkeiten bereiten, weil Miete und Kauf beliebig kombiniert werden können und weil außerdem ein einheitlicher Vertrag stets auch gleichzeitig Elemente der Miete und des Kaufs in sich aufnehmen kann (wegen der Einzelheiten s Mietrecht Vorbem 37 ff zu §§ 535, 536).

V. Sonderformen

1. Leasing* 17

a) Innerhalb der im einzelnen sehr unterschiedlichen Leasingverträge muß man heute vor allem das Operatingleasing von dem Finanzierungs- (oder Finanz-)leasing unterscheiden. Mit *Operatingleasing* bezeichnet man üblicherweise die entgeltliche Überlassung von Investitionsgütern entweder für eine im voraus bestimmte kurze Vertragsdauer oder auf unbestimmte Zeit mit der Möglichkeit der Kündigung seitens des Leasingnehmers. Solche Verträge sind normale Mietverträge, so daß bei der Inhaltskontrolle gegenüber den Geschäftsbedingungen des Leasinggebers uneingeschränkt von den §§ 535 ff auszugehen ist. **Haftungsausschlüsse** des Leasinggebers sind mithin nur im Rahmen der §§ 9, 11 Nr 10 und 24 AGBG zulässig. Unzulässig sind außerdem sog **Verfallklauseln**, durch die der Leasinggeber versucht, bei Zahlungsverzug des Leasingnehmers ein Kündigungsrecht mit der Fälligkeit aller noch ausstehenden Leasingraten zu kombinieren (BGHZ 71, 196, 204 f; BGH WM 1979, 1385, 1387).

Ähnliche Regeln gelten für das sog **Hersteller**- oder **Händlerleasing**, so daß 18
der Hersteller für Mängel der gelieferten Sache nach den §§ 459 ff haften muß; ein vollständiger Haftungsausschluß kommt nicht in Betracht (OLG Frankfurt WM 1982, 723, 725 f; LG Berlin BB 1982, 1880).

b) Das **Finanzierungsleasing** unterscheidet sich von den bisher geschilder- 19

---

* **Schrifttum:** Mietrecht Vorbem 45 ff zu §§ 535, 536; J Blomeyer NJW 1978, 973; Canaris NJW 1982, 305; Ebenroth JuS 1978, 588; ders Betrieb 1978, 2109; Flume, Leasing in zivilrechtlicher und steuerrechtlicher Sicht (1972); Frh von Marschall, Leasingverträge im Handelsverkehr (1980); Reich, in: Vertragsschuldverhältnisse (1974) 49; ders JuS 1973, 480; Graf von Westphalen, Der Leasingvertrag (1979); ders Betrieb 1982 Beil Nr 6 zu H 11.

ten Leasingformen vor allem dadurch, daß sich hier der Leasinggeber auf eine reine Finanzierungsfunktion beschränkt, wodurch die für das Finanzierungsleasing typische Dreiecksbeziehung zwischen Hersteller oder Lieferant, Leasinggeber und Leasingnehmer entsteht. Daraus ergeben sich besondere Gefahren für den Leasingnehmer, denen die Rechtsprechung dadurch zu begegnen versucht, daß sie die Maßstäbe für die Zulässigkeit der Geschäftsbedingungen der Leasinggeber zunehmend verschärft.

20 Finanzierungsleasingverträge sind nach überwiegender Meinung grundsätzlich **Mietverträge**, so daß für die Inhaltskontrolle gegenüber den Geschäftsbedingungen der Leasinggeber in erster Linie von dem gesetzlichen Leitbild der Miete auszugehen ist (BGHZ 68, 118; 71, 189; 71, 196; BGH LM Nr 21 zu § 537 BGB; WM 1981, 1378; dazu krit Mietrecht Vorbem 47 h zu §§ 535, 536). Gleichwohl wird es allgemein für zulässig gehalten, daß der Leasinggeber die Sach- und **Preisgefahr** auf den Leasingnehmer vertraglich abwälzt, so daß der Leasingnehmer selbst bei einer von ihm nicht zu vertretenden Verschlechterung oder Vernichtung der Sache zur Fortzahlung der Leasingraten verpflichtet bleibt, ohne Lieferung eines neuen Gegenstandes verlangen zu können (BGHZ 71, 196; BGH WM 1978, 511; anders BGH LM Nr 21 zu § 537 BGB).

21 Ebenso zulässig ist im kaufmännischen Verkehr (s §§ 9, 24 AGBG) der **Ausschluß jeder Haftung** des Leasinggebers für Sach- und Rechtsmängel und deren Ersetzung durch Abtretung der Gewährleistungsrechte des Leasinggebers gegen den Hersteller oder Lieferanten an den Leasingnehmer (BGHZ 81, 298; BGH WM 1982, 7). Erklärt in einem solchen Fall der Leasingnehmer aufgrund der ihm abgetretenen Gewährleistungsrechte die *Wandlung* gegenüber dem Lieferanten oder Hersteller oder *mindert* er, so entfällt entsprechend, und zwar von Anfang an, auch seine Verpflichtung zu Zahlung der Leasingraten oder mindert sich im Verhältnis zum Leasinggeber. Ein Urteil zwischen Leasingnehmer und Lieferant oder Hersteller bindet dabei auch den Leasinggeber (BGHZ 68, 118; 81, 298; BGH NJW 1977, 847; OLG Hamm ZMR 1980, 109; MDR 1981, 669; 1981, 934). Die Gewährleistungsrechte des Leasingnehmers gegen den Leasinggeber leben aber wieder auf, wenn der Lieferant (oder Hersteller) die abgetretenen Gewährleistungsansprüche auf ein Nachbesserungsrecht beschränkt hat und die *Nachbesserung* fehlschlägt oder wenn der Lieferant in *Konkurs* fällt oder sonst nicht leistungsfähig ist (LG Hannover ZIP 1981, 641). Im nichtkaufmännischen Verkehr ist schließlich eine Beschränkung der Gewährleistungsrechte des Leasingnehmers nur in den engen Grenzen des § 11 Nr 10 AGBG möglich.

22 Bei **Zahlungsverzug** des Leasingnehmers kann der Leasinggeber kündigen (§ 554) und Schadensersatz verlangen. Sein Schaden besteht idR in dem ihm für die vereinbarte, feste Mietzeit entgehenden Mietzins abzüglich der

Zinsen sowie des Erlöses aus der Weiterveräußerung oder der sonstigen, anderweitig erzielten Mietzinsen. In diesem Rahmen kann der Schadensersatz auch der Höhe nach pauschaliert werden, wobei § 11 Nr 5 AGBG zu beachten ist (BGH WM 1981, 1378; 1982, 7; NJW 1982, 1747). Unzulässig sind hingegen weitergehende Regelungen, etwa in der Form, daß der Leasinggeber trotz Kündigung des Vertrages berechtigt sein soll, auch noch alle noch ausstehenden Leasingraten fällig zu stellen (sog **Verfallklauseln**; BGHZ 71, 196, 204 f; BGH NJW 1980, 234; 1982, 1747). Dies gilt auch, wenn auf die fortzuzahlenden Leasingraten ein etwaiger Veräußerungserlös angerechnet werden soll, wenn der Leasingnehmer das Recht erhält, gegen sofortige Zahlung des vollen restlichen Mietzinses die Sache zurückzubekommen oder wenn ihm gegen eine hohe Abschlagszahlung ein zusätzliches Kündigungsrecht eingeräumt wird (BGH WM 1981, 1378; 1982, 7; NJW 1982, 870; 1982, 1747). Unbedenklich ist hingegen die Absprache, daß der Leasinggeber bei Zahlungsverzug des Leasingnehmers die Sache bis zur Bezahlung der Rückstände zurückverlangen kann, während der Leasingnehmer die jeweils fälligen Leasingraten weiterzahlen muß (§§ 320, 324; BGH BB 1978, 523; WM 1981, 1378; OLG Hamm ZMR 1980, 109, 112 f; MDR 1981, 934; noch weiter hingegen OLG Frankfurt WM 1983, 665).

Finanzierungsleasingverträge gelten – trotz ihrer unverkennbaren Nähe **23**
zum Kauf – nur dann als **verdeckte Abzahlungsgeschäfte** im Sinne des § 6 AbzG, wenn dem Leasingnehmer, namentlich in Form einer Kaufoption, ein festes Erwerbsrecht eingeräumt worden ist, in allen anderen Fällen, die heute durchaus die Regel bilden, hingegen nicht (BGHZ 62, 42; 68, 118; 71, 196; BGH NJW 1977, 195; 1977, 1066; 1979, 758; 1980, 234; 1982, 2249). Liegt hiernach ein verdecktes Abzahlungsgeschäft vor, so enthält die Rücknahme der Sache durch den Leasinggeber zwingend einen Rücktritt (§ 5 AbzG; BGH NJW 1982, 2249). Auch ein Einwendungsdurchgriff im Sinne der Regeln über finanzierte Abzahlungskäufe ist dann möglich (BGHZ 68, 118; BGH WM 1982, 7). Anders freilich bei im Handelsregister eingetragenen Kaufleuten (s § 8 AbzG).

2. Automatenverträge* **24**

Automatenverträge sind Mietverträge nur, wenn ihr Gegenstand die Aufstellung von Automaten des Mieters in den gemieteten Räumen ist (BGH 47, 202, 206). Hingegen handelt es sich bei den verbreiteten **Automatenaufstellverträgen**, deren Gegenstand die Aufstellung von Automaten der

* **Schrifttum:** Mietrecht Vorbem 51 ff zu §§ 535, 536; insbes von Olshausen-K Schmidt, Automatenrecht (1972); Raisch BB 1968, 526; Schopp ZMR 1972, 197.

einen Partei in den Räumen der anderen, insbes in Gastwirtschaften, ist, um Verträge eigener Art, deren Wesen in der Eingliederung der Automaten in den fremden, gewerblichen Betrieb besteht (BGHZ 42, 202; 51, 55; 71, 80). Bei diesen Verträgen ist stets eine sorgfältige Überprüfung der Geschäftsbedingungen der Automatenaufsteller auf ihre Vereinbarkeit mit § 138 und dem AGBG erforderlich (vgl. BGHZ 51, 55; BGH BB 1973, 496; 1982, 945; WM 1982, 1354).

25 **3. Beherbergungsverträge**

*Hotel*aufnahme- und Pensionsverträge sind in erster Linie Mietverträge, wenn auch häufig gemischt mit verschiedenen, anderen Vertragselementen wie Kauf, Verwahrung, Dienst- und Werkvertrag (RGZ 169, 84; BGHZ 63, 333; 71, 175; 73, 350; BGH LM Nr 10 zu § 537 BGB). Hingegen steht bei Verträgen über die Aufnahme von Patienten in *Krankenhäusern*, Kliniken und Sanatorien die Behandlung des Patienten und damit das dienstvertragliche Element ganz im Vordergrund (BGHZ 2, 94; 4, 138, 148 ff). Dasselbe gilt für Internatsverträge. Alle diese Verträge sind stets zugleich Verträge zugunsten der aufgenommenen Personen (zuletzt BGH NJW 1980, 1744). Bei den **Heimpflegeverträgen** kommt es schließlich auf die Vertragsgestaltung im Einzelfall an, ob die mietvertraglichen oder dienstvertraglichen Elemente überwiegen; generelle Aussagen sind hier nicht möglich (BGHZ 73, 150; BGH LM Nr 3 zu MiethöheRegG; Nr 26 zu § 571 BGB). Ergänzend sind hier stets das Heimgesetz vom 7. 8. 1974 (BGBl I 1873) und die Heimsicherungsverordnung vom 24. 4. 1978 (BGBl I 553) zu berücksichtigen. Zur Anwendbarkeit des § 571 s unten § 571 Rz 5.

26 **5. Werkförderungsverträge**

Werkförderungsverträge nennt man Darlehensverträge zwischen Arbeitgebern und privaten oder öffentlichen Bauherren, durch die die Finanzierung des Baus von Wohnungen für die Mitarbeiter des Darlehensgebers ermöglicht werden soll. Solche Verträge sind **keine** Mietverträge, enthalten aber häufig Mietzins- und Kündigungsbeschränkungen zugunsten der Mieter und Arbeitnehmer des Darlehensgebers (wegen der Einzelheiten, auch hinsichtlich des öffentlichen Preisrechts s Mietrecht Vorbem 67 ff zu §§ 535, 536; Soergel-Kummer Vorbem 44 ff zu § 535).

VI. Abschluß des Mietvertrages

1. Allgemeines 27

Ein Mietvertrag ist erst zustandegekommen, wenn sich die Parteien über sämtliche Punkte geeinigt haben, über die nach dem Willen auch nur einer Partei eine Einigung herbeigeführt werden soll. Grundsätzlich genügt dafür freilich schon die Einigung über Gegenstand und Dauer des Vertrages sowie über den Mietzins (BGHZ 55, 248, 249; BGH ZMR 1963, 82). Fehlt eine Einigung über den **Mietzins**, so ist idR davon auszugehen, daß der ortsübliche Mietzins gelten soll (KG NJW 1955, 949). Mangels besonderer Abreden der Parteien umfaßt dabei der vereinbarte Mietzins auch stets alle Nebenkosten, soweit nicht die Heizkostenverordnung von 1981 eingreift. Bei den Vertragsverhandlungen trifft den Vermieter außerdem eine weitgehende **Auskunftspflicht** auch und gerade hinsichtlich der Höhe der zu erwartenden Nebenkosten, bei deren Verletzung er aus cic dem Mieter ersatzpflichtig werden kann (LG Frankfurt WuM 1979, 24; OLG Hamm WuM 1981, 102).

2. Beteiligung mehrerer Personen 28

a) Wenn mehrere Personen gemeinsam eine Wohnung mieten, sind sie grundsätzlich Gesamtschuldner. In ihrem Innenverhältnis wird meistens eine BGB-Innengesellschaft vorliegen (OLG Hamm BB 1976, 529; aM jedoch für Wohngemeinschaften LG Aachen ZMR 1982, 110). Die Folge ist, daß das Mietverhältnis von dem Vermieter stets nur einheitlich gegenüber allen Mietern gekündigt werden kann, wobei es eine Frage des Einzelfalles ist, ob ein Kündigungsgrund, der nur in der Person einzelner der Mitmieter vorliegt, zur Kündigung auch gegenüber allen anderen Mitmietern berechtigt (vgl BGHZ 26, 102, 104 ff m Nachw). Umgekehrt können auch die Mitmieter grundsätzlich nur gemeinsam kündigen (anders für den Konkursverwalter eines Mitmieters OLG Celle Betrieb 1974, 1109).

b) Das Gesagte gilt uneingeschränkt auch für den Fall, daß **Ehegatten** 29
gemeinsam eine Wohnung mieten: Auch dann sind beide als Gesamtschuldner Mitmieter, nur daß in ihrem Innenverhältnis ein familienrechtliches Verhältnis vorliegt. Hatte hingegen zunächst der eine Ehegatte die Wohnung allein gemietet und erst danach geheiratet, so darf er stets den Ehegatten in die Wohnung aufnehmen (s OLG Hamm WuM 1982, 318). Das Recht zur **Aufnahme naher Angehöriger** in die Wohnung gehört zum unabdingbaren Bestandteil des vertragsmäßigen Gebrauchs des Mieters. Ebenso ist die Rechtslage schließlich im Ergebnis, wenn von den Ehegatten nur einer den Mietvertrag abschließt. Dann wird der andere nicht

Mieter, ist aber in den Schutzbereich des Mietvertrages einbezogen. Außerdem hat er Besitz und Besitzrecht hinsichtlich der Ehewohnung bis zur rechtskräftigen Scheidung der Ehe (BGHZ 12, 388, 399 f; 71, 216, 222 f), woraus zB folgt, daß zur Räumungsvollstreckung gegen Eheleute stets ein Titel gegen beide Ehegatten erforderlich ist (anders die hM).

30 **3. Vormiete und ähnliche Gestaltungen**

Unter einem **Vormietrecht** versteht man das Recht einer Person, in den von dem Vermieter mit einem Dritten abgeschlossenen Mietvertrag einzutreten. Es entspricht in jeder Hinsicht dem Vorkaufsrecht, so daß auf das nicht geregelte Vormietrecht die §§ 504 ff entsprechend angewandt werden können. Daher bedarf weder die Begründung eines Vormietrechts noch dessen Ausübung durch den Berechtigten der Form des § 566 (§ 505 Abs 1 S 2; BGHZ 55, 71, 76 f). Als **Anmietrecht** bezeichnet man hingegen die Verpflichtung des Vermieters, unter bestimmten Bedingungen die Mietsache zuerst dem Berechtigten anzubieten, wobei die Vertragsbedingungen erst nach Annahme dieses Angebots festgelegt werden sollen.

31 Ähnliche Rechtswirkungen wie mit Vormiet- und Anmietrechten können mit **Optionen** erreicht werden. Dazu gehören auch die *Verlängerungsoptionen*, die dem Mieter das Recht geben, einen auf bestimmte Zeit abgeschlossenen Vertrag durch einseitige Erklärung für eine weitere, bestimmte Frist oder auch auf unbestimmte Zeit zu verlängern. Solche Optionen sind Gestaltungsrechte, die grundsätzlich vor Ablauf des ursprünglichen Mietvertrages ausgeübt werden müssen (BGH LM Nr 18 zu § 18 1. BMietG; WM 1967, 935; 1982, 1084). Vertraglich wird dabei oft eine besondere Frist für die Ausübung vorgeschrieben. Folge der Ausübung der Verlängerungsoption ist dann, daß der alte Vertrag für die vorgesehene Zeit weiterläuft (BGH LM Nr 57 zu § 535 BGB). Mit diesen Optionen dürfen nicht die verbreiteten *Verlängerungsklauseln* verwechselt werden, nach denen ein Vertrag, der auf feste Zeit abgeschlossen ist, auf bestimmte oder unbestimmte Zeit weiterläuft, wenn nicht eine Partei vorher der Verlängerung widerspricht. In solchen Fällen wird nicht etwa für den Verlängerungszeitraum konkludent ein neuer Mietvertrag abgeschlossen (so die hM); vielmehr läuft einfach der alte Vertrag mit verändertem Inhalt fort (vgl § 565 a Abs 1).

32 **4. Baukostenzuschüsse**

a) Vor allem in der Nachkriegszeit waren Finanzierungsbeiträge, durch die der Mieter dem Vermieter die Finanzierung des Wiederaufbaus erleichtern wollte, überaus verbreitet. Im einzelnen unterscheidet man dabei je nach dem Verwendungszweck des Finanzierungsbeitrags vor allem Baukostenzuschüsse und (echte) Mieterdarlehen. Während Baukostenzuschüsse speziell zur Finanzierung der Baukosten gegeben werden, ist der Vermieter bei den echten Mieterdarlehen in der Verwendung frei. Im folgenden interessieren daher nur die eigentlichen Baukostenzuschüsse.

Baukostenzuschüsse können als sog verlorene oder anrechenbare gewährt **33**
werden, je nachdem ob ihre Rückzahlung, idR durch entsprechende Minderung des Mietzinses, vorgesehen ist oder nicht. Bei den *anrechenbaren* Baukostenzuschüssen hat man dabei weiter zwischen den Mietzinsvorauszahlungen und den Mieterdarlehen ieS zu unterscheiden; während bei den *Mietzinsvorauszahlungen* der Mietzins in Höhe des Zuschusses von vornherein gemindert wird, ist bei den **Mietdarlehen ieS** – ohne Herabsetzung des Mietzinses – eine Rückzahlung während des Mietvertrages oder nach dessen Ende vereinbart; gegebenenfalls kann der Mieter dann mit seinem Rückzahlungsanspruch gegen die Mietzinsforderung des Vermieters aufrechnen.

Alle diese Formen von Finanzierungsbeiträgen sind grundsätzlich zulässig. **34**
Schranken ergeben sich nur für die sog Sozialwohnungen aus § 9 WoBindG (iVm § 50 WoBauG II) sowie für Wohnraummietverhältnisse aus § 557 a und aus Art VI des Gesetzes zur Änderung des WoBauG II v 21. 7. 1961 (BGBl I 1041) idF v 24. 8. 1965 (BGBl I 969). Wegen der Einzelheiten s im übrigen Mietrecht Vorbem 123–134 a zu §§ 535, 536; Soergel-Kummer Vorbem 141–176 zu § 535.

b) In der Vereinbarung eines anrechenbaren Baukostenzuschusses (oben **35**
Vorbem 33) liegt im Zweifel (aber nicht notwendig) zugleich die Vereinbarung, daß das ordentliche **Kündigungsrecht** des Vermieters für den Anrechnungszeitraum *ausgeschlossen* sein soll, so daß der Vertrag für diesen Zeitraum als fest abgeschlossen gilt. Danach läuft er auf unbestimmte Zeit (LG Kassel WuM 1960, 6; LG Stuttgart NJW 1960, 1255). Außerdem scheidet idR während des Anrechnungszeitraums auch eine **Mietzinserhöhung** aufgrund des MHRG aus (s unten § 1 MHRG Rz 7). Hingegen bleiben bei verlorenen Baukostenzuschüssen eine Kündigung und eine Mietzinserhöhung nach dem MHRG in aller Regel möglich.

c) Wird der Mietvertrag vorzeitig, dh vor Ablauf des Anrechnungszeit- **36**
raums, beendet, so richtet sich die **Rückzahlung** der anrechenbaren Baukostenzuschüsse (oben Vorbem 33) nach § 557 a. Bei verlorenen Baukostenzuschüssen muß man hingegen unterscheiden: Bei der Wohnraummiete greift dann die zwingende Regelung des Art VI des Gesetzes zur Änderung des 2. Wohnungsbaugesetzes vom 21. 7. 1961 (BGBl I 1041) idF des Gesetzes vom 24. 8. 1965 (BGBl I 969) ein, durch das der Sache nach in der Wohnraummiete verlorene Baukostenzuschüsse verboten wor-

den sind. Anders hingegen bei allen anderen Mietverträgen: Hier wird die Verpflichtung des Vermieters zur Rückzahlung des verlorenen Zuschusses bei vorzeitiger Beendigung des Vertrages, soweit die Parteien darüber keine besonderen Abreden getroffen haben, idR aus § 812 hergeleitet, wobei die Bereicherung des Vermieters in der vorzeitigen Zurückerlangung des Nutzungsrechtes an der Wohnung bestehen soll (BGHZ 29, 289; 71, 243; BGH LM Nr 34, 41, 62 und 75 zu § 812 BGB).

37 **d)** Veräußert der Vermieter das Grundstück, so geht die Rückzahlungspflicht aus § 557 a nach § 571 auf den **Erwerber** über. *Vorausverfügungen* über den Mietzins durch die Anrechnungsvereinbarung wirken jedoch nur in den engen Grenzen der §§ 573 f und der §§ 57 a ff ZVG gegen den Erwerber. Weitergehende Wirkungen haben solche Vorausverfügungen durch die Vereinbarung der Anrechnung der Finanzierungsbeiträge auf den Mietzins nur unter folgenden Voraussetzungen: 1. Es muß eine Anrechnungsvereinbarung zwischen Mieter und Vermieter getroffen worden sein. 2. Die Leistungen müssen zum Auf- oder Ausbau des Mietgrundstükkes bestimmt gewesen sein. 3. Der Wert des Grundstücks muß noch im Augenblick des Eigentumsübergangs tatsächlich erhöht worden sein. Nur wenn alle diese Voraussetzungen zusammentreffen, wirkt die Anrechnungsvereinbarung auch in vollem Umfang gegen den Erwerber des Grundstücks oder gegen den Zwangsverwalter im Falle der Anordnung der Zwangsverwaltung (BGHZ 6, 202; 15, 296; 16, 31; 37, 346; 53, 35; 54, 357 usw; s unten §§ 573, 574 Rz 6).

VII. Inhaltsschranken

38 1. Sittenwidrigkeit

Mietverträge können wie alle anderen Verträge sittenwidrig sein und verfallen dann der Nichtigkeit nach § 138 BGB. Beispiele sind – unter bestimmten Voraussetzungen – Miet- oder Pachtverträge über Bordelle (BGHZ 63, 365) sowie vergleichbare Fallgestaltungen. Unbedenklich ist aber selbstverständlich die Vermietung von Räumen an Paare, die in wilder Ehe leben oder an Personen mit häufig wechselnden Partnern. Die früher häufig vertretene, gegenteilige Meinung ist heute nicht mehr haltbar (zu den nichtehelichen Lebensgemeinschaften s R Scholz, Die nichteheliche Lebensgemeinschaft in der Rechtspraxis [1982]; ders NJW 1982, 1070; zu Wohngemeinschaften s unten § 549 Rz 5).

2. Wucher 39

Speziell gegen den Mietwucher richten sich die Strafvorschriften des § 302 a StGB und des § 5 WiStG idF des ÄndG v 1982 (BGBl I 1912; dazu Barthelmess WuM 1983, 68; Köhler, Neues Mietrecht [1983] 80; Sternel ZMR 1983, 79). Maßstab ist in beiden Fällen die konkrete Vergleichsmiete, wobei die Gerichte **Sozialwucher** im Sinne des § 5 WiStG schon annehmen, wenn die Vergleichsmiete um ungefähr **20%** überschritten wird (OLG Stuttgart WuM 1981, 224; 1982, 129). Diese Wucherverbote sind gesetzliche Verbote im Sinne des § 134 StGB, so daß die Mietzinsvereinbarung, soweit der Mietzins die hiernach zulässige Obergrenze überschreitet, nichtig und der Mieter berechtigt ist, den zu viel gezahlten Mietzins zu kondizieren (§§ 812, 817; OLG Stuttgart aaO; OLG Karlsruhe WuM 1982, 129).

3. Formularverträge* 40

a) Gerade bei der Wohnraummiete, aber auch bei der gewerblichen Vermietung beweglicher und unbeweglicher Sachen sind Formularmietverträge außerordentlich verbreitet. Daher rührt die große und noch ständig zunehmende Bedeutung des **AGBG** von 1976 für die Mietvertragspraxis, wobei zu beachten ist, daß das Gesetz uneingeschränkt Geltung nur für den nichtkaufmännischen Verkehr, insbes mithin für die gesamte Wohnraummiete, besitzt, während im kaufmännischen Verkehr nach § 24 AGBG die §§ 2 und 10–12 AGBG nicht anwendbar sind; anwendbar bleibt aber auch hier stets die alles überragende Generalklausel des § 9 AGBG.

Bei der Anwendung der §§ 9–11 AGBG auf Formularmietverträge ist da- 41
von auszugehen, daß die gesetzliche Regelung der Miete im **BGB** und im **WKSchG II** eine unter sozialen Gesichtspunkten angemessene und ausgewogene Verteilung der Rechte und Pflichten zwischen den Parteien darstellt, so daß hiervon durch Formularverträge zum Nachteil des Mieters nur abgewichen werden darf, wenn es sich dabei um untergeordnete Punkte mehr technischer Art handelt oder wenn für die *Abweichung zwingende, sachliche Gründe* aus den Beziehungen der Parteien bestehen. Die notwendige Folge ist, daß überaus zahlreiche, nach wie vor in der Miet-

* **Schrifttum:** Mietrecht Vorbem 145 ff zu §§ 535, 536; Bub-Graf von Westphalen, Das AGBG und seine Auswirkungen auf das Mietvertragsrecht, insbes auf Formularmietverträge; Ulmer-Brandner-Hensen, AGBG (4. Aufl 1982) §§ 9–11 Anh Rz 500 ff; Gelhaar ZMR 1981, 225; Sonnenschein NJW 1980, 1498, 1713; Schopp ZMR 1981, 257; Bunte, Handbuch der AGBG (1982).

vertragspraxis allgemein übliche Klauseln tatsächlich wegen des Verstoßes gegen das AGBG unwirksam sind.

42 Wegen der Einzelheiten ist auf die Ausführungen zu den einzelnen Vorschriften des Mietrechts zu verweisen, wo durchweg die Auswirkungen des AGBG auf von dem Gesetz abweichende Mietvertragsklauseln berücksichtigt sind. Im vorliegenden Zusammenhang genügt es daher, einige **Beispiele** für die Bedeutung des AGBG für die Mietvertragspraxis zu bringen: Unzulässig ist es zB, bei mehreren Mietern generell eine gegenseitige Bevollmächtigung der Mieter vorzuschreiben. Ebenso unzulässig sind Zugangsfiktionen und besondere Formvorschriften, zB für Kündigungen (§§ 10 Nr 6, 11 Nr 16 AGBG). Dasselbe gilt für die Fiktion von Willenserklärungen wie zB der Billigung der Nebenkostenabrechnung bei Unterlassung sofortigen Widerspruchs (§ 10 Nr 5 AGBG). Unzulässig ist auch die formularmäßige Erklärung, der Mieter habe die Räume in einwandfreiem Zustand vorgefunden oder billige deren Zustand (§§ 9 Abs 2 Nr 2, 11 Nr 15 lit b AGBG). Der Vermieter kann sich außerdem nicht vorbehalten, statt der vereinbarten eine andere Wohnung zu leisten (§ 10 Nr 4 AGBG). Ebensowenig kann schließlich die Haftung des Vermieters für die rechtzeitige Überlassung der Wohnung ausgeschlossen oder eingeschränkt werden (§ 9 Abs 2 AGBG). Eine Haftungsbeschränkung ist nur noch im Rahmen des § 11 Nr 7 und 8 AGBG möglich. Umgekehrt ist es auch nicht zulässig, die Haftung des Mieters durch Formularverträge über den gesetzlichen Rahmen hinaus zu erweitern, zB durch die Bestimmung, daß der Mieter auch dann für die Verstopfung von Abflußrohren ersatzpflichtig sein solle, wenn sich die Ursachen der Verstopfung nicht mehr aufklären lassen (OLG Hamm WuM 1982, 201, 203). Zur Abwälzung der Schönheitsreparaturen durch Formularverträge auf den Mieter s unten §§ 535, 536 Rz 40; zu dem sog Mustermietvertrag 1976 s Soergel-Kummer Vorbem 195–234 zu § 535; MünchKomm-Voelskow Vorbem 155–291 zu § 535.

43 **b)** Gewerbliche Mietverträge über bewegliche Sachen werden ebenfalls nahezu ausnahmslos aufgrund von Vertragsformularen abgeschlossen. Ein bekanntes und besonders wichtiges Beispiel sind **Kraftfahrzeugmietverträge** (s Mietrecht Vorbem 150 ff zu §§ 535, 536). Gerade diese Bedingungen sind häufig wegen ihrer ganz verwirrenden und widersprüchlichen Anordnung kaum verständlich, so daß schon deshalb oft zweifelhaft ist, ob sie überhaupt Vertragsbestandteil geworden sind (s §§ 2, 3 und 5 AGBG).

44 Meistens ist die **Haftung** des Mieters so geregelt, daß er grundsätzlich für jedes Verschulden haften soll, sich aber durch die zusätzliche Zahlung der Prämie für eine Kaskoversicherung eine Haftungsbefreiung erkaufen kann, die freilich (entsprechend § 61 VVG) wieder entfällt, wenn er vorsätzlich oder grob fahrlässig gehandelt hat; idR ergibt sich dabei eine derartige Haftungsbefreiung schon konkludent aus der Abwälzung der Kaskoversicherungsprämie auf den Mieter (BGHZ 22, 109; 26, 282; 43, 295; 70, 304). Die Haftungsbefreiung wirkt dann in jedem Fall auch zugunsten des berechtigten Fahrers, selbst wenn er nicht Vertragspartner ist (BGHZ 22, 109, 122; 43, 295, 299; BGH NJW 1981, 1211; WM 1982, 294). Inhaltlich muß die Haftungsbefreiung an dem Leitbild der Kaskoversicherung ausgerichtet sein (BGHZ 70, 304; BGH NJW 1982, 167). Deshalb trifft die **Beweislast** für die grobe Fahrlässigkeit oder den Vorsatz des Mieters (bei denen entsprechend § 61 VVG die Haftungsbefreiung wieder entfällt) zwingend den Kraftfahrzeugvermieter; abweichende Bestimmungen sind unwirksam (BGHZ 65, 118; BGH NJW 1982, 167). Jedoch kann der Vermieter bestimmen, daß die Haftungsbefreiung entfallen soll, wenn der Mieter bei einem Unfall nicht die Polizei zwecks Unfallaufnahme hinzuzieht (BGH NJW 1968, 2099; 1982, 167; dagegen Mietrecht Vorbem 150 d zu §§ 535, 536).

4. Wertsicherungsklauseln* **45**

a) Wertsicherungsklauseln sind in der Vertragspraxis wegen der Langfristigkeit von Mietverträgen überaus verbreitet. Ihre Zulässigkeit richtet sich nach § 3 WährG, nach dem Wertsicherungsklauseln grundsätzlich verboten sind, aber im **Einzelfall** von der Bundesbank **genehmigt** werden können. Die Bundesbank verfährt dabei nach von ihr bekannt gemachten sog Grundsätzen, deren letzte Fassung vom 9. 6. 1978 stammt (BAnz Nr 109 vom 15. 6. 1978, S 4 = Mietrecht Vorbem 171 zu §§ 535, 536).

§ 3 WährG wird von der Praxis sehr restriktiv interpretiert. Deshalb liegt **46**
eine genehmigungsbedürftige Wertsicherungsklausel nur vor, wenn die Höhe des Mietzinses in unmittelbare (*automatische*) Abhängigkeit von der Vergleichsgröße gebracht ist. Wo diese Automatik fehlt, wird hingegen § 3 WährG nicht angewandt. Zulässig sind daher namentlich die verbreiteten **Leistungsvorbehalte** (BGHZ 53, 315; 62, 314; BGH LM Nr 11, 13, 14, 15 u 18 zu § 3 WährG). Dasselbe gilt darüber hinaus auch für die Spannungsklauseln und die Kostenelementeklauseln (BGH LM Nr 20/21 u 29 zu § 3 WährG).

b) Anders ist die Rechtslage indessen bei **Wohnraummietverträgen**, da **47**
hier, um Umgehungen des MHRG zu verhindern, nach den §§ 1 und 10 Abs 1 MHRG Wertsicherungsklauseln, Leistungsvorbehalte und Span-

* **Schrifttum:** Mietrecht Vorbem 157 ff zu §§ 535, 536; DÜRKES, Wertsicherungsklausel (9. Aufl 1982); ders BB 1979, 805; WILLMS-WAHLIG BB 1978, 973; BILDA, Anpassungsklauseln in Verträgen (2. Aufl 1973).

nungsklauseln generell verboten sind (BGH WM 1980, 1456; OLG Koblenz OLGZ 1981, 459 = WuM 1981, 207). Eine Ausnahme gilt lediglich aufgrund des ÄnderungsG von 1982 (BGBl I 1912) (mit Rückwirkung seit dem 1. 1. 1981) für sog Staffelmietvereinbarungen.

§ 535

Durch den Mietvertrag wird der Vermieter verpflichtet, dem Mieter den Gebrauch der vermieteten Sache während der Mietzeit zu gewähren. Der Mieter ist verpflichtet, dem Vermieter den vereinbarten Mietzins zu entrichten.

§ 536

Der Vermieter hat die vermietete Sache dem Mieter in einem zu dem vertragsmäßigen Gebrauche geeigneten Zustande zu überlassen und sie während der Mietzeit in diesem Zustande zu erhalten.

I. Gegenstand

1 1. Allgemeines

Gegenstand eines Mietvertrages können nur Sachen im Sinne des § 90, nicht hingegen Rechte sein (vgl § 535 gegenüber § 581). Zu den Sachen zählen dabei auch **Sachteile**, wenn ihr selbständiger Gebrauch möglich ist, so daß zB Wandflächen zu Reklamezwecken oder zur Anbringung von Automaten vermietet werden können (s § 580 Rz 2). Ebenso können auch einzelne **Plätze** in einem Gebäude, selbst zu nur ganz vorübergehendem Gebrauch, vermietet werden (sog Platzmiete; s § 571 Rz 5).

2 Keine Rolle spielt, in wessen Eigentum die vermietete Sache steht. Es ist nicht erforderlich, daß sie dem Vermieter gehört; vielmehr kann der Vermieter auch **fremde** Sachen vermieten. Selbst wenn der Vermieter in einem solchen Fall nicht in der Lage ist, dem Mieter den Gebrauch der Sache zu verschaffen, ist der Vertrag keineswegs nichtig, da es sich lediglich um einen Fall anfänglichen Unvermögens handelt (vgl auch § 541). Schließlich kann dieselbe Sache auch **mehrfach** vermietet werden. Kein Mieter hat dann den Vorrang vor dem anderen; vielmehr wird jeder Mieter rechtmäßiger Besitzer, sobald ihm die Sache vom Vermieter übergeben wird (s unten § 541 Rz 6).

2. Mitvermietete Sachen 3

Der Mietvertrag erstreckt sich, sofern die Parteien nichts anderes vereinbart haben, auf die wesentlichen Bestandteile der Sache sowie auf das gesamte sog **Mietzubehör**, wozu bei einer Mietwohnung namentlich sämtliche Wohnungsschlüssel gehören, so daß der Vermieter keinen Schlüssel zurückbehalten darf (zuletzt AG Bremen WuM 1982, 275). **Mitvermietet** sind außerdem sämtliche eingebauten Haushaltsgeräte wie zB Öfen oder Wandschränke, außerdem alle zu den Räumen gehörigen Zu- und Abgänge sowie die gemeinschaftlich benutzten Räume und Grundstücksteile. Beispiele sind bei Mehrfamilienhäusern die Treppen und Flure, die Ein- und Ausgänge sowie sämtliche Zugänge (AG Köln WuM 1981, 183), die Terrassen (AG Köln WuM 1974, 258) und Waschküchen (LG München I ZMR 1969, 15 Nr 11) sowie die Böden, Speicher und Keller. Ein mitvermieteter Hofraum darf jedoch grundsätzlich nur zum Be- und Entladen, zum Teppichklopfen und zum Abstellen eines Mülleimers, nicht hingegen als Kinderspielplatz oder zur Abstellung von Kraftfahrzeugen oder Fahrrädern benutzt werden (s unten Rz 19).

Mitvermietet ist außerdem grundsätzlich die **Außenwand** der Wohnung, so 4
daß der Mieter dort Blumenkästen und Hinweisschilder anbringen darf. Daraus folgt jedoch nicht ein Recht des Mieters, an der Außenwand oder in den Fenstern der Wohnung Wahlplakate aufzuhängen (BVerfGE 7, 230; LG Essen NJW 1973, 2290; LG Hamburg WuM 1980, 247; aM BayObLG WuM 1983, 129; LG Darmstadt WuM 1983, 137). Mitvermietet sind schließlich in Mehrfamilienhäusern die vorhandenen Fahrstühle, so daß sie sich ebenfalls in einem verkehrssicheren Zustand befinden müssen (BGH BB 1971, 1302; LG Hamburg NJW 1976, 1320). Und wird einem Hotelgast ein Parkplatz angewiesen, so erstreckt sich der Beherbergungsvertrag auch auf diesen Parkplatz und damit auf das dort abgestellte Fahrzeug des Gastes (BGHZ 63, 333).

II. Pflichten des Vermieters 5

Den Vermieter treffen nach den §§ 535 und 536 zwei Hauptleistungspflichten. Er muß einmal dem Mieter die Sache in einem zum vertragsmäßigen Gebrauch geeigneten Zustand **überlassen**; und er muß zum anderen die Sache während der ganzen Vertragsdauer in diesem Zustand **erhalten**.

1. Überlassung 6

a) Der Vermieter muß dem Mieter die Sache überlassen, dh grundsätzlich übergeben, soweit dies zur Durchführung des vertragsmäßigen Gebrauchs erforderlich ist (Mot II 369 f). Der Vermieter darf sich daher grundsätzlich nicht darauf beschränken, dem Mieter lediglich den Gebrauch zu gestatten; sondern er muß seinerseits alles Erforderliche tun, um dem Mieter den vertragsmäßigen Gebrauch zu ermöglichen (vgl BGHZ 19, 85, 93 f). Bei beweglichen Sachen wird dazu grundsätzlich die **Übergabe**, dh die Verschaffung des unmittelbaren Besitzes gehören (BGHZ 65, 137); notwendig ist dies jedoch nicht. Maßgebend ist vielmehr stets der dem Mieter nach dem Vertrag geschuldete Gebrauch, so daß der Vermieter stets alles, aber auch nur das tun muß, was erforderlich ist, um dem Mieter diesen Gebrauch zu ermöglichen.

7 Bei der Überlassung muß sich die Sache außerdem in einem zum vertragsmäßigen Gebrauch durch den Mieter geeigneten *Zustand* befinden (§ 536). Der Vermieter ist deshalb verpflichtet, etwaige Mängel der Sache vor der Überlassung zu beseitigen sowie sonstige Störungen des Mietgebrauchs, zB durch behördliche Verbote, zu verhindern.

8 **b)** Kommt der Vermieter diesen Pflichten nicht nach, so hat der Mieter den Erfüllungsanspruch; außerdem kann er gegebenenfalls mindern (BGH LM Nr 20/21 zu § 3 WährG). Schließlich kann er idR vom Vermieter auch noch **Schadensersatz** verlangen. Dieser Ersatzanspruch ergibt sich bei der Raummiete im Falle der Verzögerung der Übergabe aus § 325, da die Raummiete grundsätzlich Fixcharakter hat (Vorbem 11 zu § 537; LG Köln WuM 1980, 100). Der Ersatzanspruch des Mieters setzt dabei zwar grundsätzlich Verschulden des Vermieters voraus (BGH ZMR 1963, 107); jedoch wird man bei der Raummiete in der vertraglichen Festlegung eines bestimmten Einzugstermins des Mieters in aller Regel die Übernahme einer Garantie seitens des Vermieters zu sehen haben, daß dieser Termin auch unbedingt eingehalten wird, so daß der Vermieter dann bei einer Verzögerung der Übergabe der Wohnung auch ohne Verschulden dem Mieter ersatzpflichtig ist (vgl BGH LM Nr 24 zu § 242 [Be] BGB; LG Berlin FWW 1976, 24). Ein Ausschluß oder eine Einschränkung dieser Vermieterhaftung durch Formularverträge ist nicht möglich. Der Schadensersatzanspruch des Mieters umfaßt dabei vor allem die Kosten der Suche nach einer anderen Wohnung sowie gegebenenfalls die für die Ersatzwohnung zu zahlende, höhere Miete (LG Mannheim MDR 1970, 54). Hingegen kann der Mieter keinen Ersatz für die ihm abstrakt entgehenden Gebrauchsvorteile verlangen (BGHZ 66, 239; 66, 277; 70, 199).

9 **2. Erhaltung**

a) Der Vermieter muß die Sache dem Mieter nicht nur in einem zum vertragsmäßigen Gebrauch geeigneten Zustand überlassen; sondern er muß die Sache auch während der ganzen Vertragsdauer in diesem Zustand erhalten. Aus dieser Erhaltungspflicht folgt sowohl eine Instandhaltungs- und Instandsetzungspflicht des Vermieters als auch dessen Pflicht, alle Störungen des Mieters im vertragsmäßigen Gebrauch zu unterlassen und abzuwehren. Der Vermieter hat daher grundsätzlich kein Recht, die Mietwohnung gegen den Willen des Mieters zu betreten oder zu besichtigen.

aa) Sind die Räume zu gewerblichen Zwecken vermietet, so darf der Vermieter den Mieter im vertragsmäßigen Gebrauch der Räume nicht dadurch behindern, daß er Räume im selben Haus an **Konkurrenzunternehmen** vermietet (vgl. Mietrecht §§ 535, 536 Rz 35 ff; Glaser NJW 1953, 330; WRP 1963, 80; Fricke ZMR 1979, 227; Weimar WuM 1972, 118). Der Mieter genießt Konkurrenzschutz jedoch grundsätzlich nur gegen die Vermietung von Räumen im selben Haus an Geschäfte mit denselben **Hauptartikeln**, während Überschneidungen bei Nebenartikeln als unerheblich gelten (BGHZ 70, 79; BGH LM Nr 2, 3, 5, 6, 11/12 und 17 zu § 536 BGB). Eine solche Überschneidung bei Hauptartikeln liegt zB vor bei den verschiedenen Formen der Lebensmittelgeschäfte sowie etwa im Verhältnis zwischen einer Kantine und einem Kaffee mit Eisdiele (BGH LM Nr 6 zu § 536 BGB), zwischen einer Apotheke und einer Drogerie, zwischen einer Drogerie und einem Supermarkt mit ausgebauter Drogerieabteilung (BGH LM Nr 11/12 zu § 536 BGB), nicht jedoch im Verhältnis zwischen einer Apotheke und einer Selbstbedienungsdrogerie (OLG Frankfurt NJW 1982, 707). Der Konkurrenzschutz beschränkt sich auch grundsätzlich auf *dasselbe Grundstück* im Sinne einer wirtschaftlichen Einheit (RGZ 131, 274) und umfaßt daher nur in Ausnahmefällen auch ein demselben Vermieter gehörendes Nachbargrundstück (OLG Celle MDR 1964, 59; BGH LM Nr 17 zu § 536 BGB). **10**

Dieselben Grundsätze gelten grundsätzlich auch für die Vermietung von Praxisräumen an Angehörige der **freien Berufe** wie Ärzte und Anwälte, so daß sie ebenfalls idR Konkurrenzschutz durch die Unterlassung der Vermietung an konkurrierende Praxen verlangen können (BGHZ 70, 79; BGH Betrieb 1976, 2151; OLG Karlsruhe NJW 1972, 2224). Doch kommt hier alles ganz auf die Umstände des Einzelfalles an. So wird zB bei einem sog Ärztehaus grundsätzlich kein Arzt einen derartigen Konkurrenzschutz verlangen können. Dasselbe gilt bei der Vermietung von Läden in großstädtischen Einkaufsstraßen, wo sich ohnehin Laden an Laden reiht (LG Frankfurt MDR 1982, 234). **11**

bb) Der Vermieter muß den Mieter außerdem gegen alle **Störungen** im vertragsmäßigen Gebrauch schützen, die von Dritten, zB von Mitmietern, ausgehen (BGH LM Nr 8 zu § 536 BGB), freilich immer nur insoweit, wie auch der Mieter selbst aufgrund der §§ 862 und 906 (analog) von dem Dritten Unterlassung der Störung und namentlich der Lärmbelästigung **12**

verlangen könnte. Soweit der Mieter hiernach selbst von dem Dritten Unterlassung der Störung verlangen könnte, kann er mithin auch von dem Vermieter Abwehr der Störungen fordern (BGH LM Nr 1, 5 und 36 zu § 906 BGB; Nr 9 zu § 18 1. BMietG; Nr 15 zu § 823 [Ef] BGB; LG Braunschweig NJW 1954, 111; AG Hamburg ZMR 1982, 279). Derartige Lärmbelästigungen des Mieters stellen stets zugleich einen Mangel der Wohnung im Sinne des § 537 BGB dar.

13 **b)** Der Vermieter muß außerdem die vermietete Sache stets in einem zum vertragsmäßigen Gebrauch geeigneten Zustand erhalten (sog **Instandhaltungspflicht**) und, wenn die Sache sich nicht mehr in diesem Zustand befindet, sie wieder in diesen Zustand versetzen (sog *Instandsetzungspflicht*). Daraus folgt zunächst die Pflicht des Vermieters, schon vorbeugend sämtliche Maßnahmen zu ergreifen, die erforderlich sind, um von der Sache dem Mieter und seinen Angehörigen drohende Gefahren abzuwehren (sog *Verkehrssicherungspflicht*). Deshalb ist der Vermieter zB verpflichtet, für die Sicherung der vermieteten Räume gegen das Eindringen Unbefugter, insbes durch die Anbringung von Schlössern, zu sorgen (BGH LM Nr 2 zu § 535 BGB). Außerdem muß er alles Erforderliche tun, um die Sicherheit der Zu- und Abgänge, der Treppen und Flure sowie der Fahrstühle, Keller und Böden sicherzustellen (OLG Karlsruhe ZMR 1960, 306; LG Berlin WuM 1978, 230). Schließlich muß er auch die vermieteten Sachen einschließlich aller mitvermieteten Teile und Räume in regelmäßigen Abständen daraufhin überprüfen, ob sie sich in einem ordnungsgemäßen Zustand befinden oder ob dem Mieter von ihnen Gefahren drohen; doch dürfen dabei die Anforderungen an diese **Prüfungspflicht** des Vermieters nicht überspannt werden (BGH VersR 1966, 81; WM 1976, 537; 1969, 1011; LM Nr 3 zu § 538 BGB). Wenn der Vermieter im selben Haus wohnt, muß er auch dafür Sorge tragen, daß von seiner Wohnung den Wohnungen der Mieter keine Gefahren drohen (BGH LM Nr 39 zu § 278 BGB). Er ist deshalb ersatzpflichtig, wenn er es unterläßt, einen Wasserhahn abzudrehen, so daß Wasser in die Wohnungen der Mieter eindringt (BGH LM Nr 6 a zu § 536 BGB). Er ist außerdem verpflichtet, bei Schnee oder Eis die Zu- und Abgänge zu räumen und zu streuen (BGB VersR 1965, 364; KG NJW 1970, 2110). Er muß schließlich die Treppen und Flure beleuchten (str).

14 Die Instandsetzungspflicht des Vermieters endet erst bei völliger Zerstörung der vermieteten Sache (§ 275). Hier ergeben sich schwierige Abgrenzungsprobleme, wenn die Sache nur teilweise zerstört ist (s unten Vorbem 6 zu § 537). Keine Rolle spielt jedenfalls die finanzielle Leistungsfähigkeit des Vermieters (§ 279; LG Hamburg NJW 1976, 1320; LG Berlin WuM 1978, 230; LG Essen WuM 1983, 139).

III. Der vertragsmäßige Gebrauch

1. Allgemeines 15

Der Begriff des vertragsmäßigen Gebrauchs bezeichnet exakt die Grenze zwischen den Rechten und Pflichten der Mietvertragsparteien. Der Vermieter hat während der ganzen Vertragsdauer alles zu tun, um dem Mieter den vertragsmäßigen Gebrauch zu ermöglichen (§§ 535, 536). Entsprechend muß sich der Mieter während der ganzen Vertragsdauer strikt an die Grenzen des vertragsmäßigen Gebrauchs halten. Jede Überschreitung dieser Grenze ist vertragswidrig (§§ 550, 553) und kann den Mieter ersatzpflichtig machen (§ 548). Was jeweils im einzelnen zum vertragsmäßigen Gebrauch des Mieters gehört, richtet sich in erster Linie nach den Abreden der Parteien. Ergänzend sind stets die gesamten Umstände des Einzelfalles sowie insbes die Verkehrssitte zu berücksichtigen. Sind die Räume zB als Wohnräume vermietet, so dürfen sie grundsätzlich nicht für **gewerbliche Zwecke** genutzt werden (Glaser NJW 1956, 1265). Jedoch versteht es sich von selbst, daß die Angehörigen freier Berufe ebenso wie Wissenschaftler oder Schriftsteller normale Büroarbeiten auch in ihrer Wohnung ausüben dürfen. Aber auch sonstige, beschränkte, gewerbliche Tätigkeiten sind erlaubt, wenn davon keine Belästigung der anderen Mieter und keine Gefährdung des Mietobjektes zu besorgen sind, sofern nicht der Mietvertrag ausdrücklich das Gegenteil bestimmt (LG Wuppertal MDR 1971, 49). Deshalb sind idR zB zulässig die Erteilung von Unterricht an einzelne Schüler, geringfügige Heimarbeiten (LG Berlin WuM 1974, 258), geringfügige Büroarbeiten (LG Mannheim BB 1977, 1274; WuM 1978, 91) sowie die Beaufsichtigung von maximal drei fremden Kindern durch eine sog Tagesmutter (LG Hamburg NJW 1982, 2387).

Sind die Räume für bestimmte, gewerbliche Zwecke vermietet, so müssen 16
sie auch zur Aufnahme gerade dieses Gewerbebetriebs **geeignet** sein; andernfalls sind die Räume mangelhaft (BGH LM Nr 11 und 12/13 zu § 537 BGB; Nr 6 zu § 538 BGB; BB 1958, 575). Die vertragliche Bestimmung der Räume gerade für die Aufnahme eines bestimmten Gewerbebetriebes bedeutet auch nicht die endgültige Festlegung des Mieters gerade auf diesen Betrieb; vielmehr sind normale Erweiterungen des Gewerbebetriebes stets erlaubt. Dasselbe gilt aber auch für die Erweiterung des Betriebs durch die Aufnahme neuer Geschäftszweige, sofern dem Vermieter aufgrund der gesamten Umstände nach Treu und Glauben die Veränderung zuzumuten ist, weil der Mieter an ihr ein berechtigtes Interesse hat und ihr keine legitimen Interessen des Vermieters entgegenstehen (BGH LM Nr 1, 2 und 3 zu § 550 BGB).

17 **2. Bauliche Veränderungen**

Bauliche Veränderungen sind dem Mieter **grundsätzlich verwehrt**. Ohne Zustimmung des Vermieters vorgenommene, bauliche Veränderungen müssen mithin bei Rückgabe der Sache beseitigt werden (BGH LM Nr 54 zu § 535 BGB; LG Mannheim MDR 1969, 763). Von diesem Grundsatz gibt es nur wenige **Ausnahmen**: Erlaubt sind zunächst bauliche Veränderungen, soweit es sich bei ihnen um notwendige Verwendungen handelt (vgl §§ 538, 547). Erlaubt sind außerdem das Anbringen von Dübeln und Haken (LG Mannheim WuM 1975, 50), weiter das Bohren von Löchern, der Einbau eines Türspions (AG Hamburg WuM 1980, 197), die Verlegung von Teppichböden sowie die Aufstellung einer modernen Duschkabine im Badezimmer (LG Berlin ZMR 1975, 27), weil dies alles heute zum normalen, vertragsmäßigen Gebrauch bei einer Mietwohnung gehört.

18 **3. Anlagen des Mieters**

Aufgrund des technischen Fortschritts gehört heute die Aufstellung von **Waschmaschinen**, Trockenautomaten und Geschirrspülmaschinen zum selbstverständlichen Inhalt des vertragsmäßigen Gebrauchs bei der Wohnraummiete, so daß abweichende Bestimmungen in Mietverträgen nicht mehr möglich sind (§ 138 Abs 1; § 9 AGBG; zB LG Essen ZMR 1966, 211; AG Hildesheim NJW 1973, 519; AG Mülheim WuM 1981, 12; Glaser MDR 1969, 539, 577). Ebenso hat jeder Mieter ein unbedingtes Recht auf Installierung eines Fernsprechanschlusses (RGZ 116, 93; OLG Köln MDR 1968, 763) sowie auf Teilnahme am Rundfunk- und Fernsehprogramm, so daß er stets die dafür notwendigen **Außenantennen** anbringen darf, solange nicht der Vermieter eine den Ansprüchen der Mieter genügende Gemeinschaftsantenne zur Verfügung stellt; der Vermieter bleibt jedoch berechtigt, den Standort etwa erforderlicher Außenantennen der Mieter zu bestimmen (BayObLGZ 1981, 1 = NJW 1981, 1275; LG Hamburg ZMR 1965, 188; 1965, 381; 1978, 140; WuM 1978, 190). Die Grenzen des vertragsmäßigen Gebrauchs werden jedoch überschritten, wenn der Mieter eine Funksprechanlage oder eine Funkantenne anbringt, so daß hier in jedem Fall eine ausdrückliche Zustimmung des Vermieters erforderlich ist, zu deren Erteilung er nur (ausnahmsweise) verpflichtet ist, wenn er andernfalls treuwidrig handelte (§ 242; BayObLGZ 1981, 1; AG Aachen WuM 1982, 74; Glaser ZMR 1981, 193; Kleffmann ZMR 1981, 326).

4. Fahrzeuge des Mieters 19

Ein **Kraftfahrzeug** darf der Mieter auf dem Grundstück des Vermieters nur abstellen, wenn ihm dies vertraglich, zB durch die Vermietung einer Garage, erlaubt ist, sonst jedoch grundsätzlich nicht (LG Berlin ZMR 1964, 270; LG Oldenburg ZMR 1966, 208). Hingegen darf der Mieter, sofern nicht ausdrücklich etwas anderes vereinbart ist, **Fahrräder und Mopeds** in der Wohnung oder im Keller abstellen, sofern dort nicht leicht brennbare Flüssigkeiten gelagert sind (LG Berlin NJW 1957, 265; LG Augsburg NJW 1956, 1563). Eine Abstellung dieser Fahrzeuge im Hof braucht der Vermieter jedoch auch hier nicht zu dulden (LG Berlin ZMR 1964, 270).

5. Musikausübung 20

Der Betrieb von Rundfunk- und Fernsehgeräten sowie die Musikausübung, zB durch gelegentliches Klavierspiel, sind dem Mieter im normalen Rahmen **gestattet**. Die damit unvermeidlich verbundenen Störungen müssen die Mitmieter hinnehmen (OLG Hamm NJW 1981, 465). Überhaupt sind gelegentliche Lärmbelästigungen, etwa durch Familienfeiern oder kleine Kinder, bei dem Zusammenleben mehrerer Menschen in einem größeren Miethaus unvermeidlich und daher erlaubt. Die Grenzziehung im einzelnen ist freilich schwierig. Unzulässig ist jedenfalls jede Störung der Mitmieter während der üblichen Ruhestunden von 13 bis 16 Uhr und von 22 bis 8 Uhr. Auch Störungen, die den Rahmen des Normalen überschreiten, sind unzulässig, so daß nicht nur die Mitmieter (§§ 862, 906 analog), sondern auch der Vermieter aufgrund des Mietvertrages Unterlassung verlangen können.

6. Tierhaltung 21

Die Haltung von Tieren ist dem Mieter als Bestandteil des normalen, vertragsmäßigen Gebrauchs nur bei **Kleintieren** gestattet, von denen ihrer Art nach irgendwelche Störungen und Schädigungen unter keinen Umständen ausgehen können. Abgesehen von diesem Ausnahmefall bedarf hingegen die Tierhaltung in der Mietwohnung stets der **Zustimmung** des Vermieters. Das gilt – entgegen einer verbreiteten Meinung (zB LG Mannheim ZMR 1965, 191) – insbesondere auch für die Hundehaltung, weil sich bei ihr niemals ganz die Gefahr einer Gefährdung oder Belästigung von Mitbewohnern oder Nachbarn ausschließen läßt (OLG Hamm OLGZ 1981, 74 = WuM 1981, 53; Blank WuM 1981, 121; Mietrecht

Wohnung auch ohne weiteres vertraglich generell verbieten (BVerfG WuM 1981, 77; OLG Hamm aaO; LG Nürnberg-Fürth WuM 1981, 77). Hält der Mieter gleichwohl Tiere in der Wohnung, so kann der Vermieter stets Unterlassung der Tierhaltung verlangen, ohne genötigt zu sein, konkrete Störungen durch das Tier nachzuweisen (OLG Hamm aaO; OLG Hamburg ZMR 1963, 40; LG Hamburg MDR 1982, 146). Sobald der Vermieter aber einmal die Erlaubnis zu der Tierhaltung erteilt hat, kann er diese nur noch widerrufen, wenn er hierfür wichtige Gründe hat, namentlich wenn von dem Tier konkret nachweisbare Störungen ausgehen (OLG Hamburg ZMR 1957, 39; FWW 1962, 478; LG Berlin ZMR 1975, 217; SOJKA WuM 1983, 127).

22 **7. Die Aufnahme Dritter**

Zum vertragsmäßigen Gebrauch gehört auch die **Aufnahme** der nächsten Angehörigen, der Hausangestellten und des Pflegepersonals in der Wohnung (BGHZ 40, 252; 84, 36; OLG Hamm NJW 1982, 2876 = WuM 1982, 318). Hingegen ist die früher ganz allgemeine Meinung, daß vom vertragsmäßigen Gebrauch darüber hinaus auch die Aufnahme sonstiger Personen, zB der Besucher, Freunde oder Lebensgefährten umfaßt werde, solange ihnen nur nicht ein selbständiger Gebrauch an den Räumen eingeräumt wird (s Mietrecht §§ 535, 536 Rz 92 ff, § 549 Rz 3 a ff), mittlerweile vom OLG Hamm (aaO) in einem Rechtsentscheid abgelehnt worden. Diese Fälle fallen mithin fortan, sofern es sich nicht nur um eine ganz vorübergehende Aufnahme etwa von Besuchern handelt, unter § 549 (s dazu § 549 Rz 1 f).

23 **8. Heizung***

a) Allgemeines

Wenn eine Wohnung mit Heizung vermietet wird, ist der Vermieter verpflichtet, die Wohnung zu heizen. Die Versorgung mit Wärme gehört in diesem Fall zu dem dem Mieter vom Vermieter geschuldeten, vertragsmäßigen Gebrauch. Folglich kann der Mieter vom Vermieter Erfüllung verlangen, wenn der Vermieter nicht die erforderliche Wärme zur Verfügung stellt. Außerdem kann er mindern (§ 537), Schadensersatz verlangen (§ 538) sowie gegebenenfalls kündigen (§ 542). Der Umfang der **Heizpflicht des Vermieters** richtet sich ganz nach den Umständen. Entgegen

* **Schrifttum:** Mietrecht §§ 535, 536 Rz 77 bis 91; BÖTTCHER-MEINERT, Verbrauchsabhängige Wärmekostenabrechnung (1981); GLASER, Die Sammelheizung in Rechtsprechung und Schrifttum (8. Aufl 1980); ders Rechtsfragen zur Ölheizung im Mietwohnhaus (1964); PERUZZO, Heizkostenabrechnung nach Verbrauch (2. Aufl 1983); ders NJW 1981, 801.

einer verbreiteten Meinung beschränkt sie sich nicht auf die sog Heizperiode von Oktober bis April (vgl zB LG Mannheim ZMR 1962, 312; GLASER ZMR 1978, 33; WEIMAR WuM 1978, 21); vielmehr muß der Vermieter stets in der Weise heizen, daß in der Wohnung jederzeit die für die Zwecke des Mieters erforderliche Temperatur erreicht werden kann. Er muß deshalb zu jeder Jahreszeit und zu jeder Tages- und Nachtzeit die Heizung so betreiben, daß der Mieter, wenn er es wünscht, in seinen Räumen eine Wärme von 20 bis 22° erreichen kann (LG Kassel WuM 1964, 71; LG Hamburg ZMR 1961, 292; STÖVER WuM 1978, 138).

Der **Mieter** braucht hingegen nicht zu heizen. Es besteht keine Abnah- **24**
mepflicht des Mieters hinsichtlich der vom Vermieter bereitgestellten Wärme; er kann vielmehr auch auf die Beheizung seiner Räume verzichten, solange er nur dafür Sorge trägt, daß davon dem Mietobjekt keine Gefahren drohen (AG Steinfurt WuM 1981, 230). Auch bei einer Etagenheizung besteht folglich keine Betriebspflicht des Mieters (LG Hannover ZMR 1961, 295).

b) Umlage der Kosten **25**

aa) Für Wohnungen, die dem WoBindG unterliegen, gelten für die Umlage der Heizkosten ausschließlich die §§ 20 und 22 NMV 1970 idF vom 18. 7. 1979 (BGBl I 1103; vgl dazu BGH LM Nr 9 zu WoBindG 1965). Bei allen anderen Räumen richtet sich hingegen seit dem 1. 3. 1981 die Umlage der Heizkosten nach der **HeizkostenVO** vom 23. 2. 1981 (BGBl I 261). Diese Verordnung gilt für den Betrieb zentraler Heizungsanlagen und zentraler Warmwasserversorgungsanlagen sowie für die Lieferung von Fernwärme und Fernwasser (§ 1 Abs 1 VO). Ihr Anwendungsbereich ergibt sich im einzelnen aus den §§ 1 bis 3 und 11 (vgl auch die Übergangsbestimmung in § 12). Aufgrund der Verordnung ist die sog **Kaltmiete** jetzt die gesetzliche Regel. Der Vermieter muß deshalb die Räume mit Wärmezählern oder Heizkostenverteilern versehen (§§ 4, 5 VO). Der so erfaßte Energieverbrauch ist zu mindestens 50 und höchstens 70% verbrauchsabhängig auf die Mieter umzulegen, während für die übrigen Kosten andere Verteilungsmaßstäbe in Betracht kommen (§§ 6 bis 9). Welche Kosten umgelegt werden können, sagen dabei im einzelnen die §§ 7 Abs 2 bis 4 und 8 Abs 2 bis 4. Abweichende Vereinbarungen sind nur noch in ganz engen Grenzen möglich (§§ 2 und 10 VO). Ergänzend greift § 4 MHRG ein, nach dem der Vermieter insbesondere auch jede Erhöhung der Betriebskosten auf die Mieter umlegen darf.

bb) Jenseits des Anwendungsbereichs der NMV und der HeizkostenVO **26**
war hingegen bisher die sog **Warmmiete** die gesetzliche Regel (vgl § 546), so daß mangels abweichender Vereinbarungen der Parteien davon auszugehen war, daß mit dem Mietzins auch sämtliche, sonstigen Leistungen des

Vermieters einschließlich der Heizung der Räume abgegolten waren (BGH WM 1970, 95; OLG Frankfurt WuM 1972, 42). Hatten die Parteien eine abweichende Vereinbarung getroffen, so richtete es sich ganz nach ihren Abreden, welche Kosten im einzelnen umgelegt werden durften; ein Rückgriff auf § 22 NMV iVm § 27 der II. BV war insoweit nur bei ausdrücklicher Vereinbarung der Parteien möglich, sonst hingegen nicht (BGH WM 1970, 95; AG Wangen WuM 1981, 131; anders für einen Ausnahmefall LG Köln WuM 1982, 277). Wegen der heute nur noch in Ausnahmefällen interessierenden Einzelheiten vgl im übrigen Mietrecht §§ 535, 536 Rz 82 – 85 b m zahlr Nachw.

27 **c) Abrechnung**

Soweit die Heizkosten nach dem Gesagten umlagefähig sind, ist der vom Mieter geschuldete Betrag erst *fällig*, wenn der Vermieter darüber abgerechnet hat. Die Abrechnung muß § 259 entsprechen und nachprüfbar sein. Der Mieter muß sie *nachvollziehen* können. Deshalb muß die Abrechnung klar, übersichtlich und verständlich sein. Auch bei großen Mietobjekten müssen im einzelnen die Gesamtkosten, der Verteilungsschlüssel, die Berechnung des Anteils der einzelnen Mieter und die Vorauszahlungen angegeben werden. Vor einer solchen Abrechnung über die Heizkosten ist der vom Mieter geschuldete Betrag nicht fällig (grdleg BGH NJW 1982, 573 = LM Nr 21 zu § 259 BGB; OLG Hamm WuM 1981, 62; 1982, 72). Der Mieter muß außerdem die Möglichkeit haben, die Abrechnung **nachzuprüfen**. Dazu genügt es nicht, wenn der Vermieter dem Mieter die Möglichkeit gibt, die Belege in seiner Wohnung einzusehen; der Vermieter muß vielmehr die Belege dem Mieter auf Verlangen in dessen Wohnung vorlegen (§ 269; LG Hanau WuM 1981, 102; LG Mainz WuM 1979, 116; str). Die *Beweislast* für die Richtigkeit aller Einzelposten trägt der Vermieter (LG Köln ZMR 1969, 14). Sobald aber der Mieter auf die Schlußabrechnung hin vorbehaltlos gezahlt hat, sind damit alle gegenseitigen Forderungen erledigt (LG Lüneburg MDR 1979, 759; LG Marburg ZMR 1980, 153).

28 Der Vermieter darf die Abrechnung nicht ungebührlich verzögern, will er nicht Gefahr laufen, daß er den Anspruch gegen den Mieter auf Erstattung der Heizkosten **verwirkt**. Entgegen einer früher verbreiteten Meinung genügt jedoch für die Annahme der Verwirkung nicht der bloße Zeitablauf; vielmehr kommt es dafür immer ganz auf die gesamten Umstände des Einzelfalles und insbesondere darauf an, ob der Mieter darauf vertrauen durfte, daß der Vermieter von ihm keine Heizkostenerstattung mehr verlangen werde (so KG WuM 1981, 270 = ZMR 1982, 182; OLG Karlsruhe WuM 1981, 271 = ZMR 1982, 184; OLG Hamm WuM 1982, 62).

29 Auch aus dem Umstand, daß der Vermieter in bestimmter Höhe **Voraus-**

zahlungen verlangt hatte (vgl § 4 Abs 1 MHRG), ergibt sich allein noch kein Vertrauenstatbestand zugunsten des Mieters, so daß Nachforderungen grundsätzlich unbegrenzt möglich sind, wenn sich später die Kosten als wesentlich höher erweisen (OLG Stuttgart WuM 1982, 272).

Nur wenn eine **Heizkostenpauschale** vereinbart worden ist, entfällt eine 30
Abrechnung über die tatsächlichen Kosten. Eine solche Abrede kann, muß aber nicht zugleich bedeuten, daß der Vermieter auch keine Erhöhung bei einer zwischenzeitlichen Kostensteigerung verlangen kann (vgl OLG Zweibrücken WuM 1981, 153; LG Essen ZMR 1982, 79; LG Münster WuM 1978, 230). Bleibt hiernach eine Erhöhung der Pauschale wegen zwischenzeitlicher Kostensteigerungen möglich, so richtet sich die Erhöhung nach § 4 Abs 2 MHRG.

IV. Pflichten des Mieters

1. Mietzins 31

a) Allgemeines

Hauptleistungspflicht des Mieters ist die Zahlung des Mietzinses (§ 535 S 2). In der Vereinbarung von Art und *Höhe* des Mietzinses sind die Parteien frei, soweit nicht ausnahmsweise, insbes aufgrund des WoBindG, gesetzliche Vorschriften eingreifen. Für die Erhöhung des Mietzinses gilt bei Wohnraummietverhältnissen jedoch das MHRG. In jedem Fall ist die Mietzinsschuld eine einheitliche Schuld des Mieters, wobei der Mietzins sowohl in einer einmaligen Leistung als auch in wiederkehrenden Leistungen in beliebigen Zeitabschnitten bestehen kann (BGH LM Nr 2 zu § 69 KO = NJW 1976, 2264). Die Höhe des Mietzinses kann außerdem ganz oder teilweise nach den vom Mieter erzielten Umsätzen bestimmt werden. Bei Vereinbarung einer solchen **Umsatzmiete** liegt ein sog partiarisches Rechtsverhältnis, nur ausnahmsweise hingegen eine Gesellschaft im Sinne des § 705 vor (RGZ 149, 88; 160, 361). Besonders verbreitet sind solche Abreden bei Miet- oder Pachtverträgen über Unternehmen, Landgüter, freiberufliche Praxen oder Apotheken (BGH ZMR 1979, 238). Erbringt der Mieter nur *Teilleistungen*, so gilt für deren Verrechnung § 366, so daß das Bestimmungsrecht grundsätzlich dem Mieter zusteht (BGH LM Nr 4 zu § 366 BGB; LG Mannheim WuM 1975, 97; Oske WuM 1981, 49). **Mehrwertsteuer** auf den Mietzins kann der Vermieter idR nicht verlangen, da Mietverträge über Grundstücke grundsätzlich von der Umsatzsteuer befreit sind (§ 4 Nr 12 a UmsStG; LG Mannheim WuM 1976, 92).

b) Zahlung des Mietzinses 32

Erfüllungsort für den Mieter ist grundsätzlich der Wohnsitz oder der Ort der gewerblichen Niederlassung des Mieters, selbst wenn das Mietgrundstück an einem anderen Ort gelegen ist (§ 269). Im letzteren Fall wird sich jedoch häufig aus den Abreden der Parteien etwas anderes ergeben (RGZ 99, 257; 140, 67, 69 ff). Hieraus und aus § 270 folgt, daß die Mietzinsschuld grundsätzlich **Schickschuld** und nicht Bringschuld ist, so daß der Mieter nur die Transportgefahr, nicht jedoch die sog Verzögerungsgefahr trägt. Er hat mithin rechtzeitig geleistet, wenn er den geschuldeten Betrag nur rechtzeitig abgesandt hat. Wegen etwaiger Aufrechnungsverbote siehe § 552 a.

33 **c) Verzug**

Im Falle des Verzugs des Mieters mit der Mietzinszahlung verdrängt § 554 für seinen Anwendungsbereich den § 326, so daß spätestens nach Übergabe der Sache an den Mieter ein Rücktritt des Vermieters aufgrund des § 326 nicht mehr möglich ist. An die Stelle des Rücktritts tritt vielmehr das **Kündigungsrecht** des Vermieters (BGHZ 50, 312). Unberührt bleibt jedoch auf jeden Fall der Schadensersatzanspruch des Vermieters aus § 283 oder § 326. Die Folgen des Konkurses der Parteien regeln die §§ 19–21 KO (s BGHZ 71, 189; 72, 263).

34 **d) Verjährung**

Die Verjährungsfrist für Mietzinsansprüche beträgt **4 Jahre** (§ 197). Dieselbe Verjährungsfrist gilt auch für Nebenkostenansprüche des Vermieters; jedoch beginnt die Verjährungsfrist hier erst mit Vorlage einer nachprüfbaren Berechnung der Nebenkostenansprüche (s oben Rz 27) zu laufen (OLG Hamm WuM 1982, 72). Nur für die gewerbsmäßige Vermietung beweglicher Sachen gilt nach § 196 Abs 1 Nr 6 eine Verjährungsfrist von **zwei Jahren**. Zur Verwirkung von Nebenkostenansprüchen s oben Rz 28.

35 **2. Abnahmepflicht**

Den Mieter trifft grundsätzlich keine Abnahme- und Gebrauchspflicht. Er ist zum vertragsmäßigen Gebrauch der ihm vermieteten Sache lediglich berechtigt, nicht aber verpflichtet, so daß er durch die Nichtentgegennahme der Sache nur in Annahmeverzug gerät, ohne daß sich dadurch freilich etwas an seiner Verpflichtung zur Mietzinszahlung änderte (BGH LM Nr 8 zu § 581 BGB; Nr 4 zu § 133 [A] BGB; ZMR 1979, 238). Jedoch kann eine **Gebrauchspflicht** des Mieters jederzeit, auch konkludent, vereinbart werden (RGZ 138, 192; 138, 202). So kann sich insbes bei der Vermietung gewerblicher Objekte aus der Vereinbarung einer Umsatzmiete zugleich eine Betriebspflicht des Mieters ergeben; notwendig ist dieser Schluß jedoch auch hier nicht (RGZ 149, 88, 90 f; 160, 361, 368 f;

BGH LM Nr 3 zu § 242 [Bf] BGB; ZMR 1979, 238; für Einfamilienhäuser vgl auch AG Mönchengladbach-Rheydt ZMR 1981, 210).

3. Obhutspflicht 36

Sobald dem Mieter die Sache überlassen worden ist, muß er mit der fremden Sache des Vermieters sorgfältig und pfleglich umgehen. Eine besondere Ausprägung dieser Obhutspflicht ist die Anzeigepflicht des Mieters auftrund des § 545 (BGHZ 68, 281; RGZ 84, 222; 93, 39; 106, 133). Die Obhutspflicht *beginnt*, sobald dem Mieter die Sache überlassen worden ist, und endet erst mit der tatsächlichen Rückgabe der Mietsache ohne Rücksicht darauf, ob der Vertrag schon früher abgelaufen ist (BGH LM Nr 2 zu § 556 BGB). Sie erstreckt sich nicht nur auf das eigentliche Vertragsobjekt, sondern *umfaßt* auch sämtliche, mitvermieteten Sachen und Räume (RGZ 59, 161; 75, 118; 106, 133). *Inhaltlich* geht die Obhutspflicht vor allem dahin, alle genannten Sachen sorgfältig und pfleglich zu behandeln und nach Möglichkeit vor Schäden zu bewahren (OLG Düsseldorf ZMR 1965, 51). Folglich muß der Mieter, wenn er für längere Zeit *verreist*, dafür Sorge tragen, daß in der Zwischenzeit auftretende Mängel erkannt und behoben werden können, weshalb er verpflichtet ist, die Wohnungsschlüssel einer vertrauenswürdigen Person oder dem Vermieter zu übergeben (BGH LM Nr 49 zu § 535 BGB). Kümmert sich jedoch der Dritte, dem der Mieter die Schlüssel übergeben hat, nicht um die Wohnung, so haftet der Mieter für dadurch verursachte Schäden nach § 278 (LG Berlin ZMR 1982, 86). Der Mieter ist außerdem verpflichtet, die Räume ordnungsgemäß zu *säubern* und zu lüften, ohne daß der Vermieter freilich dem Mieter insoweit ins einzelne gehende Vorschriften machen könnte (LG Kaiserslautern MDR 1981, 107). Beim Auftreten von Mängeln ist der Mieter schließlich zur Duldung von Erhaltungsmaßnahmen verpflichtet, wenn nur so eine Behebung der Mängel möglich ist (s §§ 541 a, 541 b Rz 2 ff). Bei **Verstößen** gegen die Obhutspflicht kann der Vermieter sowohl Schadensersatz als auch Unterlassung verlangen; in schwerwiegenden Fällen kann er außerdem kündigen (§§ 550, 553; BGH LM Nr 2 zu § 566 BGB).

4. Duldungspflicht 37

Duldungspflichten des Mieters können sich aus den §§ 541 a, 541 b und 559 ff sowie im Einzelfall aus § 242 ergeben. Darüberhinaus ist umstritten, ob der Mieter verpflichtet ist, eine **Besichtigung** der Wohnung durch den Vermieter zu dulden (dafür zB Glaser ZMR 1954, 4; Oswald ZMR 1960, 129; Stegmaier ZMR 1963, 166; Weimar BlGBW 1974, 107). Ohne ausdrückliche Abrede kann es jedoch kein Besichtigungsrecht des Vermieters gegen den Willen des Mieters geben. Etwas anderes kann nur gelten, wenn der Sache schwere Gefahren drohen (LG Bremen BlGBW 1964, 159), wenn der Vermieter das Haus verkaufen will und Kaufinteressenten das Haus besichtigen wollen, sowie nach Kündigung des Mieters, da der Vermieter die Möglichkeit haben muß, neuen Mietinteressenten die Wohnung vorzuführen (RGZ 106, 270). Auch in diesen Ausnahmefällen kommt jedoch eine Besichtigung der Wohnung durch den Vermieter immer nur zu den üblichen Tageszeiten sowie nach vorheriger Anmeldung in Betracht (vgl LG Berlin WuM 1980, 185; LG Mannheim DWW 1976, 261; AG Neustadt WuM 1979, 143).

38 **5. Schönheitsreparaturen***

a) Begriff
Unter den Schönheitsreparaturen versteht man seit der Definition in der Preußischen AusführungsVO zum Reichsmietengesetz vom 17. 4. 1924 (GS 553) das Tapezieren, Anstreichen oder Kalken der Wände und Dekken, das Streichen der Fußböden, Heizkörper, Heizrohre und Innentüren sowie der Fenster und Außentüren von innen (BGHZ 49, 56; BGH ZMR 1980, 378, 380; LG Marburg ZMR 1980, 180). Zu den Schönheitsreparaturen gehört mithin nur die Beseitigung solcher Mängel, die durch das normale Abwohnen hervorgerufen werden, nicht jedoch die Beseitigung sonstiger Mängel. Beispiele sind die Beseitigung eines vom Mieter verlegten Teppichbodens (LG Hannover ZMR 1971, 26; 1971, 27), die Erneuerung einer Wandbespannung anstelle einer Tapete (BGH ZMR 1980, 378, 380), nicht jedoch das Abschleifen oder Versiegeln von Fußböden, das Auswechseln von Teppichböden oder die Beseitigung von Dübeln (BGHZ 65, 359, 364).

39 **b) Schuldner**
aa) Gemäß § 536 obliegen alle Schönheitsreparaturen an sich dem Vermieter (OLG Karlsruhe WuM 1982, 292; LG Köln WuM 1975, 37; LG Mannheim WuM 1976, 49; LG Hamburg WuM 1977, 119). IdR wird jedoch vertraglich die Verpflichtung des Vermieters zur Vornahme der Schönheitsreparaturen auf den Mieter *abgewälzt*. Eine Verkehrssitte dieses Inhalts gibt es gleichwohl nicht; die **Abwälzung** bedarf vielmehr stets einer

* **Schrifttum:** Mietrecht §§ 535, 536 Rz 142–149 a sowie Frotz NJW 1963, 884; Glaser, Das Recht der Schönheitsreparaturen (3. Aufl 1983); Gundlach NJW 1976, 787; Hadding JuS 1969, 407; Krappen ZMR 1978, 193; Oske, Schönheitsreparaturen (1978); Röchling WuM 1982, 171.

ausdrücklichen und eindeutigen Vereinbarung der Parteien (OLG Celle WuM 1980, 185; LG Berlin ZMR 1964, 362; AG Hannover WuM 1981, 84). Deshalb genügen zB Klauseln, nach denen der Mieter die Wohnung in vertragsmäßigem oder ordnungsgemäßem Zustand zurückzugeben habe, für die Abwälzung der Schönheitsreparaturen nicht (§ 548; LG Koblenz MDR 1976, 143; LG Köln WuM 1975, 245; LG Mannheim ZMR 1968, 321; Herpers WuM 1976, 45).

bb) Schranken für die Abwälzung der Schönheitsreparaturen auf den Mie- **40**
ter können sich im Einzelfall aus den §§ 550 a und 557 a sowie aus § 9 WohnBindG ergeben. Dagegen verstoßen insbes alle Klauseln, nach denen der Mieter – über die Durchführung der allgemeinen Schönheitsreparaturen während der Vertragsdauer hinaus – für den Fall der Vertragsbeendigung *nochmals* zusätzlich zur Renovierung der gesamten Wohnung verpflichtet wird. Das gilt auch und gerade für Formularmietverträge (§ 9 AGBG; OLG Hamm OLGZ 1981, 211 = WuM 1981, 77; OLG Frankfurt WuM 1981, 272; LG Mannheim WuM 1981, 87). Dasselbe gilt für alle Klauseln, durch die der Mieter ganz oder teilweise an den Kosten der erneuten Renovierung bei Auszug beteiligt wird (LG Mannheim aaO). Umstritten ist hingegen, ob der Mieter durch **Formularvertrag** verpflichtet werden kann, *während* der Vertragsdauer entsprechend einem üblichen Wirtschaftsplan die turnusmäßig notwendigen Schönheitsreparaturen durchzuführen. Von der hM wird diese Frage bejaht (OLG Karlsruhe NJW 1981, 2823; OLG Stuttgart WuM 1982, 124; OLG Bremen WuM 1982, 317), und zwar auch für gemeinnützige Wohnungsunternehmen, jedenfalls wenn der Mietzins entsprechend gemindert wird (OLG Hamm OLGZ 1981, 470 = WuM 1981, 196). Zulässig soll es dementsprechend auch sein, den Mieter prozentual an den Kosten der Schönheitsreparaturen zu beteiligen, wenn er vor Ablauf der jeweiligen Renovierungsfristen auszieht (OLG Stuttgart aaO; dagegen aber offenbar OLG Karlsruhe WuM 1982, 291). Diese Meinung verstößt jedoch gegen § 9 AGBG in Verbindung mit § 536 und ist daher abzulehnen (s Mietrecht Vorbem 148 e zu §§ 535, 536; Sonnenschein NJW 1980, 1713). Auf jeden Fall unzulässig ist aber die Abwälzung der Schönheitsreparaturen, wenn dem Mieter bei Einzug noch nicht einmal eine renovierte Wohnung übergeben wird, weil er sonst die Wohnung gleich zweimal renovieren müßte (LG Kassel WuM 1982, 245; AG Hannover WuM 1982, 72).

c) Umfang **41**

Der konkrete Umfang der von dem Mieter geschuldeten Schönheitsreparaturen hängt stets ganz von den (eng auszulegenden) Abreden der Parteien ab, so daß sich allgemeine Regeln kaum aufstellen lassen (LG Mannheim FWW 1977, 94). Insbesondere ist es auch eine Frage der Auslegung der Parteiabreden im Einzelfall, ob der Mieter schon *während* der Vertragsdauer die jeweils fällig werdenden Schönheitsreparaturen durchführen muß oder ob er, wenn er sich mit dem mangelhaften Zustand seiner Wohnung abfindet, damit auch bis Vertragsende warten kann. Im Zweifel ist aber nach hM davon auszugehen, daß der Vermieter auch schon während des Laufs des Vertrages den **Erfüllungsanspruch** auf Vornahme der jeweils fälligen Schönheitsreparaturen haben soll.

42 Auch die *Fälligkeit* der einzelnen Maßnahmen richtet sich ganz nach den Abreden der Parteien. Nur wenn solche Abreden fehlen, ist davon auszugehen, daß die einzelnen Maßnahmen fällig sind, wenn sich die Räume nicht mehr in einem zur Weiterveräußerung geeigneten Zustand befinden (BGH WuM 1982, 296). Aus Gründen der leichteren Rechtsanwendung gehen die Gerichte hierbei idR davon aus, daß der Mieter die Schönheitsreparaturen nach einem normalen **Wirtschaftsplan** durchführen lassen muß, wobei für Wohnräume meistens ein fünf- bis sechsjähriger und für Küche und Bad ein zwei- bis dreijähriger Renovierungsturnus angenommen wird (LG Köln WuM 1976, 51; 1977, 5; LG Mannheim WuM 1975, 50; ZMR 1977, 153; OLG Bremen WuM 1982, 317).

43 Hat der Mieter diesem Wirtschaftsplan entsprechend alle jeweils fälligen Schönheitsreparaturen durchgeführt, so hat er damit alles getan, wozu er verpflichtet ist. Mangels abweichender Abreden braucht er dann bei *Vertragsende* **nicht** erneut die Wohnung zu renovieren, auch wenn inzwischen einzelne Räume schon wieder abgewohnt sind (BGH WM 1982, 333, 334; OLG Hamm MDR 1965, 548; OLG Bremen WuM 1982, 317; OLG Karlsruhe WuM 1982, 291). Entgegen einer verbreiteten Meinung kann der Vermieter in diesem Fall also nicht verlangen, daß sich auch bei Vertragsende sämtliche Räume in einem Zustand befinden, der es ihm erlaubt, die Räume sofort ohne weitere Arbeiten zu Wohnzwecken wieder zu vermieten (so aber BGHZ 49, 56, 58; BGH WarnR 1965 Nr. 181; LG Koblenz MDR 1978, 55). Jedoch kann der Mieter durch eine besondere, zusätzliche Abrede auch die Verpflichtung übernehmen, daß sich bei seinem Auszug stets die ganze Wohnung in einem zur Weitervermietung geeigneten Zustand befindet. Das muß aber ausdrücklich und eindeutig geschehen und ist nur durch Individualabrede möglich (s oben Rz 40).

44 Streitig ist die Rechtslage, wenn der Vermieter sofort nach Auszug des Mieters mit umfangreichen **Umbauarbeiten** beginnt, die sämtliche Renovierungsarbeiten des Mieters als sinnlos erscheinen lassen. Während nach Meinung des BGH der Vermieter in diesem Fall nach Treu und Glauben einen Ausgleichsanspruch gegen den Mieter hat (BGHZ 77, 301 m abl Anm EISENSCHMID WuM 1980, 241; EMMERICH JuS 1981, 145 und GRAEFE NJW 1981, 48; wie der BGH aber OLG Schleswig WuM 1983, 75, 76), geht die hM zutreffend davon aus, daß dann die Renovierungspflicht des

Mieters ersatzlos entfällt (LG Köln WuM 1977, 253; LG Mannheim WuM 1978, 85; LG Hamburg WuM 1978, 208).

d) Schadensersatzanspruch 45

Wenn der Mieter die Verpflichtung zur Vornahme der Schönheitsreparaturen übernimmt, handelt es sich um eine Hauptleistungspflicht, die gleichberechtigt neben die Verpflichtung zur Mietzinszahlung tritt (BGH LM Nr 20 zu § 326 [A]BGB; BGHZ 77, 301; ZMR 1981, 307; WM 1982, 332; 1982, 1329; OLG Karlsruhe WuM 1982, 291; OLG Hamm WuM 1983, 76, 77; OLG Schleswig WuM 1983, 75, 76). Folglich kann der Vermieter von dem Mieter unter den Voraussetzungen des *§ 326* Schadensersatz verlangen, wenn der Mieter auszieht, ohne die geschuldeten Schönheitsreparaturen durchgeführt zu haben. Der Schadensersatzanspruch des Vermieters setzt mithin grundsätzlich eine **Nachfristsetzung** mit Ablehnungsandrohung nach Verzugseintritt voraus. Durch Formularvertrag kann nichts Abweichendes bestimmt werden (§ 11 Nr 4 AGBG; OLG Karlsruhe WuM 1982, 291; LG Berlin WuM 1980, 243; LG Freiburg ZMR 1981, 273). In dem Auszug des Mieters ohne Durchführung der Schönheitsreparaturen wird jedoch oft eine endgültige Erfüllungsverweigerung liegen, die eine Nachfristsetzung entbehrlich macht; auch die Voraussetzungen des § 326 Abs 2 werden dann häufig erfüllt sein (BGHZ 49, 56, 59 f; BGH WuM 1981, 260; WM 1982, 332, 334; OLG Celle WuM 1982, 317). Als **Schäden** des Vermieters werden idR die Reparaturkosten, die Wertminderung der Wohnung und der infolgedessen ihm entgehende, zusätzliche Mietzins im Falle der Weitervermietung in Betracht kommen (BGHZ 49, 56, 60 f; OLG Hamm WuM 1983, 76, 77). Nach hM entfällt der Schadensersatzanspruch des Vermieters auch nicht, wenn es ihm im Falle der Weitervermietung der Wohnung gelingt, die vom ersten Mieter vertragswidrig unterlassenen Schönheitsreparaturen auf den neuen Mieter abzuwälzen (BGHZ 49, 56, 61 ff; KG ZMR 1963, 137; NJW 1964, 725; OLG Köln ZMR 1968, 10). Dabei ist jedoch übersehen worden, daß die beiden Mieter Gesamtschuldner sind, so daß der Vermieter die Schönheitsreparaturen von ihnen auf jeden Fall nur einmal verlangen kann (OLG Hamm NJW 1964, 1373; LG Kassel NJW 1975, 1842).

6. Reparaturpflicht 46

Auch die Instandhaltungs- oder Instandsetzungspflicht des Vermieters kann durch Individualabrede ganz oder partiell auf den Mieter abgewälzt werden. Besonders häufig ist die Abrede, daß der Mieter alle Reparaturen bis zu einem bestimmten Höchstbetrag übernimmt oder sich an sämtlichen Reparaturen bis zu einem bestimmten Betrag beteiligen muß (s OLG Köln

ZMR 1968, 10; LG Frankfurt ZMR 1968, 112). Solche Klauseln sind stets ganz eng auszulegen. Deshalb bedeutet die Übernahme der Instandhaltungspflicht durch den Mieter nicht zugleich auch die Übernahme der weitergehenden Instandsetzungspflicht, die folglich beim Vermieter verbleibt (LG Mannheim ZMR 1976, 209; DWW 1976, 165; LG Hamburg WuM 1976, 146). Auch müssen die übernommenen Pflichten für den Mieter überschaubar bleiben. Danach zuweit gehende Klauseln können im Einzelfall durchaus sittenwidrig sein (§ 138 Abs 1; AG Köln WuM 1980, 245; 1981, 101). Weitere Schranken können sich im Einzelfall aus § 9 Abs 7 WoBindG und generell aus § 537 Abs 3 ergeben. Auf keinen Fall ist die **Abwälzung** der Reparaturpflicht des Vermieters auf den Mieter durch Formularverträge möglich (§§ 9, 11 Nr 10 lit a AGBG; ebenso LG Freiburg WuM 1982, 74; AG Krefeld ZMR 1980, 113; AG Friedberg WuM 1980, 112; 1980, 220; str).

Vorbemerkungen zu § 537

Leistungsstörungen bei der Miete

Schrifttum: Beuthien, Zweckerreichung und Zweckstörung im Schuldverhältnis (1969); Brox-Elsing JuS 1976, 1; Diederichsen JZ 1964, 24; Emmerich, Das Recht der Leistungsstörungen (1978); Hassold NJW 1974, 1743; 1975, 1863; ders JuS 1975, 550; I Koller, Die Risikozurechnung bei Vertragsstörungen in Austauschverträgen (1979); Köhler, Unmöglichkeit und Geschäftsgrundlage bei Zweckstörungen im Schuldverhältnis (1971); Larenz, Geschäftsgrundlage und Vertragserfüllung (3. Aufl 1965); Schopp ZMR 1982, 193; Stötter NJW 1971, 2282; Todt, Die Schadensersatzansprüche des Käufers, Mieters und Werkbestellers aus Sachmängeln (1970); ders BB 1971, 680; Weimar, Die Sachmängelhaftung im Mietrecht (1957).

1 In den §§ 537 bis 544 regelt das Gesetz verschiedene Formen der **Leistungsstörungen** bei Mietverträgen, so daß zunächst das Verhältnis dieser speziellen, mietrechtlichen Vorschriften zu den allgemeinen Vorschriften über Leistungsstörungen geklärt werden muß, bevor in die Erörterung der Einzelheiten eingetreten werden kann. Zu beginnen ist dabei mit der Betrachtung der Unmöglichkeit.

I. Unmöglichkeit

2 **1. Anfängliche Unmöglichkeit**

a) Nach *§ 306* ist ein Mietvertrag nichtig, wenn die vermietete Sache bei Vertragsschluß nicht existiert, es sei denn, der Vermieter hätte ausdrücklich oder konkludent mit dem Vertrag die Verpflichtung zur Herstellung der Sache übernommen. Bei der Vermietung einer bei Vertragsschluß *noch* nicht vorhandenen Sache wird sogar in aller Regel eine Verschaffungsschuld vorliegen, so daß dann für die Anwendung des § 306 kein Raum ist. Auch bei anfänglichen Rechtsmängeln geht § 541 dem § 306 vor.

Ist die Mietsache schon bei Vertragsschluß mit **Mängeln** behaftet, so war **3** früher umstr, ob § 306 oder § 538 den Vorrang hat (vgl zuletzt OLG Hamm ZMR 1968, 200; OLG Celle OLGZ 1974, 197). Die Frage ist heute zugunsten des generellen Vorrangs des § 538 entschieden. Auch wenn es sich um unbehebbare Mängel handelt, greift folglich in jedem Fall die Garantiehaftung des Vermieters für anfängliche Mängel ein; § 306 ist auf solche Fälle nicht mehr anwendbar (BGH LM Nr 26 zu § 537 BGB = NJW 1980, 777).

b) Keine Geltung besitzt § 306 für Fälle des anfänglichen **Unvermögens** des **4** Vermieters, wie sie etwa vorliegen, wenn sich die vermietete Sache im Besitz oder im Eigentum eines Dritten befindet. Der Vertrag ist folglich wirksam, so daß der Mieter stets Erfüllung und bei Nichterfüllung Schadensersatz verlangen kann. Für die Mehrzahl der Fälle folgt dies schon aus den §§ 541 und 538, im übrigen aus der Garantiehaftung des Vermieters für seine Leistungsfähigkeit im Augenblick des Vertragsschlusses (vgl dazu BGHZ 85, 267; einschränkend EMMERICH, Leistungsstörungen 30 ff sowie unten § 541 Rz 4).

2. Nachträgliche Unmöglichkeit **5**

a) Die §§ 537 bis 544 enthalten nur insoweit eine Sonderregelung der Leistungsstörungen, als es um die Folgen von Sach- und Rechts*mängeln* geht, nicht hingegen für den Fall der völligen **Zerstörung** der Mietsache, so daß sich hier die Rechtsfolgen allein nach den allgemeinen Vorschriften über die Unmöglichkeit richten. Entscheidend ist mithin ausschließlich, wer die Unmöglichkeit zu vertreten hat, während es keine Rolle spielt, ob dem Mieter die Sache bereits überlassen war oder nicht (RGZ 146, 60, 64 f; 157, 363, 367; BGHZ 38, 295, 301 f; BGH LM Nr 1 zu § 247 BGB; Nr 15 zu § 536 BGB; Nr 27 zu § 571 BGB; Nr 2 zu § 581 BGB).

aa) Wenn der Vermieter die Unmöglichkeit *nicht* zu vertreten hat, wird er **6** frei (§ 275). Anders als im Falle der bloßen Beschädigung der Sache (§ 536) ist er dann auch nicht zur Neuherstellung der Sache verpflichtet. Für die häufig schwierige **Abgrenzung** zwischen der Zerstörung der Sache und ihrer bloßen Beschädigung kommt es vor allem darauf an, ob die partielle Zerstörung der Sache wirtschaftlich ihrer vollständigen Zerstörung gleichsteht (BGH LM Nr 15 zu § 536 BGB; VersR 1977, 526), sowie darauf, ob die Wiederherstellungskosten dem Vermieter nach den gesamten Umständen noch zumutbar sind (BGH LM Nr 4 und 4 a zu § 535 BGB; LG Aachen WuM 1981, 260). Besteht hiernach keine Wiederaufbaupflicht des Vermieters, so ist er auch nicht verpflichtet, mit dem alten Mieter erneut einen Mietvertrag abzuschließen, wenn er – trotz fehlender Verpflichtung hierzu – das Haus wieder aufbaut (OLG Hamm WuM 1981, 259).

7 **bb)** Ganz anders hingegen ist die Rechtslage, wenn der Vermieter die Unmöglichkeit zu *vertreten* hat, weil dann der Mieter nach § 325 entweder **Schadensersatz** wegen Nichterfüllung verlangen oder zurücktreten kann. Mit diesem Rücktrittsrecht konkurriert hier außerdem das Kündigungsrecht des Mieters aus § 542. Nur nach Überlassung der Sache an den Mieter wird das Rücktrittsrecht allgemein durch das Kündigungsrecht verdrängt (BGHZ 50, 312, 315; BGH LM Nr 22 zu § 571 BGB). Hauptbeispiel ist der Fall, daß dem Mieter nach der **Zwangsversteigerung** des Grundstücks von dem Ersteher aufgrund des § 57 ZVG gekündigt wird (vgl auch § 24 KO; RGZ 63, 66, 68; BGH LM Nr 33 zu § 535 BGB; WM 1959, 120; 1960, 1125).

8 **cc)** Hat hingegen der *Mieter* die Unmöglichkeit zu vertreten, so richten sich die Rechtsfolgen allein nach § 324: Der Vermieter wird frei (§ 275), behält aber den Anspruch auf die Gegenleistung (BGHZ 66, 349; BGH LM Nr 15 zu § 536 BGB). Dabei muß der Mieter auch für ein **Verschulden** seiner Arbeitnehmer einstehen (§ 278; RGZ 157, 363, 367; BGH BB 1969, 601; s unten Vorbem 10).

9 **b)** Auch die Fälle der bloßen **Mangelhaftigkeit** der Mietsache könnten an sich als solche der Teilunmöglichkeit aufgefaßt werden, jedenfalls wenn der Mangel unbehebbar ist. Da jedoch das Gesetz für diese Fälle in den §§ 537 ff eine Sonderregelung für die Zeit nach Überlassung der Sache an den Mieter enthält, muß man hier weiter unterscheiden: In der Zeit **vor Überlassung** der Sache an den Mieter ist für die Anwendung der §§ 537 ff noch kein Raum, so daß es bei der Anwendung der allgemeinen Unmöglichkeitsvorschriften bleibt, auch wenn die Unmöglichkeit auf einem Mangel beruht (str). Der Mieter hat außerdem den Erfüllungsanspruch (§ 536) und kann die Annahme der mangelhaften Leistung ablehnen sowie die Erbringung der Gegenleistung verweigern (§ 320; BGH NJW 1951, 705). Weigert sich der Vermieter, schon vor Überlassung der Sache vorhandene Mängel zu beseitigen, so greift § 326 ein, während die Praxis – mit demselben Ergebnis – positive Vertragsverletzung annimmt (BGH LM Nr 61 zu § 535 BGB; WM 1968, 1202).

10 **Nach Überlassung** der Sache enthalten hingegen die §§ 537 f eine die allgemeinen Vorschriften über die Unmöglichkeit für ihren Anwendungsbereich ausschließende Sonderregelung, so daß für den Schadensersatzanspruch und das Kündigungsrecht des Mieters die §§ 538 und 542 an die

Stelle des § 325 treten (BGHZ 63, 132, 137; BGH LM Nr 6 zu § 538 BGB). Anwendbar bleibt hingegen § 324, wenn der Mieter den Mangel zu vertreten hat (s oben Vorbem 8). Der Vermieter wird also frei (§ 275), behält aber den Anspruch auf die Gegenleistung; außerdem kann der Mieter wegen eines Verstoßes gegen seine Obhutspflicht zum Schadensersatz verpflichtet sein (RGZ 157, 363; BGH LM Nr 15 zu § 536 BGB).

II. Verzug **11**

Ein Verzug des Vermieters kommt vor allem in Betracht, wenn er die Sache dem Mieter nicht rechtzeitig übergibt. Für eine Anwendung des § 326 ist in diesen Fällen gleichwohl nur selten Raum, da die Miete und insbes die Raummiete in aller Regel Fixcharakter aufweisen, so daß jede Verzögerung bei der Übergabe der Sache zur **Teilunmöglichkeit** und damit zur Anwendbarkeit des § 325 führt (s oben §§ 535, 536 Rz 8). § 326 greift daher nur in den seltenen Fällen ein, in denen ausnahmsweise einmal eine Nachholung der Vermieterleistung möglich ist wie gelegentlich bei der kurzfristigen Vermietung beweglicher Sachen (OLG Frankfurt BB 1977, 13; vgl auch für einen Sonderfall BGH LM Nr 24 zu § 242 [Be] BGB).

III. Positive Vertragsverletzung **12**

Wegen des weiten Anwendungsbereichs des § 538 bleiben als Fälle positiver Vertragsverletzung im Mietrecht im Grunde nur Verstöße des Vermieters gegen solche Haupt- oder Nebenleistungspflichten übrig, die keinen Mangel der Mietsache zur Folge haben. Der praktisch bedeutsamste Fall ist heute der der Kündigung des Vertrages nach § 564 b unter **Vorspiegelung** eines tatsächlich gar nicht vorhandenen **Eigenbedarfs**. Zieht der Mieter aufgrund einer solchen Kündigung aus, so ist ihm der Vermieter daher zum Ersatz sämtlicher dadurch verursachten Schäden verpflichtet. Dies gilt selbst dann, wenn der Eigenbedarf erst nach Ausspruch der Kündigung, aber noch vor Auszug des Mieters entfällt, weil dann den Vermieter eine entsprechende Mitteilungspflicht trifft, und ebenso auch dann, wenn die Kündigung wegen eines Formverstoßes unwirksam ist, der Mieter aber gleichwohl auf sie hin auszieht, weil er etwa auf die mündlichen Angaben des Vermieters über den Eigenbedarf vertraut (s die Erl zu § 564 b; insbes OLG Karlsruhe NJW 1982, 54; BayObLG NJW 1982, 2003). Die *Beweislast* für die Pflichtverletzung des Vermieters und für deren Kausalität für den eingetretenen Schaden trägt hierbei stets der Mieter; erst wenn der Mieter diesen Beweis geführt hat, ist es dann Sache des Vermieters, sich analog § 282 zu entlasten (BGH LM Nr 65 zu § 535 BGB). Zur Haftung des Mieters aus positiver Vertragsverletzung s bes § 548 Rz 2.

IV. Wegfall der Geschäftsgrundlage

13 **1. Allgemeines**

Unter der *Geschäftsgrundlage* versteht die Praxis die bei Geschäftsabschluß zu Tage getretene und vom Gegner in ihrer Bedeutsamkeit erkannte und nicht beanstandete Vorstellung einer Partei oder die gemeinsamen Vorstellungen beider Parteien vom Sein, vom Fortbestand oder vom Eintritt gewisser Umstände, auf deren Grundlage sich der Geschäftswille aufbaut (zB BGHZ 74, 370; BGH LM Nr 91 und 92 zu § 242 [Bb]BGB; WM 1978, 1354). Fehlt die so verstandene Geschäftsgrundlage von Anfang an oder fällt sie später weg *und* ist der dadurch betroffenen Partei infolgedessen die unveränderte Fortsetzung des Vertrages nicht mehr zuzumuten, so kommt als **Rechtsfolge** auch bei Mietverträgen in erster Linie eine *Anpassung* des Vertrages an die veränderten Verhältnisse in Betracht (BGHZ 62, 20, 24 ff; BGH LM Nr 72 zu § 242 [Bb] BGB; s Emmerich, Leistungsstörungen 243 ff). Nur in ganz besonders schwerwiegenden Fällen hat die betroffene Partei stattdessen auch das Recht, den Vertrag wegen des Wegfalls der Geschäftsgrundlage zu *kündigen*, dies freilich nur, soweit nicht eines der gesetzlich geregelten Kündigungsrechte (§§ 542, 544, 553 und 554 a) eingreift, da die letzteren den Vorrang vor dem praeter legem entwickelten Kündigungsrecht wegen Wegfalls der Geschäftsgrundlage haben (im einzelnen str; s insbes BGHZ 24, 91, 95 f; BGH LM Nr 2 zu § 242 [Ba]BGB; Nr 47 und 92 zu § 242 [Bb] BGB; Nr 1 zu § 247 BGB; WM 1973, 694; 1981, 66; Mietrecht Vorbem 27 ff zu § 537; Emmerich, Leistungsstörungen 243 ff).

14 Für die Anwendung des außerordentlichen Kündigungsrechts wegen Wegfalls der Geschäftsgrundlage ist außerdem kein Raum, wenn der Vertrag ohnehin nur noch kurze Zeit läuft oder doch jederzeit kurzfristig durch Kündigung aufgelöst werden kann (BGH LM Nr 15 und 91 zu § 242 [Bb] BGB). Die Annahme eines Wegfalls der Geschäftsgrundlage darf auch nicht zu einer Veränderung der gesetzlichen oder vertraglichen **Risikoverteilung** führen, so daß insbes bei allen Umständen, die – positiv oder negativ – unter die Regelung der §§ 537 bis 544 für Sach- und Rechtsmängel fallen, niemals zugleich ein Wegfall der Geschäftsgrundlage angenommen werden kann (RGZ 135, 339, 346; 161, 330, 337; BGHZ 60, 319, 321; BGH LM Nr 92 zu § 242 [Bb] BGB; OLG Hamm JZ 1979, 266). Ebenso hat stets die vertragliche Risikoverteilung den Vorrang vor dem Wegfall der Geschäftsgrundlage (BGH LM Nr 92 zu § 242 [Bb] BGB; WM 1968, 1306; EMMERICH Leistungsstörungen 216 ff). Soweit der Mieter nach dem Vertrag ausdrücklich oder konkludent das Risiko eines bestimmten Umstandes übernommen hat, darf folglich diese von den Parteien selbst getroffene Risikoverteilung nicht nachträglich über die Annahme eines Wegfalls der Geschäftsgrundlage (oder über die eines Mangels) korrigiert werden (BGH aaO; NJW 1981, 2405 = LM Nr 27 zu § 537 BGB).

2. Einzelfälle 15

a) Besondere Zurückhaltung ist nach dem Gesagten bei der Annahme eines Wegfalls der Geschäftsgrundlage unter dem Gesichtspunkt der **Zweckvereitelung** geboten, da nach Gesetz und Vertrag der Mieter grundsätzlich das sog Verwendungsrisiko trägt (BGHZ 71, 293; 74, 370; BGH LM Nr 33, 60, 92 zu § 242 [Bb] BGB; Nr 22 zu § 566 BGB; WM 1975, 917; 1981, 66; 1981, 1113; EMMERICH, Leistungsstörungen 233 ff). Der Mieter bleibt folglich zur Fortzahlung des Mietzinses verpflichtet, selbst wenn er jetzt mit der gemieteten Sache entgegen seinen Erwartungen nichts mehr anfangen kann, weil sich zB auf dem gemieteten Grundstück wider Erwarten keine gewinnbringenden Geschäfte betreiben lassen (BGH LM Nr 60 und 92 zu § 242 [Bb] BGB; WM 1978, 1008; 1979, 1104; 1981, 1113; NJW 1982, 2062) oder weil ihm die Mittel zu der geplanten Bebauung des Grundstücks fehlen (BGH LM Nr 22 zu § 566 BGB; s Mietrecht Vorbem 28 ff zu § 537 m Nachw).

Es gibt jedoch auch zahlreiche Fälle, in denen die Praxis über die Annahme eines Mangels (§ 537), der Unmöglichkeit (§ 323) oder des Wegfalls der Geschäftsgrundlage der Sache nach doch dem Mieter das Verwendungsrisiko abgenommen hat (zB BGH LM Nr 14 zu § 157 [A] BGB; Nr 57 zu § 242 [Ba] BGB; OLG Celle NJW 1978, 2510; OLG Bremen NJW 1953, 1393; vgl im übrigen auch § 537 Rz 9). Dies ist jedoch im Grunde nur vertretbar, wenn der Vermieter den Verwendungszweck des Mieters gekannt hat *und* es nach seinem bisherigen Verhalten obendrein geradezu treuwidrig wäre, wenn er jetzt versuchte, den Mieter an dem Vertrag festzuhalten, obwohl der Verwendungszweck nicht mehr erreichbar ist (s EMMERICH, Leistungsstörungen 236; KÖHLER, Unmöglichkeit 140 ff; I KOLLER, Risikozurechnung 306 ff). 16

b) Bei langfristigen Mietverträgen stellt sich oft die Frage, ob auch ohne Vereinbarung einer Wertsicherungsklausel wegen des zwischenzeitlichen Währungsverfalls unter dem Gesichtspunkt der **Äquivalenzstörung** eine Anpassung des Mietzinses in Betracht kommt. Diese Frage ist, von Ausnahmefällen abgesehen, zu verneinen, da die Gerichte heute keine generelle Befugnis zur Aufwertung von Geldschulden mehr besitzen (BGH 17

LM Nr 34, 39, 49, 71, 76, 81 und 86 zu § 242 [Bb] BGB; WM 1969, 1323). Ausnahmen kommen nur bei solchen Mietverträgen in Betracht, die ausgesprochenen Versorgungscharakter tragen (BGHZ 61, 31; BGH LM Nr 39 und 49 zu § 242 [Bb] BGB), weiter in Fällen, in denen zu dem Kaufkraftverlust noch hinzukommt, daß sich der innere Wert der Vermieterleistung so sehr erhöht hat, daß sich das Verhältnis von Leistung und Gegenleistung geradezu in sein Gegenteil verkehrt hat (BGH aaO; Betrieb 1958, 1325; WM 1980, 1458), sowie unter Umständen bei Verträgen aus der Vorkriegszeit (BGHZ 77, 194). In allen anderen Fällen ist jedoch daran festzuhalten, daß es nicht angeht, entgegen den Vorschriften des § 3 WährG und des § 10 MHRG in jeden Mietvertrag über die Annahme eines Wegfalls der Geschäftsgrundlage eine Wertsicherungsklausel hinein zu interpretieren (s unten § 1 MHRG Rz 8). Wo der Gesetzgeber solche Klauseln nicht duldet oder wo der Vermieter sie nicht durchzusetzen vermag, muß er folglich grundsätzlich das Risiko des Währungsverfalls tragen, ohne eine nachträgliche Anpassung des Mietzinses verlangen zu können (ebenso BGH WM 1979, 1213; anders aber BGHZ 77, 194 für Sonderfälle).

18 **V. Formularverträge**

Die gesetzliche Regelung der Leistungsstörungen ist bei der Miete ebenso wie bei allen anderen Schuldverträgen grundsätzlich dispositiv, so daß abweichende Regelungen auch durch Formularverträge an sich möglich sind, soweit nicht das Gesetz wie insbes in den §§ 537 Abs 3 und 543 S 2 ausdrücklich das Gegenteil bestimmt. Jedoch ergeben sich heute für Abänderungen der Vorschriften über die Leistungsstörungen zum Nachteil des Mieters durch Formularverträge wesentliche Schranken aus dem AGBG. Unabdingbar ist hiernach namentlich im nichtkaufmännischen Verkehr die **Haftung des Vermieters** für Vorsatz und grobe Fahrlässigkeit (§ 11 Nr 7 AGBG). Dies gilt nicht nur für Unmöglichkeit und Verzug, sondern auch für sämtliche anderen Formen der Leistungsstörungen einschließlich der cic, der positiven Vertragsverletzung und der Fälle des § 538. Für den kaufmännischen Verkehr gilt grundsätzlich dasselbe aufgrund der §§ 9 und 24 AGBG. Darüber hinaus kann aber auch die Haftung des Vermieters für einfache oder leichte Fahrlässigkeit heute nicht mehr durch Formularverträge ausgeschlossen werden, jedenfalls soweit es sich um die Verletzung vertragswesentlicher Pflichten handelt (§§ 9, 24 AGBG).

19 Bei Unmöglichkeit und Verzug kann auch das Rücktrittsrecht des Mieters durch Formularverträge weder ausgeschlossen noch eingeschränkt werden

(§ 11 Nr 8 AGBG). Dasselbe gilt für das **Kündigungsrecht** des Mieters, soweit es bei Unmöglichkeit und Verzug an die Stelle des Rücktrittsrechts aus den §§ 325 und 326 tritt. Für das Kündigungsrecht des Mieters aus § 542 folgt dies auch schon aus § 543 S 2. Bei *Teilunmöglichkeit* sind schließlich nach § 11 Nr 9 AGBG auch die sog Totalrechte des Mieters aus § 325 Abs 1 S 2 unabdingbar. Das ist sehr wichtig für den Verzug des Vermieters, soweit die Miete Fixgeschäft ist, weil der Verzug dann stets zugleich zur Teilunmöglichkeit führt, so daß in diesem Fall dem Mieter die weitgehenden Rechte des § 325 Abs 1 S 2 nicht mehr durch Formularverträge genommen werden können.

§ 537

Ist die vermietete Sache zur Zeit der Überlassung an den Mieter mit einem Fehler behaftet, der ihre Tauglichkeit zu dem vertragsmäßigen Gebrauch aufhebt oder mindert, oder entsteht im Laufe der Miete ein solcher Fehler, so ist der Mieter für die Zeit, während deren die Tauglichkeit aufgehoben ist, von der Entrichtung des Mietzinses befreit, für die Zeit, während deren die Tauglichkeit gemindert ist, nur zur Entrichtung eines nach den §§ 472, 473 zu bemessenden Teiles des Mietzinses verpflichtet. Eine unerhebliche Minderung der Tauglichkeit kommt nicht in Betracht.

Absatz 1 Satz 1 gilt auch, wenn eine zugesicherte Eigenschaft fehlt oder später wegfällt. Bei der Vermietung eines Grundstücks steht die Zusicherung einer bestimmten Größe der Zusicherung einer Eigenschaft gleich.

Bei einem Mietverhältnis über Wohnraum ist eine zum Nachteil des Mieters abweichende Vereinbarung wirksam.

Schrifttum: S die Vorbemerkungen zu § 537 sowie DIEDERICHSEN AcP 165 (1969) 150; I KOLLER NJW 1982, 201; PIEPER NJW 1961, 300; SÖLLNER JuS 1970, 159; TRENCK-HINTERBERGER JuS 1975, 501.

Nach § 537, dessen geltende Fassung auf das 2. MietRÄndG v 14. 7. 1964 **1**
(BGBl I 457) zurückgeht, wird der Mietzins kraft Gesetzes gemindert, wenn die vermietete Sache mangelhaft ist oder wenn ihr eine zugesicherte Eigenschaft fehlt. Abweichende Vereinbarungen sind in Wohnraummietverträgen nicht mehr möglich. In den genannten Fällen kann der Mieter unter den Voraussetzungen des § 538 außerdem Schadensersatz verlangen sowie unter den Voraussetzungen des § 542 kündigen. In bestimmten Fällen ist das Minderungsrecht des Mieters jedoch kraft Gesetzes ausgeschlossen (§§ 539, 545 Abs 2 HS 2).

I. Fehler

2 1. Begriff

a) Die Mietsache ist nach § 537 Abs 1 S 1 mangelhaft, wenn sie mit einem Fehler behaftet ist, der ihre Tauglichkeit zu dem vertragsmäßigen Gebrauch aufhebt oder mindert. **Maßstab** für das Vorliegen eines Fehlers (oder Mangels) ist mithin der Zustand der Sache, der erforderlich ist, um dem Mieter uneingeschränkt den ihm zustehenden, vertragsmäßigen Gebrauch zu ermöglichen (s schon oben §§ 535, 536 Rz 15 ff). Oder anders gewendet: Jede negative Abweichung des tatsächlichen Zustandes der Sache von der durch die Erfordernisse des vertragsmäßigen Gebrauchs definierten Sollbeschaffenheit der Sache, dh jede Untauglichkeit der Sache zum Vertragszweck bildet bereits einen Fehler (zB BGH BB 1981, 2030 = LM Nr 28 zu § 537 BGB; LG Frankfurt NJW 1976, 1355; LG Köln WuM 1981, 14).

3 Im Interesse eines weit gespannten Mieterschutzes wird dieser sog subjektive Fehlerbegriff sehr *weit* ausgelegt (vgl insbes BGHZ 49, 350; OLG Celle OLGZ 1974, 197). Daher spielt es keine Rolle, ob die Untauglichkeit der Sache zu dem Vertragszweck auf dem Zustand der Sache selbst oder auf sonstigen rechtlichen, tatsächlichen oder wirtschaftlichen Verhältnissen beruht, die infolge ihrer Art und Dauer nach der Verkehrsanschauung einen Einfluß auf die Brauchbarkeit und Wertschätzung der Sache auszuüben pflegen (zB BGH LM Nr 47 zu § 535 BGB; Nr 19 zu § 537 BGB; LG Köln MDR 1976, 44). Deshalb bilden auch sämtliche äußeren Gefahrenquellen und **Immissionen**, durch die der Mieter in dem vertragsmäßigen Gebrauch gestört oder beeinträchtigt wird, (in den Grenzen des § 906) einen Fehler (BGH LM Nr 8 zu § 536 BGB; Nr 20 zu § 537 BGB). Für die Annahme eines Fehlers genügt es sogar schon, wenn die Sache nur in Befürchtung einer Gefahr benutzt werden kann, die vermöge des Zustandes der Sache den Eintritt eines Schadens erwarten läßt, ohne daß es darauf ankäme, ob die Gefahr dem Mieter bekannt ist oder ob er sie überhaupt zu erkennen vermag (BGHZ 49, 350; BGH LM Nr 10 und 20 zu § 537 BGB; WM 1977, 743). Erst recht spielt es keine Rolle, ob den Vermieter ein Verschulden an dem fraglichen Zustand trifft oder nicht. Für die Anwendung des § 537 ist lediglich dann kein Raum, wenn es gerade der Mieter ist, der den mangelhaften Zustand der Sache zu vertreten hat (§ 324 Abs 1; s oben Vorbem 10 zu § 537).

4 **b)** Der Fehler muß entweder schon **bei Überlassung** der Sache an den Mieter vorliegen oder *im Laufe* der Mietzeit nach Überlassung entstehen, da nach § 536 der Vermieter verpflichtet ist, die Mietsache während der ganzen Vertragsdauer in einem zum vertragsmäßigen Gebrauch geeigneten Zustand zu erhalten. Daher spielt es auch keine Rolle, ob in den Vertrag ein neuer Vermieter (§ 571) oder ein neuer Mieter eintritt, sofern es sich dabei nur um eine Fortsetzung des alten Vertrages handelt (PIEPER NJW 1961, 300).

2. Einzelfälle 5

a) Baumängel

Die bei weitem wichtigsten Fehler sind bei der Grundstücksmiete die sog Baumängel, wobei es keine Rolle spielt, ob der Fehler den vermieteten Räumen selbst oder den bloß mitvermieteten Räumen, Treppen, Fluren, Böden, Kellern oder Zugängen anhaftet. Alle diese Räume und Gebäudeteile müssen sich mithin in einem Zustand befinden, der **Gefahren für die Gesundheit** der Benutzer ausschließt (vgl § 544). Ein Mangel liegt daher zB vor, wenn die Räume übermäßig feucht sind (vgl LAMMEL WuM 1982, 261 m Nachw), wenn die Räume durch Ungeziefer verseucht sind (OLG Schleswig SchlHAnz 1970, 159), wenn das Dach durchlässig oder morsch ist, wenn die Tragfähigkeit der Decken zu gering ist oder wenn die Fundamente des Hauses zu schwach sind (BGH LM Nr 11 zu § 537 BGB; Nr 6 zu § 538 BGB).

Weitere **Beispiele** für Baumängel sind eine übermäßige Hellhörigkeit der 6
Räume infolge mangelhafter Isolierung (LG Hamburg ZMR 1971, 134), die ungenügende Wärmedämmung oder eine unwirtschaftliche Konstruktion der Heizung, undichte Fenster (BGH ZMR 1962, 83; LG Berlin WuM 1982, 184), unverschlossene Rauchrohröffnungen (BGHZ 49, 350), gefährliche Badeeinrichtungen in Hotels (RGZ 169, 84; BGH LM Nr 10 zu § 537 BGB), Mängel der elektrischen Installation (BGH LM Nr 20 zu § 537), das Fehlen von Schutzvorrichtungen gegen Überschwemmungen in hochwassergefährdeten Gebieten (BGH LM Nr 47 zu § 535 BGB), die Funktionsuntüchtigkeit etwa erforderlicher Rückstausicherungen (BGH LM Nr 33 zu § 328 BGB; ZMR 1962, 82; Betrieb 1976, 817), bei Gastarbeiterheimen die Verletzung der dafür maßgeblichen, behördlichen Richtlinien (BGH LM Nr 22 zu § 537 BGB) sowie insbes stets eine mangelhafte Beheizung der vermieteten Räume (OLG Frankfurt WuM 1972, 42). Keinen Mangel bilden hingegen das Fehlen von Vorkehrungen gegen ganz seltene und ungewöhnliche Naturkatastrophen (BGH LM Nr 33 zu § 328 BGB; Nr 47 zu § 535 BGB) sowie die Verursachung ständig steigender Kosten durch eine an sich einwandfrei funktionierende Klimaanlage (BGH WM 1980, 108, 112).

b) Öffentlich-rechtliche Beschränkungen 7

Auch öffentlich-rechtliche Gebrauchsbeschränkungen oder -verbote sind ein Fehler, sofern sie ihre Ursache gerade in der Beschaffenheit oder der

Lage der Mietsache und nicht lediglich in den persönlichen Verhältnissen des Mieters haben (RGZ 79, 92 usw bis RGZ 157, 363; BGHZ 68, 294, 296; BGH LM Nr 17 und 26 zu § 537 BGB; Nr 6 zu § 538 BGB; BB 1982, 768 = NJW 1982, 2062). Daher sind zu gewerblichen Zwecken vermietete Räume mangelhaft, wenn der Aufnahme des vertraglich vorgesehenen **Gewerbebetriebs** in den Räumen privat- oder öffentlich-rechtliche Hindernisse entgegenstehen (BGH LM Nr 92 zu § 242 [Bb] BGB; Nr 50 zu § 535 BGB; BB 1982, 768). Fehlt eine hiernach erforderliche behördliche Genehmigung, so ist es grundsätzlich Sache des Vermieters, diese beizubringen (OLG Hamm ZMR 1982, 206). Wird die Erteilung der Genehmigung von bestimmten baulichen Veränderungen abhängig gemacht, so ist der Vermieter nach § 536 außerdem verpflichtet, diese Baumaßnahmen durchzuführen (RGZ 94, 138).

8 **Beispiele** sind das polizeiliche Verbot einer Fabrik (RG JW 1913, 596), ein behördliches Verbot der Errichtung neuer Geschäfte oder Betriebe (RGZ 147, 157; 147, 304; 157, 363) sowie die Verweigerung der für den auf einem Grundstück geplanten Kiesabbau erforderlichen behördlichen Genehmigung (BGH BB 1982, 768 = NJW 1982, 2062).

9 Öffentlich-rechtliche Beschränkungen stellen hingegen dann **keinen** *Mangel* dar, wenn der Mieter ohne weiteres in der Lage ist, das Verbot abzuwenden oder ihm auszuweichen (OLG Hamm ZMR 1971, 87; OLG Hamburg ZMR 1960, 304), wenn es sich vorerst noch um reine, stadtplanerische Maßnahmen handelt, die sich erst in einer fernen Zukunft auswirken können (BGH WM 1968, 1306), oder wenn die Behörde den rechtswidrigen Zustand vorerst unbeschränkt duldet, zB von einem Abrißgebot absieht (OLG Düsseldorf OLGZ 1973, 311). Auch darf nicht durch eine zu weite Ausdehnung des Fehlersbegriff dem Mieter das gesamte Verwendungsrisiko abgenommen werden (s oben Vorbem 15 f zu § 537; BGH LM Nr 27 und 28 zu § 537 BGB). Ein Mangel liegt daher nur vor, wenn das öffentlich-rechtliche Verbot seine Ursache tatsächlich gerade in der Beschaffenheit der *konkreten*, vermieteten Sache und nicht in sonstigen allgemein vorliegenden Umständen hat (Mietrecht § 537 Rz 26). Deshalb sind (entgegen RGZ 87, 277; 88, 96; 89, 203; 91, 54; 94, 267) für ein Gebiet während des Krieges generell erlassene Tanzverbote ebensowenig wie Bade- oder Betriebsverbote oder eine generelle Kürzung der Polizeistunde Mängel im Sinne des § 537 (BGH LM Nr 28 zu § 537 BGB = BB 1981, 2030).

10 **c) Störungen des Mieters**

Auch Immissionen, die der Mieter nach dem entsprechend anwendbaren § 906 nicht zu dulden braucht, begründen einen Fehler ohne Rücksicht darauf, ob sie vom Vermieter, von Mitmietern oder von Dritten ausgehen.

Das gilt insbes für alle **Lärmbelästigungen** unabhängig von deren Ursache (s §§ 535, 536 Rz 20; BGH LM Nr 1, 5 und 36 zu §§ 906; Nr 15 zu § 823 [Ef]BGB). Ein Mangel liegt namentlich vor, wenn die Schallisolierung der Mieträume hinter den üblicherweise geforderten Werten zurückbleibt (KG WuM 1980, 255; LG Hamburg ZMR 1971, 134). Dasselbe gilt bei übermäßigem Lärm der Mitmieter (vgl zB LG Göttingen NJW 1954, 1205; LG Köln ZMR 1971, 241). Aber auch Lärmbelästigungen, die von Dritten ausgehen, können zur Folge haben, daß die Wohnung mit einem Mangel behaftet ist. Beispiele sind der Lärm einer Gastwirtschaft in der Nachbarschaft (BGH LM Nr 6 zu § 542 BGB; Nr 36 zu § 906 BGB), der Lärm eines benachbarten Gewerbebetriebs (BGH LM Nr 15 zu § 823 [Ef] BGB) sowie der Lärm einer Großbaustelle in der Nähe einer als besonders ruhig vermieteten Ferienwohnung (LG Hamburg NJW 1973, 3254).

d) Fahrnismiete 11

Das bisher zum Fehlerbegriff Ausgeführte gilt uneingeschränkt auch für die Vermietung beweglicher Sachen. Folglich sind **EDV-Anlagen** mangelhaft, wenn sie trotz regelmäßiger Wartung dauernd gestört sind (OLG Karlsruhe Betrieb 1978, 2313), wenn die von der Anlage ausgedruckten Rechnungen für den Mieter wertlos sind, weil sie von den Abnehmern nicht akzeptiert werden (BGH LM Nr 28 zu § 537 BGB = NJW 1982, 696), oder wenn die Speicherkapazität des Computers nicht ausreicht, so daß ständig die Gefahr des Verlustes wertvoller Daten besteht; anders jedoch, wenn in das Programm eine Unterbrechung eingebaut ist, um Mißbräuche zu verhindern, der berechtigte Mieter die Unterbrechung aber immer überbrücken kann (BGH LM Nr 8 zu § 542 BGB = NJW 1981, 2684; weitere Beispiele in BGH Betrieb 1967, 118; WM 1977, 743; 1982, 1230).

3. Erheblichkeit 12

Ein Fehler wird jedoch nur berücksichtigt, wenn er eine **erhebliche** Minderung der Tauglichkeit zur Folge hat (§ 537 Abs 1 S 3). Daran fehlt es, wenn der Fehler leicht erkennbar ist und schnell und mit geringen Kosten beseitigt werden kann (LG Freiburg ZMR 1976, 210).

II. Zugesicherte Eigenschaften

1. Begriff 13

Nach § 537 Abs 2 kommt eine Minderung auch in Betracht, wenn der Sache eine zugesicherte Eigenschaft fehlt oder diese später wegfällt, wobei

bei der Vermietung eines Grundstücks die Zusicherung einer bestimmten Größe stets der Zusicherung einer Eigenschaft gleichsteht. Ebenso wie bei § 459 Abs 2 ist die Zusicherung jedoch nur erheblich, wenn sie **Vertragsinhalt** geworden ist. Die Zusicherung muß folglich vom Mieter als vertragsmäßig verlangt und vom Vermieter in vertragsmäßig bindender Weise, dh insbesondere auch in der erforderlichen Form (s § 566!), abgegeben worden sein. Sie muß außerdem die maßgeblichen Eigenschaften so genau bezeichnen, daß ihr Inhalt und Umfang im einzelnen festgestellt werden können (BGH LM Nr 26 zu § 537 BGB; WM 1968, 1306; RG JW 1937, 675). IdR wird die Zusicherung deshalb ausdrücklich erfolgen müssen; notwendig ist dies jedoch nicht (BGH WM 1962, 1379). Es ist daher immer eine Frage der Auslegung der Parteierklärungen im Einzelfall, ob in bestimmten Angaben des Vermieters zugleich eine Zusicherung liegt. Grundsätzlich reicht dafür jedoch die bloße Umschreibung des vertragsmäßigen Gebrauchs ebensowenig aus wie die bloße Einräumung einer Verlängerungsoption (BGH LM Nr 26 zu § 537 BGB; WM 1968, 1306).

14 **2. Beispiele**

In der bisherigen Praxis ist eine **Zusicherung** zB angenommen worden bei Angaben des Vermieters über die Tragfähigkeit der Mieträume bei Vermietung eines Lagerhauses (BGH LM Nr 12/13 zu § 537 BGB), bei Angaben über den Umsatz im Falle der Verpachtung einer Gastwirtschaft (RG JW 1937, 675), bei der Zusicherung der sog Brauereifreiheit einer Gastwirtschaft (RGZ 95, 175) sowie bei der Zusicherung der Möglichkeit, ein Grundstück zu bebauen (RG BayZ 1913, 252).

III. Minderung

15 **1. Allgemeines**

a) Wenn die Mietsache mit einem Mangel behaftet ist oder wenn ihr eine zugesicherte Eigenschaft fehlt, ist der Mieter für die Zeit, während derer die Gebrauchstauglichkeit der Sache durch den Mangel ganz aufgehoben ist, von der Entrichtung des Mietzinses völlig befreit, und für die Zeit, während derer die Tauglichkeit lediglich gemindert ist, nur zur Entrichtung eines verhältnismäßig herabgesetzten Mietzinses verpflichtet. Die Minderung tritt dabei **automatisch**, dh ohne weiteres kraft Gesetzes ein, sobald und solange die Gebrauchstauglichkeit der Sache durch den Fehler aufgehoben oder herabgesetzt ist. Die Minderung ist folglich bei der Miete anders als beim Kauf (s § 462) weder ein Gestaltungsrecht noch ein Anspruch und kann daher auch nicht verjähren (vgl BGH LM Nr 16 zu § 535 BGB; Nr 3 a zu § 537 BGB; NJW 1958, 785; LG Hannover WuM 1980, 130).

b) Die Minderung erfolgt nach dem entsprechend anwendbaren § 472 durch eine *verhältnismäßige* Herabsetzung des Mietzinses nach der Formel: Alter Mietzins: neuer Mietzins = Wert der mangelfreien Sache: Wert der mangelhaften Sache, wobei Mietzins in diesem Sinne stets die sog Bruttomiete (einschließlich der Nebenkosten) ist. Das **Ausmaß** der Minderung hängt stets ganz von den Umständen des Einzelfalles und insbes von der Schwere des Mangels ab, so daß sich allgemeine Regeln kaum aufstellen lassen (s Mietrecht § 537 Rz 49 c; Kamphausen WM 1982, 3; Sternel Rz II 377 ff). Den Mieter trifft infolgedessen grundsätzlich kein Verschulden, wenn er sich bei der Berechnung der Minderung verrechnet und daher zuviel mindert (LG Kassel WuM 1981, 185). 16

c) Durch die Minderung wird der Erfüllungsanspruch des Mieters aus § 536 nicht ausgeschlossen. Infolgedessen berührt die Möglichkeit der Minderung des Mietzinses auch nicht die Einrede des nicht erfüllten Vertrages; vielmehr gibt *§ 320* dem Mieter die zusätzliche Möglichkeit, durch **Zurückbehaltung** des fälligen, von der Minderung *nicht* erfaßten Teils des Mietzinses den Vermieter zur Erfüllung seiner Pflicht aus § 536 anzuhalten. Dem steht auch eine etwaige Vorleistungspflicht des Mieters nicht entgegen (grdleg BGHZ 84, 42; LG Hamburg WuM 1981, 229). Für die Anwendung des § 320 ist nur dann kein Raum mehr, wenn der Mieter selbst endgültig kein Interesse an der Erfüllung mehr hat (BGH LM Nr 20 zu § 320 BGB = NJW 1982, 874). 17

2. Ausschluß 18

a) Kraft Gesetzes

Eine Minderung ist ausgeschlossen in den Fällen der §§ 539 und 545 Abs 2 sowie dann, wenn der Mieter den Mangel zu vertreten hat (§ 324 Abs 1; s oben Vorbem 10 zu § 537; LG Kiel WuM 1982, 187; LG Hannover WuM 1982, 183). Dasselbe gilt nach hM entsprechend § 539, wenn der Mieter den Mangel nachträglich erkennt, gleichwohl aber den Gebrauch der gemieteten Sache über eine längere Zeit hinweg **vorbehaltlos fortsetzt**, namentlich den Mietzins in voller Höhe weiter zahlt (zB BGH LM Nr 51 zu § 139 BGB; Nr 19 zu § 536 BGB; Nr 6 zu § 539 BGB; Nr 6 zu § 542 BGB; WM 1967, 515; 1967, 850). Unberührt bleibt aber auch in diesem Fall stets der Erfüllungsanspruch des Mieters aus § 536. Anders wird die Rechtslage außerdem beurteilt, wenn der Mieter den Mietzins lediglich unter Vorbehalt fortzahlt und nachdrücklich auf der Beseitigung der Mängel besteht oder wenn der Vermieter die Beseitigung der Mängel zusagt und der Mieter hierauf vertrauen darf (BGH LM Nr 51 zu § 139 BGB; Nr 6 zu § 539 BGB; Nr 6 zu § 542 BGB). Im Grunde ist jedoch diese ganze Praxis ohnehin verfehlt (s Mietrecht § 537 Rz 56). Der Gesetzgeber hat den Ausschluß der Mieterrechte in § 539 mit Bedacht auf wenige, eng umgrenzte Fälle beschränkt. Dabei sollte es im Interesse des gerade hier gebotenen, umfassenden Mieterschutzes sein Bewenden haben.

19 **b) Durch Vertrag**

aa) Nach § 537 Abs 3 ist bei Mietverhältnissen über **Wohnraum** eine zum Nachteil des Mieters von § 537 abweichende Vereinbarung unwirksam. Die Minderung darf deshalb hier weder durch Individualabrede noch durch Formularvertrag ausgeschlossen oder eingeschränkt werden. Unzulässig sind insbes auch Klauseln, die die Minderung von zusätzlichen Bedingungen wie einer Anzeige oder der Einhaltung von Fristen abhängig machen oder den Fehlerbegriff einschränkend definieren (LG Hamburg WuM 1980, 126).

20 **bb)** § 537 Abs 3 gilt nur für die Wohnraummiete. Bei allen anderen Mietverhältnissen kann mithin § 537 vertraglich eingeschränkt oder ausgeschlossen werden (BGHZ 29, 289, 295 f). Solche Klauseln, so verbreitet sie auch sein mögen, sind jedoch stets ganz restriktiv und grundsätzlich gegen den Vermieter auszulegen, da sie den Mieter in ganz besonderem Maße belasten und benachteiligen (OLG Hamm ZMR 1982, 206; OLG Düsseldorf MDR 1982, 850; OLG Schleswig SchlHAnz 1970, 159). Bei **Formularverträgen** muß außerdem stets die Schranke des § 11 Nr 10 lit a AGBG berücksichtigt werden, so daß jedenfalls im nichtkaufmännischen Verkehr ein Ausschluß der Gewährleistungsansprüche des Mieters nicht mehr möglich ist (OLG Nürnberg MDR 1977, 580).

21 **IV. Beweislast**

Wenn sich der Mieter gegenüber dem Mietzinsanspruch des Vermieters auf **Minderung** beruft, trifft ihn nach hM die Beweislast für das Vorliegen von Mängeln. Steht jedoch fest, daß die Mietsache **mangelhaft** ist, so muß der Vermieter beweisen, daß nur eine unerhebliche Minderung der Tauglichkeit vorliegt. Eine abweichende Regelung durch Formularverträge ist nicht möglich (§ 537 Abs 3; §§ 9, 11 Nr 15, 24 AGBG).

§ 538

Ist ein Mangel der in § 537 bezeichneten Art bei dem Abschluß des Vertrages vorhanden oder entsteht ein solcher Mangel später infolge eines Um-

standes, den der Vermieter zu vertreten hat, oder kommt der Vermieter mit der Beseitigung eines Mangels in Verzug, so kann der Mieter unbeschadet der in § 537 bestimmten Rechte Schadensersatz wegen Nichterfüllung verlangen.
Im Falle des Verzugs des Vermieters kann der Mieter den Mangel selbst beseitigen und Ersatz der erforderlichen Aufwendungen verlangen.

Schrifttum: S schon Vorbem zu § 537 und bei § 537 sowie noch KRAMPE, Die Garantiehaftung des Vermieters für Sachmängel. Ein Beitrag zur Kasuistik (1980); WEIMAR MDR 1960, 555; ders ZMR 1965, 163; 1978, 4; 1979, 260.

I. Allgemeines 1

Wenn die Mietsache bei ihrer Überlassung an den Mieter mit einem Mangel behaftet ist, hat der Mieter in erster Linie das **Minderungsrecht** des § 537. Zusätzlich kann er nach § 538 in drei Fällen Schadensersatz verlangen, nämlich 1. wenn der Mangel schon bei Vertragsschluß vorlag, 2. wenn der Mangel erst nach Vertragsschluß infolge eines vom Vermieter zu vertretenden Umstandes entstanden ist sowie schließlich 3. wenn der Vermieter mit der Beseitigung des Mangels in Verzug ist; in dem zuletzt genannten Fall hat der Mieter außerdem das Recht, den Mangel selbst zu beseitigen und Ersatz seiner Aufwendungen zu verlangen. Alle diese Ansprüche setzen voraus, daß dem Mieter die Sache bereits überlassen ist. § 538 ist außerdem entsprechend anwendbar auf sog Träger-Bewerberverträge, aufgrund derer dem Bewerber vorläufig entgeltlich die Nutzung des ihm später zu übereignenden Hauses überlassen worden ist (BGHZ 56, 136, 138 ff).

II. Haftungstatbestände

1. Garantiehaftung für anfängliche Mängel 2

a) Die Haftung des Vermieters für schon bei Vertragsschluß vorhandene Mängel setzt kein Verschulden voraus; ebensowenig kommt es darauf an, ob der Vermieter den Mangel überhaupt erkennen und vermeiden konnte: In jedem Fall haftet er für alle Mängel der Sachen, die schon bei Vertragsschluß vorhanden waren (sog **Garantiehaftung**; BGHZ 9, 320, 321; 63, 333, 335; 68, 294; BGH LM Nr 5 zu § 538 BGB). Diese strenge Haftung des Vermieters für anfängliche Mängel ist zwar viel kritisiert worden, rechtfertigt sich aber durch die Notwendigkeit eines umfassenden Mieterschutzes.

3 b) Maßgeblicher **Zeitpunkt** für die Auslösung der Garantiehaftung ist stets der des Vertragsschlusses. Tritt ein neuer Mieter in der Weise in den Mietvertrag ein, daß der mit dem alten Mieter abgeschlossene Vertrag mit ihm fortgesetzt wird, so bleibt es folglich bei dem ersten Vertragsschluß mit dem alten Mieter als dem maßgeblichen Zeitpunkt (BGH LM Nr 21 a zu § 535 BGB; Pieper NJW 1961, 300). Wird aber ein zunächst formlos abgeschlossener Mietvertrag durch einen schriftlichen Vertrag ersetzt, so kommt es für die Auslösung der Garantiehaftung des Vermieters idR auf den Zeitpunkt des zweiten, schriftlichen Vertragsschlusses an (BGH NJW 1968, 885, 886). § 538 ist darüber hinaus entsprechend anwendbar, wenn Vertragsgegenstand eine erst noch *herzustellende* Sache ist und der Mangel entweder bei deren Übergabe oder bei deren Fertigstellung vorliegt (BGHZ 9, 320; 56, 136, 140; BGH LM Nr 33 zu § 328 BGB; Nr 6 zu § 538 BGB).

4 In jedem Fall genügt es außerdem, daß in dem maßgeblichen Zeitpunkt nur die **Ursachen** der späteren Schädigung des Mieters vorhanden sind. Hingegen ist nicht erforderlich, daß der Mangel damals bereits hervorgetreten ist; erst recht braucht noch kein Schaden eingetreten zu sein, so daß der Vermieter auch die Gefahr aller geheimen Mängel der Mietsache trägt (BGH WM 1982, 1230, 1231). Das gilt selbst dann, wenn bei Vertragsschluß lediglich die Ursachen späterer, behördlicher Verbote oder Beschränkungen vorlagen, sofern nur damals nach den gesamten Umständen schon mit einem Einschreiten der Behörden zu rechnen war (BGHZ 68, 294).

5 c) Eine Garantiehaftung des Vermieters kommt hiernach zB in Betracht, wenn der Boden einer vermieteten Kegelbahn mit einem zum Schwitzen neigenden Fußbodenbelag versehen ist (BGH LM Nr 19 zu § 537 BGB), wenn sich in den vermieteten Räumen eine unverschlossene Rauchrohröffnung befindet (BGHZ 49, 350), wenn die Installation eines Hotelzimmers schadhaft ist (RGZ 169, 84; BGH LM Nr 10 zu § 537 BGB), wenn der auf dem Hotelparkplatz abgestellte Wagen des Gastes durch herabstürzende Äste eines innerlich faulen Baumes beschädigt wird (BGHZ 63, 333) sowie dann, wenn ein vermietetes Fahrzeug einen Konstruktionsfehler aufweist, der sich erst später unter besonderen Umständen schädlich auswirkt (BGH WM 1982, 1230).

6 **2. Verschuldenshaftung für nachträgliche Mängel**

Der Vermieter ist außerdem zum Schadensersatz verpflichtet, wenn nach Vertragsschluß ein Mangel infolge eines Umstandes entsteht, den er im Sinne der §§ 276–279 zu vertreten hat. Diese Haftung kommt insbes in Betracht, wenn der Vermieter gegen seine regelmäßige **Prüfungspflicht** verstößt oder wenn der Mieter durch seine Erfüllungsgehilfen geschädigt wird. Beispiele sind das unsachgemäße Bohnern einer Treppe durch eine Putzfrau (BGH LM Nr 10 a zu § 538 BGB), unsachgemäße Reparaturen durch vom Vermieter beauftragte Handwerker (AG Wiesbaden WuM 1980, 245) sowie den Mieter schädigende Änderungen der vermieteten Sache (LG Mannheim WuM 1976, 150).

3. Verzug 7

Eine Schadensersatzpflicht des Vermieters kommt schließlich noch in Betracht, wenn er mit der Beseitigung eines Mangels in Verzug gerät. Die praktische Bedeutung dieses Falles ist gering. Es genügt deshalb der Hinweis, daß hier eine Haftung des Vermieters erst eintritt, wenn auch alle Voraussetzungen des Verzugs aufgrund der §§ 284 ff erfüllt sind. Grundsätzlich muß deshalb der Mieter den Vermieter mahnen (§ 284 Abs 1), wobei in der bloßen Anzeige oder Mängelrüge nach § 545 idR noch keine derartige Mahnung liegt. Jedoch hindert den Mieter nichts, beides miteinander zu verbinden.

II. Rechtsfolgen

1. Schadensersatzanspruch 8

a) In allen genannten Fällen (oben Rz 2–7) kann der Mieter in erster Linie Schadensersatz wegen Nichterfüllung verlangen. Durch die Formulierung des § 538 Abs 1 ist außerdem klargestellt, daß sich **Minderung** und Schadensersatz nicht gegenseitig ausschließen; vielmehr kann der Mieter auch nach Minderung des Mietzinses wegen weitergehender Schäden noch Schadensersatz verlangen. Umfaßt jedoch schon der Schadensersatzanspruch die Wertminderung der vermieteten Sache, so scheidet daneben eine erneute Minderung wegen desselben Mangels aus (BGH ZMR 1963, 107, 109). Aber auch durch eine **Kündigung** des Vertrages aufgrund der §§ 542 und 544 wird der Schadensersatzanspruch nicht ausgeschlossen; vielmehr umfaßt der Anspruch dann auch alle durch die Kündigung des Vertrages verursachten, zusätzlichen Schäden (s unten Rz 9).

b) Zu ersetzen ist stets der **gesamte Nichterfüllungsschaden** des Mieters 9
sowie aller sonstigen, in den Schutzbereich des Vertrages einbezogenen Personen (BGHZ 2, 94, 96 f; 49, 350, 354; BGH LM Nr 28, 33 und 41 zu § 328 BGB). Entgegen einer verbreiteten Meinung im Schrifttum wird dabei auch nicht zwischen Mangel- und Mangelfolgeschäden unterschieden; vielmehr sind unterschiedslos alle auf den Haftungstatbestand ad-

äquat kausal zurückgehenden Schäden des Mieters vom Vermieter zu ersetzen einschließlich etwaiger Gesundheitsschäden (BGHZ 49, 350; BGH LM Nr 47 zu § 535 BGB; Nr 10 zu § 537 BGB; Nr 5 und 12/13 zu § 538 BGB). **Beispiele** sind Gesundheitsschäden der Angehörigen oder Arbeitnehmer des Mieters (OLG Düsseldorf VersR 1974, 1113), jeder dem Mieter infolge des Mangels entgangene Gewinn (RG LZ 1916, 1292), die vertretbaren Kosten der Rechtsverfolgung des Mieters einschließlich der Prozeßkosten und der Kosten eines Beweissicherungsverfahrens (LG Hannover WuM 1980, 211) sowie im Falle der Kündigung des Mieters die Kosten für die Suche einer anderen Wohnung, die Umzugskosten und die höhere Miete für die neue Wohnung, diese freilich nur für den Zeitraum, bis zu dem der Vermieter selbst den Vertrag frühestens ordentlich kündigen konnte (BGH LM Nr 50 zu § 535 BGB; Nr 12/13 zu § 537 BGB; Nr 9 zu § 538 BGB; Nr 4 zu § 554 a BGB; LG Kassel WuM 1982, 188; s unten § 542 Rz 3).

10 **c)** In jedem Fall ist auch *§ 254* zu beachten, so daß durch **mitwirkendes Verschulden** des Mieters der Schadensersatzanspruch wieder gemindert werden kann. Das gilt in engen Grenzen auch gegenüber der Garantiehaftung des Vermieters für anfängliche Mängel (vgl RGZ 68, 282; BGH LM Nr 47 zu § 535 BGB; Nr 10 zu § 537 BGB). Beispiele für mitwirkendes Verschulden sind dabei namentlich die Unterlassung einer dem Mieter möglichen und zumutbaren Beseitigung des Mangels (vgl § 538 Abs 2) sowie eine übermäßige Verzögerung der Kündigung des Vertrages oder des Auszugs aus der Wohnung (vgl §§ 542 und 544).

11 **2. Aufwendungsersatzanspruch**

a) Wenn der Vermieter mit der Beseitigung eines Mangels in Verzug ist, hat der Mieter ein **Wahlrecht**. Er kann entweder Schadensersatz wegen Nichterfüllung verlangen oder den Mangel selbst beseitigen und dann Aufwendungsersatz fordern. Bei diesem Beseitigungsrecht des Mieters handelt es sich mithin um ein bloßes Recht, nicht um eine Pflicht des Mieters, so daß eine entsprechende Anwendung der Vorschriften über die Geschäftsführung ohne Auftrag nicht möglich ist (str). Das Beseitigungsrecht erstreckt sich dabei auch auf alle mitvermieteten Sachen und Sachteile.

12 **b)** Zu ersetzen sind die dem Mieter durch die Mängelbeseitigung entstandenen **Aufwendungen**, soweit sie hierfür bei Anwendung der im Verkehr erforderlichen Sorgfalt erforderlich waren. Anwendbar sind dabei auch die §§ 256 und 257. Außerdem kann der Mieter vor Durchführung der erforderlichen Arbeiten von dem Vermieter einen Vorschuß verlangen

(BGHZ 47, 272; 56, 136, 141). Der Aufwendungsersatzanspruch verjährt in der Frist des § 558 (BGH LM Nr 22 zu § 538 BGB).

c) Für seinen Anwendungsbereich **verdrängt** der Aufwendungsersatzan- 13
spruch des § 538 Abs 2 den allgemeinen Verwendungsersatzanspruch des Mieters aus § 547 (BGH LM Nr 22 zu § 538 BGB; Nr 2 zu § 558 BGB). Nur soweit die Voraussetzungen des § 538 Abs 2 nicht erfüllt sind, kommt ein Rückgriff auf § 547 in Betracht (BGH LM Nr 51 zu § 139 BGB; LG Mannheim ZMR 1977, 220; OLG Bamberg OLGZ 1976, 195, 200). Auch eine Schadensersatzpflicht des Vermieters ist denkbar (BGHZ 56, 136, 140), während die Voraussetzungen des § 812 hier wohl niemals vorliegen dürften (LG Berlin WuM 1970, 116; LG Kassel WuM 1980, 137).

III. Ausschlußtatbestände 14

Für § 538 gelten dieselben Ausschlußtatbestände wie für § 537 (s deshalb oben § 537 Rz 18 f). § 537 Abs 3 ist jedoch nicht entsprechend anwendbar, so daß ein vertraglicher Haftungsausschluß hier auch bei der Wohnraummiete möglich ist. Derartige **Haftungsausschlußklauseln** sind jedoch eng und gegen den Vermieter auszulegen, so daß sie versteckte Mängel der Mietsache grundsätzlich nicht umfassen (BGHZ 63, 333, 334; BGH LM Nr 10 a zu § 538 BGB; Betrieb 1967, 118). Soweit danach wirksam die Haftung des Vermieters ausgeschlossen ist, gilt dies auch für etwaige konkurrierende Deliktsansprüche des Mieters (OLG Frankfurt VersR 1973, 425; OLG Hamm BB 1975, 1219). Bei Formularverträgen sind jedoch stets sorgfältig die Schranken der §§ 9, 11 Nr 7 und 8 sowie 24 AGBG zu beachten, wonach die Haftung des Vermieters für Vorsatz und grobe Fahrlässigkeit generell nicht mehr ausgeschlossen werden kann.

IV. Beweislast 15

Der Mieter trägt die volle Beweislast für sämtliche Voraussetzungen des § 538. Lediglich wenn der feststehende Mangel zum Risikobereich des Vermieters gehört, wird die Beweislast umgekehrt, so daß sich der Vermieter entlasten muß (BGH LM Nr 6 a zu § 536 BGB).

§ 539

Kennt der Mieter bei dem Abschlusse des Vertrags den Mangel der gemieteten Sache, so stehen ihm die in den §§ 537, 538 bestimmten Rechte nicht zu. Ist dem Mieter ein Mangel der in § 537 Abs 1 bezeichneten Art infolge grober Fahrlässigkeit unbekannt geblieben oder nimmt er eine mangelhafte

Sache an, obschon er den Mangel kennt, so kann er diese Rechte nur unter den Voraussetzungen geltend machen, unter welchen dem Käufer einer mangelhaften Sache nach den §§ 460, 464 Gewähr zu leisten ist.

Schrifttum: GLASER JR 1967, 201; WEIMAR, Die Sachmängelhaftung im Mietrecht (1957) 34; ders ZMR 1961, 254; J WILHELM JZ 1982, 488.

1 **1. Überblick**

Nach § 539 sind in drei verschiedenen Fällen unter bestimmten Voraussetzungen die Gewährleistungsrechte des Mieters **ausgeschlossen**. Unter denselben Voraussetzungen entfällt auch das Kündigungsrecht des Mieters aus § 542 (s § 543 S 1). Darüber hinaus kann auch ein Verstoß gegen die Anzeigepflicht nach § 545 Abs 2 HS 2 zum Verlust bestimmter Gewährleistungsrechte führen. § 539 wird schließlich entsprechend angewandt, wenn der Mieter nachträglich einen Mangel erkennt, gleichwohl aber den Gebrauch der gemieteten Sache über eine längere Zeit hinweg vorbehaltlos fortsetzt (s oben § 537 Rz 18).

2 § 539 bezieht sich nur auf die Rechte des Mieters aus den §§ 537 und 538 (sowie aus § 542), so daß der Erfüllungsanspruch des Mieters aus § 536 in jedem Fall **unberührt** bleibt (BGH LM Nr 26 zu § 537 BGB; WM 1982, 335, 337); im Einzelfall kann jedoch in dem Vertragsschluß in Kenntnis eines bestimmten Mangels die Billigung des Zustandes der Sache liegen, so daß dann auch der Erfüllungsanspruch ausgeschlossen ist (LG Hamburg WuM 1977, 119). Unberührt bleiben weiter, wie sich schon aus dem Wortlaut des § 539 ergibt, Ansprüche aus positiver Vertragsverletzung (str), Deliktsansprüche sowie das Kündigungsrecht des Mieters aus § 544. Für die Anwendung des § 539 ist schließlich auch dann kein Raum, wenn der Vermieter die Beseitigung des Mangels verspricht.

3 **2. Kenntnis bei Vertragsschluß**

a) Wenn der Mieter den fraglichen Mangel schon bei **Vertragsschluß kennt**, kann er wegen dieses Mangels weder mindern noch Schadensersatz oder Aufwendungsersatz verlangen (§ 539 S 1; BGH LM Nr 51 zu § 139 BGB). Auch Ersatzansprüche wegen des Fehlens zugesicherter Eigenschaften oder wegen eines Rechtsmangels sind dann ausgeschlossen (s § 541; BGH LM Nr 1 zu § 539 BGB). Dies alles gilt selbst bei Arglist des Vermieters (BGH LM Nr 5 zu § 539 BGB; WM 1978, 227).

4 § 539 S 1 wird **entsprechend** angewandt, wenn die Parteien den Vertrag stillschweigend verlängern (OLG Breslau JW 1929, 2895), wenn der Mieter in Kenntnis eines Mangels eine Verlängerungsoption ausübt (BGH NJW 1970, 1740, 1742) oder wenn die Parteien nachträglich eine Erhö-

hung des Mietzinses vereinbaren (BGH LM Nr 9 zu § 18 1. BMietG; Nr 3 zu § 539 BGB). Jedoch kann dieser Rechtssatz nicht auf Mietzinserhöhungen nach dem MHRG übertragen werden; insbesondere die regelmäßigen Mietzinserhöhungen nach § 2 MHRG können unmöglich zu einem ebenso regelmäßigen Ausschluß aller Mieterrechte führen.

b) Die **Kenntnis** des Mieters muß sich bei Vertragsschluß gerade auf die konkreten Mängel und auf deren Auswirkungen auf die Gebrauchstauglichkeit der Sache beziehen, so daß zB die bloße Kenntnis der tatsächlichen Umstände, die einem Bauverbot zugrunde liegen, ohne Kenntnis des Bauverbotes selbst nicht für die Anwendung des § 539 S 1 ausreicht (BGH LM Nr 6 zu § 439 BGB; WM 1962, 1379; OLG Bamberg OLGZ 1976, 195). Daher führt auch bei Rechtsmängeln die bloße Kenntnis der Tatsachen, aus denen der Rechtsmangel folgt, allein nicht zur Anwendung des § 539 S 1, sofern der Mieter aus den Tatsachen falsche, rechtliche Schlußfolgerungen gezogen hat (BGHZ 63, 132, 140; BGH LM Nr 6 zu § 439 BGB; Nr 1 zu § 539 BGB). Denn grundsätzlich darf der Mieter, solange er nicht konkrete Anhaltspunkte für das Gegenteil hat, davon ausgehen, daß der Vermieter vertragstreu ist und ein mangelfreies Objekt übergeben wird (s für Neubauten LG Hamburg WuM 1976, 205). Daher schadet ihm ein formularmäßiges Anerkenntnis des vertragsmäßigen Zustandes der Sache auch nur, wenn er dabei den Mangel der Sache positiv gekannt hat (BGH LM Nr 3 zu § 539 BGB; BB 1973, 1236). In Formularverträgen sind solche Klauseln heute ohnehin stets nichtig (§§ 9, 11 Nr 14 lit b AGBG). 5

c) Bei **mehreren** Mietern genügt nach hM entsprechend § 166 die Kenntnis eines einzigen Mieters, um zum Nachteil aller Mieter die Rechtsfolgen des § 539 auszulösen (BGH LM Nr 5 zu § 539 BGB; krit dazu Mietrecht § 539 Rz 11). 6

3. Grob fahrlässige Unkenntnis 7

a) Der Mieter verliert die Rechte aus den §§ 537 und 538 außerdem, wenn ihm bei Vertragsschluß ein Mangel im Sinne des § 537 *Abs 1* nur infolge grober Fahrlässigkeit unbekannt geblieben ist, außer wenn der Vermieter die Abwesenheit des Fehlers zugesichert oder den Fehler **arglistig** verschwiegen hat (§ 539 S 2 iVm § 460 S 2). Anders als bei § 539 S 1 werden mithin durch grob fahrlässige Unkenntnis des Mieters nur Mängel im Sinne des § 537 S 1, nicht hingegen Mängel infolge des Fehlens zugesicherter Eigenschaften und auch nicht Rechtsmängel ausgeschlossen (s § 541).

b) Der Begriff der **groben** Fahrlässigkeit ist hier derselbe wie in § 277, so daß eine besonders schwere und ungewöhnliche Sorgfaltsverletzung erfor- 8 derlich ist (BGH LM Nr 26 zu § 537 BGB; ZMR 1962, 82, 85 f). Dabei ist stets zu berücksichtigen, daß den Mieter grundsätzlich keine Prüfungspflicht trifft (BGHZ 68, 281, 285), so daß grobe Fahrlässigkeit idR nur angenommen werden kann, wenn nach den gesamten Umständen der Verdacht eines Mangels besonders nahe liegt und deshalb von dem Mieter ohne weiteres verlangt werden kann, daß er die Sache daraufhin überprüft, sofern bei einer auch nur oberflächlichen Prüfung der Mangel ohne weiteres zu erkennen gewesen wäre (vgl BGH ZMR 1959, 70; 1962, 82, 85 f; LM Nr 26 zu § 537 BGB). Der Mieter eines gewerblichen Grundstücks, der die einschlägigen Vorschriften genau kennen muß, handelt aber grob fahrlässig, wenn er übersieht, daß das fragliche Grundstück nur bedingt für den von ihm beabsichtigten Betrieb geeignet ist (BGH WM 1982, 335, 336).

9 **4. Vorbehaltlose Annahme**

a) Die Gewährleistungsrechte des Mieters sind schließlich auch dann ausgeschlossen, wenn er eine mangelhafte Sache annimmt, obwohl er den Mangel kennt, ohne sich dabei seine Rechte wegen des Mangels bei der Annahme vorzubehalten (§ 539 S 2 iVm § 464). Dieser **Ausschlußtatbestand** gilt wiederum nur für Mängel im Sinne des § 537 Abs 1, also nicht für zugesicherte Eigenschaften sowie für Rechtsmängel (str). Hingegen spielt es hier keine Rolle, ob der Vermieter den Mangel arglistig verschwiegen hat (ebenfalls str). Annahme bedeutet dabei dasselbe wie Überlassung im Sinne des § 535 (s oben §§ 535, 536 Rz 6).

10 **b)** Der **Vorbehalt** ist eine einseitige, empfangsbedürftige Willenserklärung, die grundsätzlich derselben Form wie der Vertrag bedarf (s § 566!) und in der die Mängel, derentwegen sich der Mieter seine Rechte vorbehalten will, genau bezeichnet werden müssen (s im einzelnen oben § 537 Rz 18). Eine vorbehaltlose Annahme liegt jedoch nicht vor, wenn der Vermieter die Beseitigung der Mängel zusagt, wenn der Mieter den Vermieter zur Beseitigung der Mängel auffordert oder wenn der Mieter lediglich einer Verschiebung der gebotenen Ausbesserung nicht widerspricht (RGZ 89, 384; 90, 65; RG JW 1916, 903; BGH ZMR 1961, 359).

11 **5. Beweislast**

Die Kenntnis des Mieters von dem Mangel oder dessen grob fahrlässige Unkenntnis muß der Vermieter beweisen (BGH WM 1962, 1379), während den Mieter die **Beweislast** trifft, wenn er sich darauf berufen will, daß er sich seine Rechte bei der Annahme der Sache vorbehalten hat, daß der

Vermieter den Mangel arglistig verschwiegen hat oder daß er die Beseitigung des Mangels zugesichert hat.

§ 540

Eine Vereinbarung, durch welche die Verpflichtung des Vermieters zur Vertretung von Mängeln der vermieteten Sache erlassen oder beschränkt wird, ist nichtig, wenn der Vermieter den Mangel arglistig verschweigt.

1. In Übereinstimmung mit den §§ 476 und 637 bestimmt § 540, daß jeder 1
Ausschluß und jede Beschränkung der Gewährleistungsrechte des Mieters nichtig ist, wenn der Vermieter den Mangel **arglistig** verschweigt. Das gilt auch für Rechtsmängel (§ 541). Bei Formularverträgen ist daneben stets der wesentlich weitergehende § 11 Nr 7 AGBG zu beachten (s oben Vorbem 18 f zu § 537).

2. *Arglist* des Vermieters setzt voraus, daß er selbst den Mangel positiv 2
kennt; grobe Fahrlässigkeit genügt nicht (BGH LM Nr 1 zu § 463 BGB). Außerdem muß den Vermieter eine **Aufklärungspflicht** treffen, weil nur dann das Verschweigen des Mangels rechtswidrig und damit arglistig sein kann. Der Vermieter muß insbes dann wahrheitsgemäß Auskunft erteilen, wenn sich der Mieter nach Mängeln erkundigt. Bei mehreren Vermietern genügt dabei bereits Arglist eines einzigen zur Anwendung des § 540 (BGH WM 1976, 323). Gleich steht in jedem Fall die Vorspiegelung einer nicht vorhandenen Eigenschaft. Der Vermieter handelt jedoch nicht arglistig, wenn er annahm oder nach Lage des Falles annehmen durfte, daß der Mangel dem Mieter bekannt sei (OLG Dresden OLGE 33, 301).

3. Im Falle des § 540 ist die Ausschlußklausel nichtig. Die Auswirkungen 3
der **Nichtigkeit** auf den restlichen Vertrag beurteilen sich an sich nach § 139; im Interesse des Mieterschutzes wird jedoch grundsätzlich von der Wirksamkeit des restlichen Vertrages auszugehen sein. Die **Beweislast** für die Arglist des Vermieters trifft dabei stets den Mieter (s BGH BB 1969, 1412).

§ 541

Wird durch das Recht eines Dritten dem Mieter der vertragsmäßige Gebrauch der gemieteten Sache ganz oder zum Teil entzogen, so finden die Vorschriften der §§ 537, 538, des § 539 Satz 1 und des § 540 entsprechende Anwendung.

Schrifttum: Josef LZ 1925, 1304; Riezler AcP 98 (1906) 372; Weimar ZMR 1960, 197.

1 **1. Allgemeines**

Nach § 541 finden die §§ 537 bis 540 auf Rechtsmängel erst Anwendung, wenn durch das Recht eines Dritten dem Mieter der vertragsmäßige Gebrauch der gemieteten Sache ganz oder teilweise entzogen wird (sog **Eviktionshaftung**). Rechte Dritter an oder auf die Sache sind mithin solange unbeachtlich, als durch ihre Ausübung der Mieter nicht in dem ihm zustehenden vertragsmäßigen Gebrauch gestört wird; Nichterfüllung liegt vielmehr erst vor, sobald derartige Rechte Dritter geltend gemacht werden, so daß der Vermieter seinen vertraglichen Pflichten gegenüber dem Mieter nicht mehr in vollem Umfang nachkommen kann (OLG Köln WuM 1981, 103). § 541 schließt dabei für seinen Anwendungsbereich einen Rückgriff auf die allgemeinen Vorschriften der §§ 323 bis 326 aus (BGHZ 63, 132, 137).

2 **2. Rechtsmangel**

a) Rechte Dritter im Sinne des § 541 sind nur **Privatrechte**, so daß öffentlich-rechtliche Beschränkungen und Verbote nicht unter § 541 fallen, sondern einen Sachmangel begründen oder zur Unmöglichkeit führen (s oben § 537 Rz 7 ff).

3 Bei den Privatrechten Dritter spielt es hingegen keine Rolle, ob es sich um Rechte an der Sache oder auf die Sache handelt. Auch **obligatorische** Rechte Dritter fallen daher unter § 541, sofern nur durch sie der Mieter in dem ihm zustehenden, vertragsmäßigen Gebrauch gestört wird (s unten Rz 6; BGH LM Nr 3 zu § 541 BGB). Es spielt außerdem keine Rolle, ob das Recht des Dritten von Anfang an bestand oder erst nachträglich, zB durch Pfändung der vermieteten Sache, begründet wurde (BGHZ 63, 132, 138). Das Recht muß sich jedoch stets auf die Sache selbst beziehen, so daß bloße Ansprüche Dritter gegen den Vermieter als solchen die Rechtsfolgen des § 541 nicht auslösen (BGH LM Nr 3 zu § 537 BGB). Ebensowenig gehören hierher rechtswidrige Störungen des Mieters durch Dritte. Wichtigster Fall des § 541 ist natürlich das Eigentum oder der Nießbrauch Dritter an der Mietsache.

4 **b)** § 541 ist sowohl anwendbar, wenn dem Mieter infolge des Rechts des Dritten der vertragsmäßige Gebrauch der gemieteten Sache ganz oder teilweise **entzogen** wird, als auch dann, wenn ihm mit Rücksicht auf dieses Recht die Sache von Anfang an **nicht überlassen** wird (BGH LM Nr 3 zu § 541 BGB; OLG Köln WuM 1977, 69). § 541 regelt daher auch die Fälle des anfänglichen Unvermögens des Vermieters, wenn sie ihren Grund in dem Rechte eines Dritten haben. Wegen der übrigen Fälle vgl oben Vorbem 4 zu § 537.

Volker Emmerich

Maßstab dafür, ob eine Entziehung vorliegt, ist der dem Mieter nach dem Vertrag geschuldete, vertragsmäßige Gebrauch; jede Beeinträchtigung des Mieters in diesem Gebrauch reicht daher für die Anwendung des § 541 aus (BGHZ 63, 132, 138). Dabei genügt auch eine mündliche Geltendmachung des Rechts des Dritten, sofern der Mieter daraufhin den Gebrauch unterläßt oder aufgibt (OLG Hamburg OLGE 34, 32). Unanwendbar ist hingegen § 541, wenn das Recht des Dritten nicht geltend gemacht wird (s oben Rz 1; OLG Köln WuM 1981, 103). 5

c) Im Falle der **Doppelmiete** sind alle Verträge gültig ohne Rücksicht darauf, daß der Vermieter nur einen erfüllen kann (s oben §§ 535, 536 Rz 2; BGH LM Nr 4 zu § 541 BGB). Ein Mieter kann folglich nach § 541 Schadensersatz verlangen, wenn der Vermieter ihm eine Sache vermietet, die er schon einem anderen Mieter überlassen hat und deren Herausgabe der andere Mieter mit Rücksicht auf sein Besitzrecht verweigert (BGH LM Nr 3 und 4 zu § 541 BGB; Nr 40 zu § 256 BGB). Dasselbe gilt im Ergebnis, wenn der Vermieter dem ersten Mieter zwar schon wirksam gekündigt hatte, dieser aber tatsächlich nicht räumt (str; s BGHZ 85, 267; Mietrecht § 541 Rz 17 a). § 541 greift schließlich auch ein, wenn der Vermieter den ersten Mieter während des Laufs des Vertrages zu Unrecht aus der Wohnung setzt und diese anschließend einem neuen Mieter überläßt (LG Mannheim ZMR 1962, 332, 334). 6

3. Rechtsfolgen 7

In den Fällen des § 541 hat der Mieter in erster Linie den Erfüllungsanspruch (BGH WM 1975, 897); außerdem kann er unter den Voraussetzungen des § 542 kündigen. Ergänzend verweist § 541 auf die §§ 537 und 538, so daß der Mieter auch mindern oder Schadensersatz verlangen kann. Da es sich hierbei um eine Rechtsgrundverweisung handelt, kann der Mieter von dem Vermieter Schadensersatz ohne Verschulden nur verlangen, wenn es sich um anfängliche Rechtsmängel handelt (BGHZ 63, 132, 139). Als Schadensersatz kann der Mieter dann, wenn ihm zB ein schon gemietetes Ferienhaus vorenthalten wird, auch Ersatz für die vertane Urlaubszeit fordern (BGHZ 77, 116).

4. Ausschlußtatbestände 8

a) Dem Mieter schadet nur positive Kenntnis des Rechtsmangels bei Vertragsschluß (§ 541 mit § 539 S 1); grob fahrlässige Unkenntnis steht nicht gleich. Ebensowenig die vorbehaltlose Annahme der Sache in Kenntnis des Mangels; jedoch kann in einem solchen Verhalten des Mieters unter

Umständen ein Verzicht auf etwaige Ansprüche wegen des Mangels gesehen werden. Zu beachten ist schließlich stets auch § 545 Abs 2.

9 **b)** § 541 ist nicht zwingend, so daß **Ausschlußklauseln**, jedoch nur in den Grenzen der §§ 537 Abs 3 und 540 sowie des AGBG, möglich sind. Folglich kann in Formularverträgen niemals die Haftung des Vermieters für anfängliche Rechtsmängel sowie für die rechtzeitige Überlassung der Sache ausgeschlossen werden (s Mietrecht § 541 Rz 30 a). Und auch hinsichtlich nachträglicher Rechtsmängel ist allenfalls ein Ausschluß von Schadensersatzansprüchen des Mieters bei leichter Fahrlässigkeit des Vermieters, auf keinen Fall aber ein Ausschluß des Minderungsrechts und des Kündigungsrechts möglich (§§ 9, 11 Nr 7 und 8 AGBG; Mietrecht § 541 Rz 30 b).

10 **5. Beweislast**

Die Beweislast für den Rechtsmangel und die Entziehung des vertragsmäßigen Gebrauchs trifft den Mieter, während der Vermieter gegebenenfalls beweisen muß, daß einer der Ausschlußtatbestände vorliegt.

§ 541 a

Der Mieter von Räumen hat Einwirkungen auf die Mietsache zu dulden, die zur Erhaltung der Mieträume oder des Gebäudes erforderlich sind.

§ 541 b

Maßnahmen zur Verbesserung der gemieteten Räume oder sonstiger Teile des Gebäudes oder zur Einsparung von Heizenergie hat der Mieter zu dulden, es sei denn, daß die Maßnahme insbesondere unter Berücksichtigung der vorzunehmenden Arbeiten, der baulichen Folgen, vorausgegangener Verwendungen des Mieters oder der zu erwartenden Erhöhung des Mietzinses für den Mieter oder seine Familie eine Härte bedeuten würde, die auch unter Würdigung der berechtigten Interessen des Vermieters und anderer Mieter in dem Gebäude nicht zu rechtfertigen ist; die zu erwartende Erhöhung des Mietzinses ist nicht zu berücksichtigen, wenn die gemieteten Räume oder sonstigen Teile des Gebäudes lediglich in einen Zustand versetzt werden, wie er allgemein üblich ist.

Der Vermieter hat dem Mieter zwei Monate vor dem Beginn der Maßnahme deren Art, Umfang, Beginn und voraussichtliche Dauer sowie die zu erwartende Erhöhung des Mietzinses schriftlich mitzuteilen. Der Mieter ist berechtigt, bis zum Ablauf des Monats, der auf den Zugang der Mitteilung folgt, für den Ablauf des nächsten Monats zu kündigen. Hat der Mieter

gekündigt, ist die Maßnahme bis zum Ablauf der Mietzeit zu unterlassen. Diese Vorschriften gelten nicht bei Maßnahmen, die mit keiner oder nur mit einer unerheblichen Einwirkung auf die vermieteten Räume verbunden sind und zu keiner oder nur zu einer unerheblichen Erhöhung des Mietzinses führen.

Aufwendungen, die der Mieter infolge der Maßnahme machen mußte, hat der Vermieter in einem den Umständen nach angemessenen Umfang zu ersetzen; auf Verlangen hat der Vermieter Vorschuß zu leisten.

Bei einem Mietverhältnis über Wohnraum ist eine zum Nachteil des Mieters abweichende Vereinbarung unwirksam.

Schrifttum: Blank ZMR 1981, 289, 321; Derleder NJW 1975, 1677; Freund-Barthelmess NJW 1976, 2191; ZMR 1977, 1, 33; Frost WuM 1976, 1; Glaser, Die Sammelheizung in Rechtsprechung und Schrifttum (8. Aufl 1980); Gellwitzky ZMR 1980, 353; Halberstadt WuM 1981, 25; Harke WuM 1977, 197; Hummel ZMR 1970, 65; Köhler, Das neue Mietrecht (1983) 5; Landfermann NJW 1982, 2344; ders, Gesetz zur Erhöhung des Angebots an Mietwohnungen (1983) 23; Sternel MDR 1983, 265; Schopp ZMR 1965, 193; Weimar BlGBW 1974, 25; ZMR 1976, 33.

I. Geschichte 1

Die unmittelbar zusammengehörigen §§ 541 a und 541 b regeln abschließend die Frage, unter welchen Voraussetzungen der Mieter verpflichtet ist, Einwirkungen des Vermieters auf die Mietsache durch Baumaßnahmen zu dulden. § 541 a ist durch das 2. MietRÄndG von 1964 (BGBl I 457), § 541 b erst durch das Änderungsgesetz vom 20. 12. 1982 (BGBl I 1912) in das BGB eingefügt worden. Vorläufer des § 541 a war vor allem § 28 a MSchG. In seiner ursprünglichen Fassung regelte § 541 a auch die **Duldungspflicht** des Mieters bei Verbesserungsmaßnahmen des Vermieters (jetzt § 541 b). Da jedoch § 541 a Abs 2 der Duldungspflicht des Mieters insoweit verhältnismäßig enge Grenzen zog, war, um die dringend erforderliche Modernisierung des zum Teil erheblich überalterten Wohnungsbestandes zu fördern, die Duldungspflicht des Mieters gegenüber Modernisierungsmaßnahmen durch § 20 ModEnG idF vom 12. 7. 1978 (BGBl I 994) erheblich erweitert worden, mit der Folge freilich, daß § 541 a Abs 2 praktisch jede Bedeutung verloren hatte. Deshalb ist schließlich die Regelung des § 20 ModEnG durch das Änderungsgesetz von 1982 in das BGB übernommen worden; dabei wurde zugleich klargestellt, daß bei der Prüfung der Duldungspflicht des Mieters gegenüber Modernisierungsmaßnahmen des Vermieters auch die infolgedessen zu erwartende Mietzinserhöhung (s § 3 MHRG) zu berücksichtigen ist. Der Gesetzgeber wollte damit vor allem der Gefahr sog **Luxusmodernisierungen** begegnen (s die Begr z RegE, BT-Druck 9/2079, 9 f; den Ausschußbericht, BT-Drucks 9/2284, 2). Eine weitergehende Duldungspflicht des

Mieters kann sich schließlich im Einzelfall noch aus § 39 f BBauG idF vom 18. 8. 1976 (BGBl I 2257) ergeben (vgl außerdem auch die §§ 39 g, 122 a und 122 b BBauG). Zum Übergangsrecht s Art 4 Abs 1 des Änderungsgesetzes v 1982.

II. Erhaltungsmaßnahmen

2 **1.** Nach § 541 a muß der Mieter von Räumen Einwirkungen auf die Mietsache dulden, die zur Erhaltung der Mieträume oder des Gebäudes erforderlich sind. Raummiete ist dabei nicht nur die Wohnraummiete, sondern auch die gewerbliche Raummiete (BGH LM Nr 1 zu § 541 a BGB). Für alle diese Mietverhältnisse soll § 541 a dem Vermieter die Erfüllung seiner aus § 536 folgenden Erhaltungspflicht ermöglichen, so daß unter § 541 a sämtliche Maßnahmen zur Verhinderung oder Beseitigung drohender oder schon entstandener *Schäden* an der Mietsache fallen (vgl auch § 3 Abs 4 ModEnG). Dementsprechend sind unter Erhaltungsmaßnahmen im Sinne des § 541 a nur solche Maßnahmen des Vermieters zu verstehen, die zur Sicherung der Sache in ihrem *ursprünglichen*, wirtschaftlichen Bestand objektiv erforderlich sind. Den Gegensatz bilden vor allem Verbesserungsmaßnahmen im Sinne des § 541 b sowie bloße Veränderungen der Mietsache, bei denen sich eine Duldungspflicht des Mieters immer nur im Einzelfall unter ganz besonderen Umständen aus § 242 ergeben kann (BGH LM Nr 1 zu § 541 a BGB; LG Düsseldorf MDR 1970, 848; Mietrecht § 541 a Rz 38). Sind schließlich mit Erhaltungsmaßnahmen untrennbar auch Verbesserungsmaßnahmen iS des § 541 b verbunden, so richtet sich die Duldungspflicht des Mieters allein nach § 541 b (str).

3 **2.** Bei Erhaltungsmaßnahmen in dem genannten Sinne (oben Rz 2) ist der Mieter nach § 541 a grundsätzlich unbedingt zur Duldung der von ihnen ausgehenden Einwirkungen verpflichtet. Der Begriff der **Einwirkungen** umfaßt dabei im weitesten Sinne jede Störung des Mieters in dem vertragsmäßigen Gebrauch durch die Erhaltungsmaßnahmen. Die wichtigsten Beispiele sind Belästigungen des Mieters durch Lärm, Erschütterungen und Schmutz sowie die Entziehung von Licht und Luft durch den Bau von Gerüsten (s LG Hannover DWW 1980, 99). **Grenzen** für die *Duldungspflicht* des Mieters gegenüber solchen Einwirkungen können sich nur in Ausnahmefällen aus den §§ 226 und 242 ergeben. Jenseits dieser äußersten Grenze muß der Mieter jedoch jede Hinderung der Arbeiten unterlassen sowie dem Vermieter und den von diesem beauftragten Leuten den Zugang zu seiner Wohnung zur Planung und Durchführung der Arbeiten gewähren (LG Frankfurt ZMR 1968, 141, 172). In Ausnahmefällen kann er sogar verpflichtet sein, vorübergehend die vermieteten

Räume zu verlassen, sofern die zur Erhaltung erforderlichen Maßnahmen nur auf diese Weise durchgeführt werden können (OLG Braunschweig DWW 1965, 85). In keinem Fall ist der Mieter jedoch zur Mitwirkung bei den Vermietermaßnahmen verpflichtet (str).

3. Nach Durchführung der Erhaltungsmaßnahmen muß der Vermieter sämtliche dadurch verursachten Beschränkungen des Mieters in dem vertragsmäßigen Gebrauch beseitigen (§ 536). Außerdem hat der Mieter stets das **Minderungsrecht** des § 537, wenn und soweit durch die Einwirkungen sein vertragsmäßiger Gebrauch beeinträchtigt wird (LG Mannheim DWW 1978, 45; AG Köln ZMR 1980, 87). Schließlich kann der Mieter nach § 538 Abs 1 Fall 2 auch stets vom Vermieter **Ersatz** für alle ihm durch die Einwirkungen verursachten Kosten und Schäden verlangen (str). **4**

III. Verbesserungsmaßnahmen

1. Begriff **5**

§ 541 b, der an die Stelle des alten § 541 a Abs 2 sowie des § 20 ModEnG getreten ist, regelt die Frage, wann der Mieter Maßnahmen zur Verbesserung der gemieteten Räume oder sonstiger Teile des Gebäudes oder zur Einsparung von Heizenergie (sog Verbesserungsmaßnahmen) dulden muß. Man versteht darunter allgemein sämtliche Maßnahmen des Vermieters, durch die objektiv der Gebrauchs- oder Substanzwert der vermieteten Räume oder des Gebäudes erhöht wird (Begr z RegE, BT-Drucks 9/2079, 11 f). Der Begriff deckt sich weithin mit dem der **Modernisierungsmaßnahmen** iS des § 3 MHRG und der §§ 3 und 4 ModEnG, so daß wegen der Einzelheiten auf die Erläuterungen zu § 3 MHRG verwiesen werden kann (s unten § 3 MHRG Rz 6 ff). Beispiele sind der Einbau einer Etagen- oder Zentralheizung (s LG Köln WuM 1978, 8), die Umstellung einer Zentralheizung auf ein moderneres System (LG Düsseldorf ZMR 1973, 81; LG Braunschweig FWW 1976, 26; str), der Einbau von Zwischenwänden, Türen, Fenstern und sanitären Anlagen (LG Köln WuM 1970, 41; LG Hamburg ZMR 1976, 145), die Verlegung neuer Fußbodenbeläge, die Modernisierung der Beleuchtungsanlage und der Steigleitungen, der Einbau eines Fahrstuhls oder einer Warmwasserversorgungsanlage, die Verbesserung des Schallschutzes sowie sämtliche Maßnahmen zur nachhaltigen Einsparung von Heizenergie (s Mietrecht § 541 a Rz 25 m Nachw).

6 **2. Duldungspflicht**

a) Verbesserungsmaßnahmen der genannten Art (oben Rz 5) hat der Mieter nach § 541 b Abs 1 grundsätzlich zu dulden, außer wenn sie für ihn oder seine Familie eine nicht zu rechtfertigende **Härte** bedeuteten. Mit dieser Formulierung hat der Gesetzgeber bewußt an § 20 ModEnG und an § 556 a angeknüpft und dabei zugleich betont, daß in der Sache auch eine weitgehende Übereinstimmung mit der Regelung des früheren § 541 a Abs 2 bestehe (s die Begr z RegE, BT-Drucks 9/2079, 12), so daß ohne weiteres zur Konkretisierung auf die Erläuterungen zu den früheren §§ 541 a und 20 ModEnG sowie zu § 556 a zurückgegriffen werden kann (s Mietrecht § 541 a Rz 27–33 g; anders KG WuM 1983, 128).

7 **b)** Verbesserungsmaßnahmen bedeuten nur dann für den Mieter oder seine Familie eine nicht zu rechtfertigende Härte, wenn sie für ihn **unzumutbar** sind (vgl § 541 a Abs 2 S 1 aF sowie die Begr z RegE aaO). Folglich kann über die Duldungspflicht des Mieters immer nur im Einzelfall aufgrund einer umfassenden **Interessenabwägung** entschieden werden, in die auf der Seite des Mieters auch die Interessen seiner Familie und auf der Seite des Vermieters auch die Interessen der anderen Mieter des Gebäudes einzubeziehen sind (ebenso schon KG OLGZ 1981, 462 = NJW 1981, 2307; WuM 1982, 293 = ZMR 1982, 318). Als Umstände, die hierbei zu berücksichtigen sind, nennt das Gesetz »insbesondere« die vorzunehmenden Arbeiten, die baulichen Folgen, die vorausgegangenen Verwendungen des Mieters sowie die zu erwartende Erhöhung des Mietzinses.

8 Bei der Interessenabwägung sind somit zunächst stets die mit den Verbesserungsmaßnahmen verbundenen **Beeinträchtigungen** für den Mieter und seine Familie zu berücksichtigen. Die Duldungspflicht kann daher zB entfallen, wenn infolge der zu erwartenden Verschmutzung oder des Baulärms eine erhebliche Verschlimmerung einer Erkrankung des Mieters oder seiner Familienangehörigen ernsthaft zu befürchten ist und ihm auch ein vorübergehender, anderweitiger Aufenthalt nicht zugemutet werden kann, wobei sich der Begriff der Familie aus § 8 Abs 2 II. WoBauG ergibt. Außerdem müssen die baulichen **Auswirkungen** der Modernisierungsmaßnahme berücksichtigt werden. Sie stellen zB dann eine besondere Härte für den Mieter oder seine Familie dar, wenn die Zahl der Räume oder die Raumeinteilung so verändert werden, daß die Wohnung fortan den Bedürfnissen des Mieters nicht mehr gerecht wird. Schließlich können bei der Abwägung auch die Auswirkungen der Maßnahmen auf vorausgegangene, eigene Verwendungen des Mieters eine Rolle spielen, weil für den Mieter, der die Räume bereits auf eigene Kosten modernisiert hat, Verbesserungsmaßnahmen des Vermieters eher eine Härte bedeuten als für andere Mieter (Begr z RegE, BT-Drucks 9/2079, 12).

Vor allem aber muß bei der Abwägung auch die zu erwartende *Erhöhung* des Mietzinses (wozu auch die Nebenkosten gehören) berücksichtigt werden, außer wenn die gemieteten Räume oder sonstigen Teile des Gebäudes lediglich in einen Zustand versetzt werden, wie er allgemein üblich ist. Das Gesetz folgt insoweit der schon zu § 541 a Abs 2 überwiegend vertretenen Meinung (grdleg KG OLGZ 1981, 462 = NJW 1981, 2307; WuM 1982, 293; OLG Hamburg OLGZ 1981, 340 = NJW 1981, 2066). Der Gesetzgeber wollte damit vor allem der Gefahr der **Luxusmodernisierung** begegnen, die der Mieter folglich nicht hinzunehmen braucht, wenn sie zu einer für ihn nicht mehr tragbaren Miete führte (Begr z RegE, BT-Drucks 9/2079, 12; ebenso schon LG Braunschweig WuM 1982, 208). Den Gegensatz bilden solche Modernisierungsmaßnahmen, durch die die gemieteten Räume lediglich in einen (nach den jeweiligen, örtlichen Verhältnissen) allgemein üblichen Zustand versetzt werden, weshalb bei solchen Maßnahmen die finanziellen Auswirkungen auch nicht zu berücksichtigen sind (§ 541 b Abs 1 HS 2). Soweit hiernach die Mietzinserhöhung bei der Interessenabwägung zu berücksichtigen ist, kommt es auch darauf an, ob der Mieter einen Anspruch auf Wohngeld hat; unerheblich ist hingegen, ob der Mieter den Anspruch auch tatsächlich geltend macht oder nicht (Begr z RegE aaO; ebenso schon KG aaO). **9**

c) Die Aufzählung der berücksichtigungsfähigen Umstände in § 541 b **10** Abs 1 HS 1 ist nicht abschließend, so daß von Fall zu Fall mit unterschiedlichem Gewicht auch **andere Umstände** Bedeutung erlangen können (Begr z RegE, BT-Drucks 9/2079, 13). Als solche sind aus der bisherigen Praxis zu § 541 a Abs 2 aF etwa zu nennen schwere Invalidität oder hohes Alter des Mieters, ein kurz bevorstehendes Vertragsende sowie eine wesentliche Veränderung der vermieteten Räume (s Mietrecht § 541 a Rz 29 ff m Nachw).

3. Mitteilungspflicht **11**

Nach § 541 b Abs 2 hat der Vermieter dem Mieter zwei Monate vor dem Beginn der Verbesserungsmaßnahme deren Art, Umfang, Beginn und voraussichtliche Dauer sowie die zu erwartende Erhöhung des Mietzinses schriftlich mitzuteilen (vgl schon § 20 Abs 2 ModEnG). Die Mitteilungspflicht entfällt jedoch nach der Bagatellklausel des § 541 b Abs 2 S 4 bei solchen Maßnahmen, die mit keiner oder nur mit einer unerheblichen Einwirkung auf die vermieteten Räume verbunden sind und zu keiner oder nur zu einer unerheblichen Erhöhung des Mietzinses führen. Abgesehen von diesen Ausnahmefällen stellt die Erfüllung der Mitteilungspflicht eine Voraussetzung für die Fälligkeit der Duldungspflicht des Mieters dar. Verstößt der Vermieter gegen seine Mitteilungspflicht, so **entfällt** mithin auch die **Duldungspflicht** des Mieters (LG Hannover WuM 1981, 38; Begr z RegE, BT-Drucks 9/2079, 13). Schuldhafte Verstöße des Vermieters gegen die Mitteilungspflicht können ihn außerdem unter dem Gesichtspunkt der positiven Vertragsverletzung zum Schadensersatz verpflichten. Eine weitere, vergleichbare Hinweispflicht des Vermieters kann sich außerdem auch noch aus § 3 Abs 2 MHRG ergeben.

12 **4. Mieterrechte**

a) § 541 b läßt ebenso wie § 541 a die §§ 536 bis 538 unberührt (s oben Rz 4; Begr z RegE, BT-Drucks 9/2079, 13). Der Mieter kann folglich Erfüllung verlangen durch Beseitigung jeder Beeinträchtigung des vertragsmäßigen Gebrauchs; er kann außerdem mindern, wenn und solange der vertragsmäßige Gebrauch beeinträchtigt ist; und ihm steht schließlich gegebenenfalls ein Schadensersatzanspruch zu.

13 **b)** Der Mieter hat außerdem einen **Aufwendungsersatzanspruch** (§ 541 b Abs 3 im Anschluß an § 541 a Abs 2 S 2 aF und § 20 Abs 3 S 1 ModEnG). Beispiele für derartige Aufwendungen sind die Kosten für die vorübergehende Auslagerung der Möbel, für die Erneuerung und Änderung der Dekoration, und zwar ohne Rücksicht darauf, ob der Mieter die Schönheitsreparaturen übernommen hat oder nicht, weiter die Kosten der Reinigung der Räume, die Kosten neuer Tapeten oder neuer Möbelstücke (LG Essen WuM 1981, 67), Hotelkosten sowie die Kosten einer etwaigen Umstellung der Haushaltsgeräte. Diese Kosten sind jedoch stets nur in einem den Umständen nach angemessenen Umfang, dh insoweit zu ersetzen, wie sie objektiv erforderlich sind. Die Aufwendungen müssen außerdem mit 4% jährlich verzinst werden (§§ 246, 256). Schließlich kann der Mieter **Vorschuß** verlangen (vgl AG Köln WuM 1981, 95). Solange der Vermieter diesen Vorschuß nicht geleistet hat, hat der Mieter ein Zurückhaltungsrecht, so daß er die Durchführung der Verbesserungsmaßnahmen nicht zu dulden braucht (§ 273 Abs 1).

14 **c)** Dem Mieter steht schließlich nach § 541 b Abs 2 S 2 ein **Sonderkündigungsrecht** zu, damit er sich kurzfristig aus dem Mietverhältnis lösen kann, wenn er die Maßnahmen dulden müßte, das Mietverhältnis jedoch unter diesen Umständen nicht mehr fortsetzen will. Das Kündigungsrecht kann aber nur bis zum Ablauf des Monats, der auf den Zugang der Mitteilung folgt, und zwar für den Ablauf des nächsten Monats ausgeübt werden. Für die Form der Kündigung gilt § 564 a. Obwohl das Gesetz darüber schweigt, muß das Kündigungsrecht auch (erst recht) dann bestehen, wenn der Mieter an sich nicht zur Duldung der Maßnahmen verpflichtet ist oder wenn der Vermieter gegen die Mitteilungspflicht verstoßen hat; auf jeden Fall ergibt sich das Kündigungsrecht in diesen Fällen aus § 554 a (s

Mietrecht § 541 a Rz 37 b). Erhöht der Vermieter mit Rücksicht auf die Modernisierung der Wohnung den Mietzins nach § 3 MHRG, so ergibt sich ein weiteres, außerordentliches Kündigungsrecht des Mieters aus § 9 MHRG.

Macht der Mieter von dem besonderen Kündigungsrecht des § 541 b Abs 2 15
Gebrauch, so darf der Vermieter mit der Durchführung der Verbesserungsmaßnahme **nicht** vor Ablauf der Mietzeit *beginnen* (§ 541 b Abs 2 S 3 im Anschluß an § 20 Abs 2 S 3 ModEnG). Unbedenklich sind jedoch vorbereitende Maßnahmen wie zB die Ausmessung oder die Besichtigung der Räumlichkeiten oder das Abladen von Baumaterial (s Mietrecht § 541 a Rz 37 c).

IV. Abweichende Vereinbarungen 16

Nach § 541 b Abs 4 sind bei Mietverhältnissen über Wohnraum Vereinbarungen unwirksam, die von § 541 b zum Nachteil des Mieters abweichen. Das gilt sowohl für eine Erweiterung der Duldungspflicht des Mieters als auch für jede Einschränkung seiner Gegenrechte. Eine entsprechende Bestimmung fehlt bei § 541 a; gleichwohl ist davon auszugehen, daß auch hier die Duldungspflicht des Mieters jedenfalls nicht durch Formularverträge über den Rahmen des § 541 a hinaus erweitert werden kann (§ 9 Abs 2 AGBG).

V. Prozessuales

1. Der Duldungsanspruch des Vermieters kann grundsätzlich nicht durch 17
einstweilige *Verfügung* durchgesetzt werden, da es in aller Regel schon an der Eilbedürftigkeit fehlen dürfte (s LG Frankfurt MDR 1968, 328; AG Unna WuM 1980, 179; AG Wuppertal WuM 1980, 180). Hingegen ist eine Durchsetzung des Vorschußanspruchs des Mieters durch einstweilige Verfügung unbedenklich (AG Köln WuM 1981, 95).

2. Die **Beweislast** für alle Voraussetzungen des Duldungsanspruchs trägt 18
der Vermieter. Der Mieter muß hingegen beweisen, daß die Duldung der Verbesserungsmaßnahmen ausnahmsweise für ihn oder seine Familie eine nicht zu rechtfertigende Härte bedeutete; außerdem trägt er die Beweislast für alle Gegenrechte (LG Essen WuM 1983, 139 f).

3. Der **Streitwert** einer Klage des Vermieters auf Duldung von Moderni- 19
sierungsmaßnahmen berechnet sich nach der dadurch ermöglichten Mietzinserhöhung, nicht nach den Kosten der Maßnahmen (LG Mannheim WuM 1976, 131).

Volker Emmerich

§ 542

Wird dem Mieter der vertragsmäßige Gebrauch der gemieteten Sache ganz oder zum Teil nicht rechtzeitig gewährt oder wieder entzogen, so kann der Mieter ohne Einhaltung einer Kündigungsfrist das Mietverhältnis kündigen. Die Kündigung ist erst zulässig, wenn der Vermieter eine ihm von dem Mieter bestimmte angemessene Frist hat verstreichen lassen, ohne Abhilfe zu schaffen. Der Bestimmung einer Frist bedarf es nicht, wenn die Erfüllung des Vertrages infolge des die Kündigung rechtfertigenden Umstandes für den Mieter kein Interesse hat.

Wegen einer unerheblichen Hinderung oder Vorenthaltung des Gebrauchs ist die Kündigung nur zulässig, wenn sie durch ein besonderes Interesse des Mieters gerechtfertigt wird.

Bestreitet der Vermieter die Zulässigkeit der erfolgten Kündigung, weil er den Gebrauch der Sache rechtzeitig gewährt oder vor dem Ablaufe der Frist die Abhilfe bewirkt habe, so trifft ihn die Beweislast.

§ 543

Auf das dem Mieter nach § 542 zustehende Kündigungsrecht finden die Vorschriften der §§ 539 bis 541 sowie die für die Wandelung bei dem Kauf geltenden Vorschriften der §§ 469 bis 471 entsprechende Anwendung. Bei einem Mietverhältnis über Wohnraum ist eine Vereinbarung, durch die das Kündigungsrecht ausgeschlossen oder eingeschränkt wird, unwirksam.

Schrifttum: Brox-Elsing JuS 1976, 1; Glaser NJW 1951, 301; Hassold NJW 1975, 1863; ders JuS 1975, 550; Molitor, Die Kündigung (2. Aufl 1951); Weimar, Die Sachmängelhaftung im Mietrecht (1957) 23; ders MDR 1969, 449.

1 **I. Konkurrenzen**

Nach § 542 kann der Mieter unter bestimmten Voraussetzungen den Mietvertrag fristlos kündigen, wenn ihm der vertragsmäßige Gebrauch nicht rechtzeitig gewährt oder wieder entzogen wird. Ein vergleichbares Kündigungsrecht steht dem Mieter nach § 544 bei Gesundheitsgefährdung zu. Diese beiden Kündigungsrechte treten in den Fällen von Sach- und Rechtsmängeln bei der Miete an die Stelle der Wandelung bei Kauf- und Werkvertrag. Hieraus ergibt sich eine Reihe von Konkurrenzproblemen, auf die zunächst einzugehen ist (s im einzelnen Mietrecht § 542 Rz 1–6).

2 1. Durch § 542 sollten die Mieterrechte gegenüber den allgemeinen Rechtsbehelfen bei Leistungsstörungen verstärkt werden (Mot II 419). Daraus folgt zunächst, daß der Mieter in der Zeit zwischen Vertragsschluß

und Überlassung der Sache unter den Voraussetzungen der §§ 325 und 326 die **Wahl** zwischen dem *Rücktritt* und der *Kündigung* nach § 542 hat. Der Mieter kann in dieser Zeitspanne außerdem dann kündigen, wenn schon jetzt feststeht, daß bei Beginn des Mietverhältnisses die Voraussetzungen des § 542 erfüllt sein werden, weil zB eine Beseitigung des Mangels unmöglich ist oder vom Vermieter verweigert wird (OLG Colmar OLGE 22, 289). Anders freilich, wenn lediglich Zweifel an der Leistungsfähigkeit oder -bereitschaft des Vermieters bestehen (BGH LM Nr 1 zu § 542 BGB; LG Hamburg MDR 1974, 583).

2. Durch eine Kündigung nach § 542 wird der Mieter auch nicht gehindert, **3**
für die Vergangenheit die Rechte aus den §§ 537 und 538 geltend zu machen. Der **Schadensersatzanspruch** aus § 538 umfaßt dabei auch die dem Mieter gerade erst durch die Kündigung entstandenen Schäden wie namentlich die Umzugskosten und den etwaigen höheren Mietzins für eine Ersatzwohnung (§ 538 Rz 9). Erfolgt die Kündigung hingegen wegen eines Umstandes, der nicht zugleich einen Mangel im Sinne der §§ 537 f und 541 darstellt, so kommt es darauf an, ob der Vermieter den fraglichen Umstand und damit die Kündigung zu vertreten hat, so daß er aus positiver Vertragsverletzung haftet (RGZ 64, 381, 383; 76, 367, 369; BGH LM Nr 4 zu § 554 a BGB).

3. Zwischen den verschiedenen Kündigungsrechten des Mieters aufgrund **4**
der §§ 542, 544 und 554 a besteht **kein Rangverhältnis**; der Mieter hat vielmehr die Wahl, auf welche dieser Vorschriften er jeweils seine Kündigung stützen will (str).

II. Voraussetzungen

1. Nichtgewährung des Gebrauchs **5**

Der Mieter kann nach § 542 zunächst kündigen, wenn ihm der vertragsmäßige Gebrauch der gemieteten Sache ganz oder zum Teil nicht rechtzeitig gewährt wird. Der Grund für die Nichterfüllung ist dabei unerheblich. Insbes spielt es keine Rolle, ob der Vermieter die Nichterfüllung zu vertreten hat (RGZ 98, 101, 103; BGH LM Nr 6 zu § 542 BGB). IdR wird es sich um einen Sach- oder Rechts*mangel* im Sinne der §§ 537 und 541 handeln (BGH LM Nr 22 zu § 537 BGB; Nr 6 zu § 542 BGB; WM 1967, 515; 1975, 897; 1982, 151). Notwendig ist dies jedoch nicht; vielmehr kann der Mieter durchaus auch bei **Unmöglichkeit** oder **Verzögerung** der Überlassung der Sache nach § 542 kündigen. Etwas anderes gilt nur, solange der Mieter aus Gründen, die in seiner Person liegen, am Mietgebrauch gehindert ist. Auch dann lebt jedoch sein Kündigungsrecht wieder auf, sobald er zu erkennen gibt, daß er die Mietsache wieder gebrauchen will und kann und der Vermieter dann nicht erfüllungsbereit ist (BGHZ 38, 295, 299 ff; BGH LM Nr 3 zu § 542 BGB).

6 **2. Gebrauchsentziehung**

Der Mieter kann außerdem kündigen, wenn ihm der vertragsmäßige Gebrauch der gemieteten Sache ganz oder zum Teil wieder entzogen wird. Darunter fällt jede **Störung** des Mieters in dem ihm zustehenden, vertragsmäßigen Gebrauch (OLG Köln NJW 1972, 1814). Auch hier ist der wichtigste Grund für eine solche Störung das nachträgliche Auftreten eines Sach- oder Rechtsmangels. **Beispiele** sind das Auftreten von Ungeziefer oder Ratten, die ungenügende Heizung der vermieteten Räume (RGZ 75, 354; BGH WarnR 1969 Nr 347), umfangreiche Reparaturarbeiten in mehreren Zimmern, außer wenn die Voraussetzungen der §§ 541 a oder 541 b vorliegen (AG Darmstadt WuM 1980, 131), das Verbot nächtlicher Damenbesuche (LG Duisburg WuM 1975, 123), das Fehlen zugesicherter Eigenschaften, das Auftreten unangenehmer Gerüche, bordellartige Zustände in einer Gastwirtschaft (BGH WM 1967, 515), die Störung des Mieters durch den Lärm des Vermieters, der Mitmieter oder Dritter (OLG Hamburg MDR 1972, 953), weiter das Herausgabeverlangen des Vermieters gegenüber dem Untermieter nach Kündigung des Hauptmietvertrages, selbst wenn der Untermieter wohnen bleibt (BGHZ 63, 132, 138; BGH WM 1975, 897), sowie schließlich sämtliche, öffentlich-rechtlichen Beschränkungen und Verbote, die zu einem Mangel führen (RGZ 88, 96, 99; 98, 101, 103; KG OLGE 33, 304; HRR 1937 Nr 502; LG Frankfurt NJW 1977, 1885).

7 **3. Erheblichkeit**

Nach § 542 Abs 2 ist eine Kündigung wegen Nichtgewährung des Gebrauchs oder Gebrauchsentziehung nur zulässig, wenn die Störung erheblich ist oder wenn die Kündigung durch ein besonderes Interesse des Mieters gerechtfertigt wird. Die Frage der **Erheblichkeit** der Störung kann dabei immer nur im Einzelfall nach den gesamten Umständen des Falles beurteilt werden. Grundsätzlich ist aber davon auszugehen, daß eine Störung des Mieters in dem ihm zustehenden, vertragsmäßigen Gebrauch auch erheblich ist. Dies gilt insbes für das Fehlen zugesicherter Eigenschaften. Eine Störung kann deshalb nur dann als unerheblich qualifiziert werden, wenn es sich allenfalls um einen marginalen Mangel handelt (s BGH LM Nr 3 zu § 542 BGB; Nr 22 zu § 537 BGB; OLG Köln MDR 1960, 498; LG Köln WuM 1975, 167). Darüber hinaus kann der Mieter in

Ausnahmefällen auch nach Treu und Glauben verpflichtet sein, in ihm vom Vermieter angebotene Ersatzräume auszuweichen, so daß es dann an einer erheblichen Störung fehlt (RG WarnR 1913/14 Nr 216). Aber selbst wenn hiernach nur eine unerhebliche Störung vorliegt, ist die fristlose Kündigung doch zulässig, wenn sie bei objektiver Beurteilung nach den Umständen des Falles durch ein besonders *Interesse* des Mieters gerechtfertigt wird.

4. Fristsetzung **8**

a) Nach § 542 Abs 1 S 2 ist die Kündigung grundsätzlich erst zulässig, nachdem der Mieter dem Vermieter erfolglos eine angemessene Frist zur Beseitigung der Störung gesetzt hatte. Die Fristsetzung erfolgt dabei durch formlose, empfangsbedürftige Willenserklärung. In dieser müssen die zu beseitigende Störung und die dafür gesetzte Frist so genau wie möglich bezeichnet werden, so daß die bloße Mängelanzeige nach § 545 hierfür nicht ausreicht (RG WarnR 1916/18 Nr 74). Die **Länge** der dem Vermieter zu setzenden Frist hängt dabei ganz von den Umständen des Falles ab. Ist kurzfristige Abhilfe möglich, so genügt auch das Verlangen nach sofortiger oder unverzüglicher Abhilfe (RGZ 75, 354; KG OLGE 9, 2; 10, 256; HRR 1936 Nr 393). Ist die vom Mieter gesetzte Frist zu kurz, so tritt an die Stelle der zu kurzen Frist einfach die angemessene Frist, die notfalls durch Urteil bestimmt werden muß (RG HRR 1934 Nr 1444).

b) In bestimmten Fällen ist die Fristsetzung **entbehrlich.** Das gilt zu- **9**
nächst in den Fällen des Interessewegfalls (§ 542 Abs 1 S 3) sowie in den Fällen der Gesundheitsgefährdung (§ 544). Die Frage des Interessewegfalls ist dabei objektiv nach der Situation des Mieters zu beurteilen und zB anzunehmen, wenn die Heizung längere Zeit trotz wiederholter Reparaturversuche ausfällt (BGH WarnR 1969 Nr 347).

Eine Fristsetzung ist außerdem entbehrlich, wenn der Vermieter auf die- **10**
ses Erfordernis verzichtet, zB durch das Angebot der Abhilfe. Dasselbe gilt, wenn eine **Abhilfe** von vornherein mit Rücksicht auf die Art der Störung nicht möglich ist, wenn sie übermäßig lange dauerte oder mit für den Mieter unzumutbaren Belästigungen verbunden wäre sowie wenn der Vermieter von vornherein eine Abhilfe ernstlich und endgültig verweigert (vgl RGZ 94, 29; 98, 101; RG WarnR 1916/18 Nr 74; BGH LM Nr 22 und 26 zu § 537 BGB; WM 1967, 515; AG Jever NJW 1971, 1086). Entsprechend kann der Mieter auch schon vor Fristablauf kündigen, wenn der Vermieter nach der Fristsetzung jede Abhilfe strikt ablehnt.

11 **5. Fristablauf**

Das Recht des Mieters zur fristlosen Kündigung des Vertrages setzt schließlich noch voraus, daß der Vermieter die ihm vom Mieter gesetzte Frist fruchtlos verstreichen läßt. Die Gründe hierfür spielen keine Rolle. § 542 greift auch ein, wenn den Vermieter an der Unterlassung der Abhilfe kein Verschulden trifft (RGZ 98, 101, 103; 98, 286; BGH LM Nr 6 zu § 542 BGB; WM 1967, 515). Eine nur partielle Beseitigung der Störung reicht ebenfalls grundsätzlich nicht aus. Kündigt aber der Mieter nicht sofort nach Ablauf der Frist, so kann der Vermieter immer noch für Abhilfe sorgen mit der Folge, daß der Mieter dann das Kündigungsrecht verliert (str; s Mietrecht § 542 Rz 33).

III. Kündigung

12 1. Unter den Voraussetzungen des § 542 kann der Mieter kündigen, muß dies aber nicht tun. Ebenso steht es ihm frei, ob er mit oder ohne **Frist** kündigen will (RGZ 75, 354; 82, 363, 373). Er braucht die Kündigung auch nicht sofort nach Fristablauf auszusprechen, sondern kann damit für einen angemessenen Zeitraum zuwarten. Nur bei übermäßiger **Verzögerung** des Ausspruchs der Kündigung läuft er Gefahr, sein Kündigungsrecht zu verwirken (RGZ 82, 363; BGH WM 1967, 515).

13 2. In der **Kündigungserklärung** muß deutlich zum Ausdruck kommen, daß der Mieter von dem Recht des § 542 Gebrauch macht. Bei Wohnraummietverhältnissen ist für die Kündigungserklärung Schriftform iS des § 126 vorgeschrieben; außerdem sollen in dem Kündigungsschreiben auch die Kündigungsgründe genannt werden (§ 564 a Abs 1). Hierbei handelt es sich jedoch um eine bloße Sollvorschrift, so daß die Wirksamkeit der Kündigung nicht von ihrer **Begründung** abhängt (BGH WM 1975, 897; OLG Zweibrücken WuM 1981, 177; BayObLGZ 1981, 232 = WuM 1981, 200; OLG Karlsruhe WuM 1982, 241). Das hat die weitere, wichtige Folge, daß auch ein Nachschieben von Gründen stets möglich ist (BGH WarnR 1969 Nr 374; WM 1959, 538; 1982, 94; OLGe Zweibrücken und Karlsruhe aaO.). Bei anderen Mietverhältnissen als Wohnraummietverhältnissen ist hingegen für die Kündigung weder eine besondere Form noch eine Begründung erforderlich (BGH WM 1959, 538; 1975, 897; Mietrecht § 542 Rz 36 c).

14 3. Liegen die Voraussetzungen des § 542 nicht vor, so kann die fristlose Kündigung des Mieters nur in Ausnahmefällen in eine ordentliche Kündigung unter Einhaltung der gesetzlichen Kündigungsfrist **umgedeutet** werden. Voraussetzung ist, daß aus der Kündigungserklärung für den Vermie-

ter ohne weiteres eindeutig erkennbar wird, daß der Mieter das Mietverhältnis auf jeden Fall, notfalls auch unter Einhaltung der gesetzlichen Kündigungsfrist, beenden wollte (s BGH WM 1980, 1397; 1981, 253).

4. Aus § 543 S 1 iVm den §§ 469 bis 471 ergibt sich an sich die Zulässigkeit **15**
einer **Teilkündigung.** Tatsächlich handelt es sich dabei jedoch um seltene Ausnahmefälle (OLG Schleswig WuM 1982, 266, 269; KG HRR 1937 Nr 502). Namentlich bei der Grundstücks- und Wohnraummiete ist grundsätzlich davon auszugehen, daß das vermietete Grundstück oder die vermietete Wohnung eine Einheit bilden, so daß eine Teilkündigung, etwa hinsichtlich einzelner Räume, ausscheidet (KG aaO; OLG Celle MDR 1964, 294). Folglich kann zB bei der Vermietung einer Wohnung mit Garage oder Hofraum die Kündigung grundsätzlich nicht auf den Hofraum oder die Garage beschränkt werden (OLG Karlsruhe WuM 1983, 166).

IV. Ausschlußtatbestände

Das Kündigungsrecht ist nach § 543 S 1 zunächst unter den in den §§ 539 **16**
bis 541 genannten Voraussetzungen ausgeschlossen. Dasselbe gilt, wenn der Mieter die Störung allein oder überwiegend zu vertreten hat (§ 324 Abs 1; RGZ 98, 286; BGHZ 66, 349, 350).

Das Kündigungsrecht kann auch durch **Vereinbarung** der Parteien ausge- **17**
schlossen oder beschränkt werden. Nur bei Mietverhältnissen über Wohnraum sind derartige Vereinbarungen nach § 543 S 2 generell unwirksam. Bei allen anderen Mietverhältnissen ergeben sich ähnliche Schranken für Formularverträge aus dem AGBG (§ 9 Abs 2, 11 Nr 8 lit a und 10 lit a; s Mietrecht § 542 Rz 43).

V. Beweislast

Die Beweislast für alle Voraussetzungen des § 542 trifft den Mieter, wäh- **18**
rend der Vermieter nach § 542 Abs 3 beweisen muß, daß er den Gebrauch der Sache rechtzeitig gewährt oder vor Fristablauf Abhilfe geschaffen habe. Dasselbe gilt, wenn str ist, ob die Störung erheblich oder unerheblich im Sinne des § 542 Abs 2 ist (BGH LM Nr 22 zu § 537 BGB).

§ 544

Ist eine Wohnung oder ein anderer zum Aufenthalte von Menschen bestimmter Raum so beschaffen, daß die Benutzung mit einer erheblichen Gefährdung der Gesundheit verbunden ist, so kann der Mieter das Mietverhältnis ohne Einhaltung einer Kündigungsfrist kündigen, auch wenn er

die gefahrbringende Beschaffenheit bei dem Abschlusse des Vertrages gekannt oder auf die Geltendmachung der ihm wegen dieser Beschaffenheit zustehenden Rechte verzichtet hat.

Schrifttum: SCHÄFER SeuffBl 67 (1902) 257; WEIMAR ZMR 1960, 226; WIETHAUP ZMR 1975, 257.

1 **1. Allgemeines**

Der **Zweck** der aus sozialpolitischen Gründen in das Gesetz eingefügten Vorschrift besteht in dem Schutz des öffentlichen Interesses an der allgemeinen Volksgesundheit. In den Schutzbereich des § 544 werden deshalb auch alle Angehörigen und Mitarbeiter des Mieters einbezogen (BGHZ 29, 289). Die praktische Bedeutung des § 544 beschränkt sich freilich im wesentlichen darauf, die fristlose Kündigung bei Gesundheitsgefährdung über den Rahmen der §§ 542 und 543 hinaus zu erleichtern. Doch hindert den Mieter nichts, auch in den hier geregelten Fällen anstatt nach § 544 nach dem allgemeinen § 542 vorzugehen. Unberührt bleiben in jedem Fall außerdem die Gewährleistungsrechte des Mieters (§§ 537 und 538), wobei jedoch je nach den Umständen des Falles in einer übermäßigen Verzögerung der Kündigung ein mitwirkendes Verschulden des Mieters liegen kann (RG WarnR 1916 Nr 133; AG Köln WuM 1973, 41, 43; LG Saarbrücken WuM 1982, 187).

2 **2. Voraussetzungen**

a) Nach § 544 kann der Mieter fristlos kündigen, wenn eine Wohnung oder ein anderer zum Aufenthalt von Menschen bestimmter Raum so beschaffen ist, daß ihre Benutzung mit einer erheblichen **Gesundheitsgefahr** verbunden ist. Zu einer *Wohnung* gehören hierbei alle zu Wohnzwecken vermieteten Räume (s oben Vorbem 11 zu §§ 535, 536). Ein anderer zum Aufenthalt von Menschen bestimmter *Raum* ist hingegen anzunehmen, wenn in dem fraglichen Raum nach den Abreden der Parteien zumindest vorübergehend Menschen verweilen sollen. Beispiele sind Büros, Lager, Werkstätten, Fabrikhallen, Spülküchen sowie Bier- und Weinkeller.

3 **b)** Eine fristlose Kündigung kommt in Betracht, wenn die genannten Räume so beschaffen sind, daß ihre Benutzung mit einer erheblichen **Gefährdung der Gesundheit** des Mieters oder der anderen, geschützten Personen (oben Rz 1) verbunden ist. Eine Gesundheitsgefährdung braucht also noch nicht eingetreten zu sein; sie muß jedoch konkret drohen, dh naheliegend sein (RGZ 88, 168; KG JW 1930, 2975). Die Gefahr muß außerdem erheblich sein, so daß ein bloßes, vorübergehendes Unbehagen eine fristlose Kündigung durch den Mieter nicht zu rechtfertigen vermag

(RGZ 51, 210; RG WarnR 1911 Nr 323; JW 1912, 288). Maßgebender Zeitpunkt für die Beurteilung der Frage, ob diese Voraussetzungen vorliegen, ist dabei der der Kündigung, wobei ein *objektiver Maßstab* anzulegen ist, so daß letztlich auf die allgemeinen, gesundheitlichen Anforderungen in dem jeweiligen Zeitpunkt abzustellen ist (KG DR 1939, 642; AG Köln WuM 1979, 75; LG Saarbrücken WuM 1982, 187).

Damit ist aber nur gesagt, daß die individuellen Verhältnisse des einzelnen Mieters außer Betracht bleiben. Hingegen kommt es sehr wohl darauf an, ob es sich um jüngere oder ältere Mieter oder um Mieter mit oder ohne Kinder handelt, weil je nachdem auch die allgemeinen, gesundheitlichen Anforderungen ganz unterschiedlich sind. Die **Ursache** der Gesundheitsgefährdung ist in jedem Fall unerheblich. Die Gefahren können durchaus auch von anderen Mietern oder Dritten ausgehen (RG JW 1906, 713). Ebensowenig kommt es darauf an, ob der Vermieter die Gefahr zu vertreten hat (AG Bremerhaven WuM 1975, 147). **4**

c) Umstr ist die Rechtslage, wenn der Umstand, von dem die Gefahr ausgeht, ohne weiteres **behebbar** und der Vermieter zur sofortigen Abhilfe bereit ist; nach überwiegender Meinung entfällt dann ebenso wie bei bloß vorübergehenden Störungen das Kündigungsrecht aus § 544 (RGZ 88, 168; RG Recht 1912 Nr 991; SeuffA 71 (1916) Nr 229; OLG Celle NdsRpfl 1964, 154). Vergleichbare Probleme ergeben sich, wenn innerhalb einer Wohnung *nur einzelne* Räume gesundheitsgefährdend sind. In diesem Fall hängt die Anwendbarkeit des § 544 von der Bedeutung der betreffenden Räume für den Mieter ab (s Mietrecht § 544 Rz 15). **5**

d) § 544 greift hiernach *zB* ein bei übermäßiger Lärmbelästigung des Mieters (RG JW 1906, 713; BGHZ 29, 289; AG Köln WuM 1979, 75), bei dauerndem Eindringen unerträglicher Gerüche (RGZ 88, 168; RG JW 1912, 288; LG Mannheim WuM 1969, 41), bei übermäßiger Feuchtigkeit der Wohnung, zB einer Außenwand eines von zwei Zimmern (LG Mannheim ZMR 1977, 154; LG Saarbrücken WuM 1982, 187), weiter bei Pilz- und Schwammbefall, bei Schimmelbildung, bei ungenügender Heizung (LG Mannheim ZMR 1977, 154) sowie bei Einsturzgefahr (KG JW 1930, 2975). **6**

3. Kündigung **7**

Für die Kündigung gilt dasselbe wie bei § 542 mit dem einen Unterschied, daß hier eine Fristsetzung entbehrlich ist (s deshalb im einzelnen oben § 542 Rz 12 ff). Für die Form der Kündigung ist auch hier § 564 a zu beachten (str). In den Fällen des § 544 entfällt nach hM außerdem die Anzeigepflicht des Mieters aus § 545 (s Mietrecht § 544 Rz 20). Das Kündigungsrecht steht aber in jedem Fall nur dem Mieter, nicht etwa auch dem Vermieter zu (LG Kassel WuM 1982, 188).

8 **4. Ausschlußtatbestände**

a) § 544 unterscheidet sich auch dadurch von § 542, daß hier durch die **Kenntnis** des Mieters von dem Mangel das Kündigungsrecht nicht ausgeschlossen wird. § 544 ist außerdem zwingend, so daß jede Vereinbarung, durch die das Kündigungsrecht entgegen dem Gesetz ausgeschlossen oder beschränkt wird, nichtig ist (BGHZ 29, 289, 295 f). Das muß in den Fällen des § 544 entsprechend auch für den Schadensersatzanspruch des Mieters aus § 538 gelten (Mietrecht § 544 Rz 24).

9 **b)** Str ist die Rechtslage, wenn der Mieter den gesundheitsgefährdenden Zustand **selbst** schuldhaft *herbeigeführt* hat. Entgegen der hM (RGZ 51, 210, 212) kann ein solches Verhalten des Mieters nur zum Ausschluß seines Schadensersatzanspruchs, nicht jedoch zum Ausschluß seines Kündigungsrechtes führen, da durch dieses auch die Angehörigen und die Arbeitnehmer des Mieters geschützt werden sollen (oben Rz 1).

10 **5. Beweislast**

Die Beweislast für sämtliche Voraussetzungen des § 544 trägt der Mieter. Hingegen hat der Vermieter die Umstände zu beweisen, aus denen sich ausnahmsweise ein Ausschluß des Kündigungsrechts ergibt.

§ 545

Zeigt sich im Laufe der Miete ein Mangel der gemieteten Sache oder wird eine Vorkehrung zum Schutze der Sache gegen eine nicht vorhergesehene Gefahr erforderlich, so hat der Mieter dem Vermieter unverzügliche Anzeige zu machen. Das gleiche gilt, wenn sich ein Dritter ein Recht an der Sache anmaßt.

Unterläßt der Mieter die Anzeige, so ist er zum Ersatze des daraus entstehenden Schadens verpflichtet; er ist, soweit der Vermieter infolge der Unterlassung der Anzeige Abhilfe zu schaffen außerstande war, nicht berechtigt, die im § 537 bestimmten Rechte geltend zu machen oder nach § 542 Abs. 1 Satz 3 ohne Bestimmung einer Frist zu kündigen oder Schadensersatz wegen Nichterfüllung zu verlangen.

Schrifttum: Bruck ArchBürgR 27, 110; Klein, Anzeigepflicht im Schuldrecht (1907); Roquette ZMR 1973, 195; Weimar Betrieb 1972, 615.

1. Bedeutung 1

§ 545 regelt als Ausschnitt aus der allgemeinen Obhutspflicht (s oben §§ 535, 536 Rz 36) die **Anzeigepflicht** des Mieters; damit ist vor allem *bezweckt*, den Vermieter vor Schäden an seiner Sache zu bewahren und ihm Gelegenheit zur Erfüllung seiner Erhaltungspflicht aus § 536 zu geben (BGHZ 68, 281, 284 ff; BGH LM Nr 10 zu § 537 BGB). Aus § 545 darf daher weder eine Reparatur- noch eine Prüfungspflicht des Mieters gefolgert werden (BGH LM Nr 1 zu § 545 BGB); vielmehr soll die Anzeigepflicht dem Vermieter die Erfüllung seiner Prüfungs- und Erhaltungspflicht gerade erleichtern. Die Anzeigepflicht ist eine echte Nebenleistungs*pflicht* des Mieters, keine bloße Obliegenheit, so daß § 278 anwendbar ist, wenn der Mieter ihre Erfüllung Dritten überträgt (BGH ZMR 1969, 271).

2. Voraussetzungen 2

a) Die Anzeigepflicht besteht zunächst, wenn sich im Laufe der Miete ein **Mangel** der gemieteten Sache zeigt. Der Begriff wird hier weiter als in den §§ 537 und 538 verstanden und umfaßt jeden Fehler im weitesten Sinne, dh jeden schlechten Zustand der Sache, der dem Vermieter Anlaß zum Eingreifen geben kann (BGHZ 68, 281, 283). Unerheblich ist, ob sich der Mangel an der vermieteten Sache selbst oder an mitvermieteten Einrichtungen, Sachen und Gebäudeteilen zeigt, so daß der Mieter zB auch Mängel der Treppen und Zugänge dem Vermieter anzeigen muß (RGZ 59, 161; 75, 118; RG JW 1905, 46; 1906, 546). Keine Anzeigepflicht besteht hingegen hinsichtlich Mängeln an den nicht vermieteten Teilen des Hauses, solange sich diese nicht auf die gemieteten Teile auswirken (str).

Die Anzeigepflicht setzt weiter voraus, daß sich der Mangel gerade erst 3
während des Laufs der Miete, dh während des Mietverhältnisses zeigt. Der Lauf der Miete beginnt dabei mit der tatsächlichen Übergabe der Sache und endet erst mit der tatsächlichen Rückgabe der Sache, beides ohne Rücksicht auf die rechtliche Dauer des Vertrages (BGH LM Nr 2 zu § 556 BGB; KG DR 1940, 395).

Schließlich ist noch erforderlich, daß sich der Mangel während der fragli- 4
chen Zeit **gezeigt** hat. Die Anzeigepflicht beschränkt sich mithin auf solche Mängel, die der Mieter erkannt hat oder nur infolge grober Fahrlässigkeit übersehen hat (BGH 68, 281, 284 ff). Hinsichtlich **verborgener** Mängel besteht hingegen keine Anzeigepflicht, schon weil den Mieter keine Prüfungs- und Nachforschungspflicht trifft. Der Mieter genügt daher in jedem Fall seiner Anzeigepflicht, wenn er einen sich ihm aufdrängenden Verdacht dem Vermieter unverzüglich mitteilt.

5 **b)** Eine Anzeigepflicht besteht außerdem, wenn eine **Vorkehrung** zum Schutze der Sache gegen eine nicht vorhergesehene Gefahr, zB gegen die Gefahr des Einsturzes einer Decke, gegen Sturmschäden oder Wassereinbrüche, erforderlich wird oder wenn sich ein Dritter ein *Recht* an der Sache *anmaßt*. Die Anzeigepflicht soll hier dem Vermieter Gelegenheit geben, sofort die erforderlichen Gegenmaßnahmen zu ergreifen.

6 **3. Anzeige**

a) Die Anzeige ist eine sog rechtserhebliche Handlung, für die weder Geschäftsfähigkeit erforderlich noch eine besondere Form vorgeschrieben ist. Sie muß aber gegenüber dem Vermieter oder dessen Vertreter erfolgen (AG Köln MDR 1974, 47); auf den Zugang der Anzeige sind dabei die §§ 130 ff entsprechend anzuwenden.

7 Die Anzeige muß außerdem **unverzüglich**, dh ohne schuldhaftes Zögern erfolgen. Das Maß der hiernach geschuldeten Sorgfalt hängt stets von der Dringlichkeit der Gefahr ab. Je ernster die Gefahr ist, desto schneller muß die Anzeige erfolgen.

8 **b)** Die Anzeigepflicht **entfällt**, wenn dem Mieter ihre Erfüllung unmöglich ist (§ 275; s Mietrecht § 545 Rz 18-19a), zB weil der Mangel außerhalb seines Macht- und Einflußbereiches liegt (BGH LM Nr 1 zu § 545 BGB). Dasselbe gilt, wenn die Erstattung der Anzeige unsinnig wäre, etwa weil der Vermieter den Mangel ohnehin kennt oder leicht erkennen kann, oder wenn dem Vermieter Abhilfe gar nicht möglich ist (vgl. BGHZ 68, 281, 284; BGH LM Nr 10 zu § 537 BGB; WM 1967, 515).

9 **4. Rechtsfolgen**

a) Bei Verletzung der Anzeigepflicht ist der Mieter zunächst zum **Schadensersatz** verpflichtet. Die Ersatzpflicht setzt Verschulden des Mieters und Kausalität zwischen der Unterlassung oder Verspätung der Anzeige und dem eingetretenen Schaden voraus, so daß ein Ersatzanspruch nur in Betracht kommt, wenn der Vermieter in der Lage gewesen wäre, den Schaden bei rechtzeitiger Anzeige zu verhindern.

10 **b)** Eine Unterlassung der Anzeige hat außerdem gewisse **Rechtsverluste** für den Mieter zur Folge. Soweit nämlich der Vermieter infolge der Unterlassung der Anzeige außerstande war, Abhilfe zu schaffen, entfallen die Minderung (§ 537), der Schadensersatzanspruch wegen Nichterfüllung (§ 538) und die Berechtigung des Mieters, nach § 542 Abs 1 S 3 fristlos ohne Bestimmung einer Abhilfefrist zu kündigen; im übrigen bleibt aber das Kündigungsrecht des Mieters unberührt. Auch der Verlust der anderen Rechte tritt nicht ein, wenn der Schaden auch bei rechtzeitiger An-

zeige eingetreten wäre (BGHZ 68, 281, 287). Der Rechtsverlust gilt schließlich nur für den Zeitraum, in dem der Vermieter infolge der Unterlassung der Mängelanzeige nicht für Abhilfe sorgen konnte. Für die spätere Zeit wird mithin der Mietzins – trotz Unterlassung der Anzeige – wieder gemindert (LG Köln MDR 1966, 761).

5. Beweislast 11

Der Vermieter muß beweisen, daß der Mangel dem Mieter bekannt oder erkennbar war sowie daß sein etwaiger Schaden gerade auf der Unterlassung oder Verspätung der Anzeige beruht. Hingegen muß der Mieter beweisen, daß er die Anzeige rechtzeitig erstattet hat oder daß die Anzeigepflicht ausnahmsweise nicht bestand.

§ 546
Die auf der vermieteten Sache ruhenden Lasten hat der Vermieter zu tragen.

1. Unter den **Lasten,** die nach § 546 grundsätzlich der Vermieter tragen 1
muß, versteht man sämtliche Verbindlichkeiten, die auf der Sache selbst ruhen (BGH LM Nr 4 zu § 2126 BGB). Es spielt dabei keine Rolle, ob es sich um privatrechtliche oder öffentlich-rechtliche Lasten handelt, so daß hierher auch alle Steuern, Gebühren und Beiträge gehören, die auf der Sache selbst lasten. Den Gegensatz bilden diejenigen Verbindlichkeiten einschließlich der Steuern, Gebühren und Beiträge, die den Vermieter oder Mieter persönlich treffen wie zB die Vermögenssteuer und die Lastenausgleichsabgabe (RGZ 122, 335; BGH LM Nr 11 zu § 535 BGB).

2. § 546 ist nicht zwingend, so daß die genannten Lasten in beliebigem 2
Umfang durch den Mietvertrag auf den **Mieter abgewälzt** werden können. Derartige Klauseln sind jedoch grundsätzlich eng und im Zweifel gegen den Vermieter auszulegen. In aller Regel erfassen sie nur die öffentlichrechtlichen Lasten wie zB die Grundsteuer. Hat aber der Mieter schlechthin sämtliche öffentlichen Lasten übernommen, so wird dies idR bedeuten, daß er auch die nach Vertragsabschluß neu eingeführten Steuern tragen muß (RGZ 119, 304; 122, 335; BGHZ 6, 240; BGH LM Nr 3 zu § 133 [B] BGB; Nr 11 zu § 535 BGB).

3. Für die sog **Nebenkosten** gilt im wesentlichen dasselbe. Wegen der Ein- 3
zelheiten s oben §§ 535, 536 Rz 23 ff.

§ 547

Der Vermieter ist verpflichtet, dem Mieter die auf die Sache gemachten notwendigen Verwendungen zu ersetzen. Der Mieter eines Tieres hat jedoch die Fütterungskosten zu tragen.

Die Verpflichtung des Vermieters zum Ersatz sonstiger Verwendungen bestimmt sich nach den Vorschriften über die Geschäftsführung ohne Auftrag.

Schrifttum: Breetzke NJW 1954, 171; Feiler, Aufgedrängte Bereicherung bei den Verwendungen des Mieters oder Pächters (1968); Haas AcP 176 (1976) 1; Jakobs AcP 167 (1967) 350; Klauser NJW 1965, 513; Schindler AcP 165 (1965) 499; Schopp ZMR 1969, 257; Weimar ZMR 1979, 260; Wolf AcP 166 (1966) 188.

1 **I. Konkurrenzen**

Nach § 547 kann der Mieter unter bestimmten Voraussetzungen vom Vermieter Ersatz für von ihm vorgenommene Verwendungen auf die Mietsache verlangen. Damit konkurrieren häufig andere Verwendungsersatzansprüche des Mieters, so daß hier zunächst zu den wichtigsten daraus resultierenden Konkurrenzproblemen Stellung zu nehmen ist (eingehend Mietrecht § 547 Rz 3-9).

2 1. Wenn der Mieter auf dem gemieteten Grundstück ein **Gebäude errichtet**, so geschieht dies grundsätzlich zu einem vorübergehenden Zweck, so daß er nach § 95 Abs 1 S 1 Eigentümer des Gebäudes bleibt (st Rspr seit RGZ 55, 281; 87, 48 usw). Für die Anwendung des § 951 ist dann kein Raum; vielmehr kann der Vermieter nach § 1004 bei Vertragsende Beseitigung des Gebäudes verlangen.

3 2. Die Vorschriften der *§§ 994 ff* über den **Verwendungsersatzanspruch des Besitzers** gegenüber dem Eigentümer gelten nur für den unrechtmäßigen Besitzer, hingegen nicht für den, der aufgrund eines Vertrages ein Besitzrecht hat (BGHZ 34, 122, 128 ff; BGH LM Nr 2 zu § 1000 BGB; Nr 75 zu § 812 BGB). Folglich kann auch der Untermieter von dem Hauptmieter Ersatz etwaiger Verwendungen nur nach den Vorschriften über die Geschäftsführung ohne Auftrag oder nach Bereicherungsrecht verlangen (RGZ 158, 394, 402; BGH LM Nr 14 zu § 276 [Hb] BGB; Nr 4 zu § 994 BGB). Zu dem umstrittenen Verhältnis des § 547 zu dem Aufwendungsersatzanspruch des Mieters aus § 538 Abs 2 s schon oben § 538 Rz 13.

II. Notwendige Verwendungen

4 **1. Begriff**

Nach § 547 Abs 1 kann der Mieter vom Vermieter Ersatz der von ihm auf die Sache gemachten, notwendigen Verwendungen verlangen. Als **Ver-**

wendungen gelten dabei nur solche Maßnahmen, die nach dem Willen des Mieters geradezu darauf abzielen, den Bestand der Sache als solchen zu erhalten, wiederherzustellen oder den Zustand der Sache zu verbessern, nicht hingegen solche Maßnahmen, durch die der Zustand der Sache verändert wird (BGHZ 34, 122, 127 f; 41, 157; BGH LM Nr 2 zu § 1000 BGB; OLG Bamberg OLGZ 1976, 195). Entscheidend ist daher der mit der fraglichen Maßnahme vom Mieter verfolgte *Zweck*. Wird der Mieter vorwiegend im eigenen Interesse tätig, so ist für die Anwendung des § 547 kein Raum. Dasselbe gilt, wenn durch die Maßnahmen der Zustand der Sache verändert wird, so daß namentlich die **Bebauung** eines bisher nicht bebauten Grundstücks durch den Mieter grundsätzlich keine Verwendung darstellt, für die der Mieter Ersatz verlangen kann; Ausnahmen sind freilich denkbar (BGHZ 10, 171, 177; 41, 157; BGH LM Nr 22 zu § 538 BGB; Nr 3/4 zu § 558 BGB; Nr 6 zu § 946 BGB; ZMR 1966, 144).

Die Verwendungen müssen außerdem **notwendig** gewesen sein, um den 5
unbedingten Ersatzanspruch des Mieters auszulösen. Dies trifft nur für solche Verwendungen zu, die die Sache vor einer unmittelbar bevorstehenden Verschlechterung oder vor dem Untergang bewahren sollen (Mittelstein 341 f; Sternel Rz V 145; MünchKomm – Voelskow § 547 Rz 12). Notwendige Verwendungen sind daher namentlich alle Maßnahmen, durch die die Bewohnbarkeit der gemieteten Räume gegen unmittelbar drohende Gefahren gesichert werden soll, nicht hingegen zB der Umbau eines Ladenlokals in eine Gaststätte (BGH LM Nr 75 zu § 812 BGB) oder der Ausbau einer Wohnung zu einer ärztlichen Praxis (OLG Karlsruhe NJW 1972, 2224). Die Rspr geht freilich häufig bei der Anerkennung notwendiger Verwendungen im Interesse des Mieters wesentlich weiter (s die Beispiele Mietrecht § 547 Rz 15).

2. Ersatzanspruch 6

Der Mieter hat einen unbedingten **Anspruch auf Ersatz** der von ihm vorgenommenen, notwendigen Verwendungen (vgl auch die §§ 256, 257). Der Anspruch entsteht mit der Vornahme der Verwendungen (BGHZ 5, 197, 199) und verjährt in den Fristen des § 558. Der Anspruch entfällt jedoch, wenn der Vermieter einen Anspruch auf Beseitigung der baulichen Maßnahmen des Mieters hat (BGH LM Nr 54 zu § 535 BGB).

3. Sonstige Verwendungen 7

Für alle sonstigen Verwendungen, namentlich für die sog nützlichen Verwendungen, kann der Mieter Ersatz nur nach den Vorschriften über die **Geschäftsführung ohne Auftrag** verlangen (§ 547 Abs 2 iVm den §§ 677 ff).

Der Ersatzanspruch des Mieters setzt hiernach vor allem voraus, daß der Mieter den Willen gehabt hat, gerade *für* den Vermieter um der Sache willen tätig zu werden (§ 677). Folglich kann der Mieter **keinen** Ersatz verlangen, wenn er die Verwendungen nur für seine Zwecke und in seinem **eigenen** Interesse gemacht hat (BGH LM Nr 3 zu § 683 BGB; Nr 75 zu § 812 BGB; Nr 2 zu § 30 MSchG). In diesen Fällen ist der Mieter vielmehr auf Bereicherungsansprüche verwiesen (§ 684 S 1 iVm den §§ 812 ff).

8 Hat der Mieter ausnahmsweise mit **Fremdgeschäftsführungswillen** gehandelt, so setzt der Verwendungsersatzanspruch außerdem voraus, daß die Verwendung sowohl dem *Interesse* als auch dem wirklichen oder mutmaßlichen *Willen* des Vermieters entspricht (§ 683 S 1). Hieran fehlt es schon dann, wenn sich die Parteien über die Maßnahme nicht einigen konnten (BGH LM Nr 3 zu § 683 BGB). Der Vermieter kann dann aber immer noch die Verwendungen des Mieters genehmigen (§ 684 S 2). Jedoch ist bei der Annahme einer solchen **Genehmigung** stets große Vorsicht geboten (BGH aaO; LM Nr 6 zu § 547 BGB; OLG Karlsruhe NJW 1972, 2225). Der Anspruch des Mieters *entfällt* auf jeden Fall, wenn er aufgrund des Vertrages zur Vornahme der fraglichen Maßnahmen verpflichtet ist (BGH LM Nr 11 zu § 558 BGB; Nr 75 zu § 812 BGB), wenn die Verwendungen Teil des von ihm geschuldeten Mietzinses sind (BGH LM Nr 28 zu § 662 BGB; NJW 1982, 1752) oder wenn er zur Beseitigung der Verwendungen bei Vertragsende verpflichtet ist (s oben Rz 2).

9 **IV. Gebrauchsaufwand**

Aus § 547 Abs 1 S 1 folgt der allgemeine Grundsatz, daß der Mieter den **gesamten Gebrauchsaufwand** tragen muß. Darunter fallen außer den vom Gesetz erwähnten Fütterungskosten bei der Miete eines Tieres zB auch die Kosten der Betriebs- und Schmierstoffe bei der Miete beweglicher Sachen und Maschinen sowie bei der Miete einer Wohnung die Kosten von Gas und Strom.

10 **V. Abweichende Vereinbarungen**

§ 547 ist unanwendbar, wenn es sich bei den fraglichen Maßnahmen des Mieters nach den Abreden der Parteien um eine Mietvorauszahlung oder um einen Baukostenzuschuß handelt. Auch sonst können die Parteien jederzeit von § 547 abweichende Vereinbarungen treffen. Jedoch stellen sog **Verfallklauseln**, nach denen der Mieter bei vorzeitiger Vertragsbeendigung keinen Ersatz für die Verwendungen verlangen kann, unter § 343 fallende Vertragsstrafenversprechen dar (BGH Nr 13 zu § 339 BGB). Bei der *Wohnraummiete* sind solche Klauseln heute generell *verboten* (§ 550a). Bei allen anderen Mietverhältnissen ergibt sich dasselbe für Verfallklauseln in Formularverträgen aus den §§ 9 und 11 Nr. 6 AGBG (s. Mietrecht § 547 Rz 32-34).

VI. Beweislast **11**

Die Beweislast für sämtliche Voraussetzungen des Verwendungsersatzanspruchs trägt der Mieter.

§ 547 a

Der Mieter ist berechtigt, eine Einrichtung, mit der er die Sache versehen hat, wegzunehmen.

Der Vermieter von Räumen kann die Ausübung des Wegnahmerechts des Mieters durch Zahlung einer angemessenen Entschädigung abwenden, es sei denn, daß der Mieter ein berechtigtes Interesse an der Wegnahme hat.

Eine Vereinbarung, durch die das Wegnahmerecht des Mieters von Wohnraum ausgeschlossen wird, ist nur wirksam, wenn ein angemessener Ausgleich vorgesehen ist.

Schrifttum: Brinckman, Wegnahmerecht des Mieters (1922); Heitgress WuM 1982, 31; Roquette DR 1944, 396; Ruge, Das Wegnahmerecht (1905); Weimar NJW 1965, 1163; ders ZMR 1965, 198; ders Betrieb 1971, 1756.

1. Allgemeines **1**

§ 547 a regelt das **Wegnahmerecht** des Mieters, der eine Einrichtung mit der Mietsache verbunden hat, in der Zeit nach Vertragsende. Die Vorschrift enthält daher weder eine Aussage darüber, ob der Mieter überhaupt berechtigt ist, eine solche Einrichtung anzubringen (diese Frage beurteilt sich ausschließlich nach dem Vertrag und hilfsweise nach § 535), noch eine Aussage darüber, ob der Mieter die Einrichtung bei Vertragsende wieder wegnehmen muß; eine solche **Wegnahmepflicht** des Mieters kann sich vielmehr immer nur im Einzelfall aus § 556 oder aus den Abreden der Parteien ergeben (s BGH WM 1966, 765; LG Bochum NJW 1967, 2015). Das Wegnahmerecht ist auch nur bedeutsam nach dem Ende des Mietverhältnisses, da es sich von selbst versteht, daß der Mieter *während* des Mietverhältnisses von ihm mit der Mietsache verbundene Einrichtungen – ohne Rücksicht auf die Eigentumsverhältnisse – wieder abtrennen darf.

2 2. Einrichtungen

Unter Einrichtungen versteht man bewegliche Sachen, die vom Mieter mit dem Mietobjekt körperlich verbunden werden und die dazu bestimmt sind, dem wirtschaftlichen Zweck der Mietsache zu dienen, dh eine bessere, wirtschaftliche Benutzung der Hauptsache zu ermöglichen (zB RGZ 106, 49, 51; BGH LM Nr 14 zu § 276 [Hb] BGB; Nr 8 zu § 558 BGB; MDR 1966, 498; ZMR 1969, 340). **Eigentümer** der Einrichtungen wird idR der Mieter bleiben (s § 95); notwendig ist dies jedoch nicht. § 547 a gilt auch, wenn die Einrichtungen durch die Verbindung in das Eigentum des Vermieters übergegangen sind (§ 947).

3 **Keine Einrichtungen** sind hingegen sämtliche, baulichen Veränderungen und alle zur Herstellung in das Mietobjekt eingefügten Sachen wie namentlich Balken, Steine oder Leitungen, weil sie zur Hauptsache selbst gehören.

4 Einrichtungen sind hiernach **zB** die Heizungsanlage (BGH LM Nr 3 zu § 547 BGB), Bade- und Kücheneinrichtungen (OLG Düsseldorf MDR 1972, 147), Beleuchtungsanlagen und Anschlußgleise (BGH MDR 1966, 498). Keine Einrichtungen sind hingegen vom Mieter errichtete Gebäude (BGH LM Nr 6 zu § 946 BGB) sowie sämtliche, beweglichen Sachen, die der Mieter auf das Mietgrundstück gebracht hat wie zB ein dort abgestellter Wohnwagen.

5 3. Wegnahmerecht

Nach § 547 a hat der Mieter hinsichtlich der von ihm angebrachten Einrichtungen lediglich ein **Wegnahmerecht** im Sinne des § 258. Dies bedeutet vor allem, daß der Vermieter nicht zur Herausgabe der Einrichtungen verpflichtet ist, sondern lediglich auf Verlangen des Mieters die *Wegnahme dulden* muß. Bis zur Geltendmachung des Wegnahmerechts durch den Mieter hat der Vermieter mithin ein **Besitzrecht** an den Einrichtungen, so daß der Mieter von ihm auch keinen Nutzungsersatz verlangen kann, wenn der Vermieter die Einrichtungen nach Rückgabe der Mietsache mit dieser zusammen selbst nutzt (grdleg BGHZ 81, 146; RGZ 109, 128). Soweit die Einrichtungen in das Eigentum des Vermieters übergegangen sind (oben Rz 2), umfaßt das Wegnahmerecht dabei auch ein Aneignungsrecht des Mieters (BGHZ 81, 146; LG München ZMR 1962, 198).

6 Das Wegnahmerecht des Mieters ist ein dingliches Recht (so jedenfalls BGHZ 81, 146 gegen BGH WM 1960, 1148), das jedoch in jeder Hinsicht wie ein normaler, schuldrechtlicher Anspruch behandelt wird (ebenso BGH ZMR 1960, 304). Der **Duldungsanspruch** des Mieters kann mithin

abgetreten werden (BGH LM Nr 14 zu § 276 [Hb] BGB) und verjährt nach § 558. In der Verweigerung der Wegnahme kann auch durchaus eine positive Vertragsverletzung des Vermieters liegen (BGH aaO). Bei *Veräußerung* des Grundstücks nach Einbringung der Einrichtungen richtet sich der **Wegnahmeanspruch** gegen den neuen Eigentümer des Grundstücks im Augenblick der Vertragsbeendigung (s Mietrecht § 547 a Rz 17; aM insbes BGH LM Nr 8 zu § 558 BGB).

4. Abwendungsbefugnis 7

Bei der Raummiete, worunter sowohl die Wohnraummiete als auch die gewerbliche Raummiete fallen, kann der Vermieter die Ausübung des Wegnahmerechts durch Zahlung einer angemessenen Entschädigung abwenden, außer wenn der Mieter ein berechtigtes Interesse an der Wegnahme hat (§ 547 a Abs 2). Bei der Ermittlung dieser **Entschädigung** ist zwar von dem Zeitwert der Einrichtung auszugehen; davon sind jedoch die vom Mieter ersparten Kosten, insbes die Kosten der Wiederherstellung des früheren Zustandes (§ 258), sowie der mit dem Ausbau der Einrichtung typischerweise verbundene Wertverlust wieder abzuziehen (BGH ZMR 1969, 340). Der Mieter ist jedoch nicht verpflichtet, seine Absicht, von seinem Wegnahmerecht Gebrauch zu machen, vorher dem Vermieter **anzuzeigen**, um ihm Gelegenheit zur Ausübung seiner Abwendungsbefugnis zu geben (str; s Mietrecht § 547 a Rz 21). Die Abwendungsbefugnis des Vermieters entfällt außerdem, wenn der Mieter ein berechtigtes *Interesse* an der Wegnahme hat, wenn es sich zB bei der Einrichtung um ein wertvolles und unersetzliches Erbstück handelt.

5. Ausschluß des Wegnahmerechts 8

a) Das Wegnahmerecht des Mieters **entfällt,** wenn er vertraglich zur Vornahme der Einrichtungen verpflichtet ist, wenn der Vermieter von seinem Abwendungsrecht Gebrauch macht oder wenn das Abwendungsrecht vertraglich ausgeschlossen ist. Solche Klauseln sind grundsätzlich zulässig (BGH LM Nr 3 und 9 zu § 547 BGB); bei Formularverträgen ist jedoch § 11 Nr 6 AGBG zu beachten.

b) Bei der *Wohnraummiete* ist ein vertraglicher Ausschluß des Wegnah- 9
merechts des Mieters hingegen nur zulässig, wenn dafür im Mietvertrag ein angemessener **Ausgleich** vorgesehen wird, der nicht notwendigerweise in einer Geldentschädigung zu bestehen braucht, vielmehr auch in einem sonstigen Entgegenkommen des Vermieters liegen kann. Beispiele sind außer der Herabsetzung des Mietzinses auch eine vorzeitige Entlassung des Mieters aus dem Vertrag oder eine besonders lange Vertragsdauer.

10 **6. Prozessuales**

Wenn der Mieter seinen Wegnahmeanspruch gerichtlich geltend machen will, muß er auf **Duldung der Wegnahme**, nicht auf Herausgabe klagen (RGZ 109, 128; BGHZ 81, 146). Die Beweislast für alle Voraussetzungen des Wegnahmeanspruchs trägt dabei der Mieter (BGH ZMR 1969, 340).

§ 548

Veränderungen oder Verschlechterungen der gemieteten Sache, die durch den vertragsmäßigen Gebrauch herbeigeführt werden, hat der Mieter nicht zu vertreten.

Schrifttum: HERPERS WuM 1975, 29, 45; HOEPNER ZMR 1962, 289; WICHARDT ZMR 1979, 197.

1 **1. Erlaubte Verschlechterungen**

Der Mieter zahlt den Mietzins dafür, daß er die Sache in der durch Vertrag und Gesetz umschriebenen Weise vorübergehend gebrauchen und damit auch entsprechend abnutzen darf. Dies wird durch § 548, der an sich überflüssig ist, nochmals bekräftigt. Eine Haftung des Mieters für Verschlechterungen der vermieteten Sache kommt mithin nur in Betracht, wenn er dabei die Grenzen des ihm zustehenden, vertragsmäßigen Gebrauchs überschritten hat (grdleg RGZ 84, 222). Folglich kann der Vermieter idR **keinen Ersatz** verlangen für die unvermeidbare Verschmutzung der Wände, Tapeten und Decken sowie für das mäßige Abtreten der Fußböden einschließlich solcher Schäden, die durch die (vorübergehend der Mode entsprechenden) sog Pfennigabsätze verursacht wurden (aM LG Mannheim MDR 1974, 314). Dasselbe gilt für die Anbringung von Dübeln, Haken und Schrauben einschließlich der dazu etwa erforderlichen Durchbohrung von Kacheln und Fliesen (LG Mannheim WuM 1975, 50): All dies wird durch den vertragsmäßigen Gebrauch gedeckt und begründet mithin keine Ersatzpflicht des Mieters.

2 **2. Verbotene Verschlechterungen**

Der Mieter ist hingegen wegen Verletzung seiner Obhutspflicht aus **positiver Vertragsverletzung** schadensersatzpflichtig, wenn er die Grenzen des ihm zustehenden, vertragsmäßigen Gebrauchs überschreitet und dadurch die Mietsache verschlechtert oder verändert. Nach § 278 muß der Mieter dabei auch für alle *Erfüllungsgehilfen* einstehen, zu denen nicht nur seine Familienangehörigen und seine Angestellten, sondern auch sämtliche von ihm beauftragten Handwerker und Lieferanten gehören (RGZ 84, 222; 106, 133; BGHZ 66, 349, 354; wegen des Untermieters s § 549 Abs 3). Der Mieter ist daher zB **ersatzpflichtig**, wenn er bei Entfernung eines Teppichbodens den Bodenbelag beschädigt (LG Mannheim WuM 1976, 49; 1976, 181; 1976, 205). Dasselbe gilt für Brandschäden infolge der falschen Aufstellung oder Installation von Öfen (BGH LM Nr 2 zu § 556 BGB; OLG Köln VersR 1960, 860; OLG Düsseldorf ZMR 1965, 51), für Schäden, die durch den Wasseraustritt aus einer Waschmaschine entstehen, wenn er diese längere Zeit unbeaufsichtigt laufen läßt (LG Berlin WuM 1971, 9), sowie für Schäden infolge der mangelhaften Durchführung einer elektrischen Installation durch Laien (LG Mannheim WuM 1975, 50).

3. Abweichende Vereinbarungen 3

Die §§ 535 und 548 sind nicht zwingend, so daß die Haftung des Mieters durch Vertrag sowohl beschränkt als auch erweitert werden kann. Eine solche **Haftungserweiterung** liegt vor allem in der Abwälzung der Schönheitsreparaturen sowie der Instandhaltungs- oder Instandsetzungspflicht auf den Mieter (s oben §§ 535, 536 Rz 38, 46 ff). Fraglich ist jedoch, ob auf diese Weise auch eine Haftung des Mieters für **Zufallsschäden** begründet werden kann. Generell zu verneinen ist dies jedenfalls für alle entsprechenden Klauseln in Formularverträgen (OLG Hamm WuM 1982, 201, 203). Und auch Individualvereinbarungen dieses Inhalts dürften häufig gegen § 138 verstoßen.

4. Beweislast 4

Nach hM trifft den Vermieter die Beweislast nur für den ordnungsmäßigen Zustand der Sache bei Übergabe; hingegen soll es Sache des Mieters sein, sich zu entlasten, wenn die Sache während seines Gebrauchs beschädigt wird, so daß ihn insbesondere die volle Beweislast trifft, wenn die Mietsache in dieser Zeit durch Brand zerstört wird (grdlg BGHZ 66, 349; ebenso RGZ 122, 292; BGH WM 1982, 332; OLG Düsseldorf OLGZ 1975, 318).

Diese Beweislastverteilung ist jedoch zumindest bei denjenigen Schäden 5
unbillig, die durchaus auch die Folge der normalen, vertragsmäßigen Abnutzung der Sache sein können (s im einzelnen Mietrecht § 548 Rz 20 bis 26). Daher trifft den Vermieter insbes die Beweislast dafür, daß der Mieter eine etwaige *Verstopfung* der Abflußleitungen zu vertreten hat, weil dafür auch zahlreiche, andere Ursachen in Betracht kommen, die nicht

zum Risikobereich des Mieters gehören (ebenso OLG Hamm WuM 1982, 201). Eine **abweichende** Regelung durch Formualverträge ist mit Rücksicht auf § 11 Nr 15 lit a AGBG **nicht** mehr möglich (ebenso OLG Hamm aaO).

§ 549

Der Mieter ist ohne Erlaubnis des Vermieters nicht berechtigt, den Gebrauch der gemieteten Sache einem Dritten zu überlassen, insbesondere die Sache weiter zu vermieten. Verweigert der Vermieter die Erlaubnis, so kann der Mieter das Mietverhältnis unter Einhaltung der gesetzlichen Frist kündigen, sofern nicht in der Person des Dritten ein wichtiger Grund vorliegt.

Entsteht für den Mieter von Wohnraum nach dem Abschluß des Mietvertrages ein berechtigtes Interesse, einen Teil des Wohnraums einem Dritten zum Gebrauch zu überlassen, so kann er von dem Vermieter die Erlaubnis hierzu verlangen; dies gilt nicht, wenn in der Person des Dritten ein wichtiger Grund vorliegt, der Wohnraum übermäßig belegt würde oder sonst dem Vermieter die Überlassung nicht zugemutet werden kann. Ist dem Vermieter die Überlassung nur bei einer angemessenen Erhöhung des Mietzinses zuzumuten, so kann er die Erlaubnis davon abhängig machen, daß der Mieter sich mit einer solchen Erhöhung einverstanden erklärt. Eine zum Nachteil des Mieters abweichende Vereinbarung ist unwirksam.

Überläßt der Mieter den Gebrauch einem Dritten, so hat er ein dem Dritten bei dem Gebrauche zur Last fallendes Verschulden zu vertreten, auch wenn der Vermieter die Erlaubnis zur Überlassung erteilt hat.

Schrifttum: Altvater AcP 195 (1904) 379; Brandner NJW 1960, 127; Cranz JR 1955, 127; Dommnich NJW 1955, 1620; Glaser Das Recht der Untervermietung (1949); Herschel JuS 1968, 562; Krause JZ 1982, 16; Kürzel ZMR 1965, 97; Lenhard ZMR 1978, 68; Löning, Die Grundstücksmiete als dingliches Recht (1930); Roquette NJW 1952, 1395; BB 1963, 1387; Betrieb 1965, 281; Schopp ZMR 1961, 281; Söllner JuS 1967, 449.

1 **I. Anwendungsbereich**

Nach § 549 darf der Mieter nur mit Erlaubnis des Vermieters den Gebrauch der gemieteten Sache einem Dritten überlassen, insbes die Sache weitervermieten. Der wichtigste Anwendungsfall des § 549 ist mithin die verbreitete **Untermiete**. Hieraus war bis vor kurzem allgemein der Schluß gezogen worden, daß sich der Anwendungsbereich des § 549 auf solche Fälle beschränkt, in denen dem Dritten ein *selbständiger*, dh vom Mieter unabhängiger Gebrauch an der gemieteten Sache oder einem Teil von ihr eingeräumt wird (so auch BGH WM 1968, 252; s Mietrecht § 549 Rz 3 ff). Das hatte vor allem die wichtige Folge, daß das Recht des Mieters zur vorübergehenden Aufnahme Dritter in der Wohnung zu bloßem, unselbständigen Mitgebrauch neben ihm unberührt blieb. Diese Meinung ist jedoch inzwischen vom OLG Hamm in einem Rechtsentscheid abgelehnt worden (4 in REMiet = NJW 1982, 2876 = WuM 1982, 318). Danach fällt nunmehr auch die auf eine gewisse Dauer angelegte Überlassung des bloßen, *unselbständigen Mitgebrauchs* an der Mietsache an einen Dritten unter § 549; eine Ausnahme gilt **nur** für die Aufnahme der nächsten Angehörigen und der Bediensteten des Mieters in der Wohnung (s oben §§ 535, 536 Rz 22).

II. Übertragung der Mieterrechte

1.a) Von der Überlassung der gemieteten Sache an einen Dritten im Sinne **2**
des § 549 muß die Übertragung der Mieterrechte auf einen Dritten, zB durch **Abtretung**, unterschieden werden. Auch eine derartige Abtretung der Mieterrechte ist freilich grundsätzlich nur mit Zustimmung des Vermieters möglich, da die Miete nach hM unter § 399 fällt (RG JW 1931, 2946; OGHZ 3, 298; BGH LM Nr 13 zu § 390 BGB). Verweigert der Vermieter die hiernach zur Abtretung der Mieterrechte erforderliche Zustimmung, so hat der Mieter jedoch entsprechend § 549 Abs 1 S 2 ein außerordentliches, befristetes Kündigungsrecht.

b) Bei einer Abtretung der Mieterrechte erwirbt der Zessionar nur ein- **3**
zelne der vertraglichen Rechte des Mieters, der im übrigen Vertragspartner des Vermieters bleibt. Hierin unterscheidet sich die Abtretung von dem ebenfalls möglichen **Eintritt** eines neuen Mieters anstelle oder neben dem alten Mieter in den Mietvertrag. Für einen derartigen Eintritt eines neuen Mieters kommen vor allem 2 Wege in Betracht (grdleg BGHZ 72, 394): Der alte Mieter kann zunächst mit dem neuen Mieter mit Zustimmung des Vermieters einen Vertrag des Inhalts abschließen, daß der neue Mieter anstelle des alten Mieters oder neben diesem in den Mietvertrag eintreten soll. Stattdessen ist aber auch ein dreiseitiger Vertragsschluß zwischen allen Beteiligten unbedenklich möglich. In jedem Fall gilt unabhängig von der gewählten rechtlichen Konstruktion für alle Abreden der Parteien das Formerfordernis des § 566 (BGHZ 65, 49; 72, 394). Im Zweifel ist außerdem anzunehmen, daß dann das alte Mietverhältnis mit dem neuen Mieter **unverändert** fortgesetzt werden soll (vgl. zB BGH LM Nr 4 zu § 437 BGB; Nr 21 a zu § 535 BGB; Nr 16 zu § 581 BGB; WM 1963, 217; 1967, 796; 1970, 195; 1978, 1017; 1982, 431).

2. Der **Zustimmung** des Vermieters bedarf es hiernach insbes wenn ein **4**

Kaufmann sein *Geschäft*, das er in gemieteten Räumen betreibt, an einen Dritten veräußert und der Dritte in den Mietvertrag eintreten will; häufig wird sich jedoch in derartigen Fällen schon aus dem Mietvertrag ausdrücklich oder konkludent die Zustimmung des Vermieters zum Eintritt des Geschäftserwerbers in den Vertrag ergeben (s OGHZ 3, 298; BGH LM Nr 17 zu § 705 BGB). Die Zustimmung des Vermieters ist außerdem erforderlich bei *Aufnahme* eines Gesellschafters in das Geschäft (BGH LM Nr 55 zu § 242 [Cd] BGB; Nr 17 zu § 705 BGB), bei Einbringung des Geschäfts in eine schon bestehende Gesellschaft (RG JW 1931, 2946) sowie bei Übertragung des Geschäfts auf eine vom Mieter gegründete Gesellschaft. Hingegen ist es **ohne Einfluß** auf den Mietvertrag, wenn eine Gesellschaft als Vermieterin oder Mieterin unter Wahrung ihrer Identität ihre *Rechtsform ändert*, wenn sich zB eine oHG oder KG in eine BGB-Gesellschaft verwandelt oder wenn eine Kapitalgesellschaft in eine andere Gesellschaft umgewandelt wird. Dasselbe gilt auch bei *Ein- und Austritt* von Gesellschaftern, weil dadurch die Identität der Gesellschaft und damit der Vertragspartei nicht berührt wird (BGH LM Nr 2 zu § 553 BGB; Nr 17 zu § 705 BGB; WM 1962, 10; 1975, 99).

5 **3.** Wenn der Vermieter an eine **Wohngemeinschaft** vermietet, liegt darin konkludent die Zustimmung zu dem damit typischerweise verbundenen, ständigen Mieterwechsel (zB LG Braunschweig WuM 1982, 188; LG München I WuM 1982, 189). Ziehen alle Mitglieder der Wohngemeinschaft bis auf eine einzige Person aus, so hat diese daher Anspruch auf Zustimmung des Vermieters zur Untervermietung oder zur Begründung einer neuen Wohngemeinschaft (LG Mainz WuM 1982, 191; aM zB LG Berlin WuM 1982, 192). Auf keinen Fall können jedoch die Mitglieder der Wohngemeinschaft einander gegenseitig kündigen, weil es sich bei ihnen um eine Gemeinschaft handelt, die nur nach den §§ 749 ff aufgelöst werden kann (AG Warendorf WuM 1982, 193).

III. Erlaubnis des Vermieters

6 **1.** Die Überlassung des Gebrauchs der gemieteten Sache an einen Dritten und insbes die Untervermietung bedürfen nach § 549 Abs 1 S 1 grundsätzlich der Erlaubnis des Vermieters. Diese Erlaubnis ist eine einseitige, empfangsbedürftige Erklärung, auf die je nach den Umständen des Falles durchaus die Vorschriften über Willenserklärungen und insbes die *§§ 116 ff und 130* angewandt werden können (RGZ 81, 59; BGHZ 59, 3, 7). Die Erlaubnis kann daher vom Vermieter auch schon im voraus im Vertrag allgemein oder doch für eine bestimmte Art von Untermietern erteilt werden. Das braucht auch nicht ausdrücklich zu geschehen; vielmehr kann

sich eine solche **generelle Erlaubnis** durchaus auch konkludent aus dem Vertragszweck ergeben, etwa wenn der Vermieter weiß, daß der Mieter die gemietete Sache in seinem Gewerbebetrieb weitervermieten will. Stets bleibt aber der Vermieter in einem solchen Fall berechtigt, im Einzelfall die Erlaubnis aus wichtigem Grund zu **widerrufen** (LG Frankfurt MDR 1967, 216). Die Erlaubnis ist erst dann unwiderruflich, wenn der Mieter auf ihrer Grundlage einem Dritten die Mietsache überlassen hat, insbes sobald er mit einem Dritten einen Untermietvertrag abgeschlossen hat (LG Hannover MDR 1958, 242).

Sofern die Parteien keine Abreden über diesen Punkt getroffen haben, **7** steht die Erteilung der Erlaubnis im *Ermessen* des Vermieters (BGHZ 49, 3, 6; BGH WM 1968, 650). Eine besondere **Form** ist für die Erlaubnis nicht vorgeschrieben. § 566 gilt für sie auch dann nicht, wenn der Mietvertrag selbst nach § 566 formbedürftig ist (RG SeuffA 77 Nr 125). Auch eine vertraglich vorgeschriebene Schriftform hat grundsätzlich nur deklaratorische Bedeutung (vgl LG Mannheim MDR 1962, 410).

2. Hat der Vermieter die Überlassung der Sache an einen Dritten **erlaubt**, **8** so behandelt das Gesetz den Dritten in § 549 Abs 3 als Erfüllungsgehilfen des Mieters gegenüber dem Vermieter, so daß der *Mieter* insbes für jede schuldhafte Schädigung der Sache durch den Dritten dem Vermieter *haftet*. Ist hingegen die Gebrauchsüberlassung **mangels Erlaubnis** des Vermieters unberechtigt, so liegt bereits in der Überlassung des Gebrauchs an den Dritten eine schuldhafte Vertragsverletzung, die den Mieter für jeden daraus entstehenden Schaden ersatzpflichtig macht (Mot II 397).

IV. Kündigung bei Verweigerung der Erlaubnis

1. Bei Verweigerung der Erlaubnis kann der Mieter das Mietverhältnis **9** unter Einhaltung der gesetzlichen Frist kündigen, sofern nicht in der Person des Dritten ein wichtiger Grund vorliegt (§ 549 Abs 1 S 2). Eine **Verweigerung** der Erlaubnis liegt dabei auch vor, wenn der Vermieter die Erlaubnis von zusätzlichen, durch § 549 oder durch den Vertrag nicht gedeckten Bedingungen abhängig macht (RGZ 74, 176, 179; BGHZ 59, 3, 7; BGH WM 1973, 383). Der Mieter braucht dann auch nicht unbedingt zum ersten, möglichen Termin zu *kündigen*, sondern kann durchaus auch eine angemessene **Überlegungsfrist** in Anspruch nehmen (BGHZ 59, 3, 9 f). Für die Kündigung selbst gilt § 565 Abs 5 sowie hinsichtlich der Form bei Wohnraummietverträgen § 564 a Abs 1.

2. Ein vertraglicher **Ausschluß** des Kündigungsrechts ist grundsätzlich **10** möglich. Ausnahmen gelten jedoch für Wohnraummietverhältnisse (§ 549 Abs 2 S 3; str) sowie für Formularverträge (LG Ellwangen WuM 1982,

297). Eine Kündigung scheidet außerdem aus, wenn in der Person des Dritten ein **wichtiger Grund** vorliegt, der die Verweigerung der Erlaubnis zur Gebrauchsüberlassung an den Dritten rechtfertigt. Dies ist der Fall, wenn dem Vermieter nach den Umständen des Einzelfalls die Überlassung des Gebrauchs seiner Sache an einen Dritten nicht zuzumuten ist. So verhält es sich etwa, wenn eine Überbelegung der vermieteten Räume droht (KG DR 1940, 1430), wenn der Dritte mit dem Vermieter oder mit anderen Mietern verfeindet ist oder wenn von ihm eine Beeinträchtigung der Mitmieter oder ein nicht vertragsmäßiger Gebrauch der Sache droht (RGZ 74, 176) sowie wenn von dem Dritten eine Konkurrenz für den Vermieter oder andere Mieter zu befürchten ist (BGH WM 1981, 1224; vgl auch OLG Hamm WuM 1982, 318, 322).

V. Wohnraummiete

11 **1.** Besonderheiten gelten nach dem 1964 in das Gesetz eingefügten § 549 Abs 2 für die Wohnraummiete. Insbesondere hat hier der Mieter einen Anspruch gegen den Vermieter auf Erlaubnis der Untervermietung, wenn für ihn **nach** Abschluß des Mietvertrages ein berechtigtes Interesse hieran entstanden ist. Dafür genügt *jedes* berechtigte *Interesse* des Mieters einschließlich bloßer wirtschaftlicher und persönlicher Interessen, dh jeder einleuchtende, vernünftige Grund (OLG Hamm 24 in REMiet = WuM 1982, 318, 321; LG Mainz WuM 1982, 191). Beispiele sind die Aufnahme des Ehegatten und der Kinder, soweit dies nicht ohnehin schon zum vertragsmäßigen Gebrauch gehört (BGHZ 40, 252), die Bildung einer Wohngemeinschaft mit einem Dritten (OLG Hamm aaO), weiter die Verkleinerung der Familie durch den Tod oder den Auszug einzelner Familienangehöriger (AG Friedberg WuM 1981, 231) sowie die Trennung von Eheleuten (LG Frankfurt WuM 1981, 39). Hingegen genügt das bloße Interesse des Mieters an der Beaufsichtigung der Wohnung während einer längeren Abwesenheit nicht (LG Berlin ZMR 1982, 280 = WuM 1982, 192).

12 **2.** Unter den Voraussetzungen des § 549 Abs 2 S 1 hat der Mieter in erster Linie einen **Anspruch** auf Erteilung der Erlaubnis gegen den Vermieter. Er ist jedoch nicht auf diesen Rechtsbehelf beschränkt, sondern kann im Falle der Erlaubnisverweigerung stattdessen auch nach § 549 Abs 1 S 2 vorgehen und **kündigen**. Schließlich stellt die Erlaubnisverweigerung in diesem Fall auch eine positive Vertragsverletzung des Vermieters dar, so daß der Mieter außerdem noch **Schadensersatz** verlangen kann.

13 **3.** Der **Anspruch** auf Erlaubniserteilung **entfällt** jedoch in den Fällen des § 549 Abs 2 S 1 HS 2. In ihnen kommt es letztlich immer darauf an, ob dem

Vermieter die Aufnahme eines Dritten durch den Mieter *zugemutet* werden kann oder nicht. Über diese Frage kann daher immer nur im Einzelfall aufgrund einer umfassenden Interessenabwägung entschieden werden, wobei den Vermieter die Beweislast trifft. Generell läßt sich lediglich feststellen, daß die Zumutbarkeit grundsätzlich nur dann verneint werden kann, wenn *erhebliche Belange* des Vermieters berührt sind (s oben Rz 10; grdleg OLG Hamm WuM 1982, 318, 322). Hiernach liegt ein wichtiger Grund zwar vor, wenn von dem Dritten eine Störung oder Belästigung des Vermieters oder anderer Mieter zu befürchten ist (LG Bamberg WuM 1974, 197), nicht aber, wenn der Untermieter einen Abstand an den Mieter gezahlt hat (BGH NJW 1963, 1299), wenn er Ausländer ist (LG Köln WuM 1978, 50) oder wenn er mit der Mieterin in einem eheähnlichen Verhältnis zusammenlebt (OLG Hamm aaO).

4. Nach § 549 Abs 2 S 2 kann der Vermieter außerdem die Erlaubnis von **14**
einer angemessenen Erhöhung des Mietzinses abhängig machen, wenn ihm die Überlassung nur unter dieser Voraussetzung zuzumuten ist (sog **Untermietzuschlag**). Praktische Bedeutung besitzt die Regelung nicht (wegen der Einzelheiten s deshalb Mietrecht § 549 Rz 49-50 a; MünchKomm-Voelskow § 549 Rz 32).

5. Die Regelung des § 549 Abs 2 ist zugunsten des Wohnraummieters **15**
zwingend (§ 549 Abs 2 S 3). **Unwirksam** sind hiernach zB ein generelles Verbot der Untermiete, die Vereinbarung der freien Widerruflichkeit der Erlaubnis sowie die generelle Verpflichtung zur Zahlung eines im voraus festgelegten Untermietzuschlags (LG Mainz WuM 1982, 191).

VI. Untermiete

1. Allgemeines **16**

Der Untermietvertrag – der wichtigste Anwendungsfall des § 549 – ist in seiner Gültigkeit stets unabhängig von der Erlaubnis des Vermieters (RGZ 81, 59). Es handelt sich bei ihm um einen **normalen Mietvertrag** im Sinne der §§ 535 bis 580 a, so daß für langfristige Untermietverträge die *Form*vorschrift des § 566 gilt (BGHZ 81, 46; BGH WM 1982, 431). Die *Kündigung* des Untermietvertrages richtet sich dementsprechend nach den §§ 564 ff und 565 ff, so daß die Kündigungsschutzvorschriften der §§ 556 a und 564 b auch dem Untermieter von Wohnraum im Verhältnis zu seinem Vermieter, dem Hauptmieter, zugute kommen (BGHZ 84, 90 = NJW 1982, 1696). Ein berechtigtes Interesse des Mieters und Untervermieters an der Beendigung des Untermietverhältnisses im Sinne des § 564 b ist dabei freilich schon dann anzunehmen, wenn auch ihm selbst vom

Vermieter wirksam gekündigt worden ist (LG Kiel WuM 1982, 194). In diesem Fall muß der Untermieter alle baulichen Veränderungen beseitigen, selbst wenn sie ihm vom Mieter gestattet worden sind, weil dies nichts an der Rechtswidrigkeit des Eingriffs in die Vermieterrechte ändert (LG Berlin WuM 1982, 245).

17 **2. Verhältnis des Untermieters zum Vermieter**

a) Zwischen Vermieter und Untermieter bestehen **keine** vertraglichen Beziehungen (BGHZ 70, 327; 79, 232). Der Untermieter ist auch nicht in den Schutzbereich des Hauptmietvertrages einbezogen (BGHZ 70, 327; BGH WM 1979, 307). Der Vermieter haftet daher dem Untermieter nicht, wenn er dem Mieter zu Unrecht kündigt und der Untermieter daraufhin auszieht (OLG Hamm BB 1978, 1589).

18 Wenn der Hauptmietvertrag, aus welchen Gründen auch immer, endet, erlangt der Vermieter einen quasi-vertraglichen **Herausgabeanspruch** gegen den Untermieter (§ 556 Abs 3; s dazu RGZ 110, 124; BGHZ 79, 282). Dies bedeutet, daß der Untermieter mit dem Ende des Hauptmietvertrages stets ohne weiteres, dh ohne Rücksicht auf seinen eigenen Vertrag, sein Besitz- und Nutzungsrecht verliert (BGHZ 79, 232; 84, 90 = NJW 1982, 1696). Folglich kann er jetzt vom Vermieter selbst dann keinen Schadensersatz für den Verlust des Besitzes mehr verlangen, wenn ihm der Vermieter den Besitz der Sache durch verbotene Eigenmacht entzieht (BGHZ 79, 232).

19 **b)** In einer Reihe von Fällen genießt jedoch auch der Untermieter **Besitzschutz** gegenüber dem Vermieter (trotz des § 556 Abs 3). Im wesentlichen handelt es sich dabei um die folgenden Fälle: Das Herausgabeverlangen des Vermieters ist zunächst dann mißbräuchlich und deshalb unbeachtlich, wenn Vermieter und (Haupt-)Mieter in unredlicher Weise *zusammenwirken*, etwa durch Aufhebung des Vertrages, nur um den Untermieter zu vertreiben (grdleg BGHZ 84, 90 = NJW 1982, 1696; OLG Karlsruhe WuM 1982, 249). Dasselbe gilt, wenn von vornherein beide Verträge nur deshalb hintereinander geschaltet werden, um dem Untermieter den Kündigungsschutz zu nehmen (BGH aaO.). Schließlich kann sich der Untermieter auch dann auf den Schutz der §§ 556 a und 564 b gegenüber dem (Haupt-)Vermieter – trotz des Fehlens vertraglicher Beziehungen – berufen, wenn der Vermieter, namentlich durch Einschaltung eines gewerblichen Vermietungsunternehmens, den Untermieter selbst in diese Rolle gedrängt hat, *ohne* ihn hierüber ordnungsgemäß *aufzuklären*, so daß sich der Untermieter ohne weiteres für den (Haupt-)Mieter halten durfte; zum Ausgleich muß der Untermieter dann freilich nach § 242 eine angemessene Nutzungsentschädigung (vgl § 2 MHRG und § 557) an den Vermieter zah-

len (grdleg BGHZ 84, 90 = NJW 1982, 1696; OLG Hamm WuM 1982, 49; 1982, 290). Der Untermieter verliert außerdem diesen besonderen Kündigungsschutz gegenüber dem Vermieter, wenn er von diesem oder dem Mieter bei Abschluß des Untermietvertrages ordnungsgemäß über die Rechtslage aufgeklärt worden ist (BGH aaO).

3. Haftung des Mieters 20

Die Haftung des Mieters gegenüber dem Untermieter richtet sich nach den §§ 537 ff und damit insbes nach § 541, wobei zu den Rechten Dritter auch und gerade der Herausgabeansrpuch des Vermieters gegenüber dem Untermieter gehört (§§ 556 Abs 3, 985). Folglich ist der Mieter dem Untermieter **ersatzpflichtig**, wenn bei Abschluß des Untermietvertrages die Erlaubnis des Vermieters fehlte und dem Untermieter deshalb später der Besitz entzogen wird (RGZ 81, 59; BGH LM Nr 1 zu § 542). Dasselbe gilt, wenn der Vermieter nachträglich den Hauptmietvertrag, etwa wegen Zahlungsverzugs des Mieters, kündigt und anschließend auch Herausgabe der Sache von dem Untermieter verlangt (BGHZ 63, 132; 79, 232). Denn eine solche Kündigung hat der Mieter nach § 279 stets zu vertreten.

4. Rechte des Vermieters bei unberechtigter Untervermietung 21

Eine Untervermietung ohne Erlaubnis des Vermieters stellt eine Vertragsverletzung dar, gegen die der Vermieter nach den §§ 550 und 553 vorgehen kann, außer wenn der Mieter ein Recht auf Erlaubniserteilung nach § 549 Abs 2 hatte (§ 242; LG Frankfurt WuM 1981, 39; s Mietrecht § 549 Rz 44). Hat der Mieter schuldhaft gehandelt, so kann der Vermieter außerdem wegen positiver Vertragsverletzung **Schadensersatz** verlangen; einen Anspruch auf Herausgabe des vom Mieter erlangten Untermietzinses verweigert ihm jedoch die hM, weil er insoweit nicht geschädigt sei (BGHZ 59, 51, 57 v; BGH LM Nr 42 zu § 535 BGB; Nr 2 a zu § 549 BGB; dagegen unter Hinweis auf § 816 Abs 1 S 1 Mietrecht § 549 Rz 61).

§ 550

Macht der Mieter von der gemieteten Sache einen vertragswidrigen Gebrauch und setzt er den Gebrauch ungeachtet einer Abmahnung des Vermieters fort, so kann der Vermieter auf Unterlassung klagen.

Schrifttum: Müller ZMR 1970, 289; Weimar ZMR 1960, 327.

1. Nach § 550 kann der Vermieter vom Mieter bei einem vertragswidrigem Gebrauch der gemieteten Sache nach vorheriger Abmahnung **Unterlassung** verlangen. Das Gesetz zieht damit die Folgerung aus dem Um- 1 stand, daß dem Mieter der Gebrauch der gemieteten Sache immer nur in den durch Vertrag und Gesetz gezogenen Grenzen zusteht (s oben § 535, 536 Rz 15 ff). Überschreitet der Mieter diese Grenzen, so handelt er rechtswidrig, so daß der Vermieter außerdem gegebenenfalls nach § 553 fristlos kündigen und darüber hinaus bei Verschulden des Mieters auch Schadensersatz verlangen kann. Alle diese Rechte stehen dem Vermieter auch schon während des Bestehens des Mietverhältnisses zu (RGZ 105, 395, 397; BGH WM 1968, 252). Zum Schutz des Mieters hat das Gesetz jedoch die Rechte des Vermieters aus den §§ 550 und 553 an das Erfordernis einer vorherigen Abmahnung geknüpft, um dem Mieter noch eine letzte Gelegenheit zu vertragstreuem Verhalten zu geben (vgl § 326 Abs 1; RGZ 104, 26).

2 **2.** Die wichtigste Voraussetzung des Unterlassungsanspruchs des Vermieters aus § 550 ist, daß der Mieter von der gemieteten Sache einen **vertragswidrigen Gebrauch** macht. Maßstab hierfür ist allein der dem Mieter jeweils nach Vertrag, Verkehrssitte und Gesetz zustehende vertragsmäßige Gebrauch. Gleich stehen der vertragswidrige Gebrauch der Mietsache *durch dritte* Personen, denen der Mieter die Sache überlassen hat, zB durch die Angehörigen und Arbeitnehmer des Mieters oder durch den Untermieter, sowie der vertragswidrige *Nichtgebrauch* der Sache, sofern den Mieter ausnahmsweise eine Gebrauchspflicht trifft, wie es namentlich bei Vereinbarung einer Umsatzmiete zutreffen kann (s oben §§ 535, 536 Rz 35; RGZ 148, 88, 90; 157, 363, 368; RG JR 1925, 1742). Ein Unterlassungsanspruch des Vermieters kann außerdem in Betracht kommen, wenn der Mieter das gemietete oder gepachtete Geschäft schlecht führt und dadurch die Interessen des Vermieters (oder Verpächters) erheblich verletzt (RGZ 148, 88, 90 f).

3 **3.** Der Unterlassungsanspruch des Vermieters setzt außerdem eine **Abmahnung** voraus, in der der beanstandete, vertragswidrige Gebrauch des Mieters so genau wie möglich bezeichnet werden muß. Die Abmahnung ist eine sog Rechtshandlung, die im wesentlichen den Vorschriften über Rechtsgeschäfte unterliegt (OLG Celle WuM 1982, 206) und vom Vermieter ausgehen muß, so daß der Mieter Abmahnungen Dritter zurückweisen kann (OLG Celle aaO; LG Gießen WuM 1981, 232). Ebenso kommt als Adressat der Abmahnung allein der Mieter in Betracht; Abmahnungen gegenüber Dritten sind unwirksam.

4 Eine Abmahnung ist nur **entbehrlich**, wenn der Mieter von vornherein endgültig und ernstlich die Erfüllung durch Einhaltung der Grenzen des vertragsmäßigen Gebrauchs verweigert (BGH LM Nr 13 zu § 553 BGB), wenn ihre Erfolglosigkeit von vornherein feststeht (BGH WM 1968, 252), sowie unter Umständen auch bei arglistigem Verhalten des Mieters (KG JW 1927, 2817).

Volker Emmerich

4. Schließlich setzt der Unterlassungsanspruch noch voraus, daß der Mieter *ungeachtet* der Abmahnung, dh in ihrer Kenntnis, den vertragswidrigen Gebrauch **fortsetzt**. Mehr ist nicht erforderlich. Der Unterlassungsanspruch setzt weder Wiederholungsgefahr noch Verschulden auf seiten des Mieters voraus (RG JW 1920, 377). Bei einer *Mehrheit* von Mietern richtet sich der Unterlassungsanspruch nur gegen denjenigen Mieter, der vertragswidrig gehandelt hat (§ 425; str). Geht der vertragswidrige Gebrauch von *Dritten* aus, so bleibt der Mieter ebenfalls der Anspruchsgegner; er ist dann verpflichtet, das vertragswidrige Verhalten der betreffenden Dritten zu unterbinden. Der Unterlassungsanspruch umfaßt dabei stets auch den Anspruch auf Beseitigung eines vom Mieter geschaffenen, vertragswidrigen und deshalb den Vermieter störenden Zustandes und daher zB auch die Beseitigung unzulässiger, baulicher Veränderungen (BGH LM Nr 54 zu § 535 BGB). **5**

§ 550 a

Eine Vereinbarung, durch die sich der Vermieter von Wohnraum eine Vertragsstrafe vom Mieter versprechen läßt, ist unwirksam.

Schrifttum: Beuthien, in: FS Larenz (1973) 495; Horschitz NJW 1973, 1958; Lindacher, Phänomenologie der Vertragsstrafe (1972); Weimar MDR 1965, 349.

1. Der 1964 in das Gesetz eingefügte § 550 a verfolgt mit dem generellen Verbot von Vertragsstrafenklauseln in Wohnraummietverträgen den *Zweck*, den Mieter gegen Übervorteilung seitens des Vermieters zu schützen. Weitere Schranken für derartige Abreden können sich bei preisgebundenem Wohnraum aus § 9 WohnBindG und bei allen anderen Mietverträgen aus den §§ 10 Nr 7 und 11 Nr 5 und 6 AGBG ergeben. **1**

2.a) Der **Anwendungsbereich** des § 550 a beschränkt sich auf Wohnraummietverhältnisse. Er ist darüber hinaus auch auf Mischmietverhältnisse anwendbar, sofern sich die gesicherte Mieterpflicht gerade auf Wohnräume bezieht. § 550 a gilt außerdem nur für **Vertragsstrafenabreden.** Mit Rücksicht auf den sozialen Schutzzweck der Norm (oben Rz 1) ist jedoch insoweit eine ganz *weite* Auslegung geboten. Nicht nur die eigentlichen Vertragsstrafenabreden im Sinne der §§ 339 ff, sondern auch sämtliche, ähnlichen Abreden mit vergleichbaren Wirkungen einschließlich aller Umgehungsgeschäfte durch Einschaltung Dritter sind mithin bei Wohnraummietverträgen verboten. *Beispiele* sind Verwirkungs- und Verfallklauseln (s oben § 547 Rz 10; BGH LM Nr 6 und 13 zu § 339 BGB; WM 1968, 799) sowie alle Schadenspauschalierungen, jedenfalls wenn sie denselben Zweck und dieselbe Wirkung wie ein Vertragsstrafenversprechen haben (str). **2**

3 **b)** Unter § 550 a fallen daher **zB** die Verpflichtung zum Ersatz sog Bearbeitungskosten für die Neuvermietung bei vorzeitiger Vertragsaufhebung oder zur Zahlung einer weiteren Monatsmiete in diesem Fall (vgl LG Itzehoe WuM 1980, 247; LG Lübeck WuM 1981, 104), eine sog Mietwechselgebühr bei Wechsel des Mieters (AG Rendsburg WuM 1981, 105), weiter jede Vereinbarung fester Mahn- und Bearbeitungsgebühren bei Vertragsverletzungen des Mieters (AG Charlottenburg WuM 1981, 227), die Vereinbarung überhöhter Verzugszinsen oder einer Abfindung bei Verträgen auf unbestimmte Dauer im Falle des Auszugs vor Ablauf einer Mindestdauer (AG Wuppertal WuM 1981, 105; str) sowie jede Pauschalierung der Renovierungskosten für den Fall des Auszugs des Mieters und daher auch die Verpflichtung des Mieters zur völligen Renovierung der Wohnung in jedem Fall der Vertragsbeendigung ohne Rücksicht auf die bis dahin durchgeführten Schönheitsreparaturen (s schon oben § 535, 536 Rz 40).

4 **2.** Klauseln, die nach dem Gesagten gegen § 550 a verstoßen, sind *unwirksam*. Die Wirksamkeit des restlichen Vertrages wird hiervon mit Rücksicht auf den sozialen Schutzzweck der Vorschrift nicht berührt.

§ 550 b

Hat bei einem Mietverhältnis über Wohnraum der Mieter dem Vermieter für die Erfüllung seiner Verpflichtungen Sicherheit zu leisten, so darf diese das Dreifache des auf einen Monat entfallenden Mietzinses vorbehaltlich der Regelung in Absatz 2 Satz 3 nicht übersteigen. Nebenkosten, über die gesondert abzurechnen ist, bleiben unberücksichtigt. Ist eine Geldsumme bereitzustellen, so ist der Mieter zu drei gleichen monatlichen Teilleistungen berechtigt; die erste Teilleistung ist zu Beginn des Mietverhältnisses fällig.

Ist bei einem Mietverhältnis über Wohnraum eine als Sicherheit bereitzustellende Geldsumme dem Vermieter zu überlassen, so hat er sie von seinem Vermögen getrennt bei einer öffentlichen Sparkasse oder bei einer Bank zu dem für Spareinlagen mit gesetzlicher Kündigungsfrist üblichen Zinssatz anzulegen. Die Zinsen stehen dem Mieter zu. Sie erhöhen die Sicherheit.

Eine zum Nachteil des Mieters abweichende Vereinbarung ist unwirksam.

Bei Wohnraum, der Teil eines Studenten- oder Jugendwohnheims ist, besteht für den Vermieter keine Verpflichtung, die Sicherheitsleistung zu verzinsen.

Schrifttum: DEMUTH ZMR 1976, 195; FREUND-BARTHELMESS NJW 1979, 2121; GLASER ZMR 1977, 161; KÖHLER, Das neue Mietrecht (1983) 31; LANDFERMANN, Gesetz zur Erhöhung des Angebots an Mietwohnungen (1983) 28; PATZER DWW 1975, 157; RÖDDING BB 1968, 934; RÖSCH WuM 1975, 65; 1976, 113; SCHOPP ZMR 1969, 1; STERNEL MDR 1983, 265; WEIMAR WuM 1970, 1; Betrieb 1976, 1212; 1981, 1076; ZEUNER ZMR 1980, 197.

1. Der erst durch das Änderungsgesetz von 1982 (BGBl I 1912) mit Wirkung vom 1. 1. 1983 in das Gesetz eingefügte § 550 b hat den *Zweck*, die verbreitete Rechtsunsicherheit, die bisher hinsichtlich der Leistung von Mietsicherheiten (Kautionen) bestand, wenigstens für Wohnraummietverhältnisse durch Einführung einer zwingenden Regelung zu beseitigen (vgl eingehend die Begr z RegE, BT-Drucks 9/2079, 10 f, 13 f). Vorläufer des § 550 b sind der § 9 Abs 5 WoBindG und § 10 NMV gewesen. Der **Anwendungsbereich** des neuen § 550 b beschränkt sich jedoch seinem Zweck entsprechend auf Wohnraummietverhältnisse (s oben Vorbem 12 f zu §§ 535, 536), so daß es hinsichtlich aller anderen Mietverhältnisse bei der früheren Rechtslage, die vor allem durch die völlige Vertragsfreiheit der Parteien gekennzeichnet war, geblieben ist (dazu eingehend Mietrecht Vorbem 137-139 a zu §§ 535, 536; SOERGEL-KUMMER Vorbem 183-194 zu § 535; MünchKomm VOELSKOW § 559 Rz 6-13). § 550 b gilt grundsätzlich auch für alte Mietverträge, wenn die Verzinsung nicht ausdrücklich ausgeschlossen war (Art 4 Abs 2 des Änderungsgesetzes von 1982). 1

Bei Wohnraummietverhältnissen erfaßt § 550 b ebenso wie § 572, der insoweit als Vorbild gedient hat, jede Form der **Sicherheitsleistung** des Mieters für die Erfüllung seiner Verpflichtungen gegenüber dem Vermieter. Das Gesetz verweist damit zugleich auf die Aufzählung in § 232. Die bei weitem üblichste Form der Sicherheitsleistung ist heute aber die Zahlung einer sog *Barkaution* seitens des Mieters an den Vermieter, die dementsprechend auch im Mittelpunkt der Regelung des § 550 b steht. 2

2.a) Nach § 550 b Abs 1 S 1 darf die Sicherheitsleistung grundsätzlich nicht das **Dreifache** eines Monatsmietzinses in Zeitpunkt der Vereinbarung über die Sicherheitsleistung übersteigen, wobei Nebenkosten, über die gesondert abzurechnen ist, unberücksichtigt bleiben (§ 550 b Abs 1 S 3). Nur soweit etwaige Zinsen der Sicherheit wie zB bei der an den Vermieter gezahlten Barkaution zugeschlagen werden, darf der genannte Höchstbetrag der Sicherheit überschritten werden (§ 550 b Abs 2 S 3 iVm Abs 1 S 2). 3

b) Die **Fälligkeit** der Sicherheitsleistung richtet sich, wenn sie in der Bereitstellung einer Geldsumme besteht, nach Satz 3 des § 550 b Abs 1. Der Gesetzgeber hat auch hier vor allem die Zahlung einer Barkaution an den Vermieter, daneben aber auch die Hinterlegung einer Geldsumme sowie die Anlage eines Kautionskontos auf den Namen des Mieters und dessen anschließende Verpfändung an den Vermieter im Auge gehabt (Begr, 4

BT-Drucks 9/2079, 13). In allen diesen Fällen ist der Mieter berechtigt, die vereinbarte Sicherheit in drei gleichen, monatlichen **Teilleistungen** zu erbringen. Die erste Teilleistung ist dabei zu Beginn des Mietverhältnisses, dh grundsätzlich mit dem ersten Mietzins zu zahlen, während die beiden anderen Raten jeweils einen Monat später fällig sind.

5 c) Besteht die Sicherheitsleistung in einer **Barkaution**, so ist der Vermieter nach § 550 b Abs 2 außerdem verpflichtet, den Betrag von seinem Vermögen getrennt, dh auf einem treuhänderischen *Sonderkonto* bei einer öffentlichen Sparkasse, der Postsparkasse oder einer in- oder ausländischen Bank zu dem für Spareinlagen mit gesetzlicher Kündigungsfrist üblichen *Zinssatz* anzulegen. Durch diese Regelung wird vor allem erreicht, daß der Kautionsbetrag dem Zugriff der *Gläubiger des Vermieters* entzogen ist. Pfändet ein solcher Gläubiger den auf dem Sonderkonto angelegten Betrag, so kann der Mieter folglich nach § 771 ZPO intervenieren; im Konkurs des Vermieters hat er außerdem ein Aussonderungsrecht nach § 43 KO (Begr, BT-Drucks 9/2079, 10 f, 14). Schließlich wird durch diese Regelung noch erreicht, daß sich auch das Pfandrecht der Kreditinstitute ebensowenig wie ihr Aufrechnungs- oder Zurückbehaltungsrecht aufgrund ihrer AGB auf den Kautionsbetrag erstrecken (BGH WM 1973, 894; Begr aaO; aM zB früher AG Hamburg WM 1982, 1319).

6 **3.** Früher war lebhaft umstritten, ob der Vermieter zu einer **verzinslichen Anlage** der an ihn gezahlten Barkaution verpflichtet ist (bejahend BGHZ 84, 345 = NJW 1982, 2184; BayObLGZ 1981, 15 = NJW 1981, 944). Die Frage ist durch § 550 b Abs 2 jetzt im positiven Sinne geklärt. Die Barkaution muß in jedem Fall zu dem für Spareinlagen mit gesetzlicher Kündigungsfrist üblichen Zinssatz angelegt werden. Die Zinsen stehen dann dem Mieter zu und erhöhen die Sicherheit, auch wenn infolgedessen der nach § 550 b Abs 1 S 1 zulässige Höchstbetrag der Kaution überschritten wird. Auszahlung der Zinsen kann der Mieter aber erst nach Vertragsende zusammen mit der Kaution verlangen. Ausgenommen von der Verzinsungspflicht sind nur die Vermieter von Studenten- und Jugendwohnheimen (§ 550 b Abs 4; s dazu den Ausschußbereicht, BT-Drucks 9/2284, 3) sowie Altverträge, bei denen die Verzinsung ausdrücklich ausgeschlossen war (o Rz 1).

7 **4.** Solange der Mietvertrag läuft, hat der Mieter nur einen durch das Vertragsende aufschiebend bedingten *Anspruch auf* **Rückzahlung** der Kaution zuzüglich etwaiger vom Vermieter gezogener Zinsen (BGHZ 84, 345 = NJW 1982, 2184; BGH WM 1978, 1326). Die Folge ist, daß der Mieter bis Vertragsende mit seinem Rückzahlungsanspruch nicht gegen etwaige Zahlungsansprüche des Vermieters aufrechnen kann (BGH LM Nr 50 zu § 535 BGB). Hingegen kann sich der Vermieter jederzeit aus der vom Mieter geleisteten Sicherheit wegen seiner offenstehenden Forderungen befriedi-

gen, ohne hierzu freilich verpflichtet zu sein. Nimmt er die Kaution in Anspruch, so kann er außerdem jederzeit **Auffüllung** der Kaution auf die vereinbarte Höhe verlangen. Das gilt grundsätzlich auch noch nach Vertragsende (BGH WM 1981, 253). Verschlechtern sich die Vermögensverhältnisse des Vermieters während des Laufs des Vertrages erheblich, so ist schließlich § 321 entsprechend anzuwenden (s STERNEL Rz II 120).

5. Mit Vertragsende entsteht der **Rückzahlungsanspruch** des Mieters. Fäl- **8**
lig wird der Anspruch jedoch erst nach Ablauf einer angemessenen Überlegungs- und Prüfungsfrist für den Vermieter, die üblicherweise auf zwei bis drei Monate bemessen wird (BGH WM 1978, 1326; OLG Celle OLGZ 1966, 6; LG Kreuznach WuM 1981, 235). Legt der Vermieter jetzt nicht im einzelnen genau dar, welche Ansprüche er noch gegen den Mieter hat, so wird der Rückzahlungsanspruch fällig, so daß der Mieter fortan damit auch gegen noch offene Vermieteransprüche *aufrechnen* kann (BGH LM Nr 51 zu § 535 BGB; WM 1967, 515). Dabei ist zu berücksichtigen, daß die Kaution jetzt auch für etwaige Ansprüche des Vermieters aus § 557 haftet (OLG Frankfurt WM 1979, 1318).

6. Bei Wohnraummietverhältnissen ist eine zum Nachteil des Mieters von **9**
§ 550 b **abweichende Vereinbarung** unwirksam (§ 550 b Abs 3). Eine solche abweichende Vereinbarung liegt jedoch nicht vor, wenn die Parteien an Stelle der Anlegung der Kaution auf einem Treuhandkonto die Rückzahlung des Kautionsbetrages nebst Zinsen durch die Bürgschaft eines geeigneten Kreditinstituts absichern (Begr, BT-Drucks 9/2079, 14).

§ 551

Der Mietzins ist am Ende der Mietzeit zu entrichten. Ist der Mietzins nach Zeitabschnitten bemessen, so ist er nach dem Ablaufe der einzelnen Teilabschnitte zu entrichten.

Der Mietzins für ein Grundstück ist, sofern er nicht nach kürzeren Zeitabschnitten bemessen ist, nach dem Ablauf je eines Kalendervierteljahres am ersten Werktage des folgenden Monats zu entrichten.

1. § 551 hat im Anschluß an frühere Partikularrechte die **Vorleistungs- 1**
pflicht *des Vermieters* zur gesetzlichen Regel erhoben. Das Gesetz unterscheidet dabei im einzelnen zwischen beweglichen und unbeweglichen Sachen. Bei der Grundstücksmiete einschließlich der Raummiete (§ 580) ist der Mietzins ohne Rücksicht auf den Bemessungszeitraum stets spätestens nach Ablauf eines Kalendervierteljahres fällig (§ 551 Abs 2), während bei allen anderen Mietverträgen nach § 551 Abs 1 der Ablauf des jeweiligen Bemessungszeitraums maßgebend ist.

2. Die **praktische Bedeutung** von § 551 ist gering, da in der Praxis heute **2**
eindeutig die Vorleistungspflicht des Mieters überwiegt. Auch dann bleibt

freilich dem Mieter stets die Einrede des nicht erfüllten Vertrages (§ 320), wenn der Vermieter gegen seine Erhaltungspflicht verstößt, so daß dann auch der Mieter nicht mehr zur Zahlung des Mietzinses verpflichtet ist (s oben § 537 Rz 17; grdlg BGHZ 84, 42).

3 **3.** Sehr umstritten ist die Vereinbarkeit von **Vorleistungsklauseln** in **Formularverträgen** mit § 11 Nr 2 AGBG (s eingehend Mietrecht § 551 Rz 6-9). Die Frage läßt sich nicht einheitlich beantworten. Es kommt vielmehr darauf an, ob die Vorleistungsklausel zu einer mit dem Sinn und Zweck des § 11 Nr 2 AGBG unvereinbaren Einschränkung des § 320 führt. Ist dies der Fall, so sind auch Vorleistungsklauseln in Formularverträgen unwirksam (ebenso im Ergebnis BGHZ 84, 42).

§ 552

Der Mieter wird von der Entrichtung des Mietzinses nicht dadurch befreit, daß er durch einen in seiner Person liegenden Grund an der Ausübung des ihm zustehenden Gebrauchsrechts verhindert wird. Der Vermieter muß sich jedoch den Wert der ersparten Aufwendungen sowie derjenigen Vorteile anrechnen lassen, welche er aus einer anderweitigen Verwertung des Gebrauchs erlangt. Solange der Vermieter infolge der Überlassung des Gebrauchs an einen Dritten außerstande ist, dem Mieter den Gebrauch zu gewähren, ist der Mieter zur Entrichtung des Mietzinses nicht verpflichtet.

Schrifttum: Beuthien, Zweckerreichung und Zweckstörung im Schuldverhältnis (1969); Emmerich, Das Recht der Leistungsstörungen (1978); Hönn MDR 1970, 19; Hüffer, Leistungsstörungen durch Gläubigerhandeln (1976); Köhler, Unmöglichkeit und Geschäftsgrundlage bei Zweckstörungen im Schuldverhältnis (1971); I Koller, Die Risikozurechnung bei Vertragsstörungen in Austauschverträgen (1979); Kramer, Gegenseitige Verträge (1904); Krönig MDR 1950, 209; Oske WuM 1979, 181; Röhrmann NJW 1971, 787; Röchling NJW 1981, 2782; Weimar ZMR 1971, 202; 1978, 129; Wichardt ZMR 1982, 161

I. Anwendungsbereich

1 **1. a)** Nach § 552 S 1 wird der Mieter von der Entrichtung des Mietzinses grundsätzlich nicht dadurch befreit, daß er durch einen in seiner Person liegenden Grund an der Ausübung des ihm zustehenden Gebrauchsrechts gehindert wird. Die volle Bedeutung dieser Bestimmung erschließt sich nur, wenn man sie vor dem Hintergrund der allgemeinen Vorschriften über die Leistungsstörungen sieht und dabei berücksichtigt, daß den Mieter grundsätzlich weder eine Abnahme- noch eine Gebrauchspflicht trifft (s oben § 535, 536 Rz 35). Dann zeigt sich nämlich, daß – entgegen der hM – für die Anwendung des § 552 kein Raum ist, wenn der Mieter von vorn-

herein den ihm zustehenden und ihm auch vom Vermieter **ermöglichten Gebrauch** nicht antritt. Durch ein solches Verhalten gerät er vielmehr zunächst, da ihn keine Abnahmepflicht trifft, lediglich in Annahmeverzug. Diese hat jedoch, da die Miete nahezu durchweg Fixcharakter trägt, fast ausnahmslos Unmöglichkeit der Erfüllung zur Folge, so daß sich die Verpflichtung des Mieters zur Zahlung des Mietzinses in diesem Fall schon aus *§ 324 Abs 1* ergibt; eines Rückgriffs auf § 552 bedarf es hier daher nicht (s eingehend Mietrecht § 552 Rz 4 ff). § 552 ist hier nur insofern bedeutsam, als er zeigt, daß das Gesagte nicht nur dann gilt, wenn der Mieter willentlich auf die Abnahme und den Gebrauch der Sache verzichtet, sondern auch dann, wenn er von vornherein aus *in seiner Person* liegenden Gründen an der Abnahme oder an dem Gebrauchsantritt gehindert wird. Tritt hingegen in einem solchen Fall ausnahmsweise einmal bloßer **Annahmeverzug** ein, so ist ebenfalls kein Raum für die Anwendung des § 552, weil andernfalls der Mieter den Mietzins zweimal zahlen müßte.

Die Anwendung des § 552 ist außerdem – wiederum entgegen der hM – **2**
entbehrlich, wenn der Mieter freiwillig auf den *Gebrauch* der ihm überlassenen Sache *verzichtet*, namentlich wenn er also auszieht. Denn in diesem Fall ergibt sich seine Verpflichtung zur **Fortzahlung des Mietzinses** schon daraus, daß ihn gar keine Gebrauchspflicht trifft, so daß es allein seine Entscheidung ist, ob er von der gemieteten Sache den vereinbarten Gebrauch machen will oder nicht (ebenso BGH WM 1980, 1397).

b) Der *Anwendungsbereich* des § 552 beschränkt sich mithin entsprechend **3**
seinem Wortlaut auf diejenigen Fälle, in denen der Mieter nach Überlassung der Sache **unfreiwillig** an deren Gebrauch durch Gründe gehindert wird, die aus *seinem Risikobereich* stammen. Darin kommt der allgemeine Gedanke zum Ausdruck, daß es im Regelfall der Mieter als Sachleistungsgläubiger ist, der das Verwendungsrisiko tragen muß (s oben Vorbem 15 f zu § 537). Nur bei Berücksichtigung dieses Grundsatzes läßt sich auch eine befriedigende Abgrenzung der Fälle des § 552 von denen der (jedermann treffenden) Unmöglichkeit des Gebrauchs durchführen, die ebenfalls nicht unter § 552 fallen, deren Rechtsfolgen sich vielmehr aus den allgemeinen Vorschriften über die Leistungsstörungen ergeben (s oben Vorbem 5 ff zu § 537).

2. § 552 S 1 zeigt, daß man zwischen Hinderungsgründen aus der Person **4**
des Mieters und sonstigen Hinderungsgründen unterscheiden muß, mögen sie ihre Ursache in der Person des Vermieters oder in objektiven Umständen haben (RGZ 79, 92, 95; 147, 304, 309; BGHZ 38, 295, 297; OLG Frankfurt MDR 1981, 231). Wird der Mieter durch Gründe der letzteren Art an dem Gebrauch gehindert, so liegt **Unmöglichkeit** vor, so daß der Mieter frei wird (§ 323 Abs 1); außerdem ist der Vermieter gegebenenfalls zum Schadensersatz verpflichtet (s im einzelnen Mietrecht § 552 Rz 14 ff).

Für die Abgrenzung zwischen Unmöglichkeit und Verwendungsrisiko des Mieters verweist das Gesetz dabei in § 552 S 1 letztlich auf das Kriterium der **Risikosphäre** des Mieters (RGZ 147, 304, 308f; BGHZ 38, 295, 297 f; LG Koblenz NJW 1968, 492). § 552 stellt deshalb die Aufgabe, in jedem Fall die Risikosphäre des Mieters möglichst genau abzugrenzen, wobei stets von den Abreden der Parteien auszugehen ist. Hat hiernach eine der Parteien ein bestimmtes Risiko übernommen, so hat es dabei sein Bewenden (BGHZ 38, 295). Als nächstes ist sodann die im Vertrag getroffene Risikoverteilung sinngemäß nach den zur ergänzenden Vertragsauslegung entwickelten Grundsätzen fortzudenken, wobei stets zu berücksichtigen ist, daß es grundsätzlich der Mieter ist, der das Verwendungsrisiko der konkreten Mietsache tragen muß.

5 Unter *§ 552* fallen hiernach idR die folgenden **Fälle:** Krankheit und Tod des Mieters oder eines seiner Angehörigen, Versetzung des Mieters (LG Kiel WuM 1976, 260; vgl aber § 570), der Antritt einer längeren Reise oder der Besuch eines Lehrgangs (AG Wuppertal ZMR 1976, 146), behördliche Verbote, die ihren Grund in der Person des Mieters und nicht in Eigenschaften des Mietobjektes haben, sowie die Verweigerung einer etwa erforderlichen Betriebsgenehmigung oder Konzession aus solchen Gründen (OLG Hamburg OLGE 16, 416). Der Mieter trägt außerdem das *Verwendungsrisiko*, wenn er von sich aus das gemietete Geschäft aufgibt (RG JW 1912, 859), wenn er deshalb keine Verwendung mehr für von ihm gemietete Apparate hat (KG OLGZ 1972, 4, 10), wenn er gemietete Geräte wegen eines Schlechtwettereinbruchs nicht mehr benutzen kann (LG Koblenz NJW 1968, 482), wenn er für ein Hotelzimmer keine Verwendung mehr hat (OLG Braunschweig NJW 1976, 570) oder wenn er einen gemieteten Saal nicht mehr benötigt, weil die darin geplante Veranstaltung wegen der Erkrankung eines Künstlers nicht stattfinden kann (aM OLG Bremen NJW 1953, 1393; weitere Beispiele in LG Freiburg MDR 1981, 56; OLG Frankfurt MDR 1981, 231).

II. Anrechnungspflicht

6 1. Ersparte Aufwendungen

Nach § 552 S 2 muß sich der Vermieter in den Fällen des § 552 S 1 auf seinen Mietzinsanspruch den Wert ersparter Aufwendungen anrechnen lassen. Gemeint sind damit vor allem die **verbrauchsbedingten Betriebskosten** wie Strom- und Wassergeld sowie Heizungskosten. Daraus folgt zB für Beherbergungsverträge, daß bei der Bestellung von Zimmern zwecks Übernachtung einen Abschlag von 20% und bei Pensionsvereinbarungen einen Abschlag von 40% zu machen, wenn der Gast von den Zimmern keinen Gebrauch macht (OLG Braunschweig NJW 1976, 570; AG Wuppertal ZMR 1976, 146).

2. Vorteile einer anderweitigen Verwertung 7

Der Vermieter muß sich außerdem (nur) solche Vorteile anrechnen lassen, die er tatsächlich aus einer anderweitigen Verwertung des Gebrauchs erlangt hat, nicht jedoch solche Vorteile, deren Erwerb er nur unterlassen hat, da ihn grundsätzlich keine Pflicht zur anderweitigen Verwertung der Sache während der Gebrauchshinderung des Mieters trifft. Hauptanwendungsfall der Anrechnungspflicht ist der **vorzeitige Auszug** des Wohnraummieters. Hier liegt eine anderweitige Verwertung der Sache sowohl dann vor, wenn der Vermieter die Sache selbst gebraucht, als auch wenn er den Gebrauch einem anderen überläßt. Im Falle des Eigengebrauchs muß deshalb dessen Wert in Geld veranschlagt und sodann auf den Erfüllungsanspruch des Vermieters angerechnet werden. Ein geringfügiger Eigengebrauch durch die vorübergehende Unterbringung einzelner Gegenstände in den leerstehenden Räumen oder die Durchführung kleiner Reparaturen genügt hierfür jedoch nicht, wohl aber die Vornahme umfangreicher Reparaturen oder Umbauarbeiten (OLG Oldenburg NJW 1959, 340; LG Saarbrücken WuM 1979, 140).

3. Ersatzvermietung 8

a) Da den Vermieter grundsätzlich keine Pflicht zur anderweitigen Verwertung der Mietsache trifft (oben Rz 7), ist seit langem umstr, ob und unter welchen Voraussetzungen der Vermieter von Räumen verpflichtet ist, den Mieter *vorzeitig* gegen Aufnahme eines Ersatzmieters aus dem Mietvertrag zu entlassen (sog *Parteistellen*; s dazu eingehend Mietrecht § 552 Rz 32-36). Von der hM wird eine solche Verpflichtung des Vermieters heute nach Treu und Glauben unter engen Voraussetzungen anerkannt (s insbes BGH WM 1980, 1397; OLG Kalrsruhe NJW 1981, 1741; OLG Oldenburg WuM 1981, 125; 1982, 124) = 6, 16 und 17 RE Miet).

aa) Der Anspruch des Mieters auf **Entlassung aus dem Mietvertrag** setzt 9
vor allem voraus, daß er ein dringendes, berechtigtes *Interesse* an einem vorzeitigen Auszug hat, das das Interesse des Vermieters an der Vertragsfortsetzung deutlich überwiegt, so daß bloße wirtschaftliche oder persönliche Gründe des Mieters nicht genügen, um einen Anspruch auf vorzeitige Vertragsentlassung zu begründen, insbes also nicht das Interesse an einer günstigeren oder besseren Wohnung oder das Interesse an dem Be-

zug des eigenen Hauses (OLG Karlsruhe NJW 1981, 1741 = 5 RE Miet); es muß sich vielmehr um dringende und überwiegende Interessen des Mieters handeln, die ihm ein Festhalten an dem Vertrag aus Umständen unzumutbar machen, die er nicht bewußt herbeigeführt hat. *Beispiele* sind eine schwere Erkrankung, eine nicht voraussehbare Versetzung aus beruflichen Gründen oder eine erhebliche Vergrößerung oder Verkleinerung der Familie (OLG Karlsruhe aaO). Ein Anspruch auf Vertragsentlassung besteht jedoch nicht, wenn der Mieter aus von vornherein absehbaren Gründen auszieht, so daß er die damit verbundenen Risiken bewußt eingegangen ist (s oben Rz 4; OLG Oldenburg WuM 1981, 125), oder wenn der alte Vertrag ohnehin nur noch für kurze Zeit läuft oder mit einer Frist von wenigen Monaten gekündigt werden kann (OLG Oldenburg WuM 1982, 124).

10 **bb)** Der Anspruch auf Vertragsentlassung setzt außerdem voraus, daß der vom Mieter gestellte **Ersatzmieter** dem Vermieter *zumutbar* ist und daß er bereit ist, für die restliche Vertragsdauer in den alten Vertrag *einzutreten.* Hieran fehlt es schon dann, wenn der Ersatzmieter eine Fortsetzung des alten Vertrags zu den alten Bedingungen über die zunächst vorgesehene Vertragsdauer hinaus verlangt, weil sich hierauf der Vermieter niemals einzulassen braucht (OLG Oldenburg WuM 1981, 125; 1982, 124). Der Vermieter kann den Ersatzmieter außerdem ablehnen, wenn er mit ihm verfeindet ist, wenn dieser anderen Mietern Konkurrenz machte oder wenn von ihm sonst Störungen drohen sowie wenn berechtigte Zweifel an seiner Solvenz bestehen (LG Hamburg WuM 1979, 144), nicht aber wenn er Ausländer ist oder wenn er an den ersten Mieter einen Abstand gezahlt hat (BGH LM Nr 2 zu § 30 MSchG; Nr 44 zu § 535 BGB). Unter mehreren Ersatzmietern steht dabei die Auswahl stets allein dem Vermieter zu.

11 **b) Lehnt** der Vermieter einen Ersatzmieter **ohne Grund ab**, so verletzt er damit eine sich aus dem Mietvertrag ergebende Treuepflicht, so daß er sich nach § 249 so behandeln lassen muß, als habe der Vertrag zu dem Zeitpunkt sein Ende gefunden, zu dem bei ordnungsmäßigem Vorgehen ein Vertrag mit dem Ersatzmieter zustande gekommen wäre (vgl auch § 162; LG Hannover WuM 1975, 242; LG Kassel WuM 1980, 178).

III. Erfüllungsbereitschaft

12 Nach § 552 S 3 wird der Mieter frei, wenn und solange der Vermieter infolge der Überlassung des Gebrauchs an einen Dritten zur Gebrauchsgewährung außerstande ist. Der Vermieter kann maW nur solange von dem Mieter Erfüllung verlangen, wie er selbst zur Erfüllung bereit und imstande ist (OLG Hamm BB 1976, 1049; ebenso § 323 Abs 1). Hauptanwendungsfall des Satzes 3 ist die **anderweitige Vermietung** der Sache, vorausgesetzt daß dem Vermieter infolgedessen die Gebrauchsgewährung an den Mieter nicht mehr möglich ist (OLG München HRR 1941 Nr 925). Daran fehlt es zB, wenn der Vermieter die Sache unter dem Vorbehalt jederzeitiger, fristloser Kündigung anderweitig vermietet (RGZ 52, 286; OLG Nürnberg OLGZ 1966, 12). § 552 S 3 wird außerdem entsprechend angewandt auf die *eigene Benutzung* der Sache durch den Vermieter, sofern infolgedessen Unmöglichkeit der Erfüllung eintritt; wichtigster Fall sind über das Übliche hinausgehende, besonders umfangreiche Reparatur- und Umbauarbeiten des Vermieters (BGHZ 38, 295, 298 f; LG Düsseldorf WuM 1975, 225).

Umstr ist die Rechtslage, wenn der Mieter **endgültig auszieht** und der **13**
Vermieter daraufhin die Sache anderweitig vermietet. Nach hM soll sich dann der Mieter nach § 242 nicht darauf berufen können, daß der Vermieter nicht mehr erfüllungsbereit ist, sondern verpflichtet sein, dem Vermieter nach § 552 S 1 eine etwaige Mietdifferenz zu erstatten (RG JW 1913, 981; BGH WM 1981, 1224; OLG Nürnberg OLGZ 1966, 12). Dies trifft jedoch nur zu, wenn in dem Auszug des Mieters zugleich eine ernstliche und endgültige Erfüllungsverweigerung liegt (s Mietrecht § 552 Rz 40 a).

IV. Beweislast

Nach hM trifft den Mieter gegenüber dem Erfüllungsanspruch des Ver- **14**
mieters (§ 552 S 1) die Beweislast sowohl für die Ersparnis von Aufwendungen oder für die Erlangung anrechenbarer Vorteile (§ 552 S 2) als auch für die fehlende Erfüllungsbereitschaft des Vermieters (§ 552 S 3; RG JW 1912, 859; OLG Oldenburg WuM 1981, 91 = 6 Re Miet; dagegen Mietrecht § 552 Rz 45).

§ 552 a

Der Mieter von Wohnraum kann entgegen einer vertraglichen Bestimmung gegen eine Mietzinsforderung mit einer Forderung aufgrund des § 538 aufrechnen oder wegen einer solchen Forderung ein Zurückbehaltungsrecht ausüben, wenn er seine Absicht dem Vermieter mindestens einen Monat vor der Fälligkeit des Mietzinses schriftlich angezeigt hat.

1. Durch **Aufrechnungsverbote** wird der Mieter erfahrungsgemäß beson- **1**
ders benachteiligt. Ihr generelles Verbot bei der Wohnraummiete (oben Vorbem 12 f zu §§ 535, 536) ist deshalb schon lange überfällig. Der An-

wendungsbereich des erst 1964 ins Gesetz eingefügten § 552 a beschränkt sich jedoch – aus nur schwer erklärlichen Gründen (s den Ausschußbericht *zu* BT-Drucks IV/2195, 4) – auf Forderungen des Mieters aus § 538. Und auch mit solchen Forderungen kann der Mieter gegen eine Mietzinsforderung entgegen einem vertraglichen Aufrechnungsverbot stets erst nach einer vorherigen Anzeige aufrechnen.

2 § 552 a ist nicht die einzige Vorschrift, aus der sich bei der Wohnraummiete Schranken für vertragliche Aufrechnungsverbote ergeben; vielmehr wird § 552 a für Formularverträge durch *§ 11 Nr 2 und 3 AGBG* ergänzt. Außerdem finden alle vertraglichen Aufrechnungsverbote ohnehin stets ihr *Ende* mit dem Vertrag, auf dem sie beruhen, so daß auch der Mieter nach Ablauf des Mietvertrages unbeschränkt mit jeder Forderung gegen alle Forderungen des Vermieters aufrechnen kann (OLG Celle OLGZ 1966, 6; LG Mannheim WuM 1974, 145). Hinzuweisen ist in diesem Zusammenhang schließlich noch auf den § 537 Abs 3 S 1, der hinsichtlich des Minderungs- und des Kündigungsrechts des Wohnraummieters zu demselben Ergebnis wie § 552 a führen.

3 **2.** Nach § 552 a kann der Mieter mit Ansprüchen aus § 538 gegen die Mietzinsforderung des Vermieters (nicht gegen andere Vermieterforderungen) entgegen einem vertraglichen Aufrechnungsverbot nur aufrechnen, wenn er diese Absicht dem Vermieter mindestens einen Monat vor der Fälligkeit des Mietzinses schriftlich (§ 126) *angezeigt* hat. Die Berechnung der **Monatsfrist** richtet sich hierbei nach den §§ 187 Abs 1 und 188 Abs 2 und 3. Eine verspätete Anzeige wirkt dabei zum nächsten, zulässigen Termin. Die Anzeige ist jedoch nur wirksam, wenn sich aus ihr klar die Absicht des Mieters ergibt, mit einer bestimmten, genau bezeichneten Forderung gegen eine ebenfalls genau bezeichnete Mietzinsforderung des Vermieters aufzurechnen. Der allgemeine Hinweis auf die Schadensersatzpflicht des Vermieters genügt nicht (AG Coesfeld WuM 1974, 148).

§ 553

Der Vermieter kann ohne Einhaltung einer Kündigungsfrist das Mietverhältnis kündigen, wenn der Mieter oder derjenige, welchem der Mieter den Gebrauch der gemieteten Sache überlassen hat, ungeachtet einer Abmahnung des Vermieters einen vertragswidrigen Gebrauch der Sache fortsetzt, der die Rechte des Vermieters in erheblichem Maße verletzt, insbesondere einem Dritten den ihm unbefugt überlassenen Gebrauch beläßt, oder die Sache durch Vernachlässigung der dem Mieter obliegenden Sorgfalt erheblich gefährdet.

Schrifttum: Teubner, Gegenseitige Vertragsuntreue (1975); Weimar MDR 1966, 556; Betrieb 1972, 2452.

I. Überblick

Die §§ 553 bis 554 b regeln die Fälle, in denen der Vermieter fristlos aus 1
wichtigem Grunde den Mietvertrag kündigen kann. Daneben kommt bei der Miete ebenso wie bei allen anderen Dauerschuldverhältnissen auch noch eine Kündigung aus wichtigem Grunde in Betracht, wenn einer Partei die Fortsetzung des Vertrages nicht mehr zuzumuten ist (unten Rz 9 ff). Alle diese Kündigungsrechte stehen grundsätzlich gleichberechtigt nebeneinander, so daß der Vermieter stets die **Wahl** hat, auf welchen Tatbestand er seine Kündigung stützen will (OLG Hamburg WuM 1982, 41, 42; aM zB LG Gießen WuM 1981, 232: Vorrang des § 553 vor § 554 a). Hingegen scheidet ein **Rücktritt** des Vermieters aufgrund des § 326 nach Überlassung der Sache an den Mieter aus, soweit eine fristlose Kündigung des Vermieters nach den genannten Bestimmungen in Betracht kommt (BGHZ 50, 312, 315).

II. Kündigungsgründe

1. Vertragswidriger Gebrauch 2

a) Der Vermieter kann nach § 553 zunächst dann fristlos kündigen, wenn der Mieter trotz Abmahnung einen vertragswidrigen Gebrauch fortsetzt, dh wenn er die Grenzen des vertragsmäßigen Gebrauchs überschreitet (s oben § 550 Rz 2). Auf ein Verschulden des Mieters kommt es dabei nicht an, schon weil die **Fortsetzung** des vertragswidrigen Gebrauchs trotz Abmahnung ohnehin idR vorsätzlich erfolgen wird (RG JW 1920, 377; OLG Hamburg WuM 1982, 41, 42). Bei *mehreren* Mietern genügt nach hM außerdem bereits ein vertragswidriger Gebrauch durch einen von ihnen, um den Vermieter zur Kündigung gegenüber allen zu berechtigen (krit hierzu Mietrecht § 553 Rz 16 a, 16 c).

b) § 553 ist dem § 550 nachgebildet. Der vertragswidrige Gebrauch allein 3
reicht deshalb zur Begründung eines Kündigungsrechts des Vermieters nicht aus; vielmehr muß hinzukommen, daß der Mieter den vertragswidrigen Gebrauch obendrein **trotz** einer **Abmahnung** des Vermieters **fortsetzt** (wegen der Einzelheiten s daher oben § 550 Rz 3 f). Die Abmahnung muß dabei den beanstandeten vertragswidrigen Gebrauch so genau wie möglich bezeichnen, damit der Mieter sich überhaupt danach richten kann (LG Gießen WuM 1981, 232). Der Vermieter kann außerdem nur dann kündigen, wenn der Mieter gerade den beanstandeten, vertragswidrigen Gebrauch (und nicht irgendeinen anderen) trotz der Abmahnung fortsetzt.

4 Das Gesetz verlangt jedoch grundsätzlich nur eine Abmahnung, hingegen keine Fristsetzung. Doch bedeutet dies nicht, daß der Vermieter Unmögliches vom Mieter fordern dürfte. Der Vermieter muß vielmehr dem Mieter nach Treu und Glauben eine angemessene **Frist** zur Beendigung des vertragswidrigen Zustandes einräumen, wenn eine sofortige Beendigung von vornherein ausgeschlossen ist. Besonders wichtig ist das im Falle der unberechtigten Untervermietung, so daß der Vermieter hier dem Mieter eine angemessene Frist einräumen muß, um die Sache von dem Untermieter zurückfordern zu können. Räumt der Untermieter dann binnen dieser Frist, so entfällt das Kündigungsrecht des Vermieters (RG JW 1920, 140; HRR 1933 Nr 282). Auch sonst *endet* das Kündigungsrecht stets, sobald der Mieter den vertragswidrigen Gebrauch aufgrund der Abmahnung noch vor Ausspruch der Kündigung aufgibt (RG BayZ 1925, 165).

5 c) Die Abmahnung muß stets gegenüber dem oder den Mietern ausgesprochen werden. Auf sie kann nur in Ausnahmefällen **verzichtet** werden, etwa bei Arglist des Mieters, bei einer ernstlichen und endgültigen Erfüllungsverweigerung des Mieters sowie dann, wenn der Mieter mit Bedacht einen endgültigen Zustand geschaffen hat, dessen kurzfristige Änderung ohnehin nicht mehr möglich ist (BGH LM Nr 13 zu § 553 BGB; WM 1980, 312, 315).

6 d) Die Kündigung setzt schließlich noch voraus, daß durch die Fortsetzung des vertragswidrigen Gebrauchs trotz Abmahnung die **Rechte** des Vermieters in erheblichem Maße **verletzt** werden. Ob dies der Fall ist, kann immer nur im Einzelfall aufgrund einer Interessenabwägung nach Treu und Glauben entschieden werden. Beispiele sind die Verwendung der gemieteten Sache für andere als im Vertrag festgelegte, unangemessene Zwecke, größere, bauliche Veränderungen der vermieteten Räume (LG München WuM 1963, 39) und überhaupt jede Verletzung der Obhuts- und Anzeigepflicht des Mieters, wenn dadurch die vermietete Sache erheblich gefährdet wird (s unten Rz 7).

7 **2. Erhebliche Gefährdung der Sache**

§ 553 hebt selbst als Kündigungsgrund besonders die erhebliche Gefährdung der Mietsache durch Vernachlässigung der dem Mieter obliegenden Sorgfalt hervor. Auch hier handelt es sich um einen Fall des vertragswidrigen Gebrauchs, so daß in diesem Fall die Kündigung ebenfalls eine vorherige **Abmahnung** des Vermieters und eine **Fortsetzung** des Gebrauchs trotz der Abmahnung voraussetzt (RGZ 104, 26). Beispiele sind die Anbringung und Duldung gefährlicher Installationen, wiederholte, erhebliche Wasserschäden (AG Aachen DWW 1974, 237), die Unterlassung jeglicher Vorsichtsmaßnahmen zB gegen Frost oder Diebstahl sowie in Ausnahmefällen auch eine schwere Erkrankung des Mieters (LG Düsseldorf ZMR 1970, 238).

3. Unbefugte Überlassung an einen Dritten 8

§ 553 nennt als Kündigungsgrund schließlich noch den Fall, daß der Mieter trotz Abmahnung des Vermieters einem Dritten den ihm unbefugt überlassenen Gebrauch beläßt. Der wichtigste Anwendungsfall dieses Kündigungsgrundes ist die **unberechtigte Untervermietung** nach § 549 (s dazu § 549 Rz 21). Im einzelnen sind die Voraussetzungen dieses Kündigungsrechts umstr. Das OLG Hamburg (WuM 1982, 41 = 5 RE Miet; s auch unten Rz 16) hat die Auffassung vertreten, in dem hier interessierenden Fall setze die Kündigung keine erhebliche Verletzung der Vermieterinteressen, wohl aber stets eine Interessenabwägung voraus. Demgegenüber ist jedoch daran festzuhalten, daß schon nach dem Wortlaut des § 553 auch hier der Kündigung eine *Abmahnung* vorausgehen und daß außerdem immer auch noch eine erhebliche Verletzung der Vermieterrechte hinzukommen muß (BGH WM 1968, 252).

III. Die Kündigung aus wichtigem Grunde

1. Wie schon ausgeführt (oben Rz 1), kann der Vermieter – ebenso wie 9
der Mieter – ungeachtet der §§ 553 und 554 a das Mietverhältnis ebenso wie jedes andere Dauerschuldverhältnis auch noch aus wichtigem Grunde kündigen. Voraussetzung ist, daß ihm die Fortsetzung des Vertrages *nicht mehr zuzumuten* ist, insbes weil das gegenseitige **Vertrauensverhältnis** derart erschüttert ist, daß eine gedeihliche Zusammenarbeit der Parteien nicht mehr zu erwarten ist. Die Kündigungsgründe müssen dabei grundsätzlich in der Person des Kündigungsgegners liegen oder doch aus dessen Risikobereich stammen. Ist das gegenseitige Vertrauensverhältnis *beiderseits* völlig zerrüttet, so ist eine Interessenabwägung erforderlich, um festzustellen, ob einer oder sogar beiden Parteien eine Fortsetzung des Vertrages nicht mehr zuzumuten ist. Bei dieser Abwägung spielt stets auch das eigene Verhalten des Kündigenden eine erhebliche Rolle, so daß ein Kündigungsrecht durchaus entfallen kann, wenn er die beiderseitige Zerrüttung des Verhältnisses überwiegend verschuldet hat (RGZ 149, 88, 92; 150, 193, 204; 160, 361, 366; BGHZ 50, 312, 315; BGH LM Nr 2 und 57 zu § 242 [Ba] BGB; Nr 26 zu § 242 [Bc] BGB; Nr 62 zu § 535 BGB; Nr 2 und 24 zu § 581 BGB; WM 1982, 910). *Beispiele* sind die völlige Unklarheit des Vermieters über die Erfüllungsbereitschaft des Mieters, die völlige Vernachlässigung der Vertragspflichten durch den Mieter (BGH WM 1973,

694), dementsprechend auch der ständige Zahlungsverzug des Mieters, selbst wenn die Voraussetzungen des § 554 nicht erfüllt sind (BGH LM Nr 1 zu § 554 b BGB), sowie der Umstand, daß der Mieter den Vermieter bewußt darüber im Unklaren läßt, mit wem überhaupt der Vertrag zustande gekommen ist (BGH LM Nr 24 zu § 242 [Bc] BGB; OLG Celle BB 1978, 576). Entsprechend kann der **Mieter** aus wichtigem Grunde fristlos kündigen, wenn er zB vom Vermieter getäuscht wird (BGH WM 1967, 515; LG Frankfurt ZMR 1979, 112), wenn der Vermieter ständig entgegen seinen vertraglichen Pflichten die Beseitigung von Mängeln ablehnt (BGH LM Nr 62 zu § 535 BGB) oder wenn er versucht, einseitig eine schwerwiegende Vertragsänderung durchzusetzen (OLG Köln WuM 1981, 103).

10 **2.** Der Kündigung aus wichtigem Grunde muß idR entsprechend § 326 eine **Abmahnung** vorausgehen, außer wenn die Vertrauensgrundlage zwischen den Parteien völlig erschüttert ist (BGH LM Nr 26 zu § 242 [Bc] BGB). Die Kündigung braucht auch nicht sofort, muß jedoch binnen angemessener *Frist* ausgesprochen werden (BGH LM Nr 2 zu § 242 [Ba] BGB). Vertragliche Modifikationen dieses Kündigungsrechts sind nur in engen Grenzen möglich (BGH aaO; LM Nr 24 zu § 581 BGB).

11 **3.** Mit Rücksicht auf § 554 b ist umstritten, ob auch bei **Wohnraummietverhältnissen** eine derartige Kündigung aus wichtigem Grunde, die kein Verschulden voraussetzt, möglich ist. Von der hM wird diese Frage bejaht (BGH LM Nr 57 zu § 242 [Ba] BGB; Nr 62 zu § 535 BGB; Nr 1 zu § 554 b BGB; LG Essen ZMR 1982, 56). Daraus wird überwiegend der Schluß gezogen, daß der Vermieter auch einem geisteskranken Mieter aus wichtigem Grunde kündigen kann, wenn zB der letztere die übrigen Mieter oder den Vermieter belästigt (LG Mannheim NJW 1976, 1407; LG Köln MDR 1974, 232; krit dazu Mietrecht § 553 Rz 8 f).

IV. Kündigungserklärung

12 Unter den Voraussetzungen des § 553 kann der Vermieter (muß aber nicht) bei jedem Mietverhältnis fristlos kündigen. Die Kündigung muß dabei auf die Abmahnung folgen und kann auch nur auf solche Gründe gestützt werden, die in der Abmahnung genannt sind, nicht hingegen auf andere Gründe, selbst wenn sie schon bei Ausspruch der Abmahnung vorgelegen haben (RG JW 1920, 377). Ohne Abmahnung kann die Kündigung aber immer noch nach § 554 a begründet sein (s oben Rz 1). Auch können die Abmahnung und die Kündigung durchaus noch in einem **Rechtsstreit nachgeholt** werden, sofern nur für den Mieter eindeutig erkennbar ist, daß die prozessualen Erklärungen des Vermieters zugleich

auch materiellrechtliche Bedeutung haben sollen (BGH LM Nr 1 zu § 554 b BGB; WM 1971, 1439; insbes BayObLGZ 1981, 232 = WuM 1981, 200 = 7 Re Miet; OLG Zweibrücken WuM 1981, 177 = 1 RE Miet; OLG Hamm WuM 1982, 44).

Der Vermieter ist nicht gezwungen, dem Mieter fristlos zu kündigen, sondern kann ihm auch eine angemessene **Räumungsfrist** einräumen (vgl LG Hamburg WuM 1975, 227). Die Kündigung wird wirksam mit Zugang bei dem oder den Mietern und kann von diesem Augenblick an nicht mehr einseitig vom Vermieter *widerrufen* werden; vielmehr ist dann gegebenenfalls ein Neuabschluß des Vertrages erforderlich (BayObLGZ 1981, 232; OLG Karlsruhe WuM 1982, 14). **13**

§ 553 schreibt für die Kündigung keine besondere *Form* vor (BGH WM 1959, 539; 1975, 897). Nur bei der Wohnraummiete ist durch § 564 a Abs 1 für die Kündigung zwingend Schriftform angeordnet. Folglich muß dem Wohnraummieter, wenn ihm erst während eines Rechtsstreits gekündigt wird, zumindest ein vom Vermieter oder seinem Prozeßbevollmächtigten unterschriebener oder beglaubigter Schriftsatz mit der Kündigung zugehen (BayObLGZ 1981, 232; OLG Zweibrücken WuM 1981, 177; OLG Hamm WuM 1982, 44; LG Berlin ZMR 1982, 238). Außerdem soll das Kündigungsschreiben die **Kündigungsgründe** angeben, so daß diese so konkret bezeichnet werden müssen, daß der Mieter genau weiß, aus welchen Gründen ihm fristlos gekündigt wird (LG Mannheim MDR 1971, 223; WuM 1978, 68). Indessen handelt es sich hierbei um eine bloße **Sollvorschrift**, so daß deren Verletzung grundsätzlich nichts an der Wirksamkeit der Kündigung ändert (BGH WM 1975, 877; 1980, 312; BayObLGZ 1981, 232). **14**

V. Abweichende Vereinbarungen

§ 553 ist an sich dispositiv, so daß er vertraglich sowohl erweitert als auch eingeschränkt werden kann. Ausnahmen gelten jedoch für die Wohnraummiete, für die aus den §§ 554 a und 554 b folgt, daß eine vertragliche Erweiterung des Kündigungsrechts nicht mehr möglich ist. **15**

VI. Beweislast

Die Beweislast für alle Voraussetzungen des Kündigungsrechts trägt stets der Vermieter. Verteidigt sich jedoch der Mieter mit dem Einwand, daß die unberechtigte Überlassung der Sache an einen Dritten ausnahmsweise die Interessen des Vermieters nicht erheblich verletzt, so obliegt ihm hierfür die Beweislast (OLG Hamburg WuM 1982, 41, 43 = 5 RE Miet). **16**

Volker Emmerich

§ 554

Der Vermieter kann das Mietverhältnis ohne Einhaltung einer Kündigungsfrist kündigen, wenn der Mieter

1. für zwei aufeinanderfolgende Termine mit der Entrichtung des Mietzinses oder eines nicht unerheblichen Teils des Mietzinses in Verzug ist, oder

2. in einem Zeitraum, der sich über mehr als zwei Termine erstreckt, mit der Entrichtung des Mietzinses in Höhe eines Betrages in Verzug gekommen ist, der den Mietzins für zwei Monate erreicht.

Die Kündigung ist ausgeschlossen, wenn der Vermieter vorher befriedigt wird. Sie wird unwirksam, wenn sich der Mieter von seiner Schuld durch Aufrechnung befreien konnte und unverzüglich nach der Kündigung die Aufrechnung erklärt.

Ist Wohnraum vermietet, so gelten ergänzend die folgenden Vorschriften:

1. Im Falle des Absatzes 1 Satz 1 Nr 1 ist der rückständige Teil des Mietzinses nur dann als nicht unerheblich anzusehen, wenn er den Mietzins für einen Monat übersteigt; dies gilt jedoch nicht, wenn der Wohnraum zu nur vorübergehendem Gebrauch vermietet ist.

2. Die Kündigung wird auch dann unwirksam, wenn bis zum Ablauf eines Monats nach Eintritt der Rechtshängigkeit des Räumungsanspruchs hinsichtlich des fälligen Mietzinses und der fälligen Entschädigung nach § 557 Abs 1 Satz 1 der Vermieter befriedigt wird oder eine öffentliche Stelle sich zur Befriedigung verpflichtet. Dies gilt nicht, wenn der Kündigung vor nicht länger als zwei Jahren bereits eine nach Satz 1 unwirksame Kündigung vorausgegangen ist.

3. Eine zum Nachteil des Mieters abweichende Vereinbarung ist unwirksam.

Schrifttum: Both NJW 1970, 2197; Derleder NJW 1975, 1677; Hiendl NJW 1964, 1946; Korff NJW 1975, 2281; Mezger NJW 1972, 2071; Roquette NJW 1964, 377; Schneider NJW 1965, 140.

I. Anwendungsbereich

1 Nach § 554 kann der Vermieter bei **Zahlungsverzug** des Mieters unter bestimmten Voraussetzungen fristlos kündigen. § 554 regelt mithin die Folgen des Zahlungsverzugs des Mieters abweichend von § 326, so daß er diesen für seinen Anwendungsbereich ausschließt (BGHZ 50, 312; BGH LM Nr 6 zu § 326 [A] BGB). § 554 gilt dabei gleichermaßen für die Grundstücks- wie für die Farnismiete, enthält aber eine Reihe von Sondervor-

schriften für die Wohnraummiete. Bei der letzteren sind außerdem die §§ 564 a Abs 1, 564 b Abs 2 Nr 1 und § 9 Abs 2 MHRG zu beachten.

§ 554 gilt nur für den Verzug des Mieters gerade mit der Zahlung des **Mietzinses**, wobei freilich zum Mietzins auch Pauschalen und Umlagen für Nebenkosten gehören (BGH WM 1975, 877; OLG Karlsruhe WuM 1982, 241, 242). Zum Mietzins in diesem Sinne gehören hingegen nicht Nachforderungen für Nebenkosten (LG Freiburg ZMR 1981, 370), Baukostenzuschüsse und Mietvorauszahlungen (BGH LM Nr 6 zu § 326 [A] BGB), Kautionen (LG Hamburg WuM 1974, 54) sowie Schadensersatz- und Kostenerstattungsansprüche (LG Mannheim WuM 1975, 97), so daß bei einem Verzug des Mieters mit der Bezahlung dieser Forderungen für die Anwendung des § 554 kein Raum ist; vielmehr gilt dann wieder der allgemeine § 326. 2

II. Kündigungsgründe

1. Verzug an zwei aufeinanderfolgenden Terminen 3

Der Vermieter kann nach § 554 zunächst kündigen, wenn der Mieter für zwei aufeinanderfolgende Termine mit der Entrichtung des Mietzinses *oder* eines nicht unerheblichen Teils davon in Verzug ist (Nr 1 des § 554 Abs 1 S 1). Bei der Wohnraummiete ist hierbei der rückständige Teil nur dann erheblich, wenn er den Mietzins für einen Monat übersteigt (§ 554 Abs 2 Nr 1); dies gilt indessen nicht, wenn der Wohnraum zu nur vorübergehendem Gebrauch vermietet ist (vgl. § 556 a Abs 8).

a) Erste Voraussetzung dieses Kündigungsrechts ist, daß der Mieter den Mietzins (s oben Rz 2) ganz oder teilweise an **zwei aufeinanderfolgenden Terminen** nicht gezahlt hat. Mit Terminen ist hierbei die Fälligkeit im Sinne des § 551 gemeint, so daß es sich dabei durchaus auch um Wochen-, Quartals- und Jahrestermine handeln kann, woraus sich freilich bei der Wohnraummiete bisher nicht gelöste Berechnungsprobleme ergeben (s BGH LM Nr 55 zu § 242 [Cd] BGB). 4

Es stand freilich schon immer fest, daß der Vermieter wegen **geringfügiger** Rückstände **nicht** fristlos kündigen darf (RGZ 86, 334). Dementsprechend bestimmt das Gesetz jetzt, daß Verzug mit einem nicht unerheblichen Teil des Mietzinses Voraussetzung der Kündigung ist, wobei bei der Wohnraummiete der rückständige Betrag nur dann als **erheblich** gilt, wenn er den Mietzins für einen Monat übersteigt (Abs 2 Nr 1 des § 554; s unten Rz 8). 5

b) Außerdem muß sich der Mieter mit dem fraglichen Betrag in **Verzug** befinden. Ob dies der Fall ist, beurteilt sich allein nach den §§ 284 und 285. 6

Dabei ist zu beachten, daß der Mieter schon dann rechtzeitig gezahlt hat, wenn er nur den geschuldeten Betrag am letzten Tag der Frist abgesandt hat, sofern er nur überhaupt, wenn auch möglicherweise verspätet, bei dem Gläubiger eintrifft (BGHZ 44, 178; BGH LM Nr 17 zu § 284 BGB; Nr 1 zu § 36 VVG).

7 Der Verzug setzt hier grundsätzlich **keine Mahnung** voraus (vgl § 284 Abs 2 iVm § 551). Es gibt jedoch Ausnahmen, namentlich wenn der Mieter in entschuldbarer Ungewißheit über die Höhe des Mietzinses ist, weil sich dieser nur durch eine komplizierte Berechnung ermitteln läßt. In solchen Fällen muß der Vermieter dem Mieter das Ergebnis seiner Berechnungen mitteilen, ihm überdies eine Überlegungsfrist einräumen und schließlich für deren Ablauf eine Mahnung aussprechen (vgl Mietrecht § 554 Rz 15, 15 a). Der Mieter kommt außerdem nicht in Verzug, wenn er eine **Einrede**, zB ein Zurückbehaltungsrecht hat, wenn er mindern kann oder wenn er sich in einem entschuldbaren *Irrtum* über die Person des Vermieters befindet, zB weil er die Erben des Vermieters nicht kennt und auch nicht zu ermitteln vermag (BGH LM Nr 35 zu § 581 BGB). Der Mangel der zur Bezahlung der Mietzinsschulden erforderlichen Mittel vermag hingegen den Mieter niemals zu entlasten (§ 279; zB AG Düren WuM 1981, 210). Dasselbe gilt, wenn der Mieter einfach den alten Mietzins trotz einer eindeutig berechtigten Mietzinserhöhung des Vermieters fortzahlt (BGH LM Nr 7 zu § 24 1. BMietG).

8 c) Bei der **Wohnraummiete** gilt der rückständige Teil nur dann als erheblich, wenn er den Mietzins für einen Monat übersteigt. Dies gilt jedoch nicht für Wohnraum, der nur zu vorübergehendem Gebrauch vermietet ist (§ 554 Abs 2 Nr 1). Maßgebend dafür ist der vertragliche Zweck der Gebrauchsüberlassung (wegen der Einzelheiten s die Erl zu § 556 a).

9 **2. Verzug mit zwei Monatsraten**

Nach § 554 Abs 1 Nr 2 kann der Vermieter außerdem kündigen, wenn sich der Mieter in einem Zeitraum, der sich über **mehr als zwei** Zahlungstermine erstreckt, mit der Entrichtung des Mietzinses in Höhe eines Betrages in Verzug befindet, der den Mietzins für **zwei Monate** erreicht. Voraussetzungen dieses Kündigungsrechts sind mithin Verzug des Mieters mit der Zahlung des Mietzinses über einen Zeitraum hinweg, der länger als zwei Zahlungstermine ist, sowie ein dadurch aufgelaufener Mietzinsrückstand, der mindestens die Höhe des Mietzinses für zwei Monate erreicht. Das Kündigungsrecht besteht daher nicht, wenn der Verzug zwischenzeitlich einmal entfallen war (zur Übertragbarkeit dieser Regelung auf Mietverträge, bei denen der Mietzins nicht monatlich zu zahlen ist, s Mietrecht § 554 Rz 19; MünchKomm – Voelskow § 554 Rz 14).

Volker Emmerich

3. Dauernde unpünktliche Zahlung 10

§ 554 schließt den § 554 a nicht aus. Sind die Voraussetzungen des § 554 nicht erfüllt, so kann der Vermieter immer noch nach § 554 a kündigen. Dies kommt vor allem in Betracht, wenn der Mieter **ständig** unpünktlich zahlt oder ständig Abzüge macht, die jedoch insgesamt nicht die Summe von zwei Monatsmietzinsen ergeben, sofern das vertragswidrige Verhalten des Mieters dem Vermieter die Fortsetzung des Mietverhältnisses unzumutbar macht (BGH LM Nr 1 zu § 554 b BGB; WuM 1979, 236; LG Mannheim WuM 1976, 232; LG Kiel WuM 1977, 141; s aber auch unten Rz 12).

III. Kündigung 11

Für die Erklärung der Kündigung sowie für die dabei zu beobachtenden Fristen und Formen gilt dasselbe wie bei § 553 (s deshalb oben § 553 Rz 12 f). Für die Kündigungserklärung genügt im übrigen bei § 554 jedes Verhalten des Vermieters, aus dem sich für den Mieter **eindeutig** die Absicht des Vermieters zur sofortigen Beendigung des Mietverhältnisses ergibt. Das Wort Kündigung braucht dabei nicht verwandt zu werden, so daß durchaus auch in der Erhebung der Räumungsklage eine fristlose Kündigung liegen kann (RG HRR 1941 Nr 539; BGH WarnR 1971 Nr 197).

IV. Ausschlußtatbestände

1. Treuwidrigkeit 12

Auch wenn an sich die Voraussetzungen des § 554 erfüllt sind, kann doch die fristlose Kündigung im Einzelfall treuwidrig und damit unwirksam sein. Dies kommt vor allem bei langfristigen Verträgen in Betracht, weil hier der Vermieter zu besonderer Rücksichtnahme auf den Mieter verpflichtet ist (RGZ 150, 232, 238 ff; LG Frankfurt WuM 1975, 53). Eine Kündigung ist außerdem bei widersprüchlichem oder arglistigem Verhalten des Vermieters unwirksam (BGH LM Nr 55 zu § 242 [Cd] BGB; AG Walsrode WuM 1973, 118; LG Nürnberg-Fürth MDR 1959, 845). Für die **Annahme der Treuwidrigkeit** reicht es indessen noch nicht aus, daß dem Vermieter, der eine bessere Verwertungsmöglichkeit gefunden hat, die Kündigung besonders gelegen kommt (BGH WarnR 1971 Nr 197) oder daß er wegen Zahlungsverzugs des Mieters kündigt, obwohl er sich aus einer Kaution befriedigen oder einen vom Mieter gestellten Bürgen in

Anspruch nehmen könnte (BGH LM Nr 50 zu § 535 BGB). Wenn hingegen der Vermieter die unpünktliche Zahlungsweise des Mieters längere Zeit nicht beanstandet hat, kann er nach Treu und Glauben seine bisherige Haltung nicht plötzlich und unerwartet ändern und unvermittelt zur Kündigung nach § 554 oder nach § 554 a übergehen; in einem solchen Fall muß er vielmehr zuvor den Mieter darauf hinweisen, daß er fortan auf pünktlicher Zahlung bestehen und andernfalls von seinem Kündigungsrecht Gebrauch machen werde (vgl BGH LM Nr 1 zu § 554 b BGB; WM 1971, 1020; 1971, 1439).

13 **2. Befriedigung des Vermieters**

Das Kündigungsrecht des Vermieters entfällt, wenn vor seiner Ausübung der Verzug durch Befriedigung des Vermieters geheilt wird (§ 554 Abs 1 S 2). Voraussetzung ist **vollständige** Befriedigung des Vermieters **vor** Wirksamwerden der Kündigung durch ihren Zugang beim Mieter (RG WarnR 1916 Nr 224; BGH WarnR 1970 Nr 191). Für die Rechtzeitigkeit der Leistung des Mieters vor Wirksamwerden der Kündigung genügt dabei auch hier die rechtzeitige Absendung des geschuldeten Betrages, während es nicht darauf ankommt, wann der Betrag beim Gläubiger eintrifft (RGZ 99, 257; str; s oben Rz 6).

14 **3. Aufrechnung**

Die Aufrechnung hat nach § 389 rückwirkende Kraft. Folglich kann der Mieter, wenn er im Augenblick der Kündigung gegen die Mietzinsforderung mit einer beliebigen Gegenforderung aufrechnen konnte, der Kündigung noch **nachträglich** durch die Erklärung der Aufrechnung die **Grundlage entziehen** (§ 554 Abs 1 S 3). Im Interesse der Rechtssicherheit hat der Gesetzgeber jedoch bestimmt, daß die Aufrechnung dann unverzüglich, dh ohne schuldhaftes Zögern (vgl § 121 Abs 1 S 1), erfolgen muß, woran es zB fehlt, wenn der Mieter mit der Aufrechnung zwei Wochen nach Zugang der Kündigung zuwartet (BGH WM 1971, 1020). Der Rechtsgrund der Gegenforderung ist dabei unerheblich (RGZ 119, 360). Voraussetzung ist nur, daß die Gegenforderung schon *vor* der Kündigung bestand, so daß auch schon vorher eine Aufrechnung möglich war (BGH LM Nr 1 zu § 3 MSchG). Lediglich bei der *Wohnraummiete* gelten die genannten Einschränkungen nicht (s unten Rz 15).

15 **4. Wohnraummiete**

a) Zusätzlich zu den genannten Abschlußgründen (oben Rz 12, 14) ist dem Wohnraummieter durch die Nr 2 des § 554 Abs 2 noch eine sog

Schonfrist eingeräumt worden. Die Kündigung ist hiernach auch dann unwirksam, wenn bis zum Ablauf eines Monats *nach* Eintritt der Rechtshängigkeit des Räumungsanspruchs der Vermieter hinsichtlich aller Rückstände befriedigt wird oder sich eine öffentliche Stelle zur Befriedigung verpflichtet. Die Rückstände umfassen dabei sämtliche bis zum Augenblick der Befriedigung des Vermieters aufgelaufenen Mietzinsen und Nutzungsentschädigungen nach § 557 (BGH ZMR 1971, 27). Die Befriedigung des Vermieters kann durchaus auch durch Aufrechnung des Mieters mit einer beliebigen Gegenforderung erfolgen, wobei hier zudem anders als bei den übrigen Mietverhältnissen (s oben Rz 14) nicht erforderlich ist, daß die zur Aufrechnung gestellte Gegenforderung bereits im Augenblick der Kündigung fällig war; die Aufrechnung kann vielmehr auch mit solchen Gegenforderungen erfolgen, die erst **nach** der Kündigung bis zum Ablauf der Schonfrist fällig werden.

Der Befriedigung des Vermieters nach Eintritt der Rechtshängigkeit steht 16
seine Befriedigung in der Zeit **zwischen** der Kündigung und der Erhebung der Räumungsklage gleich (LG Köln WuM 1976, 261; LG Berlin WuM 1980, 9). Dasselbe gilt schließlich, wenn sich eine *öffentliche Stelle* während der Schonfrist dem Vermieter gegenüber zur Befriedigung hinsichtlich sämtlicher bis dahin aufgelaufenen Rückstände verpflichtet. Als öffentliche Stellen kommen dabei in erster Linie die Träger der Sozialhilfe sowie die Wohngeldbehörden, darüber hinaus aber auch alle anderen juristischen Personen des öffentlichen Rechts einschließlich der christlichen Kirchen in Betracht.

b) Sind die Voraussetzungen der Nr 2 des § 554 Abs 2 erfüllt, so **fingiert** 17
das Gesetz, daß die zunächst wirksame Kündigung wieder unwirksam wird, so daß das Mietverhältnis wiederauflebt (BGH LM Nr 1 zu § 31 a MSchG). Anders jedoch, wenn der Kündigung vor nicht länger als zwei Jahren schon einmal eine nach S 1 der Nr 2 des § 554 Abs 2 unwirksame Kündigung vorausgegangen ist. Die Rechtswohltat der Schonfrist soll mithin dem Wohnraummieter innerhalb von 2 Jahren immer nur einmal zugute kommen, wobei die Frist ab Zugang der zweiten Kündigung rückwärts zu rechnen ist (§ 554 Abs 2 Nr 2 S 2).

V. Schadensersatzanspruch 18

Die fristlose Kündigung des Vermieters wegen Zahlungsverzugs des Mieters (§ 554) schließt Schadensersatzansprüche des Vermieters aus Verzug nicht aus (§ 286 Abs 1; RGZ 76, 367; BGH LM Nr 70 zu § 535 BGB; WM 1981, 1378). Der Ersatzanspruch des Vermieters umfaßt dabei auch solche Schäden, die ihm gerade erst durch die Kündigung entstehen, wobei vor allem an einen etwaigen **Mietzinsausfall** (§ 252) sowie an die Kosten für die Suche eines neuen Mieters zu denken ist (RGZ 76, 367). Der Ersatzanspruch für den Mietzinsausfall kann jedoch nur bis zu dem Zeitpunkt geltend gemacht werden, zu dem der Mieter seinerseits frühestens ordentlich kündigen konnte (BGH WM 1981, 1378).

19 **VI. Abweichende Vereinbarungen**

Bei der **Wohnraummiete** ist § 554 insgesamt zwingend und kann nicht zum Nachteil des Mieters, wohl aber zu dessen Gunsten abgeändert werden (vgl § 554 Abs 2 Nr 3, der als selbständiger 3. Absatz zu lesen ist). Bei allen anderen Mietverhältnissen sind vertragliche Abänderungen des § 554 hingegen grundsätzlich möglich, jedoch durchweg ganz eng und gegen den Vermieter zu interpretieren, so daß § 554 stets anwendbar bleibt, soweit er nicht ausdrücklich abgeändert ist (RGZ 85, 415; 150, 232, 238 ff; BGH LM Nr 55 zu § 242 [Cd] BGB; WM 1970, 1141). Abweichungen von § 554 durch **Formularverträge** zum Nachteil des Mieters sind darüber hinaus generell unzulässig (§ 9 Abs 2 AGBG).

VII. Prozessuales

20 **1.** In Räumungsprozessen besteht auch bei Wohnraummietverhältnissen **keine Mitteilungspflicht** des Gerichts und keine Pflicht, den Ablauf der Schonfrist abzuwarten. Es ist vielmehr allein Sache des Mieters, eine öffentliche Stelle rechtzeitig ausfindig zu machen, die noch während der Schonfrist die Verpflichtung zur Befriedigung des Vermieters übernimmt. Das Gericht ist darüber hinaus auch nicht gehindert, noch vor Ablauf der Schonfrist ein Versäumnisurteil zu erlassen (LG Kiel NJW 1972, 1222).

21 **2.** Die **Beweislast** für alle Voraussetzungen des Kündigungsrechts trägt der Vermieter. Abweichende Vereinbarungen sind bei der Wohnraummiete ausgeschlossen und auch bei anderen Mietverhältnissen nur unter ganz engen Voraussetzungen möglich (BGH LM Nr 5 zu § 554 BGB).

§ 554 a

Ein Mietverhältnis über Räume kann ohne Einhaltung einer Kündigungsfrist gekündigt werden, wenn ein Vertragsteil schuldhaft in solchem Maße seine Verpflichtungen verletzt, insbesondere den Hausfrieden so nachhaltig stört, daß dem anderen Teil die Fortsetzung des Mietverhältnisses nicht

zugemutet werden kann. Eine entgegenstehende Vereinbarung ist unwirksam.

Schrifttum: MÜLLER ZMR 1970, 289; SCHNEIDER ZMR 1973, 131, 325; TONDORF WuM 1974, 229; WEIMAR MDR 1966, 556; Betrieb 1972, 2452; WuM 1971, 89; 1974, 49.

I. Anwendungsbereich

1. Nach dem erst 1963 in das Gesetz eingefügten § 554 a können Vermieter wie Mieter bei Mietverhältnissen über Räume fristlos kündigen, wenn der andere Teil den Vertrag in besonders schwerem Maße schuldhaft verletzt. § 554 a enthält mithin eine Teilkodifikation des allgemeinen Kündigungsrechtes jeder Partei aus wichtigem Grunde, durch die aber, da § 554 a Verschulden voraussetzt, nach hM auch bei Wohnraummietverhältnissen ein Rückgriff auf das allgemeine Kündigungsrecht aus wichtigem Grunde nicht ausgeschlossen wird; wichtig ist dies vor allem bei Geisteskrankheit einer Partei (s oben § 553 Rz 11). Auch sonst steht § 554 a in keinem Rangverhältnis zu den anderen Vorschriften, aus denen sich für Vermieter oder Mieter ein Recht zur **fristlosen Kündigung** des Vertrages ergibt (§§ 542, 544 bzw 553, 554). Die Parteien haben vielmehr stets die **Wahl**, auf welche Vorschrift sie sich stützen wollen, wenn sie den Vertrag fristlos kündigen. Hingegen schließt § 554 a nach Einzug des Mieters für seinen Anwendungsbereich das allgemeine **Rücktrittsrecht** aus den §§ 325 und 326 aus. 1

2. § 554 a gilt nur für die **Raummiete**, worunter sowohl die Wohnraummiete als auch die sonstige Raummiete, insbes die gewerbliche Raummiete fallen. Nicht hierher gehören hingegen die reine Grundstücksmiete, zB die Miete von Lager- und Parkplätzen, und auch nicht die Fahrnismiete einschließlich des Leasings. Bei den zuletzt genannten Verträgen kommt daher in den Fällen des § 554 a nur ein Rückgriff auf die allgemeine Kündigung aus wichtigem Grunde in Betracht (s oben § 553 Rz 9 f). 2

II. Vertragsverletzung

1. Begriff 3

a) Eine fristlose Kündigung nach § 554 a setzt voraus, daß der andere Vertragsteil schuldhaft in solchem Maße seine Verpflichtungen verletzt, daß dem kündigenden Teil die Fortsetzung des Mietverhältnisses nicht mehr zugemutet werden kann. Dabei zeigt insbes der Vergleich mit § 564 b Abs 2 Nr 1 (nach dem bei der Wohnraummiete schon die ordentliche Kündigung eine nicht unerhebliche, schuldhafte Vertragsverletzung voraussetzt), daß in § 554 a an das Vorliegen einer zur fristlosen Kündigung ausreichenden, schwerwiegenden und schuldhaften Vertragsverletzung **strenge** Anforderungen zu stellen sind. Die Vertragsverletzung muß maW so *schwerwiegend* sein, daß sie der betroffenen Partei die Fortsetzung des Vertragsverhältnisses, und sei es auch nur bis zum Ablauf der ordentlichen Kündigungsfrist oder bis zum sonstigen, normalen Vertragsende, objektiv unzumutbar macht (BGH LM Nr 4 zu § 554 a BGB; LG Mannheim WuM 1974, 175; 1978, 68). Ob dies der Fall ist, kann immer nur im Einzelfall aufgrund einer umfassenden Interessenabwägung anhand objektiver Maßstäbe beurteilt werden, wobei grundsätzlich nur Kündigungsgründe aus der Person des Vertragsgegners Berücksichtigung finden können. Gründe aus dem eigenen Risikobereich des Kündigenden wie etwa die Unrentabilität des vom Mieter betriebenen Unternehmens reichen hingegen niemals zur fristlosen Kündigung aus (BGH LM Nr 70 zu § 535 BGB). Dasselbe gilt grundsätzlich für geringfügige Behinderungen einer Partei (BGH LM Nr 4 zu § 554 a BGB). Haben *beide* Parteien die Zerrüttung des Vertrauensverhältnisses verschuldet, so hängt es schließlich ganz von den Umständen des Einzelfalles ab, welcher Partei mit Rücksicht auf das eigene Verhalten und das der anderen eine Fortsetzung des Vertrages nicht mehr zuzumuten ist (BGH LM Nr 26 zu § 242 [Bc] BGB = WM 1981, 331).

4 **b)** Die Vertragsverletzung muß außerdem **schuldhaft** begangen sein, wobei sich aus den §§ 276 bis 279 ergibt, was die Parteien im einzelnen zu vertreten haben. Hervorzuheben ist lediglich, daß hiernach jede Partei auch uneingeschränkt für ihre Erfüllungsgehilfen einzustehen hat (§ 278), so daß der Vermieter auch bei schweren Störungen des Hausfriedens durch die Angehörigen und Arbeitnehmer des Mieters nach § 554 a kündigen kann (vgl zB LG Köln ZMR 1977, 332).

5 **2. Beispiele**

a) Das Gesetz nennt als Beispiel einer schweren, schuldhaften Vertragsverletzung selbst insbes die nachhaltige Störung des Hausfriedens durch eine Vertragspartei. Hieraus und aus dem Umstand, daß § 554 a aus dem alten § 2 MSchG hervorgegangen ist, folgt, daß Hauptanwendungsfall des § 554 a **Belästigungen** des anderen Vertragsteils sind. Man versteht darunter jede Beeinträchtigung des anderen Vertragsteils oder der Mitbewohner des Hauses in ihren persönlichen Rechten oder Vermögensinteressen im Zusammenhang mit dem Mietverhältnis (BGH LM Nr 1 zu § 2 MSchG). Die wichtigsten Beispiele derartiger Belästigungen sind schwere Beleidigungen, Tätlichkeiten gegen den Vertragsgegner oder dessen Angehörige, übermäßiger Lärm, Streitereien und Zänkereien, entehrende Bestrafungen, die Ausübung der Gewerbsunzucht und ähnliches mehr. In jedem Fall muß es sich dabei aber mit Rücksicht auf § 564 b Abs 2 Nr 1 zumindest bei der Wohnraummiete um ganz **besonders schwerwiegende** Verstöße handeln, die eine sofortige Trennung der Parteien unausweichlich machen, so daß einmalige Vorgänge idR ebensowenig genügen wie eine scharfe Bemerkung in einer erregten Auseinandersetzung. Gehen die Störungen von mehreren Mietern aus, so darf der Vermieter außerdem nicht willkürlich vorgehen, sondern muß sich grundsätzlich an denjenigen Mieter halten, der die Hauptverantwortung für die Störung trägt (LG Duisburg WuM 1975, 209; vgl im übrigen wegen aller Einzelheiten Mietrecht § 554 a Rz 14 f, 19 ff, 25 ff m zahlr Nachw).

Eine **Anwendung** des § 554 a kommt hiernach zB in Betracht, wenn der **6**
eine Teil den anderen in schwerer und unentschuldbarer Weise und vor allem wiederholt *beleidigt* (AG Köln WuM 1975, 37; LG Mannheim WuM 1974, 175; 1978, 68; 1981, 17; LG Düsseldorf ZMR 1981, 116), wenn sich ein Teil zu Tätlichkeiten gegen den anderen Vertragsteil hinreißen läßt (LG Köln WuM 1981, 233), wenn der Vermieter grundlos mit einem Nachschlüssel in die Wohnung eindringt (AG Heidelberg WuM 1978, 69), wenn der eine den anderen schwerwiegend und anhaltend durch übermäßigen Lärm belästigt (LG Hannover ZMR 1979, 248; LG Köln ZMR 1977, 332) sowie wenn der Mieter den Vermieter mit Geiselnahme bedroht (LG Mannheim ZMR 1977, 80).

b) In Ausnahmefällen kann den Vermieter auch die Aufnahme von **Besu- 7**
chern zur fristlosen Kündigung berechtigen, sofern von den aufgenommenen Personen erhebliche Belästigungen ausgehen oder die Wohnung durch ihre Aufnahme total überbelegt würde. Hingegen genügt es in keinem Fall für eine fristlose Kündigung, daß der Mieter Personen anderen Geschlechts in der Wohnung aufnimmt und mit ihnen in der Wohnung geschlechtlich verkehrt. Das Privatleben des Mieters geht den Vermieter nichts an (str; s Mietrecht § 554 a Rz 21 bis 22).

c) Eine fristlose Kündigung nach § 554 a kommt außerdem bei schwerwie- **8**
genden Verstößen einer Partei gegen die beiderseitigen, vertraglichen **Treuepflichten** in Betracht. Beispiele sind die ernstliche und endgültige Erfüllungsverweigerung einer Partei (BGH LM Nr 4 zu § 554 a BGB; Nr 70 zu § 535 BGB), schwerwiegende Verletzungen der sich für jede Partei aus den Vertragsverhandlungen ergebenden Aufklärungspflichten (OLG Fankfurt BB 1978, 577), insbes jede Täuschung der anderen Partei (LG Mannheim ZMR 1965, 185; AG Kassel WuM 1968, 178), die Unterstützung von Hausbesetzern (AG Wedding und AG Frankfurt WuM 1981, 210) sowie schließlich die böswillige Erstattung grundloser Strafanzeigen (AG Gelsenkirchen-Buer ZMR 1982, 56).

9 **d)** Weil § 554 a weder durch § 542 noch durch § 553 verdrängt wird (oben Rz 1), kann ein Kündigungsrecht aus § 554 a auch in Fällen besonders schwerwiegender Verstöße des Vermieters gegen seine **Erhaltungspflicht** und des Mieters gegen seine **Obhutspflicht** in Betracht kommen. Beispiele sind die völlige Verwahrlosung der Wohnung nach Auszug des Mieters (LG Frankfurt WuM 1974, 55), die Entzündung des Mobiliars in Trunkenheit aus Verärgerung über eine Mietzinserhöhung oder eine Kündigung (LG Mannheim DWW 1976, 33), der wiederholte Ausfall der Heizung (AG Duisburg WuM 1980, 131) sowie die beharrliche Weigerung des Vermieters zur Beseitigung schwerwiegender Mängel (LG Köln WuM 1977, 200; LG Heidelberg WuM 1977, 200; OLG Frankfurt WuM 1980, 133). Zur fristlosen Kündigung des Vermieters wegen dauernder unpünktlicher Zahlung des Mieters s schon oben § 554 Rz 10, 12.

10 **III. Kündigungserklärung**

Für Form und Frist der Kündigungserklärung gilt bei § 554 a dasselbe wie bei den §§ 553 und 554 (s deshalb oben § 553 Rz 14). Anders als bei § 553 braucht jedoch der Kündigung hier grundsätzlich **keine Abmahnung** vorauszugehen. Nur im Einzelfall kann sich aus § 242 etwas anderes ergeben (AG Köln WuM 1971, 205).

11 **IV. Schadensersatzanspruch**

Durch eine fristlose Kündigung werden Schadensersatzansprüche der kündigenden Partei wegen der schuldhaften Vertragsverletzung der anderen Partei niemals ausgeschlossen. Nach hM umfaßt dabei der Schadensersatzanspruch des kündigenden Teils auch die Schäden, die ihm gerade erst durch die Kündigung entstanden sind (BGH LM Nr 70 zu § 535 BGB; Nr 4 zu § 554 a BGB). Insoweit gilt hier nichts anderes als für eine Kündigung aufgrund der §§ 542 oder 553 (s deshalb im einzelnen oben § 542 Rz 3; § 554 Rz 18). Außerdem kann in den Fällen des § 554 a stets jede Partei von der anderen auch Unterlassung verlangen, anstatt zu kündigen (für den Vermieter s § 550).

12 **V. Abweichende Vereinbarungen**

Nach S 2 des § 554 a sind entgegenstehende Vereinbarungen unwirksam. Folglich kann bei Mietverhältnissen über Räume das Kündigungsrecht des § 554 a weder zugunsten des Mieters noch zugunsten des Vermieters beschränkt oder gar ausgeschlossen werden. Hingegen beurteilt sich die Frage, ob eine Erweiterung des Kündigungsrechts möglich ist, nach § 554 b.

§ 554 b

Eine Vereinbarung, nach welcher der Vermieter von Wohnraum zur Kündigung ohne Einhaltung einer Kündigungsfrist aus anderen als den im Gesetz genannten Gründen berechtigt sein soll, ist unwirksam.

§ 554 b verbietet bei der Wohnraummiete jede **vertragliche Erweiterung** 1 des Rechts des Vermieters zur fristlosen Kündigung des Mietverhältnisses über die §§ 553, 554 und 554 a hinaus. Eine vertragliche Erweiterung des Kündigungsrechts des *Mieters* bleibt hingegen unbeschränkt möglich. Dasselbe gilt für vertragliche Erweiterungen des Kündigungsrechts des Vermieters bei allen anderen Mietverhältnissen einschließlich der gewerblichen Raummiete.

§ 555

Aufgehoben durch Artikel I Nr 13 des 2. Gesetzes zur Änderung mietrechtlicher Vorschriften vom 14. 7. 1964 (BGBl I 457); s jetzt § 557 a.

§ 556

Der Mieter ist verpflichtet, die gemietete Sache nach der Beendigung des Mietverhältnisses zurückzugeben.

Dem Mieter eines Grundstücks steht wegen seiner Ansprüche gegen den Vermieter ein Zurückbehaltungsrecht nicht zu.

Hat der Mieter den Gebrauch der Sache einem Dritten überlassen, so kann der Vermieter die Sache nach der Beendigung des Mietverhältnisses auch von dem Dritten zurückfordern.

Schrifttum: Herpers, Über die Verpflichtung des Mieters von Wohnraum zu Instandsetzungsarbeiten bei der Beendigung des Mietverhältnisses, WuM 1975, 29 u 45; Hoffmann, Soziales Recht auch für den Untermieter? (Ein Beitrag zu dem Räumungsanspruch aus § 556 Abs 3 BGB), WuM 1967, 33; Müller, Das Benutzungsverhältnis zwischen Vermieter und Mieter nach Gewährung einer Räumungsfrist gemäß § 721 ZPO, MDR 1971, 253; Noack, Zur Durchführung der Räumungsvollstreckung mit Nebenfolgen in der Praxis, ZMR 1981, 33; ders, Zur Erstattungsfähigkeit von Nebenkosten bei der Räumungsvollstreckung, ZMR 1982, 225; Schläger, Zur Räumungsklage gegen den ausgezogenen Mieter, ZMR 1976, 34; Schumacher, Zur Frage gleichzeitiger Räumungsklage gegen den Haupt- und Untermieter, BlGBW 1961, 298; Weimar, Die Rückgabeverpflichtung des Mieters nach Beendigung des Mietverhältnisses, BlGBW 1978, 141; ders, Zurückbehaltungsrechte im Mietrecht, WuM 1965, 93.

1 **I. Allgemeines**

Die Vorschrift regelt die Rückgabe der Mietsache nach Beendigung des Mietverhältnisses. Die Pflicht zur Rückgabe ist eine selbständige Leistungspflicht des Mieters, die außerhalb des synallagmatischen Zusammenhangs steht. Es handelt sich um eine Abwicklungspflicht vertraglicher Natur (Esser-Weyers II 1 § 17 II; Larenz II § 48 II b aE, VII a). Die Ansprüche aus § 556 unterliegen nach § 195 der Verjährungsfrist von 30 Jahren. Dies gilt auch für den Anspruch auf Rückgabe von Zubehör, das der Mieter bei Rückgabe der Mietsache behält. Insoweit greift nicht die kurze Verjährungsfrist des § 558 ein (BGHZ 65, 86 = NJW 1975, 2103).

II. Rückgabe der Mietsache (Abs 1)

2 **1. Voraussetzungen**

a) Zwischen den Parteien muß ein **Mietverhältnis** bestanden haben (Vorbem 11 ff zu §§ 535, 536). Gegenstand des Mietvertrags können bewegliche oder unbewegliche Sachen sein. Auch Nutzungsverträge der Wohnungsgenossenschaften werden erfaßt. Hingegen umfaßt der Anwendungsbereich des § 556 nicht die Überlassung von Wohnraum aufgrund dinglicher Wohnrechte (§ 1093 BGB; §§ 31 ff WEG) oder öffentlich-rechtlicher Vorschriften wie bei der Obdachloseneinweisung. Ebensowenig dient die Vorschrift der Auseinandersetzung einer Wohngemeinschaft (AG Warendorf WuM 1982, 193).

3 **b)** Weitere Voraussetzung ist die **Beendigung** des Mietverhältnisses. Der Grund für die Beendigung ist unerheblich. Der Zeitpunkt ergibt sich aus § 564. Dies ist bei Mietverhältnissen auf bestimmte Zeit der Zeitpunkt, zu dem die vertraglich vereinbarte Mietzeit abläuft. Ist die Mietzeit nicht bestimmt, endet das Mietverhältnis mit dem Zeitpunkt, zu dem der Mieter oder Vermieter wirksam gekündigt hat. Allgemein bestimmt sich dieser Zeitpunkt danach, ob es sich um eine ordentliche oder außerordentliche befristete bzw fristlose Kündigung handelt. Bei einem Aufhebungsvertrag endet das Mietverhältnis zu dem vereinbarten Zeitpunkt (§ 305).

4 **2. Rechtsfolgen**

a) Gläubiger und Schuldner
Gläubiger des Rückgabeanspruchs ist der Vermieter, auch wenn er nicht Eigentümer der Mietsache ist (LG Kassel WuM 1957, 117). Die Vorschrift

gilt im Verhältnis zwischen Haupt- und Untermieter. Schuldner des Rückgabeanspruchs ist der Mieter, selbst wenn er nicht unmittelbarer Besitzer der Mietsache ist.

b) Art und Weise der Rückgabe 5

aa) Der Anspruch auf Rückgabe ist grundsätzlich auf **Einräumung des unmittelbaren Besitzes** gerichtet, selbst wenn der Mieter die gemietete Sache von vornherein einem Dritten überlassen hat, persönlich also nie unmittelbarer Besitzer war (BGHZ 56, 308, 310 f = NJW 1971, 2065 m krit Anm Jakobs NJW 1972, 624). Der Anspruch setzt nicht voraus, daß der Mieter noch im unmittelbaren oder mittelbaren Besitz der Sache ist. Der Mieter kann den Anspruch deshalb nicht dadurch zum Erlöschen bringen, daß er den Besitz an der Sache aufgibt. Er kann den Anspruch auch nicht dadurch abwehren, daß er den Vermieter darauf verweist, den besitzenden Dritten unmittelbar auf Herausgabe in Anspruch zu nehmen (BGHZ 56, 308, 311 = NJW 1971, 2065). Da der Vermieter bei der Rückübertragung des Besitzes mitwirken muß, genügt die bloße Besitzaufgabe durch den Mieter im allgemeinen nicht, selbst wenn der Vermieter sich ohne weiteres den Besitz an der verlassenen Mietsache verschaffen kann (AG Heilbronn WuM 1966, 132; vgl aber LG Mannheim WuM 1974, 202).

Der Mieter erfüllt seine Rückgabepflicht nicht dadurch, daß er als **mittelbarer Besitzer** seine Herausgabeansprüche gegen den unmittelbaren Besitzer an den Vermieter abtritt (BGHZ 56, 308, 311 = NJW 1971, 2065, 2066) oder erklärt, ein Recht auf Besitz und Nutzung nicht mehr zu haben (OLG Bremen OLGZ 1972, 417). Auch wenn dem Vermieter ein eigener Anspruch gegen den unmittelbaren Besitzer zusteht, muß der Mieter dafür sorgen, daß das Besitzmittlungsverhältnis aufgelöst und der unmittelbare Besitz auf den Vermieter übertragen wird. 6

Falls der Mieter neben dem Vermieter **Mitbesitzer** ist, genügt es, daß er die tatsächliche Gewalt über die Sache aufgibt (§ 865 Abs 1), wenn dadurch der Vermieter Alleinbesitzer wird. 7

Mehrere **gemeinschaftliche Mieter** haften für die Rückgabe grundsätzlich als Gesamtschuldner (§§ 427, 431). Der Anspruch kann daher gegen alle Mitmieter gemeinsam oder gegen jeden Schuldner gesondert geltend gemacht werden (RGZ 89, 203, 207). Ist das Mietverhältnis aufgrund des vertragswidrigen Verhaltens eines Mitmieters durch Kündigung des Vermieters beendet worden, kann im Einzelfall § 242 der Geltendmachung des Herausgabeanspruchs gegen den anderen Mitmieter entgegenstehen, wenn dieser den Neuabschluß eines Vertrags zu den bisherigen Bedingungen als Alleinmieter verlangt (LG Darmstadt WuM 1983, 54). Die Rückgabeschuld mehrerer Mieter ist aber nicht generell als gemeinschaftliche 8

Schuld zu werten. Kann die Rückgabepflicht zweier Mieter vertragsgemäß nur durch Mitwirkung des einen Mieters erfüllt werden (zB einziger Führerscheininhaber bei PKW-Miete), so haftet dieser als Gesamtschuldner auch für die schuldhafte Verletzung der Rückgabepflicht durch den anderen (BGHZ 65, 226 = NJW 1976, 287). Einer von mehreren Mitmietern kann grundsätzlich selbst dann noch auf Rückgabe in Anspruch genommen werden, wenn er die gemeinsame Wohnung verlassen hat und es ihm nicht gelungen ist, die anderen Mitmieter zum Auszug zu bewegen (LG Mannheim DWW 1973, 19; WEIMAR BlGBW 1982, 25). Dies gilt aber nicht, wenn er den Besitz endgültig aufgegeben und den Vermieter davon in Kenntnis gesetzt hat (OLG Schleswig NJW 1982, 2672 = 5 in RE Miet).

9 Die gemietete Sache ist an den **Vermieter oder an eine von diesem zum Empfang ermächtigte Person** zurückzugeben, selbst wenn der Vermieter nicht Eigentümer ist und die Sache unbefugt vermietet hat (ROQUETTE § 556 Rz 8). Der Mieter kann sich nicht auf § 541 stützen, um die Rückgabe an den Vermieter zu verweigern, weil ein Dritter Eigentümer der Mietsache ist (RG JW 1925, 472 m Anm RAAPE).

10 **bb)** Die Rückgabepflicht erstreckt sich auf das **Zubehör**. Der Mieter hat sämtliche Haus- und Wohnungsschlüssel abzuliefern, die er erhalten hat. Er hat auch solche Schlüssel herauszugeben, die er sich auf eigene Kosten beschafft hat (MünchKomm-VOELSKOW § 556 Rz 9). Will der Vermieter die Aufwendungen des Mieters für zusätzliche Schlüssel nicht ersetzen, kann sich der Mieter durch Vernichtung der Schlüssel von der Herausgabepflicht befreien (SCHMIDT-FUTTERER-BLANK B 129). Für fehlende Schlüssel ist der Mieter grundsätzlich ersatzpflichtig. Der Vermieter hat jedoch nach Räumung der Mietsache keinen Mietzinsanspruch mehr, wenn noch einzelne Schlüssel fehlen. Ein pauschalierter Schadensersatzanspruch für fehlende Schlüssel aufgrund eines Formularmietvertrags ist unter den Voraussetzungen des § 11 Nr 5 AGBG unwirksam (STERNEL Rz II 39 a). Eine verschuldensunabhängige Haftung des Mieters verstößt bei Formularmietverträgen gegen § 9 AGBG (STERNEL Rz II 177).

11 **cc)** Die Mietsache ist grundsätzlich in dem **Zustand** zurückzugeben, in dem sie sich zur Zeit der Beendigung des Mietverhältnisses befindet (BGH NJW 1983, 1049; LARENZ II § 48 II b; MITTELSTEIN 507 f). Ein formularmäßig fingiertes Einverständnis des Mieters mit den Feststellungen des Vermieters über den Zustand beim Rückgabetermin ist nur unter den Voraussetzungen des § 10 Nr 5 AGBG wirksam (BUB DWW 1977, 76, 79). Der Mieter muß sämtliche Sachen, die er bei der Miete von Räumen eingebracht hat, entfernen, soweit der Vermieter nicht ihre Zurücklassung aufgrund eines Vermieterpfandrechts beansprucht (LG Mannheim WuM 1978, 141). Da der Mieter während der Vertragszeit zur Obhut verpflichtet

ist, hat er die Sache in einem ordnungsgemäßen Zustand zurückzugeben. Räume sind besenrein zu übergeben (Weimar BlGBW 1978, 227). Polstermöbel und Gardinen brauchen bei Vermietung möblierter Räume ohne ausdrückliche Vereinbarung vom Mieter nicht gereinigt zu werden (AG Köln WuM 1969, 203). Da die Rückgabe in einem ordnungsgemäßen Zustand geschuldet wird, kann der Vermieter anderenfalls die Rücknahme verweigern, ohne sich den Folgen des Gläubigerverzugs auszusetzen (vgl § 294; aM Roquette § 556 Rz 9; Sternel Rz V 1).

Der Mieter hat **Veränderungen oder Verschlechterungen** der Mietsache, **12** die durch den vertragsmäßigen Gebrauch eingetreten sind, nach § 548 nicht zu vertreten. Er braucht sie deshalb vor der Rückgabe nicht zu beseitigen. Soweit § 548 nicht eingreift, hat der Mieter einen ordnungsgemäßen Zustand wiederherzustellen. Das gleiche gilt, wenn sich der Mieter zur Übernahme der Schönheitsreparaturen verpflichtet hat (§§ 535, 536 Rz 38 f; Röchling WuM 1982, 171, 173).

Der Mieter muß **Einrichtungen**, mit denen er die gemietete Sache verse- **13** hen hat, grundsätzlich entfernen. Zu den Einrichtungen gehören Sachen, die mit der Mietsache verbunden und dazu bestimmt sind, deren wirtschaftlichem Zweck zu dienen (BGH WM 1969, 1114, 1115), zB Maschinen, Lichtanlagen, Wandschränke, Sträucher im Garten. Eine Ausnahme gilt, wenn der Vermieter zugestimmt hat, daß die Einrichtung mit der Mietsache verbunden wurde, und wenn sich daraus ergibt, daß der Vermieter auf die Entfernung nach Beendigung des Mietverhältnisses verzichtet hat (LG Mannheim WuM 1975, 50). Der Mieter ist grundsätzlich verpflichtet, Namens-, Firmen- und Reklameschilder zu entfernen. Angehörigen der freien Berufe wird das Recht zugestanden, vorübergehend ein Schild mit dem Hinweis auf die neue Adresse anzubringen (RGZ 161, 330, 338). Das gleiche ist für gewerbliche Unternehmen und Privatpersonen anzunehmen, da ihr Interesse an Information des jeweiligen Adressatenkreises ebenso berechtigt ist.

Bauliche Änderungen der Mietsache durch den Mieter sind ohne Rück- **14** sicht auf die dadurch entstehenden Kosten grundsätzlich zu beseitigen. Dies gilt auch bei der Errichtung von Gebäuden durch den Mieter (BGH NJW 1966, 1409; ZMR 1966, 238; LM Nr 28 zu § 951 BGB = WM 1971, 389, 390). Ein fest verklebter Fußbodenbelag einschließlich der Klebereste muß vom Mieter beim Auszug auf seine Kosten beseitigt werden (LG Düsseldorf WuM 1977, 49). Stimmt der Vermieter der baulichen Änderung zu, kann darin wegen der idR auf Dauer angelegten Maßnahme ein Verzicht auf das Recht zur Beseitigung gesehen werden (AG Mannheim WuM 1977, 167). Dies gilt nicht bei einer Gestattung des Untervermieters, es sei denn, daß der Hauseigentümer vom Mieter die Wiederherstellung des ursprünglichen Zustands nicht mehr verlangt (LG Berlin WuM 1982,

245). Haben die Parteien nach einer unberechtigten baulichen Änderung einen neuen Mietvertrag abgeschlossen, ohne daß der Vermieter deren Beseitigung ausbedungen hat, so ist ein dahin gehendes Recht entfallen, weil die Mieträume in der geänderten Gestalt Gegenstand des Mietvertrags geworden sind (KG JW 1934, 847). Eine ohne Zustimmung vorgenommene bauliche Änderung ist auch dann nicht zu beseitigen, wenn der Vermieter nach Treu und Glauben hätte zustimmen müssen (BGH ZMR 1975, 188, 189).

15 **dd)** Der Mieter ist bei Erfüllung der Rückgabepflicht grundsätzlich nicht zu **Teilleistungen** berechtigt (§ 266). Eine unzulässige Teilräumung ist gegeben, wenn der Mieter nur einen Teil der gemieteten Räume zurückgibt, einen Teil der Möbel nicht mitnimmt oder den Keller nicht leerräumt.

16 **c) Zeitpunkt der Rückgabe**

aa) Die Rückgabepflicht entsteht sofort **nach dem Zeitpunkt oder Tag der Beendigung** des Mietverhältnisses. Da eine nach bestimmten Zeitabschnitten bemessene Frist erst mit dem Ablauf des letzten Tages der Frist endet (§ 188), braucht der Mieter die Sache nicht schon am letzten Tag der Mietzeit zurückzugeben (aM Jauernig-Teichmann § 556 Anm 2 a). Die Rückgabepflicht entsteht erst am nächstfolgenden Tag (MünchKomm-Voelskow § 556 Rz 22 ff) und ist sogleich fällig, so daß der Mieter auch ohne Mahnung in Schuldnerverzug geraten kann (§ 284 Abs 2). Wenn dieser Tag auf einen Sonnabend, Sonntag oder auf einen am Leistungsort (Rz 19) staatlich anerkannten allgemeinen Feiertag fällt, ist nach § 193 der nächste Werktag maßgebend (OLG Hamm WuM 1981, 40).

17 **bb)** Der Zeitpunkt der Rückgabe kann durch eine **abweichende Vereinbarung** der Parteien (§ 305) oder durch gerichtliche Festsetzung einer Räumungsfrist (§§ 721, 794 a ZPO) bestimmt werden. Das Mietverhältnis bleibt damit grundsätzlich beendet. Auch der Eintritt des Verzugs wird durch Gewährung einer gerichtlichen Räumungsfrist nicht ausgeschlossen (BGH LM Nr 1 zu § 27 MietSchG = NJW 1953, 1586; OLG Celle MDR 1967, 1013; aM Palandt-Putzo § 556 Anm 1 b).

18 **cc)** Der Mieter hat grundsätzlich das Recht, die Mietsache schon **vor Beendigung des Mietverhältnisses** zurückzugeben. Dies gilt aber nur im Zweifel und kann ausgeschlossen sein, wenn dem Vermieter Unterbringungsmöglichkeiten für die vorzeitig zurückgegebene Sache fehlen (§ 271 Abs 2). Der Mieter ist trotz vorzeitiger Rückgabe verpflichtet, den Mietzins bis zum Ende der Mietzeit zu entrichten. Er ist nur insoweit von der Zahlungspflicht befreit, als der Vermieter die Sache vorzeitig anderweitig vermietet (AG Arnsberg WuM 1980, 162; AG Osnabrück WuM 1980, 63) oder ihm obliegende Instandsetzungs- oder umfangreiche Umbauarbeiten

vornimmt, so daß auch eine weitere Gebrauchsüberlassung an den bisherigen Mieter ausscheidet (LG Saarbrücken WuM 1979, 140). Eine einvernehmliche vorzeitige Rückgabe kann als Mietaufhebungsvertrag gedeutet werden (Oske WuM 1979, 181). Da der Mieter nicht zum Gebrauch verpflichtet ist, darf er aus einer gemieteten Wohnung schon vor Beendigung des Mietverhältnisses ausziehen und die Schlüssel bis zum Ende der Mietzeit behalten (LG Köln WuM 1976, 254).

d) Ort der Rückgabe 19

Unbewegliche Sachen, insbesondere Grundstücke und Räume, können nur an dem Ort zurückgegeben werden, an dem sie sich befinden. Der Erfüllungsort ist für den Gerichtsstand maßgebend (§§ 29 Abs 1, 29 a ZPO). Bewegliche Sachen sind am Wohnsitz des Vermieters zurückzugeben. Es handelt sich um eine Bringschuld.

e) Prozessuales 20

aa) Verweigert der Mieter die Rückgabe der Mietsache unberechtigt, kann der Vermieter **Klage auf Herausgabe** erheben. Eine eigenmächtige Besitzergreifung ist nicht erlaubt (BGH WM 1971, 943; WM 1977, 1126, 1128). Auch wenn sich der Vermieter im Mietvertrag ein Selbsthilferecht hat einräumen lassen, ist die Besitzergreifung gegen den Willen des Mieters rechtswidrig (§ 858) und verpflichtet zum Schadensersatz (BGH NJW 1977, 1818). Für Klagen auf Räumung von Wohnraum oder anderen Räumen ist das Amtsgericht ohne Rücksicht auf den Wert des Streitgegenstandes sachlich zuständig (§ 23 Nr 2 a GVG). Die örtliche Zuständigkeit richtet sich nach § 29 a ZPO. Wenn die Geltendmachung des Anspruchs auf Räumung eines Grundstücks oder eines Raumes, der anderen als Wohnzwecken dient, an den Eintritt eines Kalendertages geknüpft ist, kann der Vermieter nach § 257 ZPO ohne weiteres Klage auf zukünftige Räumung erheben. In allen Fällen kann er nach § 259 ZPO auf künftige Leistung klagen, wenn den Umständen nach die Besorgnis gerechtfertigt ist, daß sich der Mieter der rechtzeitigen Leistung entziehen werde. Die Klage auf zukünftige Räumung ist vor Ablauf der Widerspruchsfrist des § 556 a Abs 6 zulässig, wenn der Mieter der Kündigung bereits widersprochen (LG Bonn NJW 1971, 433) oder wenn er unmißverständlich erklärt hat, er werde nach Ablauf der Kündigungsfrist nicht räumen (LG Bochum WuM 1983, 56), weil damit die in § 259 ZPO vorausgesetzte Besorgnis begründet wird. Anderenfalls ist die Klage unzulässig (LG Berlin WuM 1980, 135).

bb) Die **Zwangsvollstreckung** zur Erwirkung der Herausgabe richtet sich 21
nach den §§ 883, 885, 886 ZPO (Noack ZMR 1981, 33; ders ZMR 1982, 225). Nimmt der Vermieter nach Erlaß eines Räumungsurteils wiederholt

Mietzahlungen oder Nutzungsentschädigungen entgegen, kann darin der Abschluß eines neuen Mietvertrags liegen (LG Düsseldorf MDR 1979, 496), was die Zwangsvollstreckung aus dem Urteil unzulässig macht (OLG Hamm NJW 1982, 341 m Anm Lammel WuM 1982, 123; LG Hagen MDR 1982, 582). Eine Zwangsräumung kann nach § 765 a ZPO gegen die guten Sitten verstoßen. Im übrigen ist zu beachten, daß die Räumungsvollstrekkung im Einklang mit dem aus dem Rechtsstaatsprinzip herzuleitenden Verhältnismäßigkeitsgrundsatz und dem verfassungsrechtlichen Gebot zum Schutz des Lebens und der körperlichen Unversehrtheit aus Art 2 Abs 1 GG stehen muß. Hiernach kann Vollstreckungsschutz bei Gefahr erheblicher gesundheitlicher, ggf lebensgefährlicher Schäden des Räumungsschuldners geboten sein (BVerfGE 52, 214 = NJW 1979, 2607). Die Zwangsräumung einer Wohnung wird von den immanenten Schranken der Wohnungsfreiheit iS des Art 13 GG gedeckt. Ist ein hierauf gerichteter Vollstreckungstitel von einem Richter erlassen, benötigt der Gerichtsvollzieher im Hinblick auf Art 13 Abs 2 GG keine besondere richterliche Anordnung mehr (OLG Düsseldorf NJW 1980, 458; vgl BVerfGE 51, 97 = NJW 1979, 1539 m Anm Wochner NJW 1979, 2509). Ein Räumungstitel schränkt seinem Inhalt nach die Wohnungsfreiheit unmittelbar ein.

22 **f) Konkurrenzen**

Der Anspruch auf Herausgabe der Mietsache nach Abs 1 beruht auf dem Mietvertrag. Ist der Vermieter Eigentümer der Sache oder steht ihm ein dingliches Recht zu, hat er auch einen Herausgabeanspruch aus § 985. Der dingliche Anspruch wird durch den schuldrechtlichen Herausgabeanspruch nicht ausgeschlossen. Vielmehr bestehen beide Ansprüche nebeneinander (vgl BGHZ 34, 122, 123 f = NJW 1961, 499). Ist der Eigentümer nicht Partei des Mietvertrags, hat er den Herausgabeanspruch aus § 985, sofern der Mieter ihm gegenüber kein Recht zum Besitz iS des § 986 hat. Wenn der Mietvertrag von vornherein nichtig ist oder später wirksam angefochten wird, ist der Tatbestand des Abs 1 nicht erfüllt, da das Mietverhältnis nicht beendet ist, sondern niemals bestanden hat. In diesen Fällen ist der Vermieter auf einen Herausgabeanspruch aus § 985 oder § 812 angewiesen.

III. Ausschluß des Zurückbehaltungsrechts (Abs 2)

23 1. Der Mieter eines Grundstücks hat wegen seiner Ansprüche gegen den Vermieter nach Abs 2 kein Zurückbehaltungsrecht. Der **Anwendungsbereich** der Vorschrift erstreckt sich auf die Bestandteile des Grundstücks sowie auf die Miete von Wohnräumen und anderen Räumen (§ 580).

2. Aus der Entstehungsgeschichte der Vorschrift (Prot II 189) folgt, daß der Ausschluß des Zurückbehaltungsrechts gegenüber einem auf den Mietvertrag gestützten Anspruch auf Herausgabe eines Grundstücks eine eng auszulegende **Sondervorschrift** ist, die grundsätzlich keiner ausdehnenden Auslegung zugänglich ist. Dies gilt unstreitig im Verhältnis zu Ansprüchen auf Herausgabe beweglicher Sachen. Die Vorschrift ist nach hM auch dann nicht entsprechend anzuwenden, wenn der Herausgabeanspruch auf Eigentum gestützt wird (RG JW 1907, 100, 101; BGH LM Nr 1 zu § 556 BGB = MDR 1960, 482; BGHZ 41, 341, 347 = NJW 1964, 1791, 1793; aM LG Ravensburg MDR 1960, 141). **24**

3. Der Ausschluß des Zurückbehaltungsrechts gilt für alle **vertraglichen Ansprüche** des Mieters wie Verwendungsersatz, Rückzahlung nicht abgewohnter Mieterdarlehen und Baukostenzuschüsse (LG Köln MDR 1955, 170), Entschädigung für vorzeitige Kündigung (RGZ 108, 137), Rückzahlung einer Kaution sowie bei deliktischen Ansprüchen auf Schadensersatz. Die Berufung des Vermieters auf einen Ausschluß des Zurückbehaltungsrechts gegenüber einem Schadensersatzanspruch des Mieters aus vorsätzlicher unerlaubter Handlung kann eine nach § 242 unzulässige Rechtsausübung sein (RGZ 160, 88, 91 f). **25**

4. Der Ausschluß des Zurückbehaltungsrechts ist nicht zwingend (RGZ 139, 17). Die Parteien können deshalb eine **abweichende Vereinbarung** treffen (vgl RG DWohnA 1932, 214). **26**

IV. Herausgabeanspruch gegen einen Dritten (Abs 3)

1. Allgemeines **27**

Nach Abs 3 steht dem Vermieter nach der Beendigung des Mietverhältnisses ein **unmittelbarer Herausgabeanspruch** gegen einen Dritten zu, dem der Mieter den Gebrauch der Sache überlassen hat. Dies gilt für bewegliche und unbewegliche Sachen in gleicher Weise. Der Anspruch wurde aus praktischen Gründen geschaffen, da mit der Beendigung des Hauptmietverhältnisses nicht notwendig gleichzeitig das Untermietverhältnis beendet ist (Prot II 190; LG Frankfurt ZMR 1961, 269). Er steht dem Hauptvermieter als Gläubiger zu, auch wenn dieser nicht Eigentümer der Mietsache ist. Schuldner ist der Dritte, dem der Hauptmieter den Gebrauch der Sache überlassen hat. Hauptmieter und besitzender Dritter sind hinsichtlich der Rückgabepflicht Gesamtschuldner (OLG Celle NJW 1953, 1474, 1475).

Der Untermieter kann sich gegenüber dem Herausgabeanspruch des **28**
Hauptvermieters mangels eines Mietverhältnisses nicht auf die ihm gegen-

über dem Hauptmieter zustehenden **Kündigungsschutzbestimmungen** berufen. Hiervon ausgenommen sind die Fälle, in denen Hauptvermieter und -mieter zu Lasten des Untermieters rechtsmißbräuchlich zusammenwirken oder wenn dem Untermieter bei Abschluß des Vertrags nicht bekannt war, daß sein Vermieter nicht Wohnungseigentümer ist (BGHZ 84, 90 = NJW 1982, 1696 m krit Anm Haase JR 1982, 456 = 6 in RE Miet; Jakobs ZMR 1981, 295; Maute WuM 1982, 287; Mitzkus ZMR 1982, 197; Nassall MDR 1983, 9; LG Köln WuM 1981, 252; weitergehend Hille WuM 1983, 46; vgl OLG Karlsruhe NJW 1982, 1290 m Anm Wüstefeld WuM 1981, 251). Ist der Untermieter wegen der Beendigung des Hauptmietverhältnisses nicht mehr zum Besitz berechtigt, kann er Ersatz des Nutzungsschadens, der in der Beeinträchtigung der Gebrauchsmöglichkeit liegt, vom Hauptvermieter auch dann nicht verlangen, wenn dieser ihm den Besitz durch verbotene Eigenmacht entzogen hat (BGHZ 79, 232 = NJW 1981, 865 m Anm Haase JR 1981, 287).

29 **2. Voraussetzungen**

a) Es muß ein **Hauptmietverhältnis** bestanden haben. Dieser Vertrag muß wirksam gewesen sein, da die Pflicht des Dritten zur Herausgabe ebenso wie die des Untermieters ihre Grundlage in dem Hauptmietvertrag findet.

30 **b)** Die Mietsache muß dem **Dritten zum selbständigen Gebrauch** überlassen sein. Ein unselbständiges Mitgebrauchsrecht wie bei Aufnahme eines nahen Angehörigen ist ähnlich wie im Fall der Untermiete unzureichend (LG Düsseldorf ZMR 1957, 196). Dies gilt auch für den Ehegatten, der nicht Partner des Mietvertrags ist und nach einer Trennung allein in der Wohnung zurückbleibt. Die Räumung der Wohnung durch solche Personen gehört zur Rückgabepflicht des Mieters nach Abs 1. Der typische Fall einer selbständigen Gebrauchsüberlassung ist die Untermiete. Der Herausgabeanspruch kann entsprechend auf andere Fälle der Gebrauchsüberlassung ausgedehnt werden. Unerheblich ist, ob zwischen dem Mieter und dem besitzenden Dritten ein wirksames Rechtsverhältnis besteht. Es kommt auch nicht darauf an, ob der Mieter zur Untervermietung berechtigt war (Roquette § 556 Rz 17). Der Dritte muß aber Besitzer der Sache sein. Wegen der Zwangsvollstreckung durch Überweisung eines Herausgabeanspruchs nach den §§ 883, 886 ZPO reicht hierfür wie bei § 985 mittelbarer Besitz aus. Ein Herausgabeanspruch des Hauptvermieters gegen den Untermieter entfällt deshalb, wenn dieser die Mietsache bereits an den Hauptmieter herausgegeben hat (LG Hamburg WuM 1980, 199).

31 **c)** Das Hauptmietverhältnis muß **beendet** sein. Dies ist auch dann der Fall, wenn der Hauptmieter stirbt und niemand an seiner Stelle nach den

§§ 569 ff in den Mietvertrag eintritt (AG Ansbach MDR 1965, 488). Entscheidend ist, wann das Mietverhältnis mit dem Hauptmieter rechtlich endet. Auf den Zeitpunkt, zu dem der Hauptmieter die tatsächlichen Beziehungen zu der Mietsache aufgibt, kommt es nicht an (RGZ 156, 150, 153). Auf die Entstehung des Herausgabeanspruchs ist es deshalb ohne Einfluß, ob der Hauptmieter den Besitz vorzeitig aufgibt oder über die Beendigung des Hauptmietverhältnisses hinaus beibehält (LG Mönchengladbach WuM 1964, 39). Bei Eintritt eines neuen Hauptmieters in ein bereits bestehendes Mietverhältnis tritt keine Beendigung ein, so daß auch kein Herausgabeanspruch gegen den Untermieter ausgelöst wird (AG Weinheim WuM 1978, 125). Der Räumungsanspruch gegen den Untermieter erlischt bei Abschluß eines neuen Hauptmietverhältnisses über die gesamte Wohnung (LG München WuM 1964, 118).

d) Aus dem unterschiedlichen Wortlaut in Abs 1 und Abs 3 schließt die **32**
hM, weitere Voraussetzung für die Entstehung des Herausgabeanspruchs sei dessen **Geltendmachung** gegenüber dem Dritten (RGZ 156, 150, 153 f; BGB-RGRK-Gelhaar § 556 Rz 17). Im Grunde liegt das Problem jedoch bei der Frage, in welchem Zeitpunkt der Untermieter in Verzug gerät und damit schadensersatzpflichtig werden kann. Deshalb ist bei § 284 Abs 2 anzusetzen und der Eintritt des Verzugs ohne Mahnung für eine Leistung abzulehnen, deren Fälligkeit der Untermieter nicht kennen kann (§ 242). Die Aufforderung, die von der hM als Tatbestandsmerkmal für die Entstehung des Herausgabeanspruchs vorausgesetzt wird, ist auf dieser Grundlage als Mahnung für den Eintritt des Verzugs erforderlich (§ 284 Abs 1; Mietrecht § 556 Rz 47 f). Auf keinen Fall ist der Untermieter zur Herausgabe verpflichtet, solange diese Verpflichtung auch den Hauptmieter noch nicht trifft (OLG Hamm WuM 1981, 40).

3. Rechtsfolgen **33**

a) Inhaltlich entspricht die Herausgabepflicht des Dritten, der die Mietsache besitzt, im wesentlichen der Rückgabepflicht des Hauptmieters (Rz 4 ff). Aus Vereinbarungen zwischen Hauptmieter und Untermieter kann der Hauptvermieter keine eigenen Rechte herleiten, so etwa bei Übernahme der Schönheitsreparaturen durch den Untermieter. Möglich ist aber die Abtretung der Ansprüche des Hauptmieters. Das Recht des Hauptvermieters, von dem Untermieter im Rahmen des Herausgabeanspruchs die Beseitigung von Einrichtungen und baulichen Änderungen zu verlangen, ist nur ausgeschlossen, wenn der Hauptvermieter diesen Änderungen zugestimmt hat (aM Schmidt-Futterer-Blank B 163). Im übrigen ist es möglich, daß sich der Inhalt der Rückgabeverpflichtung nach Abs 1 von der Herausgabepflicht nach Abs 3 unterscheidet. Dies gilt auch hinsichtlich des Leistungsortes, weil der Anspruch aus Abs 1 bei beweglichen Sachen eine Bringschuld ist (Rz 19), bei Abs 3 es sich aber um eine Holschuld handelt (SCHMIDT-FUTTERER-BLANK B 150). Bei der Miete von Grundstücken wird ein Zurückbehaltungsrecht des Dritten nach Abs 2 ausgeschlossen.

34 b) Für die **Durchsetzung** des Herausgabeanspruchs aus Abs 3 gilt im wesentlichen das gleiche wie bei dem Anspruch nach Abs 1 (Rz 20 f). Hauptmieter und Untermieter können wegen ihrer gesamtschuldnerischen Haftung gleichzeitig verklagt werden (LG Hamburg MDR 1958, 431; LG Köln WuM 1961, 191, 192).

35 c) Zur **Konkurrenz** des Anspruchs aus Abs 3 mit anderen Ansprüchen wird auf die Ausführungen zu Abs 1 verwiesen (Rz 22).

§ 556 a

Der Mieter kann der Kündigung eines Mietverhältnisses über Wohnraum widersprechen und vom Vermieter die Fortsetzung des Mietverhältnisses verlangen, wenn die vertragsmäßige Beendigung des Mietverhältnisses für den Mieter oder seine Familie eine Härte bedeuten würde, die auch unter Würdigung der berechtigten Interessen des Vermieters nicht zu rechtfertigen ist. Eine Härte liegt auch vor, wenn angemessener Ersatzwohnraum zu zumutbaren Bedingungen nicht beschafft werden kann. Bei der Würdigung der berechtigten Interessen des Vermieters werden nur die in dem Kündigungsschreiben nach § 564 a Abs. 1 Satz 2 angegebenen Gründe berücksichtigt, soweit nicht die Gründe nachträglich entstanden sind.

Im Falle des Absatzes 1 kann der Mieter verlangen, daß das Mietverhältnis so lange fortgesetzt wird, wie dies unter Berücksichtigung aller Umstände angemessen ist. Ist dem Vermieter nicht zuzumuten, das Mietverhältnis nach den bisher geltenden Vertragsbedingungen fortzusetzen, so kann der Mieter nur verlangen, daß es unter einer angemessenen Änderung der Bedingungen fortgesetzt wird.

Kommt keine Einigung zustande, so wird über eine Fortsetzung des Mietverhältnisses und über deren Dauer sowie über die Bedingungen, nach denen es fortgesetzt wird, durch Urteil Bestimmung getroffen. Ist ungewiß, wann voraussichtlich die Umstände wegfallen, auf Grund deren die Beendigung des Mietverhältnisses für den Mieter oder seine Familie eine Härte bedeutet, so kann bestimmt werden, daß das Mietverhältnis auf unbestimmte Zeit fortgesetzt wird.

Der Mieter kann eine Fortsetzung des Mietverhältnisses nicht verlangen,

1. wenn er das Mietverhältnis gekündigt hat;

2. wenn ein Grund vorliegt, aus dem der Vermieter zur Kündigung ohne Einhaltung einer Kündigungsfrist berechtigt ist.

Die Erklärung des Mieters, mit der er der Kündigung widerspricht und die Fortsetzung des Mietverhältnisses verlangt, bedarf der schriftlichen Form. Auf Verlangen des Vermieters soll der Mieter über die Gründe des Widerspruchs unverzüglich Auskunft erteilen.

Der Vermieter kann die Fortsetzung des Mietverhältnisses ablehnen, wenn der Mieter den Widerspruch nicht spätestens zwei Monate vor der Beendigung des Mietverhältnisses dem Vermieter gegenüber erklärt hat. Hat der Vermieter nicht rechtzeitig vor Ablauf der Widerspruchsfrist den in § 564 a Abs. 2 bezeichneten Hinweis erteilt, so kann der Mieter den Widerspruch noch im ersten Termin des Räumungsrechtsstreits erklären.

Eine entgegenstehende Vereinbarung ist unwirksam.

Diese Vorschriften gelten nicht für Wohnraum, der zu nur vorübergehendem Gebrauch vermietet ist, und für Mietverhältnisse der in § 565 Abs. 3 genannten Art.

Schrifttum: BUCHER, Die Sozialklausel des § 556 a BGB, DRiZ 1966, 137; CÖPPICUS, Widerspruchsgründe nach § 556 a BGB, ZMR 1965, 164; HÄRING, Grundsätze zur Sozialklausel des § 556 a BGB und die Notwendigkeit ihrer Reform, WuM 1966, 89; HOFFMANN, Rechtsnatur der Kündigungswiderspruchsfrist des § 556 a Abs. 6 BGB, NJW 1966, 486; PERGANDE, Bedeutung und Probleme der Sozialklausel im Mietrecht, NJW 1966, 1481; ders, Die Kündigung von Wohnraum und die Sozialklausel im neuen Mietrecht, NJW 1964, 1925; ROESCH, Zur Zweckbestimmung des § 556 a Abs. 1 BGB, WuM 1971, 17; SCHMIDT-FUTTERER, Die Änderungen der §§ 556 a, 564 a BGB, WuM 1972, 37; ders, Die Pflicht des Mieters zur Beschaffung von Ersatzraum, NJW 1971, 1829; VON SCHOENEBECK, Das Widerspruchsrecht nach der Sozialklausel. Eine Übersicht, WuM 1980, 213; VON STEBUT, Der soziale Schutz als Regelungsproblem des Vertragsrechts. Die Schutzbedürftigkeit von Arbeitnehmern und Wohnungsmietern (1982); WEIMAR, Die Sozialklausel des § 556 a BGB unter besonderer Berücksichtigung der Rechtsprechung, WuM 1965, 110.

I. Allgemeines 1

Die Regelung des § 556 a gehört als sog Sozialklausel zum Kern des sozialen Mietrechts im BGB. Hiernach hat der Mieter von Wohnraum in Härtefällen das Recht, einer Kündigung des Vermieters innerhalb einer bestimmten Frist zu widersprechen und zu verlangen, daß das Mietverhältnis fortgesetzt wird. Können sich die Parteien nicht einigen, so ist eine gerichtliche Entscheidung zulässig. Bei der Fortsetzung des Mietverhältnisses ist eine angemessene Änderung der Vertragsbedingungen möglich. Die Vorschrift dient dem Zweck, auf besondere soziale Härten Rücksicht nehmen zu können, die bei Mietverhältnissen über Wohnraum auf seiten des Mieters eintreten können.

II. Voraussetzungen

2 1. Mietverhältnis über Wohnraum

a) Es muß sich um ein **Mietverhältnis** handeln. Das Mietverhältnis kann unbefristet, befristet mit Verlängerungsklausel oder auflösend bedingt sein (§ 565 a). Auf unbestimmte Zeit abgeschlossen ist ein Mietverhältnis auch dann, wenn ein Endtermin nicht festgelegt ist, aber die Kündigung für eine bestimmte Zeit ausgeschlossen ist (Erman-Schopp § 564 Rz 4). Entscheidend ist in diesem Fall, daß das Mietverhältnis nur durch Kündigung beendet werden kann. Bei Mietverhältnissen auf bestimmte Zeit gilt § 556 b (vgl § 564 c). Soweit nicht Abs 8 eingreift, kommt auch ein Untermietverhältnis in Betracht. Der Geltungsbereich der Vorschrift beschränkt sich dann auf das Verhältnis von Hauptmieter und Untermieter, erstreckt sich also nicht auf den Herausgabeanspruch des Hauptvermieters nach § 556 Abs 3. Hiervon ausgenommen ist der Fall, daß Hauptvermieter und -mieter zu Lasten des Untermieters rechtsmißbräuchlich zusammenwirken. Das gleiche gilt, wenn dem Untermieter bei Abschluß des Vertrags nicht bekannt war, daß sein Vermieter nicht Wohnungseigentümer ist (BGHZ 84, 90 = NJW 1982, 1696 m krit Anm Haase JR 1982, 456 = 6 in RE Miet; Jakobs ZMR 1981, 295; Maute WuM 1982, 287; Mitzkus ZMR 1982, 197; Nassall MDR 1983, 9; LG Köln WuM 1981, 252; weitergehend Hille WuM 1983, 46; vgl OLG Karlsruhe NJW 1982, 1290 m Anm Wüstefeld WuM 1981, 251 = 9 in RE Miet).

3 b) Die Sozialklausel gilt nur bei Mietverhältnissen über **Wohnraum** (Vorbem 12 zu §§ 535, 536). Unerheblich ist, ob es sich um eine Zweitwohnung des Mieters handelt (Sternel Rz IV 54). Erfaßt wird auch Wohnraum in Heimen, sofern die Raumnutzung gegenüber den sonstigen Leistungen des Heims überwiegt (vgl BGHZ 73, 350 = NJW 1979, 1288; BGH WuM 1981, 42; NJW 1982, 221, 222) und nicht die Ausnahmeklausel des Abs 8 eingreift (Rz 54 ff). Die Eigenschaft als Wohnraum wird nicht ohne weiteres dadurch beeinträchtigt, daß der Vermieter dem Mieter gestattet, in der Wohnung einen Beruf oder gewerbliche Heimarbeit auszuüben. Bei einer ausdrücklichen Gestattung ist allerdings zu beachten, daß die Schutzvorschriften des BGB über Wohnraum auf derartige Mischräume nur anzuwenden sind, wenn eine Gesamtbeurteilung die vermieteten Räume nicht als Geschäftsräume erscheinen läßt. Um Mischräume handelt es sich, wenn sie nach der vertraglichen Zweckbestimmung teils zum Wohnen, teils zur Ausübung eines Berufs oder Gewerbes vermietet sind. Wohn- und Geschäftsbereich können sich dabei überschneiden oder räumlich getrennt sein (Vorbem 13 zu §§ 535, 536). Handelt es sich um ein einheitliches Mietverhältnis, bei dem der Geschäftsraumanteil überwiegt,

ist die Sozialklausel wegen der Untrennbarkeit des Vertrags auch für den Wohnraumanteil unanwendbar (OLG Schleswig WuM 1982, 266 = 4 in RE Miet). Sind Geschäftsraum- und Wohnraumanteil gleichwertig, ist § 556 a wegen seines Schutzzwecks anwendbar. Ein Wohnraummietverhältnis wird nicht dadurch begründet, daß zu gewerblichen Zwecken vermietete Räume zu Wohnzwecken untervermietet (BGH WuM 1970, 77) oder selbst genutzt werden (LG Frankfurt ZMR 1971, 225).

Die Sozialklausel greift auf der Grundlage der neueren Rspr nicht ein, 4
wenn **Behörden oder Unternehmen** Wohnräume mieten, um sie ihren Arbeitnehmern zu überlassen (BGH NJW 1981, 1377; BGHZ 84, 90 = NJW 1982, 1696 m krit Anm HAASE JR 1982, 456 = 6 in RE Miet; aM OLG Hamburg MDR 1981, 144; vgl Vorbem 12 zu §§ 535, 536).

2. Vertragsmäßige Beendigung durch Kündigung 5

a) Es muß eine **wirksame Kündigung** vorliegen, insbesondere müssen Form und Frist eingehalten (§§ 564 a Abs 1 S 1, 565) und ein Kündigungsgrund gegeben sein (§ 564 b). Die Kündigung darf nicht aus anderen Gründen unwirksam sein, da es sonst keines Widerspruchs und keiner Verlängerung des Mietverhältnisses bedarf. Für die Beendigung durch Zeitablauf gilt § 556 b. Ein Aufhebungsvertrag fällt nicht unter die Sozialklausel.

b) Eine **vertragsmäßige Beendigung** durch Kündigung tritt ein, wenn der 6
Vermieter von seinem im Mietvertrag vereinbarten ordentlichen Kündigungsrecht Gebrauch macht. Eine Kündigung durch den Mieter scheidet naturgemäß aus, da ein Widerspruch gegen die eigene Kündigung sinnlos ist und die Sozialklausel kein Reurecht gegenüber einer voreiligen eigenen Kündigung begründen will (Abs 4 Nr 1). Enthält der Mietvertrag keine ausdrücklichen Vereinbarungen über die Kündigung, ist das Mietverhältnis vertragsmäßig beendet, wenn der Vermieter nach § 565 Abs 2 oder bei Werkmietwohnungen nach den §§ 565 b ff kündigt, weil deren Regelung dann Vertragsbestandteil ist.

c) Die hM hält die Sozialklausel bei einer **außerordentlichen befristeten** 7
Kündigung durch den Vermieter zu Recht für anwendbar (BGHZ 84, 90 = NJW 1982, 1696, 1699 = 6 in RE Miet; SCHMIDT-FUTTERER-BLANK B 177; STERNEL Rz IV 108; aM OLG Oldenburg NJW 1973, 1841 = 2 in RE Miet). Aus dem Ausnahmecharakter der Verweisung in § 569 a Abs 5 S 2 ist kein zwingender Schluß herzuleiten. Die ordentliche Kündigung setzt nach § 564 b ein berechtigtes Interesse des Vermieters voraus, das mindestens ebenso schwerwiegend ist wie die Gründe für eine außerordentliche befristete Kündigung. Es besteht deshalb nach Sinn und Zweck der So-

zialklausel kein Anlaß, den Schutz des Mieters einzuschränken, dem kein vertragswidriges Verhalten vorzuwerfen ist (BGH aaO).

8 **d)** Ein Mietverhältnis wird nicht vertragsmäßig beendet, wenn der Vermieter eine **außerordentliche fristlose Kündigung** ausspricht (Abs 4 Nr 2). Selbst wenn er in diesen Fällen aus Entgegenkommen den Weg der ordentlichen Kündigung wählt, bleibt das Recht des Mieters, die Fortsetzung zu verlangen, wegen Vorliegens des Grundes zur fristlosen Kündigung nach hM ausgeschlossen (Rz 35).

9 **e)** Das Mietverhältnis wird nicht vertragsmäßig beendet, wenn es im Wege der **Anfechtung** durch den Vermieter vernichtet wird. Die Frage der Anfechtung gehört nicht zum Inhalt des Vertrags. Es handelt sich auch nicht um eine Kündigung.

10 **f)** Ein **Rücktritt** durch den Vermieter aufgrund eines vereinbarten Rücktrittsrechts kann nur nach Überlassung des Wohnraums zu einer Härte für den Mieter führen, weil erst dann die Wohnung den Mittelpunkt der Lebensführung bildet. Der Rücktritt ist nach § 570 a wie eine Kündigung zu behandeln, so daß es sich um eine vertragsmäßige Beendigung im Sinne der Sozialklausel handelt. Ein gesetzliches Rücktrittsrecht wird nach der Überlassung durch ein Recht zur außerordentlichen fristlosen Kündigung verdrängt, womit § 556 a ausscheidet.

11 **3. Ungerechtfertigte Härte für den Mieter oder seine Familie**

a) Allgemeines

Die Beendigung des Mietverhältnisses muß für den Mieter oder für seine Familie eine ungerechtfertigte Härte bedeuten. Aus dem Ziel der Vorschrift, soziale Notstände abzuwenden, ist zu schließen, daß mit ungerechtfertigter Härte nicht die üblichen mit einem Umzug verbundenen Beschwernisse wie Wohnungssuche, Umzugskosten und Arbeitsaufwand gemeint sind. Die Beendigung des Mietverhältnisses muß vielmehr Nachteile mit sich bringen, die diese üblichen Beeinträchtigungen übersteigen und unter Berücksichtigung der gesamten Umstände im Hinblick auf den sozialen Schutzzweck nicht zumutbar sind.

12 Ausreichend ist eine Härte für die *Familie* des Mieters. Das Gesetz begrenzt diesen Kreis nicht weiter, so daß hierzu alle Familienangehörigen gezählt werden können, die in derselben Wohnung wie der Mieter wohnen (BGB-RGRK-Gelhaar § 556 a Rz 8). Ein bestimmter Grad der Verwandtschaft oder Schwägerschaft ist nicht erforderlich. Auch solche Familienangehörige können betroffen sein, die in der Wohnung des Mieters einen eigenen Hausstand führen (Roquette § 556 a Rz 13).

13 Haben *mehrere Personen*, die nicht miteinander verwandt sind, den Mietvertrag abgeschlossen, genügt eine Härte in der Person eines einzelnen

Mieters, um den Anspruch auf Fortsetzung des Mietverhältnisses mit allen Mietern zu begründen. Hierzu reicht der Widerspruch des betroffenen Mieters aus (anders Schmidt-Futterer-Blank B 198; Sternel Rz IV 110).

b) Einzelfälle 14

aa) Eine ungerechtfertigte Härte kann sich aus Umständen im Zusammenhang mit der **Beschaffung einer neuen Wohnung** ergeben. In Abs 1 S 2 wird ausdrücklich klargestellt, daß dies der Fall ist, wenn angemessener Ersatzwohnraum zu zumutbaren Bedingungen nicht beschafft werden kann. Eine Ersatzwohnung ist angemessen, wenn sie im Vergleich zu der bisherigen Wohnung den Bedürfnissen des Mieters entspricht und vom Preis her für ihn tragbar ist. Gewisse Verbesserungen oder Verschlechterungen, verbunden mit einer Änderung der Miethöhe, sind hinzunehmen (Schmidt-Futterer-Blank B 184). Der Mieter braucht sich allerdings nicht auf die Unterbringung in einem Alters- oder Pflegeheim verweisen zu lassen (OLG Karlsruhe NJW 1970, 1746).

Eine Härte liegt nur vor, wenn Ersatzwohnraum nicht beschafft werden 15
kann. Aus diesem Wortlaut des Gesetzes ist zu schließen, daß sich der Mieter um eine Ersatzwohnung zu **bemühen** hat. Er genügt dieser Obliegenheit nur, wenn er alle ihm persönlich und wirtschaftlich zumutbaren, also auch mit finanziellen Opfern verbundenen Schritte unternimmt (AG Bochum WuM 1980, 226). Hierzu ist notfalls erforderlich, mehrere Zeitungsinserate aufzugeben oder jeweils nach den finanziellen Verhältnissen auch Makler einzuschalten.

Die normalen **Umzugskosten** sind vom Mieter hinzunehmen. Ein Zwi- 16
schenumzug kann für den Mieter allerdings eine Härte bedeuten, wenn er wegen einer bevorstehenden Wohnsitzveränderung (LG Mannheim WuM 1976, 269; WuM 1981, 234), der Fertigstellung eines Wohnungsneubaus (OLG Karlsruhe NJW 1970, 1746 m abl Anm Ritter MDR 1971, 50; LG Mannheim NJW 1964, 2307 m zust Anm Burkhardt NJW 1965, 303) oder einer Renovierung der vorgesehenen Wohnung in absehbarer Zeit ohnehin ausgezogen wäre. Dabei kann von etwa ein bis zwei Jahren ausgegangen werden (AG Dortmund-Hörde DWW 1966, 279). Dem Mieter kann ein Zwischenumzug zugemutet werden, wenn der Zeitpunkt der Fertigstellung eines Hauses noch nicht absehbar ist (LG Köln ZMR 1976, 148; aM AG Celle NdsRpfl 1968, 230) oder wenn er sich über den zunächst angenommenen Termin hinaus wesentlich verzögert (LG Kaiserslautern WuM 1970, 202).

bb) An Umständen im Zusammenhang mit der **bisherigen Wohnung** kann 17
der Verlust besonderer **finanzieller Aufwendungen**, die der Mieter in Erwartung einer längeren Mietdauer auf die Wohnung gemacht hat, eine

Härte bedeuten, wenn die bisherige Mietzeit in keinem angemessenen Verhältnis zur Höhe der Aufwendungen steht (OLG Karlsruhe NJW 1971, 1182; OLG Frankfurt WuM 1971, 168; AG Dinslaken WuM 1981, 233). Hierbei kann es sich um Instandsetzungen, bauliche Änderungen und Baukostenzuschüsse handeln. Unerheblich ist, ob die Aufwendungen notwendig, nützlich oder überflüssig waren. Vorauszusetzen ist aber, daß sie im ausdrücklichen oder stillschweigenden Einverständnis des Vermieters erbracht worden sind, da der Mieter sonst die Wohnung durch hohe Investitionen unkündbar machen könnte.

18 Die bisherige **Wohndauer** genügt für sich allein nicht, um eine Härte zu begründen. Dies gilt auch bei einer Kündigung nach langer Mietzeit (OLG Karlsruhe NJW 1970, 1746). Diesem Kriterium hat der Gesetzgeber schon durch die unterschiedliche Länge der Kündigungsfristen Rechnung getragen (§ 565 Abs 2). Es müssen deshalb andere Umstände, wie etwa die Verwurzelung alter Leute in der bisherigen Umgebung, hinzutreten. Nicht ausreichend ist, daß der Vermieter eines nach § 566 S 2 als für unbestimmte Zeit geschlossenen Mietverhältnisses dem Mieter bei der Überlassung des Wohnraums eine lange, sichere Mietdauer versprochen hat, dann aber seine Willensrichtung ohne erheblichen Anlaß seitens des Mieters ändert und kündigt (OLG Karlsruhe OLGZ 1971, 414 = ZMR 1971, 376).

19 Die Möglichkeit, dem Mieter eine **gerichtliche Räumungsfrist** nach § 721 ZPO zu gewähren, ist unerheblich für die Frage, ob durch die Kündigung eine Härte eintritt (OLG Oldenburg ZMR 1970, 329; OLG Stuttgart NJW 1969, 240). Ziel der Sozialklausel ist die Verlängerung des Mietverhältnisses, der ein Räumungsaufschub nicht gleichzustellen ist. Eine Ausnahme ist auch dann nicht angebracht, wenn ein Umzug in eine Ersatzwohnung in absehbarer Zeit bevorsteht. Dadurch würden die Parteien auf den Prozeßweg gedrängt, während die Sozialklausel im Prinzip von einer gütlichen Einigung ausgeht (Abs 3 S 1).

20 Eine Härte liegt idR nicht darin, daß der Mieter mit der bisherigen Wohnung besondere **finanzielle Vorteile** verliert, weil er dort Gelegenheit zur Untervermietung oder zu sonstigem Nebenerwerb hatte (BayObLG NJW 1970, 1748). Führt die Kündigung jedoch zu einem Eingriff in die beruflichen Verhältnisse des Mieters, weil er zulässigerweise in der Wohnung ein Gewerbe ausübt und seinen Kundenstamm zu verlieren droht, kann darin eine Härte liegen (OLG Köln NJW 1968, 1834 m Anm Rödding NJW 1968, 2339). Das gleiche ist anzunehmen, wenn Nebeneinnahmen zum Lebensunterhalt des Mieters erforderlich sind und nicht nur dazu dienen, den Mietzins für die an sich zu große Wohnung aufzubringen.

21 **cc)** An **persönlichen Umständen** führt **hohes Alter** des Mieters für sich

allein nicht zu einer Härte (LG Düsseldorf DWW 1968, 381; LG Hagen WuM 1965, 184). Häufig kommen jedoch andere Umstände wie Krankheit, Gebrechen, Pflegebedürftigkeit, finanzielle Not, Verwurzelung in der Umgebung aufgrund langer Mietdauer, erschwerte Ersatzraumbeschaffung und ähnliches hinzu, die bei einem Mieter hohen Alters dann eher zu einer ungerechtfertigten Härte führen können als bei jüngeren Mietern (OLG Karlsruhe NJW 1970, 1746 m krit Anm RITTER MDR 1971, 50; LG Coburg WuM 1977, 183 – hohes Alter, schwere Krankheit; LG Itzehoe WuM 1976, 257 – hohes Alter, Umstellung auf neue Umgebung; LG Köln WuM 1975, 210 – Alter, Krankheit).

Krankheit und Gebrechen können unabhängig vom Alter einen Härte- 22
grund darstellen (LG Kassel MDR 1965, 831), wenn sie den Mieter an der Wohnungssuche hindern (vgl LG Mannheim WuM 1970, 61) oder potentielle Vermieter vom Abschluß eines Vertrags abhalten. Eine Härte kann auch dann gegeben sein, wenn dem Mieter ein Umzug objektiv unzumutbar ist, weil dies nachteilige Auswirkungen auf Krankheitsverlauf und Genesung haben würde (AG Biberach/Riß WuM 1980, 54 m Anm VON SCHOENEBECK). Die Auswirkungen müssen nicht so erheblich sein, daß schwere seelische Schäden oder der Tod drohen (AG Köln WuM 1977, 29; AG Miesbach WuM 1979, 190). Spielt die Krankheit eines Familienangehörigen für den Umzug praktisch keine Rolle, entfällt auch ein Härtegrund (AG Hochheim MDR 1965, 489 – krankes Kleinkind).

Schwangerschaft ist im Hinblick auf die erschwerte Beschaffung von Er- 23
satzraum und wegen der mit einem Umzug verbundenen körperlichen und psychischen Strapazen ein Härtegrund, dem durch eine angemessene Verlängerung des Mietverhältnisses über den Zeitpunkt der Entbindung hinaus Rechnung zu tragen ist (LG Dortmund WuM 1966, 40).

Kinderreichtum kann ein Härtegrund sein (LG Dortmund NJW 1965, 24
2204 – 2 Kinder und Schwangerschaft; LG Essen WuM 1968, 198 – 5 Kinder; LG Flensburg SchlHAnz 1966, 42 – 8 Kinder). In diesen Fällen ergibt sich die Härte idR allerdings nicht aus dem Kinderreichtum allein, sondern aus den Schwierigkeiten bei der Beschaffung von Ersatzraum.

Geringes Einkommen und schlechte wirtschaftliche Verhältnisse können 25
zu einem Härtegrund führen (LG Aachen BlGBW 1973, 58; LG Mannheim ZMR 1974, 337). Da § 556 a nicht nur die Belange wirtschaftlich schwacher Mieter schützt, schließt ein höheres Einkommen seine Anwendung grundsätzlich nicht aus (LG Essen ZMR 1966, 330; LG Kassel WuM 1966, 76). Entscheidend ist ein Zusammenwirken mit anderen Umständen wie Alter, Krankheit und Schwierigkeiten bei der Ersatzraumbeschaffung.

Eine **Erschwerung der Berufsausübung** oder der Ausbildung des Mieters 26 oder seiner Familienangehörigen kann eine Härte bedeuten. Dies gilt für die Wohnung eines Arztes in der Nähe eines Krankenhauses oder eines Musikers in einem Einfamilienhaus (Hoffmann GWW 1968, 44, 45). Die Ausbildung wird erschwert, wenn durch Wohnungssuche oder Wohnungswechsel ein bevorstehendes Examen gefährdet oder eine bis zur Entlassung nur noch kurzfristige Umschulung erforderlich wird (LG Mainz WuM 1970, 101; LG Wuppertal MDR 1970, 332). Längere Schulwege müssen idR in Kauf genommen werden (AG Bensberg MDR 1966, 508 m Anm Weimar). Grundsätzlich ist die vertragsmäßige Beendigung des Mietverhältnisses keine ungerechtfertigte Härte, wenn der Mieter in der Wohnung mit Einverständnis des Vermieters ein Hobby ungestört ausüben kann, das er in den meisten anderen Wohnungen nicht betreiben könnte (OLG Karlsruhe OLGZ 1971, 414 = ZMR 1971, 376 – Brieftaubenzucht).

27 **4. Berechtigte Interessen des Vermieters**

a) Allgemeines
Gegenüber den Härtegründen für den Mieter sind auf seiten des Vermieters dessen berechtigte Interessen an einer Beendigung des Mietverhältnisses durch Kündigung zu berücksichtigen. Dies sind grundsätzlich die gleichen Interessen, die nach § 564 b Abs 1 und 2 für die Wirksamkeit der Kündigung erforderlich sind. Mangelt es bereits daran, kommt es auf die Sozialklausel nicht mehr an. Im übrigen dürfen bei der Würdigung der berechtigten Interessen des Vermieters nur solche Gründe berücksichtigt werden, die in dem Kündigungsschreiben nach § 564 a Abs 1 S 2 angegeben sind. Darüber hinaus kommen nur solche Gründe in Betracht, die nachträglich, dh nach Abgabe der Kündigungserklärung entstanden sind (§ 556 a Abs 1 S 3). Dieses Erfordernis gilt auch dann, wenn der Vermieter von der erleichterten Kündigungsmöglichkeit bei Einliegerwohnraum nach § 564 b Abs 4 Gebrauch macht, da diese Sonderregelung die sonstigen Schutzvorschriften für den Mieter nicht berührt.

28 **b) Einzelfälle**
aa) Der Vermieter hat ein berechtigtes Interesse an der Beendigung des Mietverhältnisses bei **erheblichen, schuldhaften Pflichtverletzungen** des Mieters (§ 564 b Abs 2 Nr 1; dort Rz 17 ff). In Betracht kommen etwa Zahlungsverzug, vertragswidriger Gebrauch, insbesondere unbefugte Untervermietung, und Belästigungen des Vermieters. Diese Gründe dürfen allerdings nicht ein Gewicht erreichen, das eine fristlose Kündigung durch den Vermieter rechtfertigen würde, weil dann eine Fortsetzung des Mietverhältnisses nach Abs 4 Nr 2 ausscheidet.

bb) Starke Spannungen zwischen den Mietparteien können zugunsten des Vermieters berücksichtigt werden, auch wenn nicht mehr festzustellen ist, auf wessen Veranlassung sie zurückzuführen sind. Entscheidend kommt es darauf an, ob es mit Rücksicht auf den zu wahrenden Hausfrieden für den Vermieter unzumutbar ist, das Mietverhältnis fortzusetzen. 29

cc) Eigenbedarf des Vermieters kann ein berechtigtes Interesse an der Beendigung des Mietverhältnisses begründen (§ 564 b Abs 2 Nr 2; dort Rz 28 ff). Dabei kommt es auf den Wohnungsbedarf des Vermieters, der zu seinem Hausstand gehörenden Personen und seiner Familienangehörigen an. Das Eigenbedarfsinteresse tritt zurück, wenn es zumutbar ist, daß ein lediger Familienangehöriger noch eine gewisse Zeit in der elterlichen Wohnung bleibt (AG Bochum WuM 1980, 226). 30

dd) Ein berechtigtes Interesse des Vermieters liegt vor, wenn er durch die Fortsetzung des Mietverhältnisses an einer **angemessenen wirtschaftlichen Verwertung** des Grundstücks gehindert und dadurch erhebliche Nachteile erleiden würde (§ 564 b Abs 2 Nr 3; dort Rz 55 ff). Das Interesse des Vermieters kann berechtigt sein, wenn Verkaufsverhandlungen daran scheitern oder dadurch beeinträchtigt werden, daß die Wohnung noch vermietet ist (OLG Karlsruhe NJW 1971, 1182). Das gleiche gilt, wenn der Vermieter ein großes soziales Bauvorhaben durchführen will (LG Köln WuM 1976, 163 m Anm Weimar). Die Möglichkeit, eine höhere Miete durch anderweitige Vermietung als Wohnraum zu erzielen, scheidet ebenso aus wie ein rechtlich nicht bindendes Versprechen des Vermieters gegenüber einem anderen Mieter, diesem demnächst die Wohnung des gekündigten Mieters zur Verfügung zu stellen (OLG Karlsruhe NJW 1970, 1746, 1748; LG Mannheim WuM 1971, 58). 31

ee) Neben den in § 564 b Abs 2 nicht abschließend aufgeführten Fällen eines berechtigten Interesses des Vermieters kommen **sonstige Gründe** in Betracht (§ 564 b Rz 66 ff). 32

5. Interessenabwägung 33

Die Härte, die für den Mieter oder seine Familie in der vertragsmäßigen Beendigung des Mietverhältnisses liegt, darf auch unter Würdigung der berechtigten Interessen des Vermieters nicht zu rechtfertigen sein (Abs 1 S 1). Damit sind die im Einzelfall bestehenden Härtegründe gegen die berechtigten Interessen des Vermieters an einer Beendigung des Mietverhältnisses abzuwägen. Voraussetzung für einen erfolgreichen Widerspruch des Mieters ist, daß bei der Abwägung die Härtegründe auf seiner Seite die Interessen des Vermieters überwiegen. Das Widerspruchsrecht entfällt, wenn den Interessen des Vermieters das Übergewicht zukommt. Stehen sich dessen Interessen und die Härtegründe auf seiten des Mieters gleichgewichtig gegenüber, ist das Widerspruchsrecht ebenfalls ausgeschlossen (Schmidt-Futterer-Blank B 206; aM Derleder in AK §§ 556 a – 556 c Rz 4).

34 **6. Ausschluß des Widerspruchsrechts**

a) Nach Abs 4 Nr 1 kann der Mieter eine Fortsetzung des Mietverhältnisses nicht verlangen, wenn er gekündigt hat. Der Grund für die Kündigung ist unerheblich. Die Sozialklausel ist jedoch anwendbar, wenn der Mieter früher bereits einmal gekündigt hatte, das Mietverhältnis dann kraft Gesetzes nach § 568 oder einvernehmlich fortgesetzt worden ist und nunmehr der Vermieter kündigt (LG Mannheim ZMR 1974, 337). Treffen eine **Kündigung des Mieters** und des Vermieters zusammen, ist entscheidend, auf welcher Kündigung das Ende des Mietverhältnisses beruht. Hat der Vermieter eine ordentliche Kündigung ausgesprochen, kündigt aber der Mieter fristlos während des Laufs der Kündigungsfrist, wird die Sozialklausel unanwendbar. Ein bereits vorher eingelegter Widerspruch gegen die Kündigung des Vermieters wird wirkungslos (LG Stuttgart ZMR 1979, 274 m abl Anm Buchholz-Duffner).

35 **b)** Durch eine **außerordentliche fristlose Kündigung des Vermieters** wird das Mietverhältnis nicht vertragsmäßig beendet (Rz 8). Dementsprechend bestimmt Abs 4 Nr 2, daß der Mieter eine Fortsetzung des Mietverhältnisses nicht verlangen kann, wenn ein Grund vorliegt, aus dem der Vermieter zur Kündigung ohne Einhaltung einer Kündigungsfrist berechtigt ist. Selbst wenn der Vermieter in derartigen Fällen aus Entgegenkommen eine ordentliche Kündigung ausspricht, entfällt wegen des Vorliegens des Grundes für eine fristlose Kündigung das Widerspruchsrecht. Der rücksichtsvolle Vermieter soll dadurch keinen Nachteil erleiden (AG Burgsteinfurt WuM 1975, 37; aM Weimar NJW 1963, 2111, 2112). Entgegen der hM (Roquette § 556 a Rz 46; Sternel Rz IV 109) kommt es nicht darauf an, daß zwischen der ordentlichen Kündigung und dem Grund zur fristlosen Kündigung ein ursächlicher Zusammenhang besteht. Aus dem Gesetz ist eine solche Einschränkung nicht zu entnehmen.

III. Rechtsfolgen

36 **1. Recht zum Widerspruch im allgemeinen**

a) Besondere Voraussetzungen der Widerspruchserklärung
Als Rechtsfolge ist in Abs 1 S 1 bestimmt, daß der Mieter der Kündigung widersprechen und die Fortsetzung des Mietverhältnisses verlangen kann (vgl zur dogmatischen Einordnung Mietrecht § 556 a Rz 58 ff).

aa) Für die Erklärung des Mieters, mit der er der Kündigung widerspricht 37
und die Fortsetzung des Mietverhältnisses verlangt, ist **schriftliche Form** erforderlich (§§ 556 a Abs 5 S 1, 126 Abs 1 und 3). Das Formerfordernis dient der Rechtsklarheit und soll spätere Streitigkeiten über die Frage ausschließen, ob tatsächlich ein Widerspruch erhoben worden ist. Die Form ist bei eigenhändiger Unterzeichnung, notariell beglaubigtem Handzeichen oder notarieller Beurkundung gewahrt. Dies gilt auch, wenn der Mieter eine auf Fortsetzung des Mietverhältnisses gerichtete Klage oder Widerklage erhebt. Ein gerichtliches Protokoll ersetzt die Form nur im Rahmen eines Vergleichs (§ 127 a). Ein telegraphisch übermittelter Widerspruch ist unwirksam (OLG Karlsruhe NJW 1973, 1001; anders CLASEN BlGBW 1975, 126, 127).

bb) Nach Abs 6 S 1 kann der Vermieter die Fortsetzung des Mietverhält- 38
nisses ablehnen, wenn der Mieter den Widerspruch nicht spätestens 2 Monate vor der Beendigung des Mietverhältnisses dem Vermieter gegenüber erklärt hat. Diese **Frist** gilt einheitlich bei allen Kündigungsfristen des § 565. Hierbei handelt es sich nicht um eine Ausschlußfrist, sondern um eine der Verjährungsregelung vergleichbare Frist, deren Versäumung nur beachtet wird, wenn sie vom Vermieter als Einrede geltend gemacht wird (AG Recklinghausen WuM 1964, 53 m Anm SCHERER). Eine abweichende Regelung gilt bei Werkmietwohnungen (§ 565 d Abs 2). Karenzzeiten sind nicht vorgesehen. Für die Fristberechnung gelten die §§ 186 ff. Maßgebend für die Einhaltung der Frist ist der Zugang des Widerspruchs.

Nach Abs 6 S 2 kann der Mieter den Widerspruch noch im **ersten Termin** 39
des Räumungsrechtsstreits erklären, wenn der Vermieter ihn nicht rechtzeitig vor Ablauf der Widerspruchsfrist auf die Möglichkeit des Widerspruchs und dessen Form und Frist hingewiesen hat (vgl § 564 a Abs 2). Rechtzeitig ist der Hinweis nur, wenn er dem Mieter angemessene Zeit vor Ablauf der Widerspruchsfrist zugeht, so daß ihm noch genügend Zeit zur Einholung von Rechtsrat, Überlegung, Abfassung des Widerspruchs und dessen Übermittlung verbleibt. Aus dem Gesetz läßt sich nicht entnehmen, daß der Hinweis zugleich mit der Kündigungserklärung erteilt werden muß (aM DERLEDER in AK §§ 556 a – 556 c Rz 7). Die Hinweispflicht des Vermieters ist unverzichtbar und kann nicht im voraus erfüllt werden. Das Erfordernis der Schriftform nach Abs 5 S 1 gilt auch für den im ersten Termin des Räumungsrechtsstreits erklärten Widerspruch.

Die Widerspruchsfrist ist für den Mieter nicht einzuhalten, wenn sich die 40
Härtegründe erst nach Fristablauf eingestellt haben. Hat der Mieter nicht vorsorglich widersprochen, ist ihm nur noch durch Gewährung einer gerichtlichen Räumungsfrist nach § 721 ZPO zu helfen.

cc) Für den **Inhalt** des Widerspruchs genügt der erkennbare Wille des 41
Mieters, die Beendigung des Mietverhältnisses nicht gegen sich gelten zu

lassen. Die Begriffe „Widerspruch" oder „Fortsetzung des Mietverhältnisses" brauchen nicht ausdrücklich verwendet zu werden (LG Flensburg SchlHAnz 1966, 42). Eine Begründung ist nicht erforderlich. Auf Verlangen des Vermieters soll der Mieter nach Abs 5 S 2 unverzüglich Auskunft über die Gründe des Widerspruchs erteilen. Außer Kostennachteilen im Räumungsprozeß (§ 93 b Abs 2 ZPO) sind an die Verletzung dieser Sollvorschrift durch den Mieter keine Sanktionen geknüpft. Hinsichtlich der Begründung des Widerspruchs besteht kein Formzwang. Der Mieter braucht auch nicht anzugeben, für welche Zeit das Mietverhältnis fortgesetzt werden soll (vgl § 308 a Abs 1 S 1 ZPO). Von einer Bedingung darf er den Widerspruch grundsätzlich nicht abhängig machen (SCHMIDT-FUTTERER-BLANK B 209).

42 **b) Wirkung des Widerspruchs**

Der Widerspruch des Mieters hat keine rechtsgestaltende Wirkung, die automatisch zur Unwirksamkeit der Kündigung führen würde. Er begründet nur einen Anspruch auf Fortsetzung des Mietverhältnisses. Dieser Anspruch wird im Wege der Einigung zwischen den Parteien oder durch Gerichtsurteil erfüllt (Abs 3 S 1). Durch den Widerspruch wird zwar ein Schwebezustand ausgelöst. Dabei handelt es sich jedoch nicht um eine schwebende Unwirksamkeit der Kündigung, sondern um den zwischen jeder Begründung und Erfüllung eines Anspruchs bestehenden Zustand. Diese Beurteilung hat zur Folge, daß die Kündigung das Mietverhältnis zum maßgebenden Termin beendet, wenn die Parteien sich nicht vorher über eine Fortsetzung einigen oder ein dahin gehendes Urteil ergeht. Erst durch diese rechtsgestaltenden Akte wird der Kündigung die Wirksamkeit entzogen. Können sich die Parteien erst nach Ablauf der Kündigungsfrist einigen oder ergeht erst dann ein Urteil, wird das Mietverhältnis zwischenzeitlich beendet, so daß sich die Rechte und Pflichten der Parteien zunächst nach den §§ 556, 557 richten, deren Anwendbarkeit dann aber rückwirkend durch die Fortsetzung des Mietverhältnisses beseitigt wird. Ein neuer Mietvertrag wird auch in diesem Fall nicht abgeschlossen.

43 **c) Widerruf**

Da der Widerspruch gegen die Kündigung einen Anspruch des Mieters auf Fortsetzung des Mietverhältnisses begründet, kann er nicht einseitig widerrufen werden (aM PERGANDE § 556 a Anm 6). Die durch den Widerspruch entstandene Verpflichtung des Vermieters ist nur durch einen Erlaßvertrag der Parteien nach § 397 Abs 1 aufzuheben.

2. Anspruch auf Fortsetzung des Mietverhältnisses im besonderen 44

a) Einigung der Parteien
Das Gesetz geht in Abs 3 S 1 davon aus, daß sich die Parteien über die Fortsetzung des Mietverhältnisses einigen. Der Anspruch des Mieters ist auf die Abgabe einer Willenserklärung durch den Vermieter gerichtet. Das Fortsetzungsverlangen bildet somit ein Vertragsangebot, zu dessen Annahme der Vermieter verpflichtet ist. Die Einigung ist ein Vertrag, der den bisherigen Mietvertrag ändert (§ 305). Soll der Vertrag für eine längere Zeit als ein Jahr fortbestehen, ist die Änderung nach § 566 formbedürftig, da die Sozialklausel gegenüber § 566 nicht vorrangig ist (STERNEL Rz IV 143).

b) Fortsetzungsurteil 45
Können sich die Parteien nicht einigen, ergeht im Rahmen eines Räumungsprozesses oder aufgrund einer vom Mieter erhobenen Fortsetzungsklage ein gerichtliches Urteil über die Fortsetzung des Mietverhältnisses (Abs 3 S 1; § 308 a ZPO). Gegenüber der Räumungsklage besteht für eine auf § 556 a gestützte Widerklage des Mieters wegen § 308 a ZPO kein Rechtsschutzbedürfnis. Umgekehrt kann der Vermieter gegenüber der selbständig zulässigen Fortsetzungsklage Widerklage auf Räumung erheben (SCHMIDT-FUTTERER-BLANK B 220). Bei der gerichtlichen Entscheidung handelt es sich nach überwiegender Meinung um ein Gestaltungsurteil (Mietrecht § 556 a Rz 76).
Den Mieter trifft die *Beweislast* für die Härtegründe, den Vermieter für 46
seine berechtigten Interessen und für Gründe, die eine fristlose Kündigung rechtfertigen und damit den Anspruch auf Fortsetzung des Mietverhältnisses ausschließen.

c) Dauer und sonstiger Inhalt des fortgesetzten Mietverhältnisses 47
aa) Soweit die Parteien eine **Einigung** erzielen, können sie die Vertragsbedingungen im Rahmen der Vertragsfreiheit ändern. Sie können das Mietverhältnis auf bestimmte oder unbestimmte Zeit fortsetzen und den Mietzins sowie Nebenleistungspflichten ändern.
bb) Wenn sich die Parteien nicht einigen, wird durch **Gerichtsurteil** über 48
die Dauer und über die Bedingungen entschieden, nach denen das Mietverhältnis fortgesetzt wird.
α) Hinsichtlich der **Dauer** kommt grundsätzlich eine Fortsetzung auf *bestimmte Zeit* in Betracht, wenn abzusehen ist, bis zu welchem Zeitpunkt die Härtegründe weggefallen sein werden oder den Interessen des Mieters ein Übergewicht zukommen wird. Eine Fortsetzung ist nur für die Zeit

zulässig, die unter Berücksichtigung aller Umstände angemessen ist (Abs 2 S 1).

49 Ist ungewiß, wann die Härtegründe voraussichtlich wegfallen werden, kann das Mietverhältnis durch Urteil auf *unbestimmte Zeit* fortgesetzt werden. Umstände, die eine derartige Fortsetzung rechtfertigen, sind vor allem hohes Alter, Gebrechlichkeit und unabsehbare Dauer einer Erkrankung (vgl LG Düsseldorf WuM 1969, 91; MDR 1970, 55), Umstände also, die nicht nur vorübergehender Natur sind (OLG Stuttgart NJW 1969, 1070). Die Schwierigkeiten der Ersatzraumbeschaffung rechtfertigen nicht ohne weiteres eine Fortsetzung auf unbestimmte Zeit. Auch wenn der Mieter selbst den Umzug in eine noch nicht vorhandene andere Wohnung anstrebt, ist das Mietverhältnis nur auf bestimmte Zeit fortzusetzen (OLG Karlsruhe NJW 1970, 1746).

50 Eine Fortsetzung auf *Lebenszeit* ist von der Rspr vereinzelt für zulässig gehalten worden (LG Essen WuM 1971, 24; LG Wiesbaden WuM 1968, 200). Das Gesetz sieht in den §§ 556 a, 556 c ausdrücklich nur eine Fortsetzung auf bestimmte oder auf unbestimmte Zeit vor. Eine Fortsetzung auf Lebenszeit kann nicht mit einer solchen auf unbestimmte Zeit gleichgesetzt werden und ist deshalb jedenfalls durch Urteil außerhalb einer Einigung der Parteien unzulässig (OLG Stuttgart NJW 1969, 1070). Dem weitergehenden Interesse des Mieters kann im Rahmen eines wiederholten Widerspruchs nach § 556 c Abs 2 ausreichend Rechnung getragen werden.

51 **β)** Eine **Änderung der Vertragsbedingungen** durch das Gericht ist zulässig, wenn die Parteien sich insoweit nicht einigen können und dem Vermieter nicht zuzumuten ist, das Mietverhältnis unter den bisher geltenden Bedingungen fortzusetzen (Abs 2 S 2). Unter den *Vertragsbedingungen* ist der gesamte Inhalt des Mietvertrags zu verstehen, nicht nur der Mietzins. Neben Gebrauchsrechten des Mieters können die Nebenpflichten des Vermieters zu einer Belastung geworden sein, deren Korrektur angebracht ist.

52 Die Fortsetzung des Mietverhältnisses unter den bisher geltenden Vertragsbedingungen ist *unzumutbar*, wenn unter Berücksichtigung aller Umstände wie vor allem der Entwicklung der örtlichen Vergleichsmieten, der vertraglichen Pflichten der Parteien, ihres bisherigen Verhaltens usw das vertragliche Gleichgewicht erheblich gestört und der Vermieter dadurch übermäßig belastet wird, so daß auch bei objektiver Betrachtung ein Neuabschluß zu den bisherigen Vertragsbedingungen nicht in Betracht kommt.

53 Dies gilt in erster Linie für eine Anpassung des *Mietzinses* an die ortsübliche Vergleichsmiete (LG Mannheim ZMR 1977, 30). Die Anpassung ist nicht davon abhängig, daß die formellen und materiellen Voraussetzungen

des MHRG eingehalten werden. Die Regelung der Sozialklausel ist vorrangig (LG Mannheim ZMR 1977, 30; MünchKomm-Voelskow § 556 a Rz 86; aM Sternel Rz IV 147). Auch vertragliche *Nebenpflichten* des Mieters wie die Übernahme von Schönheits- und sonstigen Reparaturen, Gehwegreinigung und dgl können in angemessenem Umfang angepaßt werden. Dabei ist die Einschränkung zu machen, daß neue Pflichten nur dann auferlegt werden dürfen, wenn sie sich im Rahmen allgemein üblicher vertraglicher Nebenpflichten halten. Die Änderung des Vertragsinhalts kann sich auch auf einzelne Räume beschränken, so vor allem bei Eigenbedarf des Vermieters.

IV. Ausnahmetatbestände

1. Wohnraum zu nur vorübergehendem Gebrauch 54

a) Die Sozialklausel gilt nach Abs 8 nicht für Wohnraum, der zu nur **vorübergehendem** Gebrauch vermietet ist. Dies richtet sich in erster Linie nach dem vereinbarten Vertragszweck. Die Miete zu einem kurzfristigen Gebrauch muß deshalb Vertragsinhalt geworden sein. Eine bestimmte zeitliche Grenze läßt sich nicht generell festlegen. Vielmehr ist auf den Anlaß abzustellen, der dem Abschluß des Mietvertrags zugrunde liegt. Die zeitliche Beschränkung kann sich aus dem besonderen Zweck des Gebrauchs ergeben, wobei das Ende des Mietverhältnisses zeitlich genau bestimmt ist oder von einem Ereignis abhängt, dessen Eintritt in absehbarer Zeit zu erwarten ist (LG Hannover MDR 1971, 762). Eine kurzfristige Gebrauchsüberlassung ist die Vermietung von Hotelzimmern, Privatunterkünften oder Ferienwohnungen an Durchreisende, Feriengäste, Besucher oder aus beruflichem Anlaß nur vorübergehende Bewohner. Auch die Miete eines Studentenzimmers für ein Semester oder der Aufenthalt eines auswärtigen Wissenschaftlers bis zur Erledigung eines bestimmten Forschungsprojekts gehören hierher. Derartige längere Zeiträume können wegen ihres besonderen Anlasses, der von vornherein einen begrenzten Aufenthalt erwarten läßt, als vorübergehend zu beurteilen sein (vgl LG Hannover aaO).

b) Nicht vorübergehend ist die Vermietung von Wohnraum an eine Gast- 55
arbeiterfamilie (LG Hannover aaO; aM AG Frankfurt ZMR 1973, 149), an einen Studenten für die Dauer des Studiums (OLG Bremen WuM 1981, 8; OLG Hamm NJW 1981, 290 m Anm Borowsky WuM 1981, 6; LG Freiburg MDR 1980, 315; LG Marburg NJW 1977, 154) oder an einen Mieter bis zur Fertigstellung eines erst geplanten Neubaus. Das gleiche gilt für den Abschluß eines Mietvertrags auf wenige Monate, auch wenn zur

Vermeidung von Obdachlosigkeit nur ein kurzfristiges Wohnungsbedürfnis befriedigt werden soll (aM LG Karlsruhe DWW 1982, 276), oder für die Aufnahme in ein Alters- oder Pflegeheim (LG Berlin WuM 1974, 265). In solchen Fällen dient der Wohnraum dazu, den allgemeinen Wohnungsbedarf des Mieters zu befriedigen. Das gleiche gilt bei der langfristigen Vermietung einer Ferienwohnung an einen Mieter, der sie ständig, wenn auch in unregelmäßigen Abständen nutzt, oder bei Zweitwohnungen, die ebenfalls zeitweise und immer wieder den Mittelpunkt der Lebensführung bilden können (LG Hanau MDR 1980, 849; aM LG Braunschweig ZMR 1980, 184 u 340). Ein vom Vermieter durchgesetzter Vermerk im Mietvertrag, daß es sich nur um eine vorübergehende Benutzung handele, kann unter diesen Umständen unwirksam sein (Abs 7; OLG Bremen aaO; OLG Hamm aaO 291; AG Frankfurt WuM 1981, 237).

56 c) Ob im übrigen **Wohnheimplätze** zu nur vorübergehendem Gebrauch vermietet sind, kann nicht generell entschieden werden. Der Stand des Mieters als Arbeiter, Angestellter, Lehrling oder Student läßt für sich noch nicht den Schluß auf eine Vermietung zum vorübergehenden Gebrauch zu. Andererseits kann die vorübergehende Natur der Ausbildung auch den Charakter des Mietverhältnisses prägen. Gleichwohl ist die Vermietung von Wohnraum in einem Studenten-, Lehrlings- oder Schülerheim nicht schon regelmäßig als Überlassung zu vorübergehendem Gebrauch zu beurteilen (OLG Hamburg MDR 1981, 144; LG Freiburg MDR 1980, 315; LG Marburg NJW 1977, 154; LG Dortmund WuM 1982, 276; aM LG Heidelberg Justiz 1977, 59; Eckert WuM 1982, 255). Dies gilt auch nach der ausdrücklichen Ergänzung durch § 564 b Abs 7 Nr 3 und § 10 Abs 3 Nr 4 MHRG, weil der Gesetzgeber von einer entsprechenden Änderung des § 556 a abgesehen hat und auch die nebeneinander stehenden Vorschriften des § 10 Abs 3 Nr 2 und 4 MHRG zeigen, daß Wohnraum in einem derartigen Heim nicht gleichbedeutend ist mit nur vorübergehendem Gebrauch.

57 2. Möblierter Wohnraum iS des § 565 Abs 3

Mietverhältnisse über möblierten Wohnraum sind nach Abs 8 von der Geltung der Sozialklausel ausgenommen, wenn der Raum ganz oder überwiegend vom Vermieter mit Einrichtungsgegenständen auszustatten ist, Teil der vom Vermieter selbst bewohnten Wohnung ist und nicht zum dauernden Gebrauch für eine Familie überlassen ist. Dies ist mit Mietverhältnissen der in § 565 Abs 3 genannten Art gemeint (dort Rz 29 ff).

V. Unabdingbarkeit

1. Die Sozialklausel ist nach Abs 7 **zwingendes Recht**. Der Mieter kann 58
deshalb nicht schon bei Vertragsabschluß auf sein Widerspruchsrecht verzichten (AG Bochum WuM 1979, 256). Das gleiche gilt für spätere Vertragsänderungen vor Entstehung eines Widerspruchsrechts. Ist das Widerspruchsrecht aber nach einer Kündigung des Vermieters entstanden, kann der Mieter tatsächlich und deshalb auch rechtlich auf die Geltendmachung verzichten oder die Wirkungen eines bereits ausgeübten Widerspruchs durch Erlaßvertrag aufheben (Rz 43). Der Zweck der Vorschrift, den Mieter zu schützen, rechtfertigt den Schluß, daß abweichende Vereinbarungen der Parteien zulässig sind, soweit sie sich zugunsten des Mieters auswirken.

2. Ein Verstoß führt zur **Unwirksamkeit** der jeweiligen Vertragsbestim- 59
mung. Aus der Entstehungsgeschichte der Vorschrift ergibt sich, daß dies nicht die Unwirksamkeit des gesamten Vertrags zur Folge hat (Mietrecht § 556 a Rz 98). Wenn die Parteien jedoch entsprechend der Grundregel des § 139 im Mietvertrag zum Ausdruck bringen, daß die Unwirksamkeit einer Klausel den ganzen Vertrag erfassen soll, ist diese rechtsgeschäftliche Regelung zu respektieren. Ihre Gültigkeit kann ähnlich wie ein Mietaufhebungsvertrag nicht ihrerseits aufgrund des Abs 7 in Frage gestellt werden. Eine Grenze wird durch § 242 gezogen, wenn der Vermieter eine solche Klausel in Kenntnis eines Verstoßes gegen Abs 7 in den Vertrag aufnimmt.

§ 556 b

Ist ein Mietverhältnis über Wohnraum auf bestimmte Zeit eingegangen, so kann der Mieter die Fortsetzung des Mietverhältnisses verlangen, wenn sie auf Grund des § 556 a im Falle einer Kündigung verlangt werden könnte. Im übrigen gilt § 556 a sinngemäß.

Hat der Mieter die Umstände, welche das Interesse des Vermieters an der fristgemäßen Rückgabe des Wohnraums begründen, bei Abschluß des Mietvertrages gekannt, so sind zugunsten des Mieters nur Umstände zu berücksichtigen, die nachträglich eingetreten sind.

Schrifttum: vgl § 556 a.

I. Allgemeines 1

Ein Mietverhältnis über Wohnraum auf bestimmte Zeit endet normalerweise nicht durch Kündigung, sondern durch Zeitablauf zum vertraglich vorgesehenen Termin. § 556 a ist deshalb nicht unmittelbar anwendbar. In diesen Fällen räumt § 556 b Abs 1 dem Mieter einen Anspruch auf Fortsetzung ein. Dabei gilt § 556 a sinngemäß. Zweck der Vorschrift ist eine Gleichstellung von unbefristeten und befristeten Mietverhältnissen hinsichtlich des sozialen Schutzes des Mieters. Die Umstände, auf die sich der Mieter zur Begründung einer Härte berufen kann, werden durch Abs 2 in bestimmter Weise eingeschränkt.

II. Voraussetzungen

2 **1. Mietverhältnis über Wohnraum auf bestimmte Zeit**

a) Es muß sich um ein **Mietverhältnis über Wohnraum** handeln (Vorbem 12 zu §§ 535, 536).

3 **b)** Das Mietverhältnis muß auf **bestimmte Zeit** eingegangen sein. Die Mietzeit ist bestimmt, wenn der Tag der Beendigung von vornherein kalendermäßig bestimmt oder bestimmbar ist. Letzteres ist der Fall, wenn die Mietzeit nach Zeiteinheiten bemessen ist und von einem Anfangstermin an berechnet wird. Die Dauer des Mietverhältnisses ist auch dann bestimmbar, wenn es für eine Saison, Messe oder dgl abgeschlossen wird (vgl aber § 556 a Abs 8; dort Rz 54).

4 Auf einen Mietvertrag unter **auflösender Bedingung**, der nach § 565 a Abs 2 nach Eintritt der Bedingung als auf unbestimmte Zeit verlängert gilt und damit durch Kündigung beendet werden muß, ist § 556 a unmittelbar anwendbar. Mietverträge mit **Verlängerungsklausel**, die auf bestimmte Zeit eingegangen sind, sich aber mangels Kündigung ohne weiteres verlängern (§ 565 a Abs 1), unterliegen nach hM ebenfalls § 556 a, so daß die Einschränkungen des § 556 b Abs 2 hinsichtlich der Berücksichtigung bestimmter Härtegründe nicht gelten (Mietrecht § 556 b Rz 7; aM Erman-Schopp § 556 b Rz 2).

5 Bei einem **Optionsrecht** des Vermieters, den auf bestimmte Zeit eingegangenen Mietvertrag durch einseitige Erklärung zu verlängern, ist § 556 b anwendbar, falls der Vermieter dieses Recht nicht ausübt und damit das Mietverhältnis zum vorgesehenen Termin endet.

6 Wenn ein auf bestimmte Zeit eingegangenes Mietverhältnis nicht durch Zeitablauf, sondern durch **außerordentliche befristete Kündigung** endet, gilt nach verbreiteter, aber umstrittener Ansicht § 556 a unmittelbar (dort Rz 7).

7 **c)** Da nach Abs 1 S 2 die Regelung des § 556 a sinngemäß gilt, greift auch der in § 556 a Abs 4 vorgeschriebene **Ausschluß** des Anspruchs auf Fortsetzung des Mietverhältnisses ein (dort Rz 34 f). Dies ist ua von praktischer Bedeutung für den Fall, daß das Mietverhältnis durch fristlose Kündigung des Vermieters oder zwar durch Zeitablauf endet, der Vermieter

aber auch zur fristlosen Kündigung berechtigt gewesen wäre (Sternel Rz IV 188; aM Roquette § 556 b Rz 15).

2. Weitere sachliche Voraussetzungen 8

Für die Frage, ob die Beendigung des Mietverhältnisses durch Zeitablauf zu einer ungerechtfertigten Härte für den Mieter oder seine Familie führt, gelten grundsätzlich die gleichen Gründe wie bei Mietverhältnissen auf unbestimmte Zeit (§ 556 a Rz 11 ff; s aber unten Rz 9 ff). Demgegenüber sind die berechtigten Interessen des Vermieters an einer termingemäßen Beendigung des Mietverhältnisses zu berücksichtigen (§ 556 a Rz 27 ff).

3. Interessenabwägung 9

Für die Interessenabwägung, die zu einem Übergewicht auf seiten des Mieters führen muß, gilt nach Abs 2 eine **Besonderheit**. Hat der Mieter schon bei Vertragsabschluß die Umstände gekannt, die den Vermieter bewogen haben, ein befristetes Mietverhältnis einzugehen, sind zugunsten des Mieters nur solche Härtegründe zu berücksichtigen, die nachträglich entstanden sind. Der Mieter, der mit dieser Kenntnis einen Mietvertrag auf bestimmte Zeit abschließt, ist nicht schutzbedürftig.

a) Als besondere **Umstände auf seiten des Vermieters** kommen zB Eigen- 10
bedarf wegen des Endes eines längeren Auslandsaufenthalts, wegen einer Berufsausbildung des Vermieters oder seiner Familienangehörigen, wegen einer Vergrößerung der Familie und Aufnahme von älteren Familienangehörigen in Betracht. Auch sonstige Zwecke wie Verkauf des Grundstücks oder Abbruch des Gebäudes können eine Rolle spielen. Die besonderen Umstände, die den Vermieter zum Abschluß eines befristeten Mietvertrags bewogen haben, brauchen *nicht Vertragsinhalt* geworden zu sein. Die Befristung des Mietverhältnisses reicht allein jedoch nicht aus, um die Anwendung des Abs 2 zu rechtfertigen (Roquette § 556 b Rz 12). Ebensowenig genügt es, daß dem Mieter die Gründe des Vermieters erkennbar waren. Entscheidend ist seine positive Kenntnis. Die Kenntnis von Familienangehörigen kann im Rahmen der Vertretung nach § 166 eine Rolle spielen. Entscheidend ist der Zeitpunkt des Vertragsabschlusses. Bei nachträglicher Befristung eines zunächst auf unbestimmte Zeit abgeschlossenen Mietverhältnisses ist der Zeitpunkt der Vertragsänderung maßgebend.

b) Härtegründe auf seiten des Mieters, die schon im Zeitpunkt des Ver- 11
tragsabschlusses vorliegen und damit unter Umständen nach Abs 2 nicht berücksichtigt werden dürfen, sind etwa dauernde Erkrankung oder Ge-

brechlichkeit, Kinderreichtum und fehlender angemessener Ersatzraum.

III. Rechtsfolgen

12 **1.** Als Rechtsfolge ist bestimmt, daß der Mieter die **Fortsetzung des Mietverhältnisses** verlangen kann (Abs 1 S 1). Entgegen einer im Schrifttum zT vertretenen Auffassung (PALANDT-PUTZO § 556 b Anm 2 a) ist beim Zeitablauf befristeter Mietverhältnisse kein Widerspruch erforderlich. Es genügt, daß der Mieter die Fortsetzung des beendeten Mietverhältnisses verlangt.

13 **2.** Die **Geltendmachung** des Anspruchs auf Fortsetzung des Mietverhältnisses ist daran gebunden, daß Frist und Form eingehalten werden. Der Mieter muß seinen Anspruch spätestens 2 Monate vor der Beendigung schriftlich (§ 126) geltend machen (§ 556 a Abs 6 S 1, Abs 5 S 1; dort Rz 37 ff). Der Schutzzweck des § 556 a Abs 6 S 2, die Rechte des Mieters nicht durch dessen Rechtsunkenntnis zu verkürzen, gebietet eine entsprechende Anwendung dieser Vorschrift. Der Mieter kann deshalb einen Anspruch auf Fortsetzung bei Wahrung der Schriftform noch im ersten Termin des Räumungsrechtsstreits geltend machen, wenn ihn der Vermieter nicht rechtzeitig vor Ablauf der Zweimonatsfrist auf die Möglichkeit sowie Form und Frist des Fortsetzungsverlangens hingewiesen hat (SCHMIDT-FUTTERER-BLANK B 237; aM AG München DWW 1978, 150; ROQUETTE § 556 b Rz 14).

14 **3.** Für den **Inhalt** des Schreibens, mit dem der Mieter die Fortsetzung des Mietverhältnisses verlangt, gilt das gleiche wie im Falle des § 556 a (dort Rz 41).

15 **4.** Die **Erfüllung** des Anspruchs auf Fortsetzung des Mietverhältnisses geschieht durch Einigung der Parteien oder durch Gerichtsurteil (§ 556 a Rz 44 f).

16 **5.** Für die **inhaltliche Gestaltung** des fortgesetzten Mietverhältnisses gilt im wesentlichen das gleiche wie im Falle des § 556 a (dort Rz 47 ff). Dabei verdient der Grundsatz besondere Beachtung, daß das Gericht die Fortsetzung im Regelfall nur auf bestimmte Zeit anordnen soll.

17 IV. Unabdingbarkeit

§ 556 b ist in dem gleichen Umfang unabdingbar wie § 556 a (dort Rz 58 f). Da abweichende Vereinbarungen zugunsten des Mieters zulässig sind, können die Parteien entgegen Abs 2 vereinbaren, daß die unter diese Vorschrift fallenden Umstände doch auf seiten des Mieters berücksichtigt werden.

Jürgen Sonnenschein

§ 556 c

Ist auf Grund der §§ 556 a, 556 b durch Einigung oder Urteil bestimmt worden, daß das Mietverhältnis auf bestimmte Zeit fortgesetzt wird, so kann der Mieter dessen weitere Fortsetzung nach diesen Vorschriften nur verlangen, wenn dies durch eine wesentliche Änderung der Umstände gerechtfertigt ist oder wenn Umstände nicht eingetreten sind, deren vorgesehener Eintritt für die Zeitdauer der Fortsetzung bestimmend gewesen war.

Kündigt der Vermieter ein Mietverhältnis, dessen Fortsetzung auf unbestimmte Zeit durch Urteil bestimmt worden ist, so kann der Mieter der Kündigung widersprechen und vom Vermieter verlangen, das Mietverhältnis auf unbestimmte Zeit fortzusetzen. Haben sich Umstände, die für die Fortsetzung bestimmend gewesen waren, verändert, so kann der Mieter eine Fortsetzung des Mietverhältnisses nur nach § 556 a verlangen; unerhebliche Veränderungen bleiben außer Betracht.

Schrifttum: vgl § 556 a.

I. Allgemeines 1

Die Vorschrift betrifft die wiederholte Verlängerung eines bereits aufgrund der §§ 556 a, 556 b fortgesetzten Mietverhältnisses. Sie unterscheidet danach, ob das Mietverhältnis durch Einigung oder Urteil auf bestimmte Zeit fortgesetzt worden ist (Abs 1) oder ob die Fortsetzung auf unbestimmte Zeit durch Urteil bestimmt worden ist (Abs 2). Dem Mieter soll ein Anspruch auf weitere Fortsetzung auch dann eingeräumt werden, wenn Umstände nicht eingetreten sind, von deren Eintritt bei Bemessung einer bestimmten Zeitdauer für die frühere Fortsetzung des Mietverhältnisses ausgegangen worden war. Darüber hinaus soll zum Schutz des Mieters sichergestellt werden, daß ein durch Urteil auf unbestimmte Zeit fortgesetztes Mietverhältnis nicht eher endet, als bis sich die maßgebenden Umstände nicht unerheblich geändert haben.

II. Wiederholte Verlängerung des auf bestimmte Zeit fortgesetzten Mietverhältnisses (Abs 1)

1. Voraussetzungen 2

a) Die Regelung des § 556 c ist anzuwenden, wenn das Mietverhältnis aufgrund der §§ 556 a oder 556 b bereits früher fortgesetzt worden ist, gilt also in gleicher Weise für Mietverhältnisse, die ursprünglich auf unbestimmte oder auf bestimmte Zeit abgeschlossen worden waren. Ist das

Mietverhältnis daraufhin **auf bestimmte Zeit verlängert** worden, greift Abs 1 ein. Hierfür müssen zunächst die allgemeinen Voraussetzungen der Sozialklausel erfüllt sein (§ 556 a Rz 11 ff; § 556 b Rz 8 ff). Der Anspruch auf Fortsetzung des Mietverhältnisses wird gegenüber den §§ 556 a, 556 b dadurch eingeschränkt, daß eine der beiden folgenden weiteren Voraussetzungen erfüllt sein muß.

3 **b)** Der Mieter kann die weitere Fortsetzung des Mietverhältnisses nur verlangen, wenn dies durch eine **wesentliche Änderung der Umstände** gerechtfertigt ist (Abs 1 1. Alt). Mit dieser Einschränkung soll sichergestellt werden, daß ein befristet verlängertes Mietverhältnis nicht aufgrund derselben Umstände, die schon für die erste Verlängerung maßgebend waren, noch weiter fortgesetzt wird.

4 **aa)** Eine **Änderung der Umstände** liegt zum einen vor, wenn der *Mieter* sich auf neue Tatsachen berufen kann, die nach der vorausgegangenen Verlängerung eingetreten sind. Diese neuen Tatsachen müssen die Beendigung des auf bestimmte Zeit fortgesetzten Mietverhältnisses als ungerechtfertigte Härte für den Mieter oder für seine Familie erscheinen lassen, zB nach einer früheren Erkrankung des Mieters ist nunmehr ein Familienangehöriger erkrankt. Einer Änderung der Umstände ist es zum anderen gleichzusetzen, wenn die Gründe, auf die der Mieter seinen Anspruch auf erneute Fortsetzung des Mietverhältnisses stützt, zwar schon zur Zeit der früheren Fortsetzung vorlagen, aber nicht geltend gemacht oder bei der Entscheidung nicht berücksichtigt worden sind. Die spätere Berücksichtigung ist dadurch gerechtfertigt, daß sie nicht in die Entscheidung über die Verlängerung eingegangen sind und deshalb bei der Bemessung der früheren Frist keine Rolle gespielt haben.

5 Die Frage einer weiteren Fortsetzung des auf bestimmte Zeit verlängerten Mietverhältnisses kann sich auch insoweit stellen, als die Härtegründe für den Mieter unverändert sind, die Interessenlage sich aber auf seiten des *Vermieters* gewandelt hat. Ist das Mietverhältnis etwa im Hinblick auf einen erst später besonders dringlichen Eigenbedarf des Vermieters um eine ganz bestimmte Zeit verlängert worden, ist der Grund für den Eigenbedarf zu diesem Zeitpunkt aber weggefallen, so ist es angebracht, dem Mieter wegen der fortbestehenden Härtegründe einen erneuten Anspruch auf Fortsetzung zuzubilligen.

6 **bb)** Die Änderung der Umstände muß im Verhältnis zu den bei der früheren Fortsetzung maßgebenden Gründen **wesentlich** sein. Dies ist anzunehmen, wenn den neuen oder den noch nicht berücksichtigten Tatsachen ein selbständiges Gewicht beizumessen ist, so daß sie eine neue Interessenabwägung rechtfertigen.

7 **c)** Die weitere Fortsetzung des Mietverhältnisses kann außerdem gerechtfertigt sein, ,,wenn **Umstände nicht eingetreten** sind, deren vorgesehener

Eintritt für die Zeitdauer der Fortsetzung bestimmend gewesen war" (Abs 1 2. Alt).

aa) Hierbei handelt es sich um Umstände, deren *erwarteter Eintritt* die Härtegründe auf seiten des Mieters oder seiner Familie und damit ein Erfordernis der Sozialklausel entfallen läßt (LG Mannheim WuM 1975, 213). Ein Nichteintritt erwarteter Umstände ist zB anzunehmen, wenn das Mietverhältnis wegen einer Erkrankung des Mieters auf bestimmte Zeit verlängert worden ist, die Gesundheit wider Erwarten nach Ablauf der entsprechend bemessenen Zeit aber noch nicht wiederhergestellt ist. Die Bezugsfertigkeit einer in Aussicht genommenen Ersatzwohnung kann sich verzögern. Ein vorgesehener Wohnungswechsel oder Bemühungen um eine Ersatzwohnung können scheitern.

bb) Die Beispiele zeigen, daß damit die **Einschränkungen** der 1. Alt prak- **8**
tisch beseitigt sind. Wenn das Mietverhältnis früher auf bestimmte Zeit fortgesetzt worden ist, sich die dafür maßgebenden Gründe aber nicht wesentlich geändert haben, bleibt immer noch die Möglichkeit, auf den Nichteintritt erwarteter Umstände, dh den nicht eingetretenen, aber vorgesehenen Fortfall der ursprünglichen Umstände abzustellen.

2. Rechtsfolgen **9**

a) Als Rechtsfolge ist bestimmt, daß der Mieter die **weitere Fortsetzung des Mietverhältnisses** nach den Vorschriften der §§ 556 a, 556 b verlangen kann (Abs 1). Dies entspricht der Situation, die § 556 b zugrunde liegt. Es genügt, daß der Mieter die weitere Fortsetzung des auf bestimmte Zeit verlängerten und nunmehr durch Zeitablauf beendeten Mietverhältnisses verlangt, ohne ausdrücklich Widerspruch erheben zu müssen (§ 556 b Rz 12; aM Palandt-Putzo § 556 c Anm 2 a bb). Das Mietverhältnis kann nach § 556 c auch mehrfach fortgesetzt werden (LG Mannheim WuM 1975, 213, 214).

b) Die **Geltendmachung** des Anspruchs auf Fortsetzung des Mietverhält- **10**
nisses ist daran gebunden, daß Frist und Form eingehalten werden. Der Mieter muß seinen Anspruch spätestens zwei Monate vor der erneuten Beendigung des fortgesetzten Mietverhältnisses schriftlich (§ 126) geltend machen (§ 556 a Abs 6 S 1, Abs 5 S 1; dort Rz 37 ff). Auch § 556 a Abs 6 S 2 ist entsprechend anzuwenden. Der Hinweis des Vermieters auf die Möglichkeit sowie Form und Frist eines erneuten Fortsetzungsverlangens wird nicht dadurch überflüssig, daß es sich um eine wiederholte Fortsetzung handelt und der Vermieter den Hinweis möglicherweise schon früher einmal erteilt hat.

c) Für den **Inhalt des Fortsetzungsverlangens**, die **Erfüllung** des Anspruchs **11**
und die **inhaltliche Gestaltung** des erneut fortgesetzten Mietverhältnisses

gilt das gleiche wie im Fall des § 556 a (dort Rz 41 ff). IdR wird eine Fortsetzung auf bestimmte Zeit in Betracht kommen; möglich ist auch eine solche auf unbestimmte Zeit (OLG Stuttgart NJW 1969, 1070, 1071).

III. Wiederholte Verlängerung des auf unbestimmte Zeit fortgesetzten Mietverhältnisses

12 **1. Fortgesetztes Mietverhältnis aufgrund einer Einigung**

a) Voraussetzungen

aa) Im Gesetz fehlt eine ausdrückliche Regelung der Frage, nach welcher Rechtsgrundlage ein Mietverhältnis über Wohnraum erneut verlängert werden kann, das aufgrund einer **Einigung** der Parteien nach den §§ 556 a oder 556 b auf unbestimmte Zeit fortgesetzt worden ist, durch eine spätere Kündigung des Vermieters aber wiederum beendet wird. Da Abs 1 und Abs 2 weder dem Wortlaut noch dem Sinn nach auf diesen Fall passen, bleibt entgegen einer im Schrifttum vertretenen Auffassung (Erman-Schopp § 556 c Rz 4) nur die Lösung, bei der wiederholten Verlängerung auf § 556 a abzustellen (BGB-RGRK-Gelhaar § 556 c Rz 4; Schmidt-Futterer-Blank B 249). Dies entspricht der Situation, von der die Regelung des § 556 a allgemein ausgeht, daß nämlich ein unbefristetes Mietverhältnis durch Kündigung endet. Dem Mieter bleibt auf der Grundlage dieser Auffassung allerdings die Möglichkeit verschlossen, der Kündigung unter den erleichterten Voraussetzungen des Abs 2 zu widersprechen (Rz 17).

13 **bb)** Ein Mietverhältnis ist auch dann durch Einigung auf unbestimmte Zeit verlängert, wenn die Parteien dies im Wege eines **Prozeßvergleichs** vereinbart haben. Für eine erneute Fortsetzung gilt § 556 a.

14 **cc)** Wenn ein Mietverhältnis nach dem Ablauf der Mietzeit durch **Fortsetzung des Gebrauchs** gem § 568 kraft Gesetzes auf unbestimmte Zeit verlängert wird und der Vermieter nunmehr kündigt, ist auf jeden Fall § 556 a anzuwenden. Das Mietverhältnis ist in diesem Fall nicht durch Einigung der Parteien, sondern kraft gesetzlicher Fiktion verlängert worden. Bei der späteren Kündigung stellt sich nicht die Frage einer erneuten, sondern die einer erstmaligen Fortsetzung aufgrund der Sozialklausel (Schmidt-Futterer-Blank B 240; aM Hans § 556 c Anm 2).

15 **b) Rechtsfolgen**

Als Rechtsfolge ergibt sich aus der Anwendung des § 556 a, daß der Mieter der Kündigung eines Mietverhältnisses, das schon früher aufgrund der Sozialklausel durch Einigung der Parteien auf unbestimmte Zeit fortgesetzt worden ist, widersprechen und vom Vermieter eine erneute Fortsetzung verlangen kann. Für den Inhalt des Fortsetzungsverlangens, die Erfüllung des Anspruchs und die inhaltliche Gestaltung des erneut fortgesetzten Mietverhältnisses gelten die Ausführungen zu § 556 a (dort Rz 41 ff).

2. Fortgesetztes Mietverhältnis aufgrund eines Urteils (Abs 2) 16

a) Voraussetzungen

aa) Der Vermieter kann ein aufgrund eines Urteils auf unbestimmte Zeit fortgesetztes Mietverhältnis jederzeit unter Einhaltung der gesetzlichen Frist kündigen und dadurch die Anordnung des Gerichts unterlaufen. Abs 2 verfolgt den **Zweck**, daß ein solches Mietverhältnis nicht eher endet, als bis sich die bei der gerichtlichen Entscheidung zugrunde gelegten Verhältnisse nicht unerheblich geändert haben.

bb) Haben sich die **Umstände**, die für eine unbefristete Fortsetzung des Mietverhältnisses durch Urteil bestimmend waren, **nicht geändert**, kann der Mieter nach Abs 2 S 1 der Kündigung ohne weiteres widersprechen und vom Vermieter verlangen, das Mietverhältnis weiterhin auf unbestimmte Zeit fortzusetzen. Eine unerhebliche Änderung ist dem gleichzustellen (Abs 2 S 2 HS 2). Da das Gesetz nicht auf die Voraussetzungen des § 556 a verweist, ist anzunehmen, daß der Widerspruch des Mieters an keine Form und Frist gebunden ist (SCHMIDT-FUTTERER-BLANK B 252). Auf einen aufklärenden Hinweis des Vermieters kommt es deshalb nicht an. 17

cc) Wenn sich die **Umstände**, die für eine unbefristete Fortsetzung des Mietverhältnisses durch Urteil bestimmend waren, **erheblich geändert** haben, kann der Mieter eine erneute Fortsetzung des Mietverhältnisses nur nach § 556 a verlangen. Dabei ist nicht nur auf die Umstände abzustellen, die der früheren Entscheidung zugrunde gelegen haben. Entscheidend ist ein Vergleich der gesamten Sachlage zur Zeit der früheren und der nunmehr anstehenden Entscheidung. Dies bedeutet, daß der Wegfall oder die Milderung früherer Härtegründe ebenso zu berücksichtigen ist wie der Hinzutritt neuer Gründe für den Mieter oder seine Familie. In gleicher Weise ist es von Bedeutung, ob sich die berechtigten Interessen des Vermieters geändert haben. 18

Zunächst muß der Vermieter darlegen und ggf *beweisen*, daß sich die maßgebenden Umstände erheblich zuungunsten des Mieters geändert haben. Dies gilt auch für die Härtegründe auf seiten des Mieters (OLG Stuttgart NJW 1969, 1070, 1071). Demgegenüber hat der Mieter darzulegen und zu beweisen, daß es für ihn oder seine Familie gleichwohl eine ungerechtfertigte Härte bedeutet, wenn das Mietverhältnis unter den ge- 19 änderten Umständen beendet wird. Die Änderung der Umstände ist erheblich, wenn die Interessenabwägung ein anderes Ergebnis rechtfertigt.

20 **b) Rechtsfolgen**

aa) Haben sich die maßgebenden Umstände nicht oder nur unerheblich geändert, kann der Mieter einer Kündigung widersprechen und die Fortsetzung des Mietverhältnisses auf **unbestimmte Zeit** verlangen (Abs 2 S 1). Er ist dabei nicht an die Einhaltung einer bestimmten Form und Frist gebunden. Eine Änderung der Vertragsbedingungen ist mangels einer Verweisung auf § 556 a nicht möglich, soweit sich die Parteien nicht dahin gehend verständigen.

21 **bb)** Haben sich die maßgebenden Umstände erheblich geändert, kommt eine weitere Fortsetzung des Mietverhältnisses nur nach § 556 a in Betracht. Sind dessen Voraussetzungen erfüllt, kann der Mieter der Kündigung widersprechen und vom Vermieter verlangen, das Mietverhältnis **auf bestimmte oder unbestimmte Zeit** fortzusetzen (OLG Stuttgart NJW 1969, 1070, 1071). Dabei hat er Form und Frist zu wahren.

22 **IV. Unabdingbarkeit**

§ 556 c ist in dem gleichen Umfang zuungunsten des Mieters nicht abdingbar wie § 556 a (dort Rz 58 f). Auch wenn Abs 2 S 1 nicht auf § 556 a verweist, ist dessen Abs 7 wegen der rechtssystematischen Einheit der Sozialklausel anwendbar.

§ 557

Gibt der Mieter die gemietete Sache nach der Beendigung des Mietverhältnisses nicht zurück, so kann der Vermieter für die Dauer der Vorenthaltung als Entschädigung den vereinbarten Mietzins verlangen; bei einem Mietverhältnis über Räume kann er anstelle dessen als Entschädigung den Mietzins verlangen, der für vergleichbare Räume ortsüblich ist. Die Geltendmachung eines weiteren Schadens ist nicht ausgeschlossen.

Der Vermieter von Wohnraum kann jedoch einen weiteren Schaden nur geltend machen, wenn die Rückgabe infolge von Umständen unterblieben ist, die der Mieter zu vertreten hat; der Schaden ist nur insoweit zu ersetzen, als den Umständen nach die Billigkeit eine Schadloshaltung erfordert. Dies gilt nicht, wenn der Mieter gekündigt hat.

Wird dem Mieter von Wohnraum nach § 721 oder § 794 a der Zivilprozeßordnung eine Räumungsfrist gewährt, so ist er für die Zeit von der Been-

digung des Mietverhältnisses bis zum Ablauf der Räumungsfrist zum Ersatz eines weiteren Schadens nicht verpflichtet.
Eine Vereinbarung, die zum Nachteil des Mieters von den Absätzen 2 oder 3 abweicht, ist unwirksam.

Schrifttum: HOFFMANN, Zur Haftung der Ehefrau im Rahmen von § 557 BGB, NJW 1968, 2327; KÜNKEL, Über den Entschädigungsanspruch nach § 557 Abs. 1 BGB, insbesondere bei Untervermietung, MDR 1962, 92; ders, Schadensersatzansprüche des Vermieters bei verzögerter Räumung einer Wohnung, NJW 1964, 2287; MÜLLER, Das Benutzungsverhältnis zwischen Vermieter und Mieter nach Gewährung einer Räumungsfrist gemäß § 721 ZPO, MDR 1971, 253; ROESCH, Zur Frage der Nutzungsentschädigung nach § 557 BGB, WuM 1970, 53; SCHMIDT-FUTTERER, Der Mietzinsausfall nach Rückgabe der Mietsache, ZMR 1968, 161; ders, Die Schadensersatzpflicht des Mieters wegen verspäteter Zurückgabe der Mietsache, NJW 1962, 471; SCHOPP, § 557 Abs. 1 BGB in der Mobiliarmiete, ZMR 1977, 353; WEIMAR, Zum Begriff des ortsüblichen Mietzinses gemäß § 557 Abs. 1 BGB, MDR 1970, 18; ders, Die Rechtsbeziehungen zwischen den Vertragsparteien während einer Räumungsfrist, WuM 1970, 111.

I. Allgemeines 1

Die Vorschrift regelt Ansprüche des Vermieters für den Fall, daß der Mieter die Mietsache nach der Beendigung des Mietverhältnisses nicht oder nicht rechtzeitig zurückgibt. Hierbei handelt es sich zum einen um den Anspruch auf Nutzungsentschädigung für die Dauer der Vorenthaltung der Mietsache (Abs 1 S 1), zum anderen um die Geltendmachung eines weiteren Schadens (Abs 1 S 2, Abs 2–4). Die Vorschrift bezweckt, die Nutzungsentschädigung des Vermieters auf einen Mindestbetrag festzusetzen. Das Wahlrecht zwischen dem ursprünglich vereinbarten und dem ortsüblichen Mietzins bei Räumen soll den Vermieter davor bewahren, sich bei einem Anstieg des Mietpreisniveaus für einen langen Zeitraum mit einer nicht mehr angemessenen Nutzungsentschädigung begnügen zu müssen. Die Ansprüche auf Ersatz eines weitergehenden Schadens sind bei der Vermietung von Wohnraum durch Abs 2–4 aus sozialen Gründen eingeschränkt worden. Es sollte sichergestellt werden, daß der Mieter sich nicht durch die Sorge vor Schadensersatzansprüchen des Vermieters davon abhalten läßt, unter Berufung auf die §§ 556 a, 556 b eine Fortsetzung des Mietverhältnisses zu verlangen oder eine Räumungsfrist zu begehren.

II. Nutzungsentschädigung (Abs 1 S 1)

1. Voraussetzungen 2

a) Zwischen den Parteien muß ein **Mietverhältnis** bestanden haben. Die Vorschrift gilt deshalb nicht im Verhältnis zwischen Hauptvermieter und

Untermieter (AG Stuttgart WuM 1973, 78). Wenn die Rspr dem Untermieter den Einwand des Rechtsmißbrauchs zubilligt, soweit diesem gegenüber einer Kündigung des Untermieters die Schutzrechte aus den §§ 556 a, 564 b zustehen würden, wird der Vergütungsanspruch auf § 242 gestützt (BGHZ 84, 90, 99 = NJW 1982, 1696, 1698; vgl § 556 a Rz 2). Es kann sich um die Miete beweglicher oder unbeweglicher Sachen handeln. Überläßt der Vermieter dem Mieter die Mietsache, ohne daß wegen fehlender Einigung der Parteien über die Miethöhe ein Mietvertrag zustande gekommen ist, so ist der Mieter zum Ersatz nach den §§ 812 Abs 1 S 1, 818 Abs 1 verpflichtet (AG Burgsteinfurt WuM 1974, 223).

3 **b) Beendigung des Mietverhältnisses**

Das Mietverhältnis muß beendet sein. Wann dies der Fall ist, ergibt sich grundsätzlich aus § 564 (dort Rz 2 ff; vgl § 556 Rz 3). Das Mietverhältnis muß beendet bleiben. Die Vorschrift ist deshalb nicht anwendbar, wenn das Mietverhältnis von den Parteien verlängert wird. Dies kann durch ausdrückliche Vereinbarung, stillschweigend oder durch Fortsetzung des Gebrauchs nach § 568 geschehen. Auch eine Fortsetzung nach den §§ 556 a–556 c schließt die Anwendbarkeit des § 557 aus.

4 **c) Vorenthaltung der Mietsache**

Eine Vorenthaltung liegt nur vor, wenn der Mieter die Sache nicht zurückgibt, obwohl ihm das möglich wäre, und wenn dieses Verhalten dem Willen des Vermieters widerspricht (BGH NJW 1960, 909; 1983, 112). Im einzelnen läßt sich der Begriff der Vorenthaltung mit Schmidt-Futterer-Blank (B 375 ff) auf folgende Merkmale zurückführen:

5 **aa)** Eine Vorenthaltung setzt zunächst voraus, daß der Mieter dem Vermieter die **tatsächliche Gewalt** über die Sache nicht einräumt, der Rückgabeanspruch also nicht erfüllt wird. Dies ist gegeben, wenn der Mieter die Sache in Besitz behält (OLG Hamburg WuM 1977, 73; LG Köln MDR 1966, 239). Es kann sich um unmittelbaren oder mittelbaren Besitz handeln (Sternel Rz V 70). Eine Fortsetzung des Gebrauchs ist grundsätzlich nicht notwendig, um den Anspruch auf Nutzungsentschädigung zu begründen (RGZ 99, 230, 231 f). Entscheidend ist, daß der Vermieter die Mietsache nicht selbst oder durch Weitervermietung nutzen kann, wie es bei Räumung einer Wohnung durch den Mieter ohne Rückgabe der Schlüssel der Fall ist (LG Mannheim WuM 1976, 13).

6 Macht der Mieter einer beweglichen Sache ein **Zurückbehaltungsrecht** geltend, entsteht für die Dauer der Ausübung dieses Rechts kein Anspruch auf Nutzungsentschädigung, soweit sich der Mieter auf die bloße Zurückbehaltung beschränkt. Gebraucht er die Sache jedoch weiterhin, überschreitet er sein Zurückbehaltungsrecht und genießt die Gebrauchsvor-

teile, die dann durch § 557 abgegolten werden sollen (BGHZ 65, 56, 59 = NJW 1975, 1773 m Anm Haase JR 1976, 22).

7 Da **Teilleistungen** des Mieters bei Erfüllung der Rückgabepflicht grundsätzlich unzulässig sind, hat dies idR zur Folge, daß die gesamte Mietsache dem Vermieter vorenthalten wird, so etwa, wenn der Mieter nur einen Teil der gemieteten Räume zurückgibt und der Vermieter nicht gesondert darüber verfügen kann (LG Köln ZMR 1967, 201; LG Mannheim MDR 1965, 140; aM Sternel Rz V 71).

8 Eine Vorenthaltung ist nicht gegeben, wenn der Mieter die Mietsache zwar zurückgibt, aber seine **weiteren Pflichten nicht erfüllt**, die im Rahmen der Rückgabepflicht bestehen. Dies gilt für unterbliebene Schönheitsreparaturen, Wegnahme von Einrichtungen und Beseitigung von Schäden (RG JW 1910, 939 Nr 15; OLG Hamburg WuM 1977, 73). Wird der Vermieter dadurch an einer weiteren Nutzung gehindert, kommen Schadensersatzansprüche aus Schuldnerverzug (§ 286 Abs 1) oder positiver Forderungsverletzung in Betracht (Abs 1 S 2).

9 Eine Vorenthaltung scheidet ferner aus, wenn der Mieter durch die **Obdachlosenbehörde** wieder in die Wohnung eingewiesen wird. Der Fall ist nicht anders zu beurteilen als bei der erstmaligen Einweisung eines Obdachlosen in eine bisher nicht von ihm gemietete Wohnung. Es handelt sich um ein öffentlich-rechtliches Verhältnis zwischen Obdachlosenbehörde und Vermieter, das die Anwendbarkeit des § 557 zwischen Mieter und Vermieter ausschließt (LG Essen ZMR 1956, 8; aM LG Mannheim NJW 1963, 717 m Anm Adler).

10 **bb)** Die Mietsache wird dem Vermieter nur vorenthalten, wenn die **Möglichkeit der Rückgabe** besteht. Ist die Rückgabe *objektiv unmöglich*, weil die Mietsache im Zeitpunkt der Beendigung des Mietverhältnisses untergegangen ist oder geschieht dies später, handelt es sich nicht um eine Vorenthaltung. Der Anspruch auf Nutzungsentschädigung entsteht nicht oder endet in dem späteren Zeitpunkt (RGZ 99, 230, 232; OLG Hamm ZMR 1977, 372). Hat der Mieter den Untergang oder Verlust der Mietsache zu vertreten, schuldet er insoweit nach den allgemeinen Grundsätzen Schadensersatz (RGZ aaO).

11 Streitig ist, ob die Mietsache dem Vermieter auch dann vorenthalten wird, wenn ihre Rückgabe *subjektiv unmöglich* ist. Dieses Problem stellt sich vor allem, wenn der Mieter aus der Wohnung auszieht, aber ein Mitmieter (LG Kassel WuM 1977, 255) oder Untermieter zurückbleibt (§ 556 Rz 8). Nach der in Rspr und Schrifttum vorherrschenden Auffassung soll § 557 generell eingreifen. Der Mieter bleibe weiterhin mittelbarer Besitzer, da ihm der Untermieter den Besitz vermittle. Der Hauptvermieter müsse sich aber nach § 254 ein etwaiges Mitverschulden anrechnen lassen, wenn er nicht selbst rechtzeitig nach § 556 Abs 3 gegen den Untermieter vorgehe

(OLG Hamburg ZMR 1953, 112; LG Göttingen MDR 1959, 928; LG Hamburg ZMR 1966, 217; aM LG Düsseldorf ZMR 1958, 298; LG Köln MDR 1959, 762; differenzierend SCHMIDT-FUTTERER-BLANK B 381 ff).

12 Die *Lösung des Problems* hängt davon ab, welcher Inhalt dem Begriff des Unvermögens beigemessen wird. Allein durch den Verlust der unmittelbaren Verfügungsgewalt wird dem Mieter die Rückgabe nicht subjektiv unmöglich, wenn er sich die Sache von dem besitzenden Dritten wiederbeschaffen kann. Dies ist bei der Untermiete aufgrund des Rückgabeanspruchs nach § 556 Abs 1 der Fall, soweit der Untervermieter ein Recht zur Beendigung des Untermietverhältnisses hat. Für Mitmieter können sich aus dem Innenverhältnis entsprechende Ansprüche ergeben (LG Kassel WuM 1977, 255). Bei widerrechtlicher Entziehung durch Dritte greifen Besitzschutzansprüche des Mieters ein.

13 **cc)** Die Mietsache wird nur vorenthalten, wenn auf seiten des Vermieters ein grundsätzlicher **Rücknahmewille** besteht. Dies ist auch anzunehmen, wenn dem Mieter gerichtlich eine Räumungsfrist (§§ 721, 794 a ZPO) oder Vollstreckungsschutz (§ 765 a ZPO) eingeräumt worden ist (OLG Celle ZMR 1967, 270; LG Dortmund ZMR 1977, 79). Selbst wenn vertraglich eine Räumungsfrist vereinbart wird, bleibt die Mietsache vorenthalten, weil der Rücknahmewille des Vermieters dadurch nicht beeinträchtigt wird, solange er nicht zu einer Verlängerung des Mietverhältnisses bereit ist (BGH NJW 1983, 112; LG Wuppertal WuM 1967, 10). Der Vermieter kann vertraglich eine besondere Mitwirkungspflicht auf sich nehmen, indem der Anspruch auf Nutzungsentschädigung noch von einer Aufforderung zur Rückgabe abhängig gemacht wird (BGH NJW 1982, 1747, 1748).

14 **Keine Vorenthaltung** der Mietsache ist gegeben, solange der Vermieter dem Mieter zu erkennen gibt, daß er das Mietverhältnis etwa wegen angeblicher Unwirksamkeit der Kündigung nicht als beendet ansehe (BGH NJW 1960, 909; WM 1973, 383, 386). Für diesen Zeitraum kommt es deshalb nicht darauf an, ob der Mieter zur Rückgabe in der Lage ist (BGH NJW 1960, 909, 910; anders RG WarnR 1934 Nr 176). Die Mietsache wird ebenfalls nicht vorenthalten, wenn der Vermieter zwar von der Beendigung des Mietverhältnisses ausgeht, die Mietsache aber nicht zurücknimmt, weil er mit dem Mieter einen neuen Mietvertrag abschließen will (KG ZMR 1971, 321), wenn das Mietverhältnis stillschweigend oder durch Fortsetzung des Gebrauchs nach § 568 verlängert wird (LG Köln WuM 1973, 247) oder wenn der Vermieter die Rücknahme einer Mietsache ablehnt, weil der Mieter deren Zustand verändert hat und der Mieter daraufhin den Besitz aufgibt (OLG Hamburg WuM 1977, 73). Das gleiche gilt, wenn der Vermieter im Annahmeverzug ist (AG Hamburg WuM 1982, 73) oder der Mieter ein Grundstück oder eine Wohnung nur deshalb nicht vollständig räumen kann, weil der Vermieter unter Berufung auf das Vermieterpfandrecht nach den §§ 559, 561 einen Teil der eingebrachten Sachen zurückbehält (LG Mannheim WuM 1978, 141). Wenn der Vermieter die vom bisherigen Mieter vorenthaltenen Räume weitervermietet und der neue Mieter mit dem bisherigen einen Untermietvertrag abschließt, scheidet eine Vorenthaltung aus, da der Untermieter sein Besitzrecht dann vom Hauptmieter ableitet und die fehlende Rückgabe nicht dem Willen des Hauptvermieters widerspricht. Dabei kommt es auf die Befugnis zur Untervermietung nicht an (BGHZ 85, 267 = NJW 1983, 446).

dd) Die Vorenthaltung beginnt mit dem **Zeitpunkt**, in dem der Mietvertrag **15**
beendet ist. Sie endet, sobald der Mieter seine Rückgabepflicht erfüllt, auch wenn dies vor Ablauf einer Räumungsfrist geschieht (aM LG Wiesbaden WuM 1968, 164 m abl Anm Schmidt). Die Vorenthaltung dauert nur bis zum Auszug. Für den weiteren Verlauf der bereits angebrochenen Abrechnungsperiode steht dem Vermieter deshalb keine Nutzungsentschädigung nach Abs 1 S 1 zu (anders LG Mannheim WuM 1976, 49), sondern ggf ein Schadensersatzanspruch wegen entgangenen Gewinns (Sternel Rz V 85). Die Vorenthaltung endet auch, wenn dem Mieter die Rückgabe unmöglich wird (Rz 10).

2. Rechtsfolgen **16**

a) Allgemeines

Nach Beendigung des Mietverhältnisses entsteht zwischen den früheren Vertragsparteien für die Dauer der Vorenthaltung der Mietsache ein **gesetzliches Schuldverhältnis** (LG Wiesbaden WuM 1968, 164). Hieraus ergibt sich in erster Linie der Anspruch des Vermieters auf Nutzungsentschädigung (Rz 17 ff). Hat der Vermieter den vertraglichen Herausgabeanspruch abgetreten, erfaßt die Abtretung nicht notwendig den Entschädigungsanspruch. Dies hängt vielmehr von den Vereinbarungen ab, die Zedent und Zessionar treffen. Gegen eine Trennung beider Ansprüche bestehen keine rechtlichen Bedenken, da bei entsprechenden internen Vereinbarungen Vorenthaltung der Mietsache und Schadenseintritt nicht in derselben Person zusammentreffen müssen (offengelassen von BGH NJW 1983, 112). Bei dem Anspruch auf Nutzungsentschädigung handelt es sich nach zT vertretener Ansicht um einen reinen Schadensersatzanspruch (BGH NJW 1961, 916), während andere einen vertraglichen Abwicklungsanspruch (Erman-Schopp § 557 Rz 3) oder einen vertraglichen Anspruch eigener Art annehmen (BGHZ 68, 307, 310 = NJW 1977, 1335, 1336; Schmidt-Futterer-Blank B 390). Die Höhe dieses Anspruchs ist nicht davon abhängig, ob und inwieweit der Vermieter aus der Vorenthaltung der Mietsache einen Schaden erlitten oder ob der Mieter die vorenthaltene Mietsache noch tatsächlich genutzt hat (RG WarnR 1934 Nr 176; BGH NJW 1961, 916; KG HRR 1934 Nr 855). Daneben bestehen für die Parteien weitere Rechte und Pflichten, die insbesondere relevant werden, wenn der Mieter die Sache weiterhin nutzt (Rz 28 ff). Die Ansprüche aus § 557 stehen nach § 571 Abs 1 dem Grundstückserwerber zu, auch wenn der Mietvertrag vor dem Eigentumswechsel aufgrund einer noch vom Veräußerer erklärten Kündigung beendet worden ist (BGHZ 72, 147 = NJW 1978, 2148 m abl Anm Haase JR 1979, 111). Die Haftung kann nach § 25 HGB denjenigen treffen, der ein erworbenes Handelsgeschäft unter der bisherigen Firma fortführt (BGH NJW 1982, 577). Nimmt der Vermieter nach Erlaß eines Räumungsurteils wiederholt Nutzungsentschädigungen entgegen, kann darin uU der Abschluß eines neuen Mietvertrags liegen (LG Hannover MDR 1979, 495).

17 **b) Vereinbarter Mietzins**

aa) Der Vermieter kann als **Mindestentschädigung** den vereinbarten Mietzins verlangen (Abs 1 S 1 HS 1). Dies ist der Betrag, der vertraglich zur Zeit der Beendigung des Mietverhältnisses zu entrichten war. Er braucht nicht mit dem bei Vertragsabschluß vereinbarten Mietzins übereinzustimmen, sondern kann nach einer zwischenzeitlichen Mieterhöhung höher liegen oder durch Mängel gemindert sein, die während der Mietzeit aufgetreten sind und bei Beendigung noch vorliegen (BGH NJW 1961, 916). Eine Minderung ist dagegen ausgeschlossen, wenn sich die Mietsache erst nach Beendigung des Mietverhältnisses erstmalig oder weiter verschlechtert (MünchKomm-Voelskow § 557 Rz 15; aM Derleder in AK § 557 Rz 3). Abgesehen von Ausnahmefällen, die nach § 242 zu beurteilen sind, kann der Vermieter daher trotz einer weiteren Verschlechterung der Sache den letzten Mietzins als Mindestentschädigung verlangen (BGH aaO). Ein im Zeitpunkt der Vertragsbeendigung geminderter Mietzins bleibt nicht maßgebend, wenn die Mängel während der Vorenthaltung der Mietsache beseitigt werden. Haben die Parteien ein Minderungs- oder Aufrechnungsverbot vereinbart, gilt dies auch für die Nutzungsentschädigung (KG HRR 1932 Nr 107; OLG Stuttgart NJW 1956, 914). Eine nach § 5 WiStrG, § 138 BGB nichtige Mietzinsvereinbarung kann für die Nutzungsentschädigung nicht berücksichtigt werden (AG Nürtingen WuM 1982, 81).

18 **bb)** Die Nutzungsentschädigung umfaßt die **Nebenkosten** für Leistungen, die der Mieter weiterhin in Anspruch nimmt. Für ein Umlageverfahren sind die ursprünglichen Vereinbarungen maßgebend (LG Mannheim WuM 1962, 120, 121; Müller MDR 1971, 253, 255).

19 **cc)** Die **Fälligkeit** der Nutzungsentschädigung bestimmt sich nach der Regelung, die der Mietvertrag für den Mietzins vorsah (BGH NJW 1974,

556). Fehlt eine ausdrückliche Fälligkeitsvereinbarung, gilt wegen der Ähnlichkeit beider Ansprüche § 551.

dd) Eine **Erhöhung** der Nutzungsentschädigung aufgrund gesetzlicher 20
Vorschriften über den im Zeitpunkt der Beendigung des Mietverhältnisses vereinbarten Mietzins hinaus ist ausgeschlossen. Der Vermieter hat nur die Möglichkeit, nach Abs 1 S 1 HS 2 die ortsübliche Miete zu verlangen oder nach Abs 1 S 2 einen weitergehenden Schaden geltend zu machen (OLG Celle ZMR 1967, 270; LG Kiel NJW 1961, 319). Wertsicherungsklauseln müssen bei der Nutzungsentschädigung unberücksichtigt bleiben, da sie mit dem Vertragsende ihre Wirksamkeit verlieren (BGH MDR 1973, 492).

ee) Eine **Senkung** der Nutzungsentschädigung gegenüber dem vereinbar- 21
ten Mietzins ist geboten, wenn dem Mieter nach Beendigung des Mietverhältnisses Nebenräume, Gemeinschaftseinrichtungen und ähnliches nicht mehr zur Verfügung stehen, auf die ein entsprechender Teil des Mietzinses entfiel (Müller MDR 1971, 253, 254). Das gleiche gilt, wenn die teilweise Rückgabe der Mietsache entgegen § 266 ausnahmsweise als zulässige Teilleistung anzuerkennen ist (LG Mannheim ZMR 1965, 211).

ff) Der Anspruch auf Nutzungsentschädigung ist eine Entschädigungsfor- 22
derung iS des § 559 S 2, für die der Vermieter ein **Pfandrecht** an den eingebrachten Sachen des Mieters geltend machen kann, wenn der auszugleichende Schaden entstanden ist (RGZ 54, 301; 142, 201, 205; BGH NJW 1972, 721, 722).

gg) Die **Verjährung** des Anspruchs richtet sich nach § 197, beträgt also vier 23
Jahre (BGHZ 68, 307 ≐ NJW 1977, 1335 m Anm Wolf LM Nr 9 zu § 557 BGB), soweit nicht § 196 Abs 1 Nr 6 eingreift.

c) Ortsübliche Vergleichsmiete 24

aa) Anstelle des vereinbarten Mietzinses kann der Vermieter bei der Raummiete jeder Art als Nutzungsentschädigung die ortsübliche Vergleichsmiete verlangen (Abs 1 S 1 HS 2). Er hat damit als Gläubiger eine **Ersetzungsbefugnis**. Dieses Recht steht ihm mehrfach zu, wenn die ortsübliche Vergleichsmiete in der Zwischenzeit steigt (Sternel Rz V 91). Die einjährige Wartefrist des § 2 Abs 1 Nr 1 MHRG gilt nicht.

bb) Der Vermieter muß sein Gestaltungsrecht durch eine einseitige, emp- 25
fangsbedürftige Willenserklärung ausüben. Über **Inhalt und Form** dieser Erklärung enthält das Gesetz keine besonderen Vorschriften. Entgegen einer zT vertretenen Auffassung (AG Hildesheim ZMR 1973, 15; BGB-RGRK-Gelhaar § 557 Rz 14) fehlt es für eine entsprechende Anwendung des § 2 Abs 2 MHRG am gleichen Normzweck, da die Mieterhöhung nach dieser Vorschrift eine Zustimmung des Mieters voraussetzt, die von ihm nur bei Darlegung aller den Anspruch des Vermieters begründenden Tat-

sachen erwartet werden kann. Im Rahmen des § 557 genügt jedoch die einseitige Erklärung. Diese Erklärung bedarf deshalb keiner Form (MünchKomm-Voelskow § 557 Rz 17) und auch nicht einer Angabe der die höhere ortsübliche Miete begründenden Tatsachen (aM Schmidt-Futterer-Blank B 393). Der notwendige Schutz des Mieters ist sichergestellt, weil der Vermieter die Beweislast dafür trägt, daß er eine höhere Nutzungsentschädigung geltend gemacht hat und daß diese der ortsüblichen Vergleichsmiete entspricht. Dies gilt auch bei Sozialwohnungen, da die verfahrensrechtlichen Vorschriften über eine Mieterhöhung nach § 10 WoBindG ein bestehendes Mietverhältnis voraussetzen (anders LG Mannheim NJW 1970, 1881).

26 **cc)** Der Anspruch auf Entschädigung nach der ortsüblichen Vergleichsmiete wird wirksam mit dem **Zugang** der Erklärung bei dem früheren Mieter (§ 130). Aus der Gestaltungswirkung der Erklärung folgt, daß diese Entschädigung nicht rückwirkend für die Vergangenheit verlangt werden kann (LG Düsseldorf MDR 1970, 144; LG München WuM 1974, 7).

27 **dd)** Der **Umfang** der Nutzungsentschädigung richtet sich nicht nach einer aus allen Mieten innerhalb der betreffenden Gemeinde gebildeten Durchschnittsmiete. Entscheidend ist der konkrete Vergleich mit dem Mietzins, der in der Gemeinde für Räume vergleichbarer Art, Größe, Ausstattung, Beschaffenheit und Lage üblicherweise gezahlt wird (vgl § 2 Abs 1 Nr 2 MHRG; dort Rz 8 ff). Aus dem Merkmal der Üblichkeit ist zu folgern, daß eine Mehrzahl von Räumen als Vergleichsobjekte zur Verfügung stehen muß. Soweit für den jeweiligen Ort Mietwerttabellen (§ 2 Abs 2 S 2 MHRG) aufgestellt worden sind, kann hierauf zurückgegriffen werden. Die Berufung auf Sachverständigengutachten anstelle der Benennung von Vergleichsobjekten ist unzureichend (AG Dortmund WuM 1972, 59; AG Kamen WuM 1972, 162). Die ortsübliche Vergleichsmiete bildet auch dann die Grenze, wenn der Vermieter umsatzsteuerpflichtig ist. Er kann die Umsatzsteuer aber als weitergehenden Schadensersatz nach Abs 1 S 2 geltend machen (OLG Hamm ZMR 1980, 375).

28 **d) Sonstige Rechtsfolgen**

aa) Mit der Beendigung des Mietverhältnisses erlöschen alle vertraglichen Rechte und Pflichten. Zwischen den Parteien entsteht ein **gesetzliches Schuldverhältnis**. Die weitere Anwendbarkeit mietrechtlicher Vorschriften ist allein unter dem Gesichtspunkt geboten, dem Vermieter jeglichen Zwang zu verwehren, durch den er auf den Besitz des Mieters einwirken könnte. Hieraus ergeben sich beträchtliche Einschränkungen gegenüber den früheren mietvertraglichen Rechtsbeziehungen (vgl Müller MDR 1971, 253 ff; Schmidt-Futterer-Blank B 406 ff).

bb) Der **Vermieter** ist verpflichtet, dem Mieter einen gefahrlosen Zugang zu ermöglichen und alle Gefahren zu beseitigen, die vom Besitz der Mietsache ausgehen können. Zu weitergehenden Instandhaltungsarbeiten ist er nicht verpflichtet (zT abw MÜLLER 255). Versorgungsleistungen und Gemeinschaftseinrichtungen sind zur Verfügung zu stellen, soweit sie erforderlich sind, um ein angemessenes Wohnen zu ermöglichen und nicht einen mittelbaren Druck zwecks Räumung auf den Mieter entstehen zu lassen. Der Verlegung eines Telefonanschlusses braucht der Vermieter grundsätzlich nicht zuzustimmen (AG Waldshut-Tiengen WuM 1981, 212). **29**

cc) Der **Mieter** ist zur Obhut über die vorenthaltene Mietsache verpflichtet. Er hat den Hausfrieden zu wahren und Rücksicht auf Mitmieter zu nehmen. Eine vertraglich übernommene Pflicht, Schönheits- und andere Reparaturen durchzuführen, wirkt nicht fort. Das gleiche gilt für sonstige besondere vertragliche Pflichten, die nicht typischerweise zum Mindestinhalt eines Mietverhältnisses gehören (weitergehend MÜLLER MDR 1971, 253, 256). Aus Treu und Glauben kann sich für den Mieter die Pflicht ergeben, dem Vermieter den bevorstehenden oder mit hoher Wahrscheinlichkeit zu erwartenden Auszug mitzuteilen, damit sich der Vermieter rechtzeitig um einen neuen Mieter bemühen kann. Anderenfalls macht sich der Mieter schadensersatzpflichtig (LG Freiburg WuM 1980, 223). **30**

III. Weitergehender Schadensersatz

1. Allgemeines **31**

Nach Abs 1 S 2 ist es dem Vermieter nicht verwehrt, neben der Nutzungsentschädigung einen weiteren Schaden geltend zu machen. Die Vorschrift stellt klar, daß neben der Mindestentschädigung weitere Schadensersatzansprüche unberührt bleiben, die sich aus den allgemeinen Vorschriften ergeben.

a) Hierzu gehören in erster Linie Ansprüche wegen **Schuldnerverzugs** nach den §§ 284 ff (BGH WuM 1965, 205, 206; OLG Stuttgart BB 1962, 466; LG Augsburg WuM 1967, 27). Der Schadensersatzanspruch wegen Räumungsverzugs des Mieters steht nach § 571 Abs 1 dem Erwerber des Grundstücks zu, auch wenn der Mietvertrag vor dem Eigentumswechsel aufgrund einer von dem Veräußerer erklärten Kündigung beendet worden ist (BGHZ 72, 147 = NJW 1978, 2148 m abl Anm HAASE JR 1979, 111). Weitere Schadensersatzansprüche des Vermieters können sich aus **positiver Forderungsverletzung** ergeben (LG Augsburg aaO; LG Mannheim **32**

WuM 1962, 120). Solche Ansprüche setzen voraus, daß der Mieter dem Vermieter die Mietsache schuldhaft vorenthält. Hierin liegt ein wesentlicher Unterschied zum Anspruch auf Nutzungsentschädigung nach Abs 1 S 1. Das Verschulden kann wegen eines Rechtsirrtums ausgeschlossen sein (AG Langen WuM 1980, 7, 8). Ein weiterer Unterschied besteht darin, daß der Vermieter den Schaden darlegen und im Streitfall beweisen muß.

33 **b)** Der **Umfang** des zu ersetzenden Schadens richtet sich nach den §§ 249 ff. Damit wird der entgangene Gewinn erfaßt (§ 252). Es handelt sich vor allem um die Nutzungen, die der Vermieter bei rechtzeitiger Rückgabe der Mietsache hätte erzielen können, soweit sie höher gewesen wären als der frühere Mietzins (Roquette § 557 Rz 14). Einschränkungen unter dem Gesichtspunkt der Kausalität können eingreifen, wenn der Vermieter von Wohnraum einen entgangenen Gewinn aus der Weitervermietung zu gewerblichen Zwecken geltend macht (LG Hamburg MDR 1967, 676). Als weiterer Schaden kommt auch eine anderweitige Vermögenseinbuße in Betracht, zB gestiegene Reparaturkosten. Wenn der Mieter die Räumung verzögert und den Vermieter in Ungewißheit darüber läßt, wann er ausziehen wird, hat er dafür einzustehen, daß sich wegen dieser Ungewißheit etwaige bauliche Änderungen durch den Vermieter verzögern (BGH WM 1964, 684). Zu ersetzen sind ferner Veränderungen und Verschlechterungen, die sich im Rahmen des § 548 halten. Diese Schäden werden nicht durch die Nutzungsentschädigung nach Abs 1 S 1 abgegolten, da dieser Anspruch keinen Entgeltscharakter trägt (aM Schmidt-Futterer-Blank B 430; vgl Müller MDR 1971, 253, 257). Unterliegt der Vermieter mit der Nutzungsentschädigung des Abs 1 S 1 der Umsatzsteuer, gehört die Steuer zu dem zu ersetzenden Schaden (OLG Hamm ZMR 1980, 375).

34 **c)** Der Mieter kann gegenüber den Schadensersatzansprüchen des Vermieters nach § 254 den **Einwand mitwirkenden Verschuldens** geltend machen (vgl LG Göttingen MDR 1959, 928).

35 **2. Besonderheiten bei der Vermietung von Wohnraum**

Das Gesetz enthält in Abs 2 und 3 aus sozialen Gründen eine Reihe von Einschränkungen für Wohnraummietverhältnisse jeder Art.

36 **a) Verschulden des Mieters**

Der Vermieter kann einen weiteren Schaden nur geltend machen, wenn die Rückgabe der Wohnräume infolge von Umständen unterblieben ist, die der Mieter zu vertreten hat (Abs 2 S 1 HS 1). Dieser Regelung kommt im wesentlichen eine klarstellende Funktion zu, da auch die allgemeinen

Schadensersatzansprüche grundsätzlich ein Verschulden voraussetzen. Eine materiell-rechtliche Bedeutung ergibt sich wegen der Unabdingbarkeit (Abs 4) nur insoweit, als die Parteien die Voraussetzungen eines Schadensersatzanspruchs bei verspäteter Rückgabe abweichend von den allgemeinen Vorschriften vereinbart haben.

b) Billigkeitserwägungen 37

aa) Nach Abs 2 S 1 HS 2 ist der Mieter von Wohnraum nur insoweit zum Schadensersatz verpflichtet, als den **Umständen** nach die Billigkeit eine Schadloshaltung des Vermieters erfordert. Solche Umstände können darin liegen, daß sich ein erfolgversprechendes Verlangen auf Fortsetzung des Mietverhältnisses nach § 556 a erst im Prozeß als unbegründet erweist. Unbillig kann es sein, wenn der Vermieter einen entgangenen Gewinn verlangt, den er nur aufgrund solcher Maßnahmen erzielt hätte, die er ohne Stellungnahme des Mieters zu der Kündigung bereits in die Wege geleitet hatte. Das gleiche gilt, wenn der Vermieter einen hohen Gewinn ersetzt haben will, der ihm aus einem gescheiterten Verkauf des Mietobjekts entgangen ist (Hans § 557 Anm 5 b; Schmidt-Futterer-Blank B 440).

bb) Ist das Mietverhältnis durch eine **Kündigung des Mieters** beendet worden, können Schadensersatzansprüche des Vermieters nicht aufgrund von Billigkeitserwägungen eingeschränkt oder ausgeschlossen werden (Abs 2 S 2). Diese Regelung bezieht sich nur auf die Billigkeitsklausel, läßt also die Voraussetzung des Verschuldens und deren Prüfung für einen Schadensersatzanspruch des Vermieters unberührt (AG Kassel WuM 1971, 13; anders Burkhardt BB 1964, 771, 774). Wird das Mietverhältnis einverständlich aufgehoben, greift Abs 2 S 2 aufgrund des eindeutigen Wortlauts nicht ein (Sternel Rz V 98). 38

c) Räumungsfrist durch Vollstreckungsschutz 39

Über die Nutzungsentschädigung hinausgehende Schadensersatzansprüche sind ausgeschlossen, wenn dem Mieter nach § 721 oder § 794 a ZPO eine gerichtliche Räumungsfrist gewährt worden ist (Abs 3). Dieser gesetzliche Ausschluß gilt für die Dauer der Beendigung des Mietverhältnisses über den Beginn bis zum Ablauf der – auch verlängerten – Räumungsfrist. Anschließend kann § 557 wieder in vollem Umfang eingreifen. Die Einschränkung des Abs 3 gilt nicht bei Vollstreckungsschutz nach § 765 a ZPO oder bei vertraglicher, insbesondere vergleichsweise vereinbarter Räumungsfrist. Wie sich aus der Stellung des Abs 2 S 2 ergibt, greift der Ausschluß bei gerichtlich gewährten Räumungsfristen auch im Falle einer Kündigung des Mieters ein. Aus dem Zweck des Abs 3 ergibt sich, daß nur der Ersatz solcher Schäden ausgeschlossen wird, die durch die Vorenthaltung der Mietsache entstanden sind. Weitergehende Schadensersatzansprüche wegen Beschädigung oder Verschlechterung während der Dauer der Vorenthaltung bleiben unberührt (MÜLLER MDR 1971, 253, 257).

40 **3. Unabdingbarkeit**

Nach Abs 4 können keine Vereinbarungen getroffen werden, die bei der Vermietung von Wohnraum zum Nachteil des Mieters von den Einschränkungen weitergehenden Schadensersatzes nach Abs 2 oder 3 abweichen. So ist eine Vereinbarung unzulässig, durch die eine vom Verschulden des Mieters unabhängige Schadensersatzpflicht wegen Vorenthaltung der Mietsache begründet werden soll (LG Mannheim ZMR 1967, 310). Das gleiche gilt für einen Verzicht des Mieters auf die Berücksichtigung von Billigkeitserwägungen oder auf den Ausschluß der Schadensersatzpflicht bei Gewährung gerichtlicher Räumungsfristen. Unzulässig sind Vereinbarungen, durch die abweichend von Abs 1 die Höhe der Nutzungsentschädigung zuungunsten des Mieters festgelegt wird (Mietrecht § 557 Rz 64; aM SCHMIDT-FUTTERER-BLANK B 450). Bei Formularmietverträgen ist unabhängig von der Art der Mietsache das Verbot unangemessen hoher Nutzungsvergütungen nach § 10 Nr 7 a) AGBG zu beachten (BUB DWW 1977, 76, 79).

IV. Konkurrenzen

41 **1.** Nach hM bleiben die Vorschriften über die **Herausgabe einer ungerechtfertigten Bereicherung** und der vom Mieter als nichtberechtigtem Besitzer gezogenen **Nutzungen** uneingeschränkt neben § 557 anwendbar (zu § 812: BGHZ 44, 241 = NJW 1966, 248; BGHZ 68, 307 = NJW 1977, 1335; BGH NJW 1968, 197; zu §§ 292 Abs 2, 987 bzw §§ 987, 990: BGH WM 1974, 260, 261 – jedenfalls ab Rechtshängigkeit, im übrigen offengelassen; BGH ZMR 1954, 236). Bereicherungsansprüche werden bei der Abwicklung eines Vertragsverhältnisses nach der Rspr nicht durch die §§ 987 ff ausgeschlossen (BGH NJW 1968, 197). Die Gegenmeinung beruft sich darauf, daß § 557 als Sonderregelung die Vorschriften der §§ 812 ff und 987 ff ausschließe (LG Düsseldorf WuM 1967, 134; LG Mannheim NJW 1970, 1881). Für die Lösung des Problems ist mit der hM davon auszugehen, daß es keine überzeugenden Anhaltspunkte für die Auffassung gibt, § 557 wolle als Sonderregelung Ansprüche aus ungerechtfertigter Bereicherung oder Ansprüche auf Ersatz der vom Mieter nach Beendigung des Mietverhältnisses gezogenen Nutzungen ausschließen. Die Einschränkung nach Abs 2 und 3 betrifft ausdrücklich nur weitergehende Schadensersatzansprüche (Mietrecht § 557 Rz 69).

Jürgen Sonnenschein

2. Die Ansprüche auf Schadensersatz wegen Verzugs oder aus ungerechtfertigter Bereicherung, die mit dem Entschädigungsanspruch aus Abs 1 S 1 konkurrieren, **verjähren** wie dieser Anspruch in entsprechender Anwendung des § 197 in vier Jahren (Rz 23), da der Zweck der kurzen Verjährungsfrist beeinträchtigt würde, wenn der Vermieter nach Ablauf der Frist des § 197 gleichartige Ansprüche in anderer rechtlicher Konstruktion durchsetzen könnte (BGHZ 68, 307, 311 = NJW 1977, 1335, 1336 m Anm WOLF LM Nr 9 zu § 557 BGB; vgl aber HECKELMANN JuS 1977, 799). Werden für die Zeit nach Beendigung des Mietverhältnisses Ansprüche auf Nutzungsentschädigung aus § 812 geltend gemacht, ohne daß die Voraussetzungen des § 557 erfüllt sind, unterliegen diese Ansprüche nach § 195 der regelmäßigen Verjährung von 30 Jahren (KG NJW 1971, 432). **42**

§ 557 a

Ist der Mietzins für eine Zeit nach der Beendigung des Mietverhältnisses im voraus entrichtet, so hat ihn der Vermieter nach Maßgabe des § 347 oder, wenn die Beendigung wegen eines Umstandes erfolgt, den er nicht zu vertreten hat, nach den Vorschriften über die Herausgabe einer ungerechtfertigten Bereicherung zurückzuerstatten.
Bei einem Mietverhältnis über Wohnraum ist eine zum Nachteil des Mieters abweichende Vereinbarung unwirksam.

Schrifttum: BACHMANN, Die rechtliche Behandlung der Baukostenzuschüsse unter besonderer Berücksichtigung der Rechtsprechung, ZMR 1961, 33; HADDING, Die Verweisungen auf die Vorschriften über die Herausgabe einer ungerechtfertigten Bereicherung, FS Mühl (1981) 225; PERGANDE, Erschwerung der Wohnungsbaufinanzierung durch die jüngste Rechtsprechung des BGH zur Mietvorauszahlung, NJW 1970, 1171; SCHOPP, Die Haftung aus § 557 a BGB, ZMR 1969, 161; STRUTZ, Baukostenzuschüsse und Abstandszahlungen bei einverständlich aufgelösten Geschäftsraummiet- und Pachtverträgen, NJW 1968, 1955; WUNNER, Baukostenzuschuß und Bereicherungsrecht, NJW 1966, 2285.

I. Allgemeines **1**

Die Vorschrift regelt den Umfang der Rückzahlungspflicht des Vermieters für den im voraus erhaltenen Mietzins, wenn das Mietverhältnis beendet wird und die Mietvorauszahlung noch nicht abgewohnt ist. Sie differenziert danach, ob der Vermieter die Beendigung zu vertreten hat oder nicht (Abs 1). Bei Mietverhältnissen über Wohnraum sind abweichende Vereinbarungen zum Nachteil des Mieters unwirksam (Abs 2). § 557 a soll als Teil des sozialen Mietrechts eine allgemeine Regelung für die Frage treffen, nach welchen Grundsätzen der Vermieter bei einer Beendigung des

Mietverhältnisses verpflichtet ist, den für eine spätere Zeit im voraus erhaltenen Mietzins zurückzuerstatten (Mietrecht § 557 a Rz 2).

II. Voraussetzungen

2 **1. Mietvorauszahlungen**

a) Voraussetzung für einen Rückerstattungsanspruch ist, daß der **Mietzins im voraus** für eine Zeit nach der Beendigung des Mietverhältnisses entrichtet worden ist. Die Vorschrift betrifft Mietverhältnisse aller Art und differenziert nur hinsichtlich der Unabdingbarkeit bei Mietverhältnissen über Wohnraum (Abs 2). Bei gemischten Verträgen wie zB Altenheimverträgen kommt es darauf an, daß das mietrechtliche Element überwiegt (BGH NJW 1982, 221). Das Gesetz geht davon aus, daß der Mietzins grundsätzlich am Ende der Mietzeit oder bei abschnittsweiser Bemessung nach Ablauf der einzelnen Zeitabschnitte zu entrichten ist (§ 551 Abs 1). Hiervon wird in der Praxis jedenfalls bei der Bemessung nach Zeitabschnitten idR abgewichen, indem der Mietzins nach den Parteivereinbarungen für den jeweiligen Zeitabschnitt im voraus zu entrichten ist. Eine Mietvorauszahlung liegt weiter vor, wenn mit dem Betrag jeweils nur ein Teil der zukünftig fällig werdenden Mietzinsraten getilgt werden soll und ein Restbetrag nach Zeitabschnitten hinzuzuzahlen ist. Das gleiche gilt, wenn der Mietzins für die gesamte Mietzeit in einer einmaligen Geldleistung vereinbart ist, die abweichend von § 551 Abs 1 S 1 im voraus zu entrichten ist (Mietrecht § 557 a Rz 6).

3 **b)** Die Vorschrift erfaßt nicht nur den reinen Mietzins, sondern das gesamte Entgelt, das der Mieter als Gegenleistung für den Gebrauch der Mietsache zahlt. Hierzu gehören **Umlagen und sonstige Nebenkosten** für die Inanspruchnahme besonderer Einrichtungen oder Leistungen. Ebenso wird ein **Verwendungsersatzanspruch** des Mieters aufgrund von Einbauten erfaßt, wenn die Parteien die Unverzinslichkeit und Unkündbarkeit während der Dauer des Mietverhältnisses sowie die Verrechnung mit den monatlichen Mietzinsraten vereinbart haben (BGHZ 54, 347 = NJW 1970, 2289 m Anm Braxmaier LM Nr 12 zu § 547 BGB). Die Vorschrift erfaßt **Darlehen und Baukostenzuschüsse** des Mieters, sofern durch eine Verrechnungsabrede die Abwohnbarkeit und damit die Beziehung zum Mietzins hergestellt worden ist (BGHZ 37, 346, 349 ff = NJW 1962, 1860, 1861; BGHZ 56, 285 = NJW 1971, 1658; OLG Hamm WuM 1970, 188; Sternel Rz V 120 ff; Wunner NJW 1966, 2285). Die Frage, inwieweit die Pflicht zur Zahlung eines Baukostenzuschusses nach vorzeitiger Beendigung des Mietverhältnisses fortbesteht, kann nicht aus § 557 a, sondern nur durch

Auslegung des Vertrags beantwortet werden (BGHZ 71, 243 = NJW 1978, 1483 m Anm HAASE JR 1979, 66). Die Rückerstattung verlorener Zuschüsse ist für Mietverhältnisse über Wohnraum abschließend geregelt in Art VI des Gesetzes zur Änderung des WobauG II, anderer wohnungsbaurechtlicher Vorschriften und über die Rückerstattung von Baukostenzuschüssen vom 21. 7. 1961 (BGBl I 1041), zuletzt geändert durch Gesetz vom 24. 8. 1965 (BGBl I 969). Bei vorzeitiger Beendigung sonstiger Mietverhältnisse sind verlorene Zuschüsse nach den §§ 812 ff abzuwickeln (STERNEL Rz V 124 ff mwN).

2. Beendigung des Mietverhältnisses 4

Das Mietverhältnis muß beendet sein. Der Zeitpunkt der Beendigung ergibt sich aus § 564 (dort Rz 2 ff; § 556 Rz 3). § 557 a gilt für alle Arten der Beendigung eines Mietverhältnisses (OLG Celle MDR 1978, 492; aM für die vertragliche Aufhebung STRUTZ NJW 1968, 1955, 1956).

3. Verschulden und Nichtverschulden des Vermieters 5

Abs 1 unterscheidet danach, ob der Vermieter den Umstand, der zur Beendigung des Mietverhältnisses führt, zu vertreten hat oder nicht. Grundsätzlich haftet der Vermieter hinsichtlich des im voraus entrichteten Mietzinses nach Rücktrittsrecht. Hat er den Beendigungsgrund nicht zu vertreten, richtet sich die Haftung nur nach Bereicherungsrecht.

a) Zu vertreten hat der Vermieter den Beendigungsgrund, wenn der Mie- 6
ter nach § 542 wegen Nichtgewährung des Gebrauchs der Mietsache oder nach § 544 wegen Gesundheitsgefährdung durch die Wohnung oder einen anderen Raum kündigt, wobei aber der Vermieter wegen der über die §§ 542, 544 hinausgehenden Voraussetzungen des § 557 a die Nichtgewährung des Gebrauchs oder die Gesundheitsgefährdung zu vertreten haben muß (PERGANDE § 557 a Anm 3 b). Entsprechendes gilt, wenn der Mieter nach § 554 a wegen Unzumutbarkeit des Mietverhältnisses kündigt. In diesen Fällen kommt es für die Rückerstattung einer Mietvorauszahlung nicht darauf an, ob der Mieter tatsächlich von seinem Recht zur fristlosen Kündigung Gebrauch macht oder durch den betreffenden Grund zu einer ordentlichen Kündigung veranlaßt wird (HANS § 557 a Anm 2 a).

b) Nicht zu vertreten hat der Vermieter die Beendigung, wenn der Grund 7
vom Mieter selbst gesetzt worden ist oder wenn der Mieter von vornherein damit rechnen mußte, weil sich dies schon aus dem Mietvertrag ergibt. Dies gilt zB, wenn das Mietverhältnis durch Zeitablauf, Nichtausüben einer den Parteien zustehenden Option (aM STERNEL Rz V 109) oder Eintritt einer auflösenden Bedingung endet (ERMAN-SCHOPP § 557 a Rz 7). Bei

einer ordentlichen Kündigung ist es unerheblich, ob der Mieter oder der Vermieter gekündigt hat. Es kommt deshalb nicht darauf an, ob der Vermieter selbst durch eine ordentliche Kündigung das Ende des Mietverhältnisses herbeigeführt hat (so aber STERNEL Rz V 109). Entscheidend ist, daß der Vermieter den Umstand, der zu seiner eigenen Kündigung oder der des Mieters geführt hat, nicht zu vertreten hat. In gleicher Weise ist bei der einverständlichen Aufhebung des Mietvertrags durch die Parteien zu differenzieren (s aber OLG Celle MDR 1978, 492). Der Vermieter hat es ferner grundsätzlich nicht zu vertreten, wenn das Mietverhältnis durch eine außerordentliche befristete Kündigung beendet wird (Mietrecht § 557 a Rz 11 f). Auf keinen Fall hat es der Vermieter zu vertreten, wenn er von seinem Recht zur außerordentlichen fristlosen Kündigung Gebrauch macht (§§ 553, 554, 554 a).

III. Rechtsfolgen

8 **1. Allgemeines**

Der Rückerstattungsanspruch ist vertraglicher Natur, da er sich unmittelbar aus dem Mietverhältnis ergibt. Gleichgültig, ob der Vermieter nach Rücktrittsrecht (BGHZ 16, 31, 36 = NJW 1955, 302, 303) oder Bereicherungsrecht haftet (BGHZ 54, 347, 351 = NJW 1970, 2289, 2290), handelt es sich um eine vertragliche Abwicklungspflicht. Die Verweisung betrifft nicht den Rechtsgrund, sondern stellt eine Rechtsfolgeverweisung dar, die den Umfang der Haftung des Vermieters bestimmt (BGHZ 54, 347, 351 = NJW 1970, 2289, 2290; s aber HADDING, FS Mühl 254 ff). Der Inhalt der Verpflichtung hängt von der Art des im voraus entrichteten Mietzinses ab. Der Rückerstattungsanspruch entsteht mit der Beendigung des Mietverhältnisses und wird, wenn abweichende Vereinbarungen fehlen, sofort fällig. Die Verjährung richtet sich nach den allgemeinen Vorschriften (§§ 195, 198) und beträgt 30 Jahre. § 558 mit der sechsmonatigen Verjährungsfrist ist nicht anwendbar (BGHZ 54, 347, 350 = NJW 1970, 2289).

9 **2. Haftung des Vermieters nach Rücktrittsrecht**

Abs 1 geht hinsichtlich der Rechtsfolgen für den Umfang der Verpflichtung von dem Regelfall aus, daß der Vermieter nach Maßgabe des § 347, also nach Rücktrittsrecht haftet. § 347 S 1 verweist auf die Vorschriften, die für das Verhältnis zwischen dem Eigentümer und dem Besitzer von dem Eintritt der Rechtshängigkeit des Eigentumsanspruchs an gelten.

Diese Verweisung ist in erster Linie bedeutsam für die wenigen Fälle, in denen der Mietzins nicht in einer Geldleistung, sondern in nunmehr zurückzugebenden Sachen bestand. Bei Geldschulden ist die Verweisung insofern von Bedeutung, als der Vermieter den gesamten noch nicht abgewohnten Teil der Mietvorauszahlung sofort in einem Betrag zurückzahlen muß (PERGANDE § 557 a Anm 5; vgl BGHZ 53, 35 = NJW 1970, 93; BGHZ 56, 285 = NJW 1971, 1658). Es handelt sich um die zur Vertragspflicht ausgestaltete Rückgewähr einer Zahlung, deren Gegenleistung weggefallen ist (BGHZ 16, 31, 36 = NJW 1955, 302, 303). Für diese Rückgewähr haftet der Vermieter verschärft, wie sich aus der Gegenüberstellung mit dem Bereicherungsanspruch in § 557 a ergibt. Bei der Haftung nach Rücktrittsrecht kann der Vermieter deshalb keine Entreicherung geltend machen. Die Verweisung auf § 347 S 3 hat zur Folge, daß der Vermieter den für eine spätere Zeit im voraus erhaltenen Mietzins bereits von der Zeit des Empfangs an zu verzinsen hat (BGH NJW 1963, 709).

3. Haftung des Vermieters nach Bereicherungsrecht 10

a) Die Haftung des Vermieters nach Bereicherungsrecht hat für den **Umfang** der Verpflichtung zur Folge, daß er grundsätzlich das Erlangte an den Mieter herausgeben muß (§ 818 Abs 1 S 1). Diese Verpflichtung entfällt, wenn der Vermieter nicht mehr bereichert ist (§ 818 Abs 3). Entscheidend ist, ob die empfangene Mietvorauszahlung wirtschaftlich gesehen noch im Vermögen des Vermieters vorhanden ist (BGHZ 54, 347, 351 f = NJW 1970, 2289, 2290 m zust Anm WEIMAR WuM 1971, 201).

b) Umstritten ist, worin nach der Beendigung des Mietverhältnisses die 11 **Bereicherung** des Vermieters besteht, der eine noch nicht abgewohnte Mietvorauszahlung erhalten hat. Die *Rspr* hat im Hinblick auf die als Mietvorauszahlung zu beurteilenden Baukostenzuschüsse die Auffassung entwickelt, daß die Bereicherung grundsätzlich in dem Vorteil bestehe, den der Vermieter daraus ziehen könne, daß er in der Lage sei, die Mieträume durch anderweitige Vermietung günstiger zu nutzen (BGHZ 29, 289, 297 f = NJW 1959, 1424, 1428). Gelinge es dem Vermieter, die Mietsache in Zukunft zu einem Mietzins zu vermieten, der dem vom bisherigen Mieter bar gezahlten zuzüglich des jeweiligen Verrechnungsbetrags entspreche, sei der Bereicherungsanspruch des Mieters auf eine laufende Zahlung in Höhe und nach Fälligkeit der bisher vereinbarten Verrechnungsposten gerichtet. Bei Abweichungen in der Höhe des neuen Mietzinses sei die Bereicherung entsprechend niedriger oder höher. Die sofortige Zahlung des nicht getilgten restlichen Teils eines anrechenbaren Baukostenzuschusses könne der Mieter nur dann verlangen, wenn es dem Vermieter gelinge, die Mietsache sofort wieder unter Erhalt eines neuen entsprechenden Zuschusses zu vermieten (BGHZ 29, 289, 299 = NJW 1959, 1424, 1428; BGH NJW 1959, 872; LM Nr 41 zu § 812 BGB; NJW 1964, 37; FWW 1966, 500; OLG Hamburg MDR 1964, 509; OLG Hamm MDR 1971, 51; OLG München DWW 1965, 174).

12 Im *Schrifttum* wird hingegen verbreitet die Auffassung vertreten, Bereicherungsgegenstand könne nur der noch nicht abgewohnte Baukostenzuschuß sein (Bachmann ZMR 1961, 33, 37; Frotz AcP 164 [1964] 309, 327 ff; Jauernig-Teichmann § 557 a Anm 3 b; Wunner NJW 1966, 2285, 2288). Die Lösung des Problems hat davon auszugehen, daß § 557 a eine Rechtsfolgeverweisung enthält. Dies bedeutet, daß der Vermieter verpflichtet ist, das Erlangte, nämlich den noch nicht abgewohnten Teil der Mietvorauszahlung, herauszugeben, wenn und soweit er um diesen Betrag noch bereichert ist. Der Bereicherungsgegenstand wird schon durch den Wortlaut des § 557 a auf den Mietzins festgelegt, denn „ihn" hat der Vermieter nach den Vorschriften über die Herausgabe einer ungerechtfertigten Bereicherung zurückzuerstatten. Entgegen der Rspr kann es nicht darauf ankommen, ob der Vermieter nach Beendigung des Mietverhältnisses in der Lage ist, die Mieträume durch anderweitige Vermietung günstiger zu nutzen (BGB-RGRK-Gelhaar § 557 a Rz 8; Braxmaier Anm zu BGH LM Nr 12 zu § 547 BGB; Hadding, FS Mühl 238). Der Bereicherungsgegenstand liegt mit dem noch nicht abgewohnten Teil des Mietzinses fest, allenfalls modifiziert durch einen Anspruch auf Wertersatz nach § 818 Abs 2. Deshalb ist nur erheblich, ob die Verpflichtung des Vermieters nach § 818 Abs 3 wegen Wegfalls der Bereicherung ausgeschlossen ist.

13 c) Eine **Verzinsung** des Rückerstattungsanspruchs nach § 818 Abs 1 setzt voraus, daß der Bereicherungsschuldner tatsächlich Nutzungen gezogen hat. Im übrigen kann der Anspruch nach § 288 zu verzinsen sein, wenn der Vermieter mit der Beendigung des Mietverhältnisses nach § 284 Abs 2 in Schuldnerverzug gerät (Roquette § 557 a Rz 12). Darüber hinaus kann ein Zinsanspruch auf die §§ 818 Abs 4, 819, 292 Abs 2, 987 Abs 2 gestützt werden, wenn der Vermieter im Zeitpunkt der Beendigung des Mietverhältnisses Kenntnis von seiner Rückerstattungspflicht hat oder wenn Rechtshängigkeit eingetreten ist (Hadding, FS Mühl 238). Bereicherungsrechtlich ist der Anspruch erst mit der Beendigung des Mietverhältnisses zu verzinsen.

14 **4. Wechsel der Parteien**

a) Bei einem Wechsel des **Vermieters** durch Einzel- oder Gesamtrechtsnachfolge treffen die Pflichten aus § 557 a den neuen Vermieter. Bei einer Grundstücksveräußerung und in ähnlichen Fällen tritt der Erwerber aufgrund unmittelbarer oder entsprechender Anwendung des § 571 anstelle des bisherigen Vermieters in die sich aus dem Mietverhältnis ergebenden Rechte und Pflichten ein (§ 571 Rz 4 ff). Dies gilt auch für § 557 a (BGHZ 16, 31, 36 = NJW 1955, 302, 303; OLG Frankfurt ZMR 1970, 181, 183). Hierbei handelt es sich nicht um eine Rechtsnachfolge, sondern um einen Eintritt kraft Gesetzes. Für diese Fälle ist in den §§ 573, 574 geregelt, ob und inwieweit einseitige Verfügungen des Vermieters und Rechtsgeschäfte zwischen Mieter und Vermieter hinsichtlich der Mietzinsforderung dem Erwerber gegenüber wirksam sind (§§ 573, 574 Rz 5 ff). Nur soweit dies anzunehmen ist, kann der Erwerber vom Mieter nach § 557 a in Anspruch genommen werden. Im übrigen muß sich der Mieter an den früheren Vermieter halten (BGH NJW 1966, 1703, 1704).

b) Bei einem Wechsel des **Mieters** wird im Hinblick auf Mietvorauszah- 15
lungen häufig eine Nachfolgeklausel vereinbart. Hierdurch wird es dem Mieter möglich, sich Ersatz für den noch nicht abgewohnten Teil der Mietvorauszahlung bei seinem Nachfolger zu verschaffen. Der Vermieter ist selbst dann keinen Bereicherungsansprüchen des bisherigen Mieters ausgesetzt, wenn er von dem neuen Mieter einen höheren Mietzins erhält. Denn insoweit fehlt es an einer Bereicherung auf Kosten des bisherigen Mieters (BGH NJW 1964, 37, 38). Derartige Nachfolgeklauseln ermöglichen grundsätzlich einen völligen oder teilweisen Ausschluß des Rückerstattungsanspruchs aus § 557 a gegen den Vermieter. Bei einem Mietverhältnis über Wohnraum ist nach Abs 2 eine zum Nachteil des Mieters von den vorangehenden Vorschriften abweichende Vereinbarung unwirksam (Rz 16 f). In diesem Fall kann eine Nachfolgeklausel den Vermieter nur insoweit von Ansprüchen des Mieters befreien, als der Mieter von seinem Nachfolger tatsächlich das erhält, was ihm nach § 557 a gegen den Vermieter zustehen würde. Der neue Mieter tritt hinsichtlich der Mietvorauszahlung an die Stelle des bisherigen Mieters, den er abgefunden hat. Endet auch dieses Mietverhältnis vorzeitig, kann nunmehr der Nachfolger die Ansprüche aus § 557 a gegen den Vermieter geltend machen (BGH NJW 1966, 1705, 1707).

IV. Unabdingbarkeit 16

Nach Abs 2 ist bei einem Mietverhältnis über Wohnraum (Vorbem 12 zu §§ 535, 536) unabhängig von seiner Art eine zum Nachteil des Mieters von der Regelung des Abs 1 abweichende Vereinbarung unwirksam. Dies gilt, wenn der Rückerstattungsanspruch des Mieters ganz ausgeschlossen oder nachteilig gegenüber der gesetzlichen Regelung modifiziert wird, zB wenn der Vermieter stets nur nach Bereicherungsrecht haften soll. Unwirksam ist es, wenn die grundsätzliche Verpflichtung des Vermieters, den nicht abgewohnten Teil der Mietvorauszahlung in einer Summe zurückzuerstatten, in der Weise durch den Mietvertrag abbedungen wird, daß der Betrag nur mit den bisherigen Raten getilgt werden soll (BGHZ 56, 285, 288 = NJW 1971, 1658, 1659; LG Kassel WuM 1975, 172). Ausgeschlossen ist es zu vereinbaren, bei vorzeitiger Beendigung des Mietverhältnisses solle eine nicht abgewohnte Mietvorauszahlung als Mietkaution oder Darlehen behandelt werden (STERNEL Rz V 104, 119). Zulässig ist es dagegen, wenn Mieter und Vermieter nach der Beendigung des Mietverhältnisses abweichende Vereinbarungen treffen, etwa eine längerfristige Stundung des gesamten Erstattungsbetrags oder eine Rückzahlung in Raten.

17 Unwirksam ist ferner eine abweichende Vereinbarung zugunsten des *späteren Erwerbers* der vermieteten Wohnräume, der nach § 571 an die Stelle des bisherigen Vermieters tritt. Dies gilt etwa für den Erwerber des Grundstücks im Wege der Zwangsversteigerung (§ 57 ZVG), der durch eine Vereinbarung der ursprünglichen Parteien des Mietvertrags von Erstattungsansprüchen des Mieters freigestellt werden soll (BGHZ 53, 35, 39 = NJW 1970, 93, 94; OLG Frankfurt ZMR 1970, 181).

§ 558

Die Ersatzansprüche des Vermieters wegen Veränderungen oder Verschlechterungen der vermieteten Sache sowie die Ansprüche des Mieters auf Ersatz von Verwendungen oder auf Gestattung der Wegnahme einer Einrichtung verjähren in sechs Monaten.

Die Verjährung der Ersatzansprüche des Vermieters beginnt mit dem Zeitpunkt, in welchem er die Sache zurückerhält, die Verjährung der Ansprüche des Mieters beginnt mit der Beendigung des Mietverhältnisses.

Mit der Verjährung des Anspruchs des Vermieters auf Rückgabe der Sache verjähren auch die Ersatzansprüche des Vermieters.

Schrifttum: DIETZ, Anspruchskonkurrenz bei Vertragsverletzungen (1934); EMMERICH JuS 1967, 345; HERMINGHAUSEN Betrieb 1970, 1723; HOFFMANN Betrieb 1969, 337; OSKE ZMR 1975, 193; SCHLECHTRIEM, Vertragsordnung und außervertragliche Haftung (1972); SIEBENHAAR JR 1963, 46; WEIMAR Betrieb 1976, 2291.

I. Anwendungsbereich

1 **1.** § 558 verkürzt die Verjährungsfrist für *bestimmte* Ansprüche des Vermieters und des Mieters auf sechs Monate, um die Parteien zu einer raschen Auseinandersetzung ihres Verhältnisses zu veranlassen (Prot II 177 f, 194). Für alle anderen Ansprüche der Mietvertragsparteien bleibt

es hingegen grundsätzlich bei der **Regelverjährungsfrist** des § 195, soweit nicht aufgrund der §§ 196 und 197 Ausnahmen eingreifen (s im einzelnen MITTELSTEIN 524 ff; MünchKomm – VOELSKOW § 558 Rz 29–33).

2. § 558 gilt für **alle Mietverträge** ohne Unterschied einschließlich des 2
Leasings (OLG Frankfurt BB 1982, 1385; LG Osnabrück Betrieb 1982, 222). § 558 wird außerdem in einer ganzen Reihe von Fällen entsprechend angewandt. Die wichtigsten dieser Fälle sind Ersatzansprüche des Gastwirts wegen Beschädigung seines Hauses, da der Hotelaufnahmevertrag überwiegend Miete ist (BGHZ 71, 175), Ansprüche des Vermieters aus sonstigen, gemischten Verträgen mit mietvertraglichen Elementen oder aus cic (OLG Düsseldorf DRiZ 1935 Nr 570; OLG Celle NJW 1965, 1667) sowie Ansprüche des Kraftfahrzeugverkäufers aus der Überlassung eines Fahrzeugs an einen Kaufinteressenten zu einer Probefahrt (BGHZ 47, 53; 54, 264; 66, 315; BGH LM Nr 21 und 36 zu § 852 BGB; OLG Hamm ZMR 1979, 48). Bei der Kraftfahrzeugmiete steht schließlich der Anwendung des § 558 auch nicht entgegen, daß der Vertrag etwa wegen der Minderjährigkeit des Mieters unwirksam ist (BGHZ 47, 53).

II. Vermieteransprüche

1. Grundsatz 3

Nach § 558 Abs 1 gilt die kurze Verjährungsfrist von sechs Monaten zunächst für alle Ersatzansprüche des Vermieters wegen Veränderungen oder Verschlechterungen der vermieteten Sache, wobei nicht danach unterschieden wird, ob die Ansprüche des Vermieters auf Gesetz oder Vertrag beruhen. § 558 erfaßt daher insbes auch alle etwaigen, konkurrierenden **Deliktsansprüche** des Vermieters gegen den Mieter, weil nur so eine schnelle Abwicklung der Verhältnisse der Parteien erreicht werden kann (st Rspr seit RGZ 62, 239 bis BGHZ 65, 86; 66, 315, 320; 68, 307, 311; 71, 175, 179 f). Es muß sich aber in jedem Fall um Ansprüche des Vermieters wegen Veränderungen oder Verschlechterungen der Mietsache handeln. Nicht erfaßt werden deshalb von § 558 Ersatzansprüche des Vermieters wegen einer völligen **Zerstörung** der Mietsache (RGZ 96, 300; BGHZ 49, 278; BGH LM Nr 5 und 26 zu § 558 BGB). Für die Abgrenzung zwischen einer bloßen Verschlechterung und einer völligen Zerstörung der Sache ist hierbei darauf abzustellen, ob die Sache noch wiederhergestellt werden kann, dh ob der Vermieter überhaupt noch etwas zurückerhält oder nicht (BGH aaO; OLG Oldenburg MDR 1982, 492; OLG Frankfurt BB 1982, 1385). § 558 findet schließlich auch keine Anwendung auf die *Erfüllungsansprüche* des Vermieters einschließlich des Rückgabeanspruchs aus § 556 (BGHZ 65, 86).

4 **2. Beispiele**

Für die Anwendung des § 558 macht es keinen Unterschied, ob der Vermieter den Zahlungsanspruch oder den Wiederherstellungsanspruch, zB den Anspruch auf Beseitigung von Einrichtungen oder Umbauten, geltend macht (BGH LM Nr 41 zu § 581 BGB). Ebenso unerheblich ist es, **wann** die Ansprüche des Vermieters entstanden sind; § 558 erfaßt auch Ansprüche des Vermieters, die erst nach Ablauf des Vertrages begründet worden sind (BGHZ 54, 34, 36 f). Dementsprechend verjähren in der kurzen Frist des § 558 Abs 1 auch sämtliche Ersatzansprüche des Vermieters wegen vertragswidrig unterlassener **Schönheitsreparaturen** und wegen sonstiger Verstöße des Mieters gegen eine von ihm vertraglich übernommene Instandsetzungspflicht (BGH LM Nr 7 und 13 zu § 558 BGB; Nr 41 zu § 581 BGB; OLG Köln MDR 1970, 593; OLG Düsseldorf MDR 1973, 676). Schließlich kommt es für die Anwendung des § 558 auch nicht darauf an, an welchen Sachen des Vermieters der Schaden entstanden ist. § 558 gilt ohne Rücksicht darauf, ob der Schaden an der vermieteten Sache, an mitvermieteten Sachteilen oder an solchen Sachen entstanden ist, die im alleinigen Besitz des Vermieters stehen (RGZ 75, 116; BGHZ 61, 227). Auch die Art des Schadens, für den der Vermieter Ersatz verlangt, ist unerheblich (BGH LM Nr 7 zu § 558 BGB; OLG Karlsruhe BB 1970, 147). Nur auf Ersatzansprüche des Vermieters wegen Personenschäden ist § 558 seinem Zweck nach unanwendbar.

5 **3. Einbeziehung Dritter**

Darf der Mieter nach dem Inhalt des Mietvertrages bei der Ausübung des vertragsmäßigen Gebrauchs Dritte hinzuziehen oder den Gebrauch sogar ganz durch Dritte, zB durch seine Angehörigen oder Arbeitnehmer, ausüben lassen, so werden auch diese Dritten in den Schutzbereich des Mietvertrages einbezogen, so daß etwaige deliktische Ersatzansprüche des Vermieters gegen die genannten Dritten ebenfalls einheitlich in der kurzen Frist des § 558 verjähren (BGHZ 49, 278; 61, 227; 71, 175; BGH LM Nr 22 zu § 558 BGB; OLG Hamm ZMR 1979, 48; 1982, 113).

6 **III. Mieteransprüche**

Nach § 558 Abs 1 gilt die kurze Verjährungsfrist von sechs Monaten auch für die Ansprüche des Mieters auf Ersatz von Verwendungen oder auf Gestattung der Wegnahme einer Einrichtung, wobei der Begriff der Verwendungen bzw Einrichtungen hier derselbe wie in den §§ 547 und 547 a ist (RGZ 152, 100). Folglich sind hier nur solche Verwendungen und Einrichtungen gemeint, die das Vertragsobjekt selbst betreffen (RG aaO). Die Ersatzansprüche des Mieters müssen außerdem schon **vor** Vertragsende entstanden sein (RG JW 1936, 2305; BGHZ 54, 34; BGH LM Nr 11 zu § 558 BGB). Im übrigen aber spielt es keine Rolle, ob die Ansprüche des Mieters auf **Gesetz oder Vertrag** beruhen. § 558 gilt gleichermaßen für Ansprüche des Mieters auf Aufwendungsersatz nach § 538 Abs 2 wie für konkurrierende Ansprüche aus Geschäftsführung ohne Auftrag oder Bereicherung (zB RGZ 95, 302; BGH LM Nr 22 zu § 538 BGB; Nr 2 und 8 zu § 558 BGB; LG Wuppertal WuM 1981, 230; OLG Hamm MDR 1981, 674). Unanwendbar ist § 558 indessen auf Ersatzansprüche des Mieters, die auf ein anderes Rechtsverhältnis gestützt werden, das in keinem Zusammenhang mit dem Mietverhältnis steht (BGH LM Nr 22 zu § 538 BGB), sowie auf alle Ansprüche des Mieters wegen Baukostenzuschüssen und Mietvorauszahlungen (BGHZ 54, 347; BGH LM Nr 11 zu § 558 BGB; MDR 1971, 126).

IV. Verjährungsbeginn

1. Ansprüche des Vermieters 7

Die Verjährung der Ersatzansprüche des Vermieters beginnt nach § 558 Abs 2 in dem Augenblick, in dem der Vermieter die Sache **zurückerhält,** weil er erst von diesem Augenblick ab in der Lage ist, die Sache auf einen etwaigen Schaden zu untersuchen. Für den Verjährungsbeginn ist mithin entscheidend, ob der Vermieter die unmittelbare Herrschaft über das Mietobjekt in einer Weise zurückerlangt hat, die ihm die Möglichkeit verschafft, Mängel der Sache festzustellen. Hierzu wird zwar in aller Regel die körperliche Rückgabe der Sache an den Vermieter erforderlich sein; unbedingt notwendig ist dies jedoch nicht, sofern nur der Vermieter freien Zutritt zu den Mieträumen hat und auch weiß, daß der Mieter den Besitz nicht fortsetzt. Unerheblich ist auf jeden Fall, ob die Rückgabe der Sache vor, bei oder erst nach Vertragsbeendigung erfolgt. Die Verjährungsfrist des § 558 beginnt auch dann zu laufen, wenn der Vertrag rechtlich noch nicht sein Ende gefunden hat, sofern nur der Vermieter tatsächlich die Sache zurückerhalten und der Mieter endgültig den Mietbesitz aufgegeben hat (zB RGZ 128, 191; 142, 258; RG SeuffA 89 Nr 80; BGH LM Nr 1, 13 und 26 zu § 558 BGB; Nr 41 zu § 581 BGB; OLG Celle VersR 1960, 860; OLG Frankfurt BB 1982, 1385).

8 **2. Ansprüche des Mieters**

Die Verjährung der Ansprüche des Mieters beginnt hingegen nach § 558 Abs 2 mit der Beendigung des Mietverhältnisses, worunter hier die **rechtliche,** nicht die tatsächliche **Beendigung** des Verhältnisses der Parteien zu verstehen ist (RGZ 128, 191; RG JW 1936, 2305). Folglich beginnt im Falle der Veräußerung des Mietobjekts die Verjährungsfrist für die Verwendungsersatzansprüche des Mieters im Augenblick der Veräußerung der Sache zu laufen, weil in diesem Augenblick das Mietverhältnis mit dem Veräußerer nach § 571 sein Ende findet (BGH LM Nr 8 zu § 558 BGB). Im Interesse des Mieters wird man hier jedoch zusätzlich Kenntnis des Mieters von der Veräußerung für den Verjährungsbeginn verlangen müssen (LG Koblenz WuM 1977, 257).

9 **3. Hinderungsgründe**

Die Berechnung der Verjährungsfrist richtet sich nach den §§ 187 Abs 1, 188 Abs 2 und 193. Für die Hemmung und Unterbrechung der Verjährung sind die §§ 202 ff und 208 ff maßgebend. Entsprechend anwendbar ist außerdem § 852 Abs 2 (Hemmung der Verjährung während Verhandlungen der Parteien) (aM OLG Düsseldorf NJW 1983, 1434), nicht hingegen § 477 Abs 3 (LG Karlsruhe WuM 1982, 245). Der Ablauf der Verjährungsfrist steht jedoch nicht einer nachträglichen Klageerhöhung wegen zwischenzeitlicher Baukostensteigerungen entgegen, wenn der Vermieter von vornherein seinen gesamten Schaden eingeklagt hat (BGH LM Nr 24 zu § 558 BGB; NJW 1982, 1809).

10 **V. Abweichende Vereinbarungen**

§ 558 ist an sich nicht zwingend, so daß auch eine vertragliche **Verkürzung** der Verjährungsfrist möglich ist. Unzulässig ist hingegen eine vertragliche **Verlängerung** der Verjährungsfrist (§ 225 S 1) sowie ein genereller Verzicht auf die Verjährung (OLG Frankfurt NJW 1971, 1754; AG Bonn WuM 1981, 182). Diese Verbote können auch nicht dadurch umgangen werden, daß die Parteien vertraglich den Zeitpunkt, zu dem die fraglichen Ansprüche entstehen oder fällig werden sollen, beliebig hinausschieben (LG Karlsruhe NJW 1976, 1945).

§ 559

Der Vermieter eines Grundstücks hat für seine Forderungen aus dem Mietverhältnis ein Pfandrecht an den eingebrachten Sachen des Mieters. Für

künftige Entschädigungsforderungen und für den Mietzins für eine spätere Zeit als das laufende und folgende Mietjahr kann das Pfandrecht nicht geltend gemacht werden. Es erstreckt sich nicht auf die der Pfändung nicht unterworfenen Sachen.

Schrifttum: Bronsch ZMR 1970, 1; NJW 1968, 1936; Hugo Emmerich, Pfandrechtskonkurrenzen (1909); Haase JR 1971, 323; Janberg NJW 1951, 511; Noack JurBüro 1975, 1303; Siber, Das gesetzliche Pfandrecht des Vermieters, des Verpächters und des Gastwirts (1900); Vogel NJW 1951, 752; Weimar ZMR 1960, 259; 1962, 65; 1967, 196; DGVZ 1975, 129.

I. Gesetzliches Pfandrecht 1

§ 559 räumt dem Vermieter im Anschluß an partikularrechtliche Vorbilder ein gesetzliches Pfandrecht für seine Forderungen aus dem Mietverhältnis an den eingebrachten Sachen des Mieters ein. Gemäß § 1257 finden auf dieses Pfandrecht, dessen praktische Bedeutung heute gering ist, die *§§ 1204 ff* grundsätzlich entsprechende Anwendung. Folglich richtet sich zB der *Rang* des Vermieterpfandrechts nach dem Zeitpunkt seiner Entstehung, so daß das Vermieterpfandrecht stets allen später begründeten Rechten Dritter vorgeht (§ 1209; s unten § 563 Rz 1; BGH LM Nr 1 zu § 559 BGB). Dementsprechend hat das **Vermieterpfandrecht** auch den **Vorrang** vor dem Wegnahmerecht des Mieters aufgrund des § 547 a. Die *Befriedigung* des Vermieters aus den ihm haftenden Sachen des Mieters richtet sich nach den §§ 1228 ff, so daß sie grundsätzlich durch privatrechtlichen Verkauf erfolgt (LG Mannheim WuM 1972, 200; 1978, 141; OLG Frankfurt MDR 1975, 228). Der *Anwendungsbereich* des § 559 beschränkt sich jedoch auf die Grundstücksmiete, der nach § 580 die Raummiete gleichsteht. Unanwendbar ist § 559 hingegen auf die Fahrnismiete.

II. Voraussetzungen

1. Eingebrachte Sachen 2

a) Das Vermieterpfandrecht besteht nur an den eingebrachten und pfändbaren **Sachen** des Mieters. Nicht erfaßt werden also Forderungen und Ansprüche des Mieters. Ebenso zu behandeln sind **Wertpapiere,** bei denen die Forderung im Vordergrund steht wie namentlich sämtliche auf den Namen lautenden Schuldurkunden (vgl § 952 sowie für Sparbücher insbes RGZ 10, 40; 20, 133; 29, 257). Hingegen werden Inhaberpapiere wie bewegliche Sachen behandelt und unterliegen deshalb dem Vermieterpfandrecht; gleich zu behandeln sind schließlich alle indossablen Papiere wie vor allem Wechsel und Scheck (vgl § 1293).

3 **b)** Die genannten Sachen müssen außerdem vom Mieter eingebracht worden sein, wenn sie dem Vermieterpfandrecht unterliegen sollen. Unter **Einbringung** versteht man dabei das willentliche Hineinschaffen der Sachen durch den Mieter in den durch das Mietverhältnis vermittelten Machtbereich des Vermieters. Das Hineinschaffen darf hierbei nicht nur zu einem vorübergehenden Zweck erfolgen und muß auf dem Willen des Mieters beruhen (RGZ 132, 116). Die Einbringung muß daher namentlich von der bloßen **Einstellung** bestimmter Sachen durch den Mieter unterschieden werden, da durch die bloße, vorübergehende Verbringung einzelner Sache auf das gemietete Grundstück ohne Zusammenhang mit dem Mietverhältnis kein Vermieterpfandrecht begründet wird. Werden aber Sachen wie zB Kraftfahrzeuge im Zusammenhang mit dem vertragsmäßigen Gebrauch auf dem Grundstück abgestellt, so gelten sie als eingebracht. Ebenso zu behandeln sind solche Sachen, die bestimmungsgemäß aufgrund des Mietvertrages von vornherein nur zu einem vorübergehenden Zweck in den Räumen verbleiben sollen wie zB das Warenlager eines Kaufmanns (anders aber für die Tageskasse des Mieters OLG Braunschweig OLGZ 1980, 239). In jedem Fall aber muß die Einbringung **während** des Laufs eines gültigen Mietvertrages erfolgt sein, so daß erst nach Vertragsende auf das Grundstück gebrachte Sachen nicht dem Vermieterpfandrecht unterfallen.

4 **2. Eigentum des Mieters**

a) Die eingebrachten, beweglichen Sachen müssen außerdem im Eigentum des Mieters stehen, wenn sie dem Vermieterpfandrecht unterliegen sollen. An **Sachen Dritter** entsteht ein Pfandrecht des Vermieters mithin in keinem Fall. Auch ein gutgläubiger Erwerb des Vermieterpfandrechts ist nicht möglich, da es sich bei diesem um ein besitzloses, gesetzliches Pfandrecht handelt (§§ 1257, 1207).

5 Wenn der Mieter nur auflösend *bedingtes* Eigentum hat, entsteht zwar zunächst das Pfandrecht des Vermieters; entsprechend § 161 Abs 2 geht das Pfandrecht jedoch mit Bedingungseintritt unter. Wenn hingegen der Mieter aufschiebend bedingtes Eigentum hat, weil er zB die fragliche eingebrachte Sache unter **Eigentumsvorbehalt** erworben hat, so ist er noch nicht Eigentümer, so daß auch kein Vermieterpfandrecht entstehen kann. Dem Vermieter wird jedoch ein gesetzliches Pfandrecht an dem Anwartschaftsrecht des Mieters zugebilligt, dessen praktische Bedeutung freilich gering ist. Der Vermieter kann in diesem Fall lediglich durch Zahlung gemäß § 267 Abs 2 den Bedingungseintritt herbeiführen, wodurch er dann ein Pfandrecht an der Sache selbst erwirbt, und zwar mit Vorrang vor etwaigen in der Zwischenzeit begründeten Pfändungspfandrechten Dritter

(s unten § 563 Rz 1; BGHZ 35, 85; BGH LM Nr 3 zu § 559; WM 1965, 1079). Ist der Mieter schließlich nur **Vorerbe,** so ist er doch zunächst voller Eigentümer, so daß die von ihm eingebrachten Nachlaßgegenstände dem Vermieter haften (RGZ 80, 30; vgl auch RG JW 1937, 613).

b) Auch die eingebrachten Sachen des Mieters haften aber dem Vermie- **6**
ter dann nicht, wenn sie **unpfändbar** sind (§ 559 S 3). Welche Sachen darunter fallen, ergibt sich im einzelnen aus den §§ 811 und 812 ZPO (LG Köln ZMR 1964, 364). Eine Art Austauschpfändung analog § 811 a ZPO ist hingegen hier nicht möglich (LG Aurich NJW 1954, 1606). Der Ausschluß der unpfändbaren Sachen vom Vermieterpfandrecht ist zwingend, so daß abweichende Vereinbarungen nicht mehr möglich sind; unwirksam ist daher namentlich auch eine Abrede, nach der dem Vermieter an den unpfändbaren Sachen wenigstens ein Zurückbehaltungsrecht zustehen soll (aM früher RGSt 35, 150; 37, 118).

III. Gesicherte Forderungen

1. Forderungen aus dem Mietverhältnis **7**

Der Kreis der gesicherten Forderungen beschränkt sich auf Forderungen des Vermieters gerade **aus dem Mietverhältnis.** Diese Einschränkung muß stets genau beachtet werden; eine erweiternde Auslegung kommt nicht in Betracht (grdleg BGHZ 60, 22). Als Forderungen aus dem Mietverhältnis gelten dabei nur solche, die sich aus dem Wesen des Mietverhältnisses als einer entgeltlichen Gebrauchsüberlassung ergeben (BGH aaO). Die wichtigsten **Beispiele** sind die Mietzinsforderung sowie sämtliche Ersatzansprüche des Vermieters wegen einer Beschädigung der Sache oder wegen einer Verletzung der Anzeige- oder Rückgabepflicht durch den Mieter (BGHZ 60, 22, 24 f). Gesichert sind außerdem nach § 1210 etwaige Ansprüche des Vermieters auf Zinsen und Vertragsstrafe sowie die sog Nebenkosten des Vermieters als des Pfandgläubigers. Weitere Beispiele für Ansprüche aus dem Mietverhältnis sind alle Ansprüche des Vermieters auf Bezahlung von Nebenkosten, Ansprüche des Vermieters auf Leistung von Baukostenzuschüssen und sonstigen Zuschüssen (BGHZ 60, 22, 25 f), Asprüche aus § 557 sowie eine etwaige Mietausfallforderung namentlich im Falle vorzeitiger Kündigung oder Vertragsaufhebung (BGH LM Nr 51 zu § 535 BGB). Nicht gesichert sind hingegen im Falle des Mieterwechsels Ansprüche des Vermieters gegen die Vormänner, außer wenn der Nachfolger die Schulden seiner Vormänner übernommen hat (BGH LM Nr 3 zu § 559 BGB).

8 **2. Nicht künftige Entschädigungsforderungen**

Um eine übermäßige Sicherung des Vermieters zu verhindern, sind nach § 559 S 2 zunächst die künftigen Entschädigungsforderungen des Vermieters von der Sicherung durch das Vermieterpfandrecht ausgeschlossen. Darunter fallen sämtliche Ersatzansprüche des Vermieters, die jetzt, dh im Augenblick ihrer Geltendmachung, *noch nicht liquide* sind, so daß sie jetzt auch noch nicht mit Erfolg eingeklagt werden können, deren Entstehung maW noch von zukünftigen Ereignissen abhängt (RGZ 54, 301; 142, 201; BGH LM Nr 51 zu § 535 BGB). Hierunter fallen auch Ansprüche des Vermieters aus § 557 sowie alle Mietzinsausfallforderungen wegen einer vorzeitigen Auflösung des Vertrages (BGH aaO). Maßgeblicher **Zeitpunkt** ist dabei immer der der Geltendmachung des Pfandrechts, wozu keine gerichtliche Geltendmachung erforderlich ist. Vielmehr genügt schon jeder Vorgang, durch den der Vermieter sein gesetzliches Pfandrecht zur Geltung bringt. Beispiele sind die Verhinderung der Entfernung der Sache, deren Inbesitznahme sowie die Erhebung der Klage auf Herausgabe der Sache oder auf vorzugsweise Befriedigung nach § 805 ZPO (RGZ 54, 301; RG JW 1934, 403; BGH LM Nr 51 zu § 535 BGB).

9 **3. Nicht künftige Mietzinsforderungen**

Das Pfandrecht kann außerdem nicht für Mietzinsforderungen für eine spätere Zeit als das laufende und das folgende Mietjahr geltend gemacht werden (§ 559 S 2). Folglich haften die eingebrachten und pfändbaren Sachen des Mieters uneingeschränkt nur für sämtliche Mietzinsrückstände (vgl aber § 563 und § 49 Abs 1 Nr 2 KO). Maßgebender Zeitpunkt für die Abgrenzung zwischen den Rückständen und den zukünftigen Mietzinsforderungen ist dabei auch hier der der Geltendmachung des Pfandrechts (s oben Rz 8).

IV. Einzelfragen

10 **1.** Das Vermieterpfandrecht kann auch mit einem **Pfändungspfandrecht** des Vermieters zusammentreffen. Beide Pfandrechte stehen dann selbständig nebeneinander, so daß sich der Vermieter gegenüber dem Pfändungspfandrecht auch alle Einwendungen des Mieters gefallen lassen muß, die dem Schuldner gegen die Zwangsvollstreckung zustehen (OLG Frankfurt MDR 1975, 228). Übt der Vermieter schuldhaft ein unbegründetes Pfandrecht aus, so macht er sich **ersatzpflichtig,** und zwar sowohl aus Delikt als auch aus Vertrag (OLG Frankfurt BB 1979, 136).

Volker Emmerich

2. § 559 ist **nicht zwingend,** so daß durch den Mietvertrag die Entstehung des Vermieterpfandrechts ausgeschlossen oder von zusätzlichen Bedingungen abhängig gemacht werden kann (RGZ 141, 99). Zwingend ist jedoch § 559 S 3 (s oben Rz 6). Nicht möglich ist außerdem eine Erweiterung des § 559 durch Formularverträge (§ 9 Abs 2 AGBG). **11**

3. Die **Beweislast** für die Entstehung des Pfandrechts trifft den Vermieter. **12** Er muß auch beweisen, daß die Sachen dem Mieter gehören; § 1006 ist nicht anwendbar (KG HRR 1935 Nr 1449). Hingegen obliegt dem Mieter die Beweislast für die Unpfändbarkeit einzelner vom Vermieter in Anspruch genommener Sachen.

§ 560

Das Pfandrecht des Vermieters erlischt mit der Entfernung der Sachen von dem Grundstück, es sei denn, daß die Entfernung ohne Wissen oder unter Widerspruch des Vermieters erfolgt. Der Vermieter kann der Entfernung nicht widersprechen, wenn sie im regelmäßigen Betriebe des Geschäfts des Mieters oder den gewöhnlichen Lebensverhältnissen entsprechend erfolgt oder wenn die zurückbleibenden Sachen zur Sicherung des Vermieters offenbar ausreichen.

Schrifttum: Kohl NJW 1971, 1733; ders – Ullmann ZMR 1971, 350; Trenck-Hinterberger ZMR 1971, 329; Weimar ZMR 1972, 4, 295; Werner JR 1972, 235.

1. Überblick 1

§ 560 regelt einen besonderen Erlöschensgrund für das Pfandrecht des Vermieters. Daneben gelten für das Vermieterpfandrecht als gesetzliches Pfandrecht nach § 1257 auch alle **anderen Erlöschensgründe**, die das Gesetz für das durch Rechtsgeschäft bestellte Faustpfandrecht kennt. Die wichtigsten dieser Fälle finden sich in den §§ 1242 Abs 2 S 1, 1250 Abs 2, 1252, 1255 und 1256.

2. Entfernung 2

a) Nach § 560 S 1 erlischt das Vermieterpfandrecht grundsätzlich mit der **Entfernung** der Sachen des Mieters von dem Grundstück, außer wenn die Entfernung ohne Wissen oder unter Widerspruch des Vermieters erfolgt (sog Sperrecht, vgl § 561). Die Entfernung der Sachen ist dabei das Gegenstück zu der Einbringung der Sachen im Sinne des § 559 S 1, so daß darunter jede willentliche Wegschaffung der eingebrachten Sachen durch den Mieter oder einen Dritten fällt (RGZ 71, 418). Bei der Raummiete ist dazu erforderlich, daß die Sachen nicht nur aus den gemieteten Räumen, sondern auch von dem ganzen Vermietergrundstück entfernt werden

(RGSt 10, 321; RG SeuffA 73 Nr 157; zweifelhaft). Unerheblich ist hingegen, ob die Entfernung endgültig oder nur zu vorübergehenden Zwekken erfolgt, so daß das Vermieterpfandrecht an einem auf dem Vermietergrundstück abgestellten **Fahrzeug** des Mieters jedesmal erlischt, wenn der Mieter mit dem Fahrzeug das Grundstück verläßt; mit jeder Rückkehr des Fahrzeugs auf das Vermietergrundstück wird freilich das Vermieterpfandrecht erneut begründet (so OLG Karlsruhe NJW 1971, 624; OLG Hamm MDR 1981, 407; str).

3 **b)** Auch eine Entfernung von Sachen des Mieters durch den **Gerichtsvollzieher** fällt unter § 560 S 1, so daß damit das Vermieterpfandrecht erlischt; der Vermieter ist durch § 805 ZPO ausreichend geschützt (KG OLGE 19, 2; 27, 175; aM zB OLG Celle OLGE 19, 3; OLG Naumburg JW 1930, 2998 Nr 31). Bestreitet der Pfändungsgläubiger das Vorzugsrecht des Vermieters, so muß dieser gegen den widersprechenden Gläubiger Klage auf vorzugsweise Befriedigung aus dem Erlös erheben (§ 805 ZPO); einen anderen Weg hat der Vermieter zur Durchsetzung seines Rechts nicht (RGZ 51, 186, 189; s unten Rz 4, 10; § 561 Rz 9; § 563 Rz 2).

4 In diesem Rechtsstreit steht dem Pfändungsgläubiger auch das **Verweisungsrecht** des § 560 S 2 zu (RGZ 71, 418, 419; s unten Rz 10). Bei einer Konkurrenz mehrerer Pfändungsgläubiger ist insoweit das Prioritätsprinzip des § 804 Abs 3 ZPO entsprechend anzuwenden (hM; offen gelassen in BGHZ 27, 227, 234). Der Vermieter kann jedoch dem Pfändungsgläubiger die Verweisungseinrede dadurch aus der Hand schlagen, daß er hinsichtlich der zurückgebliebenen Sachen auf sein Pfandrecht verzichtet (BGHZ 27, 227, 234 f).

5 **3. Ausnahmen**

a) Das Vermieterpfandrecht bleibt trotz Entfernung der Mietersachen von dem Grundstück bestehen, wenn die Entfernung entweder ohne Wissen des Vermieters oder unter dessen Widerspruch erfolgt. Entfernung **ohne Wissen** des Vermieters setzt dabei keine Heimlichkeit voraus, sofern nur der Vermieter selbst von der Entfernung nichts erfährt (Prot II 207 f). § 560 S 2 ist hier entsprechend anwendbar.

6 **b)** Erlangt der Vermieter von der Entfernung der Sachen des Mieters Kenntnis, so kann er sich sein Pfandrecht nur dadurch erhalten, daß er der Entfernung (sofort) widerspricht. Zur Durchsetzung dieses sog **Sperrechts** hat ihm das Gesetz außerdem in § 561 ein besonderes Selbsthilferecht eingeräumt. Macht der Vermieter hingegen von seinem Sperrecht keinen Gebrauch, so erlischt sein Pfandrecht endgültig durch die Entfernung der Sachen. Dasselbe gilt, wenn er zwar widersprochen hat, ihm aber tatsächlich nach § 560 S 2 kein Sperrecht zusteht (RGZ 71, 418; 74, 247).

4. Ausschlußgründe 7

a) Um den Mieter in seinen Lebens- und Geschäftsverhältnissen nicht übermäßig zu behindern, hat das Gesetz dem Sperrecht des Vermieters durch *§ 560 S 2* enge Grenzen gezogen (BGH LM Nr 2 zu § 560 BGB). Es handelt sich dabei um eine im öffentlichen Interesse erlassene Schutzvorschrift zugunsten des Mieters, so daß § 560 S 2 zwingend ist. Das Sperrecht des Vermieters entfällt außerdem, wenn sich der Vermieter in **Annahmeverzug** befindet oder wenn die Entfernung aufgrund hoheitlicher Anordnung, insbesondere durch den *Gerichtsvollzieher,* erfolgt (s oben Rz 3). Schließlich kann der Vermieter auch nicht der Entfernung der Sachen durch den *Konkursverwalter* widersprechen, da hier die §§ 560 und 561 ebenfalls keine Anwendung finden (OLG Hamm OLGE 17, 3; OLG Hamburg OLGE 21, 203).

b) Nach § 560 S 2 entfällt das Sperrecht des Vermieters zunächst, wenn 8
die Entfernung **im regelmäßigen Betrieb** des Geschäfts des Mieters erfolgt. Denn solche Sachen werden in aller Regel alsbald vom Mieter wieder ersetzt werden (BGH LM Nr 2 zu § 560 BGB). Deshalb ist hier stets von dem konkreten Geschäftsbetrieb des Mieters auszugehen. Alle Vorgänge, die normalerweise zu diesem Geschäftsbetrieb gehören, führen zum Erlöschen des Vermieterpfandrechts, wenn sie mit einer Entfernung der Sachen des Mieters von dem vermieteten Grundstück verbunden sind. **Beispiele** sind die Veräußerung von Waren, die Ablieferung auf dem Grundstück hergestellter Produkte, die tägliche Entfernung der Tageskasse (OLG Braunschweig OLGZ 1980, 239) sowie die Ausfahrt mit Geschäftsfahrzeugen. Auch ein üblicher Saisonausverkauf gehört hierher, nicht jedoch ein Totalausverkauf und ebensowenig eine Entfernung aller verwertbaren Sachen durch die Gläubiger des Mieters (BGH LM Nr 2 zu § 560 BGB) oder ein Umzug des Mieters.

Dem Vermieter ist das Sperrecht außerdem versagt, wenn die Entfernung 9
den **gewöhnlichen Lebensverhältnissen** des Mieters entspricht. Beispiele für eine solche Entfernung sind die Mitnahme von Reiseutensilien bei Antritt einer Reise, die Verbringung reparaturbedürftiger Sachen in eine Werkstätte (Mot II 408), die Benutzung von Fahrzeugen (s oben Rz 2), nicht jedoch die Fortschaffung der wertvollsten Möbel durch den Mieter morgens um 5 ^{00}Uhr (RG Recht 1909 Nr 1672).

Schließlich entfällt das Sperrecht des Vermieters auch noch dann, wenn 10
die zurückbleibenden Sachen zu seiner **Sicherung** offenbar *ausreichen.* Dieser Fall ist nur gegeben, wenn die verbleibenden Sachen einen solchen Wert besitzen, daß auch ohne genauere Prüfung oder Schätzung klar ist, daß der Vermieter durch sie noch ausreichend gesichert ist (RGZ 71, 418; RG JW 1909, 657; WarnR 1913 Nr 359; SeuffA 69 Nr 5). Hieran fehlt es

schon, wenn auch nur das Eigentum des Mieters an den zurückgebliebenen Sachen zweifelhaft ist (RG HRR 1928 Nr 827). Dieses sog **Verweisungsrecht** steht auch den Gläubigern des Mieters zu, die zB Sachen des Mieters auf dem vermieteten Grundstück gepfändet haben. Auch sie können folglich den Vermieter auf die zurückgebliebenen Sachen verweisen, so daß dann der Vermieter kein Recht auf vorzugsweise Befriedigung nach § 805 ZPO hat (s oben Rz 4; RGZ 71, 418; BGHZ 27, 227).

§ 561

Der Vermieter darf die Entfernung der seinem Pfandrecht unterliegenden Sachen, soweit er ihr zu widersprechen berechtigt ist, auch ohne Anrufen des Gerichts verhindern und, wenn der Mieter auszieht, die Sachen in seinen Besitz nehmen.

Sind die Sachen ohne Wissen oder unter Widerspruch des Vermieters entfernt worden, so kann er die Herausgabe zum Zweck der Zurückschaffung in das Grundstück und, wenn der Mieter ausgezogen ist, die Überlassung des Besitzes verlangen. Das Pfandrecht erlischt mit dem Ablauf eines Monats, nachdem der Vermieter von der Entfernung der Sachen Kenntnis erlangt hat, wenn nicht der Vermieter diesen Anspruch vorher gerichtlich geltend gemacht hat.

1 **1. Allgemeines**

§ 561 gibt dem Vermieter, um der Gefahr des sog Rückens des Mieters begegnen zu können, ein von den Voraussetzungen des allgemeinen Selbsthilferechts unabhängiges, besonders weitgehendes **Selbsthilferecht,** das in unserer Rechtsordnung ohne Parallele ist. Daneben hat der Vermieter außerdem noch die jedem Pfandgläubiger zum Schutze seines Rechts zustehenden Befugnisse (vgl insbes §§ 816, 823, 1227 iVm den §§ 985 und 1004).

2 Das Selbsthilferecht des Vermieters aus § 561 besteht nur hinsichtlich solcher Sachen, die dem Pfandrecht des Vermieters unterliegen und deren Entfernung er widersprechen darf (§ 561 Abs 1). Das Gesetz verweist damit im einzelnen auf die §§ 559 und 560 S 2. Eine vertragliche **Erweiterung** des Selbsthilferechts des Vermieters über diese Grenzen hinaus ist nicht möglich.

3 **2. Verhinderung der Entfernung**

Wenn der Mieter, ohne insgesamt auszuziehen, einzelne dem Pfandrecht unterliegende Sachen entfernt, indem er sie willentlich aus dem gemieteten Grundstück oder den gemieteten Räumen hinausschafft, darf der Vermieter dies auch ohne Anrufung des Gerichts verhindern (§ 561 Abs 1 Fall 1). Das Selbsthilferecht des Vermieters besteht hiernach *nur solange*, wie die Entfernung andauert und sich die fraglichen Sachen noch im Machtbereich des Vermieters, dh auf dem vermieteten Grundstück befinden. Ein Recht zur Nacheile hat der Vermieter nicht. Auch muß er in jedem Fall das **schonendste Mittel** wählen, um den Mieter an der Entfernung zu hindern. Nur im äußersten Fall darf er daher die Entfernung durch die Anwendung von Gewalt, zB durch das Verschließen von Türen oder durch ähnliche Maßnahmen, verhindern (vgl RG DJZ 1905, 555; JW 1908, 581; Recht 1915 Nr 1534).

3. Inbesitznahme bei Auszug **4**

Zieht der Mieter insgesamt aus, so hat eine bloße Verhinderung der Entfernung der dem Vermieterpfandrecht unterliegenden Sachen keinen Sinn mehr. Deshalb gibt das Gesetz dem Vermieter für diesen Fall weitergehend die Befugnis, die Sachen in seinen Besitz zu nehmen (§ 561 Abs 1 Fall 2). Unter **Auszug** des Mieters ist dabei die endgültige Aufgabe des Besitzes an dem gemieteten Grundstück oder den gemieteten Räumen durch den Mieter zu verstehen. Das Selbsthilferecht entsteht hier, sobald der Mieter mit der Besitzaufgabe tatsächlich begonnen hat (LG Hamburg WuM 1977, 256). Nimmt der Vermieter die Sachen des Mieters daraufhin in Besitz, so erlangt er dieselbe Rechtsstellung wie der Inhaber eines rechtsgeschäftlich bestellten Faustpfandrechts und ist folglich auch zur **Verwahrung** der Sachen verpflichtet (§ 1215; RG JW 1932, 42). Verwahrt er die Sachen des Mieters in den Mieträumen, so ist für die Anwendung des § 557 kein Raum (LG Mannheim WuM 1978, 141).

4. Herausgabeanspruch nach Entfernung **5**

a) Wenn die Sachen ohne Wissen oder unter Widerspruch des Vermieters von dem vermieteten Grundstück entfernt worden sind, gibt das Gesetz in § 561 Abs 2 dem Vermieter zusätzlich einen dinglichen Herausgabeanspruch entsprechend den §§ 1227 und 985. Der Anspruch richtet sich **gegen jeden** unmittelbaren oder mittelbaren **Besitzer** der Sachen, also nicht nur gegen den Mieter, sondern auch gegen jeden sonstigen Dritten, immer vorausgesetzt, daß sie bei Klageerhebung Besitzer der Sachen sind (KG OLGE 27, 156; OLG Hamburg OLGE 22, 251). Zur Vorbereitung des Herausgabeanspruchs hat der Vermieter außerdem einen Auskunftsanspruch (LG Mannheim WuM 1978, 92).

b) Der Anspruch geht, wenn der Mieter nicht ausgezogen ist, nur auf **6**

Herausgabe der Sache zwecks Zurückschaffung in das Grundstück bzw in die Mieträume. Sobald aber der Mieter ausgezogen ist, kann der Vermieter weitergehend Herausgabe an sich selbst verlangen, wodurch er wiederum dieselbe Rechtsstellung wie der Inhaber eines rechtsgeschäftlich bestellten Faustpfandrechts erlangt (s oben Rz 4).

7 **c)** Nach § 561 Abs 1 S 2 muß der Herausgabeanspruch binnen einer **Ausschlußfrist** von einem Monat gerichtlich geltend gemacht werden. Die Vorschriften über die Verjährung finden auf diese Frist keine Anwendung (KG OLGE 27, 156). Die Frist beginnt an dem Tag, an dem der Vermieter von der Entfernung bestimmter Sachen Kenntnis erlangt; sie läuft von diesem Tag an ohne Rücksicht darauf, ob der Vermieter weiß, wo sich die Sachen jetzt befinden und wer jetzt an ihnen Besitz hat (OLG Hamburg OLGE 22, 251).

8 Für die **gerichtliche Geltendmachung** binnen der Ausschlußfrist von einem Monat genügt hier ebenso wie im Rahmen des § 559 S 2 jedes Verhalten des Vermieters, durch das er sein Pfandrecht gerichtlich zur Geltung bringt (s oben § 559 Rz 8), dh jede Handlung des Vermieters, mit der er seinen Willen zur Aufrechterhaltung und Verfolgung seines Rechts deutlich nach außen betätigt. Eine Klageerhebung ist hierfür nicht unbedingt erforderlich (KG OLGE 27, 156; JW 1933, 921). Beispiele sind der Antrag auf Erlaß einer einstweiligen Verfügung auf Zurückschaffung der Sachen (KG OLGE 20, 189; 27, 156) sowie die Einreichung des Antrags auf Hinterlegung des Erlöses beim Vollstreckungsgericht (§ 805 Abs 4 ZPO; KG JW 1933, 921). Dagegen genügt die bloße Pfändung der Sachen des Mieters wegen einer Mietzinsforderung nicht (zB OLG Hamburg OLGE 22, 251; OLG Düsseldorf OLGE 17, 5). Freilich werden nach hM durch die Versäumung der Ausschlußfrist des § 561 Abs 2 Bereicherungs- oder *Schadensersatzansprüche* des Vermieters gegen den Mieter oder gegen einen Dritten wegen eines Eingriffs in sein Pfandrecht nicht ausgeschlossen (RGZ 98, 345; 119, 265; BGH ZMR 1965, 375, 379; dagegen Mietrecht § 561 Rz 45 a).

9 **d)** § 561 gilt nicht für die **Pfändung** und Verwertung der Mietersachen durch andere Gläubiger. Folglich ist auch die Klage des Vermieters auf vorzugsweise Befriedigung aus *§ 805 ZPO* nicht an die Ausschlußfrist des § 561 Abs 2 S 2 gebunden (KG OLGE 11, 311; OLG Celle OLGE 19, 3). Ebensowenig ist Raum für die Anwendung des § 561 bei Wegnahme der Mietersachen durch den Konkursverwalter des Mieters (RG LZ 1914, 1045 f; OLG Celle aaO; vgl im übrigen oben § 560 Rz 3, unten § 563 Rz 2 und 3).

§ 562
Der Mieter kann die Geltendmachung des Pfandrechts des Vermieters durch Sicherheitsleistung abwenden; er kann jede einzelne Sache dadurch von dem Pfandrechte befreien, daß er in Höhe ihres Wertes Sicherheit leistet.

1. Nach § 562 HS 1 kann der Mieter seine dem Vermieterpfandrecht unterliegenden Sachen zunächst dadurch frei bekommen, daß er die Geltendmachung des Vermieterpfandrechts insgesamt durch **Sicherheitsleistung** nach den §§ 232 ff abwendet. Dieses Abwendungsrecht steht nicht nur dem Mieter, sondern auch einem dritten Eigentümer der eingebrachten Sachen oder einem Pfändungsgläubiger zu, vorausgesetzt, daß ihnen das Vermieterpfandrecht vorgeht (BGH WM 1971, 1086). Die Höhe der Sicherheit richtet sich dabei stets nach der *Forderung,* derentwegen der Vermieter sein Pfandrecht ausübt. 1

2. Unabhängig davon kann der Mieter außerdem auch jederzeit jede einzelne Sache und damit gegebenenfalls auch alle Sachen zusammen dadurch von dem Vermieterpfandrecht befreien, daß er in Höhe ihres Wertes Sicherheit leistet. Dabei bemißt sich die Sicherheitsleistung auch hier im einzelnen nach den §§ 232 ff (s zB KG GrundE 1928, 986; 1929, 1051; OLG Dresden OLGE 36, 61). 2

3. Die Sicherheitsleistung hat in jedem Fall zur Folge, daß der Vermieter sein Pfandrecht nicht mehr geltend machen kann. Das Pfandrecht **erlischt** maW, so daß dem Vermieter fortan weder das Widerspruchsrecht des § 560 S 1 noch das Selbsthilferecht des § 561 Abs 1 zustehen. 3

§ 563
Wird eine dem Pfandrechte des Vermieters unterliegende Sache für einen anderen Gläubiger gepfändet, so kann diesem gegenüber das Pfandrecht nicht wegen des Mietzinses für eine frühere Zeit als das letzte Jahr vor der Pfändung geltend gemacht werden.

1. § 563 regelt aus der Fülle möglicher Konkurrenzen zwischen dem Vermieterpfandrecht und anderen Pfandrechten lediglich den Fall, daß mit dem Vermieterpfandrecht ein nachträglich begründetes Pfändungspfandrecht zusammentrifft (vgl auch § 49 Abs 1 Nr 2 KO). Die übrigen Konkurrenzfälle müssen daher nach dem auch hier geltenden **Prioritätsprinzip** gelöst werden. Der Rang des Vermieterpfandrechts richtet sich dabei gemäß § 1209 in Verbindung mit § 1257 nach dem Zeitpunkt seiner Entstehung, so daß es grundsätzlich allen später begründeten Rechten vorgeht (s oben § 559 Rz 1; RG JW 1906, 224; KG JW 1931, 2378). Für das Verhält- 1 nis zwischen dem Vermieterpfandrecht an einer bloßen *Anwartschaft* des Mieters (s oben § 559 Rz 5) und nachträglich begründeten Pfändungspfandrechten Dritter an der betreffenden Sache folgt daraus, daß der Vermieter auch den Vorrang vor den Pfändungsgläubigern hat, mögen sich auch sämtliche Pfandrechte erst bei Bedingungseintritt in Pfandrechte an der Sache verwandeln (s Mietrecht § 563 Rz 11).

2 **2.** Gegen eine **Pfändung** der Sachen des Mieters durch andere Gläubiger des Mieters kann sich der Vermieter nicht wehren. Er hat weder das Widerspruchsrecht des § 560 S 1 noch das Selbsthilferecht des § 561 Abs 1, sondern ist auf das Recht auf vorzugsweise Befriedigung aus dem Erlös der Sachen beschränkt (§ 805 ZPO; s oben § 560 Rz 3, § 561 Rz 9). Für diesen Fall bestimmt nun § 563 eine Einschränkung des Vermieterpfandrechts (nur) für *Mietzinsrückstände:* Für diese kann das Pfandrecht gegenüber dem Pfändungsgläubiger nur für das letzte Jahr vor der Pfändung geltend gemacht werden, wobei maßgebender Zeitpunkt der der Pfändung ist (RGZ 34, 100). Weitergehende Beschränkungen der Vermieterrechte bestehen nicht, so daß das Recht auf vorzugsweise Befriedigung namentlich auch wegen aller gegenwärtigen Entschädigungsansprüche sowie für den Mietzins für das laufende und für das folgende Mietjahr geltend gemacht werden kann (§ 559 S 2; KG OLGE 11, 143).

3 **3.** Im **Konkurs** verwandelt sich das Vermieterpfandrecht in ein Recht auf abgesonderte Befriedigung aus dem Erlös der Sache (§§ 48, 49 Abs 1 Nr 2, 127 KO). Auch hier ist für eine Anwendung der §§ 560 und 561 kein Raum; die Verwertung der Sachen obliegt vielmehr dem Konkursverwalter. Der Vermieter ist wiederum auf den Anspruch auf vorzugsweise Befriedigung aus dem Erlös beschränkt, wobei § 49 Abs 1 Nr 2 KO zu beachten ist, der im wesentlichen dem § 563 entspricht (s RGZ 34, 100; BGH LM Nr 1 zu § 49 KO).

§ 564

Das Mietverhältnis endigt mit dem Ablaufe der Zeit, für die es eingegangen ist.

Ist die Mietzeit nicht bestimmt, so kann jeder Teil das Mietverhältnis nach den Vorschriften des § 565 kündigen.

Schrifttum: DEGGAU, Die Kündigung von Wohnraum im Prozeß, ZMR 1982, 291; LENHARD, Kündigung mit Wirkung vor Vollzug des Mietvertrags? DWW 1980, 166; RODENBERG, Die Kündigung im Wohnungsmietrecht (1978); SCHMID, Die Beendigung von Mietverhältnissen über Wohnraum, DWW 1981, 283; ders, Kündigung eines Mietverhältnisses über Wohnraum durch Klageerhebung, WuM 1981, 171; ders, Die Verwirkung im Mietrecht, DWW 1982, 259; SCHMIDT-FUTTERER, Die vorzeitige Beendigung befristeter Mietverhältnisse, WuM 1970, 69; ders, Der Mietaufhebungsvertrag, MDR 1971, 13; WEIMAR, Kann eine unbegründete, außerordentliche Kündigung von Wohnraum in eine ordentliche Kündigung umgedeutet werden? ZMR 1967, 6 = WuM 1966, 129; ders, Die Vollmachtsklausel bei Ehegatten als Mieter, BlGBW 1979, 33.

I. Allgemeines 1

§ 564 gilt für Mietverhältnisse aller Art. Abs 1 bestimmt, daß ein Mietverhältnis mit dem Ablauf der Zeit endet, für die es eingegangen ist. Nach Abs 2 kann ein auf unbestimmte Zeit eingegangenes Mietverhältnis von jedem Teil nach den Vorschriften des § 565 gekündigt werden. Damit ist die Regelung in mehrfacher Hinsicht unvollständig. Zum einen sind zahlreiche Beendigungsgründe wie vor allem die außerordentliche fristlose Kündigung nicht erfaßt. Zum anderen sind bei der Kündigung eines Mietverhältnisses über Wohnraum neben dem ausdrücklich genannten § 565 die Vorschriften der später eingefügten §§ 564 a, 564 b, 565 b und 565 c zu beachten. Bedeutsam für die Beendigung eines befristeten Mietverhältnisses über Wohnraum ist ferner § 564 c.

II. Beendigung durch Zeitablauf

1. Mietverhältnis auf bestimmte Zeit 2

Ein Mietverhältnis endet durch Zeitablauf, wenn es auf eine bestimmte Zeit eingegangen ist. Die Dauer der Mietzeit muß im Vertrag genau bestimmt oder aufgrund des Vertragsinhalts hinreichend bestimmbar sein. Dies ist möglich bei Angabe eines bestimmten Kalendertags oder eines variablen Festtags für ein bestimmtes Jahr. Die Mietzeit ist ferner bestimmt, wenn eine feste Frist vereinbart wird, die nach Zeiteinheiten wie Tagen, Monaten oder Jahren bemessen ist und sich nach dem Beginn des Mietverhältnisses richtet. Ausreichend ist eine Fristbestimmung in der Form, daß der Gegenstand des Mietverhältnisses zu einem von vornherein zeitlich begrenzten Gebrauchszweck, für die Dauer einer bestimmten Saison, einer Messe oder eines sonstigen, nach der Verkehrssitte bestimmbaren Zeitraums überlassen wird (BGB-RGRK-Gelhaar § 564 Rz 3). Eine bestimmte Mietzeit ist auch vereinbart, wenn sie bis zum Eintritt eines bestimmten Ereignisses dauern soll. Es handelt sich um eine Zeitbestimmung iS des § 163, selbst wenn der genaue Zeitpunkt noch nicht feststeht. Ist dagegen ungewiß, ob das zukünftige Ereignis überhaupt eintreten wird, liegt eine auflösende Bedingung vor (Rz 43; vgl § 565 a Abs 2 zum Mietverhältnis über Wohnraum).

3 **2. Mietvertrag mit Optionsrecht**

Ein Mietvertrag mit Optionsrecht ist ein auf bestimmte Zeit abgeschlossener Vertrag, der die Vereinbarung enthält, daß eine Partei berechtigt ist, ihn durch einseitige Erklärung zu verlängern (Vorbem 31 zu §§ 535, 536). Ein solcher Vertrag endet nach Abs 1 durch Zeitablauf, wenn die Partei nicht rechtzeitig vor Beendigung der Mietzeit von ihrem Recht Gebrauch macht (BGH WM 1967, 935). Ist keine Frist vereinbart worden, kann die Option bis zum Ablauf der Vertragszeit ausgeübt werden (OLG Düsseldorf MDR 1981, 847).

4 **3. Mietvertrag mit Verlängerungsklausel**

Ein Mietvertrag mit Verlängerungsklausel ist ein auf bestimmte Zeit abgeschlossener Vertrag, der sich auf bestimmte oder auf unbestimmte Zeit verlängert, wenn nicht ein Vertragsteil innerhalb einer bestimmten Frist vor Ablauf des Mietverhältnisses die weitere Fortsetzung ablehnt (Vorbem 31 zu §§ 535, 536). Wenn in Mietverträgen insoweit von Kündigung die Rede ist, handelt es sich um eine untechnische Formulierung, mit der eine Willenserklärung des Inhalts gemeint ist, eine Fortsetzung des Mietverhältnisses werde abgelehnt (RGZ 86, 60, 62; BGH NJW 1975, 40). Wird eine dahin gehende Willenserklärung rechtzeitig abgegeben, endet das Mietverhältnis nach Abs 1 durch Zeitablauf (vgl § 565 a Abs 1 zum Mietverhältnis über Wohnraum).

III. Beendigung durch Kündigung

5 **1. Allgemeines**

Nach Abs 2 kann jeder Teil das Mietverhältnis nach den Vorschriften des § 565 kündigen, wenn die Mietzeit nicht bestimmt ist. Ein auf unbestimmte Zeit eingegangenes Mietverhältnis kann demnach durch ordentliche oder außerordentliche befristete Kündigung beendet werden. Diese Aussage des Gesetzes ist unvollständig, weil das auf unbestimmte Zeit eingegangene Mietverhältnis auch durch außerordentliche fristlose Kündigung beendet werden kann. Darüber hinaus spielt die außerordentliche Kündigung bei den auf bestimmte Zeit abgeschlossenen Mietverhältnissen eine Rolle.

6 **2. Rechtsnatur der Kündigung**

a) Die Kündigung ist eine **einseitige, empfangsbedürftige Willenserklärung**. Jeder Vertragsteil ist grundsätzlich zur Kündigung berechtigt. Die

Erklärung wird wirksam, wenn sie dem anderen Vertragsteil zugeht (§§ 130–132). Die formularmäßige Fiktion des Zugangs ist nach § 10 Nr 6 AGBG unwirksam. Versucht der Empfänger, den Zugang der Kündigung zu verhindern, kann der Erklärende dem durch Ersatzzustellung oder öffentliche Zustellung nach § 132 entgegentreten. Die Zustellung durch Niederlegung des Kündigungsschreibens beim Postamt unter Hinterlassung eines Benachrichtigungszettels beim Empfänger ist dem nicht gleichzustellen (BGHZ 67, 271, 277 = NJW 1977, 194, 195). Die Verhinderung des Zugangs durch den Adressaten kann aber dazu führen, daß er sich auf einen verspäteten Zugang nicht berufen kann (BGH aaO; OLG Hamburg WuM 1978, 120). Bei Personen, die nicht voll geschäftsfähig sind, muß die Kündigungserklärung an den gesetzlichen Vertreter gerichtet sein (LG Berlin ZMR 1982, 238). Stellvertretung ist bei der Kündigung zulässig (Rz 18 f). Die Schlüsselgewalt des § 1357 reicht hierzu nach umstrittener Ansicht aber nicht aus (Gernhuber, Lehrbuch des Familienrechts [3. Aufl 1980] § 19 IV 6 mwN; aM MünchKomm-Wacke [1978] § 1357 Rz 18). Hat nur ein Ehegatte die eheliche Wohnung gemietet, kann er sie allein kündigen und verstößt dadurch nicht ohne weiteres gegen die §§ 134, 138 (LG Stuttgart FamRZ 1977, 200 m Anm Bosch). Da die Kündigung eine einseitige Willenserklärung ist, braucht der Empfänger keine Gegenerklärung abzugeben. Aus seinem Schweigen können deshalb keine nachteiligen Schlüsse gezogen werden. Für die Kündigung gelten alle Vorschriften über einseitige Rechtsgeschäfte, zB die §§ 111, 174, 180, 182 Abs 3. Sie ist eine rechtsgeschäftliche Verfügung iS des § 185 Abs 1, weil über Rechte aus dem Mietverhältnis verfügt wird (RG Recht 1924 Nr 1319; LG Stuttgart MDR 1970, 682).

b) Ein **vertraglicher Ausschluß** des Kündigungsrechts ist möglich, soweit 7
nicht zwingende gesetzliche Vorschriften oder die besondere Natur dieses Rechts entgegenstehen. So ist die allgemeine Kündigung aus wichtigem Grund (§ 242) bei allen Dauerschuldverhältnissen zwingend (BGH NJW 1951, 836). Im übrigen kann das Kündigungsrecht vertraglich nur auf bestimmte Zeit ausgeschlossen werden, auch wenn der Mietvertrag unbefristet ist. Ein Ausschluß auf Dauer stünde im Widerspruch zu Abs 2 und wäre mit dem Wesen des Mietvertrags unvereinbar, der nur ein vorübergehendes Gebrauchsrecht einräumen soll (LG Karlsruhe WuM 1979, 192). Im übrigen ist das Formerfordernis des § 566 S 1 zu beachten, wenn die Kündigung für längere Zeit als ein Jahr nicht erklärt werden kann. Ist ein Mietvertrag nach den Parteivereinbarungen frühestens für den Fall des Abbruchs des Gebäudes kündbar, ist die Abbruchgenehmigung Voraussetzung für die Wirksamkeit der Kündigung (LG Köln WuM 1980, 101, 103). Die Parteien können die Zulässigkeit der Kündigung auf bestimmte Gründe beschränken. Bei einem auf unbestimmte Zeit abgeschlossenen

Mietverhältnis kann jedoch aus der Vereinbarung, daß der Mietzins für einen bestimmten Zeitraum „verbindlich bleiben" soll, idR nicht geschlossen werden, daß das Mietverhältnis während dieser Zeit unkündbar ist (BGH ZMR 1976, 203).

8 Hat der Mieter bei einem unbefristeten Mietverhältnis einen abwohnbaren **Finanzierungsbeitrag** an den Vermieter geleistet, kann im Wege der Auslegung nach § 157 aus der Verrechnungsabrede entnommen werden, daß das Recht des Vermieters zur ordentlichen Kündigung vertraglich ausgeschlossen sein soll (OLG München DWW 1964, 158; OLG Stuttgart ZMR 1959, 325; LG Hannover WuM 1980, 57; aM OLG Celle NJW 1956, 1281; LG Braunschweig ZMR 1967, 202; LG Stuttgart ZMR 1967, 112). Diese Auslegung wird idR den Interessen beider Parteien gerecht, setzt allerdings voraus, daß im Mietvertrag nicht ausdrücklich eine anderweitige Regelung getroffen ist. Das gleiche kann bei hohem Renovierungsaufwand des Mieters gelten (AG Köln MDR 1971, 762).

9 c) Die Kündigung kann vertraglich an die **Einwilligung eines Dritten** gebunden werden. Sie ist unwirksam, wenn die Einwilligung im Zeitpunkt des Zugangs der Kündigungserklärung nicht erteilt ist (§ 182 Abs 1), und kann aus Gründen der Rechtssicherheit nicht durch Genehmigung nach den §§ 185 Abs 2, 184 Abs 1 geheilt werden (LG Duisburg WuM 1966, 82; LG Kassel WuM 1966, 201). Ein solches Zustimmungserfordernis wird häufig in Verträgen zur Förderung von Werkwohnungen zwischen Arbeitgeber und Vermieter vereinbart (vgl LG Hamburg ZMR 1966, 217). Es entfällt mit dem Ende des Besetzungsrechts (BGH WM 1969, 1454). Auch bei LAG-Aufbaudarlehen werden derartige Klauseln in den Darlehensvertrag zwischen Ausgleichsamt und Vermieter aufgenommen (LG Duisburg aaO; LG Kassel aaO; AG Kiel WuM 1980, 265). Die Zustimmung des Ausgleichsamts wird durch eine vorzeitige Rückzahlung des Darlehens vor Ablauf der zehnjährigen Zweckbindungsfrist nicht überflüssig (LG Karlsruhe WuM 1967, 167). Nach Ablauf dieser Frist kann jedoch weder aus der abgelaufenen Zweckbindung noch aus dem nach § 362 erfüllten Darlehensvertrag das Erfordernis einer Zustimmung abgeleitet werden (LG Frankfurt WuM 1973, 81; aM LG Mannheim WuM 1973, 96). Derartige Zustimmungsklauseln werden vielfach als Vertrag zugunsten Dritter nach § 328 angesehen (BGH NJW 1967, 2260; LG Essen WuM 1965, 133; MDR 1969, 147).

10 **3. Inhalt der Kündigung**

a) Erklärungsinhalt im allgemeinen

aa) In der **Kündigungserklärung** muß eindeutig zum Ausdruck kommen, daß der Erklärende das Mietverhältnis beenden will. Das Wort „Kündigung" ist nicht erforderlich (LG Frankfurt ZMR 1968, 85). Die Erklärung muß einen unmißverständlichen Hinweis enthalten, aus dem auf den Kündigungswillen geschlossen werden kann (BGH LM Nr 2 zu § 595 BGB = ZMR 1957, 264; LG Frankfurt aaO). Dies ist auch bei einer Klage auf Herausgabe der Mietsache möglich (BGH aaO; LG Mönchengladbach WuM 1961, 166; LG Wiesbaden ZMR 1972, 81; aM AG Köln WuM 1974, 105). Für den Beklagten muß eindeutig erkennbar sein, daß neben der Klageerhebung als Prozeßhandlung eine Kündigung als materiell-rechtliche Willenserklärung abgegeben werden soll (BayObLG NJW 1981, 2197 = 7 in RE Miet; LG Hamburg MDR 1974, 584; LG Karlsruhe MDR 1978, 672; LG Kiel DWW 1983, 50; Deggau ZMR 1982, 291; Schmid WuM 1981, 171). Die Kündigung kann in einer konkludenten Handlung liegen, soweit nicht durch Parteivereinbarung oder Gesetz eine besondere Form vorgeschrieben ist (§ 564 a Abs 1 S 1). Die Ankündigung des vorzeitigen Auszugs im Anschluß an einen Räumungsvergleich (AG Köln WuM 1975, 143) oder der Auszug eines Mitmieters (LG Köln WuM 1976, 145) stellen idR keine Kündigung dar.

bb) In der Erklärung muß kein bestimmter **Kündigungsgrund** angegeben **11**
werden. Dies gilt grundsätzlich für die ordentliche und die außerordentliche Kündigung in gleicher Weise (BGH WM 1959, 538, 542; WM 1975, 897, 899; NJW 1980, 777, 779; OLG Karlsruhe NJW 1982, 2004 = 19 in RE Miet; OLG Zweibrücken OLGZ 1981, 350 = WuM 1981, 177 = 1 in RE Miet; aM LG Mannheim WuM 1975, 226, 227; Justiz 1976, 469; WuM 1982, 27; AG Friedberg WuM 1981, 15, jeweils zur außerordentlichen Kündigung). Unschädlich ist es deshalb, wenn ein unzutreffender Grund angegeben wird (RG HRR 1934 Nr 318). Entscheidend ist allein, daß im Zeitpunkt der Kündigungserklärung tatsächlich ein Grund vorliegt, der die außerordentliche Kündigung rechtfertigt. Wird die Kündigung von dem angegebenen Grund nicht gestützt, können grundsätzlich auch nicht bekanntgegebene Gründe mit der Wirkung nachgeschoben werden, daß sie die Kündigung für den Zeitpunkt ihres Ausspruchs rechtfertigen, sofern sie bereits in diesem Zeitpunkt existierten (BGH WM 1959, 538, 542; OLG Zweibrücken aaO; aM Sternel Rz IV 238). Die Angabe eines Grundes ist aber erforderlich, wenn die Parteien vereinbart haben, daß die Kündigung nur aus bestimmten Gründen zulässig sein soll (Roquette § 564 Rz 17). Für die Kündigung eines Mietverhältnisses über Wohnraum sieht § 564 a Abs 1 S 2 als Sollvorschrift die Angabe der Kündigungsgründe vor. Zwingend vorgeschrieben ist die Angabe von Gründen für die ordentliche Kündigung des Vermieters in § 564 b Abs 3.

cc) Fehlt die Angabe eines bestimmten **Kündigungstermins**, macht dies die **12**
Kündigung nicht unwirksam, da es sich nicht um einen wesentlichen Bestandteil der Erklärung handelt (RG JW 1908, 270 Nr 4). Die Kündigung

wird zum nächst zulässigen Termin wirksam (LG Braunschweig BlGBW 1969, 137). Das gleiche gilt, wenn die Kündigungserklärung für den angegebenen Termin wegen der nach § 565 einzuhaltenden Frist verspätet ist (OLG Hamburg OLGE 36, 64). Diese Wirkung tritt aber nur ein, wenn der Kündigende das Mietverhältnis auf jeden Fall beenden will und dieser Wille dem anderen Vertragsteil erkennbar ist. Die Kündigung kann auch für einen späteren als den nächst zulässigen Termin erklärt werden (Mittelstein 466). Ist dies der Fall, steht es jeder Partei grundsätzlich frei, bereits zu einem früheren Zeitpunkt zu kündigen, wenn die dafür maßgebende Kündigungsfrist noch einzuhalten ist. Eine Kündigung ist auch sogleich mit dem rechtlichen Beginn des Mietverhältnisses vor dessen tatsächlichem Vollzug möglich, soweit dabei die Kündigungsfristen des § 565 gewahrt werden. Maßgebend sind die Vereinbarungen der Parteien, wann die Frist für eine vor Vollzug des Mietvertrags erklärte ordentliche Kündigung beginnt. Haben die Parteien keine Abrede getroffen, beginnt die Frist mit dem Zugang der Kündigungserklärung (BGHZ 73, 350 = NJW 1979, 1288 m Anm Treier LM Nr 67 zu § 535 BGB u krit Anm Haase JR 1979, 415; aM Lenhard DWW 1980, 166; MünchKomm-Voelskow § 564 Rz 19). Ebenso kann eine außerordentliche Kündigung vor dem Vollzug des Mietvertrags erklärt werden und diesen unter Einhaltung einer Frist (§ 565 Abs 5) oder fristlos beenden. Ein befristetes Mietverhältnis kann hingegen auch vor dem Einzug nicht ordentlich gekündigt werden (LG Köln WuM 1980, 29).

13 **b) Bedingte Kündigung**

aa) Nach verbreiteter Auffassung soll eine bedingte Kündigung generell **unzulässig** sein und zwar auch dann, wenn der Eintritt der Bedingung nur vom Willen des Kündigungsempfängers abhängig sei (Roquette § 564 Rz 15; Sternel Rz VI 12). Die hM hält die Kündigung nicht schlechthin für bedingungsfeindlich. Es komme vielmehr darauf an, ob sie genügend bestimmt und klar sei, so daß der Empfänger nicht in eine ungewisse Lage versetzt werde. Hänge der Eintritt des zukünftigen ungewissen Ereignisses allein vom Willen des Empfängers ab, sei eine derart bedingte Kündigung zulässig (BGH WM 1973, 694, 695; OLG Braunschweig SeuffA 57 Nr 60; OLG Dresden SeuffA 62 Nr 248; OLG Hamburg SeuffA 74 Nr 4; AG Köln WuM 1973, 253; Jauernig-Teichmann § 564 Anm 3). Da die Rücksichtnahme auf den Geschäftsgegner das entscheidende Kriterium für die Bedingungsfeindlichkeit von Willenserklärungen ist, kann mit der hM eine bedingte Kündigung als zulässig angesehen werden, wenn der Geschäftsgegner keiner Rücksichtnahme bedarf, dh wenn er es von Anfang an allein in der Hand hat, die Bedingung eintreten zu lassen oder nicht.

14 **bb)** Da die Bedingungsfeindlichkeit einer Kündigung mangels gesetzlicher

Regelung allein von der gebotenen Rücksichtnahme auf den Geschäftsgegner abhängt, ist im übrigen eine bedingte Kündigung auch bei **Zustimmung des anderen Vertragsteils** zulässig (RGZ 91, 307, 309). Es macht keinen Unterschied, ob der andere Teil vorher oder nachträglich zustimmt, da die Wirksamkeit der Kündigung in jedem Fall vom Willen des Empfängers abhängt. Auch die Entstehung des Kündigungsrechts kann vereinbarungsgemäß vom Eintritt eines ungewissen zukünftigen Ereignisses abhängig gemacht werden (Soergel-Kummer § 564 Rz 19).

cc) Die bedingte Kündigung kann vor allem in der Form auftreten, daß der **15**
Vermieter dem Mieter gleichzeitig ein Angebot unterbreitet, den Mietzins durch einen Änderungsvertrag zu erhöhen. Die Kündigung ist hier auflösend bedingt durch die Annahme dieses Angebots. Davon zu unterscheiden ist die unbedingte **Kündigung zwecks Mieterhöhung**. Sie ist bei Mietverhältnissen über Wohnraum durch § 1 S 1 MHRG ausdrücklich ausgeschlossen. Für sonstige Mietverhältnisse ist sie nicht anders zu beurteilen als eine ordentliche Kündigung, die das Mietverhältnis nach Abs 2 beendet. Die Besonderheit besteht nur darin, daß sie in bestimmter Weise motiviert ist und mit einem Vertragsangebot des Vermieters verbunden ist, ein neues Mietverhältnis mit einem höheren Mietzins abzuschließen (Mittelstein 395, 459; Roquette § 564 Rz 18).

c) Mehrheit von Beteiligten **16**

aa) Das Gesetz geht als selbstverständlich davon aus, daß ein einheitlicher Mietvertrag bei mehreren Mietern oder Vermietern nur von allen oder gegen alle anderen Beteiligten gekündigt werden kann (Mot II 413; RGZ 90, 328, 330; BGHZ 26, 102, 103 = NJW 1958, 421; BGH WM 1964, 273, 275; WM 1972, 136, 137; LG Darmstadt WuM 1983, 54; LG Hamburg WuM 1977, 184, jeweils für mehrere Mieter; LG Berlin WuM 1979, 25; AG Frankfurt ZMR 1969, 85, jeweils für mehrere Vermieter; RGZ 97, 79, 81; AG Offenbach ZMR 1978, 204, jeweils für mehrere Mieter und Vermieter). Dies wird aus der **Einheitlichkeit des Mietverhältnisses** gefolgert, die vom Regelfall des § 425 abweicht (BGH WM 1964, 273, 275). Wird in einem Formularmietvertrag bestimmt, daß es für die Kündigung durch den Vermieter genügt, wenn sie einem der Mitmieter zugeht, handelt es sich im Hinblick auf § 10 Nr 6 AGBG um eine unwirksame Zugangsfiktion gegenüber den anderen Mitmietern (Bub DWW 1977, 76, 79; Sternel Rz II 405).

bb) Aus der Einheitlichkeit des Mietverhältnisses ergibt sich nicht, daß ein **17**
Kündigungsgrund, der nur in der Person eines von mehreren Mietern oder Vermietern eingetreten ist, die andere Vertragspartei berechtigt, das Mietverhältnis mit Wirkung für und gegen alle anderen Beteiligten zu kündigen. Dies richtet sich nach der gesetzlichen Vorschrift, auf die das

Kündigungsrecht gestützt wird, und auch nach der Ausgestaltung des Vertrags (BGHZ 26, 102, 104 = NJW 1958, 421, 422; OLG Celle MDR 1974, 673; LG Darmstadt NJW 1983, 52; LG Düsseldorf WuM 1982, 142; AG Bergheim WuM 1981, 231).

18 cc) Die Einheitlichkeit des Mietverhältnisses hat zur Folge, daß die Kündigung bei einer Mehrheit von Beteiligten durch sämtliche Personen der einen Vertragsseite gegenüber allen Personen der anderen Vertragsseite erklärt werden muß. Dabei ist auf seiten der Erklärenden oder Empfänger **Stellvertretung** zulässig. Bei Gesellschaften richtet sich dies nach der vertraglichen oder gesetzlichen Regelung der Vertretung (OLG Hamburg WuM 1978, 120). Für Gemeinschaften ist § 744 maßgebend (LG Berlin WuM 1979, 25). Die Erteilung der Vollmacht, eine Kündigung zu erklären oder entgegenzunehmen, ist formlos wirksam (§ 167 Abs 2). Der Kündigungsempfänger kann eine Kündigung jedoch nach § 174 zurückweisen, wenn der Bevollmächtigte ihm keine Vollmachtsurkunde vorlegt (LG Berlin aaO). Dies steht aber unter dem Vorbehalt des § 242 (AG Darmstadt ZMR 1982, 270). Eine beglaubigte Abschrift ist unzureichend, selbst wenn die Kündigung durch Vermittlung eines Gerichtsvollziehers zugestellt wird (BGH NJW 1981, 1210). Die Zurückweisung der Kündigung wegen fehlender Vollmacht muß vom Kündigungsempfänger klar zum Ausdruck gebracht werden und kann nicht daraus hergeleitet werden, daß er die Kündigung aus anderen Gründen nicht gegen sich gelten lassen will (OLG Hamburg WuM 1978, 120).

19 Für die *Erklärung im Namen des Vertretenen und die Bevollmächtigung* gelten die allgemeinen Grundsätze. So kann der andere Vertragsteil bei Kündigungserklärungen von einem Ehegatten oder an einen Ehegatten nicht davon ausgehen, daß insoweit ein Handeln namens und in Vollmacht des anderen Ehegatten vorliegt (LG Frankfurt WuM 1961, 37; AG Hamburg WuM 1977, 165). Die Kündigung durch einen oder gegenüber einem Vertreter ohne Vertretungsmacht ist nur im Rahmen des § 180 mit Rückwirkung genehmigungsfähig. Leitet der Vermieter die schriftliche Kündigung des Mietvertrags einem vom Mieter zur Entgegennahme einer solchen Erklärung nicht bevollmächtigten Rechtsanwalt zu, ist die Erklärung dem Mieter zugegangen, sobald der Rechtsanwalt dessen Auftrag annimmt, gegen die Kündigung nicht nur wegen Fehlens einer Empfangsvollmacht, sondern auch wegen Fehlens eines Kündigungsgrundes vorzugehen (vgl BGH NJW 1980, 990). Die Vollmacht, eine Kündigung zu erklären oder entgegenzunehmen, kann im Mietvertrag erteilt werden. Sie liegt aber nicht bereits in einer Vollmacht für Willenserklärungen jeder Art, sondern muß ausdrücklich auf die Kündigung Bezug nehmen. Eine weitere Einschränkung ist für den Ausspruch der Kündigung durch einen einzelnen Mitmieter geboten. Eine dahin gehende Vollmacht ist in Formularmietverträgen nach § 9 Abs 1 AGBG unwirksam, weil dadurch der Mietvertrag als Rechtsgrundlage der Vollmacht beseitigt wird (STAUDINGER-SCHLOSSER, AGBG § 9 Rz 41; STERNEL Rz I 14, II 405, III 146, IV 5; vgl Mietrecht Rz 23). Die formularmäßige Fiktion einer gegenseitigen Bevollmächtigung ist im übrigen an § 10 Nr 5 AGBG zu messen. Die Schlüsselgewalt des § 1357 deckt nach umstrittener Ansicht nicht die Kündigung eines Mietvertrags (Rz 6).

d) Teilkündigung 20

aa) Eine Teilkündigung von **Nebenabreden**, aus denen sich besondere Rechte und Pflichten der Parteien im Rahmen des Mietverhältnisses ergeben, wird allgemein für unzulässig gehalten (Mietrecht § 564 Rz 24; BGB-RGRK-GELHAAR § 542 Rz 11).

bb) Hinsichtlich einzelner **Teile der Mietsache** herrscht die Ansicht vor, 21 daß eine Teilkündigung grundsätzlich unzulässig ist (OLG Schleswig WuM 1982, 266, 269; LG Köln ZMR 1967, 269; LG Mannheim MDR 1976, 581; ROQUETTE § 564 Rz 30, 31; STERNEL Rz IV 13; aM RGZ 114, 243, 245 f). Hiernach ist eine Teilkündigung ausgeschlossen bei der Miete von Wohn- und Geschäftsräumen (LG Mannheim aaO), Wohnung und Garage (OLG Karlsruhe NJW 1983, 1499; LG Mannheim WuM 1980, 134; AG Kassel WuM 1979, 257; AG Münster WuM 1980, 56), Wohnung und Hofraum (AG Gelsenkirchen ZMR 1978, 341) und bei möbliertem Wohnraum hinsichtlich der Möbel (LG Hamburg MDR 1949, 171; LG Wuppertal MDR 1949, 617). Eine Teilkündigung ist nur anzuerkennen, wenn die Parteien ihre Zulässigkeit vereinbart haben (OLG Schleswig aaO) oder wenn die Zusammenfassung mehrerer Mietobjekte in einem Vertrag nur zufällig ist, die einzelnen Sachen also nicht als rechtlich zusammengehörend vermietet sind (LG Mannheim ZMR 1977, 27; STERNEL Rz V 13, 14). Im übrigen steht den Parteien für eine teilweise Beendigung nur der einverständlich abgeschlossene Mietaufhebungsvertrag zur Verfügung.

4. Form der Kündigung 22

a) Ein **gesetzlicher Formzwang** ist in § 564 a Abs 1 S 1 für die Kündigung eines Mietverhältnisses über Wohnraum vorgeschrieben. Eine solche Kündigung bedarf der Schriftform (§ 564 a Rz 2 ff). Bei Mietverhältnissen über bewegliche oder andere unbewegliche Sachen wie Grundstücke, Geschäftsräume und Garagen ist die Kündigung formfrei wirksam und kann deshalb mündlich erklärt werden. Insoweit ist auch eine Kündigung durch konkludentes Verhalten möglich, etwa durch Räumung und jedenfalls durch Rückgabe der Schlüssel. Das gleiche gilt für eine Räumungs- und

Herausgabeklage, die als Kündigung beurteilt werden kann (BGH NJW 1953, 1391; einschr STERNEL Rz IV 17).

23 **b)** Die Parteien können einen **vertraglichen Formzwang** für die Kündigung vereinbaren. Eine wegen Formmangels nichtige Kündigung kann von dem Kündigenden nur durch Neuvornahme und deshalb nicht mit Rückwirkung bestätigt werden (§ 141 Abs 1). Einverständlich können die Parteien den gewillkürten Formzwang für die Zukunft und für die Vergangenheit aufheben, so daß eine an sich nichtige Kündigung doch noch wirksam werden kann (vgl BGH NJW 1968, 32, 33). Haben die Parteien eine Kündigung mittels eingeschriebenen Briefs vereinbart, ist eine Erklärung nicht unwirksam, wenn sie nur als einfacher Brief zugeht, weil durch die Vereinbarung einer bestimmten Übersendungsform im Zweifel nicht eine besondere Wirksamkeitsvoraussetzung aufgestellt, sondern nur eine Beweiserleichterung geschaffen werden soll (RGZ 77, 70; RG WarnR 1916 Nr 46). In Formularverträgen kann die Kündigung nach § 11 Nr 16 AGBG nicht an eine strengere Form als die Schriftform oder an besondere Zugangserfordernisse gebunden werden.

24 **5. Arten der Kündigung**

a) Ordentliche Kündigung

Durch die ordentliche Kündigung wird ein auf unbestimmte Zeit eingegangenes Mietverhältnis beendet (Abs 2). Die Wirksamkeit ist davon abhängig, daß bestimmte Kündigungsfristen eingehalten werden (§ 565). Bei einem Mietverhältnis über Wohnraum müssen zudem die Voraussetzungen des § 564 b erfüllt sein. Im übrigen steht die ordentliche Kündigung unter dem Vorbehalt der unzulässigen Rechtsausübung.

25 **b) Außerordentliche Kündigung**

Das Gesetz gestattet den Parteien, sich unter bestimmten Voraussetzungen vorzeitig von dem Mietvertrag zu lösen. Dies ist nach den einzelnen Vorschriften entweder nur unter Einhaltung einer gesetzlichen Frist (§ 565 Abs 5) oder fristlos möglich. In beiden Fällen steht die Kündigung unter dem Vorbehalt der unzulässigen Rechtsausübung.

26 **aa)** Die **außerordentliche befristete Kündigung** wird gerechtfertigt durch eine wesentliche Veränderung der tatsächlichen Verhältnisse gegenüber der Zeit des Vertragsabschlusses. Einer oder beiden Parteien wird das Recht eingeräumt, sich trotz eines an sich noch länger andauernden, auf bestimmte Zeit abgeschlossenen Mietverhältnisses oder trotz eines vertraglichen Kündigungsausschlusses bzw einer vertraglich oder gesetzlich (§ 565 Abs 2 S 2) nur mit einer längeren als der Dreimonatsfrist möglichen ordentlichen Kündigung vorzeitig von dem Mietverhältnis zu lösen. Bei

Mietverhältnissen über Wohnraum müssen neben dem besonderen gesetzlichen Kündigungsgrund die Voraussetzungen des § 564 b erfüllt sein (dort Rz 7).

Die außerordentliche befristete Kündigung ist für folgende **Fälle** gesetzlich abschließend geregelt: **27**

§ 541 b Abs 2 S 2 – Kündigungsrecht des Mieters bei Wohnungsmodernisierung mit besonderer Frist; § 549 Abs 1 S 2 – Kündigungsrecht des Mieters bei Verweigerung der Erlaubnis zur Untervermietung; § 567 S 1 – Kündigungsrecht beider Vertragsteile bei Mietvertrag über mehr als dreißig Jahre; § 569 – Kündigungsrecht des Erben und des Vermieters bei Tod des Mieters; § 569 a Abs 5 – Kündigungsrecht des Vermieters bei Eintritt von Familienangehörigen in das Mietverhältnis; § 569 a Abs 6 – Kündigungsrecht der Erben und des Vermieters bei Eintritt der Erben in das Mietverhältnis; § 569 b – Kündigungsrecht des überlebenden Ehegatten bei gemeinschaftlicher Miete; § 570 – Kündigungsrecht des Mieters bei Versetzung; § 1056 – Kündigungsrecht des Eigentümers bei Vermietung durch Nießbraucher über die Dauer des Nießbrauchs hinaus; § 2135 – Kündigungsrecht des Nacherben bei Vermietung durch Vorerben über die Dauer der Vorerbschaft hinaus; § 9 Abs 1 MHRG – Kündigungsrecht des Mieters bei Mieterhöhung mit besonderen Fristen; § 30 Abs 2 ErbbVO – Kündigungsrecht des Grundstückseigentümers bei Erlöschen des Erbbaurechts; § 57 a ZVG – Kündigungsrecht des Erwerbers eines Dauerwohnrechts in der Zwangsvollstreckung; § 19 KO – Kündigungsrecht des Vermieters und des Konkursverwalters bei Konkurs des Mieters; § 21 Abs 4 S 1 KO, § 57 a ZVG – Kündigungsrecht des Erwerbers eines vom Gemeinschuldner vermieteten oder verpachteten Grundstücks oder eingetragenen Schiffs; § 51 Abs 2 VerglO – Kündigungsrecht des vom Vergleichsverfahren betroffenen Mieters; Art 42 des G Nr 59 der US-Militärregierung Deutschland (ABl der US-Militärregierung, Ausgabe G, vom 10. 11. 1947), Art 34 des G Nr 59 der Britischen Militärregierung Deutschland (VOBl für die Britische Zone 1949, 152) – Kündigungsrecht des Rückerstattungsberechtigten.

bb) Die **außerordentliche fristlose Kündigung** findet ihren Grund in Leistungsstörungen, die in der Person des einen bzw des anderen Vertragsteils begründet sind oder in der Unzumutbarkeit, das Vertragsverhältnis weiter fortzusetzen (Roquette § 564 Rz 22). Soweit die gesetzlichen Vorschriften abdingbar sind, können die Parteien die Voraussetzungen enger oder weiter fassen, bestimmte Gründe ausschließen oder für gesetzlich nicht vorgesehene Gründe ein Kündigungsrecht einführen. Es ist möglich, fristlos oder wie im Arbeitsrecht mit einer beliebigen Auslauffrist zu kündigen (Sternel Rz IV 242). **28**

Hierzu zählen folgende **Fälle**, die gesetzlich geregelt sind: **29**

§ 542 – fristlose Kündigung wegen Nichtgewährung des Gebrauchs der Mietsache; § 544 – fristlose Kündigung wegen Gesundheitsgefährdung; § 553 – fristlose Kündigung bei vertragswidrigem Gebrauch durch den Mieter; § 554 – fristlose Kündigung bei Zahlungsverzug des Mieters; § 554 a – fristlose Kündigung bei schuldhaft herbeigeführter Unzumutbarkeit einer Fortsetzung des Mietverhältnisses durch Verletzung von Vertragspflichten, insbesondere durch Störung des Hausfriedens. Über diese gesetzlich geregelten Fälle hinaus wird in stRspr eine fristlose Kündigung aus wichtigem Grund zugelassen, wenn in der Person einer Vertragspartei Umstände eingetreten sind, die es für den anderen Teil unzumutbar erscheinen lassen, das Mietverhältnis fortzusetzen (§ 553 Rz 9 ff).

30 **6. Wirkung der Kündigung**

a) Sind die tatbestandlichen Voraussetzungen erfüllt, wird das Mietverhältnis durch die Kündigung beendet. Ob der Tatbestand erfüllt ist, wird grundsätzlich für den Zeitpunkt beurteilt, in dem die Kündigungserklärung wirksam wird (vgl aber § 564 b Rz 28). Die **Beendigung** tritt entweder fristlos oder nach Ablauf der betreffenden Kündigungsfrist ein.

31 **b)** Die Kündigung ist nach § 138 Abs 1 **nichtig**, wenn sie den anderen Vertragsteil in sittenwidriger Weise schädigen soll oder aus Verärgerung als Vergeltungsmaßnahme für dessen gesetzlich oder vertraglich berechtigtes Verhalten ausgesprochen wird (LG Hamburg WuM 1971, 115; LG Mannheim NJW 1968, 1833). Im übrigen entfaltet die Kündigung keine Wirkung, wenn sie nach § 242 als unzulässige Rechtsausübung zu beurteilen ist.

32 **c)** Ist der Tatbestand für eine bestimmte Kündigung nicht erfüllt, stellt sich die Frage einer **Umdeutung** der Erklärung in eine andere Art der Kündigung.

aa) Die Umdeutung einer unwirksamen **außerordentlichen fristlosen Kündigung** in eine ordentliche Kündigung wird von der hM auf der Grundlage des § 140 zugelassen. Dabei wird verbreitet darauf abgestellt, ob die fristlose Kündigung den inneren und äußeren Erfordernissen einer ordentlichen Kündigung entspricht und erkennbar vom Willen des Kündigenden mit umfaßt ist (BGH NJW 1981, 976; LG Hannover ZMR 1971, 377; LG Mannheim NJW 1970, 328; HERPERS Rz 787; weitergehend HANS § 564 Anm 5 j; aM für Mietverhältnisse über Wohnraum LG Braunschweig BlGBW 1968, 33; LG Gießen ZMR 1975, 114). Ein Vermieter, der eine fristlose Kündigung ausspricht, wird diese Entscheidung idR nicht ohne Rücksicht auf einen Nachfolgemieter fällen, der schon bereitsteht. Wenn die Kündigung dagegen erst nach Ablauf einer längeren Kündigungsfrist wirksam wird, kann es unsicher sein, ob sich ein Nachfolgemieter finden wird. Es kommt deshalb im jeweiligen Einzelfall auf den Willen des Kündigenden an. Aus der Anwendbarkeit des § 140 folgt aber, daß die Entscheidung nicht davon abhängt, ob der Kündigende bereits im Zeitpunkt der fristlosen Kündigung tatsächlich den Willen hatte, notfalls auch die Rechtsfolgen einer ordentlichen Kündigung herbeizuführen. Es ist vielmehr darauf abzustellen, ob er zumindest hypothetisch diesen Willen gehabt hätte, wenn er die Unwirksamkeit der fristlosen Kündigung gekannt hätte. Eine unwirksame fristlose Kündigung kann auch in ein Angebot zur einvernehmlichen Vertragsaufhebung umgedeutet werden (Rz 39; PALANDT-PUTZO § 564 Anm 3 g).

bb) Die Umdeutung einer **ordentlichen Kündigung** in eine außerordentliche fristlose Kündigung kommt in Betracht, wenn bei einem Mietverhältnis über Wohnraum die angegebenen Kündigungsgründe nicht den Tatbestand des § 564 b Abs 2 erfüllen oder die vorhandenen Gründe nicht berücksichtigt werden können, weil sie in dem Kündigungsschreiben nicht angegeben sind. Ferner stellt sich die Frage einer Umdeutung bei sämtlichen Mietverhältnissen, wenn die ordentliche Kündigung vertraglich ausgeschlossen ist (Rz 7 f) oder wenn die ordentliche Kündigung das Mietverhältnis zu dem angegebenen Termin nicht beenden kann, weil die Kündigungsfrist nicht eingehalten wird. Grundlage der Umdeutung ist § 140 (Rz 32). Hinzu kommen muß, daß tatsächlich ein gesetzlich anerkannter Grund für eine außerordentliche fristlose Kündigung im Zeitpunkt der Kündigungserklärung vorliegt. Entscheidend ist dann, ob der Kündigende zumindest hypothetisch den Willen gehabt hätte, fristlos zu kündigen, wenn er die Unwirksamkeit der ordentlichen Kündigung gekannt hätte. Unerheblich ist, ob der im Kündigungsschreiben angegebene Grund die ordentliche Kündigung nicht trägt oder ob diese mangels jeglicher Angabe von Kündigungsgründen unwirksam ist. In beiden Fällen ist die Umdeutung auf der Grundlage der hM möglich, da die Angabe eines bestimmten Grundes in der Kündigungserklärung nicht Wirksamkeitsvoraussetzung für die außerordentliche fristlose Kündigung ist (Rz 11). 33

Praktisch wird eine solche Umdeutung zB, wenn eine auf Vertragsverletzungen (§ 564 b Abs 2 Nr 1) gestützte ordentliche Kündigung im Kündigungsschreiben nicht genügend substantiiert ist, der Grund zugleich aber zur außerordentlichen fristlosen Kündigung berechtigt. Ähnliches gilt, wenn Eigenbedarf oder Verhinderung wirtschaftlicher Verwertung (§ 564 b Abs 2 Nr 2, 3) unberechtigt geltend gemacht wird und daneben ein Grund zur außerordentlichen fristlosen Kündigung besteht. Wird bei der Angabe eines bestimmten Kündigungstermins die vorgeschriebene Kündigungsfrist nicht eingehalten, kann die Anwendbarkeit des § 140 damit gerechtfertigt werden, daß die verspätete ordentliche Kündigung je- 34 denfalls für den vorgesehenen Termin wegen eines Mangels im Tatbestand unwirksam ist.

35 Normalerweise beendet eine verspätete Kündigung das Mietverhältnis zum nächst zulässigen Termin (§ 565 Rz 4), wenn nicht auf der Grundlage des § 140 ein abweichender hypothetischer Wille des Kündigenden festzustellen ist. Ebenso liegt bei einer ordentlichen Kündigung, die wegen eines vertraglichen Ausschlusses des Kündigungsrechts unwirksam ist, ein Mangel im Tatbestand im Sinne des § 140 vor. Allerdings darf das Rechtsgeschäft, in das umgedeutet wird, keine weitergehenden Rechtswirkungen erzeugen als das ursprünglich beabsichtigte Geschäft (BGHZ 19, 269, 275 = NJW 1956, 297, 298; BGHZ 20, 363, 370 f = NJW 1956, 1198, 1200). Die außerordentliche Kündigung kann das Mietverhältnis deshalb nicht zu einem früheren Zeitpunkt beenden, als es bei Wirksamkeit der ordentlichen Kündigung der Fall gewesen wäre. Dieses Ergebnis wird erreicht, wenn bei der Umdeutung eine der gesetzlichen Kündigungsfrist entsprechende Auslauffrist berücksichtigt wird (Mietrecht § 564 b Rz 133; § 565 Rz 78 f). Fraglich bleibt, ob der Umdeutung ein Vertrauensschutz des Mieters entgegensteht. Wer aber einen wichtigen Grund zur Kündigung gesetzt hat, ist grundsätzlich nicht schutzbedürftig. Die Umdeutung führt auch hinsichtlich des § 556 a nicht zu weitergehenden Rechtsfolgen, da dem Mieter nach Abs 4 Nr 2 dieser Vorschrift selbst bei einer ordentlichen Kündigung kein Widerspruchsrecht zugestanden hätte. Die Umdeutung ist deshalb in diesen Fällen als *zulässig* anzusehen.

36 **7. Widerruf der Kündigung**

a) Der **einseitige Widerruf** einer Kündigung ist nach § 130 Abs 1 S 2 nur möglich, wenn er vorher oder gleichzeitig mit der Kündigungserklärung zugeht. Im übrigen können die Rechtsfolgen einer durch Zugang wirksam gewordenen Kündigung nicht einseitig von dem Kündigenden durch Widerruf beseitigt werden (BayObLG NJW 1981, 2197, 2199 = 7 in RE Miet; OLG Hamm ZMR 1979, 249; OLG Karlsruhe WuM 1982, 14 m Anm Benstz = 12 in RE Miet; Zeuner ZMR 1980, 291).

37 **b)** Die Parteien können den Eintritt der Rechtsfolgen einer wirksam gewordenen Kündigung **einverständlich** beseitigen (BayObLG NJW 1981, 2197, 2199 = 7 in RE Miet). Das Angebot zum Abschluß eines dahin gehenden Vertrags kann auch in dem Widerruf einer Kündigung gesehen werden. Der Kündigungsempfänger kann dieses Angebot stillschweigend annehmen (LG Mannheim WuM 1978, 139). Heben die Parteien eine Kündigung vor Ablauf der Kündigungsfrist einverständlich auf, wird nicht ein neuer Mietvertrag abgeschlossen, sondern der bisherige Vertrag bleibt in Kraft (BGH NJW 1974, 1081; OLG Karlsruhe WuM 1982, 14 m Anm

BENSTZ = 12 in RE Miet). Daraus folgt, daß die Schriftform nach § 566 nicht gewahrt zu werden braucht (ROQUETTE § 564 Rz 29 mwN), sofern die Parteien nicht im Wege eines Änderungsvertrags den bisherigen Inhalt des Mietverhältnisses umgestalten (OLG München NJW 1963, 1619). Ist das Mietverhältnis durch die Kündigung bereits beendet worden, kann es durch einverständliche Aufhebung der Kündigungswirkungen nur – wenn auch mit Rückwirkung – neu begründet werden. Die hM verzichtet auch in diesem Fall auf die Einhaltung der Voraussetzungen des § 566, da es trotz der Beendigung ein unnötiger Formalismus sei, bei Bestehen einer Vertragsurkunde die Errichtung einer neuen Urkunde zu verlangen (OLG Hamm ZMR 1979, 249; KG HRR 1934 Nr 1014; aM STERNEL Rz IV 46). Dieser Auffassung ist nicht zu folgen, da sich die Notwendigkeit eines bei einem Neuabschluß zu wahrenden Formalismus aus dem Gesetz ergibt.

IV. Beendigung aufgrund sonstiger Umstände

1. Aufhebungsvertrag 38

a) Die Parteien können ein auf bestimmte oder auf unbestimmte Zeit eingegangenes Mietverhältnis durch einen Aufhebungsvertrag zu jedem beliebigen Zeitpunkt beenden. Dieser Vertrag ist im Gesetz nicht geregelt. Seine **Zulässigkeit** beruht auf der Vertragsfreiheit (§ 305). Eine Verpflichtung des Vermieters zum Abschluß eines Aufhebungsvertrags besteht grundsätzlich nicht, selbst wenn der Mieter ihm einen Ersatzmieter benennt (OLG Oldenburg WuM 1981, 125 = 16 in RE Miet; LG Berlin WuM 1979, 77; LG Darmstadt DWW 1977, 118; LG Mannheim DWW 1977, 186). Dies gilt vor allem, wenn die restliche Mietzeit nur noch verhältnismäßig kurz ist, zB drei Monate (OLG Oldenburg WuM 1982, 124 = 17 in RE Miet), oder wenn der Mieter aufgrund einer freien Entscheidung, die auf Veränderung seiner Wohnungssituation abzielt, das Interesse an der bisherigen Wohnung verloren hat (OLG Karlsruhe NJW 1981, 1741 = 5 in RE Miet). Ausnahmen können sich aus § 242 ergeben (§ 552 Rz 8 ff; Mietrecht § 564 Rz 45 ff; WICHARDT ZMR 1982, 161; weitergehend RÖCHLING NJW 1981, 2782).

b) Für das **Zustandekommen** des Aufhebungsvertrags gelten die allgemeinen Vorschriften. 39 Der Vertrag kann auch durch schlüssiges Verhalten abgeschlossen werden, wenn sich hieraus eindeutig der Wille der Parteien ergibt, das Mietverhältnis zu beenden (OLG Köln WuM 1962, 137; LG Mannheim WuM 1975, 188 u 226). So kann aufgrund einer unwirksamen Kündigung (BGH NJW 1981, 43 u 976; LG Offenburg WuM 1962, 122) oder des Verlangens auf Zahlung der Miete bis zur Rückgabe der Wohnungsschlüssel (AG Aachen WuM 1975, 209) ein Aufhebungsvertrag zustande kommen. Das bloße Schweigen des Empfängers einer unwirksamen Kündigung reicht aber nicht aus, da er zu einer Antwort nicht verpflichtet ist (BGH NJW 1981, 43; LG Stuttgart ZMR 1967, 9; LG Wuppertal MDR 1972, 694 m Anm GUBELT). Das gleiche gilt, wenn etwaige Erklärungen des Mieters keinen auf einen Aufhebungsvertrag gerichteten rechtsgeschäftlichen Willen erkennen lassen (OLG Karlsruhe NJW 1982, 54, 56 = 11 in RE Miet; LG Köln WuM 1980, 101). Auch eine Räumung ist nicht ohne weiteres als Einverständnis mit einer unzulässigen Kündigung zu werten, wenn der Mieter nur unter dem vermeintlichen Druck der Kündigung räumt (BGH ZMR 1963, 274; AG Heidelberg WuM 1975, 67). Haben Ehegatten den Mietvertrag gemeinsam abgeschlossen, kann einer von ihnen nur mit Einverständnis des anderen aus dem Mietverhältnis ausscheiden. Das Einverständnis ist nicht ohne weiteres aus einer mit dem Auszug eines Ehegatten verbundenen Trennung zu folgern (BayObLG WuM 1983, 107 = 15 in RE Miet). Eine Verpflichtung, den Antrag auf Abschluß eines Aufhebungsvertrags anzunehmen, kann sich uU aus einer besonderen rechtlichen Verbindung zwischen den Parteien ergeben, wie zwischen einer Wohnungsbaugenossenschaft und ihrem Genossen (LG Hannover MDR 1978, 228). Die Darlegungs- und Beweislast für das Zustandekommen trägt derjenige, der hieraus Vorteile für sich herleiten will (LG Mannheim WuM 1973, 22).

40 c) Für den Aufhebungsvertrag besteht grundsätzlich **Formfreiheit**, auch wenn der Mietvertrag selbst nach § 566 formbedürftig war. Diese Vorschrift betrifft nur den Abschluß eines Vertrags für längere Zeit als ein Jahr. Haben die Parteien für die Aufhebung des Mietvertrags die Schriftform vereinbart, können sie einverständlich hiervon abweichen, weil sie ein rechtsgeschäftlich aufgestelltes Formerfordernis jederzeit wieder beseitigen können (vgl BGH NJW 1962, 1908; SCHMIDT-FUTTERER MDR 1971, 13). Unter den Voraussetzungen des § 566 S 1 besteht hingegen Formzwang für die Vereinbarung, durch die ein Ersatzmieter an die Stelle des bisherigen Mieters tritt (BGHZ 72, 394, 397 = NJW 1979, 369, 370).

41 d) Der Aufhebungsvertrag kann unter der **Bedingung** abgeschlossen werden, daß der Vermieter einen neuen Vertrag mit einem Ersatzmieter abschließt (vgl LG Mannheim DWW 1977, 42). Verhindert der Vermieter treuwidrig den Eintritt der Bedingung, wird der Aufhebungsvertrag nach § 162 Abs 1 wirksam (LG Köln MDR 1967, 768; LG Mannheim WuM 1967, 163; WuM 1970, 58).

42 e) **Inhaltlich** können die Parteien in dem Aufhebungsvertrag die Rechte und Pflichten, die sich aus dem Mietvertrag für den Fall der Beendigung ergeben, ändern. Vereinbaren die Parteien die Zahlung einer Abstandssumme durch den Vermieter für die vorzeitige Aufhebung, ist mangels einer besonderen Abrede davon auszugehen, daß der Mieter der ansonsten bestehenden Pflicht, die Schönheitsreparaturen vorzunehmen, nicht nachzukommen braucht (LG Nürnberg-Fürth WuM 1981, 159).

2. Auflösende Bedingung 43

Der Fortbestand eines Mietverhältnisses kann vertraglich von einer auflösenden Bedingung abhängig gemacht werden. Mit dem Eintritt des zukünftigen ungewissen Ereignisses endet das Mietverhältnis nach § 158 Abs 2 (vgl aber zum Mietverhältnis über Wohnraum § 565 a Abs 2).

3. Rücktritt 44

a) Die Vorschriften der §§ 346 ff sind bei einem vertraglich **vereinbarten Rücktrittsrecht** uneingeschränkt anwendbar, solange die Mietsache dem Mieter noch nicht überlassen worden ist. Nach Überlassung wird ein vereinbartes Rücktrittsrecht bei Mietverhältnissen über Wohnraum nach § 570 a den Vorschriften über die Kündigung und ihre Folgen unterstellt.

b) Ein **gesetzliches Rücktrittsrecht** kann sich aus den §§ 325, 326 ergeben 45
(Vorbem 5 ff zu § 537). Vor Überlassung der Mietsache gelten diese Vorschriften uneingeschränkt. Nach Überlassung wird ein Rücktrittsrecht der Parteien aus den §§ 325, 326 generell durch ein Recht zur außerordentlichen fristlosen Kündigung oder durch einen Schadensersatzanspruch aus § 538 verdrängt (Vorbem 7 zu § 537).

4. Anfechtung 46

Ein Mietverhältnis erlischt nach § 142 Abs 1, wenn es angefochten wird und ein Anfechtungsgrund besteht. Die Frage, ob und wie lange ein Mietvertrag angefochten werden kann, ist umstritten. Überwiegend wird die Auffassung vertreten, ein Mietvertrag sei auch dann noch mit Rückwirkung anfechtbar, wenn er bereits vollzogen worden sei. Auch hier sollte jedoch wie beim Rücktritt (Rz 44 f) differenziert werden (Mietrecht § 564 Rz 54 f; AG Köln WuM 1981, 228; aM AG Mainz BlGBW 1981, 139 m abl Anm Weiland).

47 **5. Unmöglichkeit der Gewährung des vertragsmäßigen Gebrauchs**

Ein Mietverhältnis findet nach den §§ 275 Abs 1, 323 Abs 1 sein Ende, wenn es dem Vermieter ohne Verschulden einer der Parteien unmöglich wird, dem Mieter den vertragsmäßigen Gebrauch zu gewähren (RGZ 146, 60, 64). Hat eine der Parteien die Unmöglichkeit zu vertreten, erlischt zwar die Erfüllungspflicht des Vermieters, im übrigen besteht das Mietverhältnis aber mit verändertem Inhalt fort und kann Schadensersatzansprüche oder ein Rücktrittsrecht auslösen (BGH NJW 1974, 1551; NJW 1976, 1506).

48 **6. Wegfall der Geschäftsgrundlage**

Bei einem Wegfall der Geschäftsgrundlage tritt für Mietverhältnisse an die Stelle des Rücktrittsrechts ein Recht zur Kündigung aus wichtigem Grund, soweit eine Aufrechterhaltung des Vertrags unter Anpassung der Vereinbarung wegen Unzumutbarkeit ausscheidet (Vorbem 13 ff zu § 537; BGH ZMR 1973, 378, 379). Umstände, die in den Risikobereich einer Partei fallen, sind hierfür unzureichend (BGH WM 1981, 66).

49 **7. Weitere Umstände**

Bei einem Erwerb des Eigentums oder Nießbrauchs durch den Mieter erlischt der Mietvertrag, da für das kraft Gesetzes zustehende Gebrauchsrecht kein Entgelt mehr zu zahlen ist (RGZ 49, 285, 286). Wenn ein Dauerwohnberechtigter oder Dauernutzungsberechtigter die seinem Recht unterliegenden Gebäude- oder Grundstücksteile vermietet oder verpachtet hat, erlischt das Miet- oder Pachtverhältnis zugleich mit dem Dauerwohnrecht oder Dauernutzungsrecht (§§ 37 Abs 1, 31 Abs 3 WEG). Bei Veräußerung oder Heimfall des Rechts gilt § 571 (§§ 37 Abs 2 u 3 S 1, 31 Abs 3 WEG). Da der Erwerber eines vermieteten Grundstücks nach § 571 kraft Gesetzes aufgrund selbständigen Rechts und nicht als Rechtsnachfolger des Vermieters in ein bestehendes Mietverhältnis eintritt (BGH NJW 1962, 1388, 1390), erlischt grundsätzlich das Mietverhältnis mit dem bisherigen Vermieter. Für gewisse Ansprüche des Mieters haftet der frühere Vermieter weiterhin (§ 571 Rz 25). Mit dem Ende einer juristischen Person ist der Mietvertrag beendet, soweit keine Gesamtrechtsnachfolge durch Umwandlung oder Verschmelzung stattfindet (RG HRR 1942 Nr 257).

§ 564 a

Die Kündigung eines Mietverhältnisses über Wohnraum bedarf der schriftlichen Form. In dem Kündigungsschreiben sollen die Gründe der Kündigung angegeben werden.

Der Vermieter von Wohnraum soll den Mieter auf die Möglichkeit des Widerspruchs nach § 556 a sowie auf die Form und die Frist des Widerspruchs rechtzeitig hinweisen.

Diese Vorschriften gelten nicht für Wohnraum, der zu nur vorübergehendem Gebrauch vermietet ist, und für Mietverhältnisse der in § 565 Abs. 3 genannten Art.

Schrifttum: DEGGAU, Die Kündigung von Wohnraum im Prozeß, ZMR 1982, 291; GLASER, Das Kündigungsrecht des Wohnungsvermieters, ZMR 1978, 321; SCHMID, Die Beendigung von Mietverhältnissen über Wohnraum, DWW 1981, 283; ders, Kündigung eines Mietverhältnisses über Wohnraum durch Klageerhebung, WuM 1981, 171; WEIMAR, Genügt eine Räumungsklage den Erfordernissen der schriftlichen Kündigung iS des § 564 a BGB? WuM 1969, 199; ders, Zweifelsfragen zur Belehrungspflicht bei Vermieterkündigung, WuM 1969, 177.

I. Allgemeines 1

Die Vorschrift regelt als Teil des sozialen Mietrechts Einzelfragen der Kündigung eines Mietverhältnisses über Wohnraum. Das Erfordernis der Schriftform nach Abs 1 S 1 soll mündlichen Kündigungen vorbeugen, die nur aus einer augenblicklichen Gefühlsreaktion heraus erklärt werden. Durch die Angabe der Kündigungsgründe nach Abs 2 S 2 wird sichergestellt, daß der Mieter zum frühestmöglichen Zeitpunkt Klarheit über seine Rechtsstellung gewinnt. Der Vermieter soll zur genaueren Prüfung veranlaßt werden, damit unmotivierte und willkürliche Kündigungen nach Möglichkeit ausgeschlossen werden. Die Regelung des Abs 2 hinsichtlich der Belehrung über die Widerspruchsmöglichkeit soll dem rechtsunkundigen Mieter zu den Rechten verhelfen, die ihm aufgrund des § 556 a zustehen.

II. Schriftliche Kündigung

1. Schriftform der Kündigungserklärung (Abs 1 S 1) 2

a) Voraussetzungen

aa) Die Vorschrift gilt nur für die Kündigung eines **Mietverhältnisses über Wohnraum** (Vorbem 12 zu §§ 535, 536). Damit werden die ordentliche, die außerordentliche befristete und die außerordentliche fristlose Kündigung in gleicher Weise erfaßt (§ 564 Rz 24 ff). Da ein Mietverhältnis mit Verlängerungsklausel gem § 565 a Abs 1 nach den Vorschriften des § 565 gekündigt werden muß, ergibt sich hieraus unabhängig von der rechtlichen Qualifizierung der Erklärung, daß § 564 a unmittelbar anwendbar ist. Der Formzwang des Abs 1 S 2 erstreckt sich nicht auf andere Arten der Beendigung eines Mietverhältnisses durch rechtsgeschäftliche Erklärungen (§ 564 Rz 38 ff).

3 **bb)** Die **Schriftform** ist nach § 126 Abs 1 gewahrt, wenn die Kündigungserklärung in einer Urkunde enthalten ist, die der Kündigende eigenhändig durch Namensunterschrift oder mittels notariell beglaubigten Handzeichens unterzeichnet hat. Eine mechanische oder faksimilierte Unterschrift reicht nicht aus (AG Dortmund ZMR 1967, 15). Das gleiche gilt für ein Telegramm (Sternel Rz IV 17). Die schriftliche Form wird nach § 126 Abs 3 durch die notarielle Beurkundung ersetzt. Bei einem gerichtlichen Vergleich bildet nach § 127 a die Aufnahme der Erklärungen in ein Gerichtsprotokoll den Ersatz für die notarielle Beurkundung. Unzureichend ist es, wenn die Kündigung im Verhandlungstermin nur zu Protokoll erklärt wird (LG Berlin ZMR 1982, 238). Das Wort „Kündigung" braucht in der schriftlichen Erklärung nicht verwendet zu werden. Es genügt, wenn darin eindeutig zum Ausdruck kommt, daß der Erklärende das Mietverhältnis beenden will (§ 564 Rz 10).

4 Durch das Erfordernis der Schriftform sind einer Kündigung durch **konkludentes Verhalten** bei Mietverhältnissen über Wohnraum gewisse Grenzen gezogen. Eine solche Kündigung ist nur möglich, wenn dem Formerfordernis genügt wird. Dies ist vor allem bei schriftlicher Klageerhebung, Anmeldung im Konkurs und ähnlichen Rechtsakten möglich, soweit die Erklärung durch Zugang beim Kündigungsempfänger wirksam wird (LG Hamburg MDR 1974, 584). Bei der Kündigung durch Klageerhebung muß der Beklagte eindeutig erkennen können, daß neben der Prozeßhandlung eine materiell-rechtliche Willenserklärung abgegeben werden soll (BayObLG NJW 1981, 2197 = 7 in RE Miet). Beide Erklärungen fallen nicht notwendig zusammen (LG Hamburg aaO; aM Schmidt-Futterer-Blank B 35). Unabhängig von der Klageerhebung kann auch ein weiteres Vorbringen in dem Rechtsstreit eine Kündigung darstellen, wenn die andere Partei hieraus unmißverständlich auf einen Kündigungswillen schließen kann (BGH ZMR 1957, 264; Deggau ZMR 1982, 291). Um den Formzwang zu erfüllen, ist aber die Zustellung eines Schriftsatzes erforderlich. Beglaubigte Kopien reichen nach der neueren Rspr aus (OLG Hamm NJW 1982, 452 = 12 in RE Miet; OLG Zweibrücken OLGZ 1981, 350 = WuM 1981, 177 = 1 in RE Miet; LG Berlin WuM 1978, 119; differenzierend BayObLG aaO; Deggau ZMR 1982, 291, 293; aM LG Hamburg

WuM 1977, 184; LG Karlsruhe MDR 1978, 672; SCHMID WuM 1981, 171; Mietrecht § 564 a Rz 12).

Das Erfordernis der Schriftform muß auch bei der Kündigung durch einen **Vertreter** erfüllt sein. Die Erteilung einer dahin gehenden Vollmacht ist nach § 167 Abs 2 grundsätzlich nicht formbedürftig (LG Wiesbaden WuM 1967, 184; aM AG Frankfurt ZMR 1969, 86). Eine unwiderrufliche Vollmacht zur Kündigung unterliegt dagegen dem Formzwang, da sie den Vollmachtgeber endgültig bindet (aM PERGANDE § 564 a Anm 3). Der Schutz des Kündigungsempfängers wird dadurch gewährleistet, daß die Kündigung nach § 174 S 1 unwirksam ist, wenn der Bevollmächtigte keine Vollmachtsurkunde vorlegt und der Empfänger die Kündigung aus diesem Grunde unverzüglich zurückweist (§ 564 Rz 18). In diesem Fall läßt auch die nachfolgende Aufforderung zur Einsichtnahme in die bei dem Bevollmächtigten vorliegende Vollmachtsurkunde die Kündigung nicht wirksam werden (LG Mannheim WuM 1976, 207). 5

b) Rechtsfolgen 6

aa) Ein Verstoß gegen den Formzwang macht die Kündigung nach § 125 S 1 nichtig. Die **Nichtigkeit** ist unheilbar. Die Kündigung muß ggf unter Einhaltung etwaiger Kündigungsfristen wiederholt werden. Ein Formmangel kann nach § 242 ausnahmsweise unbeachtlich sein, etwa wenn der Kündigungsempfänger in Kenntnis der Rechtslage den Kündigenden arglistig davon abgehalten hat, die schriftliche Form zu wahren.

bb) Ist der Kündigungsempfänger trotz eines Formmangels der Kündigung mit der Beendigung des Mietverhältnisses einverstanden, kann dadurch ein **Mietaufhebungsvertrag** zustande kommen, der formlos wirksam ist. Dies setzt allerdings voraus, daß sich der Kündigungsempfänger nicht lediglich in Unkenntnis der unwirksamen Kündigung beugt, sondern das Bewußtsein hat, eine rechtsgeschäftliche Erklärung abzugeben (§ 564 Rz 39).

2. Angabe der Kündigungsgründe (Abs 1 S 2) 7

a) Voraussetzungen

aa) Nach Abs 1 S 2 sollen in dem Kündigungsschreiben die Gründe der Kündigung angegeben werden. Es handelt sich um eine **Sollvorschrift**, durch die kein allgemeiner Begründungszwang für die Kündigung eines Mietverhältnisses über Wohnraum aufgestellt wird. Sie geht nach dem ihr zugrunde liegenden Zweck, den Mieter zu schützen, von einer Kündigung durch den Vermieter aus, gilt ihrem Wortlaut nach aber auch für den umgekehrten Fall einer Kündigung durch den Mieter.

bb) Das Gesetz läßt offen, wie **ausführlich** die Kündigungsgründe anzuge- 8 ben sind. Dies ist von dem in erster Linie maßgebenden Zweck der Vorschrift her zu bestimmen, dem Mieter Klarheit über seine Rechtsstellung und die Erfolgsaussicht von Verteidigungsmöglichkeiten zu verschaffen. Liegen mehrere Kündigungsgründe vor, sind sie sämtlich anzugeben. Der einzelne Kündigungsgrund ist dabei so genau zu bezeichnen, daß der Mieter seine Rechtsverteidigung darauf einstellen kann. Dies ist ihm aber nur möglich, wenn er die zugrunde liegenden Tatsachen kennt (einschr BayObLG NJW 1981, 2197, 2199 = 7 in RE Miet). Eine nur schlagwortartige Angabe der Gründe ist unzureichend (aM Palandt-Putzo § 564 a Anm 3).

9 **cc)** Das Problem des **Nachschiebens von Kündigungsgründen** tritt bei der ordentlichen und der außerordentlichen Kündigung eines Mietverhältnisses über Wohnraum in gleicher Weise auf.

α) Bei der **außerordentlichen fristlosen Kündigung** kommt es darauf an, daß ein Kündigungsgrund im Zeitpunkt des Zugangs der Kündigungserklärung tatsächlich besteht (§ 564 Rz 11). Erweist sich ein in dem Kündigungsschreiben angegebener Grund als nicht gegeben, können grundsätzlich andere, mit der Kündigungserklärung noch nicht bekanntgegebene Gründe nachgeschoben werden, sofern sie zur Zeit des Ausspruchs bereits vorhanden waren (OLG Karlsruhe NJW 1982, 2004 = 19 in RE Miet; vgl BGHZ 27, 220 = NJW 1958, 1136; BGH WM 1959, 538, 542). Treu und Glauben können allerdings eine Beschränkung auf den zunächst angegebenen Kündigungsgrund erfordern (BGHZ 27, 220, 225 = NJW 1958, 1136, 1137). Das Nachschieben von Kündigungsgründen verstößt zwar gegen die Sollvorschrift des Abs 1 S 2. Dieser Verstoß bleibt aber ohne Rechtsfolgen.

10 **β)** Bei der **ordentlichen und der außerordentlichen befristeten Kündigung** ist das Nachschieben von Gründen wegen Abs 1 S 2 grundsätzlich ausgeschlossen. Dies beschränkt sich aber praktisch auf eine Kündigung durch den Vermieter, da das Gesetz nur für diesen Fall Sanktionen an die fehlende Angabe von Kündigungsgründen knüpft (Rz 11).

11 **b) Rechtsfolgen**

Abs 1 S 2 ist eine Norm, die keine selbständige Rechtsfolge für einen Verstoß gegen das Erfordernis einer Angabe von Kündigungsgründen vorsieht. Die Rechtsfolgen ergeben sich aus anderen Vorschriften und bestehen zum einen darin, daß nach § 564 b Abs 3 als berechtigte Interessen des Vermieters an einer Beendigung des Mietverhältnisses nur die in dem Kündigungsschreiben angegebenen Gründe berücksichtigt werden, soweit sie nicht nachträglich entstanden sind (§ 564 b Rz 80 ff). Hieraus kann sich ergeben, daß eine Kündigung in vollem Umfang unberechtigt und damit unwirksam ist. Zum anderen sind im Rahmen eines Widerspruchs des

Mieters gegen eine Kündigung bei der Würdigung der berechtigten Interessen des kündigenden Vermieters nur die in dem Kündigungsschreiben angegebenen Gründe zu berücksichtigen, soweit nicht die Gründe nachträglich entstanden sind (§ 556 a Abs 1 S 3; dort Rz 27).

III. Belehrung über den Widerspruch nach § 556 a (Abs 2)

1. Voraussetzungen 12

a) Nach Abs 2 soll der Vermieter von Wohnraum den Mieter auf die Möglichkeit, der **Kündigung** nach § 556 a zu widersprechen, und auf Form und Frist des Widerspruchs rechtzeitig hinweisen. Damit sind die ordentliche und die außerordentliche befristete Kündigung gemeint, da sich nur insoweit ein Widerspruchsrecht ergeben kann. Die Vorschrift gilt nicht für die außerordentliche fristlose Kündigung, bei der ein Widerspruchsrecht ausgeschlossen ist (§ 556 a Abs 4 Nr 2). Da der Ausschluß auch eingreift, wenn der Vermieter statt dessen den Weg der ordentlichen Kündigung wählt (§ 556 a Rz 35), kann in diesem Fall von der Belehrungspflicht abgesehen werden. Nach dem Zweck der Vorschrift ist es ferner geboten, die Belehrungspflicht bei einer Beendigung des Mietverhältnisses durch Zeitablauf eintreten zu lassen (Hans § 564 a Anm 3; Weimar WuM 1969, 177; aM MünchKomm-Voelskow § 564 a Rz 18). Der Mieter ist in diesem Fall in gleicher Weise schutzbedürftig, seinen Anspruch auf Fortsetzung nach § 556 b nicht infolge Rechtsunkenntnis zu verlieren.

b) Eine **Belehrung über die Möglichkeit des Widerspruchs** ist gegeben, 13
wenn der Vermieter den Mieter darauf hinweist, daß er der Kündigung oder der Beendigung des Mietverhältnisses durch Zeitablauf widersprechen und eine Fortsetzung verlangen kann. Dabei brauchen nicht die Worte des Gesetzes verwendet zu werden. Es genügt, daß der Mieter über seine Rechte aus den §§ 556 a, 556 b aufgeklärt wird. Über die einzelnen Voraussetzungen für eine Fortsetzung des Mietverhältnisses braucht der Mieter dagegen nicht unterrichtet zu werden. Der Vermieter genügt seiner Obliegenheit, wenn er im Kündigungsschreiben auf den auf der Rückseite abgedruckten Wortlaut des § 556 a hinweist (LG Rottweil ZMR 1980, 183 m krit Anm Glaser). Der bloße rückseitige Abdruck ist jedoch unzureichend, weil dabei die Gefahr besteht, daß der Mieter dies übersieht.

c) Eine **Belehrung über Form und Frist des Widerspruchs** ist erteilt, wenn 14
der Mieter erfahren hat, daß die schriftliche Form einzuhalten ist und daß die Erklärung spätestens zwei Monate vor der Beendigung des Mietverhältnisses dem Vermieter gegenüber zu erklären ist (§ 556 a Abs 5 S 1, Abs 6 S 1).

15 **d)** Die Belehrung soll so **rechtzeitig** erteilt werden, daß der Mieter für einen Widerspruch die Frist aus § 556 a Abs 6 S 1 wahren kann. Die Belehrung braucht nicht schon im Kündigungsschreiben enthalten zu sein und unterliegt deshalb nicht dem Schriftformerfordernis des Abs 1 S 1. Wenn der Mieter auch durch die außerprozessuale Erhebung eines Widerspruchs noch kein unmittelbares Prozeßrisiko eingeht, muß ihm doch die Möglichkeit bleiben, sich vorher vor allem wegen der Interessenabwägung des § 556 a beraten zu lassen. Sofern dies nicht gewährleistet ist, weil die Belehrung erst kurz vor Ablauf der Widerspruchsfrist erteilt wird, ist sie nicht rechtzeitig. Die Belehrung kann nicht im voraus erteilt werden, etwa schon im Mietvertrag (Sternel Rz IV 67) oder vor Ausspruch der Kündigung (AG Hamburg-Altona MDR 1971, 138).

16 **2. Rechtsfolgen**

Die Rechtsfolge ergibt sich nicht aus Abs 2, sondern besteht nach § 556 a Abs 6 S 2 darin, daß der Mieter für die Erhebung des Widerspruchs nicht an die Frist von zwei Monaten vor Beendigung des Mietverhältnisses gebunden ist. Er kann den Widerspruch noch im ersten Termin des Räumungsrechtsstreits erklären.

17 **IV. Ausnahmetatbestände (Abs 3)**

Die Vorschriften gelten nach Abs 3 nicht für Wohnraum, der zu nur vorübergehendem Gebrauch vermietet ist (§ 556 a Rz 54 ff), und für Mietverhältnisse der in § 565 Abs 3 genannten Art, nämlich für möblierten Wohnraum als Teil der vom Vermieter selbst bewohnten Wohnung, wenn der Wohnraum nicht zum dauernden Gebrauch für eine Familie überlassen ist (§ 565 Rz 29 ff).

18 **V. Unabdingbarkeit**

Im Gegensatz zu anderen Schutzvorschriften über Wohnraummietverhältnisse enthält § 564 a keinen ausdrücklichen Hinweis auf die zwingende Natur. Gleichwohl wird allgemein angenommen, daß die Parteien grundsätzlich keine abweichenden Vereinbarungen treffen können (Palandt-Putzo § 564 a Anm 1 e). Zwingend ausgeschlossen sind aber nur Vereinbarungen zum Nachteil des Mieters. Abweichungen zugunsten des Mieters sind möglich. In Formularverträgen darf die Kündigungserklärung nach § 11 Nr 16 AGBG nicht an eine strengere Form als die Schriftform oder an besondere Zugangserfordernisse gebunden werden.

Jürgen Sonnenschein

§ 564 b

Ein Mietverhältnis über Wohnraum kann der Vermieter vorbehaltlich der Regelung in Absatz 4 nur kündigen, wenn er ein berechtigtes Interesse an der Beendigung des Mietverhältnisses hat.

Als ein berechtigtes Interesse des Vermieters an der Beendigung des Mietverhältnisses ist es insbesondere anzusehen, wenn

1. **der Mieter seine vertraglichen Verpflichtungen schuldhaft nicht unerheblich verletzt hat;**
2. **der Vermieter die Räume als Wohnung für sich, die zu seinem Hausstand gehörenden Personen oder seine Familienangehörigen benötigt. Ist an den vermieteten Wohnräumen nach der Überlassung an den Mieter Wohnungseigentum begründet und das Wohnungseigentum veräußert worden, so kann sich der Erwerber auf berechtigte Interessen im Sinn des Satzes 1 nicht vor Ablauf von drei Jahren seit der Veräußerung an ihn berufen;**
3. **der Vermieter durch die Fortsetzung des Mietverhältnisses an einer angemessenen wirtschaftlichen Verwertung des Grundstücks gehindert und dadurch erhebliche Nachteile erleiden würde. Die Möglichkeit, im Falle einer anderweitigen Vermietung als Wohnraum eine höhere Miete zu erzielen, bleibt dabei außer Betracht. Der Vermieter kann sich auch nicht darauf berufen, daß er die Mieträume im Zusammenhang mit einer beabsichtigten oder nach Überlassung an den Mieter erfolgten Begründung von Wohnungseigentum veräußern will.**

Als berechtigte Interessen des Vermieters werden nur die Gründe berücksichtigt, die in dem Kündigungsschreiben angegeben sind, soweit sie nicht nachträglich entstanden sind.

Bei einem Mietverhältnis über eine Wohnung in einem vom Vermieter selbst bewohnten Wohngebäude mit nicht mehr als zwei Wohnungen kann der Vermieter das Mietverhältnis kündigen, auch wenn die Voraussetzungen des Absatzes 1 nicht vorliegen. Die Kündigungsfrist verlängert sich in diesem Fall um drei Monate. Dies gilt entsprechend für Mietverhältnisse über Wohnraum innerhalb der vom Vermieter selbst bewohnten Wohnung, sofern der Wohnraum nicht nach Absatz 7 von der Anwendung dieser Vorschriften ausgenommen ist. In dem Kündigungsschreiben ist anzugeben, daß die Kündigung nicht auf die Voraussetzungen des Absatzes 1 gestützt wird.

Weitergehende Schutzrechte des Mieters bleiben unberührt.

Eine zum Nachteil des Mieters abweichende Vereinbarung ist unwirksam.

Diese Vorschriften gelten nicht für Mietverhältnisse:

1. **über Wohnraum, der zu nur vorübergehendem Gebrauch vermietet ist,**

2. über Wohnraum, der Teil der vom Vermieter selbst bewohnten Wohnung ist und den der Vermieter ganz oder überwiegend mit Einrichtungsgegenständen auszustatten hat, sofern der Wohnraum nicht zum dauernden Gebrauch für eine Familie überlassen ist,

3. über Wohnraum, der Teil eines Studenten- oder Jugendwohnheims ist.

Schrifttum: BEUERMANN, Sanierung als Kündigungsgrund, ZMR 1979, 97; BLANK, Die ordentliche befristete Kündigung des Vermieters von Wohnraum bei schuldhaften Vertragsverletzungen des Mieters. Zur Konkretisierung des § 564 b II Nr. 1 BGB, WuM 1979, 137; EEKHOFF-WERTH, Auswirkungen des Zweiten Wohnraumkündigungsschutzgesetzes (2. Aufl 1978); LAMMEL, Besondere Probleme des § 564 b BGB in der gerichtlichen Praxis, BlGBW 1982, 165; LECHNER, Analoge Anwendung der Sperrklausel des § 564 b II Nr. 2 BGB, WuM 1982, 36; RODENBERG, Die Kündigung im Wohnungsmietrecht (1978) 82 ff; SCHMID, Zur Anwendbarkeit des § 564 b auf Zweitwohnungen, BlGBW 1980, 205; ders, Kann der Erwerber bei Eigenbedarf vor Eigentumsübergang nach § 564 b kündigen? BlGBW 1979, 108; SCHMIDT-FUTTERER, Das Sonderkündigungsrecht des Vermieters für Wohnraum in Ein- und Zweifamilienhäusern, ZMR 1976, 97; SCHOPP, Der Bestandsschutz bei außerordentlicher fristgerechter Kündigung von Wohnraummietverhältnissen durch den Vermieter, ZMR 1980, 97; STERNEL, Schadensersatz bei unberechtigter Kündigung von Mietverhältnissen, MDR 1976, 265.

I. Allgemeines

1 **1.** Die Vorschrift ist eine der zentralen Normen des sozialen Mieterschutzes. Sie regelt den **Kündigungsschutz** von Mietverhältnissen über Wohnraum. Dieser Schutz besteht darin, daß der Vermieter ein Mietverhältnis durch ordentliche oder außerordentliche befristete Kündigung nur auflösen kann, wenn er ein berechtigtes Interesse an der Beendigung hat. Die Regelung ist im Jahre 1971 mit einigen Abweichungen zunächst als Art 1 § 1 WKSchG I erlassen worden. Mit Wirkung vom 1. 1. 1975 hat der Gesetzgeber den Kündigungsschutz als § 564 b in das BGB übernommen.

2 **2.** Die Erforderlichkeit eines derartigen Kündigungsschutzes wurde ursprünglich aus den Marktverhältnissen für Gebiete mit besonderem Wohnungsbedarf hergeleitet. Schon im Gesetzgebungsverfahren wurde jedoch von der vorgesehenen Einschränkung des örtlichen Anwendungsbereichs abgesehen. Auch bei der späteren Übernahme der Regelung in das BGB wurde betont, daß der Kündigungsschutz unabhängig davon erforderlich sei, ob die Lage auf dem Wohnungsmarkt ausgeglichen sei (Mietrecht § 564 b Rz 2 ff). Die damit verbundene Einschränkung der Vermieterrechte ist nur durch die **Sozialpflichtigkeit des Eigentums** aus Art 14 Abs 2 GG zu rechtfertigen. Sie findet daran aber zugleich ihre Grenze. Eine durch die soziale Funktion nicht gebotene Begrenzung privatrechtlicher

Befugnisse kann nicht auf Art 14 Abs 2 GG gestützt werden. Dies hat nicht nur der Gesetzgeber zu beachten. Es gilt in gleicher Weise für die praktische Anwendung des § 564 b (vgl BVerfGE 37, 132, 140 f = NJW 1974, 1499 m Anm FEHL NJW 1974, 1939; BVerfGE 38, 348, 370 f = NJW 1975, 727, 730; FRIAUF DWW 1977, 124). Die Bundesregierung hat in ihrem Bericht über die Auswirkungen des Zweiten Wohnraumkündigungsschutzgesetzes vom 2. 3. 1979 (BT-Drucks 8/2610, 7 ff) eingehend die praktische Bedeutung des Kündigungsschutzes dargestellt (vgl EEKHOFF-WERTH 56 ff; dies DWW 1979, 212, 213).

II. Voraussetzungen

1. Mietverhältnis über Wohnraum (Abs 1) 3

Der Bestandsschutz gilt nur für Mietverhältnisse über Wohnraum (Vorbem 12 zu §§ 535, 536). Im übrigen ist die Ausgestaltung des Mietverhältnisses unerheblich, soweit nicht die Ausnahmetatbestände des Abs 4 oder des Abs 7 eingreifen. Mit dieser Einschränkung erfaßt die Vorschrift auch Mietverhältnisse über möblierte Wohnungen oder Zimmer und Untermietverhältnisse, wirkt allerdings mangels vertraglicher Beziehungen nicht zugunsten des Untermieters gegenüber dem Räumungsanspruch des Hauptvermieters aus § 556 Abs 3 (AG Stuttgart WuM 1974, 180). Aus dem gleichen Grund kann der Mieter, dem ein Nichteigentümer oder ein einzelner Miteigentümer die Wohnung unberechtigt vermietet hat, den auf § 985 gestützten Herausgabeanspruch nicht unter Berufung auf § 564 b abwehren (AG Stuttgart ZMR 1979, 117). Ausgenommen ist bei der Untervermietung der Fall, daß Hauptvermieter und -mieter zu Lasten des Untermieters rechtsmißbräuchlich zusammenwirken. Das gleiche gilt, wenn dem Untermieter bei Abschluß des Vertrags nicht bekannt war, daß sein Vermieter nicht Wohnungseigentümer ist (BGHZ 84, 90 = NJW 1982, 1696 m krit Anm HAASE JR 1982, 456 = 6 in RE Miet; JAKOBS ZMR 1981, 295; MAUTE WuM 1982, 287; MITZKUS ZMR 1982, 197; NASSALL MDR 1983, 9; LG Köln WuM 1981, 252; weitergehend HILLE WuM 1983, 46; vgl OLG Karlsruhe NJW 1982, 1290 m Anm WÜSTEFELD WuM 1981, 251). Die Beendigung des Hauptmietverhältnisses kann aber ein berechtigtes Interesse des Hauptmieters an der Beendigung des Untermietverhältnisses begründen (LG Kiel WuM 1982, 194). Abgesehen von den Ausnahmetatbeständen sind ferner Mietverhältnisse in Wohnheimen, insbesondere in Alten-, Senioren- und Arbeiterheimen geschützt, sofern die Raumnutzung gegenüber den sonstigen Leistungen des Heims überwiegt (vgl BGHZ 73, 350 = NJW 1979, 1288; BGH WuM 1981, 42; NJW 1982,

221, 222). Altenpflegeheime und Heime zur Resozialisierung fallen nicht unter § 564 b, weil in diesen Fällen die Wohnraumüberlassung dem Vertrag nicht das entscheidende Gepräge gibt. Ferner gilt die Vorschrift für Werkmietwohnungen, da die schon früher geschaffenen Sondervorschriften der §§ 565 b–565 d hiermit in Einklang zu bringen sind (LG Kiel WuM 1978, 32; LG Ravensburg WuM 1977, 259; LG Ulm WuM 1979, 244). Werkdienstwohnungen, bei denen der Arbeitsvertrag die Grundlage für die Überlassung des Wohnraums bildet, unterliegen nur unter den Voraussetzungen des § 565 e dem Kündigungsschutz aus § 564 b.

4 Die Vorschrift greift auf der Grundlage der neueren Rspr nicht ein, wenn *Behörden oder Unternehmen* Wohnräume mieten, um sie ihren Arbeitnehmern zu überlassen (BGH NJW 1981, 1377; BGHZ 84, 90 = NJW 1982, 1696 = 6 in RE Miet; aM OLG Hamburg MDR 1981, 144; vgl Vorbem 12 zu §§ 535, 536). Auch wer im übrigen eine Wohnung nur zu dem Zweck nutzt, sie auf eigene Rechnung zu vermieten, kann sich dem Eigentümer gegenüber nicht auf mietrechtlichen Bestandsschutz berufen, selbst wenn die Nutzung keinen gewerblichen Charakter hat (LG Köln WuM 1981, 185 m abl Anm Hilger u Brückner-Winterhagen). Bei Mischmietverhältnissen ist entscheidend, ob der Wohnraumanteil überwiegt (BGH NJW 1977, 1394; LM Nr 1 zu § 564 b = BB 1979, 16 m Anm Haase JR 1979, 240; OLG Schleswig NJW 1983, 49 = 4 in RE Miet; LG Mannheim MDR 1976, 581; vgl Vorbem 13 zu §§ 535, 536). Auf die *Pacht* und ähnliche Nutzungsverhältnisse ist § 564 b grundsätzlich nicht anwendbar. Wegen der in § 581 Abs 2 vorgesehenen entsprechenden Anwendung mietrechtlicher Vorschriften gilt dies für die Pächterwohnung nach den für Mischmietverhältnisse geltenden Grundsätzen aber nur, wenn der übrige Anteil überwiegt (aM Schopp ZMR 1975, 97, 98). Mangels eines Mietvertrags erfaßt die Vorschrift nicht das Verhältnis zwischen den Partnern einer *nichtehelichen Lebensgemeinschaft* (Finger JZ 1981, 497, 509 u WuM 1982, 257, 259; vgl aber Derleder NJW 1980, 545, 551).

5 **2. Kündigung des Vermieters (Abs 1)**

Die Regelung betrifft grundsätzlich nur die Kündigung eines Mietverhältnisses durch den Vermieter. Der Bestandsschutz wird jedoch durch eine entsprechende Anwendbarkeit der Vorschrift nach § 564 c auf Mietverhältnisse über Wohnraum ausgedehnt, die durch Zeitablauf enden.

6 **a)** Damit fallen Mietverhältnisse, die auf unbestimmte Zeit eingegangen sind und durch **ordentliche Kündigung** beendet werden sollen, in den Anwendungsbereich des § 564 b.

7 **b)** In gleicher Weise ist die Vorschrift auf die **außerordentliche befristete Kündigung** eines Mietverhältnisses anwendbar, das auf bestimmte Zeit

abgeschlossen ist oder bei dem die ordentliche Kündigung vertraglich für eine gewisse Zeit ausgeschlossen bzw nach dem Vertrag oder gesetzlich (§ 565 Abs 2 S 2) nur mit einer längeren als der Dreimonatsfrist möglich ist (§ 564 Rz 26 f). Das Gesetz unterscheidet nicht zwischen den einzelnen Kündigungsarten (LG Essen WuM 1976, 264; LG München I WuM 1978, 70; LG Ulm WuM 1979, 193).

c) Ein Mietvertrag mit **Verlängerungsklausel** (Vorbem 31 zu §§ 535, 536) **8**
endet durch Zeitablauf, wenn ein Vertragsteil innerhalb der vorgesehenen Frist die weitere Fortsetzung des Mietverhältnisses ablehnt (§ 564 Rz 4). Entscheidend ist, daß in diesen Fällen ein Mietverhältnis über Wohnraum gemäß § 565 a Abs 1 nach den Vorschriften des § 565 gekündigt werden muß, wenn es sich nicht aufgrund der vertraglichen Klausel verlängern soll. Auf dieser Grundlage ist § 564 b unmittelbar anwendbar (LG Itzehoe WuM 1975, 169; aM LG Kaiserslautern NJW 1975, 1325).

d) Ein Mietvertrag mit **Optionsrecht** (Vorbem 31 zu §§ 535, 536) ist ein auf **9**
bestimmte Zeit abgeschlossener Vertrag, der durch Zeitablauf endet, wenn die berechtigte Partei nicht rechtzeitig von ihrem Optionsrecht Gebrauch macht. Relevant wird ein Bestandsschutz nur, wenn das Optionsrecht lediglich dem Vermieter zusteht und nicht ausgeübt wird (§ 564 Rz 3). In diesem Fall greift § 564 c ein. Bei entsprechender Vertragsgestaltung kann die Ausübung eines Optionsrechts zur Folge haben, daß hinfort ein Mietverhältnis auf unbestimmte Zeit vorliegt. Auf die dann zur Vertragsbeendigung erforderliche Kündigung ist § 564 b unmittelbar anwendbar (LG Mannheim WuM 1974, 260).

e) Ein Mietvertrag über Wohnraum, der unter einer **auflösenden Bedingung** **10**
abgeschlossen ist, gilt nach Eintritt der Bedingung als auf unbestimmte Zeit verlängert und kann nur nach den Vorschriften des § 565 gekündigt werden (§ 565 a Abs 2). Für diese Kündigung gilt § 564 b.

f) Das vertragliche **Rücktrittsrecht** (§ 564 Rz 44) ist bei einem Mietverhält- **11**
nis über Wohnraum nach § 570 a den Vorschriften über die Kündigung unterworfen, sobald der Wohnraum überlassen ist. Der Rücktritt ist daher wie eine Kündigung zu behandeln und unterliegt der Regelung des § 564 b. Wird das Rücktrittsrecht vor Überlassung des Wohnraums ausgeübt, besteht kein Bedürfnis für einen Bestandsschutz. Das gesetzliche Rücktrittsrecht (§ 564 Rz 45) wird nur vor Überlassung des Wohnraums relevant. Eine Anwendung des § 564 b kommt nicht in Betracht, da ein Bestandsschutz nicht erforderlich ist. Nach der Überlassung wird das Rücktrittsrecht durch das Recht zur außerordentlichen fristlosen Kündigung oder durch einen Schadensersatzanspruch aus § 538 verdrängt, so daß insoweit auch § 564 b ausscheidet (Rz 12).

g) Die **außerordentliche fristlose Kündigung** fällt nicht unter § 564 b, da **12**
der Bestandsschutz nicht solchen Mietern zugute kommen soll, die in

schwerwiegender Weise gegen ihre vertraglichen Pflichten verstoßen. Dies ergibt sich mittelbar aus Abs 2 Nr 1.

13 **h)** Der **Mietaufhebungsvertrag** (§ 564 Rz 38 ff) wird von § 564 b grundsätzlich nicht erfaßt, da das Mietverhältnis nicht durch Kündigung beendet wird. Dies steht jedoch unter dem Vorbehalt des Abs 6, der einer Umgehung des Bestandsschutzes etwa durch bindende Mietaufhebungsangebote Grenzen setzt (Mietrecht § 564 b Rz 19). Ebensowenig ist § 564 b auf die **Anfechtung** eines Mietvertrags (§ 564 Rz 46), auf den **Wegfall der Geschäftsgrundlage** (§ 564 Rz 48) und auf das **Erlöschen eines Dauerwohn- oder Dauernutzungsrechts** (§ 564 Rz 49) anwendbar.

14 **3. Berechtigtes Interesse des Vermieters an der Beendigung des Mietverhältnisses (Abs 1 und 2)**

a) Allgemeines

aa) Die ordentliche Kündigung bietet den Parteien im Normalfall die Möglichkeit, sich von einem Mietvertrag als Dauerschuldverhältnis zu lösen, ohne daß hierfür ein bestimmter Grund maßgebend sein muß. § 564 b macht demgegenüber die Kündigung des Vermieters davon abhängig, daß er ein berechtigtes Interesse an der Beendigung des Mietverhältnisses hat (Abs 1). Der **Begriff** des berechtigten Interesses wird im Gesetz nicht näher erläutert. Die Entstehungsgeschichte und der sachliche Zusammenhang mit den Vorschriften des § 556 a und des früheren § 4 Abs 1 MietSchG (Mietrecht § 564 b Rz 22 ff) zeigen, daß mit den Interessen die Gründe gemeint sind, die auf seiten des Vermieters für eine Beendigung des Mietverhältnisses vorliegen. Der Mieter kann demgegenüber nach wie vor ohne besonderen Grund ordentlich kündigen.

15 **bb)** Der weite Kreis möglicher Kündigungsgründe wird dadurch eingeschränkt, daß es sich um berechtigte Interessen des Vermieters handeln muß. Die Prüfung verlagert sich entscheidend auf die **Berechtigung** der Gründe, die den Vermieter zu einer Kündigung bewogen haben. Durch Art 14 Abs 2 GG wird der rechtliche Bezugspunkt festgelegt, nach dem zu entscheiden ist, ob sich die Kündigungsgründe des Vermieters gegenüber der Sozialpflichtigkeit des Eigentums durchsetzen und damit berechtigt sind. Da eine vermietete Wohnung in einem sozialen Bezug und einer sozialen Funktion steht, unterliegt sie dem Postulat einer am Gemeinwohl orientierten Nutzung. Dieses Postulat umfaßt das Gebot, Rücksicht auf die Belange des Mieters zu nehmen, der auf die Nutzung der Wohnung angewiesen ist. Auf der anderen Seite steht die verfassungsrechtlich garantierte Eigentumsfreiheit, der in gleicher Weise wie dem Gebot einer sozialgerechten Eigentumsordnung Rechnung zu tragen ist. Damit kann die Eigentumsgarantie eine Nutzung nicht schützen, bei der die soziale

Funktion der Wohnung mißachtet wird. Ebensowenig rechtfertigt die Sozialpflichtigkeit des Eigentums aber eine Begrenzung privatrechtlicher Befugnisse, die durch die soziale Funktion der Wohnung nicht geboten ist (BVerfGE 37, 132, 140 f = NJW 1974, 1499 m Anm FEHL NJW 1974, 1939).

cc) Als berechtigte Interessen des Vermieters an der Beendigung des Miet- 16
verhältnisses sind nach Abs 2 „insbesondere" die schuldhafte Verletzung vertraglicher Verpflichtungen durch den Mieter (Nr 1), Eigenbedarf des Vermieters (Nr 2) und die Verhinderung wirtschaftlicher Verwertung des Grundstücks (Nr 3) anzusehen. Damit enthält das Gesetz eine nur **beispielhafte Aufzählung** gesetzlicher Kündigungsgründe.

b) Erhebliche, schuldhafte Verletzung vertraglicher Verpflichtungen 17
durch den Mieter (Abs 2 Nr 1)

aa) Allgemeines

Der Vermieter hat ein berechtigtes Interesse an der Beendigung des Mietverhältnisses, wenn der Mieter seine vertraglichen Verpflichtungen schuldhaft nicht unerheblich verletzt hat. Dies ist der Fall, wenn Gründe vorliegen, die den Vermieter an sich zur fristlosen Kündigung nach den §§ 553 bis 554 a berechtigen würden. Das gleiche gilt bei schuldhaften Vertragsverletzungen von geringerer Bedeutung, die kein Recht zur außerordentlichen fristlosen Kündigung ergeben, aber dennoch nicht unerheblich sind.

bb) Tatbestandsmerkmale im einzelnen 18

α) Der Mieter muß eine **Verletzungshandlung** durch Tun oder Unterlassen begangen haben, die einen Verstoß gegen seine vertraglichen Pflichten bedeutet. Gleichzustellen ist eine Verletzungshandlung durch Personen, für deren Verhalten der Mieter nach § 278 oder § 549 Abs 3 einzustehen hat (Rz 20). Es kann sich um Haupt- oder Nebenpflichten handeln. Unerheblich ist, ob sich die Pflicht aus dem Gesetz oder als besondere Vereinbarung aus dem Mietvertrag ergibt. Unterlassungspflichten werden verletzt, wenn der Mieter in gesetzes- oder vertragswidriger Weise tätig wird, zB die Wohnung ganz oder teilweise ohne Erlaubnis des Vermieters untervermietet (§ 549) oder entgegen den vertraglichen Vereinbarungen Haustiere hält.

β) Die Pflichtverletzung muß **erheblich** sein. Die Erheblichkeit bezieht 19
sich nicht auf das Verschulden, wie sich aus der Formulierung in § 564 b Abs 2 Nr 1 ergibt (PALANDT-PUTZO § 564 b Anm 6 a cc; aM BLANK WuM 1979, 137). Die Pflichtverletzung muß von einigem Gewicht sein, braucht aber nicht wie im Fall des § 554 a so weit zu gehen, daß dem Vermieter eine Fortsetzung des Mietverhältnisses nicht zugemutet werden kann. Einmalige Verstöße ohne Wiederholungsgefahr kommen nur in Betracht,

wenn dadurch das Vertrauensverhältnis der Parteien nachhaltig gestört worden ist. Einzelne geringfügige Verstöße können durch ständige Wiederholung einen erheblichen Umfang gewinnen (AG Itzehoe WuM 1979, 266, 267).

20 γ) Die Pflichtverletzung muß **schuldhaft** begangen worden sein (§ 276). Für das Verschulden seiner gesetzlichen Vertreter oder Erfüllungsgehilfen hat der Mieter nach § 278 in gleichem Umfang einzustehen wie für eigenes Verschulden. Überläßt der Mieter den Gebrauch der Wohnung ganz oder teilweise einem Dritten, etwa einem Untermieter, hat er auch ein dem Dritten anzulastendes Verschulden nach § 549 Abs 3 zu vertreten (LG Bamberg WuM 1974, 197, 199). Bei Schuldunfähigkeit des Mieters oder seines Erfüllungsgehilfen ist das berechtigte Interesse des Vermieters nicht aus Abs 2 Nr 1 herzuleiten, sondern kann ggf auf Unzumutbarkeit als sonstigen Grund (Rz 78) gestützt werden (LG Mannheim NJW 1976, 1407). Im letzteren Fall kann ein eigenes Verschulden des Mieters darin liegen, daß er einen schuldunfähigen Erfüllungsgehilfen ausgewählt oder nicht genügend beaufsichtigt hat.

21 δ) Die **Beweislast** trifft den Vermieter hinsichtlich der Verletzungshandlung und ihrer Erheblichkeit. Für das Verschulden richtet sie sich nach dem jeweiligen Gefahrenkreis.

22 cc) **Einzelfälle**

α) Bei **Zahlungsverzug** des Mieters mit der Entrichtung des Mietzinses hat der Vermieter ein berechtigtes Interesse, wenn zugleich die Voraussetzungen des § 554 für eine fristlose Kündigung erfüllt sind. Eine Pflichtverletzung ist auch zu bejahen, wenn dessen Voraussetzungen im einzelnen nicht erfüllt sind. Entscheidend ist dann, ob die Pflichtverletzung wenigstens iS des § 564 b Abs 2 Nr 1 erheblich ist. Aus § 554 Abs 2 Nr 1 ist zu entnehmen, daß hinsichtlich des Umfangs ein Rückstand nur dann als erheblich anzusehen ist, wenn er den Mietzins für einen Monat übersteigt. Im Rahmen des § 564 b kann für die Erheblichkeit der Pflichtverletzung nichts anderes gelten. Für die Dauer des Zahlungsverzugs enthält das Gesetz keinen unmittelbaren Anhaltspunkt. Da ein Rückstand nur erheblich ist, wenn er den Mietzins für einen Monat übersteigt, sollte bei der üblichen monatlichen Zahlungsweise davon ausgegangen werden, daß auch die Dauer des Zahlungsverzugs einen Monat überschreiten muß. Anders kann es etwa bei vierteljährlicher Zahlungsweise sein.

23 *Gegenstand* des Zahlungsverzugs müssen nicht der Mietzins und Nebenkosten sein, die als Entgelt für die Raumüberlassung oder zusätzliche Vermieterleistungen zu entrichten sind (so aber Schmidt-Futterer-Blank B 473). Im Unterschied zu § 554 ist in § 564 b Abs 2 Nr 1 allgemein von der Verletzung vertraglicher Verpflichtungen die Rede. Auch der Verzug mit einer Kaution, Mietvorauszahlung, eines Mieterdarlehens, Baukostenzu-

schusses oder Schadensersatzes wird deshalb erfaßt (Schmid DWW 1982, 77, 84).

Da Abs 2 Nr 1 *Verschulden* voraussetzt (Rz 20), muß der Zahlungsverzug durch Vorsatz oder Fahrlässigkeit eingetreten sein. Ein schuldloser Geldmangel, der nach den §§ 279, 285 zur Begründung des Verzugs genügt, ist im Rahmen des § 564 b unzureichend (aM Schmid DWW 1982, 77, 83). Das gleiche gilt, wenn der Verzug aufgrund eines entschuldbaren Rechts- oder Tatsachenirrtums eingetreten ist, etwa bei einer Minderung des Mietzinses, die sich nach einer gerichtlichen Beweisaufnahme als unberechtigt erweist (LG Köln WuM 1976, 145, 146). **24**

Die an sich mögliche *Heilung* des Verzugs ist auf den Eintritt der Rechtsfolgen einer wirksam gewordenen Kündigungserklärung ohne Einfluß, auch wenn der rückständige Betrag vor Ablauf der Kündigungsfrist gezahlt wird. Die abweichende Auffassung, die eine entsprechende Anwendung des § 554 Abs 2 Nr 2 befürwortet (AG Schöneberg WuM 1978, 128; Derleder in AK § 564 b Rz 15; Sternel Rz IV 73), berücksichtigt nicht, daß das Nachholungsrecht in dieser Vorschrift gerechtfertigt ist, weil der Zahlungsverzug nach den §§ 279, 285 ohne Verschulden des Mieters eintreten kann. Im Rahmen des § 564 b Abs 2 Nr 1, der tatbestandlich Verschulden voraussetzt, ist ein solches Recht überflüssig (MünchKomm-Voelskow § 564 b Rz 48). **25**

β) Ein **vertragswidriger Gebrauch** begründet für den Vermieter ein berechtigtes Interesse, wenn zugleich die Voraussetzungen für eine außerordentliche fristlose Kündigung nach § 553 erfüllt sind. Für § 564 b Abs 2 Nr 1 reichen auch geringere Verstöße aus, sofern sie erheblich sind. Der Mieter verletzt den Vertrag, wenn er seine Gebrauchsrechte überschreitet oder die Wohnung bzw die sonstigen Grundstücks- und Gebäudeteile entgegen seiner Obhuts- und Erhaltungspflicht vernachlässigt. Bei der Miete möblierten Wohnraums gilt dies auch für die Einrichtungsgegenstände (AG Münster WuM 1978, 70). Eine im Mietvertrag nicht vorgesehene Tierhaltung begründet nicht ohne weiteres ein Kündigungsrecht, wenn der Vermieter dies stillschweigend geduldet hat (LG Mannheim WuM 1974, 74) oder wenn es sich nur um eine unerhebliche Vertragsverletzung handelt (LG Gießen ZMR 1976, 147). Eine besondere Form des vertragswidrigen Gebrauchs ist die unerlaubte Überlassung der Wohnung an Dritte (§§ 535, 536 Rz 22; § 549 Rz 1), insbesondere durch Untervermietung. Hieraus kann sich ein Recht zur fristlosen (§ 553) und zur ordentlichen Kündigung nach § 564 b Abs 2 Nr 1 ergeben. Im Regelfall ist von dem Vermieter eine Abmahnung des vertragswidrigen Gebrauchs zu verlangen, bevor er von dem bei der Wohnraummiete besonders einschneidenden Recht zur Kündigung Gebrauch macht (Schmidt-Futterer-Blank B 474; aM BGB-RGRK-Gelhaar § 564 b Rz 13). In einer Überbelegung **26**

der Wohnung, die durch die wachsende Kinderzahl eingetreten ist, kann idR kein vertragswidriger Gebrauch gesehen werden. Im Einzelfall kommt aber eine Kündigung aus sonstigen Gründen in Betracht (OLG Hamm NJW 1983, 48; Rz 79). Im übrigen berechtigt eine Überbelegung erst dann zur Kündigung, wenn Substanzschäden an der Wohnung (LG München I WuM 1983, 22), andere Vermögenseinbußen durch übermäßige Inanspruchnahme sonstiger Vermieterleistungen oder die Belästigung von Mitbewohnern zu befürchten sind. Überbelegung kann auch ein Kündigungsgrund sein, wenn die Anzahl der in der Wohnung lebenden Personen durch den Mietvertrag begrenzt ist (LG Köln WuM 1981, 161). Allerdings ist nicht jede geringfügige Überschreitung der Personenzahl als erhebliche Vertragsverletzung zu beurteilen.

27 γ) **Belästigungen** des Vermieters und seiner Hausstandsangehörigen oder anderer Mieter können eine ordentliche Kündigung rechtfertigen, auch wenn die strengeren Voraussetzungen für eine fristlose Kündigung nach § 554 a nicht erfüllt sind. Hierzu gehören Beleidigungen (AG Gießen ZMR 1982, 240) und andere Straftaten. Das gleiche gilt für Störungen des Hausfriedens und Verstöße gegen die Hausordnung sowie für Beeinträchtigungen durch Lärm, Geruch oder Schmutz (LG Bamberg WuM 1974, 197). Normaler Kinderlärm ist aber hinzunehmen (AG Aachen WuM 1975, 38). Gelegentliches Duschen am späten Abend begründet noch kein berechtigtes Interesse (AG Osnabrück WuM 1972, 107). Bei Streitigkeiten unter den Mietern kann der Vermieter der Mietpartei kündigen, von deren Auszug er sich am ehesten die Wiederherstellung des Hausfriedens verspricht (LG Duisburg WuM 1975, 209; einschr Sternel Rz IV 70).

28 **c) Eigenbedarf des Vermieters (Abs 2 Nr 2)**

aa) Allgemeines

Ein berechtigtes Interesse an der Beendigung des Mietverhältnisses ist anzuerkennen, wenn der Vermieter die Räume als Wohnung für sich, die zu seinem Hausstand gehörenden Personen oder seine Familienangehörigen benötigt. Dabei hat das Gericht nicht nur die vom Vermieter geltend gemachten Tatsachen zu berücksichtigen, sondern aufgrund einer umfassenden Würdigung aller Umstände des Einzelfalls zu entscheiden, ob er ein vernünftiges, billigenswertes Interesse an der Erlangung der Wohnung hat (OLG Karlsruhe NJW 1983, 579 = 24 in RE Miet). Es muß sich nicht um ein dringendes Interesse an der Rückgabe der Räume handeln. Das Interesse muß auch nicht sofort zu befriedigen sein. Es reicht aus, wenn der geltend gemachte Eigenbedarf erst längere Zeit nach dem Ausspruch der Kündigung eintritt und der Mietvertrag zu diesem späteren Zeitpunkt gekündigt wird (BayObLG NJW 1982, 1159 = 12 in RE Miet; LG Stuttgart WuM 1976, 56). In jedem Fall muß ein schon im Zeitpunkt der Kündigung **konkretes Interesse** des Vermieters an der künftigen Rückgabe der Räume bestehen (OLG Karlsruhe WuM 1976, 99). Eine Kündigung auf Vorrat ist unwirksam. Liegt Eigenbedarf zwar im Zeitpunkt der Kündigung vor, entfällt er aber vor Beendigung des Mietverhältnisses wieder, kann es eine unzulässige Rechtsausübung sein, wenn der Vermieter an der Kündigung festhält (LG Karlsruhe WuM 1980, 249; LG Köln ZMR 1978, 85 m Anm Weimar), und bei Räumung durch den Mieter eine Schadensersatzpflicht des Vermieters zur Folge haben (LG Düsseldorf WuM 1976, 70; Rz 89).

Grundsätzlich kann nur der Vermieter eine **Kündigung** wegen Eigenbedarfs aussprechen, sich dabei allerdings nach § 164 vertreten lassen. Auch der Nießbraucher ist als Vermieter zur Kündigung wegen Eigenbedarfs berechtigt. Der Erwerber eines Grundstücks kann sich wegen § 571 erst mit der Eintragung in das Grundbuch auf Eigenbedarf berufen (LG Kiel WuM 1977, 228; AG Friedberg WuM 1980, 41; AG Lennestadt WuM 1978, 175). War Eigenbedarf des früheren Vermieters zu bejahen, verliert dessen Kündigung ihre Wirkung, wenn das Grundstück vor der Beendigung des Mietverhältnisses veräußert wird und damit das Erlangungsinteresse des Veräußerers fortfällt (Rz 28). 29

Die **Beweislast** für den geltend gemachten Eigenbedarf trägt der Vermieter (LG Koblenz WuM 1976, 98). 30

bb) Tatbestandsmerkmale im einzelnen (Abs 2 Nr 2 S 1) 31

α) Zu dem Personenkreis, für den ein Wohnungsbedarf bestehen muß, gehört der **Vermieter**. Er muß die Absicht haben, die in Anspruch genommene Wohnung selbst zu beziehen. Der Vermieter benötigt die Wohnung nicht für sich, wenn er auf dem Umweg über eine Vermietung seine Pflicht als Hauseigentümer, Schnee zu räumen, erfüllen lassen will (AG Lübeck WuM 1972, 193, 194) oder wenn er wegen seines eigenen Alters die Wohnung einem Mieter überlassen will, der Haus und Garten instand setzt (AG Osnabrück WuM 1975, 55). Hat der Grundstückseigentümer den Mietvertrag nicht selbst abgeschlossen, sondern ein Verwalter im eigenen Namen, ist nur der letztere Vermieter. Ein Eigenbedarf des Grundstückseigentümers kann deshalb nach Abs 2 Nr 2 im Rahmen einer Kündigung durch den Verwalter nicht berücksichtigt werden. Der Wohnungsbedarf des Grundstückseigentümers kommt nur als berechtigtes Interesse des kündigenden Verwalters aus sonstigen Gründen in Betracht (Rz 79).

Handelt es sich um eine **Mehrheit von Vermietern** in Bruchteils- oder Gesamthandsgemeinschaft, reicht es ohne Rücksicht auf die Höhe der einzelnen Beteiligung aus, wenn der Eigenbedarf nur für einen der Vermieter besteht (Palandt-Putzo § 564 b Anm 7 a aa). Kündigen muß allerdings die Gesamtheit (§ 564 Rz 16). 32

Unternehmen und Behörden, die als Vermieter Bedarf an Wohnungen für 33

Arbeitnehmer und Bedienstete haben, können sich unabhängig von ihrer Rechtsform nicht auf Eigenbedarf berufen, da sie die Räume nicht „als Wohnung für sich" benötigen (BayObLG WuM 1981, 32, 35 = 2 in RE Miet; aM BGB-RGRK-Gelhaar § 564 b Rz 17). Ein berechtigtes Interesse an der Kündigung wegen betriebsbedingten Wohnungsbedarfs kommt aber aus sonstigen Gründen in Betracht (Rz 68 f).

34 β) Der Wohnungsbedarf für **Hausstands- und Familienangehörige** des Vermieters kann die Kündigung rechtfertigen. Abs 2 Nr 2 enthält keine Begriffsbestimmungen dieses Personenkreises.

35 αα) **Hausstandsangehörige** sind alle Personen, die schon seit längerer Zeit und auf Dauer in den Haushalt des Vermieters aufgenommen sind und in enger Hausgemeinschaft mit ihm leben (Palandt-Putzo § 564 b Anm 7 a bb). Hierzu gehören die Ehefrau, Kinder, sonstige Familienangehörige, Hausgehilfinnen und Pflegepersonen. Das gleiche gilt für Freunde, Auszubildende, Gesellen in Handwerksbetrieben und Arbeitnehmer in der Landwirtschaft. Der Wohnungsbedarf kann darin zum Ausdruck kommen, daß der Vermieter für sich und die zu seinem Hausstand gehörenden Personen zusammen eine größere Wohnung benötigt. Ein durch Hausstandsangehörige in der Person des Vermieters begründeter Wohnungsbedarf besteht auch dann, wenn der Vermieter die bisherige, zu klein gewordene Wohnung beibehalten will und einzelne Hausstandsangehörige in die zu kündigende neue Wohnung umziehen sollen. Dabei macht es keinen Unterschied, ob die Hausgemeinschaft nach dem Umzug bestehenbleibt oder aufgehoben wird.

36 Eigenbedarf kann auch wegen der Nutzung von Wohnraum durch Personen entstehen, die bisher nicht im Haushalt des Vermieters leben, wenn der Vermieter diese Person in Zukunft zu seiner Pflege oder ähnlichen dringenden Zwecken benötigt (LG Bielefeld WuM 1972, 178; LG Osnabrück WuM 1976, 124; AG Gummersbach WuM 1977, 123). Entscheidend kommt es zwar auf einen Wohnungsbedarf für die zum Hausstand des Vermieters gehörenden Personen an. Da als Grundlage für den Eigenbedarf aber nicht nur gegenwärtige, sondern auch mit einiger Sicherheit eintretende zukünftige Umstände in Betracht kommen (Schopp ZMR 1975, 97, 100), kann auch ein gegenwärtiger oder zukünftiger Wohnungsbedarf berücksichtigt werden, der erst durch die **Aufnahme eines neuen Hausstandsangehörigen** entsteht (BayObLG NJW 1982, 1159; Sternel Rz IV 83). Vorauszusetzen ist allerdings die konkrete Aussicht, daß eine bestimmte Person in die zu räumende Wohnung aufgenommen werden soll (LG Bielefeld aaO) und daß die Hilfe für den Mieter nicht ohne Bereitstellung einer Wohnung beschafft werden kann (LG Osnabrück aaO).

37 ββ) Haben **Familienangehörige** des Vermieters Wohnungsbedarf, ist dies

als berechtigtes Interesse an einer Kündigung anzuerkennen. Auf die Hausstandszugehörigkeit kommt es nicht an. Es spielt deshalb keine Rolle, ob der Vermieter selbst eine größere Wohnung benötigt, weil er Familienangehörige zu sich aufnehmen will, oder ob die zu räumende Wohnung nur für Familienangehörige vorgesehen ist. Ebenso unerheblich ist es, ob die Familienangehörigen bisher in der Wohnung des Vermieters oder in einer fremden Wohnung lebten.

Welcher Personenkreis im einzelnen unter den **Begriff** der Familienange- **38**
hörigen fällt, ergibt sich nicht unmittelbar aus § 564 b. Die formale Abgrenzung in Anlehnung an § 8 Abs 2 WobauG II, die ua auf einen bestimmten Grad der Verwandtschaft oder Schwägerschaft abstellt, wird mit Recht als zu weitgehend abgelehnt, da das WobauG II mit der Förderung des sozialen Wohnungsbaus einen anderen Zweck verfolgt als § 564 b (LG Osnabrück WuM 1976, 55, 56; Sternel Rz IV 79). Überwiegend wird der Personenkreis nicht fest begrenzt, sondern nur durch die Pflege familiärer Beziehungen (Sternel aaO) oder ein enges Familienverhältnis (Schmidt WuM 1971, 193, 194). Verbreitet wird darauf abgestellt, ob der Vermieter rechtlich oder wie bei Geschwistern und Stiefkindern wenigstens moralisch verpflichtet sei, Unterhalt und sonstige Fürsorge zu gewähren (LG Braunschweig WuM 1972, 127, 129; LG Mannheim WuM 1982, 282 [LS]; LG Osnabrück WuM 1976, 55, 56; Schmidt-Futterer NJW 1972, 5; ders MDR 1972, 560). Ähnlich wie in § 569 a (dort Rz 13) ist eine klare Grenze letztlich nur dadurch zu ziehen, daß alle Personen, die mit dem Mieter nicht verwandt oder verschwägert sind, ohne Rücksicht auf etwaige moralische Verpflichtungen vom Anwendungsbereich der Vorschrift ausgenommen werden. Sonst verliert das Tatbestandsmerkmal der Familienangehörigen jede eigenständige Funktion.

Will der Vermieter den Mietvertrag mit einem Familienangehörigen kün- **39**
digen, damit ein **anderer Angehöriger** die Wohnung beziehen kann, ist neben dem Grad der Verwandtschaft oder Schwägerschaft die Dringlichkeit des beiderseitigen Wohnungsbedarfs zu vergleichen. Deshalb ist Familienangehörigen auch bei einer Konkurrenz zu Hausstandsangehörigen ohne familiäre Beziehungen nicht in jedem Fall der Vorrang einzuräumen.

γ) Der Vermieter muß die Räume als **Wohnung** für sich oder den berech- **40**
tigten Personenkreis benötigen. Ein berechtigter Eigenbedarf liegt deshalb nicht vor, wenn die zu kündigende Wohnung zu Erholungszwecken (AG Wegberg WuM 1972, 108) oder wegen einer Erweiterung des Unternehmens durch den Vermieter zu geschäftlichen Zwecken genutzt werden soll (LG Karlsruhe WuM 1980, 249; LG Köln WuM 1974, 103). Eine Verwendung zu Wohnzwecken liegt aber vor, wenn nur untergeordnete Teile geschäftlichen Zwecken dienen sollen. Das gleiche gilt, wenn der

Vermieter seine bisherige Wohnung zu gewerblich genutzten Räumen umgestalten will und deshalb für sich eine neue Wohnung benötigt. Allein das Interesse an der Wohnung als wirtschaftlichem Wert rechtfertigt keine Kündigung wegen Eigenbedarfs. Deshalb ist auch der Wunsch des Eigentümers, die vermietete Wohnung selbst zu nutzen, um die Grunderwerbsteuer nicht zahlen zu müssen, als Kündigungsgrund unzureichend, wenn nicht ein anderweitiger Wohnungsbedarf hinzutritt (LG Bonn WuM 1978, 51; LG Freiburg WuM 1982, 212; LG Köln WuM 1980, 248 [LS]; aM MünchKomm-Voelskow § 564 b Rz 59).

41 **δ)** Der Vermieter muß die Räume als Wohnung für sich oder den berechtigten Personenkreis **benötigen**. Ein Notfall auf seiten des Vermieters oder der anderen Personen ist nicht erforderlich, so daß ein Kündigungsgrund nicht erst gegeben ist, wenn Obdachlosigkeit droht oder wenn auf dem Wohnungsmarkt keine andere geeignete Wohnung zu beschaffen ist. Bei der Frage des Bedarfs ist auf den Vermieter oder die sonst berechtigte Person abzustellen. Ein Wohnungsbedarf des unverheirateten Sohnes des Vermieters ist auch dann zu berücksichtigen, wenn er durch das Zusammenleben mit einer Frau in nichtehelicher Lebensgemeinschaft hervorgerufen wird (OLG Karlsruhe NJW 1982, 889 = 16 in RE Miet). Unzureichend ist es, wenn der Vermieter oder die vorgesehenen Personen die Wohnung wegen fehlender Wohnberechtigung nach dem WoBindG nicht nutzen dürfen (LG Essen WuM 1979, 147 m Anm Tiefenbacher ZMR 1979, 273). Der Eigenbedarf ist nur berechtigt, wenn er von einiger Dauer sein wird und nicht nur als Übergangslösung für wenige Monate oder für eine Wohnung auf Probe geltend gemacht wird, während sich der Vermieter auch anderweitig behelfen kann (LG Osnabrück WuM 1980, 207 [LS]; LG Waldshut-Tiengen WuM 1978, 5). Benötigt der Vermieter die Wohnung jedoch, weil ihm wegen einer Kündigung seines eigenen Vermieters ein Wohnungsverlust droht, führt auch die wegen eines Neubaus nur vorübergehende Nutzungsabsicht für etwa ein Jahr zu einem begründeten Eigenbedarf (AG Bonn WuM 1980, 53).

42 Allgemein läßt sich das Tatbestandsmerkmal, der Vermieter benötige die Räume, dahin gehend kennzeichnen, daß durch den beanspruchten Wohnraum einem **bestehenden Mangel** des Vermieters an eigengenutzten oder eigennutzbaren Wohnräumen für sich oder den berechtigten Personenkreis abzuhelfen ist. Eigenbedarf liegt deshalb nicht vor, wenn die beanspruchte Wohnung für die vorgesehene Person ungeeignet ist (OLG Karlsruhe WuM 1983, 9 = 24 in RE Miet) oder wenn der Vermieter seine bisherige Wohnung gewinnbringend vermieten will (AG Krefeld WuM 1972, 93). Das gleiche gilt, wenn Angehörige des Vermieters in derselben (AG Bad Bramstedt WuM 1979, 242) oder einer anderen (LG Kaiserslautern MDR 1981, 935) Wohnung angemessen untergebracht sind oder leerstehende Räume beziehen können, auch wenn diese keine zusammenhängende Wohnung, aber eine angemessene Unterkunft bilden (LG Gießen ZMR 1978, 239 m Anm Brückmann ZMR 1979, 13). Der bloße Wunsch des Vermieters, im eigenen Haus zu wohnen oder dort seine Angehörigen unterzubringen, ist unzureichend (KG NJW 1981, 1048 = 2 in RE Miet; LG Essen WuM 1973, 163; LG Hamburg WuM 1977, 30). Eigenbedarf für einen Angehörigen kann auch dann geltend gemacht werden, wenn der Vermieter über weitere Wohnungen verfügt, diese aber wegen der größeren Wohnfläche zu einem höheren Mietzins als die gekündigte Wohnung vermieten will, der höhere Mietzins für den Angehörigen jedoch nicht tragbar ist (LG Karlsruhe WuM 1982, 210 m abl Anm Röchling). Ist der Raumbedarf des Vermieters angemessen gedeckt (LG Köln WuM 1974, 103), sei es auch in einer nicht überteuerten (AG Friedberg WuM 1979, 257) oder nicht zwingend zu räumenden Mietwohnung (AG Münster WuM 1979, 258), kommt es nicht darauf an, ob die beanspruchte Wohnung ganz allgemein geeigneter für ihn ist, sofern nicht besondere Gründe, wie etwa eine wesentlich größere Nähe zum Arbeitsplatz, hinzukommen (LG Köln ZMR 1978, 85 m Anm Weimar). So kann der in hohem Lebensalter stehende Vermieter, der an einer lauten Straße wohnt, aus gesundheitlichen Gründen die ruhig gelegene Wohnung beanspruchen (LG Karlsruhe WuM 1974, 261). Eigenbedarf an einer bestimmten Wohnung besteht aber nicht, wenn er durch andere, freistehende Wohnungen des Vermieters befriedigt werden kann (AG Osnabrück WuM 1978, 107). Falls der Vermieter eine frei gewordene Wohnung trotz seines Eigenbedarfs anderweitig vermietet, hat er sein Kündigungsrecht an einer anderen in Anspruch genommenen Wohnung verwirkt (LG Mannheim ZMR 1977, 238 Nr 32; aM BGB-RGRK-Gelhaar § 564 b Rz 18).

Nach verbreiteter Auffassung steht es dem Vermieter frei, welchem von **43**
mehreren Mietern er wegen Eigenbedarfs kündigt (AG Düsseldorf DWW 1976, 238; MünchKomm-Voelskow § 564 b Rz 56). Teilweise wird von diesem Grundsatz eine Ausnahme gemacht, wenn die Kündigung für den Mieter eine erhebliche Härte bedeuten würde, während andererseits im Hause ein Mietverhältnis besteht, für das offenkundig eine Kündigung nicht zu einer relevanten Härte führen wird (AG Büdingen WuM 1980, 225; AG Krefeld NJW 1978, 1265; Sternel Rz IV 78). Der von Rspr und Schrifttum gewählte Lösungsansatz ist allerdings zu modifizieren, um Belange unbeteiligter Mieter nicht in Rechtsstreitigkeiten anderer Parteien einzuführen. Der Vermieter kann zwischen mehreren Mietern für die Kündigung nur dann frei auswählen, wenn er jede dieser Wohnungen in gleicher Weise benötigt. Ist sein Wohnungsbedarf bei mehreren, unterschiedlich großen Wohnungen auch mit der kleineren Wohnung angemessen zu befriedigen, kann er nur diese in Anspruch nehmen.

44 Teilweise wird die Auffassung vertreten, ein vom Vermieter **selbst herbeigeführter Eigenbedarf** reiche als Kündigungsgrund nicht aus (LG Düsseldorf WuM 1978, 236; LG Hamburg ZMR 1976, 121; AG Friedberg WuM 1980, 228). Es kommt jedoch nicht entscheidend auf Verursachung oder Verschulden hinsichtlich des Eigenbedarfs an, sondern auf das Merkmal der Treuwidrigkeit im Verhältnis zu dem betroffenen Mieter, das in der Geltendmachung eines selbst herbeigeführten Eigenbedarfs liegen kann.

45 So ist es **nicht treuwidrig**, wenn der Vermieter den Eigenbedarf durch Heirat, Kinder oder sonstige Aufnahme von Familienangehörigen verursacht. Das gleiche gilt, wenn der Vermieter seine Wohnung wegen ehelicher Streitigkeiten verläßt (LG Köln WuM 1975, 210, 211). Hat jemand Wohnungsbedarf und kauft er deshalb ein Haus, so kann er sich nunmehr ohne Treuwidrigkeit auf Eigenbedarf berufen, auch wenn er das Haus in Kenntnis der vollständigen Vermietung erworben hat (LG Frankfurt WuM 1978, 174; LG Freiburg ZMR 1979, 50). Auch der freiwillige Wechsel des Arbeitsplatzes und ein dadurch verursachter Eigenbedarf an der günstiger gelegenen Wohnung können nicht dazu führen, eine Kündigung im Verhältnis zum Mieter als treuwidrig zu beurteilen. Selbst wenn der Vermieter durch sein Verhalten die Kündigung seines bisherigen Mietverhältnisses durch seinen eigenen Vermieter veranlaßt hat, kann er sich auf Eigenbedarf berufen, weil das Verhalten gegenüber seinem Vermieter in keiner Beziehung zu seinem eigenen Mieter steht (Schmidt-Futterer-Blank B 491). Er braucht es grundsätzlich auch nicht auf einen Kündigungswiderspruch gegenüber seinem Vermieter ankommen zu lassen, da ihm das Risiko von Prozeßkosten nicht zugemutet werden kann (BayObLG NJW 1981, 2197, 2201; LG Mannheim ZMR 1978, 121). Zumutbar ist es allerdings, sich gegenüber einer offensichtlich unberechtigten Kündigung zu wehren oder bei offenbarer Erfolgsaussicht eines Kündigungswiderspruchs diesen Weg zu beschreiten, um das Risiko nicht allzu bereitwillig auf den eigenen Mieter abzuwälzen (einschr BayObLG aaO).

46 **Treuwidrig** kann es sein, einen schon länger bestehenden Eigenbedarf erst durch Kündigung geltend zu machen, wenn eine zuvor freie Wohnung wieder belegt ist (AG Hamburg-Blankenese WuM 1979, 105). Darüber hinaus beschränkt sich das Problem des selbstverschuldeten Eigenbedarfs auf die Fälle, in denen der Vermieter seine eigene Mietwohnung grundlos kündigt. Hier ist es ihm versagt, sich auf Eigenbedarf zu berufen (Schmidt-Futterer-Blank B 482). Dies gilt aber nicht generell, wenn der Vermieter das Haus, in dem er wohnt, veräußert und wegen seiner Räumungspflicht Eigenbedarf herbeiführt (aM LG Düsseldorf WuM 1978, 236). Vielmehr kommt es auf den Grund der Veräußerung an. Handelt es sich um eine angemessene wirtschaftliche Verwertung des Grundstücks, die als Kündigungsgrund iS des Abs 2 Nr 3 anzuerkennen wäre, so kann im Hinblick auf die darin liegende gesetzliche Wertung auch ein durch die Veräußerung verursachter Eigenbedarf nicht unberechtigt sein.

cc) Wartezeit nach der Begründung von Wohnungseigentum (Abs 2 Nr 2 S 2) 47
Ist an den vermieteten Wohnräumen nach der Überlassung an den Mieter Wohnungseigentum begründet und veräußert worden, kann sich der Erwerber, der nach § 571 in den Mietvertrag eintritt, nicht vor Ablauf von drei Jahren seit der Veräußerung auf Eigenbedarf berufen (Abs 2 Nr 2 S 2). Für den Erwerber einer umgewandelten Sozialmietwohnung wird das Kündigungsrecht weiter eingeschränkt. Ist das Wohnungseigentum nach der Überlassung an einen Mieter begründet worden, darf er sich dem Mieter gegenüber nicht auf Eigenbedarf berufen, solange die Wohnung als öffentlich gefördert gilt (§ 6 Abs 7 WoBindG). An die Stelle der Wartezeit des Abs 2 Nr 2 S 2 tritt die Nachwirkungsfrist der öffentlichen Bindung nach § 16 WoBindG. Da die bürgerlich-rechtliche Wartezeit nach § 6 Abs 7 S 2 WoBindG unberührt bleibt, gilt die längere der beiden Fristen, ohne daß es zu einer Kumulation kommt (SONNENSCHEIN NJW 1980, 2055, 2058; vgl zur Sonderregelung im Land Berlin § 32 Abs 2 WoBindG; § 11 BMietG XII).

48 α) Ein **Umwandlungsfall** setzt voraus, daß nach der Überlassung der Wohnung an den Mieter Wohnungseigentum begründet worden ist. Die Wohnung ist dem Mieter überlassen, wenn er in die Lage versetzt ist, sie vertragsgemäß in Gebrauch zu nehmen. Dies wird idR mit der Besitzverschaffung zusammenfallen. Es kommt aber nicht darauf an, ob der Mieter die Wohnung tatsächlich bezogen hat. Schon der Besitz begründet die Schutzbedürftigkeit. Das Wohnungseigentum kann durch die vertragliche Einräumung von Sondereigentum (§ 3 WEG) oder durch Teilung (§ 8 WEG) begründet werden (§ 2 WEG). Die Bestellung eines Dauerwohnrechts nach den §§ 31 ff WEG und einer beschränkt persönlichen Dienstbarkeit nach § 1093 wird von dem eindeutigen Wortlaut nicht erfaßt (SCHMIDT-FUTTERER-BLANK B 495; aM BARTHELMESS § 564 b Rz 84 zum Dauerwohnrecht).

49 β) Das Wohnungseigentum muß **veräußert** worden sein (§§ 873, 925). Da es nicht auf die Person des Veräußerers ankommt, fällt auch eine Veräußerung durch Testamentsvollstrecker oder Konkursverwalter unter Abs 2 Nr 2 S 2 (vgl zum gutgläubigen Erwerb Mietrecht § 564 b Rz 78). Der Veräußerer braucht nicht mit der Person identisch zu sein, die das Wohnungseigentum begründet hat, so etwa bei Erbfolge. Die Vorschrift erfaßt ferner Verfügungen über das Wohnungseigentum, die im Wege der Zwangsversteigerung getroffen werden, weil eine rechtsgeschäftliche Natur der Veräußerung nicht vorausgesetzt wird.

50 γ) Das Gesetz geht von einer bestimmten **zeitlichen Reihenfolge** der einzelnen Vorgänge aus. Zunächst muß die Wohnung an den Mieter überlassen worden sein. Danach muß Wohnungseigentum begründet und veräußert worden sein. Die Begründung von Wohnungseigentum ohne anschließende Veräußerung setzt für den bisherigen Vermieter keine Wartefrist in Lauf (Barthelmess § 564 b Rz 84). Die Vorschrift greift auch nicht ein, wenn jemand eine leerstehende Eigentumswohnung erwirbt, dann vermietet und anschließend weiterveräußert, wenn also die Begründung des Wohnungseigentums zeitlich vor der Überlassung an den Mieter liegt. Ein Schutz des Mieters ist dagegen geboten, wenn das Verfahren zur Begründung des Wohnungseigentums bereits vor Überlassung der Wohnung eingeleitet war, aber erst später durch die Grundbucheintragung abgeschlossen worden ist (Schmid BlGBW 1982, 41, 43; aM AG Weinheim DWW 1975, 189; BGB-RGRK-Gelhaar § 564 b Rz 26). Solange die Eigenschaft als Eigentumswohnung noch nicht begründet ist, bleibt die Anwendung der Vorschrift nach ihrem Zweck gerechtfertigt. Dies gilt auch, wenn der Mieter Kenntnis von der vorgesehenen oder bereits eingeleiteten Begründung von Wohnungseigentum hat und dennoch den Mietvertrag abschließt. Die Vorschrift enthält keinen Anhaltspunkt, um diese Umstände zu berücksichtigen. Es ist deshalb nicht angebracht, daß dem Mieter nach § 242 versagt wird, sich auf die Vorschrift zu berufen.

51 Die Wartezeit des Abs 2 Nr 2 S 2 greift nicht ein, wenn das Grundstück als Ganzes an eine *Miteigentümergemeinschaft* veräußert wird, die dann erst nach § 3 WEG Sondereigentum an den einzelnen Wohnungen begründet (AG Heidelberg WuM 1976, 15). Hier liegt die Veräußerung zeitlich vor der Begründung des Wohnungseigentums und betrifft auch nicht dieses, sondern das Grundstück als solches. Der Fall ist nicht anders zu beurteilen als die Veräußerung des ganzen Grundstücks an einen einzelnen Erwerber, der anschließend eine der Wohnungen in Anspruch nimmt (Rz 45). Eine Veräußerung findet jedoch statt, wenn sämtliche Bruchteilseigentümer einem Miteigentümer durch Auflassung und Eintragung das alleinige Wohnungseigentum an einer bestimmten vermieteten Wohnung übertragen (BayObLG NJW 1982, 451 = 10 in RE Miet; AG Frankfurt WuM 1981, 233).

52 δ) Die **dreijährige Wartefrist** beginnt, wenn die Veräußerung des Wohnungseigentums durch Einigung und Eintragung nach den §§ 873, 925 wirksam geworden ist (LG München I WuM 1979, 124 m Anm Pütz; AG Mannheim WuM 1979, 218). Das Ende der Frist ist nach § 188 Abs 2 zu bestimmen. Bei einer mehrfachen Veräußerung nach einer Umwandlung lassen Sinn und Zweck der Vorschrift es zu, dem Erwerber, der kündigen will, die in der Person seiner Rechtsvorgänger abgelaufene Wartezeit anzurechnen (BayObLG NJW 1982, 46; aM Schmid WuM 1982, 34, 35;

Sternel Rz IV 86). Der Mieter soll eine dreijährige Schonfrist haben, nachdem eine Eigentumswohnung veräußert worden ist. Darauf kann er sich bereits nach der ersten Veräußerung einstellen (MünchKomm-Voelskow § 564 b Rz 65). Tritt nach der Veräußerung ein Mieterwechsel ein, indem der Erwerber die Wohnung einem neuen Mieter überläßt, kann er sich unabhängig von dem Ablauf der Wartezeit seit seinem Erwerb auf Eigenbedarf berufen, wenn dieser Grund erst nach der Neuvermietung eintritt. Es handelt sich nicht mehr um einen Umwandlungsfall.

Da sich der Vermieter nicht vor Ablauf der Wartezeit auf Eigenbedarf **53** „berufen" kann, ist erst nach diesem **Zeitpunkt** eine Kündigungserklärung möglich, die auf Eigenbedarf gestützt wird (OLG Hamm NJW 1981, 584 = 4 in RE Miet; LG Bonn WuM 1978, 51, 53; aM LG München I WuM 1979, 124 m abl Anm Pütz; Schmid WuM 1982, 34, 35). Dabei kommt es nicht auf die Abgabe der Erklärung an (so Barthelmess § 564 b Rz 87), sondern auf den Zugang.

Von der Wartezeit werden nur Kündigungen wegen Eigenbedarfs in den **54** **gesetzlich bestimmten Umwandlungsfällen** erfaßt. Daraus folgt zum einen, daß trotz der Umwandlung einer Mietwohnung in eine Eigentumswohnung die Kündigung des Erwerbers auf andere Gründe wie schuldhafte Vertragsverletzung (Abs 2 Nr 1) oder Verhinderung wirtschaftlicher Verwertung (Abs 2 Nr 3) gestützt werden kann. Es ist nicht angebracht, die Vorschrift auf sonstige Gründe für ein berechtigtes Interesse analog anzuwenden, weil ihr Zweck nicht so weit reicht, wie sich aus der systematischen Stellung ergibt (BayObLG NJW 1981, 2197, 2200 = 7 in RE Miet; Sternel Rz IV 86; aM LG Bonn WuM 1978, 51, 52 f; Lechner WuM 1982, 36). Zum anderen hat die auf Umwandlungsfälle beschränkte Regelung zur Folge, daß daneben eine allgemeine, gesetzlich nicht geregelte Wartezeit für sämtliche anderen Fälle der Veräußerung von Wohnraum, seien es Ein- oder Zweifamilienhäuser, Mietwohnhäuser oder schon vor Überlassung an den Mieter geschaffene Eigentumswohnungen, nicht anerkannt werden kann (LG Frankfurt WuM 1978, 174; aM LG Wiesbaden WuM 1980, 229).

d) Verhinderung wirtschaftlicher Verwertung des Grundstücks (Abs 2 Nr 3) **55**

aa) Allgemeines

Ein berechtigtes Interesse an der Beendigung des Mietverhältnisses ist nach Abs 2 Nr 3 gegeben, wenn der Vermieter durch die Fortsetzung des Mietverhältnisses an einer angemessenen wirtschaftlichen Verwertung des Grundstücks gehindert und dadurch erhebliche Nachteile erleiden würde. Dadurch soll die Wirtschaftlichkeit des Haus- und Grundbesitzes gesichert werden. Ob die Voraussetzungen der Vorschrift erfüllt sind, ist vom Vermieter darzulegen und zu beweisen.

56 **bb) Tatbestandsmerkmale im einzelnen (Abs 2 Nr 3 S 1)**

α) Durch ein bestehendes Mietverhältnis muß die **wirtschaftliche Verwertung des Grundstücks** betroffen sein. Zur wirtschaftlichen Verwertung gehören der Verkauf und die Nutzung durch entgeltliche Gebrauchsüberlassung, insbesondere durch Vermietung oder Verpachtung. Die weitere Vermietung als Wohnraum mit dem Zweck, höhere Mieteinnahmen zu erzielen, scheidet nach Abs 2 Nr 3 S 2 aus (Rz 64). Möglich ist eine Vermietung oder Verpachtung zu gewerblichen oder freiberuflichen Zwecken oder an eine Behörde. Dabei darf der Vermieter nicht gegen das Verbot der Zweckentfremdung von Wohnraum nach Art 6 MRVerbG verstoßen (Rz 59). Soll in Zukunft ein Mischmietverhältnis begründet werden, kommt es darauf an, daß der geschäftliche Anteil gegenüber dem Wohnraumanteil überwiegt. Eine wirtschaftliche Verwertung kann auch darin liegen, daß der Vermieter die Räume für den Betrieb seines eigenen Unternehmens verwenden will (AG Völklingen MDR 1973, 677). Aus dem Begriff der wirtschaftlichen Verwertung ergibt sich, daß die zukünftige Verwendung zumindest von der Planung her finanzielle Vorteile mit sich bringen soll, bei unentgeltlicher Übertragung oder Gebrauchsüberlassung also ausscheidet. Eine wirtschaftliche Verwertung kann auch in der Bestellung dinglicher Rechte wie etwa Nießbrauch, Dauerwohnrecht oder Erbbaurecht liegen. Ausgeschlossen ist nach Abs 2 Nr 3 S 3 die Begründung von Wohnungseigentum zum Zwecke der Veräußerung (Rz 65). Abbruch und Wiederaufbau oder der bloße Umbau eines Gebäudes können als wirtschaftliche Verwertung zu beurteilen sein (AG Biberach/Riß WuM 1980, 54 m abl Anm von Schoenebeck), auch wenn das Gebäude anschließend wieder zu Wohnzwecken mit höheren Mieteinnahmen verwendet werden soll (Beuermann ZMR 1979, 97, 98; Blank ZMR 1981, 321, 323). In diesen Fällen muß schon im Zeitpunkt der Kündigung ein konkretes Interesse des Vermieters an der künftigen Rückgabe der Wohnräume bestehen. Dies setzt voraus, daß auch die geplante wirtschaftliche Verwertung bereits konkretisiert ist (AG Bonn WuM 1979, 150).

57 Ähnliche Probleme wie im Falle des Eigenbedarfs (Rz 31) ergeben sich, wenn **Grundstückseigentümer und Vermieter nicht identisch** sind. Nach dem Wortlaut der Vorschrift kommt es auf die wirtschaftliche Verwertung durch den Vermieter an. Soll die Verwertung nicht durch den Vermieter erfolgen, kann für diesen allenfalls aus sonstigen Gründen ein Kündigungsrecht entstehen (Rz 79). Möglich ist es jedoch, daß Eigentümer und Vermieter in gleicher Weise an einer wirtschaftlichen Verwertung gehindert werden. Dies ist der Fall, wenn der Eigentümer das Grundstück von einem Verwalter in dessen Namen zu Wohnzwecken vermieten läßt, in Zukunft aber einer gewerblichen Vermietung durch denselben Verwalter zuführen will.

β) Die wirtschaftliche Verwertung muß **angemessen** sein. Der Begriff der Angemessenheit ist im Gesetz nicht erläutert. Er ergibt sich aus den Grundsätzen, die allgemein für die Anerkennung als berechtigtes Interesse gelten (Rz 15). Unter Beachtung der sozialen Funktion der Wohnung müssen die Interessen des Vermieters mit der geltenden Rechts- und Sozialordnung in Einklang stehen. Die geplante Verwertung muß mit der Sozialpflichtigkeit des Eigentums zu vereinbaren sein. Eine besonders günstige Verkaufsgelegenheit reicht deshalb nicht aus, wenn das Grundstück nur in Geld umgesetzt werden soll (Sternel Rz IV 92). Bei der Beurteilung, ob diese Verwertungsform angemessen ist, spielt der Verwendungszweck des Erlöses eine entscheidende Rolle. Sind die Wohnverhältnisse des Vermieters angemessen und will er das Grundstück nur verkaufen, um aus dem Erlös für sich ein neues Haus zu kaufen oder zu bauen, ist die Verwertung nicht angemessen, wie sich aus der Parallele zur Wertung des Gesetzgebers für die Kündigung wegen Eigenbedarfs ergibt (Rz 42). Deshalb ist es unerheblich, ob sich der Vermieter gegenüber einer eigenen oder gemieteten Wohnung durch den Verkauf des vermieteten Grundstücks und anschließenden Kauf oder Bau in seinen Wohnverhältnissen verbessern will. Demgegenüber kann die Nutzung für das eigene Unternehmen oder die Vermietung für gewerbliche oder freiberufliche Zwecke oder an eine Behörde angemessen sein, wenn das Grundstück nach Lage und Beschaffenheit hierzu prädestiniert ist. Dies steht im Einklang mit einer auch im öffentlichen Interesse gebotenen bestmöglichen Nutzung der wirtschaftlichen Ressourcen, gilt jedoch wegen der sozialen Funktion der Wohnung nicht schrankenlos. **58**

Eine **Zweckentfremdung** von Wohnraum ist grundsätzlich nur angemessen, wenn örtlich ein ausreichendes Wohnungsangebot besteht (AG Völklingen MDR 1973, 677). Sie darf nicht gegen das Verbot des Art 6 MRVerbG verstoßen. Die Kündigung steht deshalb nicht im Einklang mit der Rechtsordnung, wenn die Zweckentfremdungsgenehmigung im Zeitpunkt der Kündigung noch nicht erteilt ist (OLG Hamburg OLGZ 1981, 221 = NJW 1981, 2308 = 1 in RE Miet; AG Göttingen WuM 1975, 126 m Anm Tibbe). Da die Wirksamkeitsvoraussetzungen im Zeitpunkt des Zugangs der Kündigungserklärung vorliegen müssen (§ 564 Rz 30), wird eine wegen fehlender Zweckentfremdungsgenehmigung unwirksame Kündigung nicht durch spätere Erteilung rückwirkend geheilt (Sternel Rz IV 90; aM Löwe NJW 1972, 1913, 1917; vgl OVG Münster NJW 1982, 1771). **59**

Die gleichen Erwägungen gelten für den Abbruch von Wohnhäusern, wenn dies der **Sanierung** nach dem StädtebaufördG dient oder wenn baufällige Häuser durch modernen Ansprüchen genügende Bauten ersetzt werden sollen. Die Abbruchgenehmigung allein begründet noch kein be- **60** rechtigtes Interesse an der Kündigung (LG Münster WuM 1974, 128; aM BGB-RGRK-GELHAAR § 564 b Rz 27). Es müssen anerkennenswerte wirtschaftliche Gründe hinzukommen. So liegen Sanierungsmaßnahmen und die Modernisierung eines veralteten Gebäudes durch Umbau auch im öffentlichen Interesse (AG Gelsenkirchen DWW 1974, 286). Der Abbruch eines Gebäudes und sein Ersatz durch einen Neubau können wirtschaftlich gerechtfertigt sein, wenn eine größere Rentabilität des Grundstücks zu erzielen ist. Spekulationszwecke sind im Hinblick auf die soziale Funktion der Wohnung generell nicht als angemessen anzuerkennen. Dies gilt etwa, wenn der Vermieter ein Wohnhaus abreißen will, um auf dem Grundstück Eigentumswohnungen zu errichten und zu verkaufen (AG Wiesbaden WuM 1972, 194; WuM 1973, 7), oder wenn ein Hausgrundstück nur erworben wird, um es nach einem Umbau gewinnbringend zu verkaufen (AG Bonn WuM 1979, 150).

61 γ) Die Fortsetzung des Mietverhältnisses muß ein **Hindernis** für die angemessene wirtschaftliche Verwertung des Grundstücks darstellen. Dies bedeutet, daß das zu kündigende Mietverhältnis der geplanten wirtschaftlichen Verwertung in entscheidender Weise entgegensteht. Es muß Kausalität iS der Adäquanztheorie vorliegen (Mietrecht § 564 b Rz 93 zur Verwertung anderer Vermögensobjekte). Ein Hindernis liegt deshalb nicht vor, wenn der Vermieter die Maßnahmen in der vorgesehenen Weise auch ohne Kündigung des Mietverhältnisses treffen kann. Dies gilt etwa, wenn die Unrentabilität durch zulässige Modernisierungsmaßnahmen aufgrund der Duldungspflicht des Mieters aus § 541 b (LG Freiburg WuM 1979, 148; LG Mannheim MDR 1977, 231; BLANK ZMR 1981, 321, 323) oder durch Mieterhöhungen nach den §§ 2 ff MHRG beseitigt werden kann. Das gleiche gilt, wenn das Haus trotz bestehender Mietverhältnisse verkauft werden kann, ohne daß die Geltendmachung von Rechtsmängeln nach § 434 zu befürchten ist (SCHMIDT-FUTTERER-BLANK B 505; aM AG Kappeln WuM 1978, 70 m abl Anm HOLTSCHOPPEN), oder wenn der Grundstücksverkauf wegen bestehender Mietverhältnisse lediglich erschwert wird (LG Berlin WuM 1981, 105). Macht ein bestehendes Mietverhältnis das Haus unverkäuflich (AG Rendsburg WuM 1977, 228; AG Solingen WuM 1974, 128) oder läßt sich das Haus deshalb nicht so günstig verkaufen (AG Hamburg AIZ 1972, 400; aM AG Lübeck MDR 1977, 141 m abl Anm HINZMANN DWW 1977, 21), ohne daß dies entscheidend auf einem stagnierenden Grundstücksmarkt beruht, ist ein Hindernis gegeben. Auch ein bei bestehendem Mietverhältnis ungünstiger Verkauf kann allerdings noch eine angemessene wirtschaftliche Verwertung darstellen (AG Münster WuM 1982, 27 [LS]).

62 δ) Der Vermieter müßte erhebliche **Nachteile** erleiden, wenn er durch die Fortsetzung des Mietverhältnisses an der geplanten wirtschaftlichen Ver-

wertung des Grundstücks gehindert würde. Dieser Mangel kann darauf beruhen, daß das Grundstück nicht nutzungsfähig ist oder daß die objektive Nutzungsmöglichkeit wegen des eingesetzten Kapitals zu geringe Einnahmen oder zu hohe Aufwendungen mit sich bringt. Auch der bei fortbestehendem Mietverhältnis geringere Verkaufserlös des Grundstücks führt zu einer Vermögenseinbuße. Ebenso ist es für den Vermieter nachteilig, falls er daran gehindert wird, durch einen Umbau die Mieteinnahmen zu verbessern, selbst wenn er dann immer noch einen Verlust erwirtschaften, dieser aber wesentlich geringer sein würde als ohne die geplante Baumaßnahme (LG München I WuM 1981, 234). Zu berücksichtigen sind ferner wirtschaftliche Einbußen, die nicht das Grundstück, sondern andere Tätigkeitsbereiche des Vermieters betreffen. So kann es nachteilig sein, wenn durch das bestehende Mietverhältnis eine räumliche Ausweitung des in demselben Haus betriebenen Unternehmens des Vermieters verhindert wird. Das gleiche gilt, wenn wegen eines gescheiterten Grundstücksverkaufs Investitionen im Unternehmen oder andere gewinnbringende Geschäfte unterbleiben müssen oder nur durch teurere Kredite finanziert werden können. Anstelle wirtschaftlicher Nachteile kommen auch solche persönlicher Natur in Betracht, da der Wortlaut der Vorschrift insoweit offen ist. Dies ist der Fall, wenn der Vermieter das Grundstück verkaufen will, um für den Erlös aus gesundheitlichen Gründen an einem anderen Ort ein Eigenheim zu kaufen. In jedem Fall muß die Entstehung eines Nachteils konkret dargelegt und ggf bewiesen werden (LG Hannover WuM 1981, 41; LG München I aaO).

Die Nachteile müssen für den Vermieter **erheblich** sein. Sie müssen von **63**
einem solchen Gewicht sein, daß die mit dem Bestandsschutz verbundene Einschränkung der Eigentümerbefugnisse auch im Hinblick auf die Sozialpflichtigkeit des Eigentums als unerträglich erscheint. Dies läßt sich nur im Einzelfall unter Berücksichtigung der persönlichen und wirtschaftlichen Verhältnisse des Vermieters beurteilen (Schmidt-Futterer-Blank B 505). Erzielt der Vermieter eine angemessene Rendite, erleidet er durch die Fortsetzung des Mietverhältnisses keinen erheblichen Nachteil, auch wenn er nach einer Kündigung einen noch höheren Mietzins erhalten könnte (AG Hamburg WuM 1979, 54).

cc) Ausgeschlossene Gründe (Abs 2 Nr 3 S 2 und 3) **64**

α) Nach Abs 2 Nr 3 S 2 kann es nicht als angemessene wirtschaftliche Verwertung anerkannt werden, wenn die zu kündigende Wohnung anderweitig als Wohnraum vermietet werden soll, um dadurch eine **höhere Miete** zu erzielen. Der Vermieter soll das für eine Mieterhöhung in den §§ 2 ff MHRG vorgeschriebene Verfahren nicht durch Kündigung und Neuabschluß mit einem anderen Mieter umgehen können (§ 1 MHRG). Betroffen wird nur die Weitervermietung der zu kündigenden Wohnung an Dritte als Wohnraum (LG Osnabrück WuM 1973, 63; AG Hamburg WuM 1973, 213). Die Vorschrift greift auch ein, wenn der Vermieter ein Mietwohnhaus in Zukunft als Wohnheim für Arbeiter oder Studenten nutzen will, indem die Wohnungen zimmerweise an einzelne Personen vermietet werden (Barthelmess § 564 b Rz 99). Nicht erfaßt wird dagegen eine Weitervermietung, nachdem der Vermieter eine große Wohnung in mehrere kleine Wohnungen oder Appartements umgebaut hat (Schmidt-Futterer-Blank B 503; aM Barthelmess aaO), weil dann nicht die bisherige Wohnung weitervermietet wird. Das gleiche gilt, wenn umgekehrt durch Sanierung und Zusammenlegung von Kleinwohnungen zu Großwohnungen eine Ertragssteigerung zu erwarten ist (AG Oldenburg WuM 1980, 226 m abl Anm Körtge).

65 **β)** Nach Abs 2 Nr 2 S 3 kann es nicht als angemessene wirtschaftliche Verwertung anerkannt werden, daß der Vermieter die Mieträume im Zusammenhang mit einer beabsichtigten oder nach Überlassung an den Mieter erfolgten **Begründung von Wohnungseigentum** veräußern will. Damit soll verhindert werden, daß die Kündigungsbeschränkung des Abs 2 Nr 2 S 2 schon vom Veräußerer zugunsten des Erwerbers umgangen wird. Ist der Vermieter nicht mit dem Eigentümer identisch und wird im Hinblick auf eine geplante Veräußerung ein Kündigungsrecht aus sonstigen Gründen zugelassen (Rz 79), greift bei einer Veräußerung als Eigentumswohnung die Beschränkung nach Abs 2 Nr 3 S 3 entsprechend ein. Problematisch ist, daß das Gesetz auf die Absicht des Vermieters abstellt, Wohnungseigentum zu begründen. Dieses rein subjektive Moment wird praktisch kaum noch nachweisbar sein, wenn sich der Vermieter bei der Kündigung darauf beruft, das ganze Grundstück veräußern zu wollen (Rz 56), und angeblich erst später seine Pläne ändert. Eine solche Umgehung ist nur dadurch zu vermeiden, daß an die Kündigungsberechtigung nach Abs 2 Nr 3 S 1 strenge Maßstäbe angelegt werden.

66 **e) Sonstige Gründe**

aa) Allgemeines

Die Vorschrift des Abs 2 enthält keine abschließende Aufzählung der als berechtigte Interessen anzuerkennenden Kündigungsgründe (Rz 16). Andere Gründe müssen ein ähnliches Gewicht haben wie die gesetzlichen Fälle (KG NJW 1981, 1048 = 2 in RE Miet), da sonst der Schutzzweck des Gesetzes vereitelt wird.

67 **bb) Einzelfälle**

α) Ein berechtigtes Interesse wegen **Betriebsbedarfs** im weitesten Sinne ist dadurch gekennzeichnet, daß die zu kündigende Wohnung an Betriebsangehörige vermietet werden soll. Betriebsbedarf kann jede Organisation haben, die eine anderweitig vermietete Wohnung einem ihrer Mitglieder zur Verfügung stellen will. Dies gilt für natürliche und juristische Personen in gleicher Weise. Auf den gewerblichen Charakter kommt es nicht an.

68 **αα)** Hauptanwendungsfall ist die Inanspruchnahme einer **Werkwohnung** (§§ 565 b–565 e). In diesen Fällen besteht ein berechtigtes Interesse an der Kündigung, wenn das Dienstverhältnis beendet wird und der Vermieter den Wohnraum für andere Bedienstete benötigt. Dabei macht es keinen Unterschied, ob der Dienstberechtigte selbst Vermieter ist oder ob ihm ein Belegungsrecht an werkfremden Werkwohnungen zusteht (AG Oberhausen WuM 1973, 164). Das Dienstverhältnis mit dem Wohnungsinhaber braucht im Zeitpunkt der Kündigung noch nicht beendet zu sein. Es reicht aus, wenn dies mit Sicherheit bevorsteht. Zur Beendigung des Dienstverhältnisses müssen weitere konkrete Gründe für die Inanspruchnahme der Wohnung hinzukommen (LG Mannheim WuM 1973, 22). Dies ist der Fall, wenn ein anderer Arbeitnehmer die zu kündigende Wohnung beziehen soll, sich Arbeitnehmer um eine frei werdende Wohnung beworben haben und zumindest einer bereit ist, in die zu kündigende Wohnung einzuziehen (LG Karlsruhe WuM 1974, 243). Das gleiche gilt, wenn der Vermieter in seinem Betrieb einen neuen Arbeitnehmer einstellen will, der den Abschluß des Arbeitsvertrags von der Bereitstellung einer Werkwohnung abhängig macht (Barthelmess § 564 b Rz 107; aM AG Gelsenkirchen-Buer WuM 1973, 138, 139). Einem betriebsfremden Mieter kann der Vermieter nur kündigen, wenn er ein nachweisbares und billigenswertes Interesse hat, daß gerade diese Werkwohnung einem Arbeitnehmer zur Verfügung gestellt wird (LG Hannover NJW 1974, 1094). Das gleiche ist anzunehmen, wenn die Eigenschaft als Werkwohnung erst nach der Kündigung begründet werden soll (AG Bonn DWW 1975, 166; aM Derleder in AK § 564 b Rz 37). Die Kündigung ist auch gerechtfertigt, wenn das Haus einer Kirchengemeinde in Zukunft für Wohn- und Diensträume des Pfarrers genutzt werden soll (LG Mannheim ZMR 1978, 121) oder wenn es notwendig wird, einen Hausmeister unterzubringen (LG Hamburg MDR 1980, 315; LG Tübingen WuM 1980, 248).

69 Die Kündigung einer Werkmietwohnung ist nach § 87 Abs 1 Nr 9 BetrVerfG an die **Zustimmung des Betriebsrats** gebunden. Es handelt sich um eine Wirksamkeitsvoraussetzung, die im Zeitpunkt der Kündigung vorliegen muß. Ist die Zustimmung erteilt, wird sie aber nicht schriftlich vorgelegt, kann der Mieter die Kündigung unverzüglich zurückweisen, sofern der Betriebsrat ihn nicht von der Zustimmung unterrichtet hat (§§ 182 Abs 3, 111 S 2 und 3). Die zurückgewiesene Kündigung wird unwirksam und muß wiederholt werden. Dieses Mitbestimmungsrecht des Betriebsrats besteht nach hM allerdings nur so lange, wie das Arbeitsverhältnis

nicht beendet ist (LG Ulm WuM 1979, 244; DIETZ-RICHARDI, BetrVerfG [6. Aufl 1982] § 87 Rz 473; aM SCHMIDT-FUTTERER-BLANK B 683).

70 **ββ)** Ein weiterer Fall des Betriebsbedarfs im weitesten Sinne ist die Inanspruchnahme von **Wohnheimplätzen**. Soweit Mietverträge über solchen Wohnraum dem Bestandsschutz des § 564 b unterliegen und nicht als Ausnahmetatbestand nach Abs 7 ausgeklammert sind (Rz 109), ist ein Kündigungsinteresse als berechtigt anzuerkennen, wenn das Arbeits-, Ausbildungs- oder Betreuungsverhältnis beendet ist und der Platz für einen anderen Bewerber benötigt wird (SCHMIDT-FUTTERER-BLANK B 526). Auch ohne Beendigung der Ausbildung kann gekündigt werden, wenn der Mieter aufgrund eines Rotationssystems von vornherein nur mit einer zeitlich begrenzten Überlassung rechnen durfte (LG Aachen MDR 1982, 494; LG Dortmund WuM 1982, 276). Pflegebedürftigkeit oder unabsehbare Erkrankung im Altersheim rechtfertigt keine Kündigung, da sonst die beabsichtigte Gleichstellung mit anderen Mietverhältnissen nicht erreicht würde (aM SCHMIDT-FUTTERER-BLANK aaO).

71 **γγ)** Betriebsbedarf ist für eine **Genossenschaftswohnung** anzuerkennen, wenn der Wohnungsinhaber aus der Genossenschaft ausscheidet und die Wohnung für einen anderen Genossen benötigt wird (SCHMIDT-FUTTERER-BLANK B 522). Die fehlende Mitgliedschaft allein rechtfertigt die Kündigung nicht, wenn kein konkreter Bedarf für andere Genossen besteht (Rz 68). Die Kündigung ist auch dann nicht berechtigt, wenn der Mieter schon den Beitritt zu der Genossenschaft erklärt hat (LG Bremen WuM 1975, 149) oder zum Beitritt bereit ist.

72 **β)** Eine weitere Fallgruppe wird durch ein **öffentliches Interesse** an der Beendigung des Mietverhältnisses gekennzeichnet. Das öffentliche Interesse kann neben dem privaten Interesse des Vermieters bestehen oder dieses erst maßgeblich bestimmen.

73 **αα)** Hierzu zählt die von Anfang an **fehlbelegte Sozialwohnung**. Die überwiegende Auffassung billigt dem Vermieter ein Kündigungsrecht zu (OLG Hamm NJW 1982, 2563 mwN = 19 in RE Miet; aM LG Köln MDR 1976, 143; STERNEL Rz IV 96). Die fehlende Wohnberechtigung allein kann die Kündigung allerdings nicht rechtfertigen (LG Arnsberg WuM 1978, 9). Es müssen besondere Umstände hinzukommen. Dies gilt etwa für einen konkreten Bedarf hinsichtlich der zu kündigenden Sozialwohnung, der dadurch manifestiert wird, daß die zuständige Stelle nach § 4 Abs 8 WoBindG von dem Vermieter verlangt, das Mietverhältnis zu kündigen und die Wohnung einem Wohnungssuchenden zu überlassen, der wohnberechtigt ist (LG Hamburg WuM 1980, 265; aM LG Münster WuM 1979, 246). Auch die Gefahr wirtschaftlicher Nachteile für den Vermieter durch Strafzinsen oder Entzug der öffentlichen Darlehensmittel nach § 25 WoBindG reicht aus (OLG Hamm aaO; aM LG Münster aaO). Auf die Kenntnis des

Mieters hinsichtlich der Wohnungsbindung kommt es für die Kündigungsberechtigung des Vermieters nicht an (LG Düsseldorf WuM 1978, 30).

Fällt die Wohnberechtigung des Mieters erst nach Abschluß des Mietvertrags weg, weil sich sein Einkommen erhöht oder die Zahl der zu berücksichtigenden Personen verringert hat, bietet § 564 b keine Grundlage für eine Kündigung. Der Gesetzgeber hat das Problem der *nachträglich fehlbelegten Sozialwohnung* insoweit noch nicht bewältigt. **74**

ββ) Öffentliche Interessen sind erheblich, wenn eine Wohnung mit **Wohnungsfürsorgemitteln** der öffentlichen Hand gefördert worden ist (§ 6 Abs 2 c) WobauG II). Scheidet ein Bediensteter aus dem öffentlichen Dienst aus, kann die Behörde vom Vermieter verlangen, das Mietverhältnis zu kündigen, um die Wohnung einem anderen Bediensteten zur Verfügung zu stellen. Unter diesen Voraussetzungen ist ein berechtigtes Interesse des Vermieters an der Kündigung anzuerkennen. Das gleiche gilt, wenn eine zweckgebundene **LAG-Wohnung**, die mit einem Aufbaudarlehen nach § 254 Abs 3 LAG gefördert worden ist, fehlbelegt ist (Schmidt-Futterer-Blank B 524). **75**

γγ) Der Vermieter hat ein berechtigtes Interesse, wenn ein Gebäude bei **Sanierungsmaßnahmen** nach dem StädtebaufördG alsbald ganz oder teilweise beseitigt werden muß (LG Kiel SchlHAnz 1982, 134; DWW 1983, 50; Barthelmess § 564 b Rz 119). Die Kündigungsberechtigung läßt sich darauf stützen, daß das öffentliche Interesse an der Sanierung ein privates Interesse an der Beendigung des Mietverhältnisses auslöst (§ 1 Abs 7, § 27 StädtebaufördG). Sie ist aber nicht davon abhängig, daß dem Mieter entsprechend dem Rechtsgedanken des § 26 StädtebaufördG gleichzeitig angemessener Ersatzwohnraum angeboten wird (so aber LG Wuppertal WuM 1981, 191), weil diese Vorschrift sich nur auf die Sozialklausel des § 556 a bezieht und die hiernach bestehende Obliegenheit des Mieters, sich um Ersatzwohnraum zu bemühen (dort Rz 15), dem Vermieter auferlegt, wenn das öffentliche Interesse berücksichtigt werden soll. **76**

δδ) Öffentliche Interessen allein begründen kein berechtigtes Interesse des Vermieters an der Beendigung des Mietverhältnisses. Dies gilt etwa für ein Bauvorhaben, das die Errichtung eines Mehrzweckgebäudes mit Parkplätzen, Geschäftsräumen und Wohnungen zum Gegenstand hat (OLG Frankfurt OLGZ 1981, 228 = NJW 1981, 1277 = 1 in RE Miet). Es bedarf vielmehr eines Umschlags auf die privatrechtliche Ebene. Dies ist der Fall, wenn die Kündigung zur **Erfüllung öffentlich-rechtlicher Pflichten** des Vermieters erforderlich ist. Am deutlichsten wird dies bei einer Identität von Vermieter und öffentlicher Körperschaft (BayObLG NJW 1981, 580 = 2 in RE Miet; Prahl BlGBW 1981, 233). So kann eine Gemeinde zur Kündigung berechtigt sein, falls die Wohnung benötigt wird, um öf- **77**

fentlich-rechtliche Pflichten der Versorgung Obdachloser mit Wohnraum zu erfüllen und wenn für den zu kündigenden Mieter Ersatzraum zur Verfügung steht (BayObLG NJW 1972, 685 = 1 in RE Miet). Auch ein privater Vermieter kann zwecks Erfüllung öffentlich-rechtlicher Pflichten ein berechtigtes Interesse haben. Dies gilt etwa, wenn die Ordnungsbehörde eine Verfügung gegen den Vermieter erläßt, nach der das Wohnhaus wegen Einsturzgefahr abzureißen (BARTHELMESS § 564 b Rz 119) oder eine behördlich nicht genehmigte Benutzung zu Wohnzwecken aufzugeben ist (aM AG Hamburg-Blankenese WuM 1980, 55).

78 **γ)** Eine weitere Fallgruppe läßt sich durch **Unzumutbarkeit** einer längeren Fortsetzung des Mietverhältnisses kennzeichnen, etwa bei schuldlosen Vertragsverletzungen durch den Mieter. Aus der Regelung des Abs 2 Nr 1 als Leitbild ergibt sich allerdings, daß dem schuldosen Vertragsverstoß ein ähnliches Gewicht zukommen muß. Dies ist bei wiederholter, krankheitsbedingter Störung der Mitmieter in ihrer Nachtruhe (LG Mannheim NJW 1976, 1407) oder bei wiederholtem, durch schuldlosen Geldmangel verursachtem Zahlungsverzug anzunehmen.

79 **δ)** Ein berechtigtes Kündigungsinteresse aus **anderen Gründen** kann vorliegen, wenn ihnen ein ähnliches Gewicht beizumessen ist wie den gesetzlich geregelten Beispielen. Dies gilt etwa für die Kündigung durch einen Verwalter, der die Wohnung im eigenen Namen vermietet hat. Kraft des Verwaltervertrags muß er die Interessen des Grundstückseigentümers verfolgen. Tritt ein berechtigtes Interesse wie Eigenbedarf oder Verhinderung der wirtschaftlichen Verwertung nur in der Person des Eigentümers ein, ist auch ein Kündigungsinteresse des Verwalters zu bejahen. Auf der Grundlage des Verwaltervertrags wird das Interesse des Eigentümers zu einem eigenen Interesse des Verwalters. Zu beachten ist allerdings, daß dadurch nicht die Einschränkungen nach Abs 2 Nr 2 S 2 (Rz 47 ff) und Nr 3 S 3 (Rz 65) umgangen werden. Eine Überbelegung der Wohnung durch eine wachsende Kinderzahl, die nicht als vertragswidriger Gebrauch zu beurteilen ist, kann als sonstiger Grund die Kündigung rechtfertigen (OLG Hamm NJW 1983, 48 = 24 in RE Miet). Ist das Hauptmietverhältnis vom Eigentümer wirksam gekündigt worden, hat der Hauptmieter ein berechtigtes Interesse an der Beendigung des Untermietverhältnisses (LG Kiel WuM 1982, 194).

80 4. Angabe der Kündigungsgründe in dem Kündigungsschreiben (Abs 3)

Als berechtigte Interessen des Vermieters an der Beendigung des Mietverhältnisses werden nur die Gründe berücksichtigt, die in dem Kündigungsschreiben angegeben sind. Die allgemeinen Wirksamkeitsvoraussetzungen der Kündigung bleiben unberührt (§ 564 Rz 5 ff; § 564 a Rz 2 ff).

a) Die **Angabe der Kündigungsgründe** im Kündigungsschreiben ist schon **81**
aufgrund der Sollvorschrift des § 564 a Abs 1 S 2 erforderlich (dort Rz 7 ff). Nach § 564 b Abs 3 muß der Vermieter die Gründe im Kündigungsschreiben angeben, da hiervon die Wirksamkeit der Kündigung abhängt (LG Karlsruhe MDR 1978, 672; LG Ulm WuM 1979, 244). Im Gesetz ist nicht geregelt, wie ausführlich die Kündigungsgründe anzugeben sind. Insoweit gilt das gleiche wie zu § 564 a (dort Rz 8). Sämtliche Kündigungsgründe sind anzugeben und der einzelne Grund muß so genau bezeichnet werden, daß der Mieter seine Rechtsverteidigung darauf einstellen kann (AG Friedberg/Hessen WuM 1979, 243). Bei der Kündigung wegen Eigenbedarfs sind konkrete Angaben über die bisherigen Wohnverhältnisse, die betroffenen Personen und die Gründe für den erhöhten Wohnungsbedarf zu machen (LG Dortmund WuM 1975, 148; LG Mannheim WuM 1974, 30, 31; WuM 1976, 77; einschr BayObLG NJW 1981, 2197 = 7 in RE Miet). Mit Namen braucht die Person nicht genannt zu werden. Es genügt, daß die Zugehörigkeit zu dem berechtigten Personenkreis erkennbar ist. Auch wenn der Vermieter dem Mieter die Gründe schon vorher mündlich (LG Hamburg WuM 1975, 124; aM LG Mannheim MDR 1976, 757) oder anderweitig schriftlich mitgeteilt hat, ist eine spezifizierte Angabe im Kündigungsschreiben nicht entbehrlich (BayObLG aaO). Einschränkungen der dem Vermieter abverlangten weitgehenden Offenlegung seiner persönlichen und wirtschaftlichen Verhältnisse können sich aus Gründen des Persönlichkeitsschutzes und zur Wahrung von Geschäftsgeheimnissen ergeben.

b) Grundsätzlich muß ein Kündigungsgrund vorliegen, wenn die Erklä- **82**
rung durch Zugang wirksam wird (§ 564 Rz 30). Das Erfordernis der Angabe im Kündigungsschreiben bezieht den Zeitpunkt der Abgabe der Erklärung mit ein (AG Lübeck WuM 1973, 7). Deshalb ist es ausgeschlossen, eine von vornherein unwirksame Kündigung durch **Nachschieben von Gründen** zu heilen (OLG Zweibrücken OLGZ 1981, 350 = WuM 1981, 177 = 1 in RE Miet; LG Hamburg MDR 1975, 143; LG Karlsruhe MDR 1978, 672; LG Mannheim WuM 1976, 77).

c) Ausnahmsweise sind nach Abs 3 HS 2 nicht im Kündigungsschreiben **83**
angegebene, **nachträglich entstandene Kündigungsgründe** zu berücksichtigen. Grundsätzlich soll der Vermieter bei neuen Kündigungsgründen zu einer erneuten Kündigung gezwungen sein. Im Einklang mit der Regelung des § 556 a Abs 1 S 3 darf sich der Vermieter jedoch auf solche Gründe

berufen, deren Angabe im Kündigungsschreiben ihm objektiv unmöglich war.

84 **aa)** Ein nachträglicher Kündigungsgrund liegt vor, wenn er **nach Abgabe der Kündigungserklärung** entstanden ist. Im übrigen ist es unerheblich, ob dies vor oder nach Ablauf der Kündigungsfrist oder erst während eines Räumungsrechtsstreits geschehen ist. Ein Kündigungsgrund ist spätestens dann entstanden, wenn der Vorgang abgeschlossen ist, aus dem der Vermieter sein Kündigungsrecht herleitet. Bei Vertragsverletzungen durch den Mieter kommt es auf das Ende der Verletzungshandlung an (Mietrecht § 564 b Rz 127 zu fortgesetzten Pflichtverletzungen). Der Eigenbedarf wird durch objektive und subjektive Momente geprägt. Lag die objektive Bedarfssituation schon vor dem maßgebenden Zeitpunkt vor, faßt der Vermieter aber erst später den Entschluß einer entsprechenden Nutzung, etwa bei Familienangehörigen die Bedarfssituation zu einer eigenen zu machen, kann daraus nicht die nachträgliche Entstehung eines Kündigungsgrundes hergeleitet werden. Entscheidend ist die objektive Bedarfslage, da sich der Vermieter sonst regelmäßig auf die Ausnahmeregelung des Abs 3 HS 2 berufen könnte. Anders kann zu entscheiden sein, wenn sich die Bedarfslage nachträglich weiter verschärft. Für den Kündigungsgrund wegen Verhinderung angemessener wirtschaftlicher Verwertung kommt es darauf an, ob eine bestimmte Maßnahme geplant ist. Die Konkretisierung kann durch Aufnahme von Vorbereitungshandlungen eintreten.

85 Die Berücksichtigung eines nachträglich entstandenen Kündigungsgrundes hängt nicht davon ab, ob er mit einem schon früher vorliegenden Grund *gleichartig* ist. So ist es zB möglich, bei einer auf bestimmte Vertragsverletzungen gestützten Kündigung nachträglich andere Pflichtverletzungen oder auch Eigenbedarf zu berücksichtigen (Schmidt-Futterer-Blank B 548; aM Palandt-Putzo § 564 b Anm 5 d).

86 **bb)** Die **Bedeutung der Ausnahmeregelung** des Abs 3 HS 2 besteht darin, daß die Wirksamkeit einer Kündigung durch das Nachschieben eines später entstandenen Grundes erhalten bleibt, wenn der im Kündigungsschreiben angegebene, tragende Grund nachträglich fortgefallen ist (BGB-RGRK-Gelhaar § 564 b Rz 36; Schmidt-Futterer-Blank B 550). Eigenbedarf und Verhinderung wirtschaftlicher Verwertung setzen ein fortbestehendes Erlangungsinteresse des Vermieters voraus. Ist der Kündigungsgrund bei Ablauf der Kündigungsfrist entfallen, ist die Kündigung nicht mehr gerechtfertigt (Rz 28). Dieses Ergebnis kann der Vermieter vermeiden, indem er nach Abs 3 HS 2 einen nachträglich entstandenen Kündigungsgrund nachschiebt (aM Derleder in AK § 564 b Rz 41; Sternel Rz IV 66). Ist die Kündigung zunächst wirksam, muß sich der Mieter auf die Beendigung des Mietverhältnisses einstellen.

III. Rechtsfolgen 87

Das berechtigte Interesse ist ein gesetzliches Tatbestandsmerkmal für den Eintritt der Rechtswirkungen einer ordentlichen und außerordentlichen befristeten Kündigung des Mietverhältnisses über Wohnraum. Fehlt das berechtigte Interesse, liegt ein Mangel im Tatbestand vor, der die Kündigung unwirksam macht (§ 564 Rz 33 ff zur Umdeutung). Ein Rückgriff auf § 134 ist überflüssig.

IV. Schadensersatz wegen unberechtigter Kündigung

1. Allgemeines 88

Ist die Kündigung nach § 564 b unberechtigt und damit unwirksam, können sich für den Mieter, der aufgrund dieser Kündigung einen Schaden erlitten hat, Ersatzansprüche gegen den Vermieter ergeben (Schopp MDR 1977, 198; Seier ZMR 1978, 34; Sternel MDR 1976, 265). Hierfür kommen mehrere Anspruchsgrundlagen in Betracht (Rz 89 f). Die Beweislast trifft den Mieter (LG Aachen WuM 1976, 201; LG Koblenz WuM 1980, 10). Die Verjährung richtet sich nach den für die einzelnen Anspruchsgrundlagen maßgebenden Vorschriften. Die kurze Verjährungsfrist des § 558 Abs 1 greift nicht ein (AG Heidelberg WuM 1975, 67, 69).

2. Anspruchsgrundlagen 89

a) Eine unwirksame Kündigung kann einen Anspruch des Mieters aus **positiver Forderungsverletzung** auslösen. Der Vermieter ist zur Rücksichtnahme verpflichtet und hat alles zu unterlassen, was den Mieter schädigen kann. Er darf deshalb nicht bewußt wahrheitswidrig einen Kündigungsgrund, so vor allem Eigenbedarf, vorschieben, um den Mieter zur Räumung der Wohnung zu veranlassen. Anderenfalls macht er sich schadensersatzpflichtig (AG Essen WuM 1974, 197; AG Heidelberg WuM 1973, 185; WuM 1975, 67). Das gleiche gilt, wenn der Vermieter die unberechtigte Kündigung nur fahrlässig ausgesprochen hat (LG Freiburg WuM 1978, 122; WuM 1979, 215; LG Kiel NJW 1975, 1973 m abl Anm Fehl; LG Waldshut-Tiengen WuM 1978, 5). Fällt der Kündigungsgrund später weg, muß der Vermieter den Mieter darauf hinweisen (OLG Karlsruhe NJW 1982, 54; LG Düsseldorf WuM 1976, 70; LG Essen WuM 1981, 183; LG Karlsruhe MDR 1981, 231). Ohne besondere Anhaltspunkte braucht sich der Vermieter nach Ausspruch einer Kündigung aber nicht zu vergewissern, ob die Absicht seiner Familienangehörigen, die gekündigte Wohnung zu beziehen, noch fortbesteht (LG Köln WuM 1980, 48).

90 **b)** Eine unwirksame Kündigung kann zu Schadensersatzansprüchen aus **unerlaubter Handlung** führen. Hierfür genügt nicht ohne weiteres die bloße Erklärung des Vermieters, die Wohnung wegen Eigenbedarfs zu benötigen, wenn nicht fälschlich Tatsachen geltend gemacht werden, die grundsätzlich geeignet sind, einen Eigenbedarf zu begründen (LG Wiesbaden WuM 1980, 229). Wird der Kündigungsgrund bewußt wahrheitswidrig vorgespiegelt, kann darin eine sittenwidrige vorsätzliche Schädigung iS des § 826 liegen (OLG Celle OLGZ 1979, 64; OLG Karlsruhe WuM 1976, 99, 101; LG Köln WuM 1980, 48). Außerdem kommt ein Anspruch aus § 823 Abs 2 iVm § 263 StGB in Betracht, wenn in der unberechtigten Kündigung und ihrer Durchsetzung ein Betrug liegt (LG Köln WuM 1980, 48; aM Schickedanz ZMR 1975, 196, 197). Darüber hinaus kann auch § 564 b als Schutzgesetz iS des § 823 Abs 2 anerkannt werden (OLG Karlsruhe WuM 1976, 99, 101; LG Düsseldorf ZMR 1976, 281; AG Waldshut-Tiengen WuM 1977, 115; BGB-RGRK-Gelhaar § 564 b Rz 40; Mietrecht § 564 b Rz 136).

91 **3. Umfang des zu ersetzenden Schadens**

a) Der vom Vermieter zu ersetzende Schaden umfaßt die **gesamte Vermögenseinbuße**, die dem Mieter infolge der unberechtigten Kündigung adäquat kausal entstanden ist. Hierzu gehören neben den reinen Umzugskosten für die Beförderung des Umzugsguts (vgl Rspr Rz 89 f) Makler- oder Inseratskosten für die Suche einer neuen Wohnung (AG Augsburg WuM 1978, 130; AG Heidelberg WuM 1975, 67), ggf die Differenz zur höheren neuen Miete (Sternel MDR 1976, 265, 269) oder der neben der alten Miete zu zahlende neue Mietzins (AG Essen WuM 1974, 197), ferner Kosten für Renovierung der neuen oder alten Wohnung, Gardinen, Telefonummeldung (AG Augsburg aaO; AG Hamburg-Harburg WuM 1978, 65), Inanspruchnahme von Urlaub für die Renovierung der neuen Wohnung (AG Essen aaO), der Verlust noch nicht abgewohnter Investitionen (OLG Karlsruhe WuM 1976, 99, 101; AG Heidelberg WuM 1973, 185) sowie Aufwendungen für die gerichtliche und außergerichtliche Inanspruchnahme eines Rechtsanwalts (AG Kirchheim ZMR 1982, 371; AG München WuM 1980, 196). Es besteht kein Grund, für den Umfang des zu ersetzenden Schadens zwischen den einzelnen Anspruchsgrundlagen Unterschiede zu machen (Mietrecht § 564 b Rz 137).

92 **b)** Der Umfang des zu ersetzenden Schadens kann bei einem **Mitverschulden** nach § 254 einzuschränken sein. Bevor der Mieter die Wohnung räumt, muß er prüfen, ob die Kündigung berechtigt ist und ob ein Widerspruch nach § 556 a erfolgversprechend ist (LG Freiburg WuM 1979, 215;

LG Hamburg MDR 1976, 844, hierzu SCHOPP MDR 1977, 198 und SEIER ZMR 1978, 34). Es ist ihm zumutbar, hierzu sachverständigen Rechtsrat einzuholen (OLG Karlsruhe Justiz 1976, 126, 127). Auf einen Rechtsstreit braucht er es allerdings nicht ankommen zu lassen (LG Freiburg WuM 1978, 122; aM LG Tübingen WuM 1980, 248). Der Abschluß eines Mietaufhebungsvertrags aufgrund einer unwirksamen Kündigung beseitigt nicht deren Ursächlichkeit (OLG Karlsruhe NJW 1982, 54 = 11 in RE Miet; AG Hamburg-Harburg WuM 1978, 65), selbst wenn der Mieter die Unwirksamkeit der nicht formgerecht begründeten Kündigung erkannt hat, aufgrund mündlich dargelegter schlüssiger Kündigungsgründe das Mietverhältnis dann doch einvernehmlich beendet (BayObLG NJW 1982, 2003 = 14 in RE Miet). Hat der Vermieter den Kündigungsgrund arglistig vorgespiegelt, kann ein etwaiges Mitverschulden des Mieters idR unberücksichtigt bleiben.

V. Ausnahmetatbestände

1. Vermietung von Einliegerwohnraum (Abs 4) 93

a) Allgemeines

Nach Abs 4 kann der Vermieter bei einem Mietverhältnis über eine Wohnung in einem von ihm selbst bewohnten Wohngebäude mit nicht mehr als zwei Wohnungen auch dann kündigen, wenn die Voraussetzungen des Abs 1 nicht vorliegen. Die Kündigung ist ohne ein berechtigtes Interesse möglich. Die nach § 565 oder nach der vertraglichen Vereinbarung maßgebende Kündigungsfrist verlängert sich in diesem Fall um drei Monate. In dem Kündigungsschreiben ist darauf hinzuweisen, daß die Kündigung nicht auf Abs 1 gestützt wird. Das gleiche gilt für Wohnraum innerhalb der Vermieterwohnung, soweit die Anwendbarkeit des § 564 b nach Abs 7 nicht ausgeschlossen ist. Zweck der Regelung ist es, dem Vermieter wegen des engen Zusammenlebens der Parteien die Kündigung zu erleichtern.

b) Tatbestandsmerkmale im einzelnen 94

aa) Es muß sich um ein **Mietverhältnis über eine Wohnung** handeln. Der Begriff der Wohnung ist nicht mit dem vom Gesetz sonst verwendeten Begriff des Wohnraums identisch, sondern geht darüber hinaus. Die Wohnung ist eine selbständige, räumlich und wirtschaftlich gesonderte Wohneinheit, die eine selbständige Haushaltsführung ermöglicht (KG JW 1925, 1127 Nr 4). Dazu sind grundsätzlich eigene Küche oder Kochgelegenheit, wenigstens mit den erforderlichen Anschlüssen (vgl BFH BStBl II 1981,

152 = BB 1981, 485 m Anm EBLING), Wasserversorgung und Toilette erforderlich (LG Essen WuM 1977, 206). Maßgebend ist die Verkehrsanschauung. Unerheblich ist, aus wieviel Räumen die Wohnung besteht und ob Nebenräume vorhanden sind. Ein einzelnes Zimmer erhält durch Waschbecken und Elektroanschlüsse noch nicht den Charakter einer Wohnung (AG Siegburg WuM 1979, 218 m krit Anm HOLTSCHOPPEN).

95 **bb)** Die Wohnung muß in einem **Wohngebäude** liegen. Dient ein Gebäude zum Teil Wohnzwecken, zum Teil geschäftlichen Zwecken, ist entscheidend, ob der Wohnraumanteil überwiegt (aM SCHMID BlGBW 1982, 70). Dies hängt vom Nutzungswert der Räume ab. Die von der Rspr vertretene Auffassung, ein Gebäude, das neben den Wohnungen auch gewerblich genutzt werde, sei generell vom Anwendungsbereich des Abs 4 ausgenommen (OLG Frankfurt NJW 1982, 188 = 5 in RE Miet; hierzu krit SCHMID aaO), wird vom Gesetzeszweck nicht gedeckt.

96 **cc)** Das Wohngebäude darf **nicht mehr als zwei Wohnungen** aufweisen. Ob bei Mischgebäuden ein untergeordneter geschäftlicher Raumanteil vorliegt, etwa ein Geschäft oder Büroräume im Erdgeschoß, ist unerheblich (LG Stuttgart ZMR 1979, 274 m Anm BUCHHOLZ-DUFFNER). Das Gesetz stellt nicht darauf ab, daß das Gebäude *nur* zwei Wohnungen aufweist. Die Vermietung von weiteren Einzelräumen in geringer Zahl, die nicht zu einer Wohnung zusammengeschlossen sind, schließt die Anwendbarkeit des Abs 4 nicht aus (aM LG Düsseldorf WuM 1978, 53). Eine Vielzahl von Pensionszimmern für Feriengäste kann den Charakter eines Wohngebäudes aber entscheidend verändern (LG Mannheim WuM 1978, 91). Im übrigen kommt es nicht darauf an, ob die Wohnungen einen separaten Haus- oder Wohnungseingang haben (LG Essen WuM 1977, 206; LG Hamburg WuM 1981, 42; WuM 1983, 23) oder ob das Haus bei getrennten Hauseingängen wenigstens freistehend ist (aM LG Hannover WuM 1979, 78). Die Rspr stellt für die Voraussetzung, daß sich in dem Gebäude nicht mehr als zwei Wohnungen befinden, zT auf den Zeitpunkt der Begründung des Mietverhältnisses ab, damit der Bestandsschutz nicht durch nachträgliche bauliche Änderungen ausgehöhlt werden könne (OLG Hamburg NJW 1983, 182 = 9 in RE Miet). Dies widerspricht jedoch dem Prinzip, daß die Voraussetzungen für eine Kündigung nach dem Zeitpunkt zu beurteilen sind, in dem die Erklärung wirksam wird. Der treuwidrigen Aushöhlung des Bestandsschutzes kann durch § 242 entgegengetreten werden. Der erst für die Zukunft geplante Ausbau um eine weitere Wohnung ist in jedem Fall unerheblich (LG Mannheim WuM 1981, 234; LG Wiesbaden WuM 1981, 162).

97 **dd)** Das Wohngebäude muß **vom Vermieter selbst bewohnt** sein. Auf nebeneinanderliegende Reihenhäuser oder Bungalow-Wohnungen ist die

Vorschrift nicht anwendbar (LG Hannover WuM 1979, 78). Der Vermieter braucht sich nicht ständig in dem Gebäude aufzuhalten (LG Berlin WuM 1980, 134; LG Hamburg WuM 1983, 23). Er muß aber einen so intensiven Wohngebrauch ausüben, daß die Gefahr gegenseitiger Beeinträchtigungen besteht. Unerheblich ist, ob der Vermieter erst später als der Mieter in das Haus eingezogen ist. Die Vorschrift ist nach ihrem Zweck auch in diesem Fall anwendbar, so daß es nicht auf die Verhältnisse zur Zeit des Vertragsabschlusses ankommt (OLG Koblenz OLGZ 1981, 455 = WuM 1981, 204 = 1 in RE Miet; aM Sternel Rz IV 158).

Vermieter ist derjenige, der als Vertragspartei den Mietvertrag abgeschlos- **98**
sen hat. Dies braucht nicht der Eigentümer zu sein (aM Derleder in AK § 564 b Rz 6). Die Vorschrift greift auch ein, wenn mehrere Vermieter den Vertrag abgeschlossen haben, von denen nur einer in dem Gebäude wohnt. Dies gilt für eine Miteigentümergemeinschaft in gleicher Weise wie für eine Gesamthandsgemeinschaft. Die Vorschrift ist jedoch unanwendbar bei einer juristischen Person als Vermieterin, da diese das Gebäude nicht selbst bewohnen kann.

ee) Nach Abs 4 S 3 gilt die erleichterte Kündigungsmöglichkeit entspre- **99**
chend für Mietverhältnisse über **Wohnraum innerhalb der vom Vermieter selbst bewohnten Wohnung**, sofern der Wohnraum nicht nach Abs 7 vom Anwendungsbereich des § 564 b ausgeschlossen ist. Damit werden Mietverhältnisse über Wohnraum erfaßt, der nicht die Merkmale einer selbständigen Wohnung (Rz 94) aufweist. Hierzu gehören Leerzimmer und nicht überwiegend vom Vermieter mit Möbeln auszustattende Zimmer, die nicht nur auf vorübergehende Zeit an Einzelpersonen oder Familien vermietet sind. Ferner zählen hierzu möblierte Wohnräume, die einer Familie zum dauernden Gebrauch überlassen sind.

Der Wohnraum liegt *innerhalb* der vom Vermieter selbst bewohnten Woh- **100**
nung, wenn ein enger Zusammenhang zwischen den beiden Wohnbereichen besteht, so daß der vermietete Wohnraum objektiv als Teil der Vermieterwohnung erscheint und ein besonders enges räumliches Zusammenleben der Parteien zur Folge hat. Unzureichend ist es, wenn der Mieter einen Einzelraum im Dachgeschoß oder Souterrain bewohnt oder wenn das Zimmer vom Treppenhaus aus separat zugänglich ist, selbst wenn im übrigen eine nicht benutzte Verbindungstür zur Vermieterwohnung besteht. Handelt es sich baulich um ein Einfamilienhaus, sind solche Einzelräume immer Teil der Vermieterwohnung. Die Regelung des Abs 4 S 3 beschränkt sich aber nicht auf Ein- oder Zweifamilienhäuser, sondern gilt ihrem Zweck entsprechend auch für Wohnraum innerhalb der Vermieterwohnung, die in einem Mehrfamilienhaus (KG NJW 1981, 2470 = 3 in RE Miet; LG Berlin ZMR 1980, 339) oder in einem ansonsten geschäftlich genutzten Gebäude liegt. Angesichts des Gesetzeszwecks ist die in Abs 4

S 3 vorgeschriebene entsprechende Anwendung der S 1 und 2 nicht als Tatbestandsverweisung mit einer daraus folgenden Beschränkung auf Ein- oder Zweifamilienhäuser zu interpretieren, sondern als Rechtsfolgeverweisung (aM Derleder in AK § 564 b Rz 7; Sternel Rz IV 159). Da es auf die Eigentumsverhältnisse nicht ankommt, werden auch Untermietverhältnisse innerhalb der vom Vermieter selbst gemieteten Wohnung erfaßt (LG Berlin ZMR 1980, 339).

101 **c) Rechtsfolgen**

aa) Die Kündigung ist nach Abs 4 S 1 oder 3 wirksam, auch wenn der Vermieter kein berechtigtes Interesse an der Beendigung des Mietverhältnisses iS von Abs 1 und 2 hat. Die Wirksamkeit der Kündigung hängt deshalb nicht von der Angabe der **Kündigungsgründe** nach Abs 3 ab. Der Ausschluß der Kündigung zum Zwecke der Mieterhöhung nach § 1 MHRG gilt auch hier (LG Stuttgart ZMR 1979, 274, 275 m Anm Buchholz-Duffner).

102 **bb)** Nach Abs 4 S 2 verlängert sich die **Kündigungsfrist** um drei Monate. Maßgebend ist die Frist, die sich aus § 565 oder bei einer Abweichung zugunsten des Mieters (§ 565 Rz 39) aus dem Vertrag ergibt.

103 **cc)** Nach Abs 4 S 4 ist in dem **Kündigungsschreiben** anzugeben, daß die Kündigung nicht auf die Voraussetzungen des Abs 1 gestützt wird. Die damit bezweckte Klarstellung hängt nicht davon ab, daß der Vermieter den Gesetzeswortlaut des S 4 verwendet. Er muß nur hinreichend zum Ausdruck bringen, daß er von seinem Sonderkündigungsrecht Gebrauch macht. Es genügt, wenn in dem Kündigungsschreiben auf ein vorangegangenes Schreiben Bezug genommen wird, in dem auf das Sonderkündigungsrecht des Abs 4 hingewiesen worden ist (LG Berlin ZMR 1980, 319). Im Hinblick auf den Gesetzeszweck reicht ferner die Angabe der richtig berechneten verlängerten Kündigungsfrist aus (aM Sternel Rz IV 160). Sind keine Kündigungsgründe angegeben, kann daraus mangels anderer Anhaltspunkte nicht auf eine Kündigung nach Abs 4 geschlossen werden, da es sich ebensogut um eine nach Abs 3 unwirksame normale Kündigung handeln kann.

104 **dd)** Hat der Vermieter tatsächlich ein berechtigtes Interesse an der Beendigung des Mietverhältnisses, steht ihm ein **Wahlrecht** zu, ob er unter den Voraussetzungen der Abs 1–3 mit normaler Kündigungsfrist oder unter den erleichterten Voraussetzungen des Abs 4 mit verlängerter Frist kündigen will (AG Waiblingen WuM 1979, 123). Nach verbreiteter Auffassung ist die einmal getroffene Wahl grundsätzlich unwiderruflich (Schmidt-Futterer-Blank B 533). Für eine Unwiderruflichkeit bietet das Gesetz jedoch keine Anhaltspunkte (OLG Karlsruhe NJW 1982, 391 m abl Anm Benstz WuM 1982, 15 = 12 in RE Miet). Sie ist auch nicht zum

Schutz des Mieters geboten. Ebenso wie im Normalfall einer Kündigung, bei der zu einem späteren als dem nächstmöglichen Termin gekündigt wird, kann sich der Mieter auch hier nicht darauf verlassen, daß der Vermieter doch noch zu dem früheren Zeitpunkt kündigt. Durch einen solchen Wechsel von einer Kündigung nach Abs 4 zu einer Kündigung nach Abs 1 können allenfalls Schadensersatzansprüche ausgelöst werden, wenn der Vermieter ein besonderes Vertrauen erweckt hat, daß es bei dem späteren Termin bleiben werde. Ein Wechsel der Kündigung von Abs 1 zu Abs 4 ist dagegen nur von Bedeutung, wenn die Wirkungen der ersten Kündigung von den Parteien einverständlich beseitigt werden, weil sonst das Mietverhältnis zu dem früheren Zeitpunkt endet (OLG Karlsruhe aaO). Zulässig ist auch eine Kündigung in der Weise, daß sich der Vermieter entweder primär auf die normale Kündigung nach Abs 1 und hilfsweise auf sein Sonderkündigungsrecht aus Abs 4 stützt oder daß er die umgekehrte Reihenfolge der Kündigungsarten wählt (OLG Hamburg NJW 1983, 182; LG Wiesbaden WuM 1981, 162).

ee) Nach Abs 5 läßt das Sonderkündigungsrecht des Vermieters die **105**
Schutzrechte des Mieters unberührt (Rz 110). Die Anwendbarkeit der §§ 556 a Abs 1 S 3 und 564 a Abs 1 S 2 hat zur Folge, daß der Vermieter abweichend von Abs 4 (Rz 101) gehalten ist, bestimmte Kündigungsgründe anzugeben.

2. Vermietung zu nur vorübergehendem Gebrauch (Abs 7) **106**

Nach Abs 7 werden bestimmte Mietverhältnisse über Wohnraum vom Kündigungsschutz ausgenommen. Sie sind durch eine Vermietung zum vorübergehenden Gebrauch im weitesten Sinne gekennzeichnet. Entsprechende oder weitgehend entsprechende Regelungen finden sich in den §§ 556 a Abs 8, 564 a Abs 3, 565 Abs 2 S 3 und Abs 3, 565 a Abs 3 und § 10 Abs 3 Nr 2–4 MHRG.

a) Hierzu zählen Mietverhältnisse über Wohnraum, der nach dem verein- **107**
barten Vertragszweck **zu nur vorübergehendem Gebrauch** vermietet ist (Nr 1; § 556 a Rz 54 ff).

b) Ferner sind Mietverhältnisse über Wohnraum ausgenommen, der **Teil** **108**
der vom Vermieter selbst bewohnten Wohnung ist und den der Vermieter ganz oder überwiegend mit Einrichtungsgegenständen auszustatten hat, sofern der Wohnraum nicht zum dauernden Gebrauch für eine Familie überlassen ist (Nr 2; § 565 Rz 29 ff).

c) Durch das Gesetz zur Erhöhung des Angebots an Mietwohnungen vom **109**
20. 12. 1982 (BGBl I 1912) sind unter den Ausnahmetatbestand Mietverhältnisse über Wohnraum aufgenommen worden, der **Teil eines Studenten- oder Jugendwohnheims** ist (Nr 3). Damit hat der Gesetzgeber einen Vor-

schlag aufgegriffen, der bereits im Gesetzgebungsverfahren des WKSchG II eine Rolle gespielt hatte, seinerzeit aber vom Vermittlungsausschuß zurückgewiesen worden war (BT-Drucks 7/2775, 7/2812). Nachdem die Rspr abgelehnt hatte, solche Mietverhältnisse als zu nur vorübergehendem Gebrauch zu beurteilen (OLG Bremen WuM 1981, 8 = 1 in RE Miet; OLG Hamm NJW 1981, 290 m Anm Borowsky WuM 1981, 6 = 3 in RE Miet; § 556 a Rz 56), hielt der Gesetzgeber im Hinblick auf den zu geringen Bestand an Wohnheimplätzen die Fluktuation der Belegung aus Gründen der Gleichbehandlung für notwendig. Den Trägern von Studenten- und Jugendwohnheimen bereitete die aufgrund der Rspr eingetretene Rechtslage nicht mehr lösbare Schwierigkeiten, an dem sog Rotationssystem festzuhalten, das durch eine zeitliche Begrenzung des einzelnen Mietvertrags einer möglichst großen Zahl von Bewerbern zu einem Wohnheimplatz verhelfen soll (Begr zum Gesetzentw BT-Drucks 9/2079, 11; Sternel MDR 1983, 265, 269). Wie die Begründung des früheren Vorschlags zeigt (BT-Drucks 7/2775, 2), sind unter Jugendwohnheimen auch Schüler- und Lehrlingswohnheime zu verstehen.

110 **VI. Weitergehende Schutzrechte des Mieters (Abs 5)**

Nach Abs 5 bleiben weitergehende Schutzrechte des Mieters unberührt. Der Vermieter muß die zum Schutz des Mieters zwingend vorgeschriebenen Kündigungsfristen des § 565 Abs 2 einhalten. Ist die Kündigung nach § 564 b wirksam, bleibt dem Mieter das Recht, der Kündigung nach §§ 556 a oder 556 c zu widersprechen und die Fortsetzung des Mietverhältnisses zu verlangen (LG Stuttgart ZMR 1979, 274 m Anm Buchholz-Duffner). Greift die Kündigung durch, kann das Gericht dem Mieter von Amts wegen bzw auf Antrag eine angemessene Räumungsfrist bewilligen (§§ 721, 794 a ZPO).

VII. Unabdingbarkeit (Abs 6)

111 1. Da nach Abs 6 eine zum Nachteil des Mieters von den Vorschriften des § 564 b abweichende Vereinbarung unwirksam ist, ist es **unzulässig**, vertraglich zu bestimmen, daß der Vermieter generell ohne ein berechtigtes Interesse kündigen darf oder daß schuldlose Vertragsverletzungen durch den Mieter ohne weiteres ausreichen. Ebensowenig kann von vornherein jede wirtschaftliche Verwertung des Grundstücks vom Mieter als Kündigungsgrund akzeptiert werden. Auch die Vereinbarung sonstiger Kündigungsgründe, die dem gesetzlichen Leitbild nicht entsprechen, ist unzuläs-

sig. Das gleiche gilt von Vereinbarungen, in denen die Angabe von Gründen im Kündigungsschreiben für überflüssig erklärt wird oder durch die das Sonderkündigungsrecht des Abs 4 auf gesetzlich nicht vorgesehene Fälle ausgedehnt wird. Die Kündigungsfrist des Abs 4 S 2 kann nicht verkürzt werden. Die Kennzeichnung als Sonderkündigung nach S 4 ist unverzichtbar. Die Unwirksamkeit beschränkt sich allerdings auf die jeweilige Klausel, soweit die Parteien im Mietvertrag nicht ausdrücklich die uneingeschränkte Geltung des § 139 vereinbaren (§ 556 a Rz 59).

2. Zulässig sind Vereinbarungen, die zugunsten des Mieters von § 564 b **112**
abweichen. So ist es möglich, die Voraussetzungen der Kündigungsgründe zu erschweren, etwa nur vorsätzliche Vertragsverletzungen oder Eigenbedarf für den Vermieter persönlich als ausreichend anzuerkennen. Das Kündigungsrecht kann für bestimmte Gründe ausgeschlossen werden (LG Mannheim WuM 1975, 72; WuM 1977, 258; LG Kaiserslautern MDR 1983, 56; AG Gießen WuM 1978, 212, jeweils für Eigenbedarf). Ebenso ist die Geltendmachung des Sonderkündigungsrechts für den Vermieter verzichtbar. Er kann auch eine über Abs 4 S 2 hinausgehende Kündigungsfrist zugestehen. Möglich ist es, die Kündigung für eine gewisse Zeit ganz auszuschließen oder an die Zustimmung Dritter zu binden (§ 564 Rz 7 ff). Auch der Abschluß eines Mietaufhebungsvertrags wird durch die Unabdingbarkeit des Kündigungsschutzes grundsätzlich nicht ausgeschlossen.

§ 564 c

Ist ein Mietverhältnis über Wohnraum auf bestimmte Zeit eingegangen, so kann der Mieter spätestens zwei Monate vor der Beendigung des Mietverhältnisses durch schriftliche Erklärung gegenüber dem Vermieter die Fortsetzung des Mietverhältnisses auf unbestimmte Zeit verlangen, wenn nicht der Vermieter ein berechtigtes Interesse an der Beendigung des Mietverhältnisses hat. § 564 b gilt entsprechend.

Der Mieter kann keine Fortsetzung des Mietverhältnisses nach Absatz 1 oder nach § 556 b verlangen, wenn

1. das Mietverhältnis für nicht mehr als fünf Jahre eingegangen ist,

2. der Vermieter

a) die Räume als Wohnung für sich, die zu seinem Hausstand gehörenden Personen oder seine Familienangehörigen nutzen will oder

b) in zulässiger Weise die Räume beseitigen oder so wesentlich verändern oder instand setzen will, daß die Maßnahmen durch eine Fortsetzung des Mietverhältnisses erheblich erschwert würden,

3. der Vermieter dem Mieter diese Absicht bei Vertragsschluß schriftlich mitgeteilt hat und

4. der Vermieter dem Mieter drei Monate vor Ablauf der Mietzeit schriftlich mitgeteilt hat, daß diese Verwendungsabsicht noch besteht.

Verzögert sich die vom Vermieter beabsichtigte Verwendung der Räume ohne sein Verschulden, kann der Mieter eine Verlängerung des Mietverhältnisses um einen entsprechenden Zeitraum verlangen; würde durch diese Verlängerung die Dauer des Mietverhältnisses fünf Jahre übersteigen, kann der Mieter die Fortsetzung des Mietverhältnisses auf unbestimmte Zeit nach Absatz 1 verlangen.

Schrifttum: BARTHELMESS, Zur Frage des Kündigungsschutzes bei befristeten Mietverhältnissen, NJW 1974, 1230; BLANK, Rechtliche und soziale Probleme des neuen Zeitmietvertrags nach § 564 c II BGB, WuM 1983, 36; GATHER, Bestandsschutz und befristete Mietverhältnisse, DWW 1981, 86; ECKERT, Zeitmietverträge bei geplantem Eigenbedarf und erheblichen baulichen Maßnahmen – eine kritische Betrachtung des § 564 c BGB, WuM 1983, 33; GOCH, Kündigungsschutz bei befristeten Mietverhältnissen, ZMR 1978, 134; GRAMLICH, Das Gesetz zur Erhöhung des Angebots an Mietwohnungen, NJW 1983, 417; KÖHLER, Das neue Mietrecht 1983. Gesetz zur Erhöhung des Angebots an Mietwohnungen (1983); LECHNER, Aktuelle Probleme des Mietrechts, ZMR 1982, 166; SCHMID, Das Gesetz zur Erhöhung des Angebots an Mietwohnungen, BlGBW 1983, 61; SCHOPP, Art 1 des Gesetzes zur Erhöhung des Angebots an Mietwohnungen, ZMR 1983, 109; STERNEL, Neues Wohnraummietrecht. Zum Gesetz zur Erhöhung des Angebots an Mietwohnungen, MDR 1983, 265; WEIMAR, Der Rechtsschutz des Mieters bei befristeten Wohnraummietverträgen ohne Verlängerungsklausel, BlGBW 1980, 191.

1 I. Allgemeines

Die Vorschrift regelt den Bestandsschutz befristeter Mietverhältnisse über Wohnraum. Der Mieter kann spätestens zwei Monate vor der Beendigung des Mietverhältnisses durch schriftliche Erklärung gegenüber dem Vermieter die Fortsetzung des Mietverhältnisses auf unbestimmte Zeit verlangen, wenn nicht der Vermieter ein berechtigtes Interesse an der Beendigung hat (Abs 1). Die Regelung ist durch das Gesetz zur Erhöhung des Angebots an Mietwohnungen vom 20. 12. 1982 (BGBl I 1912) in das BGB eingefügt worden und stimmt in ihrem Abs 1 inhaltlich nahezu überein mit dem früheren Art 2 WKSchG II. Sie bezweckt, daß § 564 b nicht durch die Vereinbarung befristeter Mietverhältnisse umgangen wird. Neu sind die Ausnahmetatbestände des Abs 2. In der Praxis hatte sich gezeigt, daß Vermieter, die nur für vorübergehende Zeit Wohnraum vermieten wollten, weil sie ihn in absehbarer Zeit der eigenen Nutzung zuführen oder besondere Baumaßnahmen durchführen wollten, es vorzogen, den Wohnraum leerstehen zu lassen. Sie wollten das Risiko einer Kündigung und etwaigen Verlängerung des Mietverhältnisses nicht auf sich nehmen. Um diesem Bedürfnis Rechnung zu tragen und gleichzeitig dem teilweise bestehenden Wohnungsmangel abzuhelfen, hat der Gesetzgeber den Bestandsschutz unter besonderen Voraussetzungen eingeschränkt (Begr z Gesetzentw BT-Drucks 9/2079, 7, 14).

II. Voraussetzungen (Abs 1)

1. Mietverhältnis über Wohnraum auf bestimmte Zeit 2

a) Es muß sich um ein Mietverhältnis über Wohnraum handeln (Vorbem 12 zu §§ 535, 536), das **auf bestimmte Zeit** eingegangen ist. Die Mietzeit ist bestimmt, wenn der Tag der Beendigung kalendermäßig bestimmt oder bestimmbar ist (§ 556 b Rz 3). Hierzu gehören auch Mietverhältnisse, die durch Änderungsvertrag oder richterlichen Gestaltungsakt nach § 556 a Abs 3 oder § 5 HausratVO befristet worden sind (Schmidt-Futterer-Blank B 722; aM Sternel Rz IV 149). Ein Mietverhältnis mit Verlängerungsklausel unterliegt hinsichtlich der Beendigung nach § 565 a Abs 1 in jedem Fall den Kündigungsvorschriften, so daß die §§ 564 b, 556 a anzuwenden sind. Aus den gleichen Gründen scheidet § 564 c für ein Mietverhältnis aus, das zwar auf bestimmte Zeit eingegangen ist, aber unter einer auflösenden Bedingung steht (§ 565 a Abs 2). Anwendbar ist die Vorschrift hingegen für ein Mietverhältnis mit Optionsrecht, da sich dessen Anwendungsbereich und der gesetzliche Anspruch aus § 564 c nicht dekken müssen.

b) Auf den **Abschlußzeitpunkt** des Mietverhältnisses kommt es nicht an. 3
Anders als bei der Regelung des früheren Art 2 WKSchG II, der auf den 28. 11. 1971, dh den Tag des Inkrafttretens des WKSchG I abstellte, ist auf einen bestimmten Anfangstermin verzichtet worden, weil der Gesetzgeber davon ausging, daß ältere Zeitmietverträge keine praktische Bedeutung mehr haben (Begr z Gesetzentw BT-Drucks 9/2079, 14).

2. Bevorstehende Beendigung des Mietverhältnisses durch Zeitablauf 4

Die Vorschrift ist nur anwendbar bei einer Beendigung des befristeten Mietverhältnisses durch Zeitablauf (§ 564 Rz 2). Dies heißt nicht, daß die Beendigung unmittelbar bevorstehen muß. Endet das Mietverhältnis durch außerordentliche fristlose Kündigung, entfällt jeglicher Bestandsschutz für den Mieter. Gegenüber einer außerordentlichen befristeten Kündigung ist der Mieter nach § 564 b und § 556 a geschützt.

3. Fortsetzungsverlangen des Mieters 5

a) Das Mietverhältnis wird nicht kraft Gesetzes fortgesetzt. Der Mieter muß durch eine an den Vermieter gerichtete **Willenserklärung** form- und fristgerecht die Fortsetzung verlangen. Hierbei handelt es sich um einen Antrag iS des § 145, der auf Abschluß eines Vertrags zur Fortsetzung gerichtet ist.

6 **b)** Da der **Inhalt** der Willenserklärung des Mieters gesetzlich nicht näher vorgeschrieben ist, genügt sein erkennbarer Wille, das Mietverhältnis über den Endtermin hinaus fortzusetzen. Die Angabe von Gründen ist nicht notwendig. Gibt der Mieter Härtegründe iS der Sozialklausel an, ist seine Erklärung dennoch als Angebot nach § 564 c auszulegen, da ihm diese Vorschrift das stärkere Recht gewährt (Sternel Rz IV 179). Eine Grenze findet diese Auslegung jedoch am Wortlaut der Erklärung, wenn sich der Mieter ausdrücklich auf § 556 b beruft.

7 **c)** Für die Erklärung des Fortsetzungsverlangens ist gesetzlich **Schriftform** vorgeschrieben. Die Erklärung muß nach § 126 in einer vom Mieter eigenhändig durch Namensunterschrift oder mittels notariell beglaubigten Handzeichens unterzeichneten Urkunde enthalten sein. Vertretung ist zulässig.

8 **d)** Die Erklärung ist an eine **Frist** gebunden. Der Mieter muß spätestens zwei Monate vor der Beendigung des Mietverhältnisses gegenüber dem Vermieter erklären, daß er die Fortsetzung verlange. Für die Rechtzeitigkeit der einseitigen, empfangsbedürftigen Willenserklärung ist der Zugang maßgebend (§§ 130 ff). Die Frist ist nach § 188 Abs 2 HS 2 iVm § 187 Abs 2 zu berechnen. Die Regelung des § 193 ist anwendbar (AG München WuM 1980, 196). Es handelt sich um eine Ausschlußfrist. Wird sie vom Mieter versäumt, verliert er endgültig seine Rechte aus dieser Vorschrift (AG München DWW 1978, 150). Wegen der entsprechenden Frist in § 556 a Abs 6 S 1 kann er sich auf die Sozialklausel nach § 556 b Abs 1 S 2 iVm § 556 a Abs 6 S 2 nur dann noch berufen, wenn der Vermieter den in § 564 a Abs 2 bezeichneten Hinweis nicht rechtzeitig erteilt hat (§ 556 b Rz 13).

9 **4. Fehlen eines berechtigten Interesses des Vermieters an der Beendigung des Mietverhältnisses und entsprechende Geltung des § 564 b**

a) Der Mieter hat nur dann das Recht, die Fortsetzung des Mietverhältnisses zu verlangen, wenn nicht der Vermieter ein berechtigtes Interesse an der Beendigung des Mietverhältnisses hat (Abs 1 S 1 HS 2). § 564 b gilt entsprechend (Abs 1 S 2). Welche Gründe als **berechtigte Interessen** des Vermieters anzuerkennen sind, ergibt sich aus der entsprechenden Anwendung des § 564 b (dort Rz 14 ff). Ihnen kann nicht dadurch ein anderes Gewicht gegeben werden, daß der Mietvertrag „probeweise" abgeschlossen wird und deshalb die Anforderungen an die Erheblichkeit einer Pflichtverletzung des Mieters herabzusetzen wären (OLG Stuttgart NJW

1982, 2673 = 6 in RE Miet). Hat der Hauptmieter ein eigenes begründetes Interesse an der Aufhebung des Hauptmietvertrags, ist er nicht verpflichtet, diesen Vertrag aufrechtzuerhalten, nur um das befristete Untermietverhältnis fortsetzen zu können (LG Darmstadt WuM 1982, 194). Die berechtigten Interessen müssen im Zeitpunkt der vertraglich vorgesehenen Beendigung des Mietverhältnisses bestehen. Lagen sie schon bei Abschluß des Vertrags vor, können sie nicht berücksichtigt werden (AG Frankfurt WuM 1981, 236), soweit nicht die Ausnahmen des Abs 2 eine andere Regelung aufstellen (Rz 17 ff).

b) Wegen der Verweisung auf § 564 b und damit auf dessen Abs 4 gilt bei 10 der Vermietung von **Einliegerwohnraum** iS dieser Vorschrift (dort Rz 93 ff) auch für befristete Mietverhältnisse ein eingeschränkter Bestandsschutz. Ein solches Mietverhältnis kann durch Zeitablauf zum vorgesehenen Zeitpunkt enden, auch wenn der Vermieter nach § 564 b Abs 1 und 2 kein berechtigtes Interesse an der Beendigung hat (aM Löwe NJW 1975, 9, 12). Der Vermieter muß sich entsprechend § 564 b Abs 4 S 4 ausdrücklich auf diesen Sondertatbestand berufen, damit für den Mieter die Rechtslage klargestellt ist. Dies hat allerdings zur Folge, daß sich das Mietverhältnis entsprechend S 2 dieser Vorschrift um drei Monate über den vertraglichen Endtermin hinaus verlängert (Mietrecht Art 2 WKSchG Rz 23 mwN).

c) Wegen der Verweisung auf § 564 b ist eine **schriftliche Geltendmachung** 11 der berechtigten Interessen durch den Vermieter erforderlich (dort Rz 80 ff; Mietrecht aaO Rz 24). Daraus folgt für den Zeitpunkt der Geltendmachung, daß sich der Vermieter vor der vertraglich vorgesehenen Beendigung des Mietverhältnisses gegenüber einem Fortsetzungsverlangen des Mieters auf seine berechtigten Interessen berufen muß (AG Frankfurt WuM 1981, 237). Mangels ausdrücklicher anderweitiger Regelung des Gesetzes muß hierfür der letzte Tag des Mietverhältnisses genügen. Aus der entsprechenden Anwendbarkeit des § 564 b Abs 3 ergibt sich ferner, daß dem Vermieter ein Nachschieben von Gründen nur unter den eingeschränkten Voraussetzungen dieser Vorschrift gestattet ist (dort Rz 83 ff).

III. Rechtsfolgen

1. Allgemeines 12

Die Vorschrift räumt dem Mieter einen materiell-rechtlichen Anspruch gegen den Vermieter ein, das auf bestimmte Zeit eingegangene Mietverhältnis nach dem vertraglich vorgesehenen Endtermin auf unbestimmte

Zeit fortzusetzen. Eine Änderung der Vertragsbedingungen kann weder der Mieter noch der Vermieter fordern. In dem form- und fristgerecht erhobenen Fortsetzungsverlangen liegt der Antrag auf Abschluß des Verlängerungsvertrags (Rz 5 ff), den der Vermieter unter den Voraussetzungen des Abs 1 abzuschließen verpflichtet ist.

13 **2. Ablehnung des Fortsetzungsverlangens durch den Vermieter**

a) Ist die Ablehnung des Fortsetzungsverlangens durch den Vermieter **rechtmäßig**, weil er ein berechtigtes Interesse an der fristgerechten Beendigung des Mietverhältnisses hat, steht dem Mieter kein Anspruch auf Fortsetzung zu. Das Mietverhältnis endet nach § 564 Abs 1 durch Zeitablauf. Das gleiche gilt unabhängig vom Vorliegen berechtigter Interessen, wenn der Vermieter von Einliegerwohnraum iS des § 564 b Abs 4 seine Ablehnung auf diesen Sondertatbestand stützt, wobei jedoch die Verlängerung um drei Monate entsprechend § 564 b Abs 4 S 2 zu berücksichtigen ist (Rz 10). Wegen der entsprechenden Geltung des § 564 b Abs 5 bleiben in beiden Fällen weitergehende Schutzrechte des Mieters unberührt. Kann der Vermieter das Fortsetzungsverlangen des Mieters wegen berechtigter Interessen abwehren, hat der Mieter noch die Möglichkeit, nach § 556 b iVm § 556 a die Fortsetzung des Mietverhältnisses zu verlangen. Es empfiehlt sich deshalb, neben dem auf § 564 c gestützten Fortsetzungsverlangen gleichzeitig die Rechte aus der Sozialklausel hilfsweise geltend zu machen.

14 **b)** Ist die Ablehnung des Fortsetzungsverlangens durch den Vermieter **rechtswidrig**, weil er kein berechtigtes Interesse an der Beendigung des Mietverhältnisses hat, ist der Anspruch des Mieters aus § 564 c begründet. Das gleiche gilt, wenn der Vermieter seine Ablehnung nicht form- und fristgemäß erklärt hat (Rz 11). Die Auffassung, der Verlängerungsvertrag komme durch stillschweigende Annahme seitens des Vermieters schon dann zustande, wenn dieser das Fortsetzungsverlangen des Mieters nicht spätestens bis zum vertraglichen Endtermin des Mietverhältnisses ablehne (Barthelmess Art 2 WKSchG Rz 37; Sternel Rz IV 184), steht nicht im Einklang mit den Grundsätzen des Vertragsrechts, nach denen Schweigen idR nicht als Willenserklärung zu behandeln ist. Der Anspruch wird nur durch eine einverständlich abgegebene oder gerichtlich erzwungene Willenserklärung des Vermieters erfüllt (Rz 15 f).

15 **3. Einverständnis des Vermieters**

Stimmt der Vermieter dem Fortsetzungsverlangen ausdrücklich oder durch schlüssiges Verhalten zu, wird das Mietverhältnis von dem an sich vorgesehenen Endtermin an auf unbestimmte Zeit, im übrigen aber zu den bisherigen Vertragsbedingungen fortgesetzt. Die Zustimmung ist rechtlich als Annahme des im Fortsetzungsverlangen liegenden Vertragsangebots des Mieters zu werten. Es ist unerheblich, ob der Vermieter das Angebot vor oder nach Ablauf der vertraglich vorgesehenen Mietzeit annimmt.

4. Gerichtliche Geltendmachung 16

Der Mieter hat unter den Voraussetzungen des Abs 1 einen Anspruch auf Fortsetzung des Mietverhältnisses, der durch Abgabe einer entsprechenden Willenserklärung des Vermieters zu erfüllen ist. Dies kann der Mieter im Wege der Leistungsklage erzwingen. Die gerichtliche Zuständigkeit richtet sich nach § 23 Nr 2 a) GVG, § 29 a ZPO. Mit der Rechtskraft eines der Klage stattgebenden Urteils gilt die Willenserklärung als abgegeben (§ 894 ZPO). Sie wirkt auf den vertraglich an sich vorgesehenen Endtermin zurück. Für eine Gestaltungsklage bildet die Vorschrift keine Rechtsgrundlage, da dem Gericht keine das Mietverhältnis betreffende Rechtsgestaltung obliegt. Eine Feststellungsklage ist für das Klageziel des Mieters unzureichend. Nach hM muß der Mieter seinen Anspruch auf Fortsetzung des Mietverhältnisses gegenüber einer Räumungsklage des Vermieters durch Widerklage geltend machen, die unter den Voraussetzungen des § 530 Abs 1 ZPO noch im Berufungsverfahren erhoben werden kann (LG Bonn MDR 1976, 495; LG Kaiserslautern ZMR 1975, 306, 307; aM STERNEL Rz IV 186).

IV. Ausnahmetatbestände (Abs 2)

1. Allgemeines 17

Aufgrund der Verweisung in Abs 1 S 2 ist § 564 b in vollem Umfang entsprechend anwendbar. Damit werden zunächst die in § 564 b Abs 7 aufgeführten Mietverhältnisse, die durch einen im weitesten Sinne vorübergehenden Gebrauch gekennzeichnet sind (dort Rz 106 ff), vom Anwendungsbereich des § 564 c ausgenommen. Darüber hinaus enthält diese Vorschrift in Abs 2 besondere Ausnahmetatbestände, die dem Vermieter in bestimmten Fällen eine andere Verwendung des Wohnraums ermöglichen sollen (BLANK WuM 1983, 36; ECKERT WuM 1983, 33; KÖHLER 42 ff; SCHMID BlGBW 1983, 61, 63; SCHOPP ZMR 1983, 109, 111; STERNEL MDR 1983, 265, 270).

18 **2. Voraussetzungen**

a) Das Mietverhältnis darf für **nicht mehr als fünf Jahre** eingegangen sein. Die Absicht des Vermieters zu einer anderweitigen Verwendung des Wohnraums soll hinreichend bestimmt sein. Als einigermaßen überschaubar erschien dem Gesetzgeber hierfür ein Zeitraum bis zu fünf Jahren (Begr z Gesetzentw BT-Drucks 9/2079, 8, 15).

19 **b)** Die Vorschrift sieht alternativ zwei **Arten der Verwendung** vor, die eine Ausnahme vom Bestandsschutz rechtfertigen.

aa) Die eine Ausnahme ist gegeben, wenn der Vermieter die Räume als Wohnung für sich, die zu seinem Hausstand gehörenden Personen oder seine Familienangehörigen nutzen will. Anders als im Rahmen des § 564 b Abs 2 Nr 2 (dort Rz 41 ff) ist es bei der **Eigennutzung** nicht erforderlich, daß der Vermieter die Räume benötigt. Es reicht aus, daß er den Willen hat, sie selbst oder durch ihm nahestehende Personen zu nutzen. Der Kreis der begünstigten Personen stimmt mit § 564 b überein (dort Rz 31 ff). Nach dem Wortlaut der Vorschrift muß eine Verwendung der Räume als Wohnung beabsichtigt sein. Der Begriff der Wohnung ist aber im Rahmen des Bestandsschutzes weiter als der des Wohnraums (§ 564 b Rz 94). Hiernach wäre Wohnraum, der nicht den Anforderungen einer Wohnung genügt, vom Anwendungsbereich der Ausnahmeklausel ausgeschlossen. Dies entspricht jedoch nicht dem Zweck der Vorschrift, dem Wohnungsmarkt zusätzlichen Wohnraum zuzuführen.

20 **bb)** Die andere Ausnahme betrifft den Fall, daß der Vermieter in zulässiger Weise die Räume beseitigen oder so wesentlich verändern oder instandsetzen will, daß die Maßnahmen durch eine Fortsetzung des Mietverhältnisses erheblich erschwert würden. Der Gesetzgeber hielt es für notwendig, dem Anliegen der Vermieter, nicht das Risiko einer Kündigung und etwaigen Verlängerung des Mietverhältnisses auf sich nehmen zu müssen, auch außerhalb förmlich festgelegter Sanierungsgebiete (§ 5 StädtebaufördG) oder Modernisierungsschwerpunkte (§ 11 ModEnG) Rechnung zu tragen (Begr z Gesetzentw BT-Drucks 9/2079, 7). Die vorgesehenen **Baumaßnahmen** können in einem vollständigen Abriß oder in Änderungen oder Instandsetzungen bestehen, die so wesentlich sind, daß eine Fortdauer des Mietverhältnisses sie erheblich erschweren würde. Die Begründung zum Gesetzentwurf (aaO) nennt als Beispiele, daß der Vermieter bei der Modernisierung eines Gebäudes jeweils zwei kleine Wohnungen zu einer größeren vereinigt oder daß morsche Holzdecken eines Altbaus ersetzt werden müssen. Auch Maßnahmen, die nicht nur bei leerer Wohnung durchführbar sind, kommen in Betracht, wenn eine Duldung durch den Mieter nicht gewährleistet ist. Unerheblich ist, ob die beabsichtigte Baumaßnahme wirtschaftlich sinnvoll ist oder ob der Vermieter bei

ihrem Unterbleiben erhebliche Nachteile iS des § 564 b Abs 2 Nr 3 erleiden würde.

Die beabsichtigten Maßnahmen müssen **zulässig** sein. Hierbei kann es auf öffentlich-rechtliche Genehmigungen zum Abbruch, Bau oder zur Zweckentfremdung eines Gebäudes ankommen. Eine dahin gehende Genehmigung muß noch nicht in dem Zeitpunkt vorliegen, in dem das Mietverhältnis abgeschlossen wird (aM Blank WuM 1983, 36, 38). Es kommt im Zeitpunkt des Vertragsabschlusses auch nicht auf die generelle Möglichkeit an, eine derartige Genehmigung zu erreichen. Da es um den Bestandsschutz bei Beendigung des Mietverhältnisses geht, ist für die Zulässigkeit allein dieser Zeitpunkt entscheidend. Spätestens dann muß eine Genehmigung vorliegen. Darüber hinaus kann die Zulässigkeit auch nach zivilrechtlichen Normen erforderlich sein. Stehen zB eine Dienstbarkeit oder andere private Rechte Dritter der vorgesehenen Maßnahme entgegen, ist auch eine Einschränkung des Bestandsschutzes eines Mietverhältnisses nicht gerechtfertigt. Es ist Sache des Vermieters, zunächst die Rechte Dritter zu beseitigen. **21**

c) Der Vermieter muß dem Mieter die besondere Verwendungsabsicht **bei Vertragsschluß schriftlich mitgeteilt** haben. Da Zweifel über ein subjektives Moment ausgeschlossen werden sollen, ist inhaltlich eine hinreichende Konkretisierung erforderlich. Hieran sind jedoch nicht die gleichen Anforderungen zu stellen wie im Rahmen einer Kündigung nach § 564 b (dort Rz 81). Da es bei der Mitteilung im Zeitpunkt des Vertragsabschlusses nicht um eine unmittelbare Rechtsverteidigung des Mieters geht, sondern um eine Eigenbindung des Vermieters, genügt eine hinreichende Bestimmbarkeit. Der Vermieter kann zB hinsichtlich der Person, der er den Wohnraum überlassen will, mehrere Möglichkeiten offenlassen, sofern nur alle benannten Personen zu dem begünstigten Kreis gehören. Ebensowenig brauchen bereits konkrete Baupläne für eine bauliche Änderung vorzuliegen. Vage und schlagwortartige Angaben sind unzureichend. **22**

Für die Mitteilung ist *Schriftform* vorgeschrieben (§ 126). Sie muß bei Vertragsabschluß vorliegen. Dies bedeutet nicht, daß sie in den Mietvertrag aufgenommen werden muß. Ein gesondertes Schreiben neben dem uU auch formlosen Mietvertrag reicht aus. Ein späterer Zugang erfüllt die Voraussetzung nicht. In Anbetracht des häufig nicht genau fixierbaren Zeitpunktes für das Zustandekommen des Vertrags sollten die Anforderungen nicht überspitzt werden. Sofern der Vermieter seine Absicht nicht schon zeitlich vor dem Vertragsabschluß mitgeteilt hat, reicht ein unmittelbarer zeitlicher Zusammenhang aus. **23**

d) Der Vermieter muß dem Mieter drei Monate vor Ablauf der Mietzeit schriftlich mitgeteilt haben, daß die **Verwendungsabsicht noch besteht** (§ 126). Auch hierdurch sollen Zweifel ausgeschlossen werden. Entschei- **24** dend ist, daß die früher mitgeteilte Verwendungsabsicht in diesem späteren Zeitpunkt noch vorliegt. Ein Wechsel zu einer früher nicht genannten Verwendungsabsicht kommt nicht in Betracht. Für die Einhaltung der Frist ist der Zugang beim Mieter maßgebend.

25 **3. Rechtsfolgen**

a) Sofern die Voraussetzungen des Abs 2 im Zeitpunkt der Beendigung des Mietverhältnisses erfüllt sind, kann der Mieter **keine Fortsetzung** des Mietverhältnisses nach Abs 1 verlangen. Gleichfalls ausgeschlossen wird der Anspruch auf Fortsetzung aus § 556 b. Für den Vermieter soll über den Zeitpunkt der Beendigung des Mietverhältnisses keine Unsicherheit entstehen, so daß er Wohnraum auch nicht im Hinblick auf die Sozialklausel leerstehen läßt. Aus den gleichen Gründen ist die Gewährung einer Räumungsfrist nach den §§ 721 Abs 7, 794 a Abs 5 ZPO aufgrund einer Ergänzung dieser Vorschriften durch das Gesetz zur Erhöhung des Angebots an Mietwohnungen vom 20. 12. 1982 (BGBl I 1912) ausgeschlossen. Unberührt bleibt die Möglichkeit, die Räumung aufgrund der vollstreckungsrechtlichen Härteklausel des § 765 a ZPO hinauszuschieben.

26 **b)** Liegen die Voraussetzungen des Abs 2 bei Beendigung des Mietverhältnisses nicht vor, kann der Mieter die **Fortsetzung** auf unbestimmte Zeit nach Abs 1 verlangen. Dies gilt auch, wenn die besondere Verwendungsabsicht des Vermieters in diesem Zeitpunkt nicht mehr besteht. Der Vermieter kann das nach Abs 1 auf unbestimmte Zeit fortgesetzte Mietverhältnis nur noch unter den Voraussetzungen des § 564 b beenden.

27 **4. Sonderregelung bei schuldloser Verzögerung der beabsichtigten Verwendung**

a) Wenn sich die vom Vermieter beabsichtigte Verwendung der Räume ohne sein Verschulden verzögert, greift nach Abs 2 S 2 HS 1 eine Sonderregelung ein. Verschuldensmaßstab ist § 276. Ein Verschulden des Vermieters ist nicht gegeben, wenn sich die beabsichtigte Verwendung aufgrund von Umständen verzögert, auf die er keinen Einfluß hat. Dies gilt zB, wenn aus unvorhersehbaren Gründen eine Baugenehmigung noch nicht erteilt oder eine beabsichtigte Eigennutzung noch nicht realisierbar ist. Der Mieter kann in diesem Fall nur eine Verlängerung des Mietverhältnisses um einen entsprechenden Zeitraum verlangen, dh auf **bestimmte Zeit**, die sich danach richtet, in welchem Zeitpunkt die Verwendungsabsicht des Vermieters voraussichtlich zu verwirklichen ist. Dies ist ggf zu schätzen. Hingegen ist nicht eine Verlängerung auf unbestimmte Zeit unter der auflösenden Bedingung einer Realisierung der Verwendungsabsicht gemeint, wie sich aus dem systematischen Zusammenhang sämtlicher Einzelregelungen des § 564 c ergibt.

b) Wenn die Dauer des Mietverhältnisses durch die Verlängerung fünf 28
Jahre übersteigen würde, kann der Mieter die Fortsetzung auf **unbestimmte Zeit** nach Abs 1 verlangen (Abs 2 S 2 HS 2). Bei derart langfristigen Verzögerungen kommt dem Interesse des Mieters, Klarheit über seinen weiteren Verbleib in der Wohnung zu erlangen, größeres Gewicht zu als dem Interesse des Vermieters an der erleichterten Beendigung des Vertrags (Begr z Gesetzentw BT-Drucks 9/2079, 15).

c) Der Mieter muß auch in den Fällen des Abs 2 S 2 die in Abs 1 vorge- 29
schriebene **Form und Frist** für sein Fortsetzungsverlangen einhalten. Zwar ist nur im zweiten Fall auf Abs 1 verwiesen. Der systematische Zusammenhang ergibt jedoch, daß dies auch im ersteren Fall zu gelten hat.

d) Nach dem Prinzip, daß jede Partei die **Behauptungs- und Beweislast** für 30
das Vorliegen aller Tatbestandsmerkmale der ihr günstigen Rechtsnormen trägt, muß der Mieter darlegen und beweisen, daß die Voraussetzungen für eine Verlängerung des Mietverhältnisses auf bestimmte bzw auf unbestimmte Zeit nach Abs 2 S 2 erfüllt sind. Dies ist allerdings nicht unproblematisch, da es sich weitgehend um Umstände aus dem Bereich des Vermieters handelt. Deshalb sind ggf wegen der größeren Sachnähe des Vermieters Ausnahmen zuzulassen.

V. Unabdingbarkeit 31

Da die Verweisung des Abs 1 S 2 die Regelung des § 564 b in vollem Umfang erfaßt, gilt auch dessen Abs 6 (dort Rz 111 f). Eine zum Nachteil des Mieters von § 564 c abweichende Vereinbarung ist unwirksam. Unzulässig ist es deshalb, die gesetzlichen Bestimmungen zugunsten des Vermieters auszuschließen oder abzuändern. Der Schutz des Mieters kann auch nicht durch die Vereinbarung eines „Mietverhältnisses auf Probe" eingeschränkt werden (OLG Stuttgart NJW 1982, 2673 = 6 in RE Miet). Die Unwirksamkeit beschränkt sich allerdings auf die jeweilige Klausel und erfaßt grundsätzlich nicht den ganzen Mietvertrag (§ 556 a Rz 59). Zulässig sind dagegen abweichende Vereinbarungen zugunsten des Mieters.

§ 565

Bei einem Mietverhältnis über Grundstücke, Räume oder im Schiffsregister eingetragene Schiffe ist die Kündigung zulässig,

1. wenn der Mietzins nach Tagen bemessen ist, an jedem Tag für den Ablauf des folgenden Tages;

2. wenn der Mietzins nach Wochen bemessen ist, spätestens am ersten Werktag einer Woche für den Ablauf des folgenden Sonnabends;
3. wenn der Mietzins nach Monaten oder längeren Zeitabschnitten bemessen ist, spätestens am dritten Werktag eines Kalendermonats für den Ablauf des übernächsten Monats, bei einem Mietverhältnis über Geschäftsräume, gewerblich genutzte unbebaute Grundstücke oder im Schiffsregister eingetragene Schiffe jedoch nur für den Ablauf eines Kalendervierteljahres.

Bei einem Mietverhältnis über Wohnraum ist die Kündigung spätestens am dritten Werktag eines Kalendermonats für den Ablauf des übernächsten Monats zulässig. Nach fünf, acht und zehn Jahren seit der Überlassung des Wohnraums verlängert sich die Kündigungsfrist um jeweils drei Monate. Eine Vereinbarung, nach welcher der Vermieter zur Kündigung unter Einhaltung einer kürzeren Frist berechtigt sein soll, ist nur wirksam, wenn der Wohnraum zu nur vorübergehendem Gebrauch vermietet ist. Eine Vereinbarung, nach der die Kündigung nur für den Schluß bestimmter Kalendermonate zulässig sein soll, ist unwirksam.

Ist Wohnraum, den der Vermieter ganz oder überwiegend mit Einrichtungsgegenständen auszustatten hat, Teil der vom Vermieter selbst bewohnten Wohnung, jedoch nicht zum dauernden Gebrauch für eine Familie überlassen, so ist die Kündigung zulässig,
1. wenn der Mietzins nach Tagen bemessen ist, an jedem Tag für den Ablauf des folgenden Tages;
2. wenn der Mietzins nach Wochen bemessen ist, spätestens am ersten Werktag einer Woche für den Ablauf des folgenden Sonnabends;
3. wenn der Mietzins nach Monaten oder längeren Zeitabschnitten bemessen ist, spätestens am Fünfzehnten eines Monats für den Ablauf dieses Monats.

Bei einem Mietverhältnis über bewegliche Sachen ist die Kündigung zulässig,
1. wenn der Mietzins nach Tagen bemessen ist, an jedem Tag für den Ablauf des folgenden Tages;
2. wenn der Mietzins nach längeren Zeitabschnitten bemessen ist, spätestens am dritten Tag vor dem Tag, mit dessen Ablauf das Mietverhältnis endigen soll.

Absatz 1 Nr. 3, Absatz 2 Satz 1, Absatz 3 Nr. 3, Absatz 4 Nr. 2 sind auch anzuwenden, wenn ein Mietverhältnis unter Einhaltung der gesetzlichen Frist vorzeitig gekündigt werden kann.

Schrifttum: Bodié, Kündigungsfrist bei Wohnungswechsel innerhalb eines Hauses, WuM 1969, 137; Glaser, Das Kündigungsrecht des Wohnungsvermieters, ZMR 1978, 321; Häring, Fristen und Verjährung bei Immobilien, BlGBW 1979, 204; Kaufmann, Zur Überlassung von Wohnraum, ZMR 1964, 293; MICHAELIS, Die Kündigungsfristen gemäß § 565 n. F. bei Wohnungswechsel innerhalb eines Hauses, ZMR 1966, 198; WEIMAR, Die Kündigungsfristen bei Wohnungswechsel im selben Haus, WuM 1969, 36.

I. Allgemeines 1

Die Vorschrift regelt die gesetzlichen Kündigungsfristen bei Mietverhältnissen und bezieht sich in Abs 2 S 3 und 4 hinsichtlich der Mietverhältnisse über Wohnraum auch auf vertraglich vereinbarte Kündigungsfristen. Sie differenziert im einzelnen nach der Art des Mietgegenstandes und nach der Bemessung des Mietzinses. Der Zweck gesetzlicher Kündigungsfristen besteht allgemein darin, den Parteien zwischen dem Zugang der Kündigungserklärung und dem Ende des Mietverhältnisses eine angemessene Vorbereitungszeit einzuräumen, damit der Mieter die Mietsache zurückgeben und sich ggf rechtzeitig Ersatz beschaffen kann, während dem Vermieter genügend Zeit bleibt, sich einen neuen Mieter zu suchen. Bei einem Mietverhältnis über Wohnraum verlängert sich die Kündigungsfrist jeweils nach der Dauer der Überlassung des Wohnraums, um dem Mieter, der mit seiner Wohnung besonders verwachsen ist, einen kurzfristigen Wechsel zu ersparen und ihm Gelegenheit zu geben, sich in Ruhe um eine andere Wohnung zu bemühen.

II. Geltungsbereich der Vorschrift 2

Die Vorschrift gilt mit den gesetzlichen Kündigungsfristen primär für Mietverhältnisse, die auf unbestimmte Zeit eingegangen sind. Mietverhältnisse auf bestimmte Zeit werden nur erfaßt, wenn es sich um eine außerordentliche befristete Kündigung handelt oder wenn ein Vertrag mit Verlängerungsklausel Wohnraum betrifft (§ 565 a Abs 1). Das gleiche gilt für auflösend bedingte Mietverhältnisse über Wohnraum nach Eintritt der Bedingung (§ 565 a Abs 2). Auf Werkmietwohnungen des § 565 b und Werkdienstwohnungen des § 565 e ist die Vorschrift neben der Sonderregelung des § 565 c anwendbar. Sie gilt für Mieter und Vermieter in gleicher Weise (LG Hannover ZMR 1968, 204; LG Itzehoe BlGBW 1967, 116). Die zum Schutz des Mieters verlängerten Kündigungsfristen des Abs 2 S 2 können sich allerdings auch zu seinen Ungunsten auswirken, wenn er mangels abweichender Vereinbarungen an die bis zu einem Jahr reichenden Kündigungsfristen gebunden ist. Hiervon kann er sich nur nach § 242 lösen, wenn die Voraussetzungen für die Gestellung eines Ersatzmieters erfüllt sind (§ 552 Rz 8 ff) oder wenn der Vermieter gehalten ist, dem Mieter eine kürzere Kündigungsfrist einzuräumen, falls dieser den mit einem Umbau verbundenen Beeinträchtigungen entgehen will (AG Dortmund WuM 1980, 246).

III. Fristberechnung

3 **1.** Die einzelnen Kündigungsfristen sind nach den Auslegungsvorschriften der §§ 187 ff zu berechnen (§ 186). In § 565 wird jeweils festgelegt, an welchem Tag gekündigt werden muß. Dies ist der **Kündigungstag**, an dem die Kündigungserklärung durch Zugang beim Empfänger wirksam werden muß. Im Interesse der Rechtssicherheit ist entgegen einer früher vertretenen Auffassung (RG JW 1907, 705) an dem Grundsatz festzuhalten, daß eine Kündigungsfrist dem Gekündigten als Mindestfrist ungeschmälert erhalten bleiben muß und daß § 193 deshalb im Prinzip unanwendbar ist (vgl BAG NJW 1970, 1470; BGHZ 59, 265, 267 f = NJW 1972, 2083; PALANDT-PUTZO § 565 Anm 1 f; STERNEL Rz IV 21; s aber BGH NJW 1975, 40 zum Mietvertrag mit Verlängerungsklausel; vgl Mietrecht § 565 Rz 9 ff).

4 **2.** Der **Kündigungstermin** ist der Tag, zu dem die Kündigung das Mietverhältnis beendet. Er ergibt sich aus den einzelnen Bestimmungen des § 565. Das Mietverhältnis endet mit Ablauf des Kündigungstermins. Unerheblich ist es, ob dieser Tag auf einen Sonnabend, einen Sonn- oder Feiertag fällt. Das Mietverhältnis verlängert sich nicht nach § 193, da diese Vorschrift allein auf den Ablauf einer Frist nicht anwendbar ist (aM ERMAN-SCHOPP § 565 Rz 5, 18). Die Kündigungserklärung braucht nicht die Angabe eines bestimmten Kündigungstermins zu enthalten. Sie wird in diesem Fall zum nächst zulässigen Termin wirksam. Das gleiche gilt, wenn die für den angegebenen Termin einzuhaltende Kündigungsfrist versäumt ist, der Kündigende das Mietverhältnis aber auf jeden Fall beenden will und dieser Wille dem anderen Vertragsteil erkennbar ist (§ 564 Rz 12). Auch die Umdeutung in eine außerordentliche fristlose Kündigung kommt in Betracht (§ 564 Rz 33 ff).

5 **3.** Zwischen dem Kündigungstag und dem Kündigungstermin liegt die **Kündigungsfrist**. Sie ergibt sich mittelbar aus dem zeitlichen Abstand zwischen Kündigungstag und -termin.

IV. Kündigungsfrist bei Mietverhältnissen über Grundstücke, Räume und eingetragene Schiffe (Abs 1)

6 **1.** Die Kündigungsfrist bei Mietverhältnissen über Grundstücke, Räume außer Wohnraum sowie im Schiffsregister eingetragene Schiffe richtet sich danach, für welche Zeitabschnitte der Mietzins nach dem Vertrag bemes-

sen ist. Die Regelung gilt nur für Mietverträge, die eine der genannten Mietsachen zum **Gegenstand** haben.

a) Ein **Grundstück** iS des BGB ist ein abgegrenzter Teil der Erdoberfläche, der im Grundbuch als „Grundstück" geführt wird. Unter Abs 1 fällt auch die Vermietung von Teilen eines Grundstücks. Dies gilt zum einen, wenn die vermietete Grundstücksfläche hinter der grundbuch- und katastermäßig ausgewiesenen Größe des Grundstücks zurückbleibt. Hierzu rechnet die Vermietung des Grund und Bodens sowie eines Verkaufs- oder Ausstellungsstandes auf einem Platz oder in einer Halle. Zum anderen liegt Grundstücksmiete vor, wenn Teile eines Gebäudes wie Schaufenster oder Ausstellungskästen sowie Wandflächen für Reklamezwecke oder zur Anbringung von Automaten vermietet werden und diese Teile nicht unter den Begriff des Raumes fallen. Maßgebend für die Frage, ob Gegenstand des Mietvertrags ein Grundstück ist, sind die Vereinbarungen. **7**

b) Ein **Raum** ist ein allseits umschlossener Teil eines festen Gebäudes, der so groß ist, daß sich ein Mensch darin aufhalten kann. Unter den Begriff fallen alle unbeweglichen, mit dem Erdboden fest verbundenen Bauwerke, die zum Aufenthalt von Menschen bestimmt und geeignet sind. Die Vermietung von Räumen in beweglichen Sachen wie Wohnwagen, Gerätewagen, Eisenbahnwagen oder Schiffen, ausgenommen die eingetragenen Schiffe, fällt unter Abs 4. Für die Vermietung von Wohnraum als Sonderfall der Raummiete gelten die Abs 2 und 3. **8**

aa) Ein **Mietverhältnis über Räume** iS des Abs 1 liegt vor, wenn ein ganzes Gebäude oder Innenräume von Gebäuden zu anderen als Wohnzwecken vermietet sind. Hierzu gehören Räume, die geschäftlichen Zwecken dienen wie Fabrikgebäude, Häuser mit Läden und Büros, Gaststätten und Lagerräume. Auch Räume, die zu sonstigen Zwecken vermietet werden, wie Garagen (LG Mannheim WuM 1974, 73; AG Gronau WuM 1974, 178), Sporthallen und Vortragssäle fallen unter diese Vorschrift. **9**

bb) Für die Kündigung eines **Mischmietverhältnisses**, bei dem Wohnräume und Geschäftsräume zusammen vermietet werden, kommt es darauf an, ob die Verträge nur äußerlich verbunden sind. Lassen sie sich ohne weiteres trennen, sind für jeden Vertrag die für ihn geltenden Vorschriften maßgebend, für den Vertrag über Geschäftsräume also Abs 1. Handelt es sich um einen einheitlichen Vertrag, ist entscheidend, welcher Vertragsteil nach dem Parteiwillen im Vordergrund steht. Hierfür sind Mietwert und Größe der Räume maßgebend. Überwiegt der geschäftliche Raumanteil, liegt ein einheitlicher Mietvertrag über Geschäftsräume vor. Die Kündigungsfrist richtet sich nach Abs 1 (LG Mannheim MDR 1966, 419; LG Wiesbaden WuM 1964, 169). **10**

c) Der Kündigungsregelung des Abs 1 unterliegen im Schiffsregister **ein-** **11**

getragene Schiffe. Die Kündigung von nicht eingetragenen Schiffen richtet sich nach Abs 4.

12 **2.** Im einzelnen hängen die **Kündigungsfristen** des Abs 1 davon ab, für welche Zeitabschnitte der Mietzins nach den Vereinbarungen der Parteien bemessen ist. In der Bemessung des Mietzinses bringen die Parteien zum Ausdruck, für welchen Zeitraum der vereinbarte Betrag das Entgelt für die Überlassung der Mietsache darstellen soll. Die Bemessung ist nicht mit der Zahlungsweise identisch (§ 551 Abs 2). Für die Kündigungsfrist ist nicht die vereinbarte Zahlungsweise, sondern nur die Bemessung des Mietzinses entscheidend (RGZ 64, 270). Mangels abweichender Vereinbarungen entspricht die Zahlungsweise jedoch idR der Bemessung.

13 **a)** Im einzelnen ergibt sich aus Abs 1, daß bei der Bemessung des Mietzinses **nach Tagen** an jedem Tag für den Ablauf des folgenden Tages gekündigt werden kann (Nr 1). Die Kündigungsfrist beträgt also mindestens 24 Stunden.

14 **b)** Ist der Mietzins **nach Wochen** bemessen, kann spätestens am ersten Werktag einer Woche für den Ablauf des folgenden Sonnabends gekündigt werden (Nr 2). Die Kündigung muß also spätestens am Montag wirksam werden. Damit beträgt die Kündigungsfrist idR 5 Tage. Fällt der Montag auf einen am Erklärungsort staatlich anerkannten allgemeinen Feiertag, ist erst der Dienstag der erste Werktag der Woche. Das Gesetz selbst verkürzt die Kündigungsfrist.

15 **c)** Ist der Mietzins **nach Monaten oder längeren Zeitabschnitten** bemessen, muß die Kündigung spätestens am dritten Werktag eines Kalendermonats für den Ablauf des übernächsten Monats wirksam werden (Nr 3 HS 1). Die Kündigungsfrist beträgt damit idR drei Monate, abzüglich der Karenzzeit von drei Werktagen. Für die Karenzzeit werden Sonnabend, Sonntag und ein am Erklärungsort staatlich anerkannter allgemeiner Feiertag nicht mitgezählt. Da das Gesetz ausdrücklich auf den dritten Werktag abstellt, verkürzt es selbst die Kündigungsfrist.

16 Für Mietverhältnisse über *Geschäftsräume, gewerblich genutzte unbebaute Grundstücke oder im Schiffsregister eingetragene Schiffe* muß bei der Bemessung des Mietzinses nach Monaten oder längeren Zeitabschnitten spätestens am dritten Werktag eines Kalendermonats gekündigt werden, die Kündigung kann aber nur für den Ablauf eines Kalendervierteljahres erklärt werden (Nr 3 HS 2). Der Begriff des Geschäftsraums wird fast allgemein als Gegensatz zum Wohnraum verstanden. Die Vorschriften über die Geschäftsraummiete werden nicht dadurch unanwendbar, daß der Mieter die Räume abredewidrig zu Wohnzwecken nutzt. Als gewerbliche Nutzung sind alle Tätigkeiten zu verstehen, die auf Erwerb gerichtet sind, ohne daß die Absicht der Gewinnerzielung entscheidend ist.

d) Die Kündigungsvorschriften des Abs 1 sind **abdingbar**. Die Parteien können längere oder kürzere Fristen vereinbaren. Bei Formularmietverträgen ist § 11 Nr 12 c) AGBG zu beachten (STAUDINGER-SCHLOSSER AGBG § 11 Nr 12 Rz 21 ff; SCHEFFLER MDR 1982, 20). **17**

V. Kündigungsfristen bei Mietverhältnissen über Wohnraum (Abs 2 und 3)

1. Regelfall des Mietverhältnisses über Wohnraum (Abs 2) **18**

a) Bei einem **Mietverhältnis über Wohnraum** (Vorbem 12 zu §§ 535, 536) ist die Kündigung nach Abs 2 S 1 spätestens am dritten Werktag eines Kalendermonats für den Ablauf des übernächsten Monats zulässig. Dieser Vorschrift unterliegen auch Mischmietverhältnisse, sofern der Wohnraumanteil überwiegt oder dem Anteil der Geschäftsräume zumindest gleichwertig ist. Ein Wohnraummietverhältnis wird nicht dadurch dem Anwendungsbereich des Abs 2 entzogen, daß der Mieter die Räume abredewidrig zu anderen Zwecken nutzt. Bei Werkmietwohnungen kann die ordentliche Kündigung anstelle des § 565 Abs 2 auf § 565 c gestützt werden.

b) Die **Kündigungsfrist** beträgt nach Abs 2 S 1 idR drei Monate, abzüglich **19** der Karenzzeit von drei Werktagen. Sonnabend, Sonntag und ein am Erklärungsort staatlich anerkannter allgemeiner Feiertag werden für die Karenzzeit nicht mitgezählt.

c) Eine **Verlängerung der Kündigungsfrist** um jeweils drei Monate tritt **20** nach Abs 2 S 2 ein, wenn bestimmte Zeiten seit der Überlassung des Wohnraums verstrichen sind. Nach fünfjähriger Dauer verlängert sich die Kündigungsfrist von drei auf sechs Monate, nach achtjähriger Dauer auf neun Monate und nach zehnjähriger Dauer auf maximal zwölf Monate. Hiervon ist jeweils die Karenzzeit von drei Werktagen abzuziehen.

aa) Eine **Überlassung** liegt vor, wenn der Mieter in die Lage versetzt ist, **21** den Wohnraum vertragsgemäß in Gebrauch zu nehmen. Dies fällt idR mit der Besitzverschaffung zusammen (BGHZ 65, 137 = NJW 1976, 105; §§ 535, 536 Rz 6). Wird zunächst der Mietvertrag abgeschlossen und erlangt der Mieter dabei die tatsächliche Gewalt über die Wohnung, ist sie ihm überlassen, ohne daß es darauf ankommt, wann er die Wohnung bezieht. Ist der Wohnraum schon vor Abschluß des Mietvertrags überlassen worden, ist dieser frühere Zeitpunkt maßgebend. Dabei ist es unerheblich, auf welchem Rechtsgrund die Besitzübertragung zunächst beruhte (LG Bielefeld ZMR 1965, 274; aM AG Dortmund MDR 1964, 923).

bb) Der Besitz muß **freiwillig** übertragen worden sein. Eine eigenmäch- **22** tige Besitzergreifung durch den Mieter ist unzureichend. Nicht anzurechnen ist eine Besitzzeit, die wie bei der Einweisung Obdachloser durch eine Behörde auf öffentlich-rechtlichen Vorschriften beruht (aM STERNEL Rz IV 24).

23 cc) Fraglich ist im einzelnen, wie sich eine **Änderung der rechtlichen oder tatsächlichen Verhältnisse**, die für die Überlassung des Wohnraums maßgebend sind, auswirkt.

α) Dies gilt zunächst für **Vertragsänderungen** im weitesten Sinne. Da es für den Zeitpunkt der Überlassung des Wohnraums nicht auf den Abschluß des Mietvertrags ankommt, ist es für die Berechnung des Überlassungszeitraums unerheblich, wenn die Parteien nach Ablauf bestimmter Zeitabschnitte unter Aufhebung des bisherigen Vertrags einen neuen Mietvertrag abschließen (LG Düsseldorf WuM 1973, 189). Unmaßgeblich ist es auch, wenn der ursprüngliche Mietvertrag inhaltlich geändert wird. Das gleiche gilt, wenn sich das Mietverhältnis nach § 568 durch Fortsetzung des Gebrauchs, aufgrund einer vertraglichen Verlängerungsklausel, einer Vereinbarung der Parteien nach Beendigung durch Zeitablauf oder Kündigung sowie nach Eintritt einer auflösenden Bedingung auf unbestimmte Zeit verlängert.

24 β) Ein **Parteiwechsel** berührt den Bestand des Mietverhältnisses grundsätzlich nicht. Auf dieser Grundlage kann einem neuen Mieter bei Eintritt in einen bestehenden Mietvertrag die Besitzzeit seines Vorgängers angerechnet werden, wenn die Identität des Mietverhältnisses gewahrt bleibt, also Rechtsnachfolge auf seiten des Mieters vorliegt (BGB-RGRK-GELHAAR § 565 Rz 8; aM MünchKomm-VOELSKOW § 565 Rz 18). In gleicher Weise wird die Dauer der Überlassung nicht durch einen Vermieterwechsel beeinträchtigt (AG Oberhausen WuM 1965, 186).

25 γ) Eine **Unterbrechung der Besitzzeit** ist unschädlich, wenn es sich nur um eine vorübergehende Besitzaufgabe handelt, das Mietverhältnis aber im übrigen fortbesteht. Dies gilt etwa, wenn ein Student den Wohnraum während der Semesterferien vollständig räumt und ihn dem Vermieter für diese Zeit zu anderweitiger Nutzung überläßt.

26 δ) Nach hM wird einem Mieter nicht die Besitzzeit angerechnet, die er vor Begründung eines Hauptmietverhältnisses als **Untermieter** in der Wohnung verbracht hat (LG Bielefeld ZMR 1965, 274; LG Düsseldorf MDR 1969, 763). Dies steht jedoch nicht im Einklang mit dem auch von Vertretern der hM gebilligten Ansatz, daß nicht der Abschluß des Mietvertrags entscheidend ist, sondern die tatsächliche Überlassung des Wohnraums. Hinzu kommt, daß ein Wechsel auf seiten des Eigentümers bzw Vermieters nach allgemeiner Auffassung unschädlich ist. Für die Realisierung des Zwecks der Vorschrift, dem durch langen Aufenthalt mit seiner Wohnung besonders verwachsenen Mieter einen kurzfristigen Wechsel zu ersparen, macht es keinen Unterschied, ob der Besitz von einem früheren

Eigentümer oder Vermieter als Rechtsvorgänger des jetzigen Vermieters oder im Rahmen eines Untermietverhältnisses vom Hauptmieter übertragen worden ist. Der entscheidende Umstand liegt darin, daß der Vermieter mit dem früheren Untermieter den nunmehr zu kündigenden Mietvertrag abgeschlossen hat und deshalb schon in diesem Zeitpunkt die Dauer der Überlassung kennt. Aus diesen Gründen ist mit der Mindermeinung die Besitzzeit als Untermieter anzurechnen, soweit eine Identität des Wohnraums gewahrt ist (AG Hagen WuM 1969, 167; Bodié WuM 1965, 37, 38; Sternel Rz IV 24; Weimar WuM 1969, 36; vgl zur Weitervermietung von Behörden oder Unternehmen Mietrecht § 565 Rz 40).

ε) Bei einem **Wohnungswechsel innerhalb des Hauses** ist streitig, ob sich die Dauer der Überlassung an den Mieter nach der Besitzzeit der letzten, zu kündigenden Wohnung richtet (LG Aachen WuM 1971, 60; LG Düsseldorf MDR 1969, 397) oder ob die gesamte Mietzeit in dem Haus unabhängig von der jeweiligen Wohnung maßgebend ist (LG Kaiserslautern WuM 1970, 135; LG Mannheim WuM 1976, 207; Sternel Rz IV 25). Nach dem Wortlaut der Vorschrift kommt es auf die Überlassung „des" Wohnraums an. Damit kann nur der zu kündigende Wohnraum gemeint sein. Um in gewissen Fällen das rechtspolitisch erwünschte Ergebnis einer Anrechnung früherer Wohnzeiten zu erzielen, liegt es nahe, auf eine ergänzende Vertragsauslegung abzustellen. Jeder Wohnungswechsel des Mieters ist mit einer Änderung oder einem Neuabschluß des Mietvertrags verbunden. Bei Identität des Vermieters ist es deshalb angebracht, die Anrechnung früherer Wohnzeiten als vertraglich vereinbart anzusehen. 27

dd) Für die **Berechnung des Überlassungszeitraums** ist die Zeit zwischen der Überlassung des Wohnraums und dem Zugang der Kündigungserklärung maßgebend, nicht aber der Kündigungstermin, zu dem das Mietverhältnis beendet werden soll (LG Koblenz Glaser ES 1 Nr 539; AG Hamburg-Harburg MDR 1970, 240). Dies ergibt sich aus der Formulierung des Gesetzes, daß sich die Kündigungsfrist erst dann verlängert, wenn „seit" der Überlassung ein bestimmter Zeitraum verstrichen ist. Eine bereits laufende Kündigungsfrist wird nicht verlängert, weil sich die Rechtsfolgen einer Kündigung danach richten, welche Vorschriften im Zeitpunkt ihres Wirksamwerdens maßgebend sind. 28

2. Mietverhältnis über möblierten Wohnraum in der Wohnung des Vermieters (Abs 3) 29

a) Die Sonderregelung des Abs 3 erfaßt nur Mietverhältnisse über möblierten Wohnraum, schränkt diesen **Anwendungsbereich** aber durch bestimmte Voraussetzungen weiter ein.

30 **aa)** Zwischen den Parteien muß ein **Mietverhältnis über Wohnraum** bestehen (Vorbem 12 zu §§ 535, 536), aus dem sich für den Vermieter die Verpflichtung ergibt, den Wohnraum ganz oder überwiegend mit Einrichtungsgegenständen auszustatten.

α) Die **Verpflichtung** muß sich aus dem Mietvertrag ergeben. Sie kann von Anfang an bestehen oder durch Vertragsänderung später begründet werden. Maßgebend für die Geltung des Abs 3 ist der Zeitpunkt der Kündigungserklärung. Dabei ist es unerheblich, ob der Vermieter seine Verpflichtung erfüllt hat. Haben die Parteien die ursprünglich begründete Ausstattungsverpflichtung später im Wege der Vertragsänderung aufgehoben, greifen die Kündigungsvorschriften des Abs 2 ein.

31 **β)** Für den **Umfang der Möblierung** ist die vertragliche Vereinbarung maßgebend. Ganz auszustatten ist der Wohnraum, wenn sämtliche Einrichtungsgegenstände, die der Mieter für eine normale Lebensführung benötigt, vom Vermieter zu stellen sind. Überwiegend auszustatten ist der Wohnraum, wenn der Vermieter nach Zahl und wirtschaftlicher Bedeutung mehr als die Hälfte der bei voller Möblierung benötigten Einrichtungsgegenstände zu stellen hat. Hierzu gehören die für eine normale Ausstattung erforderlichen Möbel sowie Herd, Spüle, Beleuchtungskörper, Teppiche, Bettzeug und Bilder. Auch fest eingebaute Gegenstände wie sanitäre Einrichtungen und Einbaumöbel sind zu berücksichtigen. Da es nur auf die Verpflichtung ankommt, ist es unerheblich, ob die tatsächlich zur Verfügung gestellten Gegenstände mangelhaft sind (aM Schmidt-Futterer-Blank C 469).

32 **bb)** Der Wohnraum muß **Teil der vom Vermieter selbst bewohnten Wohnung** sein. Dies ist der Fall, wenn dem Mieter ein einzelner Raum innerhalb der abgeschlossenen Wohnung des Vermieters überlassen wird. Dabei macht es keinen Unterschied, ob es sich um eine Etagenwohnung oder um ein Einfamilienhaus handelt. Erfaßt werden auch Mansarden, Souterrainräume oder sonstige vom Treppenhaus separat zugängliche Räume, die außerhalb der abgeschlossenen Wohnung des Vermieters liegen, aber mit dessen Wohnbereich wegen der gemeinschaftlichen Benutzung von Küche, Bad oder Toilette einen räumlichen Zusammenhang aufweisen.

33 **cc)** Der Wohnraum darf **nicht zum dauernden Gebrauch für eine Familie überlassen** sein.

α) Das BGB enthält keine Begriffsbestimmung der **Familie**. Im allgemeinen wird darunter die Gesamtheit der durch Ehe, Verwandtschaft und Schwägerschaft verbundenen Personen verstanden (Roquette § 565 Rz 30; Schmidt-Futterer-Blank C 471). Auf den Grad der Verwandtschaft oder Schwägerschaft kommt es nicht an. Maßgebend ist vielmehr die darauf beruhende enge Beziehung der Personen, die darin zum Ausdruck kommt, daß der Wohnraum den Mittelpunkt der gemeinsamen Lebensführung bildet. Die nichteheliche Lebensgemeinschaft wird nicht erfaßt. Im übrigen ist es unerheblich, ob die Personen bereits vor der Begründung des zu kündigenden Mietverhältnisses zusammen gewohnt haben. Es kommt auch nicht darauf an, ob alle oder nur eine von ihnen Partei des Mietvertrags wird. Da der Wohnraum zum dauernden Gebrauch „für" eine Familie überlassen sein muß, ist ein subjektives Moment erforderlich, das ein entsprechendes Bewußtsein auf seiten des Überlassenden voraussetzt und in die vertragliche Vereinbarung eingeht. Nimmt der alleinstehende Mieter mit Zustimmung des Vermieters eine weitere Person, zB nach der Heirat die Ehefrau oder einen Verwandten, in die Wohnung auf, so ist der Wohnraum nunmehr an eine Familie überlassen. Eine solche Überlassung setzt jedoch voraus, daß der Vermieter im Wege der Vertragsänderung zustimmt und damit der Familie den Besitz einräumt. Hat der Vermieter den Wohnraum an Personen überlassen, die nicht verwandt sind und heiraten diese später, ist der Wohnraum erst dann zum dauernden Gebrauch für eine Familie überlassen, wenn die Parteien den Mietvertrag entsprechend ändern. Dies ist stillschweigend möglich.

β) In gleicher Weise muß die Miete des Wohnraums **zum dauernden Gebrauch** Inhalt des Vertrags geworden sein. Dauernder Gebrauch steht im Gegensatz zum vorübergehenden Gebrauch. Für die Abgrenzung ist der Vertragszweck maßgebend (§ 556 a Rz 54 ff). 34

b) Die **Kündigungsfristen** des Abs 3 richten sich nach der Bemessung des Mietzinses. Ist der Mietzins nach Tagen bemessen, ist die Kündigung an jedem Tag für den Ablauf des folgenden Tages zulässig (Nr 1). Ist der Mietzins nach Wochen bemessen, kann spätestens am ersten Werktag einer Woche für den Ablauf des folgenden Sonnabends gekündigt werden (Nr 2). Ist der Mietzins nach Monaten oder längeren Zeitabschnitten bemessen, ist die Kündigung spätestens am Fünfzehnten eines Monats für den Ablauf dieses Monats zulässig (Nr 3). 35

3. Abweichende Vereinbarungen (Abs 2 S 3 und 4) 36

a) Nach Abs 2 S 3 ist eine Vereinbarung, die den Vermieter zur Kündigung unter Einhaltung einer kürzeren Frist berechtigen soll, nur wirksam, wenn der **Wohnraum zu nur vorübergehendem Gebrauch** vermietet ist. Dies richtet sich nach dem Vertragszweck (§ 556 a Rz 54 ff). Darüber hinaus können die Parteien die gesetzlichen Kündigungsfristen für Mietverhältnisse über möblierten Wohnraum iS des Abs 3 abkürzen oder beliebig anderweitig regeln, da diese Vorschrift kein Verbot abweichender Vereinbarungen enthält.

37 **b)** Aus Abs 2 S 3 ergibt sich, daß die gesetzlichen Kündigungsfristen bei allen Mietverhältnissen über **Wohnraum zum dauernden Gebrauch** nicht durch Parteivereinbarung für eine Kündigung durch den Vermieter abgekürzt werden dürfen. Dabei macht es keinen Unterschied, ob es sich um möblierten oder unmöblierten Wohnraum handelt und ob der Wohnraum für eine Familie oder für Alleinstehende überlassen ist. Alle Mietverhältnisse, die unter Abs 2 und nicht unter Abs 3 fallen, unterliegen dieser Beschränkung. Die Unabdingbarkeit gilt sowohl für die regelmäßige Kündigungsfrist des Abs 2 S 1 als auch für die nach der Dauer der Überlassung verlängerten Fristen des S 2.

38 Da die Unabdingbarkeit der gesetzlichen Fristen nur für eine Kündigung durch den Vermieter vorgeschrieben ist, können die Parteien für eine Kündigung durch den Mieter **kürzere Fristen** vereinbaren (AG Marburg ZMR 1979, 46). Den Interessen des Mieters kommt es entgegen, wenn von den nach der Dauer der Überlassung verlängerten Fristen des Abs 2 S 2 abgewichen wird. Die Vereinbarung kürzerer Kündigungsfristen für beide Parteien ist insoweit unwirksam, als sie den Vermieter gegenüber der gesetzlichen Regelung begünstigt. Für die Kündigung durch den Mieter kann sie dagegen aufrechterhalten werden (AG Köln WuM 1970, 82; aM Korff MDR 1965, 89, 90).

39 Durch die Unabdingbarkeit sollen **Mindestfristen** für die Kündigung durch den Vermieter festgelegt werden. Zulässig ist deshalb eine Vereinbarung, mit der die Kündigungsfrist für den Mieter, den Vermieter oder für beide Parteien gegenüber der gesetzlichen Regelung verlängert wird (OLG Nürnberg WuM 1967, 202; LG Düsseldorf WuM 1973, 189; LG Mannheim DWW 1975, 42). Die Parteien können auch einen anderen Kündigungstag als den dritten Werktag eines Kalendermonats vereinbaren, also etwa eine Kündigung spätestens am Ersten oder Fünfzehnten eines Monates, sofern dabei die gesetzlichen Mindestfristen eingehalten werden (Pergande NJW 1964, 1925, 1926). Ferner ist es zulässig, unter Einhaltung der Mindestfrist eine nach festen Zeitabschnitten bemessene Kündigungsfrist zu vereinbaren, für die der Tag der Kündigung nicht von vornherein durch einen bestimmten Tag der Woche oder des Monats festgelegt wird.

40 **c)** Nach Abs 2 S 4 ist eine Vereinbarung, nach der die Kündigung nur für den **Schluß bestimmter Kalendermonate** zulässig sein soll, unwirksam (AG Marburg ZMR 1979, 46). Diese Regelung betrifft sämtliche Mietverhältnisse über Wohnraum iS des Abs 2 S 1 und macht auch bei einer Überlassung zu nur vorübergehendem Gebrauch (Abs 2 S 3) keine Ausnahme. Mietverhältnisse über möblierten Wohnraum iS des Abs 3 werden nicht erfaßt. Andere Termine schließt der Gesetzeswortlaut nicht aus (aM Sternel Rz IV 29). Insoweit ist wegen des Gesetzeszwecks, eine Zusam-

menballung von Kündigungen an bestimmten Terminen zu verhindern, auch eine entsprechende Anwendung des Abs 2 S 4 nicht angebracht.

VI. Kündigungsfristen bei Mietverhältnissen über bewegliche Sachen (Abs 4) 41

Bei einem Mietverhältnis über bewegliche Sachen ist für die Kündigungsfrist die Bemessung des Mietzinses maßgebend. Zu den beweglichen Sachen gehören auch deren Innenräume und die nicht im Schiffsregister eingetragenen Schiffe. Ist der Mietzins nach Tagen bemessen, kann an jedem Tag für den Ablauf des folgenden Tages gekündigt werden (Nr 1). Die Kündigungsfrist beträgt in diesem Fall mindestens 24 Stunden. Bei der Bemessung des Mietzinses nach längeren Zeitabschnitten muß die Kündigung spätestens am dritten Tag vor dem Tag wirksam werden, mit dessen Ablauf das Mietverhältnis endigen soll (Nr 2). Die Kündigungsfrist beträgt damit mindestens drei Tage. In beiden Fällen ist § 193 für die Fristberechnung unerheblich.

VII. Kündigungsfristen bei Mischverträgen und Sonderformen

1. Allgemeines 42

Da die Miete die Grundform der entgeltlichen Überlassung einer Sache zum Gebrauch bildet, enthalten viele Verträge mietrechtliche Elemente und können deshalb als Mischverträge und Sonderformen der Miete gekennzeichnet werden (Vorbem 17 ff zu §§ 535, 536). Haben die Parteien keine Vereinbarungen über die Fristen für eine ordentliche Kündigung getroffen, stellt sich die Frage, ob § 565 maßgebend ist. Generell entscheidend ist dabei, ob das mietvertragliche oder ein anderes Element überwiegt und ob sich die einzelnen Teile rechtlich trennen lassen. Ist es im Einzelfall nicht möglich, jede Leistung gesondert dem Recht des jeweiligen Vertragstyps zu unterstellen, was für die Kündigung idR auch die Beendigung der sonstigen Vertragsbeziehungen nach § 139 zur Folge hat, sind insgesamt diejenigen Vorschriften maßgebend, die für den rechtlichen oder wirtschaftlichen Schwerpunkt des Vertrags gelten (vgl BGHZ 2, 331, 333 = NJW 1951, 705). Vor allem wenn das mietrechtliche Element die Grundlage für die Ausübung aller weiteren Rechte aus dem Vertrag bildet, ist es angemessen, die Kündigungsvorschriften des Mietrechts einheitlich auf den ganzen Vertrag anzuwenden.

43 **2. Einzelne Mischverträge**

Wird ein *Zimmer mit Frühstück* vermietet, liegt das Schwergewicht auf dem mietvertraglichen Element. Es handelt sich um ein Mietverhältnis über Wohnraum, dessen Kündigungsfrist sich jeweils nach der Art des Wohnraums und dem Zweck der Überlassung insgesamt nach Abs 2 oder 3 richtet. Der *Beherbergungsvertrag* zur Aufnahme in einer Pension oder einem Hotel ist in seinem wesentlichen Kern ein Mietvertrag über möblierten Wohnraum. Regelmäßig wird er auf bestimmte Zeit abgeschlossen. Ist dies nicht der Fall, wird im Wege der ergänzenden Vertragsauslegung regelmäßig die Vereinbarung kürzerer Kündigungsfristen anzunehmen sein, wie sie Abs 3 enthält. Dies ist nicht nur zugunsten des Mieters möglich, sondern wegen der Vermietung zu nur vorübergehendem Gebrauch auch für die Kündigung durch den Vermieter (Abs 2 S 3). *Wohnheimverträge* mit einem Alters-, Arbeiter- oder Studentenheim sind Mietverhältnisse über Wohnraum, deren Kündigung sich nach Abs 2 richtet, auch wenn andersartige Nebenleistungen erbracht werden. Insoweit stellt sich nur die Frage, ob es sich um Mietverträge auf vorübergehende Zeit handelt (Rz 36). Grundstücksmiete iS des Abs 1 ist gegeben, wenn auf einem *Campingplatz* eine Stellfläche vermietet wird und zusätzliche Dienstleistungen erbracht werden. *Tresor- oder Schrankfachverträge* mit Banken sind Mietverträge mit Verwahrungselementen. Soweit die Stahlschränke fest mit dem Grundstück verbunden sind, handelt es sich um die Miete von Grundstücksteilen, für die Abs 1 als Kündigungsregelung gilt. Der Vertrag über eine *Hausmeisterwohnung* ist Arbeits- oder Dienstvertrag iVm einer Werkmiet- oder Werkdienstwohnung (§§ 565 b–565 e).

44 **3. Sonderformen**

Leasingverträge finden sich in der Praxis in den unterschiedlichsten Formen. Sie können nach der jeweiligen Ausgestaltung Kauf, Miete oder ein Mischvertrag mit miet- und kaufrechtlichen Elementen sein (Vorbem 17 ff zu §§ 535, 536). Sind sie als reine Miete zu beurteilen oder überwiegen die mietrechtlichen Elemente, greifen die Kündigungsvorschriften des § 565 ein, die sich im einzelnen nach dem Gegenstand des Vertrags und der Bemessung der Vergütung richten. *Automatenaufstellverträge* werden als Sammelbegriff für die unterschiedlichsten Vertragsformen verwendet (Vorbem 24 zu §§ 535, 536). Ein Mietvertrag über eine bewegliche Sache iS des Abs 4 liegt vor, wenn ein Automatenaufsteller einem Unternehmer Automaten überläßt, damit dieser Waren verkaufen oder sonstige Leistungen anbieten kann. Unerheblich ist, ob dem Mieter zugleich ein Kaufrecht eingeräumt ist. Wird einem Automatenaufsteller eine Wand- oder

Bodenfläche an einem allgemein zugänglichen Ort vermietet, damit er selbst Waren oder Leistungen anbieten kann, handelt es sich um Grundstücksmiete iS des Abs 1 (von Olshausen-Schmidt, Automatenrecht [1972] B 45 f). Raummiete ist gegeben, wenn einem Automatenaufsteller ein ganzer Raum vermietet wird, in dem er eine Automatenspielhalle einrichten will (BGHZ 47, 202, 206 = NJW 1967, 1414, 1416). Für Automatenaufstellverträge, nach denen die Geräte in den Gewerbebetrieb eines anderen, der am Umsatz beteiligt ist, eingegliedert werden, läßt die heute hM die Kündigung ohne Rücksicht auf die im Einzelfall praktizierten Abrechnungszeiträume der Parteien in Anlehnung an Abs 1 Nr 3 nur bis zum dritten Werktag eines Monats für den Ablauf des übernächsten Monats zu (LG Köln NJW 1972, 2127; von Olshausen-Schmidt B 92; Raisch BB 1968, 526, 531).

VIII. Außerordentliche befristete Kündigung (Abs 5)

1. In einer Reihe gesetzlich abschließend geregelter Fälle wird den Parteien das Recht eingeräumt, das Mietverhältnis vorzeitig unter Einhaltung der **gesetzlichen Frist** zu kündigen (§ 564 Rz 26 f). Mit der gesetzlichen Frist sind nicht sämtliche Fristen des § 565 Abs 1–4 gemeint. In Abs 5 wird dieser Begriff vielmehr unabhängig von der Bemessung des Mietzinses auf die jeweils längste Frist der vorangehenden Kündigungsregelungen beschränkt. Eine Ausnahme bildet nur das normale Mietverhältnis über Wohnraum, für das die kürzere Grundregel maßgebend ist. Dies gilt unabhängig davon, wie lange der Wohnraum überlassen ist, da Abs 5 nicht auf Abs 2 S 2 verweist (LG Köln WuM 1973, 255). **45**

2. Da die Regelung des Abs 1 Nr 3, Abs 3 Nr 3 und Abs 4 Nr 2 nicht zwingend ist, können die Parteien die Fristen auch für den Fall der vorzeitigen Kündigung durch **abweichende Vereinbarungen** regeln. Voraussetzung ist, daß sich die Einhaltung der gesetzlichen Fristen nicht aus der zwingenden Natur der Vorschrift ergibt, auf die sich das außerordentliche Kündigungsrecht gründet (Mietrecht § 565 Rz 76). **46**

§ 565 a

Ist ein Mietverhältnis über Wohnraum auf bestimmte Zeit eingegangen und ist vereinbart, daß es sich mangels Kündigung verlängert, so tritt die Verlängerung ein, wenn es nicht nach den Vorschriften des § 565 gekündigt wird.

Ist ein Mietverhältnis über Wohnraum unter einer auflösenden Bedingung geschlossen, so gilt es nach Eintritt der Bedingung als auf unbestimmte Zeit verlängert. Kündigt der Vermieter nach Eintritt der Bedingung und ver-

langt der Mieter auf Grund des § 556 a die Fortsetzung des Mietverhältnisses, so sind zu seinen Gunsten nur Umstände zu berücksichtigen, die nach Abschluß des Mietvertrages eingetreten sind.
Eine zum Nachteil des Mieters abweichende Vereinbarung ist nur wirksam, wenn der Wohnraum zu nur vorübergehendem Gebrauch vermietet ist oder es sich um ein Mietverhältnis der in § 565 Abs. 3 genannten Art handelt.

Schrifttum: GUNDLACH, Zum befristeten Mietvertrag mit Verlängerungsklausel, ZMR 1977, 134; LEHMANN, Rechtsgutachten über die entscheidende Vorschrift des sozialen Mietrechts, DWW 1960, 98; ROESCH, Zum Rechtscharakter mit Verlängerungsklausel abgeschlossener befristeter Mietverträge, WuM 1977, 177; H WESTERMANN, Leitsätze zu dem Rechtsgutachten über die vorgesehene Änderung des BGB durch Einfügung eines § 565 a, DWW 1960, 100.

1 I. Allgemeines

Die Vorschrift stellt befristete Mietverhältnisse über Wohnraum mit Verlängerungsklausel und auflösend bedingte Mietverhältnisse über Wohnraum hinsichtlich der Beendigung den auf unbestimmte Zeit eingegangenen Mietverhältnissen gleich. Dadurch soll dem Mieter der Schutz des sozialen Mietrechts gegenüber einer derartigen Vertragsgestaltung erhalten bleiben. Dies hat zur Folge, daß neben den Kündigungsfristen des § 565 die Voraussetzungen der §§ 564 a, 564 b erfüllt sein müssen und daß der Mieter nach § 556 a der Kündigung widersprechen und vom Vermieter die Fortsetzung des Mietverhältnisses verlangen kann.

2 II. Geltungsbereich im allgemeinen

Es muß sich um ein Mietverhältnis über Wohnraum handeln (Vorbem 12 zu §§ 535, 536). Unerheblich ist, ob der Wohnraum möbliert ist, ob er zu nur vorübergehendem Gebrauch vermietet ist oder ob ein Mietverhältnis der in § 565 Abs 3 genannten Art vorliegt. Diese Kriterien sind nur für die Frage entscheidend, ob die Parteien abweichende Vereinbarungen treffen können (Abs 3). Die Vorschrift gilt auch für Untermietverhältnisse. Bei Mischmietverhältnissen ist entscheidend, ob sie insgesamt als Wohnraummiete zu beurteilen sind (Vorbem 13 zu §§ 535, 536). Dauernutzungsverträge mit Wohnungsbaugenossenschaften gehören zu den Mietverhältnissen über Wohnraum. § 565 a ist ferner auf Werkmietwohnungen iS des § 565 b (AG Gelsenkirchen-Buer WuM 1973, 138) und unter den Voraussetzungen des § 565 e auf Werkdienstwohnungen anzuwenden. Die Vorschrift greift nicht ein, wenn die Nutzung des Wohnraums auf anderen Rechtsgrundlagen als einem Mietvertrag beruht.

III. Befristetes Mietverhältnis über Wohnraum mit Verlängerungsklausel (Abs 1)

1. Voraussetzungen 3

a) Das Mietverhältnis über Wohnraum muß auf **bestimmte Zeit** eingegangen sein. Die Mietzeit ist bestimmt, wenn der Tag der Beendigung des Mietverhältnisses im Vertrag von vornherein kalendermäßig bestimmt oder aufgrund des Vertragsinhalts hinreichend bestimmbar ist (§ 556 b Rz 3).

b) Der Mietvertrag muß eine **Verlängerungsklausel** enthalten. Durch eine 4
solche Klausel vereinbaren die Parteien, daß sich das Mietverhältnis auf bestimmte oder auf unbestimmte Zeit verlängert, wenn nicht ein Vertragsteil innerhalb einer bestimmten Frist vor Ablauf des Mietverhältnisses die weitere Fortsetzung ablehnt (§ 564 Rz 4). Es ist also eine besondere Erklärung erforderlich, um die Verlängerung zu verhindern. Hiervon zu unterscheiden ist die Vereinbarung eines Optionsrechts, das den Parteien gestattet, den Vertrag durch einseitige Erklärung zu verlängern (§ 564 Rz 3). Wird das Optionsrecht nicht ausgeübt, endet das Mietverhältnis nach § 564 Abs 1 durch Zeitablauf. Für die Anwendung des § 565 a ist kein Raum.

2. Rechtsfolgen 5

Als Rechtsfolge schreibt Abs 1 vor, daß die **Verlängerung des Mietverhältnisses** eintritt, wenn es nicht nach den Vorschriften des § 565 gekündigt wird.

a) Für welche **Dauer** sich das Mietverhältnis verlängert, hängt vom Inhalt der Verlängerungsklausel ab. Ein befristetes Mietverhältnis kann auf unbestimmte Zeit verlängert werden, wenn die Parteien dies ausdrücklich vereinbaren oder wenn im Vertrag eine Verlängerung ohne konkrete Zeitangabe vorgesehen ist und sich auch im Wege der Auslegung kein anderer Parteiwille ermitteln läßt. Ein solches Mietverhältnis unterliegt in Zukunft allen Kündigungsvorschriften, die für unbefristete Mietverhältnisse gelten (LG Augsburg WuM 1966, 169). Sieht der Mietvertrag vor, daß sich das Mietverhältnis nach Ablauf der zunächst vorgesehenen Mietzeit einmalig um eine fest bestimmte Zeit verlängert, bleibt es befristet. Nach Ablauf dieser Frist endet es gem § 564 Abs 1, ohne daß es einer Kündigung bedarf. In diesem Fall sind die für befristete Mietverhältnisse maßgebenden Vorschriften anwendbar (§§ 564 c, 556 b; vgl zur mehrfachen Verlängerung um eine jeweils fest bestimmte Zeit AG Würzburg WuM 1978, 191; Mietrecht § 565 a Rz 8).

6 **b)** Die Verlängerung tritt nur ein, wenn das Mietverhältnis nicht nach den Vorschriften des § 565 **gekündigt** wird. Daraus folgt unabhängig von der rechtlichen Qualifizierung einer solchen Erklärung die unmittelbare Anwendbarkeit der einschlägigen mietrechtlichen Kündigungsvorschriften (aM LG Kaiserslautern NJW 1975, 1325; LG Wuppertal NJW 1976, 2215).

7 **aa)** Die Erklärung, mit der die Verlängerung des Mietverhältnisses abgelehnt wird, bedarf nach § 564 a Abs 1 S 1 der **schriftlichen Form**. Auch die übrigen Bestimmungen dieser Vorschrift sind anwendbar.

8 **bb)** Der Vermieter kann die Verlängerung des Mietverhältnisses nur ablehnen, wenn ihm ein **Kündigungsgrund** iS des § 564 b zur Seite steht (§ 564 b Rz 8; LG Gießen NJW 1976, 1455, hierzu Gundlach ZMR 1977, 134).

9 **cc)** Die Parteien müssen die **Kündigungsfristen** des § 565 einhalten, wenn sie erklären, das Mietverhältnis nicht fortsetzen zu wollen (LG Frankfurt WuM 1981, 10 m Anm Ronimi). Maßgebend sind jeweils nach der Art des Mietverhältnisses die Fristen des § 565 Abs 2 oder 3. Die Erklärung kann unter Wahrung der gesetzlichen Kündigungsfrist bereits vor Ablauf der vereinbarten Mietzeit abgegeben werden, damit der Vertrag zum frühestmöglichen Termin beendet wird (LG Mannheim WuM 1970, 11). Dabei macht es keinen Unterschied, ob die anstehende Verlängerung auf bestimmte oder auf unbestimmte Zeit eintreten soll. Dies ist nur für die Folgezeit von Bedeutung. Ein auf unbestimmte Zeit verlängertes Mietverhältnis kann nunmehr in den Grenzen des § 565 Abs 2 oder 3 beliebig zu jedem der dort vorgesehenen Kündigungstermine beendet werden. Verlängert sich das Mietverhältnis auf bestimmte Zeit, kann es nur zum Ablauf der jeweiligen Verlängerungsperiode gekündigt werden, falls es nicht ohnehin durch Zeitablauf nach § 564 Abs 1 endet.

10 **dd)** Aus der Anwendbarkeit sämtlicher Kündigungsvorschriften folgt, daß der Mieter einer Erklärung des Vermieters, mit der die Verlängerung des Mietverhältnisses abgelehnt wird, widersprechen und die Fortsetzung aufgrund der **Sozialklausel** verlangen kann. Nach hM unterliegen Mietverträge mit Verlängerungsklausel unmittelbar § 556 a, so daß die Einschränkungen des § 556 b Abs 2 hinsichtlich der Berücksichtigung bestimmter Härtegründe nicht gelten (§ 556 a Rz 2; § 556 b Rz 4).

IV. Mietverhältnis über Wohnraum unter auflösender Bedingung (Abs 2)

11 1. Voraussetzungen

Das Mietverhältnis über Wohnraum muß unter einer auflösenden Bedingung geschlossen sein. Bedingung ist eine rechtsgeschäftliche Bestimmung, durch die das Ende des Mietverhältnisses vom Eintritt eines zukünftigen, ungewissen Ereignisses abhängig gemacht wird. Die Parteien können Ereignisse beliebiger Art zum Gegenstand der Bedingung machen, auch wenn es von ihrem Willen abhängt, ob und wann die Bedingung eintritt. Dies gilt etwa, wenn der Mietvertrag über eine Werkwohnung vom Fortbestand des Arbeitsvertrags abhängt oder wenn der Nutzungsvertrag über eine Genossenschaftswohnung an die Mitgliedschaft in der Genossenschaft gebunden ist (LG Lübeck WuM 1970, 201; AG Hattingen ZGenW 1969, 179 m Anm Roquette).

2. Rechtsfolgen 12

a) Nach Eintritt der Bedingung gilt das Mietverhältnis als auf **unbestimmte Zeit** verlängert (Abs 2 S 1). Es handelt sich um eine gesetzliche Fiktion, die unabhängig vom Parteiwillen eintritt und deshalb keinen Anfechtungsgrund bei irrigen Vorstellungen der Parteien abgibt. Sie ist von Bedeutung bei auflösend bedingten Mietverhältnissen, die auf bestimmte oder auf unbestimmte Zeit eingegangen sind (Mietrecht § 565 a Rz 15).

b) Die Verlängerung des Mietverhältnisses nach Eintritt der Bedingung 13
hat zur Folge, daß es von den Parteien einseitig grundsätzlich nur noch durch **Kündigung** zu beenden ist.

aa) Hinsichtlich **Formzwang** (§ 564 a), **Kündigungsgrund** (§ 564 b) und **Kündigungsfrist** (§ 565) gilt das gleiche wie zum Mietverhältnis mit Verlängerungsklausel (Rz 7 ff).

bb) Der Mieter kann einer Kündigung des Vermieters aufgrund der **Sozialklausel** des § 556 a widersprechen und die Fortsetzung des Mietverhält- 14
nisses verlangen. Kündigt der Vermieter ein auf unbestimmte Zeit eingegangenes Mietverhältnis vor Eintritt der Bedingung, gelten für die Berücksichtigung der beiderseitigen Interessen im Rahmen des § 556 a keine Einschränkungen. Kündigt der Vermieter dagegen nach Eintritt der Bedingung, sind nach § 565 a Abs 2 S 2 im Rahmen der Interessenabwägung des § 556 a zugunsten des Mieters nur solche Umstände zu berücksichtigen, die nach Abschluß des Mietvertrags eingetreten sind (vgl § 556 b Rz 9). Im Schrifttum wird die Auffassung vertreten, daß die Einschränkung des Abs 2 S 2 nur gelte, wenn der Vermieter unmittelbar nach Bedingungseintritt zum erstmöglichen Termin kündige (Schmidt-Futterer-Blank B 628). Wie die Parallele zu § 556 b zeigt, entspricht es dem Zweck des Gesetzes, daß der Mieter bei Vereinbarung einer auflösenden Bedingung das zur Geschäftsgrundlage gewordene Interesse des Vermieters an der Rückgabe des Wohnraums grundsätzlich gegen sich gelten lassen muß. Dieses Interesse des Vermieters besteht jedoch, wenn und solange er ei-

nen Kündigungsgrund iS des § 564 b hat. Es kann daher auch erst später begründet sein, wenn ihm zur Zeit des Bedingungseintritts noch kein Grund für eine Beendigung zum nächsten Kündigungstermin zur Seite stand. Für die Frage, ob ein zugunsten des Mieters berücksichtigungsfähiger Umstand nach Abschluß des Mietvertrags entstanden ist, kommt es darauf an, wann der Vorgang begonnen hat, aus dem der Mieter die ungerechtfertigte Härte für eine Vertragsbeendigung herleitet (§ 564 b Rz 83 ff; vgl zur Vertragsänderung Mietrecht § 565 a Rz 20). Dabei ist zu beachten, daß ein vor Abschluß des Mietvertrags entstandener Umstand seinen Charakter durch das spätere Hinzutreten weiterer Umstände entscheidend verändern und in einer Gesamtbeurteilung dann als nachträglicher Umstand zu beurteilen sein kann.

15 **V. Unabdingbarkeit (Abs 3)**

Eine von den Vorschriften des Abs 1 oder 2 zum Nachteil des Mieters abweichende Vereinbarung ist nach Abs 3 wirksam, wenn der Wohnraum zu nur vorübergehendem Gebrauch vermietet ist (§ 556 a Rz 54 ff) oder wenn es sich um ein Mietverhältnis der in § 565 Abs 3 genannten Art handelt (§ 565 Rz 29 ff). Im übrigen ist eine für den Mieter nachteilige Vereinbarung unwirksam (Mietrecht § 565 a Rz 24, 25).

§ 565 b

Ist Wohnraum mit Rücksicht auf das Bestehen eines Dienstverhältnisses vermietet, so gelten die besonderen Vorschriften der §§ 565 c und 565 d.

§ 565 c

Ist das Mietverhältnis auf unbestimmte Zeit eingegangen, so ist nach Beendigung des Dienstverhältnisses eine Kündigung des Vermieters zulässig

1. **spätestens am dritten Werktag eines Kalendermonats für den Ablauf des nächsten Monats, wenn der Wohnraum weniger als zehn Jahre überlassen war und für einen anderen zur Dienstleistung Verpflichteten dringend benötigt wird;**
2. **spätestens am dritten Werktag eines Kalendermonats für den Ablauf dieses Monats, wenn das Dienstverhältnis seiner Art nach die Überlassung des Wohnraums, der in unmittelbarer Beziehung oder Nähe zur Stätte der Dienstleistung steht, erfordert hat und der Wohnraum aus**

dem gleichen Grunde für einen anderen zur Dienstleistung Verpflichteten benötigt wird.
Im übrigen bleibt § 565 unberührt.

§ 565 d
Bei Anwendung der §§ 556 a, 556 b sind auch die Belange des Dienstberechtigten zu berücksichtigen.
Hat der Vermieter nach § 565 c Satz 1 Nr. 1 gekündigt, so gilt § 556 a mit der Maßgabe, daß der Vermieter die Einwilligung zur Fortsetzung des Mietverhältnisses verweigern kann, wenn der Mieter den Widerspruch nicht spätestens einen Monat vor der Beendigung des Mietverhältnisses erklärt hat.
Die §§ 556 a, 556 b gelten nicht, wenn
1. **der Vermieter nach § 565 c Satz 1 Nr. 2 gekündigt hat;**
2. **der Mieter das Dienstverhältnis gelöst hat, ohne daß ihm von dem Dienstberechtigten gesetzlich begründeter Anlaß gegeben war, oder der Mieter durch sein Verhalten dem Dienstberechtigten gesetzlich begründeten Anlaß zur Auflösung des Dienstverhältnisses gegeben hat.**

§ 565 e
Ist Wohnraum im Rahmen eines Dienstverhältnisses überlassen, so gelten für die Beendigung des Rechtsverhältnisses hinsichtlich des Wohnraums die Vorschriften über die Miete entsprechend, wenn der zur Dienstleistung Verpflichtete den Wohnraum ganz oder überwiegend mit Einrichtungsgegenständen ausgestattet hat oder in dem Wohnraum mit seiner Familie einen eigenen Hausstand führt.

Schrifttum: BURKHARDT, Das Mietrecht über Werkwohnungen in den „weißen" Kreisen, WuM 1965, 89; EHRENFORTH, Kündigung von Werkwohnungen, BB 1964, 1441; FUCHS, Mietrechtliche Fragen bei der Überlassung von Werkwohnungen, BlGBW 1967, 204; KLEFFMANN, Der Kündigungsgrund des Betriebsbedarfs bei Fortbestehen des Dienstverhältnisses mit einem Ehegatten, ZMR 1982, 131; KOENIG, Die Kündigungsvorschriften für Dienstwohnungen (Werkmiet- und Werkdienstwohnungen) in den weißen Kreisen, WuM 1967, 160; OTTO, Rechtsfragen bei Werkswohnungen, ZMR 1972, 235; ROQUETTE, Die Kündigung von Werkwohnungen, BlGBW 1967, 201; SCHMIDT-FUTTERER, Die Kündigung von Werkswohnungen nach neuem Recht, BB 1972, 1058; ders-BLANK, Die Werkdienstwohnung nach neuem Recht, BB 1976, 1033.

I. Allgemeines 1

In den §§ 565 b–565 e werden Sondervorschriften für die Kündigung von Werkwohnungen aufgestellt, deren Überlassung mit einem Dienst- oder

Arbeitsverhältnis verknüpft ist. Dem Vermieter soll für den Fall der Beendigung des Dienstverhältnisses ermöglicht werden, das Mietverhältnis schneller zu beenden, als dies nach den §§ 565, 556 a möglich ist. Damit dienen die Vorschriften als Ausnahme von den Regelungen des sozialen Mietrechts in erster Linie den Interessen des Vermieters. Zu beachten ist, daß die Kündigung von Werkmietwohnungen nach § 87 Abs 1 Nr 9 BetrVerfG grundsätzlich der Zustimmung des Betriebsrats bedarf (§ 564 b Rz 69). § 565 e bezweckt auch den Schutz des anderen Vertragsteils.

II. Geltungsbereich der Vorschriften

2 1. Allgemeines

Die Regelung der §§ 565 b–565 e gilt für Werkwohnungen. Die Merkmale einer vollständigen Wohnung brauchen nicht vorzuliegen. Unerheblich ist, ob der Wohnraum vom Dienstberechtigten oder von Dritten überlassen wird, sofern nur eine besondere Verknüpfung mit dem Dienstverhältnis besteht. Es spielt ferner keine Rolle, ob der Wohnraum neben dem Dienstverpflichteten weiteren Personen, wie etwa Familienangehörigen, zur Nutzung überlassen wird und ob auch insoweit vertragliche Beziehungen begründet werden (Sternel Rz IV 166 a).

3 2. Werkmietwohnungen

Der unmittelbare Geltungsbereich der §§ 565 b–565 d beschränkt sich auf Werkmietwohnungen. Nach der **Begriffsbestimmung** des § 565 b ist damit Wohnraum gemeint, der mit Rücksicht auf das Bestehen eines Dienstverhältnisses vermietet ist.

4 **a)** Im Vordergrund steht das **Dienstverhältnis**. Ein Dienstvertrag ist ein schuldrechtlicher gegenseitiger Vertrag, durch den sich der eine Teil zur Leistung der versprochenen Dienste, der andere Teil zur Leistung der versprochenen Vergütung verpflichtet. Abweichend vom Anwendungsbereich der §§ 611 ff ist für den Begriff des Dienstverhältnisses iS des § 565 b entscheidend, daß es sich um unselbständige, weisungsgebundene Arbeitsleistungen handelt, wie sie im Rahmen eines Arbeitsverhältnisses erbracht werden (Mietrecht §§ 565 b–565 e Rz 7). Auf die Art der zu leistenden Dienste kommt es nicht an. Auch Dienste höherer Art wie bei angestellten Ärzten, Juristen oder leitenden Angestellten werden in einem Abhängigkeitsverhältnis erbracht. Es braucht sich nicht um Dienstleistungen im Rahmen eines gewerblichen Unternehmens zu handeln. Jede abhängige

Tätigkeit in einem beliebigen Berufszweig, also etwa in der Land- oder Forstwirtschaft, in einem freiberuflichen Unternehmen oder in einem Privathaushalt, wird erfaßt. Dies gilt auch für Arbeitsverhältnisse im öffentlichen Dienst, die mit Arbeitern oder Angestellten auf privatrechtlicher Grundlage abgeschlossen werden. Öffentlich-rechtliche Dienstverhältnisse von Beamten, Richtern und Soldaten bilden nach hM keine Grundlage für die Überlassung einer Werkmietwohnung (Mietrecht §§ 565 b–565 e Rz 8).

b) Neben dem Dienstverhältnis muß ein **Mietverhältnis über Wohnraum** 5
bestehen (Vorbem 12 zu §§ 535, 536). Dienstverpflichteter und Mieter müssen identisch sein. Weitere Personen können als akzessorische Mitmieter den Mietvertrag abschließen. Sie können auch selbst in einem Dienstverhältnis zu demselben Dienstberechtigten stehen wie etwa ein Arbeitnehmerehepaar (LG Ulm WuM 1979, 244). Zwischen Dienstberechtigtem und Vermieter braucht keine Personengleichheit zu bestehen. Auf dieser Grundlage lassen sich werkseigene und werksfremde Werkmietwohnungen unterscheiden (Vorbem 26 zu §§ 535, 536).

c) Kennzeichnend ist die besondere **Verknüpfung zwischen Dienstverhältnis und Mietverhältnis**. 6
§ 565 b bringt dies dadurch zum Ausdruck, daß der Wohnraum „mit Rücksicht auf das Bestehen eines Dienstverhältnisses vermietet" sein muß. Dies bedeutet nicht, daß Dienstleistung und Vermietung Teile eines einheitlichen Rechtsgeschäfts sein müssen. Die Parteien brauchen auch keine ausdrückliche Vereinbarung zu treffen, daß beide Verträge verknüpft sein sollen. Es genügt, daß das Dienstverhältnis Geschäftsgrundlage für den Mietvertrag ist. Dies setzt voraus, daß der Vermieter bei Abschluß des Vertrags eine entsprechende Mitteilung macht, oder es muß für den Mieter aus den gesamten Umständen erkennbar sein (Roquette § 565 b Rz 6; Sternel Rz IV 163). Das Dienstverhältnis muß nicht schon bei Abschluß des Mietvertrags bestehen. Es reicht aus, wenn beide Verträge gleichzeitig abgeschlossen werden oder wenn der bevorstehende Abschluß eines Dienstvertrags als Geschäftsgrundlage in den Mietvertrag eingeht. Wird dagegen ein normaler Mietvertrag abgeschlossen und geht der Mieter erst später und unvorhergesehen ein Dienstverhältnis zu dem Vermieter ein, wird die Wohnung allein dadurch nicht zur Werkwohnung. Ist das Dienstverhältnis schon vor Abschluß des Mietvertrags über normalen Wohnraum begründet worden, kann dem Wohnraum später nicht durch besondere Vereinbarungen der Charakter einer Werkmietwohnung gegeben werden, weil der Mieter dadurch nachträglich seine Rechte entgegen den zwingenden Vorschriften der §§ 565 Abs 2, 565 a verkürzen würde. Es bleibt den Parteien nur die Möglichkeit, den Mietvertrag aufzuheben und durch einen neuen Vertrag über eine Werkmietwohnung zu ersetzen.

7 **3. Werkdienstwohnungen**

a) Um eine Werkdienstwohnung handelt es sich, wenn Wohnraum im Rahmen eines Dienstverhältnisses überlassen ist. Kennzeichnend für die Werkdienstwohnung ist, daß nicht ein Dienst- und ein Mietvertrag nebeneinander bestehen, sondern daß die Überlassung des Wohnraums ihre **Rechtsgrundlage** in dem Dienstvertrag findet und Teil der Vergütung für die geleisteten Dienste ist (BAG BB 1975, 1159). Es kommt nicht darauf an, ob eine offene oder verdeckte Anrechnung stattfindet. Solange das Arbeitsverhältnis besteht, sind auf einen derart gemischten Vertrag die §§ 535 ff hinsichtlich der Rechte und Pflichten der Parteien für die Raumnutzung entsprechend anwendbar. Die Beendigung richtet sich grundsätzlich nach Dienstvertragsrecht, da dieser Vertragstyp im Vordergrund steht. Mietrecht ist nach § 565 e nur unter bestimmten Voraussetzungen anwendbar (Rz 38 ff).

8 **b)** Der Begriff des **Dienstverhältnisses** iS des § 565 e ist mit dem des § 565 b identisch (Rz 4). Zwischen den Parteien muß ein Dienstvertrag über unselbständige, weisungsgebundene Arbeitsleistungen abgeschlossen werden, dessen Bestandteil die Überlassung des Wohnraums ist. Als Beispiele sind Verträge zu nennen, in deren Rahmen Wohnungen an Hausmeister, landwirtschaftliche Arbeiter und an Angestellte von Unternehmen, Krankenhäusern oder Heimen überlassen werden.

9 **c)** Da bei Werkdienstwohnungen die Überlassung des Wohnraums Teil des Dienstvertrags ist, kommt eine solche Vertragsgestaltung nur bei **Identität der Parteien** in Betracht. Dies bedeutet nicht, daß der Dienstberechtigte zugleich Eigentümer der Wohnung sein muß. Es lassen sich werkseigene und werksfremde Werkdienstwohnungen unterscheiden.

10 **4. Bergarbeiterwohnungen und Bergmannswohnungen**

Nach § 7 a des Gesetzes zur Förderung des Bergarbeiterwohnungsbaues im Kohlenbergbau idF vom 4. 5. 1957 (BGBl I 418) sind die §§ 565 b–565 e grundsätzlich auf Bergarbeiterwohnungen iS dieses Gesetzes anwendbar (ausführlich Hans § 565 b Anm 5). Der Kündigungsschutz ist dadurch verstärkt, daß diese Vorschriften nicht eingreifen, solange die Wohnung einer in § 5 Abs 1 des Gesetzes bezeichneten Person oder Familie vermietet oder überlassen ist. Auch eine Kündigung nach § 565 Abs 2 ist nicht möglich (AG Wattenscheid WuM 1967, 84). Das gleiche gilt nach § 24 des Gesetzes für Bergmannswohnungen iS des § 3 Abs 1 b) des Gesetzes über Bergmannssiedlungen vom 10. 3. 1930 (RGBl I 32), zuletzt geändert durch Art III des 2. ÄndG zur Förderung des Bergarbeiterwohnungsbaues vom 4. 5. 1957 (BGBl I 416).

5. Öffentlich geförderte Werkmietwohnungen und Werkdienstwohnungen 11

Nach Art IV § 4 Abs 1 MietRÄndG II sind die §§ 565 b–565 e auf öffentlich geförderte Werkwohnungen nur anzuwenden, wenn das Mietverhältnis weniger als fünf Jahre besteht. Bei längerer Mietdauer gelten die allgemeinen Vorschriften. Der Kündigungsschutz wird zugunsten des Mieters verstärkt (Mietrecht §§ 565 b–565 e Rz 17 f).

III. Kündigung von Werkmietwohnungen (§ 565 c)

1. Voraussetzungen im allgemeinen (S 1) 12

a) In § 565 c S 1 wird dem Vermieter ein Sonderkündigungsrecht eingeräumt, wenn ein **Mietverhältnis über eine Werkmietwohnung** vorliegt. Dienstvertrag und Mietvertrag müssen nach § 565 b in der Weise miteinander verknüpft sein, daß der Wohnraum mit Rücksicht auf das Bestehen des Dienstverhältnisses vermietet ist (Rz 3 ff). Auf die Art des Wohnraums und die in § 565 Abs 2 und 3 getroffenen Unterscheidungen kommt es nicht an.

b) Das Mietverhältnis muß auf **unbestimmte Zeit** eingegangen sein. 13
Hierzu zählen wegen § 565 a Abs 1 und 2 auch Mietverträge mit Verlängerungsklausel und auflösend bedingte Mietverhältnisse. Das gleiche gilt für ein Mietverhältnis, bei dem kein Endtermin vorgesehen ist, sondern bei dem die Parteien für eine bestimmte Zeit die ordentliche Kündigung vertraglich ausgeschlossen haben (aM LG Dortmund WuM 1965, 151). Ein auf bestimmte Zeit eingegangenes Mietverhältnis (§ 564 Rz 2) fällt nach dem eindeutigen Wortlaut nicht unter § 565 c. Auch für eine entsprechende Anwendung besteht kein Bedürfnis, da die Parteien durch die Vereinbarung einer bestimmten Mietzeit zum Ausdruck bringen, daß der Mietvertrag unabhängig vom Arbeitsvertrag enden soll (SCHMIDT-FUTTERER-BLANK B 640).

c) Die **Beendigung des Dienstverhältnisses** muß eingetreten sein. Stehen 14
mehrere Mitmieter, wie etwa ein Arbeitnehmerehepaar, in einem Dienstverhältnis zu demselben Dienstberechtigten, reicht es nicht aus, wenn das Dienstverhältnis nur mit einem der Ehegatten beendet ist (LG Ulm WuM 1979, 244; differenzierend KLEFFMANN ZMR 1982, 131). Entscheidend ist die rechtlich wirksame Beendigung, nicht die tatsächliche Aufgabe der Arbeit durch den Arbeitnehmer (MünchKomm-VOELSKOW § 565 c Rz 1; aM LG Essen ZMR 1966, 148). Im übrigen ist entscheidend, daß die

Kündigungserklärung nach der Beendigung des Dienstverhältnisses zugeht und damit wirksam wird (LG Kiel WuM 1978, 32). Will der Vermieter den Mietvertrag kündigen, bevor das Dienstverhältnis beendet ist, gelten die allgemeinen Vorschriften der §§ 564 a, 564 b und 565 (Mietrecht §§ 565 b–565 e Rz 20). Eine in diesem Fall unberechtigt auf § 565 c gestützte Kündigungserklärung wirkt auf den sich aus § 565 ergebenden nächst zulässigen Termin, wenn der Vermieter das Mietverhältnis auf jeden Fall beenden will und dieser Wille dem Mieter erkennbar ist (Mietrecht §§ 565 b–565 e Rz 25). Für die Ansicht, daß das ordentliche Kündigungsrecht des Vermieters bei Werkmietwohnungen bis zur Beendigung des Dienstverhältnisses stillschweigend ausgeschlossen sei, bietet das Gesetz keine Grundlage (Mietrecht §§ 565 b–565 e Rz 20).

15 **2. Weitere Voraussetzungen und Rechtsfolgen**

a) Allgemeines

§ 565 c räumt dem Vermieter einer Werkmietwohnung nach Beendigung des Dienstverhältnisses ein Kündigungsrecht ein, für das kürzere Fristen als nach § 565 gelten. Dabei unterscheidet die Vorschrift in den tatbestandlichen Voraussetzungen zwischen gewöhnlichen Werkmietwohnungen (S 1 Nr 1) und funktionsgebundenen Werkmietwohnungen, die in unmittelbarer Beziehung oder Nähe zur Stätte der Dienstleistungen stehen (S 1 Nr 2). Die Vorschrift betrifft nicht die Kündigung des Mietverhältnisses durch den Mieter. Für ihn gelten die allgemeinen Vorschriften, insbesondere § 565, vor und nach der Beendigung des Dienstverhältnisses in gleicher Weise.

16 **b) Gewöhnliche Werkmietwohnungen (S 1 Nr 1)**

aa) Das Sonderkündigungsrecht des S 1 Nr 1 setzt in seinem **Tatbestand** über die allgemeinen Merkmale (Rz 12 ff) hinaus voraus, daß es sich um eine gewöhnliche Werkmietwohnung handelt. Im Gegensatz zu der besonders engen Verknüpfung des S 1 Nr 2 erschöpft sich die Funktion dieser Wohnung darin, daß der Dienstverpflichtete ganz allgemein mit Rücksicht auf das Dienstverhältnis darin wohnt.

17 **α)** Der Wohnraum muß **weniger als zehn Jahre überlassen** sein. Wenn das Mietverhältnis zehn Jahre gedauert hat, soll auf die Verkürzung der Kündigungsfrist verzichtet werden. Dann gelten die Fristen des § 565 (AG Wermelskirchen WuM 1980, 249). Entscheidend für den Zeitpunkt der Überlassung ist nicht der Abschluß des Mietvertrags, sondern der Tag der Besitzübertragung (§ 565 Rz 21). Das Ende des Überlassungszeitraums wird nicht durch die Abgabe der Kündigungserklärung bestimmt, sondern durch den Tag des Zugangs.

18 **β)** Der Wohnraum muß **für einen anderen zur Dienstleistung Verpflichte-**

ten dringend benötigt werden. § 564 b gilt auch für die Kündigung von Werkmietwohnungen (dort Rz 3). Der Kündigungsgrund des Betriebsbedarfs (§ 564 b Rz 68) ist aber durch das Erfordernis der Dringlichkeit modifiziert, das in § 564 b generell nicht vorausgesetzt wird. Im Ergebnis macht dies jedoch keinen Unterschied. Der dringende Betriebsbedarf kann entsprechend der Regelung des früheren § 22 MietSchG bejaht werden, wenn der Vermieter den Wohnraum für einen Nachfolger des Mieters in dem Dienstverhältnis oder im Betriebsinteresse für einen anderen Betriebsangehörigen benötigt. Im Zeitpunkt der Kündigung des Mieters muß der Dienstvertrag mit dem neuen Arbeitnehmer noch nicht abgeschlossen sein. Dringender Betriebsbedarf kann auch bei der Einstellung neuer Arbeitskräfte gegeben sein. Erforderlich ist, daß Bewerbungen um eine frei werdende Werkmietwohnung vorliegen und ein Bewerber bereit ist, die Wohnung zu übernehmen (LG Karlsruhe WuM 1974, 243). Bei den werksfremden Werkmietwohnungen ist der Betriebsbedarf des Dritten als Kündigungsgrund für den Vermieter entscheidend. Eine Verwendung zu gewerblichen Zwecken, etwa für eine Betriebserweiterung, ist unzureichend.

bb) Die **Kündigung** ist spätestens am dritten Werktag eines Kalendermonats für den Ablauf des nächsten Monats zulässig (S 1 Nr 1). Damit beträgt die Kündigungsfrist idR zwei Monate, abzüglich der Karenz von drei Werktagen. Sonnabend, Sonntag und ein am Erklärungsort staatlich anerkannter Feiertag werden für die Karenzzeit nicht mitgezählt. Dadurch kann sich die gesetzlich vorgesehene Kündigungsfrist weiter verkürzen (aM Palandt-Putzo § 565 c Anm 2 c). Da sich die materielle Wirksamkeit der Kündigung im übrigen nach § 564 b richtet, gilt auch Abs 3 dieser Vorschrift über die Angabe von Kündigungsgründen (§ 564 b Rz 80 ff). Der dringende Betriebsbedarf muß also in dem Kündigungsschreiben angegeben sein. Anderenfalls ist die Kündigung unwirksam (AG Oberhausen DWW 1972, 315). **19**

Eine Kündigung mit verkürzter Frist ist nicht nur für den ersten möglichen **Termin** zulässig (so aber AG Oberhausen aaO). Das Sonderkündigungsrecht braucht auch nicht in angemessener Zeit nach der Beendigung des Dienstverhältnisses ausgeübt zu werden und wird deshalb nicht verwirkt (so aber Sternel Rz IV 169). Diese Einschränkungen finden im Gesetz keine Stütze. **20**

c) Funktionsgebundene Werkmietwohnungen (S 1 Nr 2) **21**

aa) Stützt der Vermieter das Sonderkündigungsrecht auf S 1 Nr 2, ist nach dem **Tatbestand** über die allgemeinen Merkmale (Rz 12 ff) hinaus erforderlich, daß es sich um eine funktionsgebundene Werkmietwohnung handelt.

22 **α)** Das Dienstverhältnis muß seiner Art nach die Überlassung des Wohnraums, der in unmittelbarer Beziehung oder Nähe zur Stätte der Dienstleistung steht, erfordert haben. Entscheidend ist die **besonders enge Verknüpfung von Dienst- und Mietverhältnis**. Eine weitere Entfernung zur Stätte der Dienstleistung ist unzureichend, da sich das Wort „unmittelbar" auch auf die Nähe zur Arbeitsstelle bezieht. Die räumliche Nähe zwischen Wohnung und Betrieb ist aber nicht allein maßgebend. Vielmehr muß die besondere Art der Tätigkeit ein Wohnen in unmittelbarer Nähe des Betriebs erfordern (LG Osnabrück WuM 1977, 9). Als Beispiele sind Wohnungen für Pförtner, Hausmeister, Betriebsfeuerwehr, Klinikarzt und Krankenschwester zu nennen.

23 **β)** Der Wohnraum muß **aus dem gleichen Grunde für einen anderen zur Dienstleistung Verpflichteten benötigt** werden. Es ist erforderlich, daß die Art der Dienstleistungen es notwendig macht, einen anderen Arbeitnehmer in der Wohnung, also in Ortsnähe, unterzubringen (LG Osnabrück WuM 1977, 9). Der neue Mieter braucht nicht der Nachfolger des ausgeschiedenen Mieters am Arbeitsplatz zu sein (aM SCHMIDT-FUTTERER-BLANK B 643; STERNEL Rz IV 172). Das Gesetz verlangt nach Wortlaut und Zweck nur einen besonders engen Funktionszusammenhang, nicht die Identität der Dienstleistungen, wenn es voraussetzt, die Wohnung müsse „aus dem gleichen Grunde" benötigt werden.

24 **γ)** Im **Verhältnis zu anderen Kündigungsvorschriften** gilt, daß die Dauer der Überlassung für die funktionsgebundene Wohnung unerheblich ist. Sind die besonderen Voraussetzungen des S 1 Nr 2 nicht erfüllt, kann die Kündigung auf den sich aus S 1 Nr 1 oder aus § 565 ergebenden Kündigungstermin wirken, wenn der Vermieter auf jeden Fall kündigen will und dies dem Mieter erkennbar ist. Darüber hinaus ist es zulässig, daß der Vermieter eine Kündigung ausdrücklich nur auf S 1 Nr 1 stützt, da beide Tatbestände sich nicht gegenseitig ausschließen.

25 **bb)** Die **Kündigung** der funktionsgebundenen Werkmietwohnung ist spätestens am dritten Werktag eines Kalendermonats für den Ablauf dieses Monats zulässig (S 1 Nr 2). Damit wird die Kündigungsfrist auf weniger als einen Monat verkürzt (s im übrigen Rz 19 f).

26 3. Anwendbarkeit des § 565 (S 2)

Nach § 565 c S 2 bleibt im übrigen § 565 unberührt. Dies bedeutet, daß der Vermieter anstelle einer auf § 565 c gestützten Kündigung mit den Fristen des § 565 kündigen kann. Ihm steht ein Wahlrecht zu (aM BGB-RGRK-GELHAAR § 565 b Rz 4). Handelt es sich um Wohnraum iS des § 565 Abs 3, sind die Kündigungsfristen noch kürzer als nach § 565 c.

IV. Anwendung der Sozialklausel bei der Beendigung des Mietverhältnisses über eine Werkmietwohnung (§ 565 d)

1. Berücksichtigung der Belange des Dienstberechtigten (Abs 1) 27

a) Nach Abs 1 sind bei der Anwendung der §§ 556 a, 556 b auch die Belange des Dienstberechtigten zu berücksichtigen. Der **Geltungsbereich** der Vorschrift umfaßt in gleicher Weise die Beendigung des Mietverhältnisses durch ordentliche Kündigung seitens des Vermieters oder durch Zeitablauf. Es kommt nicht darauf an, ob der Vermieter von seinem Sonderkündigungsrecht nach § 565 c Gebrauch gemacht oder ob er unter Einhaltung der Fristen des § 565 gekündigt hat.

b) Die Berücksichtigung der Belange des Dienstberechtigten bedeutet, 28
daß bei einer Identität von Vermieter und Dienstberechtigtem, also bei den werkseigenen Werkmietwohnungen, die **Interessen des Kündigenden** nicht nur in seiner Eigenschaft als Vermieter, sondern über § 556 a hinaus auch als Arbeitgeber zu berücksichtigen sind. Bei werksfremden Werkmietwohnungen wird es möglich, in die Interessenabwägung zwischen den Parteien des Mietvertrags auf seiten des Vermieters die Belange des Arbeitgebers, eines Dritten, einzubeziehen. Die Interessen des Dienstberechtigten bestehen idR darin, daß er die Werkwohnung für einen anderen Arbeitnehmer benötigt (AG Mühlheim ZMR 1968, 12; AG Oberhausen WuM 1973, 174). Diesen Interessen kommt angesichts der vom Mieter akzeptierten Verknüpfung von Dienst- und Mietverhältnis besonderes Gewicht zu, wenn das Dienstverhältnis beendet ist. Persönliche Belange des Mieters werden häufig zurücktreten müssen. Das Interesse des Dienstberechtigten kann ferner darin liegen, einen unverträglichen Arbeitnehmer nach dem Ausscheiden aus dem Dienst auch aus dem Wohnbereich seiner früheren Kollegen zu entfernen, um eine Störung des Betriebsfriedens von außen zu verhindern. Betriebliches Interesse ist ferner gegeben, wenn der Wohnraum zu gewerblichen Zwecken, etwa zu einer Betriebserweiterung, verwendet werden soll (aM Schmidt-Futterer-Blank B 656), auch wenn dies keine Sonderkündigung nach § 565 c rechtfertigt.

2. Verkürzung der Widerspruchsfrist bei der Sonderkündigung gewöhnlicher Werkmietwohnungen (Abs 2) 29

a) Stützt der Vermieter die ordentliche Kündigung einer gewöhnlichen Werkmietwohnung (Rz 16) auf § 565 c S 1 Nr 1, muß der Mieter den Widerspruch abweichend von § 556 a Abs 6 S 1 spätestens **einen Monat** vor der Beendigung des Mietverhältnisses dem Vermieter gegenüber erklären. Entscheidend ist der Zeitpunkt des Zugangs. Die Abkürzung der Widerspruchsfrist entspricht der Verkürzung der regelmäßigen Kündigungsfrist durch § 565 c S 1 Nr 1.

30 **b)** Im übrigen bleibt § 556 a **unberührt**. Dies bedeutet, daß der Mieter den Widerspruch noch im ersten Termin des Räumungsrechtsstreits erklären kann, wenn der Vermieter nicht rechtzeitig vor Ablauf der Widerspruchsfrist den in § 564 a Abs 2 bezeichneten Hinweis erteilt hat (§ 556 a Abs 6 S 2). Für den Widerspruch gegen die Beendigung eines befristeten Mietverhältnisses über eine Werkmietwohnung durch Zeitablauf bleibt es bei der Zweimonatsfrist, da § 556 b von § 565 d Abs 2 nicht betroffen ist.

31 **3. Ausschluß der Sozialklausel (Abs 3)**

a) Sonderkündigung funktionsgebundener Werkmietwohnungen (Nr 1)
Nach Abs 3 Nr 1 gilt § 556 a nicht, wenn der Vermieter das Mietverhältnis über eine funktionsgebundene Werkmietwohnung (Rz 21 ff) unter Berufung auf § 565 c S 1 Nr 2 gekündigt hat. Kündigt der Vermieter unter Einhaltung der Fristen des § 565, bleibt dem Mieter das Widerspruchsrecht erhalten. Unerheblich ist es dann, ob dem Vermieter ein Sonderkündigungsrecht zustand und er nur aus Entgegenkommen die längere Kündigungsfrist des § 565 eingehalten hat.

32 **b) Auflösung des Dienstverhältnisses auf Veranlassung des Mieters (Nr 2)**

aa) Nach Abs 3 Nr 2 HS 1 gelten die §§ 556 a, 556 b nicht, wenn der **Mieter** das Dienstverhältnis gelöst hat, ohne daß ihm von dem Dienstberechtigten gesetzlich begründeter Anlaß gegeben war. Die Regelung betrifft jede Art von Werkmietwohnungen.

33 **α)** Der Mieter muß das Dienstverhältnis gelöst haben. Für die **Auflösung** kommen neben der ordentlichen und der außerordentlichen Kündigung insbesondere eine Anfechtung und ein Aufhebungsvertrag in Betracht. Die Auffassung, der Mieter müsse das Dienstverhältnis gekündigt haben (Erman-Schopp §§ 565 b–565 e Rz 21; Roquette § 565 d Rz 5), findet im Gesetz keine Stütze.

34 **β)** Der Dienstberechtigte darf dem Mieter hierzu **keinen gesetzlich begründeten Anlaß** gegeben haben. Ein solcher liegt vor, wenn der Dienstberechtigte einen wichtigen Grund zur fristlosen Kündigung des Dienstverhältnisses durch den Dienstverpflichteten, den Mieter, gesetzt hat (vgl § 626). Nach umstrittener Auffassung kann ein gesetzlich begründeter Anlaß auch ohne wichtigen Grund zur fristlosen Kündigung gegeben sein. Das BAG nimmt dies an, wenn der Mieter aufgrund schuldhaften, rechtswidrigen Verhaltens des Vermieters einen gesetzlichen oder wichtigen Kündigungsgrund hatte und dieses Verhalten für die Auflösung des Ar-

beitsverhältnisses kausal war. Entscheidend kommt es auf ein vorwerfbares Verhalten des Vermieters bzw Arbeitgebers an (BAG ZMR 1958, 165, 166; LAG Hamm ZMR 1965, 87).

bb) Nach Abs 3 Nr 2 HS 2 gelten die §§ 556 a, 556 b nicht, wenn der Mie- 35
ter durch sein Verhalten dem **Dienstberechtigten** gesetzlich begründeten Anlaß zur Auflösung des Dienstverhältnisses gegeben hat. Die Sozialklausel wird unabhängig von der Art der Werkmietwohnung ausgeschlossen.

α) Der Dienstberechtigte muß das Dienstverhältnis gelöst haben. Eine 36
bestimmte Art der **Auflösung** ist nicht vorgeschrieben. Es gelten die gleichen Grundsätze wie zu HS 1 (Rz 33).

β) Der Mieter muß hierzu durch sein Verhalten einen **gesetzlich begrün-** 37
deten Anlaß gegeben haben. Wie bei HS 1 (Rz 34) ist nicht ein wichtiger Grund zur fristlosen Kündigung iS des § 626 erforderlich. Es genügen minderschwere Gründe, die im Verhalten des Arbeitnehmers liegen und die Kündigung deshalb nicht nach § 1 Abs 2 KSchG als sozial ungerechtfertigt erscheinen lassen (aM Palandt-Putzo § 565 d Anm 3 c).

V. Anwendung des Mietrechts auf Werkdienstwohnungen (§ 565 e)

1. Voraussetzungen 38

a) Es muß sich um eine **Werkdienstwohnung** handeln. Hierzu gehört jeder Wohnraum, der im Rahmen eines Dienstverhältnisses überlassen ist (Rz 7). Unerheblich ist, ob die Merkmale einer vollständigen Wohnung gegeben sind (Rz 2). Erfaßt wird auch Wohnraum, der entsprechend dem Dienstverhältnis zu nur vorübergehendem Gebrauch überlassen ist.

b) Der zur Dienstleistung Verpflichtete muß den Wohnraum ganz oder 39
überwiegend **mit Einrichtungsgegenständen ausgestattet** haben. Zu den Einrichtungsgegenständen gehören die für eine normale Ausstattung erforderlichen Möbel sowie Herd, Spüle, Beleuchtungskörper, Teppiche, Bettzeug und Bilder. Für den Umfang kommt es allein auf die tatsächlich vorhandene Ausstattung an. Ganz ausgestattet hat der Dienstverpflichtete den Wohnraum, wenn er sämtliche Einrichtungsgegenstände gestellt hat. Die Eigentumsverhältnisse sind unerheblich, soweit die Gegenstände nicht vom Dienstberechtigten oder bei werksfremden Werkdienstwohnungen vom Hauseigentümer stammen. Überwiegend ausgestattet hat der Dienstverpflichtete den Wohnraum, wenn er nach Zahl und wirtschaftlicher Bedeutung mehr als die Hälfte der Einrichtungsgegenstände gestellt hat. Maßgebend sind die Verhältnisse bei Beendigung des Dienstverhältnisses.

40 **c)** Alternativ setzt § 565 e voraus, daß der zur Dienstleistung Verpflichtete in dem Wohnraum **mit seiner Familie einen eigenen Hausstand** führt. In diesem Fall kommt es nicht auf die Ausstattung mit Einrichtungsgegenständen an. Der Begriff der Familie umfaßt Ehepaare, auch wenn sie kinderlos sind, Verwandte und Verschwägerte, ohne daß es auf einen bestimmten Grad der Verwandtschaft ankommt. Der Dienstverpflichtete führt in dem Wohnraum einen eigenen Hausstand, wenn dort der Mittelpunkt seiner Lebens- und Wirtschaftsführung liegt.

41 **2. Rechtsfolgen**

Als Rechtsfolge ist bestimmt, daß für die Beendigung des Rechtsverhältnisses hinsichtlich des Wohnraums die Vorschriften über die Miete entsprechend gelten.

a) Wenn der **Dienstvertrag auf bestimmte Zeit** abgeschlossen ist, endet das Rechtsverhältnis über den Wohnraum nach § 564 Abs 1 durch Zeitablauf zusammen mit dem Dienstverhältnis. Die entsprechende Anwendbarkeit der mietrechtlichen Vorschriften hat zur Folge, daß der Dienstverpflichtete nach § 564 c oder § 556 b die Fortsetzung als Mietverhältnis verlangen kann, soweit die Voraussetzungen dieser Vorschriften erfüllt sind.

42 **b)** Bei einem **Dienstvertrag auf unbestimmte Zeit** endet das Rechtsverhältnis über den Wohnraum nicht automatisch mit der Beendigung des Dienstverhältnisses. Es muß nach den mietrechtlichen Vorschriften gesondert beendet werden.

43 **aa)** Solange das Rechtsverhältnis über den Wohnraum nicht beendet ist, besteht zwischen den Parteien ein **gesetzliches Schuldverhältnis** (Roquette § 565 e Rz 8). Der Wohnungsinhaber hat über die Beendigung des Dienstverhältnisses hinaus einen Anspruch auf weitere Überlassung des Wohnraums. Dem entspricht seine Pflicht, ein Nutzungsentgelt zu entrichten. Das Nutzungsentgelt kann nach dem Teil der früheren Tätigkeitsvergütung bestimmt werden, der für die Überlassung der Werkdienstwohnung angerechnet wurde. War in dem Vertrag insoweit kein bestimmter Betrag ausgewiesen, ist in entsprechender Anwendung des § 557 Abs 1 S 1 HS 2 das ortsübliche Entgelt für vergleichbare Werkdienstwohnungen maßgebend (aM Roquette § 565 e Rz 19).

44 **bb)** Die **Beendigung** des Rechtsverhältnisses hinsichtlich des Wohnraums nach den mietrechtlichen Vorschriften setzt idR eine Kündigung voraus. Dies gilt wegen § 565 a auch bei Vereinbarung einer Verlängerungsklausel oder auflösenden Bedingung.

45 **α)** Die **Kündigungserklärung** bedarf nach § 564 a Abs 1 S 1 der schriftlichen Form. Auch die übrigen Bestimmungen des § 564 a einschließlich der Ausnahmeklausel sind anwendbar.

β) Der Kündigende muß die **Kündigungsfristen** des § 565 Abs 2 einhalten. 46
Dies gilt für beide Parteien in gleicher Weise. Für die verlängerten Fristen kommt es auf die Dauer der Überlassung des Wohnraums an. Die auf § 565 gestützte Kündigung kann schon erklärt werden, solange das Dienstverhältnis noch besteht. Dadurch ist es möglich, beide Rechtsverhältnisse zu demselben Zeitpunkt zu beenden (Roquette § 565 e Rz 12). Die entsprechende Anwendbarkeit mietrechtlicher Vorschriften bedeutet, daß auch die Bestimmungen über Werkmietwohnungen eingreifen. Der Verfügungsberechtigte über die Werkdienstwohnung kann die Kündigung deshalb nach seiner Wahl auf § 565 c stützen, um die Kündigungsfristen abzukürzen.

γ) Für die Kündigung der Werkdienstwohnung durch den Verfügungsbe- 47
rechtigten ist ein **Kündigungsgrund** iS des § 564 b erforderlich, soweit nicht der Ausnahmetatbestand des Abs 7 HS 1 für Wohnraum zu nur vorübergehendem Gebrauch vorliegt. Als Kündigungsgrund kommt in erster Linie Betriebsbedarf in Betracht (§ 564 b Rz 68 f). Die Kündigungsgründe sind nach § 564 b Abs 3 grundsätzlich in dem Kündigungsschreiben anzugeben (§ 564 b Rz 80 ff; AG Stuttgart WuM 1974, 126).

δ) Zu den entsprechend anwendbaren Vorschriften gehört § 556 a. Wird 48
die Kündigung auf § 565 gestützt, gilt die **Sozialklausel** ohne Einschränkungen, allerdings nach Maßgabe des § 565 d unter Berücksichtigung der Belange des Dienstberechtigten. Bei einer Kündigung nach § 565 c ist die Sozialklausel nur nach Maßgabe des § 565 d Abs 2 anwendbar oder in den Fällen des Abs 3 ganz ausgeschlossen (Rz 31 ff).

cc) Das Rechtsverhältnis hinsichtlich des Wohnraums kann sich nach 49
§ 568 aufgrund einer **Fortsetzung des Gebrauchs** durch den Wohnungsinhaber über das Ende des Dienstverhältnisses bzw des Mietverhältnisses hinaus verlängern.

dd) Die Parteien können während des Bestehens oder nach dem Ende des 50
Dienstvertrags einen **Mietvertrag** über die Wohnung abschließen, so daß alle mietrechtlichen Vorschriften unmittelbar anwendbar werden. Der Mietvertrag kann durch konkludentes Verhalten zustande kommen.

VI. Abweichende Vereinbarungen

1. Die §§ 565 b–565 e enthalten keine Vorschriften über abweichende 51
Vereinbarungen. Dies bedeutet nicht, daß die Regelung in vollem Umfang abdingbar ist. Soweit die allgemeinen mietrechtlichen Vorschriften unmittelbar oder wie nach § 565 e entsprechend anwendbar sind, gelten die insoweit maßgebenden Bestimmungen über Zulässigkeit und Grenzen abweichender Vereinbarungen (Mietrecht §§ 565 b–565 e Rz 71). Soweit die

§§ 565 c, 565 d **zum Nachteil des Mieters** von den allgemeinen Vorschriften abweichen, können die Parteien die Rechte des Mieters wegen der jeweils maßgebenden Unabdingbarkeitsklauseln nicht noch weiter verkürzen, weil darin zugleich ein Verstoß gegen die einzelne Klausel liegt.

52 **2.** Zulässig ist, daß die Parteien die Anwendbarkeit der §§ 565 c, 565 d vertraglich **zugunsten des Mieters** bzw Nutzungsberechtigten ausschließen.

VII. Gerichtliche Zuständigkeiten

53 **1.** Für den Rechtsstreit über eine **Werkmietwohnung** ist nach § 23 GVG, § 29 a ZPO ausschließlich das Amtsgericht sachlich und örtlich zuständig. Wird im Rahmen eines Werkförderungsvertrags (Rz 5) zwischen dem Darlehensgeber und dem Bauherrn ein Mietvertrag über von diesem zu errichtende Wohnungen abgeschlossen, die an die Bediensteten des Darlehensgebers vermietet werden sollen, handelt es sich nicht um einen Mietvertrag über Wohnraum iS dieser Vorschriften (BGH NJW 1981, 1377).

54 **2.** Da für eine **Werkdienstwohnung** nach § 565 e die Vorschriften über die Miete entsprechend gelten, gehört ein Rechtsstreit, der im Zusammenhang mit der Beendigung des Rechtsverhältnisses über den Wohnraum steht, nach § 23 GVG, § 29 a ZPO in die ausschließliche Zuständigkeit des Amtsgerichts (LG Detmold WuM 1969, 28). Dies gilt nach § 29 a Abs 2 ZPO nicht, wenn es sich um Wohnraum der in § 556 a Abs 8 genannten Art handelt. Ist der Tatbestand des § 565 e nicht erfüllt, bleibt es bei der Zuständigkeit des Arbeitsgerichts, soweit es sich nicht um eine Klage auf Räumung des Wohnraums handelt. Hierfür ist nach § 29 a Abs 1 S 2 ZPO in jedem Fall das Amtsgericht unabhängig vom Rechtsgrund der Klage zuständig (Mietrecht §§ 565 b–565 e Rz 74).

§ 566

Ein Mietvertrag über ein Grundstück, der für längere Zeit als ein Jahr geschlossen wird, bedarf der schriftlichen Form. Wird die Form nicht beobachtet, so gilt der Vertrag als für unbestimmte Zeit geschlossen; die Kündigung ist jedoch nicht für eine frühere Zeit als für den Schluß des ersten Jahres zulässig.

Schrifttum: Bernard, Formbedürftige Rechtsgeschäfte (1979); Ganschezian-Finck ZMR 1973, 129; Häsemeyer, Die gesetzliche Form der Rechtsgeschäfte (1971); Müller JR 1970, 86; Oswald ZMR 1960, 198; Otto ZMR 1968, 35; Roquette DR 1940, 961; ZMR 1970, 33; Weimar MDR 1961, 289; ZMR 1969, 225.

1. Zweck 1

§ 566, der für langfristige Grundstücksmietverträge Schriftform vorschreibt, verfolgt damit vor allem den Zweck, dem Grundstückserwerber, der nach § 571 in bestehende Mietverträge eintreten muß, die Möglichkeit zu verschaffen, sich über den Umfang der auf ihn übergehenden Bindungen zu unterrichten (st Rspr seit RGZ 86, 30, 32; zuletzt BGHZ 55, 71, 77; 72, 394, 399; 81, 46 usw). Daneben soll durch die Schriftform für solche Mietverträge aber auch die Beweisbarkeit langfristiger Abreden der Parteien sichergestellt werden. Schließlich hat die Schriftform hier auch noch eine gewisse Warnfunktion (RG HRR 1933 Nr 873; JW 1937, 1701; BGHZ 81, 46). Im Ergebnis verfolgt § 566 daher völlig disparate Zwecke, worauf vor allem die großen Auslegungsschwierigkeiten beruhen, die seit jeher mit seiner Anwendung verbunden sind.

II. Anwendungsbereich

1. Grundstücksmiete 2

§ 566 gilt nur für Miet- und Pachtverträge über Grundstücke, Teile von Grundstücken, Wohnräume und sonstige Räume (§ 580) einschließlich der Untermietverträge (BGHZ 81, 46; BGH WM 1982, 431, 433). Die Höhe des Mietzinses spielt dabei keine Rolle (BGH LM Nr 45 zu § 535 BGB). Ist aber der Grundstücksmietvertrag nur Teil eines gemischten Vertrages, so können andere Formvorschriften den Vorrang haben. Wichtig ist dies namentlich für *§ 313,* wenn dem Mieter in dem Mietvertrag ein Vorkaufs- oder Ankaufsrecht eingeräumt wird (RGZ 72, 385; 97, 219; 148, 105; BGH LM Nr 29 zu § 139 BGB; WM 1967, 935). Keine Grundstücksmietverträge im Sinne des § 566 sind außerdem **Vorverträge** zu Mietverträgen (BGH LM Nr 1, 6, 11 und 19 zu § 566 BGB), die Begründung eines Vormietrechts (s oben Vorbem 30 zu § 535, 536) und idR auch nicht Automatenaufstellverträge (BGHZ 47, 202; s oben Vorbem 24 zu §§ 535, 536).

2. Dauer 3

§ 566 setzt außerdem voraus, daß der Grundstücksmietvertrag für eine längere Zeit als ein Jahr abgeschlossen wird, wobei die Jahresfrist vom Beginn des Mietverhältnisses ab, nicht vom Vertragsschluß ab gerechnet wird. Diese Voraussetzung ist auch erfüllt, wenn der Vertrag erstmals zu einem nach Ablauf des ersten Vertragsjahres liegenden Zeitpunkt kündbar ist, wenn die Parteien vereinbaren, daß der Vertrag automatisch für eine bestimmte Zeit weiterlaufen soll, wenn er nicht zum Schluß des ersten Jahres gekündigt wird (RG HRR 1933 Nr 873), oder wenn der Mieter aufgrund einer **Verlängerungsklausel** oder einer Option die Möglichkeit besitzt, einseitig den Vertrag über ein Jahr hinaus zu verlängern (BGH WM 1963, 172). § 566 wird entsprechend seinem Zweck darüberhinaus auch dann angewendet, wenn die Dauer des Vertrages von einem zukünftigen, ungewissen Ereignis abhängig gemacht wird, jedenfalls wenn der Vertrag nach den Vorstellungen der Parteien hiernach länger als ein Jahr laufen wird, wie es insbes bei Abschluß eines Mietvertrages auf Lebenszeit des Mieters idR der Fall sein dürfte (§ 567; BGH LM Nr 1 zu § 567 BGB; RGZ 97, 219; s unten § 567 Rz 3).

III. Schriftform

4 **1. Allgemeines**

a) Sind die genannten Voraussetzungen (oben Rz 2 f) erfüllt, so bedarf der Vertrag der Schriftform. Was dazu im einzelnen erforderlich ist, ergibt sich aus den §§ 126 und 127 a, so daß vor allem ein bloßer *Briefwechsel* der Parteien in aller Regel für § 566 nicht ausreicht (RGZ 59, 245; 95, 83; BGH LM Nr 45 zu § 535 BGB). Bei Erklärungen unter Abwesenden genügt auch nicht, daß die eine Partei die ihr von der anderen zugesandte Urkunde unterschreibt; vielmehr ist zusätzlich auch *Zugang* der formgerechten **Erklärung** des Annehmenden bei der antragenden Partei erforderlich (RGZ 87, 196; 105, 60; BGHZ 40, 255, 261; BGH LM Nr 7 zu § 566 BGB). Die gesetzlich vorgeschriebene Schriftform wird aber in jedem Fall ersetzt durch notarielle Beurkundung des Vertrages oder durch dessen Aufnahme in einen gerichtlichen Vergleich (§§ 126 Abs 3, 127 a). Haben die Parteien den Vertrag formlos geschlossen, so können sie schließlich die Beurkundung auch jederzeit mit Wirkung ex tunc nachholen.

5 **b)** Aus § 126 Abs 2 ergibt sich außerdem das Erfordernis der **Einheitlichkeit der Urkunde.** Dies bedeutet, daß die von den Parteien unterzeichnete Urkunde stets alle wesentlichen Abreden enthalten muß, aus denen sich nach dem Willen der Parteien der Vertrag zusammensetzt. Eine *Bezugnahme* auf andere Urkunden genügt infolgedessen dem gesetzlichen Schriftformerfordernis nur, wenn sie als Anlagen der unterzeichneten Urkunde beigefügt und mit dieser körperlich fest verbunden werden (grdleg RGZ 105, 289, 292; BGHZ 40, 255, 262 ff; BGH LM Nr 29 zu § 139 BGB). Bei der Miete werden indessen heute von diesem Grundsatz bei

Verlängerungs- und Änderungsverträgen aus praktischen Gründen zahlreiche Ausnahmen zugelassen (s unten Rz 8).

2. Umfang 6

Das Schriftformerfordernis gilt grundsätzlich **für sämtliche Abreden,** aus denen sich nach dem Willen der Parteien der Vertrag zusammensetzen soll, dh für den gesamten Vertragsinhalt einschließlich aller Nebenabreden, die einen Bestandteil des Mietvertrags bilden sollen (RGZ 118, 105; 123, 171; BGHZ 40, 255, 262 ff; BGH LM Nr 2 und 6 zu § 566 BGB; Nr 1 zu § 567 BGB). Deshalb müssen immer beurkundet werden die Vereinbarungen über Gegenstand und Dauer des Vertrages (RG JW 1906, 348), über die Höhe des Mietzinses (BGH LM Nr 2 zu § 566 BGB; Nr 1 zu 567 BGB) sowie über eine etwaige Zusicherung von Eigenschaften (RG JW 1937, 675). Dasselbe gilt für die generelle Erlaubnis der Untervermietung sowie für solche Abreden, durch die ein Vorvertrag zum endgültigen Mietvertrag erhoben wird (BGH LM Nr 6 und 19 zu § 566 BGB). *Formlos* möglich sind hingegen stets selbständige Nebenabreden, die nach dem Willen der Parteien keinen Bestandteil des Mietvertrages bilden sollen (BGH LM Nr 1 zu § 1136 BGB). Dasselbe gilt für Abreden über einmalige Leistungen einer Partei bei Vertragsschluß als bloße Gegenleistung für die Bereitschaft der anderen zum Vertragsschluß (RGZ 123, 171; BGH LM Nr 1 zu § 567), für Abreden mit Dritten aus Anlaß des Vertragsschlusses (BGH NJW 1966, 250), für die Genehmigung der Untervermietung im Einzelfall (RG LZ 1930, 840; str), für die Vereinbarung der nachträglichen Beurkundung des zunächst formlos abgeschlossenen Vertrages (RGZ 104, 131), für eine kurzfristige Minderung des Mietzinses (BGH LM Nr 7 zu § 126 BGB) sowie für die Aufhebung des Vertrages (BGHZ 65, 49, 55).

3. Insbes Änderungen und Ergänzungen 7

a) Da der gesamte Vertragsinhalt beurkundet werden muß (oben Rz 6), bedürfen auch nachträgliche Ergänzungen oder Änderungen des Vertrages grundsätzlich der in § 566 S 1 vorgeschriebenen Schriftform. Beispiele sind eine Verlängerung des Vertrages über ein Jahr hinaus (RGZ 105, 60; BGH WM 1963, 172), eine deutliche Erhöhung des Mietzinses (RG JW 1929, 3226; BGHZ 50, 39, 44; BGH WM 1964, 710; 1970, 1480), die nachträgliche Vereinbarung eines Baukostenzuschusses (BGH WM 1966, 1335) sowie die Erweiterung der vermieteten Räume um rund ein Viertel (BGH WM 1963, 172). Dasselbe gilt nach dem zu § 549 Gesagten für die

Abreden der Beteiligten bei Eintritt eines neuen Mieters in den Mietvertrag (s oben § 549 Rz 3).

8 **b)** Das Erfordernis der *Einheitlichkeit* der Urkunde (s oben Rz 5) gilt an sich auch für derartige Ergänzungs- und Verlängerungsverträge (BGHZ 40, 255; 50, 39; BGH WM 1970, 1480). Aus praktischen Gründen werden hier jedoch zahlreiche **Ausnahmen** zugelassen, so daß heute idR die Bezugnahme des Änderungs- oder Ergänzungsvertrages auf den Hauptvertrag für die Wahrung der Schriftform genügt (s Mietrecht § 566 Rz 38 ff). So verhält es sich namentlich, wenn der Nachtrag selbst schon alle wesentlichen Abreden der Parteien enthält oder wenn aufgrund der Bezugnahme eindeutig feststeht, daß es im übrigen bei den ursprünglichen Abreden der Parteien verbleiben soll (BGHZ 42, 333, 338 f; 52, 25, 28 f; 55, 248, 250 f; BGH LM Nr 22 zu § 566 BGB; Nr 7 zu § 126 BGB). Formlos möglich sind außerdem eine Aufhebung des Mietvertrages (oben Rz 6), ein Verzicht des Vermieters auf einen Teil des Mietzinses (BGH LM Nr 1 zu § 567 BGB) sowie sämtliche Vertragsänderungen, deren Laufzeit ein Jahr nicht übersteigt. Schließlich wird § 566 häufig auch noch auf sog unwesentliche Änderungen des Mietvertrages nicht angewandt, wobei jedoch die Abgrenzung nahezu unlösbare Schwierigkeiten bereitet (s RG HRR 1931 Nr 403; BGH WM 1963, 172).

IV. Rechtsfolgen

9 1. Allgemeines

a) Nach § 566 S 2 hat ein **Verstoß** gegen das Erfordernis der Schriftform lediglich zur Folge, daß der Vertrag als *für unbestimmte Zeit* geschlossen gilt und erstmals zum Schluß des ersten Jahres kündbar ist. Dabei handelt es sich um eine gesetzliche *Fiktion,* die in jedem Fall ohne Rücksicht auf den Willen der Parteien eingreift (zB RGZ 86, 30; 118, 105; RG JW 1929, 318; 1929, 3226). Voraussetzung ist aber, daß überhaupt ein wirksamer Mietvertrag vorliegt. Hieran kann es zB fehlen, wenn die vereinbarte Schriftform (unten Rz 13) nach den Abreden der Parteien (ausnahmsweise) konstitutive Bedeutung besaß (vgl RG JW 1908, 105; 1908, 446; 1912, 389; BGH WM 1966, 979). Von diesen Ausnahmefällen abgesehen, können aber die Parteien jederzeit die Beurkundung *nachholen;* ein Anspruch darauf besteht freilich nur, wenn die Parteien dies zusätzlich vereinbart hatten. Eine derartige Vereinbarung der Beurkundung ist auch stets formlos möglich (RGZ 104, 131; s oben Rz 6, unten Rz 12, 16).

10 **b)** Da § 566 auch für nachträgliche Änderungen oder Ergänzungen des Vertrages gilt (oben Rz 7 f), hat auch ein Formverstoß bei solchen nach-

träglichen Ergänzungen oder **Änderungen** grundsätzlich zur Folge, daß jetzt der Mietvertrag insgesamt der gesetzlich vorgeschriebenen Schriftform entbehrt, so daß er fortan auf unbestimmte Zeit läuft und nach Ablauf eines Jahres nach der Änderung kündbar ist (so zB RGZ 51, 179; 105, 60; 108, 105; 123, 171; BGHZ 50, 39, 44; BGH WM 1964, 710; 1966, 1335; 1970, 1480; dagegen MÜLLER ZMR 1970, 86). Dies erscheint jedoch der neueren Praxis zu Recht häufig als untragbar (BGHZ 50, 39, 43 f; 65, 49, 54). In der Tat sollte man im Interesse der Parteien hier die Rechtsfolgen eines Formverstoßes nach Möglichkeit auf die Änderungen und Ergänzungen beschränken (s Mietrecht § 566 Rz 34, 46 ff m Nachw).

2. Kündigung 11

Ist die Schriftform nicht beachtet, so ist der Vertrag mit den Fristen des § 565 frühestens zum Schluß des ersten Jahres kündbar (§ 566 S 2). Die **Jahresfrist** rechnet dabei ab Überlassung der Sache an den Mieter, nicht schon ab Vertragsschluß. In Ausnahmefällen kann jedoch die Berufung einer Partei auf den Formmangel *treuwidrig* sein, so daß dann eine vorzeitige Kündigung des Vertrages aufgrund des § 566 S 2 ausscheidet. Nach der neuesten Praxis kommt diese Annahme indessen nur noch in Betracht, wenn die Nichtanerkennung des Vertrages nicht nur zu einem harten, sondern zu einem schlechthin untragbaren Ergebnis führte, weil etwa der Vermieter den Mieter arglistig oder sonst schuldhaft von der Beobachtung der Form abgehalten hatte (BGH LM Nr 1 zu § 242 [Ca] BGB; Nr 2 zu § 566 BGB; WM 1963, 172; 1964, 710; 1970, 1480). Auch in einem solchen Ausnahmefall wirkt jedoch der Einwand der Arglist immer nur zwischen den Vertragsparteien, niemals aber gegenüber dem Grundstückserwerber, der nach § 571 in den Mietvertrag eintritt, so daß sich dieser stets auf den Formmangel berufen kann (BGHZ 40, 255, 261; BGH LM Nr 7 zu § 566 BGB).

Die Kündigung ist außerdem treuwidrig, wenn die Parteien wirksam eine 12
Beurkundung des Vertrages *vereinbart* hatten (s oben Rz 6, 9) oder wenn dem Mietvertrag ein (ebenfalls formlos möglicher) **Vorvertrag** zugrundeliegt (s oben Rz 2), da sich auch aus solchen Vorverträgen stets ein Anspruch auf Nachholung der Form für den Hauptvertrag ergibt, der einer auf den formlosen Hauptvertrag gestützten Kündigung entgegengesetzt werden kann (RGZ 86, 30, 35; 97, 219, 223; 104, 131, 132; 141, 370, 373; BGH LM Nr 1 zu § 242 [Ca] BGB; Nr 45 zu § 535 BGB; Nr 11 zu § 566 BGB).

V. Schriftformklausel

13 **1.** Von einer Schriftformklausel spricht man, wenn die Parteien für ihren Vertrag Schriftform vereinbart haben (s §§ 125 S 2, 154 Abs 2). In derartigen Fällen muß stets sorgfältig geprüft werden, ob die Einhaltung der vertraglich vereinbarten Form konstitutive oder nur **deklaratorische** Bedeutung haben soll. Mit Rücksicht auf § 566 S 2 wird man im Zweifel bei Mietverträgen das letztere anzunehmen haben (RG JW 1912, 389; 1929, 318; anders aber die hM). Von der Wirksamkeit des Vertrages ist dementsprechend vor allem dann auszugehen, wenn dem Mieter aufgrund des formlosen Vertrages die Sache bereits überlassen worden ist. Hat die Vereinbarung der Schriftform jedoch ausnahmsweise **konstitutive** Bedeutung, so ist der Vertrag bei einem Verstoß gegen das Schriftformerfordernis nichtig (§§ 125 S 2, 154 Abs 2). Für eine Anwendung des § 566 S 2 ist dann kein Raum mehr (s oben Rz 9; RG JW 1912, 389; BGH WM 1966, 979).

14 **2. a)** In schriftlichen Mietverträgen findet sich häufig die Klausel, daß **Änderungen** und **Ergänzungen** des Vertrages der Schriftform bedürfen. Solche Klauseln sind unbedenklich, zumal sie häufig nur den § 566 wiederholen, können aber von den Parteien jederzeit auch formlos wieder *aufgehoben* werden, wofür es genügt, daß feststeht, daß die Parteien das mündlich Vereinbarte tatsächlich gewollt haben (vgl BGHZ 49, 364; 66, 378; BGH LM Nr 20 zu § 125 BGB; Nr 57 zu § 242 [Ba] BGB; Nr 3 zu § 505 BGB; OLG Karlsruhe WuM 1983, 166). Auch eine Aufhebung des Vertrages ist in solchen Fällen stets formlos möglich (BGHZ 66, 378, 381).

15 **b)** Ohne Bedeutung sind Schriftformklauseln schließlich idR in **Formularverträgen,** da nach § 4 AGBG Individualvereinbarungen in jedem Fall vorgehen. Folglich sind auch formlose Vertragsänderungen jederzeit möglich, sofern nur der Nachweis der Änderung der Partei, die aus ihr Rechte herleiten will, gelingt (im einzelnen str; s Mietrecht § 566 Rz 68).

16 VI. Abweichende Vereinbarungen

§ 566 ist zwingend, so daß die Parteien nicht vereinbaren können, daß ein Vertrag trotz des Verstoßes gegen § 566 für längere Zeit als ein Jahr fest abgeschlossen sein soll. Möglich bleibt aber in jedem Fall die formlose Abrede, daß der Vertrag noch nachträglich beurkundet werden soll (RGZ 104, 131; s oben Rz 6, 9, 12).

VII. Beweislast 17

Eine über ein Rechtsgeschäft aufgenommene Vertragsurkunde hat stets die Vermutung der Vollständigkeit und Richtigkeit für sich. Deshalb trägt immer derjenige die Beweislast, der behauptet, daß neben den beurkundeten Abreden noch zusätzlich andere, mündliche Abreden getroffen worden seien (vgl BGH LM Nr 24 zu § 242 [Be] BGB).

§ 567

Wird ein Mietvertrag für eine längere Zeit als dreißig Jahre geschlossen, so kann nach dreißig Jahren jeder Teil das Mietverhältnis unter Einhaltung der gesetzlichen Frist kündigen. Die Kündigung ist unzulässig, wenn der Vertrag für die Lebenszeit des Vermieters oder des Mieters geschlossen ist.

1. § 567 S 1, nach dem alle Mietverträge spätestens nach 30 Jahren kündbar sind, *bezweckt* die Verhinderung der vertraglichen Schaffung einer Erbmiete oder ähnlicher Verhältnisse (RGZ 73, 341; 121, 11; 130, 143). Die Vorschrift ist deshalb **zwingend,** so daß ein vertraglicher Ausschluß des Kündigungsrechts nach 30 Jahren nicht möglich ist (RGZ 66, 216; BGH LM Nr 2 und 31 zu § 581 BGB). Aus dem erwähnten Zweck des § 567 folgt außerdem, daß die Vorschrift *entsprechend* auf sämtliche anderen, miet- oder pachtähnlichen Rechtsverhältnisse anzuwenden ist (RGZ 121, 11; RG LZ 1917, 801; BGH LM Nr 31 zu § 581 BGB; Gegenbeispiele in BGHZ 64, 288; BGH LM Nr 22 zu § 1018 BGB). Voraussetzung ist aber in jedem Fall ein Vertragsschluß auf eine längere Zeit als *30 Jahre.* Ein solcher Vertragsschluß liegt auch vor, wenn der Vertrag zwar nur für 30 Jahre abgeschlossen, dem Mieter jedoch eine Verlängerungsoption für weitere Jahre eingeräumt ist (RGZ 130, 143) oder wenn das Kündigungsrecht auch nur einer Partei für eine längere Zeit als 30 Jahre ausgeschlossen ist. 1

Verträge für eine längere Zeit als 30 Jahre sind nicht etwa nichtig. Der Verstoß gegen § 567 S 1 hat vielmehr lediglich zur **Folge,** daß der Vertrag spätestens nach 30 Jahren mit gesetzlicher Frist (§ 565) kündbar ist; im übrigen bleiben die Verträge wirksam (RGZ 130, 143; RG BayZ 1927, 290; BGH LM Nr 2 zu § 581 BGB). Die Dreißigjahresfrist beginnt dabei erst mit Überlassung der Sache an den Mieter. Ein bestimmter Kündigungstermin ist vom Gesetz nicht vorgeschrieben. 2

2. Von dem Verbot einer längeren Bindung als auf 30 Jahre macht § 567 S 2 eine Ausnahme für Verträge, die für die **Lebenszeit** des Vermieters oder des Mieters abgeschlossen sind. Das ist eine eng auszulegende Aus- 3 nahmevorschrift (OLG München HRR 1942 Nr 852), so daß sie weder auf juristische Personen noch auf erbrechtliche Verhältnisse anwendbar ist (LG Mannheim DWW 1968, 258). Solche Verträge auf Lebenszeit einer Person bedürfen stets der Form des § 566 (BGH LM Nr 1 zu § 567 BGB; s oben § 566 Rz 3).

§ 568

Wird nach dem Ablaufe der Mietzeit der Gebrauch der Sache von dem Mieter fortgesetzt, so gilt das Mietverhältnis als auf unbestimmte Zeit verlängert, sofern nicht der Vermieter oder der Mieter seinen entgegenstehenden Willen binnen einer Frist von zwei Wochen dem anderen Teile gegenüber erklärt. Die Frist beginnt für den Mieter mit der Fortsetzung des Gebrauchs, für den Vermieter mit dem Zeitpunkt, in welchem er von der Fortsetzung Kenntnis erlangt.

Schrifttum: Bodié NJW 1967, 1068; WuM 1966, 130; 1968, 43; Bullert NJW 1967, 139; Esser, Wert und Bedeutung der Rechtsfiktionen (2. Aufl 1969); Ganschezian-Finck NJW 1971, 2051; Giebner ZMR 1970, 3; Haase WuM 1970, 113; JR 1972, 58; Hans ZMR 1967, 65; Oswald ZMR 1970, 67; Schroers WuM 1974, 65; Weimar ZMR 1963, 65; 1965, 3; WuM 1967, 143; MDR 1966, 981.

1 1. Bedeutung

§ 568 regelt die Frage, was geschehen soll, wenn der Mieter trotz Beendigung des Mietverhältnisses den Gebrauch der Sache fortsetzt. Damit ist *bezweckt,* die Entstehung eines vertragslosen Zustandes in derartigen Fällen zu verhindern (BayObLGZ 1981, 300 = NJW 1981, 2759; OLG Schleswig NJW 1982, 449). Deshalb enthält § 568 auch keine bloße Vermutung, sondern eine echte **Fiktion** der Vertragsverlängerung, so daß es auf einen etwaigen, abweichenden Willen der Parteien nicht ankommt. Ebensowenig ist eine Anfechtung mit der Folge, daß die Verlängerung des Mietverhältnisses nicht eintritt, möglich (s RGZ 140, 314; BayObLGZ 1981, 300).

2 2. Anwendungsbereich

§ 568 gilt für alle Miet- und Pachtverhältnisse und für jede Beendigungsart (RAGE 15, 281; LG Mannheim WuM 1977, 229). Auch im Falle einer fristlosen Kündigung aus wichtigem Grunde ist § 568 grundsätzlich anwendbar (BGH LM Nr 22 zu § 305 BGB; LG Karlsruhe MDR 1981, 847). Selbst wenn der Mieter der Kündigung nach den §§ 556 a oder 556 b widerspricht, bleibt Raum für die Anwendung des § 568. Dasselbe gilt bei

Beendigung des Mietverhältnisses durch einen Aufhebungsvertrag, außer wenn in diesem Vertrag zugleich eine vertragliche Abbedingung des § 568 liegt (BGH WM 1965, 411; LG Mannheim WuM 1977, 229). Für die Anwendung des § 568 ist jedoch kein Raum mehr, wenn die Beendigung des Mietverhältnisses, sei es durch Urteil, sei es durch Vereinbarung der Parteien, feststeht und dem Mieter lediglich noch eine **Räumungsfrist** bewilligt worden ist (LG Mannheim ZMR 1969, 220). In solchen Fällen kann es sich daher, wenn der Vermieter mit der Vollstreckung des Räumungsurteils übermäßig lange zuwartet, lediglich fragen, ob er infolgedessen seinen Herausgabeanspruch verwirkt hat oder ob die Durchsetzung des Urteils sonst mißbräuchlich ist (vgl OLG Hamm WuM 1981, 257; LG Hannover ZMR 1979, 248).

3. Gebrauchsfortsetzung **3**

Die Fiktion der Vertragsverlängerung setzt vor allem voraus, daß der Mieter trotz Beendigung des Mietverhältnisses den Gebrauch der Sache fortsetzt. Entscheidend ist dabei allein die **tatsächliche Fortsetzung** des Gebrauchs durch den Mieter, dh die Fortsetzung des bisherigen, vertragsmäßigen Gebrauchs über den Zeitpunkt der Vertragsbeendigung hinaus (BGH LM Nr 42 zu § 535 BGB). Dazu ist erforderlich, daß der Mieter die Sache tatsächlich behält und weiterhin für eine nicht völlig unerhebliche Zeit entsprechend dem an sich beendeten Mietvertrag gebraucht (BayObLGZ 1981, 300).Deshalb greift § 568 auch ein, wenn der Mieter den Untermieter in der Wohnung weiter wohnen läßt (s BGH LM Nr 42 zu § 535 BGB) oder wenn er zwar auszieht, aber seine Möbel in der Wohnung zurückläßt (LG Köln WuM 1975, 85).

4. Widerspruch **4**

a) Trotz Fortsetzung des Gebrauchs durch den Mieter nach Beendigung des Mietverhältnisses wird eine Verlängerung des Mietverhältnisses dann nicht fingiert, wenn der Vermieter oder der Mieter ihren entgegenstehenden Willen binnen einer Frist von zwei Wochen dem anderen Teil gegenüber erklären. Dieser Widerspruch ist eine einseitige, bedingungsfeindliche, empfangsbedürftige Willenserklärung, die dem Gegner binnen der Zweiwochenfrist tatsächlich zugehen muß und aus der sich eindeutig ergeben muß, daß der Erklärende unter keinen Umständen mit einer Fortsetzung des Mietverhältnisses zu den bisherigen Bedingungen einverstanden ist. Eine besondere Form ist für den Widerspruch nicht vorgeschrieben, so daß er auch konkludent erklärt werden kann (BayObLGZ 1981, 300; OLG Schleswig NJW 1982, 449). Bei mehreren Vermietern oder

Mietern muß der Widerspruch von allen Vertragsparteien ausgehen und allen Parteien zugehen.

5 Ein Widerspruch liegt hiernach *zB* regelmäßig in der Stundung des Herausgabeanspruchs, in der Gewährung einer bloßen Räumungsfrist, in der Erhebung der Räumungsklage, im Beginn der Zwangsvollstreckung, in dem Verlangen nach sofortiger Räumung und nach hM auch in der Forderung des Vermieters nach einer Heraufsetzung des Mietzinses (vgl RGZ 140, 314, 317; BGH LM Nr 42 zu § 535 BGB; OLG Schleswig NJW 1982, 449; LG Itzehoe WuM 1982, 298; s im übrigen auch unten Rz 8).

6 **b)** Die **Widerspruchsfrist** beträgt 2 Wochen und beginnt für den *Mieter* in dem Augenblick zu laufen, in dem das Mietverhältnis endet; es ist nicht erforderlich, daß der Mieter von der Beendigung des Mietverhältnisses Kenntnis hat (BGH LM Nr 22 zu § 305 BGB). Beim *Vermieter* setzt der Fristbeginn hingegen positive Kenntnis von der Fortsetzung des Gebrauchs durch den Mieter voraus, wobei bei einer Mehrzahl von Vermietern diese Kenntnis alle Vermieter haben müssen (BayObLGZ 1981, 300). Da der Widerspruch binnen der Zweiwochenfrist dem Gegner zugehen muß, genügt die Erhebung der **Räumungsklage** binnen der Zweiwochenfrist für die Fristwahrung nur, wenn die Klage dem Gegner während der Frist auch tatsächlich zugestellt wird; für die entsprechende Anwendung der §§ 270 Abs 3 und 495 ZPO ist hier kein Raum (so zB LG Karlsruhe MDR 1981, 847; LG Duisburg WuM 1980, 236; LG Wiesbaden ZMR 1969, 284; 1971, 181; sehr str).

7 Der Widerspruch kann auch schon **vor Fristbeginn,** insbes in Verbindung mit der Kündigung des Mietverhältnisses erklärt werden. Nach Fristbeginn ist dann keine Wiederholung des Widerspruchs erforderlich, vorausgesetzt daß zwischen der Erklärung des Widerspruchs und der Beendigung des Mietverhältnisses nicht nur ein loser zeitlicher, sondern ein enger sachlicher Zusammenhang besteht. Darüber hinaus ist eine Wiederholung des Widerspruchs auch dann entbehrlich, wenn sie offenbar sinnlos ist, weil der Vermieter schon einen neuen Mietvertrag über die fraglichen Räume abgeschlossen oder der Mieter eine andere Wohnung gemietet hat (so im Anschluß an BGH LM Nr 42 zu § 535 BGB und WM 1965, 411: BayObLGZ 1981, 300; OLG Hamburg NJW 1981, 2258; OLG Schleswig NJW 1982, 449).

8 Mit einer **fristlosen Kündigung** kann hiernach ebenfalls ohne weiteres der Widerspruch schon vor Fristbeginn verbunden werden. Da der Widerspruch zudem auch konkludent erklärt werden kann (s oben Rz 4), wird sich gerade in diesen Fällen der Widerspruch besonders häufig aus den Umständen, namentlich aus dem Verlangen sofortiger Räumung ergeben (OLG Hamburg NJW 1981, 2258; OLG Schleswig NJW 1982, 449). Jedoch kann nicht darüber hinaus im Falle der fristlosen Kündigung generell

auf den zusätzlichen Widerspruch verzichtet werden (LG Hamburg WuM 1975, 57; aM zu Unrecht LG Itzehoe WuM 1982, 298).

5. Rechtsfolgen 9

a) Wenn die Voraussetzungen des § 568 erfüllt sind, verlängert sich der alte Mietvertrag automatisch auf unbestimmte Zeit. Der Vertrag erfährt lediglich insofern eine Änderung, als an die Stelle der vereinbarten Kündigungsfrist die gesetzlichen Fristen des § 565 treten (vgl RGZ 140, 314; RAGE 15, 281; BayObLGZ 1981, 300). Hat hingegen eine Partei der Fortsetzung wirksam widersprochen, so hat das Mietverhältnis endgültig sein Ende gefunden. Die Fortsetzung des Gebrauchs durch den Mieter stellt dann eine Vorenthaltung im Sinne des § 557 dar.

b) § 568 ist nicht zwingend, so daß **abweichende Vereinbarungen** möglich sind. Doch kann dies nur für Individualvereinbarungen gelten; eine Abbedingung des § 568 durch Formularverträge ist nicht möglich (§ 9 Abs 2 AGBG; aM OLG Hamm WuM 1983, 48). 10

§ 569

Stirbt der Mieter, so ist sowohl der Erbe als der Vermieter berechtigt, das Mietverhältnis unter Einhaltung der gesetzlichen Frist zu kündigen. Die Kündigung kann nur für den ersten Termin erfolgen, für den sie zulässig ist.

Die Vorschriften des Absatzes 1 gelten nicht, wenn die Voraussetzungen für eine Fortsetzung des Mietverhältnisses nach den §§ 569 a oder 569 b gegeben sind.

Schrifttum: BUSCHMANN, Das Hausrecht nach dem Tode des Mieters, BlGBW 1972, 125; ERMAN, Zur Kündigung der Miete bei Tod, Versetzung usw., DJZ 1904, 683; FRANCKE, Tod eines Mitmieters, SeuffBl 77, 161; HABLITZEL, Das Kündigungsrecht nach § 569 BGB, ZMR 1980, 289; HEROLD, Tod des Geschäftsraummieters und Kündigungsrecht, BlGBW 1967, 151; KRESS, Ist das in § 569 BGB dem Erben eingeräumte Kündigungsrecht gegebenenfalls vom Testamentsvollstrecker auszuüben? SeuffBl 74, 229.

I. Allgemeines 1

Der Tod des Mieters ist kein Grund, der das Mietverhältnis beendet. Der Erbe tritt im Wege der Gesamtrechtsnachfolge in die Rechte und Pflichten des Mieters ein (§§ 1922 Abs 1, 1967 Abs 1). Der Tod des Mieters, dessen Person für den Vermieter häufig von wesentlicher Bedeutung ist, verändert die Verhältnisse jedoch idR so einschneidend, daß das Mietverhältnis nicht unbeeinflußt bleibt. Für den Erben des Mieters besteht oft kein Bedürfnis, das Mietverhältnis fortzusetzen. Abs 1 S 1 räumt deshalb dem Erben und dem Vermieter ein Recht zur außerordentlichen befristeten Kündigung ein.

II. Voraussetzungen (Abs 1 S 1)

2 1. Mietverhältnis

Zwischen dem Erblasser als Mieter und dem Vermieter muß ein Mietverhältnis bestanden haben. Erfaßt werden Mietverhältnisse aller Art. Bei der Miete von Wohnraum ist die Sonderregelung der §§ 569 a, 569 b zu beachten. Im übrigen kommt es auf die Unterscheidung zwischen Wohnraum- und Geschäftsraummiete nicht an. Unerheblich ist ferner, ob das Mietverhältnis befristet oder unbefristet ist. Es spielt auch keine Rolle, ob die Räume möbliert oder unmöbliert vermietet sind und ob die Mietsache auf Dauer oder zu nur vorübergehendem Gebrauch überlassen ist.

3 2. Tod des Mieters

a) Der **Mieter** muß gestorben und beerbt worden sein. Gleichbedeutend mit dem natürlichen Tod ist die Todeserklärung eines Verschollenen (§ 9 Abs 1 VerschG). Der Tod des Vermieters begründet kein Recht zur außerordentlichen Kündigung.

4 **b)** Haben **mehrere Mieter** den Vertrag abgeschlossen und stirbt einer von ihnen, steht weder dem Vermieter noch dem Erben ein Kündigungsrecht zu, da das Mietverhältnis unteilbar ist und nur von allen oder gegenüber allen anderen Beteiligten gekündigt werden kann (KG JW 1932, 3362 Nr 2; Mittelstein 487 mwN; aM Francke SeuffBl 77, 161; Pergande § 569 Anm 4). Haben die Parteien jedoch entsprechende Vereinbarungen getroffen, kann die Vorschrift auch beim Tode eines von mehreren Mitmietern anwendbar sein (RGZ 90, 328, 330 f; OLG Hamburg JW 1938, 3038; Sternel Rz IV 365).

5 **c)** Die Beendigung einer **juristischen Person** im Wege der Auflösung ist dem Tod einer natürlichen Person für § 569 nicht gleichzustellen (Brandner NJW 1960, 127, 128; MünchKomm-Voelskow § 569 Rz 5). Auch die im Schrifttum zT befürwortete entsprechende Anwendung (Erman-Schopp § 569 Rz 5; Sternel Rz I 81) kommt nicht in Betracht, weil bei der Miete durch eine juristische Person nicht die gleiche Interessenlage besteht.

III. Rechtsfolgen

1. Allgemeines 6

Dem Erben des Mieters und dem Vermieter wird ein Recht zur außerordentlichen befristeten Kündigung eingeräumt. Hierfür gelten die allgemeinen Vorschriften über die Kündigung eines Mietverhältnisses. Bei Wohnraum ist insbesondere die Bestimmung des § 564 a einzuhalten.

2. Kündigungsrecht des Erben 7

a) Das Recht zur außerordentlichen befristeten Kündigung steht dem **Erben** des Mieters zu. Wer Erbe ist, richtet sich nach den §§ 1922 ff. Entscheidend ist die materielle Erbberechtigung. Eine Legitimation ist auch nicht für einseitige Rechtsgeschäfte wie die Kündigung aus § 569 vorgeschrieben (KG JW 1918, 517; aM KG OLGE 28, 154). Die Legitimation spielt nur insofern eine Rolle, als ein Scheinerbe, für den unrichtigerweise ein Erbschein ausgestellt ist, das Mietverhältnis aufgrund des § 2367 mit Wirkung für und gegen den wahren Erben kündigen kann (Mietrecht § 569 Rz 12). Das Kündigungsrecht des Erben wird nicht dadurch ausgeschlossen, daß er ein geerbtes Handelsgeschäft unter der bisherigen Firma fortführt und nach den §§ 25, 27 HGB für die Geschäftsverbindlichkeiten unbeschränkt haftet (RGZ 130, 52). Ist Nachlaßverwaltung oder Testamentsvollstreckung angeordnet, steht das Kündigungsrecht dem Nachlaßverwalter oder Testamentsvollstrecker zu (RGZ 74, 35).

b) Hat der Mieter **mehrere Erben** hinterlassen, kann das Recht zur außer- 8
ordentlichen Kündigung nach allgemeinen Grundsätzen (§ 564 Rz 16) und wegen § 2040 nur von allen Erben gemeinsam ausgeübt werden. Die Erben müssen nicht in einem einheitlichen Rechtsakt kündigen. Es genügt, wenn sie einen Miterben bevollmächtigen oder in dessen Kündigung einwilligen. Bei vollmachtlosem Handeln gilt § 180.

3. Kündigungsrecht des Vermieters 9

a) In gleicher Weise wie dem Erben steht dem **Vermieter** ein Recht zur außerordentlichen befristeten Kündigung zu. Handelt es sich um mehrere Vermieter, können sie von ihrem Kündigungsrecht nur einheitlich Gebrauch machen (§ 564 Rz 16). Die Kündigung muß grundsätzlich gegenüber dem Erben erklärt werden. Unter den Voraussetzungen der §§ 2366, 2367 kann sie auch durch Erklärung gegenüber einem Scheinerben mit Wirkung für und gegen den wahren Erben wirksam werden. Handelt es sich um mehrere Erben, muß der Vermieter allen gegenüber kündigen.

Dies gilt auch, wenn nur einer der Miterben die Mietsache in Gebrauch genommen hat (anders OLG München HRR 1940 Nr 1299).

10 **b)** Da die **Schutzvorschriften** des sozialen Mietrechts zugunsten des Mieters unberührt bleiben, kann der Vermieter ein Mietverhältnis über Wohnraum nur kündigen, wenn ihm ein berechtigtes Interesse iS des § 564 b zur Seite steht (AG Hamburg WuM 1980, 256; aM Hablitzel ZMR 1980, 289). Nach umstrittener Ansicht kann der Erbe der außerordentlichen befristeten Kündigung unter den Voraussetzungen des § 556 a widersprechen und die Fortsetzung des Mietverhältnisses verlangen (§ 556 a Rz 7). Dabei ist eine Härte iS der Sozialklausel nicht bereits auszuschließen, wenn der Erbe die Wohnung des Erblassers bisher noch nicht bewohnt hat. Dieses Recht steht ihm als Rechtsnachfolger zu. Die Härte ist im Hinblick darauf zu beurteilen, ob ihm dieses Recht unter Berücksichtigung seiner bisherigen Wohnverhältnisse und der entgegenstehenden Interessen des Vermieters verwehrt werden kann.

11 **4. Kündigungsfrist**

Erbe und Vermieter sind berechtigt, das Mietverhältnis unter Einhaltung der gesetzlichen Frist zu kündigen. Diese Frist ergibt sich aus § 565 Abs 5 (dort Rz 45). Sie richtet sich nach dem Mietgegenstand und gilt für beide Teile in gleicher Weise.

12 **5. Kündigungstermin (Abs 1 S 2)**

a) Die Kündigung kann nur für den **ersten Termin** ausgesprochen werden, für den sie zulässig ist. Dieser Termin richtet sich nach den Kündigungsfristen, die gem § 565 Abs 5 bei einem Mietverhältnis der betreffenden Art einzuhalten sind (dort Rz 45). Dabei ist nicht allein auf die sich nach dem Todeszeitpunkt objektiv ergebende Kündigungsmöglichkeit abzustellen. Entscheidend ist, ob die Kündigung dem Berechtigten bei Anwendung der im Verkehr erforderlichen Sorgfalt subjektiv möglich ist (RGZ 74, 35, 38 f; LG Köln MDR 1967, 845). Dies setzt auf seiten des Erben voraus, daß er vom Tod des Mieters, von seiner Erbfolge sowie Namen und Adresse des Vermieters Kenntnis erlangt hat. Entsprechendes gilt für den Vermieter (OLG Hamm WuM 1981, 263; LG Köln WuM 1973, 255). Sobald der Tod bekannt ist, besteht eine Erkundigungspflicht hinsichtlich der weiteren Umstände, wenn die Kündigungsfrist nicht als versäumt gelten soll (OLG Hamm aaO; Mietrecht § 569 Rz 18 f).

13 **b)** Der Kündigungstermin ist nicht von der **Annahme der Erbschaft** abhängig. Die Kündigung ist schon dem vorläufigen Erben möglich, ohne daß er dadurch eine Annahme der Erbschaft erklären würde (§ 1959

Abs 2). Ebenso kann der Vermieter gegenüber dem vorläufigen Erben kündigen. Die Wirkung der Kündigung wird durch eine spätere Ausschlagung der Erbschaft nicht in jedem Fall beeinträchtigt (§ 1959 Abs 2 und 3; s aber § 1958).

c) Ist eine **Testamentsvollstreckung** angeordnet und erstreckt sie sich auf 14
das Mietverhältnis, kann nur der Testamentsvollstrecker kündigen. Dies ist ihm erst nach der Annahme des Amtes möglich (§ 2202 Abs 1). Auf eine vorherige Testamentseröffnung kommt es nicht an (RGZ 74, 35, 37). Der Erbe kann auch vor der Annahme des Amtes durch den Testamentsvollstrecker nicht kündigen, da seine Verfügungsbefugnis schon vom Erbfall an beschränkt ist (BGHZ 25, 275, 282 = JZ 1958, 167 m Anm Coing). Beschränkungen des Erben aufgrund der **Nachlaßverwaltung** treten dagegen erst mit deren Anordnung ein (§ 1984 Abs 1 S 1). Soweit dem Erben die Verwaltungsbefugnis entzogen ist, kann der Vermieter gegenüber dem Testamentsvollstrecker oder Nachlaßverwalter kündigen. Für die Entgegennahme einer Kündigung wird die Empfangszuständigkeit des Erben nicht beeinträchtigt, da er hierbei keine Verfügung trifft.

d) Stirbt der Mieter nach Abschluß des Mietvertrags, aber **vor Beginn der** 15
Mietzeit, ist es nach dem Zweck des § 569 geboten, die außerordentliche Kündigung sofort zuzulassen. Deshalb kann auch der erstzulässige Kündigungstermin vor Beginn der Mietzeit liegen (KG OLGE 20, 191; aM Mittelstein 489).

IV. Ausnahmetatbestände (Abs 2) 16

Die Vorschriften des Abs 1 gelten nicht, wenn bei einem Mietverhältnis über Wohnraum die Voraussetzungen der §§ 569 a oder 569 b für eine Fortsetzung mit dem Ehegatten oder anderen Familienangehörigen des gestorbenen Mieters gegeben sind.

V. Abweichende Vereinbarungen

1. Nach nahezu einhelliger Meinung ist Abs 1 **kein zwingendes Recht** 17
(RGZ 74, 35, 37; OLG Hamburg OLGE 7, 464; OLGE 11, 314; zweifelnd Roquette § 569 Rz 19). Abweichende Vereinbarungen sind deshalb auch zu Lasten des Erben möglich, da keine unverzichtbaren Schutzrechte des sozialen Mietrechts betroffen werden und der Erbe in vollem Umfang in die Rechtsstellung des Erblassers eintritt. Das Kündigungsrecht kann nach § 9 AGBG wegen der zugrunde liegenden besonderen Situation nicht formularmäßig eingeschränkt oder ausgeschlossen werden (Ulmer-Brandner-Hensen, AGB Kommentar [4. Aufl 1982] Anh §§ 9–11 Rz 509; aM

MünchKomm-Voelksow § 569 Rz 10). Dies gilt nicht nur für befristete Mietverhältnisse und Wohnraummiete (insoweit aM Sternel Rz II 52, IV 365).

18 **2.** Die Ausnahmeregelung des Abs 2 ist insoweit **zwingender Natur**, als dies nach § 569 a Abs 7 für die dortigen Bestimmungen gilt (§ 569 a Rz 42). § 569 b enthält eine dem § 569 entsprechende Regelung und ist insoweit selbst abdingbar (§ 569 b Rz 12).

§ 569 a

In ein Mietverhältnis über Wohnraum, in dem der Mieter mit seinem Ehegatten den gemeinsamen Hausstand führt, tritt mit dem Tode des Mieters der Ehegatte ein. Erklärt der Ehegatte binnen eines Monats, nachdem er von dem Tode des Mieters Kenntnis erlangt hat, dem Vermieter gegenüber, daß er das Mietverhältnis nicht fortsetzen will, so gilt sein Eintritt in das Mietverhältnis als nicht erfolgt; § 206 gilt entsprechend.

Wird in dem Wohnraum ein gemeinsamer Hausstand mit einem oder mehreren anderen Familienangehörigen geführt, so treten diese mit dem Tode des Mieters in das Mietverhältnis ein. Das gleiche gilt, wenn der Mieter einen gemeinsamen Hausstand mit seinem Ehegatten und einem oder mehreren anderen Familienangehörigen geführt hat und der Ehegatte in das Mietverhältnis nicht eintritt. Absatz 1 Satz 2 gilt entsprechend; bei mehreren Familienangehörigen kann jeder die Erklärung für sich abgeben. Sind mehrere Familienangehörige in das Mietverhältnis eingetreten, so können sie die Rechte aus dem Mietverhältnis nur gemeinsam ausüben. Für die Verpflichtungen aus dem Mietverhältnis haften sie als Gesamtschuldner.

Der Ehegatte oder die Familienangehörigen haften, wenn sie in das Mietverhältnis eingetreten sind, neben dem Erben für die bis zum Tode des Mieters entstandenen Verbindlichkeiten als Gesamtschuldner; im Verhältnis zu dem Ehegatten oder den Familienangehörigen haftet der Erbe allein.

Hat der Mieter den Mietzins für einen nach seinem Tode liegenden Zeitraum im voraus entrichtet und treten sein Ehegatte oder Familienangehörige in das Mietverhältnis ein, so sind sie verpflichtet, dem Erben dasjenige herauszugeben, was sie infolge der Vorausentrichtung des Mietzinses ersparen oder erlangen.

Der Vermieter kann das Mietverhältnis unter Einhaltung der gesetzlichen Frist kündigen, wenn in der Person des Ehegatten oder Familienangehörigen, der in das Mietverhältnis eingetreten ist, ein wichtiger Grund vorliegt; die Kündigung kann nur für den ersten Termin erfolgen, für den sie zulässig ist. § 556 a ist entsprechend anzuwenden.

Treten in ein Mietverhältnis über Wohnraum der Ehegatte oder andere Familienangehörige nicht ein, so wird es mit dem Erben fortgesetzt. Sowohl der Erbe als der Vermieter sind berechtigt, das Mietverhältnis unter Einhaltung der gesetzlichen Frist zu kündigen; die Kündigung kann nur für den ersten Termin erfolgen, für den sie zulässig ist.
Eine von den Absätzen 1, 2 oder 5 abweichende Vereinbarung ist unwirksam.

Schrifttum: BURKHARDT, Die Sonderrechtsnachfolge in ein Mietverhältnis über Wohnraum (§§ 569 a, 569 b BGB), WuM 1964, 161; KLAS, Fortsetzung des Mietverhältnisses nach § 569 a BGB und eheähnliche Lebensgemeinschaften, ZMR 1982, 289; SIEGELMANN, Die Rechtslage nach dem Tode eines Ehegatten im neuen Wohnungsmietrecht, WuM 1965, 199 u BlGBW 1965, 127.

I. Allgemeines 1

Nach den allgemeinen erbrechtlichen Bestimmungen geht ein Mietverhältnis beim Tode des Mieters im Wege der Gesamtrechtsnachfolge auf den Erben über (§§ 1922 Abs 1, 1967; vgl § 569). Demgegenüber tritt nach § 569 a bei einem Mietverhältnis über Wohnraum eine Sonderrechtsnachfolge des Ehegatten oder der Familienangehörigen ein, mit denen der Mieter einen gemeinsamen Hausstand geführt hat. Bei einem gemeinschaftlichen Mietvertrag von Eheleuten greift § 569 b als Sonderregelung ein. Diese Regelung dient dem Bestandsschutz von Mietverhältnissen. Er soll dem Ehegatten und den Familienangehörigen des verstorbenen Mieters unabhängig davon zugute kommen, ob sie dessen Erben sind. Diese Personen sind in besonderer Weise schutzbedürftig, weil für sie die gemeinsame Wohnung den Mittelpunkt der Lebensführung bildet.

II. Eintritt des Ehegatten in das Mietverhältnis (Abs 1)

1. Voraussetzungen (Abs 1 S 1) 2

a) Mietverhältnis über Wohnraum

Es muß ein Mietverhältnis über Wohnraum bestehen (Vorbem 12 zu §§ 535, 536). Es kann sich um ein Mietverhältnis auf bestimmte oder auf unbestimmte Zeit handeln. Der Abschluß kann auf Dauer oder zu nur vorübergehendem Gebrauch vorgenommen sein. Die Merkmale einer selbständigen Wohnung (§ 564 b Rz 94) brauchen nicht vorzuliegen. Der Wohnraum kann unmöbliert oder möbliert vermietet sein. Auch Wohnraum iS des § 565 Abs 3 und Werkwohnungen (§§ 565 b–565 e) werden erfaßt.

3 **b) Tod des Mieters**

aa) Der **Mieter** muß gestorben sein. Gleichbedeutend mit dem natürlichen Tod ist die Todeserklärung eines Verschollenen (§ 9 Abs 1 VerschG).

4 **bb)** Haben **mehrere Mieter** den Vertrag abgeschlossen und stirbt einer von ihnen, soll die Vorschrift nach einer im Schrifttum zT vertretenen Auffassung nicht gelten, weil der verstorbene Mieter alleiniger Mieter gewesen sein müsse (Hans § 569 a Anm 1; MünchKomm-Voelskow § 569 a Rz 12). Diese Auffassung differenziert nur in unzureichender Weise zwischen den verschiedenen Gestaltungsmöglichkeiten. Ist nur der andere Ehegatte Mitmieter, wird das Mietverhältnis nach § 569 b ausschließlich mit ihm fortgesetzt. Ist eine beliebige andere Person Mitmieter, steht dem Ehegatten oder den Familienangehörigen des verstorbenen Mitmieters nach Abs 1 oder 2 ein Eintrittsrecht zu. Der Schutz dieser Personen ist unabhängig davon geboten, ob der verstorbene Mieter allein oder neben anderen Personen Mietpartei war. Der Wortlaut des Abs 1 S 1, der vom „Tode des Mieters" spricht, schließt nicht aus, daß noch weitere Mieter vorhanden sind. Sind der Ehegatte und andere Personen Mitmieter, steht dem Ehegatten ein Eintrittsrecht hinsichtlich des Anteils des verstorbenen Mieters zu. Aus den gleichen Gründen ist § 569 a anwendbar, wenn der Wohnraum von einer Personengesellschaft gemietet und von einem verstorbenen Gesellschafter bewohnt worden ist (Mietrecht § 569 a Rz 8).

5 **c) Führung eines gemeinsamen Hausstandes mit dem Ehegatten**

aa) Das Eintrittsrecht des Abs 1 beschränkt sich auf den **Ehegatten** des verstorbenen Mieters. Wer Ehegatte ist, richtet sich nach den Vorschriften des Eherechts. Diese Eigenschaft beginnt mit der standesamtlichen Eheschließung (§§ 11 ff EheG). Sie endet, wenn die Ehe rechtskräftig für nichtig erklärt (§ 23 EheG), aufgehoben (§ 29 EheG) oder geschieden ist (§ 1564). Eine nichteheliche Lebensgemeinschaft ist keine Ehe und rechtfertigt deshalb nicht die Anwendung des § 569 a.

6 **bb)** Der verstorbene Mieter muß mit dem Ehegatten in dem Wohnraum einen **gemeinsamen Hausstand** geführt haben. Dies setzt voraus, daß der Wohnraum für den Verstorbenen und den Ehegatten den Mittelpunkt der gemeinsamen Lebens- und Wirtschaftsführung gebildet hat. Entscheidend kommt es auf die häusliche, nicht auf die persönliche und geistige Gemeinschaft der Ehegatten an. Ist die Ehe insoweit gescheitert, wird die häusliche Gemeinschaft aber aufrechterhalten, bleibt § 569 a anwendbar. Eine vorübergehende Trennung, etwa aus beruflichen Gründen oder infolge Verbüßung einer Freiheitsstrafe, hebt den gemeinsamen Hausstand idR nicht auf. Das gleiche gilt, wenn die Ehegatten aufgrund zwingender äu-

ßerer Umstände für eine nicht absehbare Zeit räumlich getrennt leben, sofern sie die Absicht haben, die eheliche Verbindung in dem noch möglichen Rahmen aufrechtzuerhalten und die volle eheliche Gemeinschaft wiederherzustellen. Durch eine dauernde Trennung wird der gemeinsame Hausstand auf jeden Fall aufgegeben. Nicht erforderlich ist, daß die Scheidungsklage erhoben wird. Auch wenn die Ehegatten räumlich getrennt dieselbe Wohnung beibehalten, kann der gemeinsame Hausstand aufgehoben sein (aM Hans § 569 a Anm 2 b).

2. Rechtsfolgen 7

a) Eintritt des Ehegatten in das Mietverhältnis (Abs 1 S 1)
Der Ehegatte tritt mit dem Tode des Mieters in das Mietverhältnis ein. Es handelt sich um eine Sonderrechtsnachfolge kraft Gesetzes, die unabhängig von einer etwaigen Stellung als Erbe ist. Hierdurch entsteht allerdings kein gesetzliches Mietverhältnis. Der Ehegatte tritt in vollem Umfang in die Rechtsstellung des bisherigen Mieters ein. Er wird entweder Alleinmieter oder Mitmieter (Rz 4). Die Dauer der Überlassung des Wohnraums, die für eine spätere Kündigung nach § 565 Abs 2 S 2 maßgebend ist, wird einschließlich der Besitzzeit des Rechtsvorgängers berechnet (§ 565 Rz 24).

b) Ablehnungsrecht des Ehegatten (Abs 1 S 2) 8
aa) Der Ehegatte kann innerhalb eines Monats, nachdem er von dem Tode des Mieters Kenntnis erlangt hat, dem Vermieter gegenüber erklären, daß er das Mietverhältnis nicht fortsetzen will. In diesem Fall gilt sein Eintritt in das Mietverhältnis als nicht erfolgt. Die **Ablehnung** ist eine einseitige, empfangsbedürftige Willenserklärung (§§ 130 ff). Sie ist nicht nach § 564 a Abs 1 S 1 formbedürftig, da es sich nicht um eine Kündigung handelt.
bb) Die **Ablehnungsfrist** beträgt einen Monat. Sie beginnt in dem Zeit- 9
punkt, in dem der Ehegatte Kenntnis vom Tode des Mieters erlangt hat. Eine Erkundigungspflicht besteht nicht, da das Gesetz nicht auf die Möglichkeit einer Kenntnisnahme abstellt. Auf die Kenntnis des Ablehnungsrechts kommt es nicht an. Die Frist ist nach den §§ 186 ff zu berechnen. Ist der Ehegatte geschäftsunfähig oder in der Geschäftsfähigkeit beschränkt, ohne einen gesetzlichen Vertreter zu haben, gilt § 206 entsprechend (Abs 1 S 2 HS 2). Dadurch wird der Fristablauf gehemmt. Wird die Ablehnungsfrist versäumt, kann der Ehegatte seinen Eintritt in das Mietverhältnis auch bei Rechtsunkenntnis nicht anfechten, da ein Irrtum hinsichtlich der gesetzlichen Sonderrechtsnachfolge keinen Anfechtungsgrund iS

der §§ 119 ff abgibt. Ihm steht auch kein Recht zur Kündigung nach Abs 6 zu, selbst wenn er zugleich Erbe des Vermieters ist.

10 **cc)** Die fristgerechte Ablehnungserklärung des Ehegatten hat die **Wirkung**, daß sein Eintritt in das Mietverhältnis als nicht erfolgt gilt (Abs 1 S 2 HS 1). Damit wird die bereits vollzogene Sonderrechtsnachfolge rückwirkend beseitigt. Dies ermöglicht das Eintrittsrecht anderer Familienangehöriger (Abs 2 S 2) oder eine Gesamtrechtsnachfolge etwaiger Erben (Abs 6).

III. Eintritt von Familienangehörigen in das Mietverhältnis (Abs 2)

11 1. Voraussetzungen (Abs 2 S 1 und 2)

a) Es muß ein **Mietverhältnis über Wohnraum** bestehen. Insoweit gilt das gleiche wie beim Eintrittsrecht des Ehegatten (Rz 2).

12 **b)** Der **Tod des Mieters** muß eingetreten sein (Rz 3). Auch wenn einer von mehreren Mitmietern gestorben ist, kommt ein Eintrittsrecht von Familienangehörigen in Betracht, soweit ihnen nicht der Ehegatte des verstorbenen Mieters vorgeht (Rz 4, 15).

13 **c)** Der verstorbene Mieter muß in dem Wohnraum mit einem oder mehreren anderen **Familienangehörigen einen gemeinsamen Hausstand** geführt haben.
aa) Das BGB enthält keine Begriffsbestimmung der **Familienangehörigen** (§ 564 b Rz 38). Im allgemeinen wird der Begriff dem Zweck der Vorschrift entsprechend sehr weit interpretiert. Dies ist gerechtfertigt, um die Wohnung als Mittelpunkt der Lebens- und Wirtschaftsführung einer in besonderer Weise verbundenen Personengruppe zu erhalten. Dementsprechend umfaßt der Begriff der anderen Familienangehörigen Verwandte und Verschwägerte, ohne daß es auf einen bestimmten Grad der Verwandtschaft oder Schwägerschaft ankommt. Teilweise werden auch Pflegekinder und Verlobte zu den Familienangehörigen gezählt. Auch eine nichteheliche Lebensgemeinschaft oder bloße Freundschaft sollen genügen (Finger WuM 1982, 257, 259; Klas ZMR 1982, 289; Sternel Rz I 77). Dieser Auffassung ist nicht zu folgen. Eine klare Grenze für den Begriff der Familienangehörigen ist nur dadurch zu ziehen, daß alle Personen, die mit dem Mieter nicht verwandt oder verschwägert sind, ohne Rücksicht auf moralische Verpflichtungen vom Anwendungsbereich des § 569 a ausgenommen werden. Sonst verliert das Tatbestandsmerkmal der

Familienangehörigkeit jede Funktion, weil der Kreis der Berechtigten nur noch durch die Hausstandszugehörigkeit begrenzt wird (LG Karlsruhe MDR 1982, 147).

bb) Das Eintrittsrecht steht den Familienangehörigen zu, mit denen der Mieter in dem Wohnraum einen **gemeinsamen Hausstand** geführt hat (Rz 6). Heiratet ein Kind und bleibt es in der Wohnung, wird dadurch nicht ohne weiteres der gemeinsame Hausstand aufgegeben. Maßgebend ist, ob eine gemeinsame Wirtschaftsführung in einem einheitlichen Haushalt beibehalten wird. **14**

d) Das Eintrittsrecht der anderen Familienangehörigen besteht nur, wenn **nicht der Ehegatte in das Mietverhältnis eintritt** (Abs 2 S 2). Der Ehegatte ist bevorrechtigt. Ist eine beliebige andere Person Mitmieter, wird das Eintrittsrecht der Familienangehörigen nicht ausgeschlossen. Dies gilt auch, wenn ein anderer Familienangehöriger außer dem Ehegatten Mitmieter ist, weil das Gesetz insoweit einzelne Familienangehörige nicht privilegiert. Sind Familienangehörige bereits Mitmieter, haben sie noch ein Eintrittsrecht hinsichtlich des dem verstorbenen Mieter zustehenden Anteils an dem Mietverhältnis und verdrängen damit die Erben. **15**

2. Rechtsfolgen **16**

a) Eintritt von Familienangehörigen in das Mietverhältnis (Abs 2 S 1)
Der berechtigte Familienangehörige tritt mit dem Tode des Mieters in das Mietverhältnis ein (Abs 2 S 1). Es handelt sich um eine Sonderrechtsnachfolge kraft Gesetzes, die das Mietverhältnis im übrigen unberührt läßt (Rz 7). Sie wirkt auf den Zeitpunkt des Todes zurück, auch wenn zuvor der Ehegatte eingetreten ist und erst später wirksam abgelehnt hat. Treten mehrere Familienangehörige in das Mietverhältnis ein, werden sie zu gleichen Teilen Gesamtschuldner und Gesamthandgläubiger iS der §§ 421, 432. Sie können die Rechte aus dem Mietverhältnis nur gemeinsam ausüben (Abs 2 S 4).

b) Ablehnungsrecht der Familienangehörigen (Abs 2 S 3) **17**
aa) Den Familienangehörigen steht das Recht zu, den Eintritt in das Mietverhältnis abzulehnen. Für die **Ablehnung** gelten Abs 1 S 2 und die dortigen Ausführungen entsprechend (Abs 2 S 3 HS 1; Rz 8 ff). Bei mehreren Familienangehörigen kann jeder für sich den Eintritt ablehnen (Abs 2 S 3 HS 2).

bb) Die **Ablehnungsfrist** beträgt für Familienangehörige einen Monat, nachdem sie vom Tode des Mieters Kenntnis erlangt haben. Der Fristablauf kann aufgrund der entsprechenden Anwendung des § 206 wegen eines **18**

Mangels in der Geschäftsfähigkeit gehemmt sein (Abs 2 S 3 HS 1 iVm Abs 1 S 2; Rz 9). Die Frist beginnt nicht schon mit der Kenntnis vom Tode des Mieters, wenn zuvor der Ehegatte eintrittsberechtigt ist, sondern erst, wenn der eintrittsberechtigte Familienangehörige auch Kenntnis von der Ablehnungserklärung des Ehegatten hat (aM PALANDT-PUTZO § 569 a Anm 5). Dies entspricht dem Prinzip, daß ein Recht spätestens dann auszuschlagen ist, wenn es in der Person des Berechtigten eingetreten ist (vgl § 1944 Abs 2). Die Frist beginnt deshalb frühestens in dem Zeitpunkt, in dem die Ablehnungserklärung des Ehegatten durch Zugang beim Vermieter wirksam geworden ist und damit der Eintritt der Familienangehörigen stattgefunden hat (Mietrecht § 569 a Rz 25).

19 **cc)** Die fristgerechte Ablehnungserklärung des einzelnen Familienangehörigen hat die **Wirkung**, daß sein Eintritt in das Mietverhältnis als nicht erfolgt gilt (Abs 2 S 3 iVm Abs 1 S 2). Die bereits vollzogene Sonderrechtsnachfolge wird rückwirkend beseitigt. Bei mehreren Familienangehörigen tritt diese Wirkung jeweils nur in der Person des Ablehnenden ein.

IV. Haftung der eintretenden Personen für Erblasserschulden (Abs 3)

20 **1.** Die gesetzliche Sonderrechtsnachfolge des Ehegatten oder der Familienangehörigen hat nach den allgemeinen Vorschriften zur Folge, daß der Eintretende als Schuldner für die Verbindlichkeiten aus dem Mietverhältnis einzustehen hat, die vom Zeitpunkt der Rechtsnachfolge an entstanden sind. Abs 3 ordnet darüber hinaus eine **gesamtschuldnerische Haftung** dieser Personen neben dem Erben für die bis zum Tode des Mieters entstandenen Verbindlichkeiten an.

21 **2.** Zu den **Verbindlichkeiten** aus dem Mietverhältnis gehören rückständige Mietzinsen, Umlagen, Nebenkosten und Schadensersatzforderungen, die noch nicht beglichen sind. Der Eintretende haftet nicht für Schulden, die sich aus Verträgen des verstorbenen Mieters mit Dritten, zB über Strom- oder Wärmelieferung, Renovierung der Wohnung und Reparaturen, ergeben.

22 **3.** Der Vermieter kann jeden der Schuldner nach seiner Wahl ganz oder zum Teil in Anspruch nehmen (§ 421). Nach Abs 3 HS 2 haftet allerdings im **Innenverhältnis** zwischen Ehegatte oder Familienangehörigen einerseits und dem Erben andererseits der letztere allein. Wer als Sonderrechtsnachfolger den Vermieter befriedigt, kann deshalb Ausgleich von dem Erben verlangen (§ 426 Abs 2). Dies schließt nicht aus, daß auch zwischen mehreren eingetretenen Familienangehörigen ein Ausgleich stattfinden kann, da sie im Verhältnis zueinander als Gesamtschuldner zu gleichen

Anteilen verpflichtet sind (§ 421 Abs 1). Der Rückgriff eines Sonderrechtsnachfolgers gegen den Erben hat nicht zur Voraussetzung, daß er selbst kein Erbe ist. Ist von mehreren Miterben einer nach Abs 1 oder 2 in das Mietverhältnis eingetreten und wird er von dem Vermieter in Anspruch genommen, kann er gegen seine Miterben im Regreßwege vorgehen. Dabei ist seine Doppelstellung als Sonderrechtsnachfolger und als Miterbe zu berücksichtigen (Mietrecht § 569 a Rz 30).

4. Die Haftung aus Abs 3 ist davon abhängig, daß der **Eintritt in das Mietverhältnis** stattgefunden hat. Der Vermieter kann den Sonderrechtsnachfolger also schon vor Ablauf der Ablehnungsfrist des Abs 1 S 2 in Anspruch nehmen. Die Haftung wird nicht dadurch ausgeschlossen, daß der Vermieter von seinem Recht zur außerordentlichen befristeten Kündigung nach Abs 5 Gebrauch macht. Diese Kündigung beendet das Mietverhältnis mit dem Eingetretenen nicht rückwirkend. **23**

V. Ausgleich von Mietvorauszahlungen (Abs 4)

1. Der Eintritt des Ehegatten oder der Familienangehörigen ändert nichts an der **Identität des Mietverhältnisses**. Hat der Mieter den Mietzins für einen nach seinem Tode liegenden Zeitpunkt im voraus entrichtet, ist die Vorauszahlung auf die späteren Mietzinsraten des Eintretenden anzurechnen und vermindert dessen eigene Belastung. Abs 4 schreibt vor, daß der Ehegatte oder die Familienangehörigen dem Erben dasjenige herauszugeben haben, was sie infolge der Vorausentrichtung des Mietzinses ersparen oder erlangen. **24**

2. Es muß eine **Mietvorauszahlung** des verstorbenen Mieters vorliegen, die im Zeitpunkt seines Todes noch nicht abgewohnt ist. Der Begriff der Mietvorauszahlung entspricht dem des § 557 a (dort Rz 2 f). Die Vorschrift erfaßt nicht nur den reinen Mietzins, sondern das gesamte Entgelt, das der Mieter als Gegenleistung für den Gebrauch der Mietsache im voraus an den Vermieter entrichtet hat. Hierzu gehören zB Umlagen und sonstige Nebenkosten für besondere Leistungen des Vermieters. **25**

3. Die **Verpflichtung zur Herausgabe** trifft denjenigen, der in das Mietverhältnis eingetreten ist. Mehrere Familienangehörige haften entsprechend Abs 2 S 5 als Gesamtschuldner. Gläubiger ist der Erbe oder eine Mehrheit von Erben. Ist der Eingetretene zugleich Erbe, besteht die Verpflichtung auch dann, wenn noch weitere Miterben vorhanden sind. Allerdings kann der Eingetretene idR den auf ihn entfallenden Anteil abziehen. **26**

a) Herauszugeben ist zum einen die **Ersparnis** des Eingetretenen. Sie besteht darin, daß er wegen der Vorauszahlung keine oder nur geringere eigene Mietzinsraten an den jeweiligen Fälligkeitstagen zu entrichten **27**

braucht. Daraus folgt, daß die Ersparnis nicht ohne weiteres von Anfang an mit dem vollen Betrag der Mietvorauszahlung gleichzusetzen ist. Der Anspruch des Erben entsteht erst an dem einzelnen Fälligkeitstag in der Höhe, in der durch Verrechnung der Mietvorauszahlung die Ersparnis des Sonderrechtsnachfolgers eingetreten ist (ROQUETTE § 569 a Rz 31). Wenn der Mietzins von Anfang an in voller Höhe der Vorauszahlung für einen bestimmten Zeitraum getilgt sein soll, erspart der Eintretende sofort den vollen Betrag der noch nicht abgewohnten Vorauszahlung. In diesem Fall hat er den Restbetrag auf einmal herauszugeben.

28 **b)** Zum anderen hat der Eingetretene das **Erlangte** herauszugeben. Aufgrund der Sonderrechtsnachfolge unter Ausschluß des Erben stehen dem Eingetretenen nach der Beendigung des Mietverhältnisses auch die Ansprüche aus § 557 a hinsichtlich des noch nicht abgewohnten Teils einer Mietvorauszahlung zu. Der Anspruch entsteht mit der Beendigung des Mietverhältnisses und ist sofort fällig (§ 557 a Rz 8).

29 **c)** Die Verpflichtung des Eingetretenen besteht selbst dann, wenn aufgrund **erbrechtlicher Haftungsbeschränkungen** ein Rückgriff des Eingetretenen für Erblasserschulden aus dem Mietverhältnis nach Abs 3 HS 2 nicht durchzusetzen ist. Haftung und Anspruch des Erben aus Abs 3 und 4 stehen nach dem Gesetz nicht in einem gegenseitigen Abhängigkeitsverhältnis.

VI. Kündigungsrecht des Vermieters (Abs 5)

30 **1.** Dem Vermieter steht ein **Recht zur außerordentlichen befristeten Kündigung** zu, wenn in der Person des Ehegatten oder Familienangehörigen, der in das Mietverhältnis eingetreten ist, ein wichtiger Grund vorliegt (Abs 5 S 1 HS 1).

31 **a)** Der Begriff des **wichtigen Grundes** ist nicht in jedem Fall mit solchen Umständen gleichzusetzen, die zur fristlosen Kündigung berechtigen würden. Damit wäre das Recht zur außerordentlichen befristeten Kündigung für den Vermieter überflüssig. Im Schrifttum wird das Vorliegen eines wichtigen Grundes überwiegend nach den zu § 549 für den Fall der Untervermietung entwickelten Grundsätzen beurteilt (PALANDT-PUTZO § 569 a Anm 6). Hiernach kommt es entscheidend darauf an, ob dem Vermieter aufgrund der Umstände des Einzelfalls zugemutet werden kann, das Mietverhältnis mit dem Eintretenden fortzusetzen. Dies ist nicht der Fall bei persönlicher Feindschaft, der Gefahr einer Beeinträchtigung des Vermieters oder anderer Mieter durch persönliche Eigenschaften, den Beruf oder die Lebensweise des Eintretenden, insbesondere durch einen unsittlichen Lebenswandel, und auch bei Zahlungsunfähigkeit des Eintretenden, da anders als bei der Untervermietung hier kein Hauptmieter vorhanden ist, der für den Mietzins haftet.

b) Treten **mehrere Familienangehörige** in das Mietverhältnis ein, wird dem Vermieter ein Kündigungsrecht zugebilligt, auch wenn nur bei einem von ihnen ein wichtiger Grund vorliegt (Mietrecht § 569 a Rz 40). 32

c) Das Kündigungsrecht ist ausgeschlossen, wenn ein Ehegatte oder Familienangehöriger, in dessen Person ein wichtiger Grund gegeben ist, in ein bereits **zwischen mehreren anderen Personen bestehendes Mietverhältnis** eintritt. Der frühere Mitmieter des Verstorbenen kann in seinen Rechten nicht durch die Sonderrechtsnachfolge aus § 569 a beeinträchtigt werden. 33

2. Für die **Kündigung** durch den Vermieter gelten die allgemeinen Vorschriften. Sie ist bei mehreren Familienangehörigen jedem Beteiligten gegenüber zu erklären (§ 564 Rz 16). Die Kündigungserklärung hat die Voraussetzungen des § 564 a zu erfüllen. Dem Vermieter muß ein Kündigungsgrund iS des § 564 b zur Seite stehen (§ 564 b Rz 7). 34

a) Der Vermieter kann unter Einhaltung der **gesetzlichen Frist** kündigen. Diese Frist ergibt sich aus § 565 Abs 5 iVm Abs 2 S 1 (dort Rz 45). Die Kündigung muß spätestens am dritten Werktag eines Kalendermonats für den Ablauf des übernächsten Monats wirksam werden. 35

b) Die Kündigung kann nur für den **ersten Termin** ausgesprochen werden, für den sie zulässig ist (Abs 5 S 1 HS 2). Hierbei kommt es wie bei § 569 nicht rein objektiv auf den Zeitpunkt an, in dem der Mieter gestorben ist. Entscheidend ist vielmehr, wann es dem Vermieter erstmals subjektiv möglich war, von seinem Kündigungsrecht Gebrauch zu machen (§ 569 Rz 12). Im Schrifttum wird dem Vermieter zT zugestanden, er brauche die Kündigung frühestens nach Ablauf der Ablehnungsfrist des Abs 1 S 2 oder Abs 2 S 3 zu erklären, weil erst dann der Sonderrechtsnachfolger feststehe (MünchKomm-Voelskow § 569 a Rz 20; Roquette § 569 a Rz 35). Diese Auffassung findet im Gesetz keine Stütze. Subjektiv möglich ist die Kündigung dem Vermieter bereits, wenn er vom Eintritt des Ehegatten in das Mietverhältnis Kenntnis hat. Lehnt der Ehegatte den Eintritt später ab, geht die Kündigung ins Leere. Der Vermieter hat die Kündigung zum nächst zulässigen Termin gegenüber den nunmehr eintrittsberechtigten Familienangehörigen zu wiederholen. 36

c) Nach Abs 5 S 2 ist § 556 a auf die außerordentliche befristete Kündigung entsprechend anzuwenden. Dies hat nicht zur Folge, daß die **Sozialklausel** entgegen § 556 a Abs 4 Nr 2 auch dann anwendbar ist, wenn ein Grund vorliegt, aus dem der Vermieter zur fristlosen Kündigung berechtigt ist. Wählt der Vermieter in diesem Fall aus Entgegenkommen den Weg der außerordentlichen befristeten Kündigung, bleibt die Sozialklausel ausgeschlossen (§ 556 a Rz 35). 37

VII. Fortsetzung des Mietverhältnisses mit dem Erben (Abs 6)

38 **1.** Die Fortsetzung des Mietverhältnisses mit dem Erben hat nach Abs 6 zur **Voraussetzung**, daß der Ehegatte oder andere Familienangehörige nicht in das Mietverhältnis eintreten. Die Vorschrift stellt den Eintritt der erbrechtlichen Nachfolge klar, die durch die Sonderrechtsnachfolge nach Abs 1 oder 2 zunächst verdrängt worden ist.

39 **2.** Die **Rechtsfolgen** bestehen in einer Fortsetzung des Mietverhältnisses mit dem Erben und in einem außerordentlichen Kündigungsrecht beider Parteien.

a) Die **Fortsetzung des Mietverhältnisses** bedeutet, daß der Erbe oder eine Miterbengemeinschaft im Wege der Gesamtrechtsnachfolge in alle Rechte und Pflichten aus dem Mietverhältnis eintritt. Die Fortsetzung beginnt mit dem Tode des Mieters, da der vorherige Eintritt von Sonderrechtsnachfolgern durch die Ablehnung rückwirkend beseitigt wird (Abs 1 S 2, Abs 2 S 3). Der Erbe haftet für alle Verbindlichkeiten aus dem Mietverhältnis nach den erbrechtlichen Vorschriften.

40 **b)** Nach Abs 6 S 2 steht sowohl dem Erben als auch dem Vermieter ein **Recht zur außerordentlichen befristeten Kündigung** zu. Hierbei ist die gesetzliche Frist einzuhalten, die sich aus § 565 Abs 5 iVm Abs 2 S 1 ergibt (dort Rz 45). Sie beträgt drei Monate abzüglich der Karenzzeit von drei Werktagen. Die Kündigung kann nur für den ersten Termin ausgesprochen werden, für den sie zulässig ist (§ 569 Rz 12). Das Kündigungsrecht steht dem Erben auch zu, wenn er zuvor als Ehegatte oder Familienangehöriger in das Mietverhältnis eingetreten war, den Eintritt aber fristgerecht abgelehnt hat. Dies ergibt sich aus seiner Doppelstellung als Erbe und Eintrittsberechtigter. Das Kündigungsrecht ist ausgeschlossen, wenn der Eintritt nach Abs 1 oder 2 endgültig ist. Damit entfällt der Tatbestand des Abs 6 S 1 (Mietrecht § 569 a Rz 49). Der Vermieter ist nicht gezwungen, dem Erben schon vor der Ablehnung durch eintrittsberechtigte Personen vorsorglich zu kündigen, selbst wenn der Erbe zugleich eintrittsberechtigt ist. Dem Vermieter ist es subjektiv frühestens möglich, die Kündigung auszusprechen, wenn der Erbe durch Fortsetzung des Mietverhältnisses nach Abs 6 S 1 empfangszuständig geworden ist und der Vermieter hiervon Kenntnis erlangt hat.

41 **c)** Die Anwendung der **Sozialklausel** auf die außerordentliche befristete Kündigung durch den Vermieter ist nach umstrittener Ansicht nicht schon wegen der Kündigungsart ausgeschlossen (§ 556 a Rz 7). Auch dem nicht hausstandszugehörigen Erben ist das Widerspruchsrecht in seiner Eigenschaft als Gesamtrechtsnachfolger des Mieters nicht zu versagen, da der Bestandsschutz nunmehr für ihn als Mietpartei eingreift. Entscheidend ist,

ob die Beendigung des Mietverhältnisses für ihn eine nicht zu rechtfertigende Härte darstellt (§ 569 Rz 10).

VIII. Unabdingbarkeit (Abs 7) 42

Die Bestimmungen des § 569 a sind nur zT unabdingbar. Dies gilt für das Eintrittsrecht des Ehegatten und der Familienangehörigen (Abs 1 und 2) sowie für das Recht des Vermieters zur außerordentlichen befristeten Kündigung gegenüber diesen Sonderrechtsnachfolgern (Abs 5). Allerdings kann eine andere Kündigungsfrist vereinbart werden, soweit hierzu im Rahmen des § 565 Raum ist (§ 565 Rz 46). Hinsichtlich der Sozialklausel sind die zwingenden Vorschriften des § 556 a einzuhalten (§ 556 a Rz 58 f). Das gleiche gilt für die §§ 564 a–564 c.

§ 569 b

Ein Mietverhältnis über Wohnraum, den Eheleute gemeinschaftlich gemietet haben und in dem sie den gemeinsamen Hausstand führen, wird beim Tode eines Ehegatten mit dem überlebenden Ehegatten fortgesetzt. § 569 a Abs. 3, 4 gilt entsprechend. Der überlebende Ehegatte kann das Mietverhältnis unter Einhaltung der gesetzlichen Frist kündigen; die Kündigung kann nur für den ersten Termin erfolgen, für den sie zulässig ist.

Schrifttum: vgl § 569 a.

I. Allgemeines 1

Nach den allgemeinen erbrechtlichen Bestimmungen geht ein Mietverhältnis beim Tode des Mieters im Wege der Gesamtrechtsnachfolge auf den Erben über (§§ 1922 Abs 1, 1967; vgl § 569). Dies gilt grundsätzlich auch hinsichtlich eines Anteils an einem Mietverhältnis, wenn der Verstorbene neben anderen Personen Mitmieter war. Demgegenüber ergibt sich aus § 569 b eine Sonderrechtsnachfolge des überlebenden Ehegatten in den Anteil des Verstorbenen, wenn Eheleute gemeinschaftlich Wohnraum gemietet und darin einen gemeinsamen Hausstand geführt haben. Dies dient dem Zweck, dem Ehegatten unabhängig von einer Erbfolge die Wohnung allein zu erhalten.

II. Voraussetzungen (S 1)

1. Es muß ein **Mietverhältnis über Wohnraum** bestehen. Insoweit gilt das gleiche wie zu § 569 a (dort Rz 2). 2

2. Die Eheleute müssen den Wohnraum gemeinschaftlich gemietet haben. Ob es sich bei den Mietern um Eheleute handelt, richtet sich nach den 3

Vorschriften des Eherechts. Entscheidend ist, ob die Ehe im Zeitpunkt des Todes eines der Ehegatten rechtlich besteht. Ein **gemeinschaftliches Mietverhältnis der Eheleute** liegt vor, wenn beide als Mitmieter desselben Wohnraums berechtigt und verpflichtet sind. Dies setzt voraus, daß beide den Mietvertrag als Partei auf der Mieterseite abgeschlossen haben. Allein die Unterschrift unter dem Vertrag macht einen Ehegatten nicht ohne weiteres zur Partei, wenn am Beginn der Vertragsurkunde nur der andere Ehegatte als Mieter genannt ist (PERGANDE § 569 b Anm 3). Der Ehegatte braucht den Mietvertrag nicht von Anfang an mit abgeschlossen zu haben, sondern kann auch später im Wege der Vertragsänderung eingetreten sein. Allein durch die Aufnahme in die gemieteten Räume wird der Ehegatte allerdings nicht Vertragspartei, selbst wenn der Vermieter nicht widerspricht. § 569 b geht davon aus, daß nur die Eheleute Mitmieter sind. Ist neben den Eheleuten noch eine weitere Person Mitmieter, steht dem überlebenden Ehegatten nach § 569 a Abs 1 ein Eintrittsrecht in den Anteil des Verstorbenen zu (§ 569 a Rz 4).

4 **3.** Die Eheleute müssen in dem Wohnraum einen **gemeinsamen Hausstand** geführt haben. Hierbei handelt es sich um die gleiche Voraussetzung wie in § 569 a Abs 1 (dort Rz 6).

5 **4.** Einer der Ehegatten muß gestorben sein. Gleichbedeutend mit dem natürlichen **Tod** ist die Todeserklärung eines Verschollenen (§ 9 Abs 1 VerschG).

III. Rechtsfolgen

6 1. Fortsetzung des Mietverhältnisses mit dem überlebenden Ehegatten (S 1)

Das Mietverhältnis wird mit dem überlebenden Ehegatten fortgesetzt. Damit wird einerseits klargestellt, daß dieser Ehegatte in seiner Rechtsstellung als Mitmieter durch den Tod des anderen Ehegatten nicht beeinträchtigt wird. Darüber hinaus führt die Vorschrift materiell zu einer Sonderrechtsnachfolge kraft Gesetzes in den Anteil des verstorbenen Ehegatten an dem Mietverhältnis. Hierdurch wird zugunsten des überlebenden Ehegatten eine Gesamtrechtsnachfolge der Erben in diesen Anteil ausgeschlossen. Der Überlebende wird alleiniger Mieter. Im übrigen wird das Mietverhältnis inhaltlich unverändert fortgesetzt. Die Dauer der Überlassung des Wohnraums, die für eine spätere Kündigung nach § 565 Abs 2 S 2 maßgebend ist, wird nach der längsten Besitzzeit berechnet, so daß dem überlebenden Ehegatten in jedem Fall die Gesamtzeit zugute kommt (§ 565 Rz 24). Die Sonderrechtsnachfolge des Ehegatten tritt unabhängig von einer etwaigen Stellung als Erbe ein.

2. Haftung für Mietverbindlichkeiten des verstorbenen Ehegatten (S 2) 7

a) § 569 a Abs 3 gilt entsprechend. Der überlebende Ehegatte haftet neben dem Erben für die bis zum Tode des anderen Ehegatten entstandenen Verbindlichkeiten aus dem Mietverhältnis als **Gesamtschuldner** (§ 569 a Abs 3 HS 1; dort Rz 20 ff).

b) Die entsprechende Geltung des § 569 a Abs 3 HS 2 hat zur Folge, daß 8
im **Innenverhältnis** zwischen dem überlebenden Ehegatten und dem Erben der letztere allein haftet. Dies bedeutet aber grundsätzlich nicht, daß der Erbe die gesamten Mietverbindlichkeiten aus der Zeit vor dem Erbfall zu begleichen hat. Wegen der Verpflichtung der Gesamtschuldner zu gleichen Anteilen muß der überlebende Ehegatte den auf ihn entfallenden Teil selbst tragen. Die volle Ausgleichspflicht trifft den Erben nur, wenn der Erblasser im Innenverhältnis der Ehegatten allein für die Mietverbindlichkeiten aufkommen sollte. Ein Rückgriff gegen den Erben wird nicht dadurch ausgeschlossen, daß der überlebende Ehegatte selbst Miterbe ist. Dabei ist aber seine Doppelstellung als Sonderrechtsnachfolger und als Miterbe zu berücksichtigen (§ 569 a Rz 22).

3. Ausgleich von Mietvorauszahlungen (S 2) 9

§ 569 a Abs 4 gilt entsprechend. Der Ehegatte ist verpflichtet, dem Erben dasjenige herauszugeben, was er infolge einer Mietvorauszahlung des Verstorbenen erspart oder erlangt (§ 569 a Rz 24 ff). Insoweit ist ähnlich wie bei der Schuldenhaftung (Rz 8) idR davon auszugehen, daß Mietvorauszahlungen beiden Mitmietern in gleicher Weise zugute kommen sollen. Der Ehegatte ist also nur zur Herausgabe des Teils verpflichtet, der auf den Erblasser entfällt und damit in den Nachlaß gehört.

4. Kündigungsrecht des überlebenden Ehegatten (S 3) 10

a) Dem **überlebenden Ehegatten** steht ein Recht zur außerordentlichen befristeten Kündigung zu (S 3 HS 1). Hierbei ist die gesetzliche Kündigungsfrist einzuhalten, die sich aus § 565 Abs 5 iVm Abs 2 S 1 ergibt (dort Rz 45). Sie beträgt drei Monate abzüglich der Karenzzeit von drei Werktagen. Die Kündigung kann nur für den ersten Termin ausgesprochen werden, für den sie zulässig ist (S 3 HS 2; § 569 Rz 12). Sie bedarf nach § 564 a Abs 1 S 1 der Schriftform und beendet das gesamte Mietverhältnis, betrifft also nicht nur den übergegangenen Anteil. Da sie nicht auf den Zeitpunkt des Todes des anderen Ehegatten zurückwirkt, scheidet eine ersatzweise Nachfolge kraft Erbrechts aus. Das Mietverhältnis ist endgültig beendet.

11 b) Dem **Vermieter** steht im Rahmen des § 569 b kein außerordentliches Kündigungsrecht zu. Auch sein Kündigungsrecht aus § 569 ist nach Abs 2 dieser Vorschrift ausgeschlossen. Ihm bleibt grundsätzlich nur der Weg einer ordentlichen Kündigung mit den sich aus § 565 Abs 2 S 1 oder 2 ergebenden Fristen, sofern es sich um ein unbefristetes Mietverhältnis handelt.

12 **IV. Abweichende Vereinbarungen**

§ 569 b kann durch Parteivereinbarungen geändert oder abbedungen werden (MünchKomm-Voelskow § 569 b Rz 5). Die Vorschrift ist nicht zwingend, weil sowohl der Vermieter als auch der überlebende Ehegatte am Vertragsabschluß beteiligt sind. Damit kann es ihnen überlassen bleiben, eine geeignete Regelung zu treffen. Wegen der zwingenden Vorschriften über den Bestandsschutz ist es aber ausgeschlossen, das Mietverhältnis für den Fall des Todes eines Ehegatten insgesamt für beendet zu erklären (§ 565 a Abs 2). Das außerordentliche Kündigungsrecht des überlebenden Ehegatten ist im Hinblick auf die zugrunde liegende besondere Situation auch nicht formularmäßig abdingbar (Sternel Rz IV 368). Weitere Einschränkungen können sich aus anderen zwingenden Vorschriften ergeben (§ 565 Abs 2 S 3).

§ 570

Militärpersonen, Beamte, Geistliche und Lehrer an öffentlichen Unterrichtsanstalten können im Falle der Versetzung nach einem anderen Orte das Mietverhältnis in Ansehung der Räume, welche sie für sich oder ihre Familie an dem bisherigen Garnison- oder Wohnorte gemietet haben, unter Einhaltung der gesetzlichen Frist kündigen. Die Kündigung kann nur für den ersten Termin erfolgen, für den sie zulässig ist.

1 **1. Zweck**

§ 570, der ein besonderes Kündigungsrecht im Falle der Versetzung des Mieters begründet, hat die Aufgabe, die freie Versetzbarkeit der Beamten im Interesse des Staates zu fördern, unbehindert durch möglicherweise lange Kündigungsfristen des Beamten; zugleich sollen die vom Staat zu tragenden Umzugskosten des Beamten in Grenzen gehalten werden (KG OLGE 11, 319; 13, 375). Da sich jedoch der Anwendungsbereich des § 570 auf Beamte und eine Reihe gleichstehender Personenkreise beschränkt, ist die Vereinbarkeit des § 570 mit dem Gleichheitssatz des Art 3 GG zweifelhaft. Dies sollte dazu zwingen, § 570 heute entsprechend auf *alle Ar-*

beitnehmer anzuwenden (ebenso zB Sternel Rz IV 333 f; aM zB Soergel-Kummer § 570 Rz 1).

2. Anwendungsbereich 2

§ 570 gilt seinem Wortlaut nach zunächst für **Militärpersonen;** das sind sämtliche Soldaten im Sinne des Soldatengesetzes vom 22. 4. 1969 (BGBl I 314). Ebenso sind **Beamte** im Sinne des § 570 nur Beamte im staatsrechtlichen Sinne (KG OLGE 11, 319) ohne Rücksicht darauf, ob es sich bei ihnen um Bundes-, Landes- oder Gemeindebeamten handelt. Gleichzustellen sind ihnen heute mit Rücksicht auf Art 3 GG aber auch alle Angestellten des Staates (aM zB OLG Karlsruhe JW 1935, 3400). Ganz entsprechend gehören zu den **Geistlichen** im Sinne des § 570 heute sämtliche Personen, die in einer Religionsgemeinschaft nach einer vorgeschriebenen Ausbildung aufgrund eines geregelten Berufungsverfahrens hauptberuflich ein geistliches Amt ausüben. Ihnen sind auch hier alle sonstigen Mitarbeiter der Religionsgemeinschaften gleichzustellen. Zu den **Lehrern** an öffentlichen Unterrichtsanstalten gehören schließlich auch die Hilfslehrer, die Privatdozenten und die sonstigen Hochschullehrer (LG Hamburg ZMR 1982, 114).

3. Versetzung 3

Unter einer Versetzung im Sinne des § 570 ist jede Übertragung eines neuen Amtes unter endgültigem Ausscheiden aus dem bisherigen Amt zu verstehen. Darunter fällt auch der **Wechsel** eines Beamten aus dem Bereich eines Dienstherren in den Bereich eines anderen, und zwar auch, wenn sich der Beamte um das neue Amt beworben hat und er daraufhin aufgrund einer Auswahl in das Amt berufen wird (vgl zB RG Recht 1916 Nr 16; KG OLGE 17, 14; OLG Dresden OLGE 11, 316; 13, 377). Auch die Zurückberufung des Beamten in sein altes Amt fällt daher unter § 570 (RG JW 1916, 261; OLG Hamburg Recht 1912 Nr 992). Gleichzustellen ist mit Rücksicht auf den Zweck des § 570 die erstmalige Berufung eines Beamten in ein öffentliches Amt (OLG Karlsruhe JW 1935, 3400). § 570 gilt schließlich auch, wenn der Beamte erst während des Laufs des Mietvertrages in ein öffentliches Amt berufen und sodann versetzt wird (OLG Karlsruhe aaO; KG OLGE 13, 375).

Keine Versetzung sind hingegen die bloße Abordnung zur Aushilfe, zur 4
Vertretung oder zur Ausbildung (OLG Stettin OLGE 11, 315), der Eintritt in den Ruhestand, die Entlassung aus dem Dienst oder das freiwillige Ausscheiden aus dem Dienst (KG OLGE 17, 14; OLG Hamburg OLGE 24, 356).

5 **4. Kündigung**

Unter den Voraussetzungen des § 570 haben die begünstigten Personen ein außerordentliches Kündigungsrecht mit gesetzlicher Frist (s § 565 Abs 5). Die Kündigung ist jedoch erst *möglich,* sobald die Versetzung des Beamten in ein anderes Amt beschlossen und dem Beamten dienstlich mitgeteilt ist, während es nicht erforderlich ist, daß dem Beamten auch schon die Versetzungsurkunde überreicht worden ist (OLG Königsberg OLGE 7, 465; OLG Rostock OLGE 28, 155; OLG Colmar Recht 1913 Nr 2058). Die Kündigung kann dann vom Mieter auch nur zu dem **ersten möglichen Termin** nach Eröffnung des Versetzungsbeschlusses ausgesprochen werden (LG Hamburg ZMR 1982, 114). Dasselbe Kündigungsrecht steht dann dem Ehegatten des Mieters zu (GIESE WuM 1973, 197). Versäumt der Mieter hingegen diesen ersten, zulässigen Termin, so erlischt das Kündigungsrecht. – Durch Vertrag kann das im öffentlichen Interesse begründete Kündigungsrecht *nicht ausgeschlossen* werden (LG Berlin JW 1935, 2659; str).

§ 570 a

Bei einem Mietverhältnis über Wohnraum gelten, wenn der Wohnraum an den Mieter überlassen ist, für ein vereinbartes Rücktrittsrecht die Vorschriften dieses Titels über die Kündigung und ihre Folgen entsprechend.

1 **1.** § 570 a ist 1963 in das Gesetz eingefügt worden, um zu verhindern, daß der neue Kündigungsschutz für Wohnraummieter durch die Vereinbarung vertraglicher Rücktrittsrechte umgangen werden kann. Der Anwendungsbereich des § 570 a beschränkt sich deshalb auf Wohnraummietverhältnisse.

2 **2.** Für Wohnraummietverhältnisse besagt § 570 a, daß *nach* Überlassung des Wohnraums an den Mieter der vertraglich vorbehaltene Rücktritt **wie eine Kündigung** zu behandeln ist. Vor Überlassung des Wohnraums an den Mieter kann mithin von beiden Parteien ein vertraglich vorbehaltenes Rücktrittsrecht uneingeschränkt ausgeübt werden. Nach Überlassung des Wohnraums wird hingegen dieses Rücktrittsrecht zwingend in ein Kündigungsrecht umgedeutet, so daß sich dessen Voraussetzungen und Folgen uneingeschränkt nach den Kündigungsvorschriften des BGB für Wohnraummietverhältnisse beurteilen. Zu beachten ist dabei jedoch, daß sich § 570 a nur auf vertragliche Rücktrittsrechte bezieht; für *gesetzliche* Rücktrittsrechte bleibt es mithin bei der Geltung der allgemeinen Vorschriften (s dazu aber oben Vorbem 7 zu § 537, §§ 542, 543 Rz 2; BGHZ 50, 312, 315).

Volker Emmerich

§ 571

Wird das vermietete Grundstück nach der Überlassung an den Mieter von dem Vermieter an einen Dritten veräußert, so tritt der Erwerber an die Stelle des Vermieters in die sich während der Dauer seines Eigentums aus dem Mietverhältnis ergebenden Rechte und Verpflichtungen ein.

Erfüllt der Erwerber die Verpflichtungen nicht, so haftet der Vermieter für den von dem Erwerber zu ersetzenden Schaden wie ein Bürge, der auf die Einrede der Vorausklage verzichtet hat. Erlangt der Mieter von dem Übergange des Eigentums durch Mitteilung des Vermieters Kenntnis, so wird der Vermieter von der Haftung befreit, wenn nicht der Mieter das Mietverhältnis für den ersten Termin kündigt, für den die Kündigung zulässig ist.

Schrifttum: Dulckeit, Die Verdinglichung obligatorischer Rechte (1951); Finger JR 1974, 8; Fricke ZMR 1979, 65; Haegele Rechtspfleger 1973, 349; Löning, Die Grundstücksmiete als dingliches Recht (1930); Medicus JuS 1974, 612; Picker NJW 1982, 8; Ronimi WuM 1980, 1; Roquette MDR 1957, 712; NJW 1957, 1440; 1962, 1551; Söllner JuS 1970, 159; JZ 1968, 183; 1969, 634; Weimar BlGBW 1960, 122; MDR 1960, 195; 1966, 817; ZMR 1965, 198.

I. Bedeutung 1

1. § 571 hat im Anschluß an das preußische und französische Recht und in bewußter Abkehr von der gemeinrechtlichen Praxis den Rechtsgrundsatz „**Kauf bricht nicht Miete**" in das BGB übernommen. Bezweckt war damit vor allem ein Schutz des Mieters gegen seine vorzeitige „Austreibung" bei einer Veräußerung des vermieteten Grundstücks (Mot II 383 f; Prot II 137 f). Von diesem mieterschützenden *Zweck* ist deshalb bei der Interpretation des § 571 stets in erster Linie auszugehen (OLG Karlsruhe NJW 1981, 1278).

2. Durch § 571 ist die Grundstücksmiete nicht zu einem dinglichen Recht 2
ausgestaltet worden (vgl auch für die Fahrnismiete § 986 Abs 2); § 571 hält vielmehr an der schuldrechtlichen Natur der Miete fest und ordnet lediglich für den Fall der Veräußerung des vermieteten Grundstücks den Eintritt des Erwerbers in das gesamte Mietverhältnis für die Dauer seines Eigentums an Stelle des Veräußerers an. Der Eintritt des Erwerbers vollzieht sich dabei unmittelbar *kraft Gesetzes* als Folge seines Eigentumserwerbs. Oder anders gewendet: Im Augenblick des Eigentumsübergangs entsteht in der Person des Erwerbers ein neues Mietverhältnis, freilich mit demselben Inhalt wie mit dem Veräußerer (st Rspr seit RGZ 59, 177, 188 bis BGHZ 53, 174, 179; BGH LM Nr 7 zu § 566 BGB; OLG Hamm WuM 1982, 47).

Hieraus folgt vor allem, daß der Abschluß eines Mietvertrages über ein 3

Grundstück auch nach dessen Überlassung an den Mieter *keine Verfügung* über das Grundstück darstellt, so daß zB ein gutgläubiger Erwerb des Mietrechts vom Nichteigentümer nach § 893 nicht möglich ist (RGZ 106, 109; 124, 325). Ebensowenig ist § 883 Abs 2 auf die Vermietung eines Grundstücks durch den Eigentümer nach Bestellung einer **Vormerkung** zugunsten eines Dritten anwendbar; vielmehr geht auch in diesem Fall der Mieterschutz unbedingt dem Schutz des Vormerkungsberechtigten vor (BGHZ 13, 1; BGH LM Nr 13 zu § 883 BGB).

II. Anwendungsbereich

4 **1. Grundstücksmiete**

§ 571 gilt nur für die Vermietung und Verpachtung von Grundstücken, Grundstücksteilen, Räumen und eingetragenen Schiffen (§§ 571, 580, 580 a, 581 Abs 2; vgl auch für Luftfahrzeuge § 580 a und für Eigenjagdbezirke § 14 BJagdG). Grundstücksmiete ist dabei nach § 580 auch die Vermietung von **Gebäudeteilen,** zB von Außenwänden oder Dächern von Gebäuden zur Anbringung von Reklameschriften oder Automaten (OLG München NJW 1972, 1995; OLG Hamm MDR 1976, 143; str). Dasselbe gilt für Verträge über die Ausbeutung von *Bodenschätzen,* zB für Verträge über die Ausbeutung von Kies oder Kohle (RGZ 94, 279; RG JW 1919, 674; BGH LM Nr 2 zu § 581 BGB; BayObLGZ 1910, 280).

5 *Gemischte* Verträge fallen unter § 571 nur, wenn sie überwiegend Grundstücksmiete sind. Daher findet § 571 auf **Altenheimverträge** keine Anwendung, wenn bei ihnen die dienstvertraglichen Elemente überwiegen (BGH LM Nr 26 zu § 571 BGB). Ebenso zu beurteilen sind Verträge, bei denen der Schwerpunkt des Vertragsverhältnisses in der Gestattung des Betriebes eines Gewerbes in den Räumen eines anderen besteht (sog *Platzmiete).* § 571 ist daher namentlich nicht anwendbar auf die typischen Automatenaufstellverträge (BGHZ 47, 202) sowie auf die Gestattung des Betriebes eines Gewerbes in einer dem Publikumsverkehr zugänglichen, großen Halle (RGZ 108, 369; RG JW 1924, 1962; BGH LM Nr 11 und 31 zu § 581 BGB).

6 **2. Entsprechende Anwendbarkeit**

§ 571 ist in einer ganzen Reihe weiterer Fälle *kraft Gesetzes* entsprechend anwendbar, so nach § 1056 im Falle der Beendigung des Nießbrauchs, nach § 2135 im Falle des Eintritts der Nacherbfolge, nach den §§ 11 und 30 ErbbauVO im Falle der Veräußerung und des Erlöschens des Erbbaurechts, nach § 37 WEG im Falle der Veräußerung des Dauerwohnrechts und der Ausübung des Heimfallanspruchs durch den Eigentümer, insbesondere nach den §§ 57 ff ZVG im Falle der **Zwangsversteigerung** sowie nach § 21 Abs 4 KO im Falle der Veräußerung des Grundstücks durch den Konkursverwalter (wegen der Einzelheiten s Mietrecht § 571 Rz 18 ff, 34 ff). In den Fällen der Zwangsversteigerung und des Konkurses ist jedoch dem Erwerber ein besonderes Kündigungsrecht durch § 57 a ZVG eingeräumt worden, das freilich bei der Wohnraummiete den Beschränkungen der §§ 564 a und 564 b unterliegt (BGHZ 84, 90, 100 f).

Jenseits dieser gesetzlich geregelten Fälle wird § 571 entsprechend nur in **7** den Fällen der **Aufgabe** und Aneignung eines Grundstücks nach § 928 sowie in den Fällen der **Rückerstattung** angewandt (RGZ 103, 166, 177 f; BGHZ 11, 27, 34 f). Im übrigen aber halten die Gerichte daran fest, daß § 571 eine eng auszulegende Sondervorschrift darstellt, die einer entsprechenden Anwendung in gesetzlich nicht geregelten Fällen nicht zugänglich ist (BGH LM Nr 7 und 26 zu § 571 BGB). § 571 kann daher *nicht* entsprechend angewandt werden auf die Leihe (AG München LZ 1925, 387), auf Altenheimverträge mit überwiegend dienstvertraglichen Elementen (BGH LM Nr 26 zu § 571 BGB) sowie auf die Überlassung einer Wohnung durch einen Ehemann an seine Frau als Teil des Unterhalts (RG LZ 1921, 413; BGH LM Nr 7 zu § 571 BGB). Ebensowenig anwendbar ist § 571 dementsprechend auf *Vorverträge* zu Mietverträgen, auf die zusätzliche Verpflichtung der Mietvertragsparteien zur nachträglichen Beurkundung eines zunächst formlos abgeschlossenen, langfristigen Mietvertrages sowie auf obligatorische Abreden mit dinglich Berechtigten (vgl unten Rz 20; BGH LM Nr 2 zu § 69 KO).

III. Voraussetzungen

1. Eigentum des veräußernden Vermieters **8**

§ 571 ist nur anwendbar, wenn der Vermieter zugleich Eigentümer und Veräußerer des Grundstücks ist (grdleg BayObLGZ 1981, 343 = NJW 1982, 451; OLG Karlsruhe OLGZ 1981, 207 = NJW 1981, 1278). § 571 gilt daher zunächst nicht für Mietverträge mit dem Scheineigentümer oder mit dem vormerkungsberechtigten Grundstücksbesitzer und ebensowenig für einen Mietvertrag mit dem Grundstückskäufer nach Auflassung, aber vor Eintragung. Seine Anwendung setzt vielmehr stets **Identität** zwischen Veräußerer, Vermieter und Eigentümer voraus. Diese Identität wird zwar nicht durch Rechtsnachfolge auf der Seite des Vermieters ausgeschlossen (BayObLGZ 1981, 343 für die Erbfolge), fehlt aber zB, wenn nur einer von mehreren Miteigentümern das Grundstück vermietet hatte, das Grundstück sodann aber von allen Miteigentümern veräußert wird (BGH LM Nr 22 zu § 571 BGB; OLG Karlsruhe OLGZ 1981, 207); § 571 ist daher hier nur anwendbar, wenn die übrigen Miteigentümer dem Mietvertragsabschluß zumindest konkludent zugestimmt hatten (so OLG Karlsruhe aaO). Veräußert der bisherige Alleineigentümer und Vermieter einen Miteigentumsanteil an einen Dritten, so gilt § 571 ebenfalls mit der Folge, daß der dritte Erwerber neben dem Vermieter als Gesamtschuldner in den Mietvertrag eintritt. Ebenso zu behandeln ist schließlich der Fall der Realteilung des Grundstücks mit anschließender Veräußerung der Grundstücksteile an verschiedene Personen (RGZ 124, 195; BGH LM Nr 2 zu § 427 BGB).

9 **2. Veräußerung**

a) Weitere Voraussetzung für die Anwendung des § 571 ist, daß das Grundstück von dem Vermieter an den Dritten veräußert worden ist. Das Gesetz knüpft somit den Eintritt des Erwerbers in das Mietverhältnis an den **Übergang des Eigentums** an dem Grundstück. Solange der Erwerber nicht Eigentümer des Grundstücks durch Auflassung und Eintragung geworden ist, bleibt der Veräußerer auch Vermieter (RGZ 84, 409; BGH LM Nr 3 zu § 505 BGB; Nr 4 zu § 571 BGB). *Vor Eigentumsübergang* kann mithin auch nur der Veräußerer eine Mietzinserhöhung nach dem MHRG verlangen (LG Köln WuM 1978, 108). Nur ihm steht der Mietzins zu; schließlich ist auch nur er zur Kündigung des Mietvertrages berechtigt, so daß eine vom Erwerber ausgesprochene Kündigung unwirksam ist und auch nicht durch dessen späteren Eigentumserwerb geheilt wird (LG Mannheim MDR 1977, 933; LG Hamburg WuM 1977, 260). Vorausgesetzt wird dabei auch immer ein freiwilliger, rechtsgeschäftlicher Eigentumsübergang, so daß § 571 auf einen Eigentumsübergang nach öffentlichem Recht, insbes durch *Enteignung,* nicht angewandt werden kann (vgl OLG Bamberg NJW 1970, 2108; LG Münster WuM 1979, 221).

10 **b)** Den Parteien steht es aber natürlich jederzeit frei, etwas anderes, zB einen **vorzeitigen Eintritt** des Erwerbers in den Mietvertrag zu vereinbaren, wozu es freilich stets der Mitwirkung des Mieters bedarf (RG HRR 1931 Nr 495; LG Wuppertal WuM 1981, 230). Außerdem kann je nach den Umständen des Einzelfalles in der Übertragung des Eigenbesitzes auf den Erwerber zugleich eine **Abtretung** der Mietzinsforderung liegen (KG OLGE 11, 144; JW 1931, 2746; LG Mannheim MDR 1977, 933). Umstritten ist hingegen, ob der Veräußerer den Erwerber auch schon zur Kündigung vor Eigentumserwerb ermächtigen kann. Richtigerweise dürfte die

Frage zu verneinen sein (LG Hamburg WuM 1977, 260; aM zB LG Düsseldorf WuM 1972, 96).

3. Gültiger Mietvertrag 11

Die Anwendung des § 571 setzt weiter den Bestand eines gültigen Grundstücksmietvertrages voraus, in den der Erwerber mit Eigentumsübergang eintreten kann. Aus praktischen Gründen wird § 571 darüber hinaus auch angewandt, wenn der Vertrag schon vor Eigentumsübergang, zB infolge einer Kündigung des Veräußerers, sein Ende gefunden hatte; der Erwerber tritt dann in das bei Eigentumsübergang bestehende **Abwicklungsverhältnis** ein (BGHZ 71, 147; OLG Königsberg OLGE 23, 40). Entsprechend ist aber auch der umgekehrte Fall zu behandeln, daß der Mietvertrag zwar nach den Abreden der Parteien erst zu einem Zeitpunkt nach Eigentumsübergang beginnen sollte, das Grundstück dem Mieter aufgrund des Vertrages aber schon vor Eigentumsübergang vom Veräußerer übergeben worden war (BGHZ 42, 333, 340; 62, 297, 301).

4. Überlassung 12

a) Letztes Tatbestandsmerkmal des § 571 ist schließlich die Überlassung des vermieteten Grundstücks an den Mieter vor Eigentumsübergang. Unter Überlassung des Grundstücks ist hier dasselbe wie in § 536 zu verstehen (s deshalb oben §§ 535, 536 Rz 6 f). Maßgebend sind mithin in erster Linie die Abreden der Parteien, nach denen zur Überlassung im Regelfall eine **Übergabe** der Sache durch Verschaffung des unmittelbaren Besitzes erforderlich sein wird (RG Gruchot 67 [1925] 303; BGHZ 65, 137). Notwendig ist dies jedoch nicht; vielmehr gibt es durchaus auch Fälle, in denen es genügt, daß die Sache dem Mieter vom Vermieter in einer Weise zugänglich gemacht wird, daß dieser zu den vereinbarten Zeiten den vereinbarten Gebrauch von der Sache machen kann (BGHZ 65, 137; BGH LM Nr 1 zu § 578 BGB; Nr 31 zu § 581 BGB).

b) § 571 verlangt nur **Überlassung** der Sache an den Mieter vor Eigen- 13
tumsübergang, *nicht* hingegen **Fortbestand** des Mieterbesitzes im Augenblick des Eigentumsüberganges. Der Erwerber tritt daher auch dann in den Mietvertrag ein, wenn der Mieter die Sache inzwischen an einen Dritten, zB an den Untermieter, weitergegeben oder den Besitz an ihr unfreiwillig verloren hat (KG OLGE 11, 144). Hingegen ist kein Raum mehr für die Anwendung des § 571, wenn sich der Mieter in Annahmeverzug befindet (KG aaO).

14 IV. Rechtsfolgen

Nach § 571 Abs 1 tritt der Erwerber unter den genannten Voraussetzungen (oben Rz 8 ff) anstelle des Vermieters in die sich während der Dauer seines Eigentums aus dem Mietverhältnis ergebenden Rechte und Verpflichtungen ein. Solange er Eigentümer ist, tritt er mithin an Stelle des bisherigen Vermieters dem Mieter als Vertragspartner gegenüber und hat damit für diese Zeit sämtliche Rechte und Pflichten des Vermieters.

15 1. Vermieterrechte

a) Der Eintritt des Erwerbers in die Vermieterrechte erfolgt automatisch kraft Gesetzes mit Eigentumserwerb und umfaßt ohne Ausnahme alle sich **aus dem Mietverhältnis** ergebenden Rechte und Verpflichtungen, jedoch auch nur diese, nicht hingegen Rechte und Verpflichtungen **aus sonstigen Abreden** der Parteien, mögen sie auch mit dem Mietvertrag wirtschaftlich verbunden sein. Entscheidend ist vielmehr allein ihre rechtliche Selbständigkeit (RGZ 71, 404, 408; RG JW 1906, 58; 1939, 286; OLG Breslau JW 1929, 1998). Für die häufig sehr schwierige *Abgrenzung* ist hierbei darauf abzustellen, welche Abreden nach dem Willen der Parteien jeweils einen untrennbaren Bestandteil des Mietvertrages bilden sollen. Die Praxis zählt hierzu in erster Linie die typischen Mietvertragsklauseln, wozu namentlich die Abreden über den Gegenstand des Vertrages, den Mietzins, die Überlassung und die Rückgabe der Sache gehören (RGZ 71, 404, 408; RG JW 1906, 58). Generelle Regeln lassen sich indessen kaum aufstellen; die Abgrenzung ist vielmehr immer eine Frage des Einzelfalles.

16 **b)** Der Erwerber muß den Mietvertrag in dem Zustand hinnehmen, in dem er sich im Augenblick des Eigentumswechsels befindet. Folglich wirken auch alle nachträglichen **Änderungen** und Ergänzungen für und gegen ihn, selbst wenn sie nur mündlich verabredet sind, während nach Eigentumsübergang Vertragsänderungen und -ergänzungen nur noch mit ihm vereinbart werden können (BGH LM Nr 33 zu § 535 BGB; Nr 4 zu § 571 BGB).

17 **c)** Wenn der Mieter den Vertrag im Augenblick des Eigentumsübergangs *anfechten* konnte, bleibt auch nach Eigentumsübergang der Veräußerer der Anfechtungsgegner, so daß er auch gegebenenfalls wegen einer Täuschung dem Mieter schadensersatzpflichtig ist (LG Frankfurt WuM 1980, 11 m abl Anm Ronimi 1). Ebensowenig geht ein bereits entstandenes **Kündigungsrecht** des veräußernden Vermieters auf den Erwerber über; hatte der Vermieter das Kündigungsrecht noch nicht ausgeübt, so erlischt das Recht vielmehr mit Eigentumsübergang. Der Erwerber kann hingegen nur kündigen, wenn die Voraussetzungen des Kündigungsrechts wenig-

stens teilweise in seiner Person erfüllt worden sind, wobei etwaige vor der Kündigung einzuhaltende Wartefristen, zB nach § 564 b Abs 2 Nr 2 S 2, für den Erwerber weiterlaufen (grdleg BayObLGZ 1981, 343 = WuM 1982, 46).

d) Mit dem Eigentumswechsel tritt in dem Mietverhältnis als Dauer- **18**
schuldverhältnis eine Zäsur ein, so daß *schon* vorher *begründete Ansprüche* des Vermieters auf Mietzinsen oder Schadensersatz grundsätzlich beim Veräußerer und Vermieter verbleiben und nicht auf den Erwerber übergehen (KG OLGE 11, 144; BGH NJW 1964, 1024; zu § 5 MHRG s OLG Hamm WuM 1982, 47). Die Mietzinsansprüche müssen mithin zwischen Vermieter und Erwerber *aufgeteilt* werden, wobei aus praktischen Gründen auf den Zeitpunkt der Fälligkeit der jeweiligen Mietzinsrate abzustellen ist (KG OLGE 11, 144). Folglich steht dem Erwerber überhaupt kein Mietzinsanspruch zu, wenn nach dem Mietvertrag der Mietzins auf einmal im voraus zu zahlen war (sog Einmalmiete; RGZ 94, 279; 127, 116). Ist der Mietzins hingegen nach periodischen Zeitabschnitten bemessen, so gelten für Vorausverfügungen des Vermieters die §§ 573 f. Ganz anders beurteilt werden schließlich etwaige schon begründete **Herausgabeansprüche** des Vermieters: Da der Erwerber auch in das Abwicklungsverhältnis nach Beendigung des Mietverhältnisses eintritt (oben Rz 11), muß hier angenommen werden, daß mit Eigentumsübergang der Herausgabeanspruch des Vermieters erlischt, während der Erwerber einen neuen Herausgabeanspruch erwirbt, zu dessen Ausübung er aber jederzeit den veräußernden Vermieter ermächtigen kann (BGHZ 71, 147).

2. Vermieterpflichten **19**

a) Da der Erwerber an Stelle des Veräußerers in den Mietvertrag als neuer Vermieter eintritt, treffen ihn auch sämtliche Pflichten des Vermieters aus dem Mietvertrag ohne Rücksicht darauf, ob er die auf ihn übergehenden Pflichten kannte oder nicht (OLG München NJW 1972, 1995). Es muß sich aber immer um Pflichten gerade aus dem Mietvertrag handeln. Pflichten aus mit dem Mietverhältnis nur wirtschaftlich verbundenen, rechtlich jedoch **selbständigen Nebenabreden** gehen ebensowenig auf den Erwerber über wie Verpflichtungen des Vermieters gegenüber Dritten, selbst wenn sie sich auf den Mietvertrag beziehen (BGHZ 48, 244; BGH LM Nr 9 zu § 571 BGB; OLG Frankfurt NJW 1964, 453; Söllner JZ 1968, 183).

b) Der Erwerber ist – als neuer Vermieter – zur **Erfüllung** des Vertrages **20**
verpflichtet und muß deshalb dem Mieter den vertragsmäßigen Gebrauch gewähren, wofür er bei Nichterfüllung oder Schlechterfüllung wie jeder Vermieter *haftet* (RGZ 119, 353; RG HRR 1933 Nr 1312). Der Erwerber

ist jedoch *nicht* gebunden an bloße **Vorverträge** zu Mietverträgen (BGH LM Nr 1, 6 und 7 zu § 566 BGB) sowie an die Abrede der Beurkundung eines zunächst formlos geschlossenen Mietvertrages (BGH LM Nr 7 zu § 566 BGB; s oben Rz 7).

21 c) Der Erwerber haftet nicht für schon vor dem Eigentumsübergang entstandene Ansprüche des Mieters gegen den bisherigen Vermieter. Das gilt namentlich für schon entstandene **Verwendungsersatzansprüche** des Mieters aus § 547, wobei man jedoch zum Schutze des Mieters annehmen muß, daß die Verjährung dieser Ansprüche erst mit dem Augenblick beginnt, in dem der Mieter von dem Eigentumsübergang Kenntnis erlangt (s oben § 558 Rz 8).

22 Schädigt hingegen erst der Erwerber den Mieter, so kann der Mieter auch nur von ihm *Schadensersatz* verlangen. Für die Frage, ob der Erwerber dabei ohne Verschulden oder nur im Falle des Verschuldens haftet, kommt es auch nach Eigentumsübergang allein darauf an, ob der fragliche Mangel seinerzeit schon bei Vertragsschluß vorgelegen hatte oder erst danach entstanden ist (BGHZ 49, 350, 352; BGH WarnR 1972 Nr 284). Bei nachträglich entstandenen Mängeln ist jedoch zu beachten, daß den Erwerber eine **Prüfungs-** und **Verkehrssicherungspflicht** trifft, so daß er sich bei Erwerb des Grundstücks eingehend über dessen Zustand unterrichten muß (RG JW 1924, 1962; LG Mönchengladbach VersR 1965, 1187).

23 d) Der Erwerber muß auch sämtliche Abreden über die **Vertragsbeendigung** gegen sich gelten lassen. Das gilt insbes für alle vertraglichen Kündigungsbeschränkungen (LG Hagen NJW 1960, 1468) sowie für Verlängerungsoptionen und Vormietrechte (RGZ 103, 349; BGHZ 55, 71). Der Erwerber tritt außerdem in die Verpflichtung des Vermieters zur Rückzahlung eines Baukostenzuschusses oder zur Verrechnung von Mietzinsvorauszahlungen ein (Vorbem 37 zu §§ 535, 536; BGHZ 16, 31; 37, 346; 53, 35) und muß auch eine Nachfolgeklausel gegen sich wirken lassen (BGHZ 48, 244, 248).

24 **3. Abweichende Vereinbarungen**

§ 571 ist nicht zwingend, so daß abweichende Vereinbarungen möglich sind, wobei aber stets alle drei Beteiligten zusammenwirken müssen (RG BayZ 1926, 190; KG JW 1925, 2266). Durch zweiseitige Absprachen zwischen Vermieter und Erwerber oder Vermieter und Mieter ist eine Abänderung des § 571 zum Nachteil des jeweils nicht beteiligten Dritten nicht möglich. Auch durch Formularverträge kann § 571 niemals zum Nachteil des Mieters abgeändert werden (§§ 9 Abs 2, 24 AGBG).

Volker Emmerich

V. Stellung des Vermieters

1. Haftung 25

Nach Eigentumsübergang richtet sich der Erfüllungsanspruch des Mieters nur noch gegen den Erwerber (oben Rz 20). Um zu verhindern, daß sich dadurch die Position des Mieters gegenüber der Situation bei Vertragsschluß verschlechtert, ist in § 571 Abs 2 zusätzlich eine **selbstschuldnerische Bürgschaft** des ursprünglichen Vermieters für die Erfüllung der den Erwerber treffenden Verpflichtungen angeordnet worden. Dasselbe gilt, wenn der Erwerber schon kraft Gesetzes, zB aufgrund des § 547, oder aufgrund des Vertrages, etwa als Entschädigung für eine vorzeitige Kündigung, zu einer Geldleistung verpflichtet ist (BGHZ 51, 273 m Anm Söllner JZ 1969, 634). Eine entsprechende Regelung enthält schließlich noch § 579 S 2 für den Fall der Weiterveräußerung des Grundstücks durch den Erwerber.

2. Befreiung 26

Nach § 571 Abs 2 S 2 wird der Vermieter von seiner bürgenähnlichen Haftung befreit, wenn der Mieter von dem Eigentumsübergang gerade durch eine **Mitteilung** des Vermieters (dazu BGHZ 45, 11), also nicht auf andere Weise, Kenntnis erlangt und daraufhin *nicht* das Mietverhältnis für den ersten, zulässigen Termin *kündigt.* § 571 Abs 2 S 2 begründet mithin kein zusätzliches Kündigungsrecht des Mieters, sondern geht von der ordentlichen Kündigungsmöglichkeit mit gesetzlicher Frist aus, so daß eine Haftungsbefreiung des Vermieters ausscheidet, wenn der Mietvertrag auf eine bestimmte Zeit abgeschlossen ist. Ob der Mieter von der Kündigungsmöglichkeit Gebrauch macht, spielt im übrigen für die Rechtsfolge keine Rolle: Immer haftet der Vermieter ihm (nur) bis zum ersten, möglichen, ordentlichen Kündigungstermin, nicht jedoch über diesen Zeitpunkt hinaus.

3. Abweichende Vereinbarungen 27

Auch § 571 Abs 2 ist nicht zwingend, so daß schon im voraus dem Vermieter die bürgenähnliche Haftung im Mietvertrag erlassen werden kann. Doch gilt auch dies nur für Individualvereinbarungen, nicht hingegen für Fomularverträge (§ 9 Abs 2 Nr 1 AGBG).

§ 572

Hat der Mieter des veräußerten Grundstücks dem Vermieter für die Erfüllung seiner Verpflichtungen Sicherheit geleistet, so tritt der Erwerber in die

dadurch begründeten Rechte ein. Zur Rückgewähr der Sicherheit ist er nur verpflichtet, wenn sie ihm ausgehändigt wird oder wenn er dem Vermieter gegenüber die Verpflichtung zur Rückgewähr übernimmt.

Schrifttum: Patzer DWW 1975, 157; Rödding BB 1968, 934; Schopp ZMR 1969, 1; Stückmann ZMR 1972, 328; Weimar Betrieb 1976, 1212.

1 **1.** Aufgrund des Mietvertrages hat der Mieter dem Vermieter häufig Sicherheit zu leisten. In welcher Form dies zu geschehen hat, ergibt sich dabei in erster Linie aus den Abreden der Parteien. Die bei weitem üblichste Form der Sicherheitsleistung ist heute die Zahlung einer sog **Barkaution** (s dazu den neuen § 550 b von 1982). Daneben kommen aber je nach den Abreden der Parteien auch alle anderen in § 232 geregelten Formen der Sicherheitsleistung einschließlich der Stellung eines Bürgen in Betracht. In jedem Fall geht dann der *Anspruch* des Vermieters auf Leistung der Sicherheit bei Veräußerung des Grundstücks nach § 571 auf den Erwerber über (AG Köln WuM 1981, 18). Mit § 572 hat all dies nichts zu tun. Diese Vorschrift regelt vielmehr aus Klarstellungsgründen allein die Rechtslage hinsichtlich einer schon *geleisteten* Sicherheit.

2 **2.** Hat der Mieter die Sicherheit schon geleistet, so *tritt* nach § 572 S 1 der Erwerber *in* die dadurch begründeten *Rechte* des Vermieters ein. Welche Rechte dies sind, richtet sich dabei ganz nach der Art der bestellten Sicherheit. Hat der Mieter dem Vermieter eine Barkaution geleistet, so erlangt der Erwerber mithin einen Anspruch auf Auszahlung des vom Mieter geleisteten Betrages gegen den Vermieter (RGZ 53, 247; RG JW 1905, 80; OLG Hamburg MDR 1970, 1015), und zwar einschließlich der Zinsen (AG Pinneberg WuM 1981, 21). Wenn der Mieter hingegen einen Bürgen gestellt hat, so tritt der Erwerber ohne weiteres an Stelle des Vermieters in die Rechte aus der Bürgschaft gegen den Bürgen ein (RG WarnR 1913 Nr 286; BGHZ 82, 323). Und im Falle der Sicherungsübereignung wird der Erwerber schließlich automatisch kraft Gesetzes Eigentümer der zur Sicherheit übereigneten Sachen.

3 Im Regelfall wird sich ein *Anspruch* des Erwerbers auf **Herausgabe** der jeweiligen Sicherheit bereits aus den Abreden der Parteien ergeben (RGZ 53, 247; RG JW 1905, 80; OLG Hamburg MDR 1970, 1015). Weitere Herausgabeansprüche können sich je nach Fallgestaltung aus den §§ 952, 985 und 1251 ergeben. Der Vermieter kann dann die Herausgabe der Sicherheit nur verweigern, wenn er noch eigene, offene Ansprüche gegen den Mieter hat und sich derentwegen aus der Sicherheit befriedigen will (RG JW 1905, 80). Schließlich steht nach hM auch dem Mieter gegen den

Vermieter aufgrund des Mietvertrages ein Anspruch auf Aushändigung der geleisteten Sicherheit an den Erwerber zu (so schon Prot I 262).

3. Nach § 572 S 2 ist der Erwerber nur dann zur Rückgewähr der Sicherheit an den Mieter (bei Vertragsende) verpflichtet, wenn ihm die Sicherheit ausgehändigt wurde oder wenn er dem Vermieter gegenüber die Verpflichtung zur Rückgewähr übernommen hat. Die Art der **Aushändigung** richtet sich dabei wiederum ganz nach der Art der Sicherheit. Es genügt, wenn der Erwerber in irgendeiner Form über die Sicherheit verfügen kann. Geld und Wertpapiere sind daher an den Erwerber herauszugeben (RG WarnR 1913 Nr 286), während eine Kaution an ihn auszuzahlen ist. Gleich steht eine Verrechnung der Kaution mit Ansprüchen des Vermieters gegen den Erwerber (s Stückmann ZMR 1972, 328; Rödding BB 1968, 934; Schopp ZMR 1969, 1, 8). Die Aushändigung ändert aber nichts an der Forthaftung des Vermieters für die Rückgewähr der Sicherheitsleistung bei Vertragsende, weil hier § 571 Abs 2 nicht anwendbar ist (RG JW 1905, 80; OLG Stettin OLGE 20, 119). 4

Nach § 572 S 2 ist der Erwerber schließlich auch dann zur Rückgewähr der Sicherheit verpflichtet, wenn er dem Vermieter gegenüber in dem der Veräußerung zugrunde liegenden Rechtsgeschäft die **Verpflichtung** zur Rückgewähr der Sicherheitsleistung *übernommen* hat. Es handelt sich hierbei um einen Fall der gesetzlich geregelten Schuldmitübernahme, da daneben die Haftung des Vermieters bestehen bleibt. Zur Rechtslage im Konkurs und bei Zwangsverwaltung s Mietrecht § 572 Rz 15 ff. 5

§ 573

Hat der Vermieter vor dem Übergang des Eigentums über den Mietzins, der auf die Zeit der Berechtigung des Erwerbers entfällt, verfügt, so ist die Verfügung insoweit wirksam, als sie sich auf den Mietzins für den zur Zeit des Übergangs des Eigentums laufenden Kalendermonat bezieht; geht das Eigentum nach dem fünfzehnten Tage des Monats über, so ist die Verfügung auch insoweit wirksam, als sie sich auf den Mietzins für den folgenden Kalendermonat bezieht. Eine Verfügung über den Mietzins für eine spätere Zeit muß der Erwerber gegen sich gelten lassen, wenn er sie zur Zeit des Überganges des Eigentums kennt.

§ 574

Ein Rechtsgeschäft, das zwischen dem Mieter und dem Vermieter in Ansehung der Mietzinsforderung vorgenommen wird, insbesondere die Entrichtung des Mietzinses, ist dem Erwerber gegenüber wirksam, soweit es sich nicht auf den Mietzins für eine spätere Zeit als den Kalendermonat bezieht,

in welchem der Mieter von dem Übergang des Eigentums Kenntnis erlangt; erlangt der Mieter die Kenntnis nach dem fünfzehnten Tage des Monats, so ist das Rechtsgeschäft auch insoweit wirksam, als es sich auf den Mietzins für den folgenden Kalendermonat bezieht. Ein Rechtsgeschäft, das nach dem Übergange des Eigentums vorgenommen wird, ist jedoch unwirksam, wenn der Mieter bei der Vornahme des Rechtsgeschäfts von dem Übergange des Eigentums Kenntnis hat.

I. Anwendungsbereich

1 **1.** Nach § 571 Abs 1 tritt der Erwerber mit dem Augenblick des Eigentumsübergangs kraft Gesetzes als Vermieter in den Mietvertrag ein. Von diesem Augenblick an steht ihm auch der Mietzins aus eigenem Recht zu (s oben § 571 Rz 18). Folglich müßten Verfügungen des Vermieters über den Mietzins für die Zeit nach Eigentumsübergang als Verfügungen eines Nichtberechtigten an sich unwirksam sein. Da dies jedoch häufig zu untragbaren Konsequenzen für die Beteiligten führte, hat der Gesetzgeber versucht, in den wiederholt geänderten §§ 573 bis 575 einen gerechten *Ausgleich der Interessen* aller Beteiligten herbeizuführen (s Prot II 146 f).

2 **2.** Die §§ 573 ff sind ebenso wie § 571 in zahlreichen anderen Fällen kraft Gesetzes entsprechend anwendbar (s oben § 571 Rz 6 f). Hervorzuheben ist namentlich die entsprechende Anwendbarkeit der §§ 573 S 1, 574 und 575 im Falle der **Zwangsversteigerung** gemäß § 57 ZVG, nur daß hier an die Stelle des Eigentumsübergangs als des für die Wirksamkeit von Vorausverfügungen maßgeblichen Zeitpunkts der der Beschlagnahme des Grundstücks tritt, so daß Vorausverfügungen heute den Ersteher in aller Regel nicht mehr belasten werden. Eine Ausnahme wird indessen auch hier für Baukostenzuschüsse und gleichstehende Mieterleistungen gemacht, die vereinbarungsgemäß auf den Mietzins zu verrechnen sind (zB BGH LM Nr 3 zu § 557 a BGB; Nr 3 zu § 57 b ZVG).

3 Im Falle der **Zwangsverwaltung** richtet sich hingegen die Wirksamkeit von Vorausverfügungen des Vollstreckungsschuldners nicht nach den §§ 57 und 57 b ZVG, sondern nach den (sachlich im wesentlichen übereinstimmenden) §§ 1124 und 1125, jedenfalls wenn, wie in aller Regel, ein Grundpfandgläubiger das Verfahren betreibt. Freilich wird auch hier wieder eine Ausnahme für Baukostenzuschüsse und gleichstehende Mieterleistungen anerkannt. Das ZVG beschränkt auch nicht die Befugnis des Verwalters zu Verfügungen und Rechtsgeschäften über den Miet- und Pachtzins (§ 57 Abs 3 ZVG). Die Wirkungen solcher Rechtsgeschäfte des Verwalters richten sich daher ausschließlich nach den §§ 573 und 574 BGB, wobei

maßgebender Zeitpunkt nicht der der Beschlagnahme, sondern der des Zuschlags ist (RG JW 1933, 1658; OLG München BayZ 1907, 22; OLG Hamburg OLGE 20, 193). Für den Fall des Konkurses s im übrigen noch § 21 Abs 2 und 4 KO (dazu Mietrecht § 573 Rz 5d ff).

3. Keine Anwendung finden die §§ 573 ff schließlich bei Bestellung eines **Nießbrauchs** an dem Grundstück, da dies eine Verfügung über das Grundstück, nicht hingegen über die einzelnen Mietzinsforderungen ist, so daß allein § 577 anzuwenden ist (RGZ 68, 10; 81, 146; RG JW 1908, 135). 4

II. Die erfaßten Rechtsgeschäfte

1. Allgemeines 5

Das Gesetz trennt in den §§ 573 bis 575 zwischen Verfügungen des Vermieters über den Mietzins, Rechtsgeschäften zwischen dem Mieter und dem Vermieter in Ansehung der Mietzinsforderung (zu denen das Gesetz ausdrücklich insbes die Entrichtung des Mietzinses rechnet) sowie der Aufrechnung des Mieters gegen die Mietzinsforderung. Die genaue Abgrenzung zwischen diesen drei Fällen, die deshalb wichtig ist, weil für sie je unterschiedliche Wirksamkeitsvoraussetzungen gelten, ist unklar und umstritten (s im einzelnen Mietrecht § 573 Rz 2, 6 ff; § 574 Rz 2 ff). Man wird zu unterscheiden haben: Unter § 571 fallen zunächst sämtliche **Vertragsänderungen,** auch wenn sie den Mietzins betreffen, so daß sie den in den Vertrag eintretenden Erwerber stets binden, und zwar ganz ohne Rücksicht auf die §§ 573 ff (ebenso offenbar BGH LM Nr 33 zu § 535 BGB; s unten Rz 6). § 574 betrifft demgegenüber nur solche *Rechtsgeschäfte* zwischen den Mietvertragsparteien *mit Bezug auf den Mietzinsanspruch,* die nicht zugleich eine Vertragsänderung enthalten, worauf auch der vom Gesetz besonders hervorgehobene Fall der Entrichtung des Mietzinses, dh der Erfüllung, hinweist. Für die *Aufrechnung* des *Mieters* enthält daneben § 575 eine weitere Sondervorschrift, so daß schließlich als Anwendungsbereich des § 573 nur *einseitige Verfügungen* des Vermieters über den Mietzins vor dem Eigentumsübergang übrig bleiben, deren Wirkungen wenigstens teilweise in die Zeit nach Eigentumsübergang reichen; gleich stehen Verfügungen des Vermieters durch Vertrag mit Dritten, namentlich also die *Abtretung* oder Verpfändung der Mietzinsforderung (im einzelnen sehr str).

2. Einzelfälle 6

a) *§ 573* gilt vor allem für die Aufrechnung des Vermieters, weiter für die Abtretung und die Verpfändung der Mietzinsforderung sowie schließlich für die Pfändung des Mietzinsanspruchs durch Gläubiger des Vermieters (s RGZ 58, 181; 59, 177; 64, 415; 76, 116). Umstr ist hingegen die Rechtslage namentlich bei **vertraglichen Änderungen** des Mietzinsanspruchs. Die Praxis ist insoweit zunächst davon ausgegangen, daß sämtliche Verfügungen über den Mietzins gemäß dem *ursprünglichen* Mietvertrag, namentlich die Vereinbarung einer sog Einmalmiete, ebenso wie die Abrede der Verrechnung der Mietzinsforderung gegen die Forderung des Mieters auf Rückzahlung eines Darlehens auch gegen den Erwerber wirken (RGZ 94, 279; 127, 116; 136, 407; 144, 194; RG JW 1933, 1658; 1939, 286), während nachträgliche Vertragsänderungen mit Bezug auf den Mietzins meistens als Vorausverfügungen im Sinne des § 573 oder des § 574 behandelt wurden (KG JW 1936, 1465; DR 1942, 1094). Hingegen will der BGH heute vor allem danach unterscheiden, *wie* der Mietzins *berechnet* wird: Wird er nach periodischen Zeitabschnitten berechnet, so soll jede Vereinbarung über eine Vorauszahlung, auch wenn sie schon im ursprünglichen Mietvertrag enthalten ist, eine Vorausverfügung im Sinne des § 574 darstellen; ausgenommen werden jedoch wiederum Mietvorauszahlungen, die zum Aufbau des Grundstücks verwendet worden sind, namentlich also Baukostenzuschüsse (BGHZ 6, 202; 15, 296; 16, 31; insbes 37, 346 usw; s oben Vorbem 37 zu §§ 535, 536). Entgegen dieser Praxis ist jedoch daran festzuhalten, daß der Erwerber stets in den Mietvertrag in der Fassung eintreten muß, die der Vertrag gerade im Augenblick des Eigentumsübergangs hat, so daß Vertragsänderungen schon nach § 571 ohne Rücksicht auf die §§ 573 ff immer gegen ihn wirken (oben Rz 5).

7 **b)** Unter *§ 574* fallen demgegenüber nach dem Gesagten nur solche Rechtsgeschäfte zwischen den Mietvertragsparteien mit Bezug auf den Mietzinsanspruch, die nicht zugleich eine Vertragsänderung enthalten. *Beispiele* sind außer der vom Gesetz selbst hervorgehobenen Vorauszahlung des Mietzinses (BGH LM Nr 33 zu § 535) der Erlaß der Mietzinsforderung (im Gegensatz zu deren Herabsetzung durch Vertragsänderung), weiter die Stundung der Mietzinsforderung, die Annahme einer anderen Leistung an Erfüllungs Statt, die Umwandlung der Mietzinsforderung sowie der Aufrechnungsvertrag (BGH aaO; OLG Düsseldorf ZMR 1972, 376; OLG Celle ZMR 1978, 342).

III. Wirksamkeit

8 **1. a) Vorausverfügungen** des Vermieters vor Eigentumsübergang im Sinne des *§ 573* sind grundsätzlich nur für den Mietzins für den zur Zeit des Eigentumsübergangs laufenden Kalendermonat wirksam; lediglich bei Eigentumsübergang in der zweiten Monatshälfte ist die Verfügung auch für

den nächsten Kalendermonat wirksam, wobei es immer auf den Kalendermonat ankommt, selbst wenn das Mietverhältnis während eines Monats begonnen hat. Die Kenntnis des Erwerbers spielt insoweit keine Rolle (OLG Rostock OLGE 27, 160).

b) Hat der Erwerber die Vorausverfügungen zur Zeit des Eigentumsübergangs positiv **gekannt,** so sind die Vorausverfügungen des Vermieters über den Mietzins darüberhinaus sogar unbeschränkt wirksam. Unerheblich ist hierbei, auf welche Weise der Erwerber Kenntnis von den Vorausverfügungen erlangt hat. Dem Mieter sollte dadurch die Möglichkeit eröffnet werden, seine Rechte aufgrund einer Vorausverfügung durch deren Mitteilung an den Erwerber zu wahren (Prot II 146). Ebenso zu beurteilen ist schließlich die Rechtslage, wenn der Erwerber den Vorausverfügungen *zustimmt* (OLG Posen OLGE 10, 170). **9**

2. In den Fällen des *§ 574* kommt es demgegenüber nicht auf den Zeitpunkt des Eigentumsübergangs, sondern auf den Zeitpunkt an, in dem der Mieter, aus welcher Quelle auch immer, von dem Übergang des Eigentums **positive Kenntnis** erlangt hat (vgl § 407 Abs 1; RG JW 1905, 641). Selbst Rechtsgeschäfte des Mieters mit dem Vermieter in Ansehung des Mietzinses nach Eigentumsübergang sind mithin noch wirksam, solange nicht der Mieter von dem Eigentumsübergang positiv erfährt. § 574 erweist sich damit als ausgesprochene Mieterschutzbestimmung, während § 573 ganz im Gegensatz hierzu einen Schutz des Erwerbers gegen Vorausverfügungen des Vermieters bezweckt. **10**

§ 575

Soweit die Entrichtung des Mietzinses an den Vermieter nach § 574 dem Erwerber gegenüber wirksam ist, kann der Mieter gegen die Mietzinsforderung des Erwerbers eine ihm gegen den Vermieter zustehende Forderung aufrechnen. Die Aufrechnung ist ausgeschlossen, wenn der Mieter die Gegenforderung erworben hat, nachdem er von dem Übergange des Eigentums Kenntnis erlangt hat, oder wenn die Gegenforderung erst nach Erlangung der Kenntnis und später als der Mietzins fällig geworden ist.

1. Nach § 574 ist die Aufrechnung an sich ausgeschlossen, sobald der Mieter von dem Eigentumsübergang Kenntnis erlangt hat. In diesem Falle greift jedoch § 575 ein, der entsprechend dem Vorbild des § 406 dem Mieter eine einmal erworbene **Aufrechnungslage** selbst dann *erhält,* wenn er vor Erklärung der Aufrechnung Kenntnis von dem Eigentumsübergang erlangt. Die Art der Gegenforderung, mit der der Mieter aufrechnet, spielt dabei keine Rolle. **1**

2. § 575 gilt nicht für die Minderung nach § 537 oder für ein Zurückbe- **2**

haltungsrecht. Er ist auch *nicht anwendbar*, wenn eine Aufrechnung durch den Mietvertrag wirksam ausgeschlossen ist (s § 552 a). Außerdem ist die **Aufrechnung** durch § 575 S 2 in Anlehnung wiederum an § 406 in zwei weiteren Fällen **ausgeschlossen,** nämlich einmal, wenn der Mieter nach dem Eigentumsübergang eine Forderung gegen den Vermieter erworben hat und dabei bereits Kenntnis von dem Eigentumsübergang hatte, sowie zum anderen dann, wenn seine Gegenforderung bei Eigentumsübergang zwar dem Grunde nach schon begründet war, aber erst später als die Mietzinsforderung fällig geworden ist (vgl BGHZ 19, 153; 56, 111; 58, 327; BGH LM Nr 2 zu § 54 KO; JZ 1962, 92).

§ 576

Zeigt der Vermieter dem Mieter an, daß er das Eigentum an dem vermieteten Grundstück auf einen Dritten übertragen habe, so muß er in Ansehung der Mietzinsforderung die angezeigte Übertragung dem Mieter gegenüber gegen sich gelten lassen, auch wenn sie nicht erfolgt oder nicht wirksam ist.

Die Anzeige kann nur mit Zustimmung desjenigen zurückgenommen werden, welcher als der neue Eigentümer bezeichnet worden ist.

Schrifttum: Canaris, Die Vertrauenshaftung im deutschen Privatrecht (1971) 451 ff; Weimar ZMR 1963, 2; MDR 1966, 817.

1 **1.** § 576, der dem § 409 nachgebildet ist, soll den Mieter in seinem *Vertrauen* auf eine Anzeige des Vermieters über den erfolgten Eigentumsübergang *schützen*. Voraussetzung ist, daß die **Anzeige** gerade vom Vermieter ausgeht und sich inhaltlich auf die bereits erfolgte Übertragung des Eigentums an dem vermieteten Grundstück bezieht. Eine Anzeige durch den Erwerber steht nicht gleich.

2 **2.** Die Anzeige hat die **Wirkung**, daß der Mieter den Erwerber hinsichtlich der Mietzinszahlung als seinen neuen Gläubiger behandeln darf, aber nicht behandeln muß. Der Mieter *kann* folglich auf die Anzeige hin mit befreiender Wirkung an den Erwerber zahlen, selbst wenn es tatsächlich nicht zum Eigentumsübergang gekommen ist (BGHZ 56, 339, 349; 64, 117; BGH BB 1956, 639) und selbst wenn ihm dies bekannt ist (RGZ 126, 183; RG JW 1926, 2529; enger BGH WM 1955, 830). Der Mieter kann jedoch stattdessen in diesem Fall auch stets auf den Schutz des § 576 verzichten und an den wirklich Berechtigten zahlen (BGHZ 64, 117; KG OLGE 18, 7).

3 § 576 gilt nur für **Leistungen des Mieters** auf die Mietzinsforderung. Ebenso zu behandeln ist nach § 242 eine Kündigung des Mieters. Hinge-

gen kann der Mieter auf die bloße Anzeige hin mit dem Erwerber nicht sonstige Vertragsänderungen wirksam vereinbaren.

3. Eine **Rücknahme** der Anzeige ist nach § 576 Abs 2 nur mit Zustimmung 4
des in der Anzeige bezeichneten, neuen Eigentümers möglich. Der Mieter kann folglich die Anzeige als wirksam behandeln, solange ihm nicht vom Vermieter die Zustimmung des Dritten mit der Rücknahme nachgewiesen worden ist (RG JW 1926, 2529).

4. Wenn der Vermieter dem Mieter den Eigentumsübergang nicht ange- 5
zeigt hat, der (angebliche) Erwerber dem Mieter jedoch einen **Grundbuchauszug** vorlegt, aus dem sich sein Eigentum ergibt, ist zugunsten des Mieters § 893 entsprechend anwendbar, so daß er dann ebenfalls mit befreiender Wirkung an den Erwerber zahlen kann (Prot II 147; str).

§ 577

Wird das vermietete Grundstück nach der Überlassung an den Mieter von dem Vermieter mit dem Rechte eines Dritten belastet, so finden die Vorschriften der §§ 571 bis 576 entsprechende Anwendung, wenn durch die Ausübung des Rechtes dem Mieter der vertragsmäßige Gebrauch entzogen wird. Hat die Ausübung des Rechtes nur eine Beschränkung des Mieters in dem vertragsmäßigen Gebrauche zur Folge, so ist der Dritte dem Mieter gegenüber verpflichtet, die Ausübung zu unterlassen, soweit sie den vertragsmäßigen Gebrauch beeinträchtigen würde.

Schrifttum: DAMMERTZ, Wohnungsrecht und Dauerwohnrecht (1970); DULCKEIT, Die Verdinglichung obligatorischer Rechte (1951); KOLLHOSSER BB 1973, 820; LÖNING, Die Grundstücksmiete als dingliches Recht (1930).

1. a) *§ 577 S 1* erstreckt die Regelung der §§ 571 bis 576 auf den Fall, daß 1
der Vermieter und Grundstückseigentümer (vgl KG OLGE 20, 98) *nach* Überlassung des Grundstücks an den Mieter dieses mit einem dinglichen Recht belastet, durch dessen Ausübung dem Mieter der vertragsmäßige Gebrauch entzogen würde. **Anwendungsfälle** des § 577 S 1 sind aus dem BGB der Nießbrauch und das Wohnungsrecht des § 1093, darüber hinaus das Erbbaurecht aufgrund der ErbbauVO, das Dauerwohnrecht, das Dauernutzungsrecht und das Wohnungserbbaurecht aufgrund des WEG (§§ 30 und 31) sowie gegebenenfalls nach Landesrecht die alten Altenteilsrechte. Die geringsten Probleme wirft dabei die Bestellung eines **Erbbaurechts** auf, da sie der Veräußerung des Grundstücks so nahe steht, daß die §§ 571 bis 576 uneingeschränkt auf diesen Vorgang angewendet werden können (BGH LM Nr 31 zu § 581 BGB). Daraus folgt zugleich, daß bei Erlöschen des Erbbaurechts der Mietvertrag an den Eigentümer zurückfällt, wobei die §§ 571 ff entsprechend anzuwenden sind. Ebenso ist die Rechtslage

schließlich zu beurteilen, wenn erst der Erbbauberechtigte den Mietvertrag abgeschlossen hatte und dann das Erbbaurecht veräußert wird oder erlischt.

2 b) Bestellt der Eigentümer nach Überlassung der vermieteten Räume an den Mieter an denselben Räumen einem Dritten ein **Wohnungsrecht,** so tritt nach § 577 S 1 der Wohnungsberechtigte ebenfalls kraft Gesetzes in den Mietvertrag ein, wodurch zugleich der Eigentümer aus der Vermieterstellung verdrängt wird, jedenfalls wenn das Wohnungsrecht im wesentlichen dieselben Räume wie der Mietvertrag umfaßt (BGHZ 59, 51); andernfalls bleibt nur eine entsprechende Anwendung des § 577 S 2 übrig. Erlischt das Wohnungsrecht, so fällt auch hier der Mietvertrag an den Eigentümer zurück, wobei wiederum die §§ 571 ff entsprechend anwendbar sind.

3 c) Hauptanwendungsfall des § 577 S 1 ist die nachträgliche Bestellung eines **Nießbrauchs** an dem vermieteten und dem Mieter bereits überlassenen Grundstück durch den Vermieter und Eigentümer des Grundstücks. Nach § 577 S 1 tritt dann der Nießbraucher unmittelbar kraft Gesetzes in den Mietvertrag ein, so daß ihm auch vom Augenblick der Nießbrauchsbestellung ab kraft eigenen Rechts die *Mietzinsen* gebühren (RGZ 68, 10; 80, 311; 81, 146; 94, 279; 124, 325; RG JW 1908, 135; WarnR 1911 Nr 19; BGH LM Nr 14 zu § 535 BGB; LG Mannheim ZMR 1977, 284). Zugleich wird der Eigentümer völlig aus seiner Vermieterstellung verdrängt (BGH LM Nr 14 zu § 535 BGB; sehr str). Folglich können sowohl der Nießbraucher als auch der Mieter ohne jede Mitwirkung des Vermieters den Mietvertrag *kündigen.* Beide können auch jederzeit eine Änderung oder Aufhebung des Vertrages vereinbaren, und zwar auch mit Wirkung für die Zeit nach Beendigung des Nießbrauchs (aM OLG Celle OLGE 33, 320). Alle *Vertragspflichten* treffen jetzt ausschließlich den Nießbraucher als neuen Vermieter (OLG Hamburg OLGE 33, 304), so daß auch nur er vom Mieter Beseitigung etwaiger Schäden verlangen kann (OLG Kiel OLGE 39, 239). Für *Vorausverfügungen* des Eigentümers und Vermieters über den Mietzins gelten uneingeschränkt die §§ 573 ff (RGZ 94, 279; RG WarnR 1911 Nr 19; KG OLGE 14, 131; OLG Hamburg OLGE 33, 319). Werden über § 573 hinaus Mietzinsforderungen durch Gläubiger des Vermieters *gepfändet,* so kann der Nießbraucher folglich nach § 771 ZPO intervenieren (OLG Dresden SächsArch 2, 563; 3, 168; 3, 584). Eine Ausnahme gilt nur bei einer Pfändung der Mietzinsforderungen durch einen vorgehenden Hypothekengläubiger (RGZ 81, 146, 149 f). *Erlischt* schließlich der Nießbrauch vor Ablauf des Mietvertrages, so fällt der Mietvertrag an den Eigentümer und Vermieter zurück, wobei die §§ 571 ff entsprechend anwendbar sind (KG OLGE 39, 240; OLG Dresden SeuffA 65 Nr 92).

Volker Emmerich

2. *§ 577 S 2* regelt den Fall, daß das Grundstück nach seiner Vermietung und Überlassung an den Mieter mit einer Grunddienstbarkeit oder einer beschränkten persönlichen **Dienstbarkeit** belastet wird, wenn durch deren Ausübung das Gebrauchsrecht des Mieters beeinträchtigt würde. In einem solchen Fall tritt der aus der Dienstbarkeit Berechtigte zwar nicht in den Mietvertrag ein, er muß aber das vorgehende Gebrauchsrecht des Mieters respektieren, so daß er vom Mieter nicht Unterlassung verlangen kann. 4

3. § 577 ist *nicht zwingend,* kann aber immer nur im Einzelfall durch Individualvereinbarung unter Mitwirkung aller drei Beteiligten abbedungen werden. 5

§ 578

Hat vor der Überlassung des vermieteten Grundstücks an den Mieter der Vermieter das Grundstück an einen Dritten veräußert oder mit einem Rechte belastet, durch dessen Ausübung der vertragsmäßige Gebrauch dem Mieter entzogen oder beschränkt wird, so gilt das gleiche wie in den Fällen des § 571 Abs 1 und des § 577, wenn der Erwerber dem Vermieter gegenüber die Erfüllung der sich aus dem Mietverhältnis ergebenden Verpflichtungen übernommen hat.

Schrifttum: LÖNING, Die Grundstücksmiete als dingliches Recht (1930); TAUBER Gruchot 49 (1905) 228; WEIMAR ZMR 1954, 65.

1. Die §§ 571 und 577 setzen übereinstimmend voraus, daß das Grundstück dem Mieter schon vor seiner Veräußerung oder Belastung überlassen worden ist. Andernfalls, dh bei *Veräußerung* oder Belastung des Grundstücks *vor* seiner etwaigen späteren *Überlassung* an den Mieter, bleibt es hingegen grundsätzlich bei der Regel »**Kauf bricht Miete**«, so daß der Erwerber in keinerlei vertragliche Beziehungen zu dem Mieter tritt und der Mieter auch kein Besitzrecht gegenüber dem Erwerber erlangt (s OLG Celle SeuffA 56 Nr 147). Der Mieter ist stattdessen auf Schadensersatzansprüche gegen den Vermieter aus § 325 Abs 1 beschränkt, so daß der letztere naturgemäß ein großes Interesse daran hat, daß der Grundstückserwerber seine Verpflichtungen aus dem Mietvertrag übernimmt. Einen Weg hierzu eröffnet ihm § 578 durch die Zulassung einer Erfüllungsübernahme durch bloßen Vertrag zwischen Vermieter und Erwerber. 1

§ 578 schreibt weder eine besondere Form noch einen besonderen Zeitpunkt für die Vereinbarung der **Erfüllungsübernahme** vor. Die Vereinbarung kann daher auch konkludent (vgl BGH LM Nr 1 zu § 578 BGB) und 2 auch noch nach Eigentumsübergang auf den Erwerber geschlossen werden (str).

3 2. Die **Wirkung** der Erfüllungsübernahme besteht darin, daß der Erwerber im Augenblick des Eigentumsübergangs ebenso wie in den Fällen der §§ 571 Abs 1 und 577 S 1 ohne weiteres kraft Gesetzes in die in diesem Augenblick bestehenden Mietverhältnisse eintritt. Der Eintritt bedarf nicht der Zustimmung des Mieters. Es kommt auch nicht auf die Kenntnis des Erwerbers oder des Mieters an (BGH LM Nr 1 zu § 578 BGB); der Erwerber wird vielmehr kraft Gesetzes zum Vermieter für die Zeit seines Eigentums, so daß ihm jetzt auch der Mietzins zusteht (KG OLGE 11, 144).

§ 579

Wird das vermietete Grundstück von dem Erwerber weiterveräußert oder belastet, so finden die Vorschriften des § 571 Abs 1 und der §§ 572 bis 578 entsprechende Anwendung. Erfüllt der neue Erwerber die sich aus dem Mietverhältnis ergebenden Verpflichtungen nicht, so haftet der Vermieter dem Mieter nach § 571 Abs 2.

1 1. Nach § 579 scheidet im Falle der **Weiterveräußerung** des vermieteten Grundstücks der erste Erwerber aus dem Mietvertrag wieder aus; an seine Stelle tritt kraft Gesetzes der zweite Erwerber für die Dauer seines Rechts. Dasselbe gilt, wenn zB der erste Erwerber ein Erbbaurecht oder einen Nießbrauch bestellt. In jedem Fall sind die §§ 572 bis 578 entsprechend anzuwenden.

2 2. Ergänzend bestimmt § 579 S 2, daß im Falle der Weiterveräußerung nicht etwa der Veräußerer, sondern stets der **(erste) Vermieter** dem Mieter nach § 571 Abs 2 *haftet.* War jedoch in der Zwischenzeit der Vermieter schon nach § 571 Abs 2 S 2 von seiner bürgenähnlichen Haftung befreit worden, so lebt diese Haftung auch nicht im Falle der Weiterveräußerung wieder auf; vielmehr trifft dann den jeweiligen Veräußerer die bürgenähnliche Haftung des Vermieters (str).

§ 580

Die Vorschriften über die Miete von Grundstücken gelten, soweit nicht ein anderes bestimmt ist, auch für die Miete von Wohnräumen und anderen Räumen.

Schrifttum: Friemel MDR 1957, 71; Raisch BB 1968, 526; Weimar MDR 1960, 195; Betrieb 1972, 1957.

Volker Emmerich

1. Das Mietrecht des BGB (§§ 535 bis 580 a) gilt sowohl für die Miete von beweglichen Sachen (sog Fahrnismiete) als auch für die Grundstücksmiete; das Gesetz enthält indessen zahlreiche Sondervorschriften nur für die Grundstücksmiete. Nach § 580 steht in diesen Fällen der Grundstücksmiete stets die Raummiete einschließlich der Wohnraummiete gleich. Unter einem **Raum** versteht man dabei allgemein einen allseits umschlossenen Teil eines festen Gebäudes, der so groß ist, daß sich ein Mensch darin aufhalten kann. Ein Sonderfall dieser Raummiete ist die praktisch besonders bedeutsame Wohnraummiete (zur Abgrenzung s oben Vorbem 12 f zu §§ 535, 536). Keine Raummiete ist hingegen die Vermietung einzelner Räume in beweglichen Sachen wie Schiffen, Wohnwagen und Eisenbahnwagen (vgl zB OLG Kiel OLGE 12, 69; LG Bochum ZMR 1975, 334). 1

2. Einen umstrittenen Grenzfall stellt die Vermietung von **Grundstücksteilen** wie Hauswänden und Dachflächen dar, da das Gesetz in § 580 die Vermietung solcher Grundstücksteile, zB zu Reklamezwecken oder zur Anbringung von Automaten, nicht wie die Raummiete ausdrücklich der Grundstücksmiete gleichgestellt hat. Da es jedoch ganz unangemessen ist, in derartigen Fällen eine Fahrnismiete anzunehmen, überwiegt zu Recht die Auffassung, daß – über den Wortlaut des § 580 hinaus – auch in den genannten Fällen eine *Grundstücksmiete* vorliegt (so zB OLG München NJW 1972, 1995; OLG Hamm MDR 1976, 143; KG LZ 1917, 691 Nr 10; LG Berlin JW 1926, 1046; 1934, 1130; vgl auch BGH BB 1973, 819; aM zB LG Düsseldorf NJW 1965, 160; LG Bochum ZMR 1975, 334). 2

§ 580 a

Die Vorschriften der §§ 571, 572, 576 bis 579 gelten im Fall der Veräußerung oder Belastung eines im Schiffsregister eingetragenen Schiffs sinngemäß.

Eine Verfügung, die der Vermieter vor dem Übergang des Eigentums über den auf die Zeit der Berechtigung des Erwerbers entfallenden Mietzins getroffen hat, ist dem Erwerber gegenüber wirksam. Das gleiche gilt von einem Rechtsgeschäft, das zwischen dem Mieter und dem Vermieter über die Mietzinsforderung vorgenommen wird, insbesondere von der Entrichtung des Mietzinses; ein Rechtsgeschäft, das nach dem Übergang des Eigentums vorgenommen wird, ist jedoch unwirksam, wenn der Mieter bei der Vornahme des Rechtsgeschäfts von dem Übergang des Eigentums Kenntnis hat. § 575 gilt sinngemäß.

Durch das Schiffsregistergesetz von 1940 (RGBl I 1499) sind im See- und Binnenschiffsregister eingetragene Schiffe in vielen Beziehungen Grund- 1 stücken gleichgestellt worden. § 580 a zieht daraus die Folgerungen für die **Schiffsmiete** durch die Verweisung auf die §§ 571, 572 und 576 bis 579. Lediglich für Vorausverfügungen über den Mietzins gelten nach § 580 a Abs 2 Besonderheiten.

2 § 580 a ist entsprechend anwendbar auf **Flugzeuge,** die in die Luftfahrzeugrolle eingetragen sind (§ 98 des Gesetzes über Rechte an Luftfahrzeugen vom 26. 2. 1959, BGBl I 57). § 580 a gilt hingegen nicht für Schiffdocks, die immer wie bewegliche Sachen zu behandeln sind (BGHZ 32, 76, 90), und auch nicht für Charterverträge, bei denen es sich durchweg um Frachtverträge handelt.

Zweites Gesetz über den Kündigungsschutz für Mietverhältnisse über Wohnraum (Zweites Wohnraumkündigungsschutzgesetz – 2. WKSchG)

vom 18. Dezember 1974 (BGBl I 3603)

Vorbemerkungen zum WKSchG

Schrifttum: Eekhoff, Zur Kontroverse um die ökonomischen Auswirkungen des Zweiten Wohnraumkündigungsschutzgesetzes, DWW 1981, 138; ders-Werth, Auswirkungen des Zweiten Wohnraumkündigungsschutzgesetzes (2. Aufl 1978); dies, Das Zweite Wohnraumkündigungsschutzgesetz bleibt umstritten, DWW 1979, 212; Graf, Die Vergleichsmiete in verfassungsrechtlicher Sicht, NJW 1976, 1480; Kimminich, Die verfassungsrechtliche Beurteilung des Gesetzes über den Kündigungsschutz für Mietverhältnisse über Wohnraum (1973); Schlich, Das Zweite Wohnraumkündigungsschutzgesetz. Eine Notwendigkeit im sozialen Rechtsstaat, WuM 1979, 1; Schmidt-Futterer-Blank, Das Mieterhöhungsverfahren für nichtpreisgebundenen Wohnraum. Ein Beitrag zur Regelung in den Kündigungsschutzgesetzen und der Entscheidung des BVerfG vom 23. 4. 1974, MDR 1975, 1.

I. Entstehungsgeschichte

1. WKSchG I 1

Ende 1970 brachte die Bundesregierung den Entwurf eines Gesetzes über Maßnahmen zur Verbesserung des Mietrechts und zur Begrenzung des Mietanstiegs in das Gesetzgebungsverfahren ein (Mietrecht Vorbem 4 ff zum WKSchG). Dieses sog Artikelgesetz sah ua eine Verbesserung der Sozialklausel des § 556 a BGB und einen verstärkten Kündigungsschutz für Gebiete mit besonderem Wohnungsbedarf vor. Der Rechtsausschuß des Deutschen Bundestages schlug eine Änderung vor, durch die die regionale Begrenzung des Kündigungsschutzes beseitigt und eine besondere Regelung für Mieterhöhungen eingefügt wurden. Nachdem der Deutsche Bundestag den Gesetzentwurf verabschiedet hatte, wurde noch mehrfach der Vermittlungsausschuß damit befaßt. Dieser schlug zuletzt eine Aufteilung in das Gesetz über den Kündigungsschutz für Mietverhältnisse über Wohnraum und in das Gesetz zur Verbesserung des Mietrechts und zur Begrenzung des Mietanstiegs sowie zur Regelung von Ingenieur- und Architektenleistungen vor. Der Bundestag verabschiedete beide Gesetzentwürfe entsprechend diesem Vorschlag. Das MRVerbG mit der Änderung der §§ 556 a, 564 a BGB konnte daraufhin verkündet werden und am 10. 11. 1971 in Kraft treten (BGBl I 1745). Gegen das WKSchG legte der

Bundesrat nach Art 77 Abs 3 GG Einspruch ein. Dieser Einspruch wurde vom Bundestag zurückgewiesen, so daß das Gesetz verkündet werden und am 26. 11. 1971 in Kraft treten konnte (BGBl I 1839). Es ist nach Art 3 § 2 Abs 3 mit Ablauf des 31. 12. 1974 außer Kraft getreten.

2 **2. WKSchG II**

Anfang 1974 legte die Bundesregierung den Entwurf eines Zweiten Gesetzes über den Kündigungsschutz für Mietverhältnisse über Wohnraum vor (Mietrecht Vorbem 8 ff zum WKSchG). Dieser Entwurf sah vor allem die dauerhafte Übernahme des in Art 1 § 1 WKSchG I geregelten Kündigungsschutzes als § 564 b in das BGB vor und gestaltete die Vorschrift des Art 1 § 3 WKSchG I in ein besonderes Gesetz zur Regelung der Miethöhe um. Der Rechtsausschuß des Deutschen Bundestages machte zahlreiche Änderungsvorschläge. Nachdem der Bundestag den Gesetzentwurf entsprechend den Vorschlägen des Rechtsausschusses verabschiedet hatte, rief der Bundesrat den Vermittlungsausschuß an. Der Vermittlungsausschuß bestätigte die vom Bundestag beschlossene Fassung. Da der Bundesrat keinen Einspruch einlegte, konnte das WKSchG II verkündet werden (BGBl I 1974, 3603) und am 1. 1. 1975 in Kraft treten.

3 Das WKSchG II ist durch Art 2 § 2 des ÄndG zum BBauG vom 18. 8. 1976 (BGBl I 2221), durch Art 3 des Gesetzes zur Änderung des WoModG vom 27. 6. 1978 (BGBl I 878) und durch Art 2 des Gesetzes zur Erhöhung des Angebots an Mietwohnungen vom 20. 12. 1982 (BGBl I 1912) geändert worden.

4 **II. Zweck der Regelung im allgemeinen**

Das WKSchG soll den Mieter durch einen verstärkten Kündigungsschutz und ein besonderes Mieterhöhungsverfahren vor den Folgen eines unausgeglichenen Wohnungsmarktes und den dadurch ermöglichten Auswüchsen sichern (Mietrecht Vorbem 11 ff zum WKSchG). Da die Regelungen nicht mehr zeitlich befristet, sondern auf Dauer angelegt sein sollen, sind die Vorschriften über den Kündigungsschutz als Bestandteil des sozialen Mietrechts in § 564 b BGB übernommen und in systematischem Zusammenhang mit den allgemeinen Kündigungsschutzvorschriften verankert worden. Die Regelung der Mieterhöhung ist dagegen in einem besonderen, unbefristeten Gesetz verblieben. Auch insoweit wäre bei einer Bereinigung des Mietrechts die Übernahme in das BGB angebracht. Das WKSchG geht von dem Grundsatz aus, daß es wegen der überragenden Bedeutung der Wohnung als Mittelpunkt der Lebensführung durch das

Sozialstaatsprinzip des Art 20 Abs 1 GG geboten ist, den vertragstreuen Mieter vor willkürlichen Kündigungen und damit dem Verlust seiner Wohnung zu schützen. Als Ausgleich sollen Mieterhöhungen in angemessenem Rahmen und in einem besonderen Verfahren zulässig sein, um die Wirtschaftlichkeit des Hausbesitzes zu erhalten und eine Anpassung an die allgemeine Marktentwicklung zu ermöglichen. Die Kündigung als Druckmittel soll insoweit ausgeschlossen sein.

III. Auswirkungen der Regelung in der Praxis 5

In dem Bericht der Bundesregierung über die Auswirkungen des Zweiten Wohnraumkündigungsschutzgesetzes vom 2. 3. 1979 (BT-Drucks 8/2610) wird aufgrund empirischer Untersuchungen zu den wesentlichen Vorschriften des Gesetzes Stellung genommen. Der Teil des Berichts, der sich mit den Auswirkungen auf die Beendigung von Wohnraummietverhältnissen durch Kündigung beschäftigt, läßt auf eine überwiegend positive Einschätzung dieser Vorschriften in der Praxis schließen. Der Kündigungsschutz wird von den Organisationen der Mieter grundsätzlich bejaht. Auch nach der Aussage von Mietrichtern hat sich die Regelung im wesentlichen bewährt. Die Einschätzung der Wohnungswirtschaft ist hingegen zwiespältig. Die Auswirkungen auf Miethöhe und Investitionsverhalten werden von der damaligen Bundesregierung grundsätzlich nicht negativ beurteilt (Bericht aaO 10 ff; vgl aber Vorbem 6 ff zu § 1 MHRG).

IV. Verfassungsrechtliche Problematik 6

Der Kündigungsschutz sowie der Ausschluß der Änderungskündigung und die Begrenzung von Mieterhöhungen durch das Prinzip der Vergleichsmiete schränken die Befugnisse des Vermieters erheblich ein. Es handelt sich um gesetzliche Regelungen, durch die Inhalt und Schranken des verfassungsrechtlich gewährleisteten Eigentums bestimmt werden (Art 14 Abs 1 S 2 GG).

Das BVerfG hält den Ausschluß der Änderungskündigung sowie die Be- 7
grenzung der Mietpreise bei laufenden Mietverhältnissen auf die ortsübliche Vergleichsmiete nach der Regelung des WKSchG I entgegen einer im Schrifttum zT vertretenen Auffassung (Kimminich, Die verfassungsrechtliche Beurteilung des Gesetzes über den Kündigungsschutz für Mietverhältnisse über Wohnraum, 48 ff; Neider ZMR 1973, 228) für verfassungsgemäß (BVerfGE 37, 132 = NJW 1974, 1499 m Anm Fehl NJW 1974, 1939). Dabei stützt sich das BVerfG im wesentlichen auf die Sozialpflichtigkeit des Eigentums nach Art 14 Abs 2 GG. Hieraus ergibt sich das Ge-

bot, die Belange des Mieters zu berücksichtigen, der auf die Nutzung der Wohnung als Mittelpunkt der Lebensführung angewiesen ist. Auf der anderen Seite ist die verfassungsrechtlich garantierte Eigentumsfreiheit zu berücksichtigen. Beiden Seiten muß der Gesetzgeber Rechnung tragen und dabei die schutzwürdigen Interessen aller Beteiligten in einen gerechten Ausgleich und ein ausgewogenes Verhältnis bringen (BVerfGE 37, 132, 140 = NJW 1974, 1499). Die Belange des Vermieters werden bei einem korrekt durchgeführten Mieterhöhungsverfahren ausreichend gewahrt. Dabei sind die formalen Anforderungen nicht zu überspannen (BVerfGE 49, 244 = NJW 1979, 31).

8 Auf dieser Grundlage sind auch gegen das WKSchG II keine generellen verfassungsrechtlichen Bedenken zu erheben (BVerfGE 53, 352 = NJW 1980, 1617 m Anm NIEDERBERGER WuM 1980, 193; Mietrecht Vorbem 18 zum WKSchG; vgl BVerfGE 50, 108 = NJW 1979, 757; aM AG Charlottenburg ZMR 1982, 306 m Anm KREIKEBOHM u ders-MEYER BlGBW 1982, 128). Verfassungsrechtlich problematisch ist nicht die gesetzliche Regelung als solche, sondern deren Handhabung in der Praxis (BVerGE 37, 112, 145 = NJW 1974, 1499, 1501; BVerfGE 49, 244, 250 f = NJW 1974, 31, 32; BVerfGE 53, 352, 358 = NJW 1980, 1617; BVerfG WuM 1981, 53; DWW 1981, 263; WuM 1982, 146 m Anm VON SCHOENEBECK; FRIAUF DWW 1977, 124, 127).

Artikel 1
Änderung des Bürgerlichen Gesetzbuchs

1. Vgl § 564 b.
2. Vgl § 565 Abs 3.

Artikel 2

Aufgehoben durch Art 3 Nr 3 des Gesetzes zur Erhöhung des Angebots an Mietwohnungen vom 20. 12. 1982 (BGBl I 1912). Vgl § 564 c BGB.

Artikel 3

Gesetz zur Regelung der Miethöhe (MHRG)

Vorbemerkungen zu § 1 MHRG

Schrifttum: Bundesregierung, Bericht vom 10. 5. 1976, BT-Dr 7/5160; Bericht vom 2. 3. 1979, BT-Dr 8/2610; DERLEDER NJW 1975, 1677; WuM 1976, 197, 221; EMMERICH, Die Anforderungen zur Erstellung und zur Anerkennung von Mietpreisspiegeln, in: EMMERICH ua, Mietpreisermittlung, Düsseldorf (1980); FREUND-BARTHELMESS ZMR 1975, 33; HAACK WuM 1978, 41; D. IPSEN, Arch für Kommunalwissenschaften Bd 15 (1976), 262; LÖWE NJW

1975, 9; Niederberger, Mietspiegel, 3. Aufl 1979; ders., Mietspiegel als Instrument zur Ermittlung der ortsüblichen Vergleichsmiete (1980); Vogel JZ 1975, 73.

I. Geschichte 1

Das Miethöheregelungsgesetz (MHRG) ist ein Teil des 2. Wohnraumkündigungsschutzgesetzes (**WKSchG II**), das mit Wirkung vom 1. 1. 1975 an die Stelle des WKSchG I vom 25. 11. 1971 (BGBl I S 1839) getreten ist (s im einzelnen oben die Vorbem zum WKSchG). Durch dieses Gesetz war erstmals die Änderungskündigung zum Zwecke der Mietzinserhöhung generell ausgeschlossen und durch das Recht des Vermieters ersetzt worden, vom Mieter die Zustimmung zu einer Erhöhung des Mietzinses bis zur Höhe der ortsüblichen Vergleichsmiete zu verlangen. Außerdem war dem Vermieter das Recht eingeräumt worden, Betriebskostensteigerungen in einem stark vereinfachten Verfahren auf den Mieter abzuwälzen. Verfassungsrechtliche Bedenken gegen diese Regelung, die zunächst bis zum 31. 12. 1974 befristet war, bestanden nach Meinung des *BVerfG* nicht (s BVerfGE 37, 132; 38, 348; 49, 244; 50,108; 53,352). Das BVerfG betonte hierbei jedoch wiederholt mit Nachdruck die Notwendigkeit einer Verfahrensgestaltung, die das legitime **Interesse des Vermieters** an der Nutzung seines Eigentums ebenso berücksichtigt wie das Interesse des Mieters an einem Schutz gegen überhöhte Mietzinsforderungen.

Da sich nach Meinung der Bundesregierung das WKSchG I bewährt hatte, 2
wurde es durch das **WKSchG II** vom 18. 12. 1974 (BGBl I 3603) in ein **Dauerrecht** verwandelt. Zugleich wurde jedoch, um den Forderungen des BVerfG nachzukommen, die gesetzliche Regelung in zahlreichen Punkten mit dem Ziel geändert, die Möglichkeiten des Vermieters zur Erhöhung des Mietzinses zu verbessern. Die dadurch stark angeschwollene Regelung wurde in einem besonderen Gesetz zur Regelung der Miethöhe *(MHRG)* zusammengefaßt, das Bestandteil des WKSchG II ist (Art 3). Auch gegen diese Regelung bestehen keine verfassungsrechtlichen Bedenken (BVerfGE 49, 244; 53, 352).

In der Folgezeit kam es zu einem starken Rückgang des Mietwohnungs- 3
baus, der wenigstens zum Teil auch auf die Beschränkung der Vermieterrechte durch das WKSchG II zurückgeführt wurde. Die Bundesregierung entschloß sich deshalb zu einer zumindest partiellen **Rückkehr** zu marktwirtschaftlichen Prinzipien in der Wohnungswirtschaft. Dementsprechend wurde durch das **Gesetz zur Erhöhung des Angebots von Mietwohnungen** vom 20. 12. 1982 (BGBl I 1912), in Kraft getreten am 1. 1. 1983, das MHRG erneut in wichtigen Punkten geändert. Hervorzuheben sind die zahlreichen Erleichterungen für Mieterhöhungen nach § 2 MHRG sowie die generelle Zulassung von Staffelmieten durch § 10 Abs 2 MHRG (zu

den Gründen s die Begr zum RegE, BT-Drucks 9/2079; den Ausschußbericht, BT-Drucks 9/2284; dazu bes KÖHLER, Das neue Mietrecht [1983]; LANDFERMANN, Gesetz zur Erhöhung des Angebots an Mietwohnungen [1983]).

II. Überblick

4 **1. Regelungskonzept**

Das Konzept des MHRG ist nur verständlich vor dem Hintergrund des 1971 wieder eingeführten Kündigungsschutzes zugunsten des Mieters (vgl jetzt insbes § 564 b BGB). Denn die notwendige Folge dieser Wiedereinführung des Kündigungsschutzes war auch das Verbot jeder Änderungskündigung mit dem Zweck der Mietzinserhöhung (s jetzt § 1 S 1 MHRG). Da jedoch ein **Mietpreisstopp** weder beabsichtigt noch vertretbar war, mußte auf andere Weise ein Ausgleich geschaffen werden, um dem Vermieter auch weiterhin wirtschaftlich notwendige Mietzinserhöhungen zu ermöglichen. Dabei war aber zugleich auch sicherzustellen, daß die hiernach zugelassenen Mietzinserhöhungen auf das Maß des wirtschaftlich Vertretbaren beschränkt blieben. Diesen beiden, schon auf den ersten Blick nur schwer zu vereinbarenden Zielsetzungen versucht dementsprechend das MHRG durch eine im einzelnen sehr komplizierte Regelung gerecht zu werden.

5 Das MHRG hat weder einen Preisstopp für Mietverträge noch eine gesetzliche Stoppmiete eingeführt. **Bei Abschluß** eines Mietvertrages sind die Parteien in der Vereinbarung der Mietzinshöhe vielmehr nach wie vor *frei*. Auch für eine spätere, einverständliche Erhöhung des Mietzinses bestehen keinerlei Beschränkungen (§ 10 Abs 1 MHRG). Selbst Staffelmieten können für einen Zeitraum von max 10 Jahren seit dem 1. 1. 1981 (Art 4 Nr 3 Änderungsgesetz 1982) wieder vereinbart werden (§ 10 Abs 2 MHRG). Eingeschränkt ist vielmehr lediglich die Möglichkeit des Vermieters zur **einseitigen Erhöhung** des Mietzinses nach Vertragsschluß bei den meisten Wohnraummietverhältnissen (wegen der Ausnahmen s § 10 Abs 3 MHRG). Im einzelnen ist dabei vor allem zwischen dem Grundtatbestand des § 2 und den Sondertatbeständen der §§ 3 bis 7 MHRG zu unterscheiden. Die bei weitem größte praktische Bedeutung kommt hierbei dem § 2 MHRG zu, nach dem der Vermieter höchstens einmal im Jahr von dem Mieter die Zustimmung zu einer Vertragsänderung dahingehend verlangen kann, daß der Mietzins auf das Niveau der ortsüblichen Vergleichsmiete angehoben wird. Zum Ausgleich hat der Mieter nach § 9 Abs 1 MHRG ein außerordentliches, befristetes Kündigungsrecht.

2. Kritik 6

Die wirtschaftspolitische Berechtigung des neuen Mieterschutzes ist seit der Verabschiedung des WKSchG I Ende des Jahres 1971 umstritten (s eingehend Mietrecht Vorbem 18 ff zu § 1 MHRG). Ebenso umstritten und im Grunde ungeklärt sind die Auswirkungen des MHRG namentlich auf den Mietwohnungsbau. Diesen Problemen ist hier nicht im einzelnen nachzugehen. Die folgenden Ausführungen beschränken sich vielmehr auf die wichtigsten **Einwände**, die **gegen das Konzept** des MHRG vorzubringen sind, weil nur auf ihrem Hintergrund die zahlreichen Schwierigkeiten verständlich werden, mit denen die Anwendung des Gesetzes in der Praxis nach wie vor belastet ist.

a) Die Konzeption des Gesetzgebers leidet zunächst an einer nur schwer 7
erträglichen **Widersprüchlichkeit.** Denn einerseits soll der Mietzins am Marktpreis orientiert bleiben (§ 2 MHRG); auf der anderen Seite ist jedoch dieses Konzept in wichtigen Punkten zugunsten der Kostenmiete durchbrochen worden, da dem Vermieter die Möglichkeit gegeben wurde, alle Kosten etwaiger Modernisierungsmaßnahmen sowie Erhöhungen der Betriebskosten und der Kapitalkosten aufgrund der §§ 3 bis 5 MHRG auf die Mieter abzuwälzen. Beides paßt aber ganz offenkundig nicht zusammen und führt zu schweren Systembrüchen – mit allen bekannten Folgen für die Anwendung des Gesetzes.

b) Aber auch die **Grundvorstellung** des Gesetzgebers, auf der der zentrale 8
§ 2 des Gesetzes beruht, trifft offenkundig *nicht* zu. Der Gesetzgeber ist hier nämlich von der Vorstellung ausgegangen, daß sich der Mietzins am Markt im Spiel von Angebot und Nachfrage in 1. Linie nach dem Wohnwert der Wohnungen ausrichtet (Begr zum RegE, BT-Drucks 7/2011, 10). Inzwischen hat sich jedoch herausgestellt, daß die Wohnwertmerkmale des § 2 Abs 1 MHRG tatsächlich nur zu einem ganz *geringen* Ausmaß die vorhandenen Mietpreisdifferenzen erklären, so daß auf dem Markt noch ganz *andere* Faktoren mit weit größerer Bedeutung für die Mietpreisentwicklung wirksam sein müssen, auf die das Gesetz jedoch in § 2 keine Rücksicht nimmt. Außerdem hat sich gezeigt, daß es **Teilmärkte** für bestimmte, sozial unterprivilegierte Mieter gibt, denen der Zugang zum allgemeinen Wohnungsmarkt versperrt ist, ohne daß es bisher gelungen wäre, diese Teilmärkte in das gesetzliche Konzept des § 2 MHRG zu integrieren. Vor allem aber trifft die Vorstellung des Gesetzgebers nicht zu, auf dem Wohnungsmarkt gebe es stets *einen* Marktpreis, der sich im Spiel von Angebot und Nachfrage für vergleichbare Wohnungen herausbildet und der, wie auch immer, mit zumutbarem Aufwand ermittelt werden kann. Denn tatsächlich schwanken die Mietzinsen am Markt stets in einer sehr großen *Bandbreite* um einen kaum zu ermittelnden Mittelwert, so daß

die Gerichte bei der Festlegung des jeweils maßgeblichen Vergleichsmietenniveaus vor nahezu unlösbaren Aufgaben stehen.

9 Der Gesetzgeber sieht einen Ausweg aus diesem Dilemma vor allem in der vermehrten Aufstellung von sog **Mietspiegeln** durch die Gemeinden (vgl den neuen § 2 Abs 5 MHRG und dazu die Begr zum RegE, BT-Drucks 9/2079, 8 f, 17). Auch die Gerichte ziehen Mietspiegel, wo immer diese vorliegen, stets jedem anderen Verfahren zur Ermittlung der ortsüblichen Vergleichsmiete bei weitem vor (LG Mannheim ZMR 1977, 282; LG Hamburg WuM 1978, 134; 1978, 146 ff; 1979, 63; LG Bochum WuM 1982, 18). Dabei wird jedoch übersehen, daß auch die Aufstellung von Mietspiegeln nach wie vor mit einer so großen Zahl ungelöster Probleme belastet ist, daß sie tatsächlich immer nur ein sehr grobes und häufig völlig verzerrtes Abbild der hochkomplexen Verhältnisse auf dem Wohnungsmarkt zu geben vermögen (s Mietrecht Vorbem 34 ff zu § 1 MHRG; Emmerich 50 ff m Nachw).

10 c) Angesichts all dessen bleibt im Grunde nichts anderes übrig, als sich endlich von der Vorstellung zu lösen, die ortsübliche Vergleichsmiete in § 2 Abs 1 MHRG sei eine empirische Größe, die durch empirisch-statistische Verfahren wenigstens mit annähernder Genauigkeit ermittelt werden könnte. Bei dem Begriff der ortsüblichen Vergleichsmiete handelt es sich vielmehr angesichts der zahllosen, ungelösten Probleme, mit denen die Anwendung des § 2 MHRG nach wie vor belastet ist, um einen **normativen Begriff**, in den unvermeidlich zahlreiche Wertungen des Rechtsanwenders im Einzelfall einfließen. Bei Lichte besehen hat damit der Gesetzgeber in § 2 MHRG den Gerichten die Aufgabe übertragen, im Einzelfall den ihnen angemessen erscheinenden Mietzins, selbstverständlich unter umfassender Berücksichtigung der Marktverhältnisse, festzusetzen. Es liegt auf der Hand, daß die Gerichte mit dieser Aufgabe im Grunde überfordert sind. Der Gesetzgeber sollte deshalb endlich den Mut finden, die verfehlte Regelung des MHRG über Bord zu werfen und zu einem marktwirtschaftlichen Mietrecht zurückzukehren (s Vorbem 9 f zu §§ 535, 536).

III. Anwendungsbereich

11 **1.** Das MHRG gilt nur für *einseitige, nachträgliche Mietzinserhöhungen* bei **Wohnraum**mietverhältnissen; ausgenommen von seinem Anwendungsbereich sind lediglich die in § 10 Abs 3 MHRG nF genannten Mietverhältnisse. Auf **Mischmietverhältnisse** ist das Gesetz nur anwendbar, wenn der Schwerpunkt der Regelung bei der Wohnraummiete liegt; gleich zu behandeln sind die Fälle, in denen Wohnraummiete und gewerbliche Miete

gleichberechtigt nebeneinander stehen (vgl insbes BGH LM Nr 2 zu MiethöheRegG = NJW 1977, 1394; OLG Schleswig WuM 1982, 266; Vorbem 13 zu §§ 535,536).

Das MHRG gilt hiernach zB auch für zeitlich unbefristete oder sonst un- **12**
kündbare Mietverträge, für Untermietverträge, für möblierte Wohnungen, für Einliegerwohnungen (§ 564 b Abs 4 BGB), für Bundesbedienstetenwohnungen, für Mietverhältnisse, die nach § 5 HausratsVO vom 21. 10. 1944 (RGBl I 256) begründet worden sind (vgl aber BayObLGZ 1973, 227; 1973, 240), für sog Lastenausgleichswohnungen sowie schließlich für Wohnungen der gemeinnützigen Wohnungsunternehmen, immer unter der Voraussetzung, daß nicht ausnahmsweise § 10 Abs 3 MHRG eingreift (OLG Karlsruhe OLGZ 1981, 83). Keine Anwendung findet das Gesetz hingegen auf **Altenheim- und Pflegeverträge,** jedenfalls wenn die dienstvertraglichen Elemente überwiegen (insbes BGH LM Nr 3 zu MiethöheRegG; Nr 26 zu § 571 BGB).

Auch **preisgebundener** Wohnraum (§ 10 Abs 3 Nr 1 MHRG) unterliegt **13**
dem MHRG, sobald die Preisbindung endet. In diesen Fällen kann ein Verlangen auf Mietzinserhöhung nach § 2 MHRG auch schon vor Ablauf der Preisbindung für die Zeit danach gestellt werden (so jedenfalls OLG Hamm WuM 1980, 262; 1982, 294; KG WuM 1982, 102 = NJW 1982, 2077; AG Neuss WuM 1983, 114; s im einzelnen die Erl zu § 10 MHRG).

2. Sonderregelungen finden sich vor allem im ModEnG von 1976 in der **14**
Fassung vom 27. 6. 1978 (BGBl I 878) und vom 20. 12. 1982 (BGBl I 1912) sowie in § 87 Abs 1 Nr 9 Betriebsverfassungsgesetz (vgl dazu BAG BB 1973, 845; 1975, 1159; LG Duisburg WuM 1983, 112 m abl Anm Grau; Mietrecht Vorbem 54 ff zu § 1 MHRG).

IV. Konkurrenzen **15**

Mietzinserhöhungen nach § 2 und nach den §§ 3 bis 5 MHRG schließen sich nicht gegenseitig aus. Nach Baumaßnahmen hat der Vermieter vielmehr die **Wahl,** ob er nach *§ 3* oder nach *§ 2* MHRG vorgehen will (s unten § 3 MHRG Rz 13). Die *§§ 4* und *5 MHRG* enthalten hingegen Sondervorschriften zu § 2 MHRG. Konkurrenzen sind dabei idR schon wegen der ganz unterschiedlichen, tatbestandlichen Voraussetzungen ausgeschlossen (vgl insbes LG Frankfurt WuM 1982, 78; LG Braunschweig WuM 1982, 79). Daraus folgt zugleich, daß Mietzinserhöhungen nach den §§ 3 bis 5 MHRG nicht an die Obergrenze der ortsüblichen Vergleichsmiete (§ 2 Abs 1 Nr 2 MHRG) gebunden sind, sondern dieses Niveau auch überschreiten können (zB AG Essen-Borbeck WuM 1982, 215). Zu beachten bleibt aber § 5 WiStG.

16 **V. Prozessuales**

1. Für Klagen aufgrund der §§ 2 bis 7 MHRG ist sachlich und örtlich ausschließlich das **Amtsgericht zuständig,** in dessen Bezirk sich der Wohnraum befindet (§ 29 a Abs 1 S 1 ZPO). Weil dies zur Folge hat, daß Prozesse aufgrund des MHRG grundsätzlich stets bei den Landgerichten enden, ist durch Art III des 3. MietRÄndG von 1967 in der Fassung vom 5. 6. 1980 (BGBl I 657) die Zuständigkeit der Oberlandesgerichte und des BGH zum Erlaß von *Rechtsentscheiden* auch auf den gesamten Bereich des MHRG erstreckt worden.

17 2. Der **Streitwert** für Klagen des Vermieters aufgrund des MHRG richtet sich nicht nach den §§ 8 und 9 ZPO, sondern nach § 3 ZPO und nach § 16 Abs 5 GKG in der Fassung vom 13. 6. 1980 (BGBl I 680) (früher sehr str). Er ist hiernach höchstens auf den einjährigen Differenzbetrag zwischen der bisherigen und der begehrten Miete festzusetzen (OLG Karlsruhe WuM 1979, 155; OLG Hamburg WuM 1976, 64; LG Kaiserslautern ZMR 1979, 82; LG Bremen WuM 1982, 131). Dies gilt auch für Mietzinserhöhungen nach § 3 MHRG (LG Hannover MDR 1981, 232; LG Hamburg MDR 1982, 148).

§ 1 MHRG

Die Kündigung eines Mietverhältnisses über Wohnraum zum Zwecke der Mieterhöhung ist ausgeschlossen. Der Vermieter kann eine Erhöhung des Mietzinses nach Maßgabe der §§ 2 bis 7 verlangen. Das Recht steht dem Vermieter nicht zu, soweit und solange eine Erhöhung durch Vereinbarung ausgeschlossen ist oder der Ausschluß sich aus den Umständen, insbesondere der Vereinbarung eines Mietverhältnisses auf bestimmte Zeit mit festem Mietzins ergibt.

Schrifttum: FREUND-BARTHELMESS NJW 1976, 2191; ZMR 1977, 1, 33; STERNEL ZMR 1975, 321; WEIMAR WuM 1975, 261; Betrieb 1979, 879.

1 **1. Überblick**

§ 1 MHRG betont in den Sätzen 1 und 2 zunächst das Grundanliegen des MHRG, das in der *Ersetzung der Änderungskündigung* mit dem Zweck der Mietzinserhöhung bei sämtlichen Wohnraummietverhältnissen durch die besonderen Erhöhungsverfahren nach den §§ 2 bis 7 des Gesetzes besteht. Satz 3 fügt hinzu, daß dies alles aber immer nur mangels abweichender Abreden der Parteien gilt. Der Grundsatz der **Vertragsfreiheit** (§ 305 BGB) hat mithin in jedem Fall *Vorrang.* Das bedeutet zugleich, daß einverständliche Mietzinserhöhungen stets ganz ohne Rücksicht auf das MHRG möglich bleiben. Für derartige Vertragsänderungen gelten daher nur die allgemeinen Schranken der Vertragsfreiheit, wie sie sich namentlich aus den verschiedenen Wucherverboten ergeben (s oben Vorbem 39 zu §§ 535, 536). Doch kann den Vermieter bei Abschluß einer solchen Änderungsvereinbarung je nach den Umständen des Einzelfalles die Pflicht treffen, den Mieter über seine Rechte aufgrund des MHRG aufzuklären, so daß er bei einer Verletzung dieser Pflicht aus *cic* zur Rückgängigmachung der Änderungsvereinbarung verpflichtet ist (LG Hannover WuM 1979, 262). Gegebenenfalls kann der Mieter in solchen Fällen die Änderungsvereinbarung auch anfechten (§§ 119, 123 BGB).

2. Keine Änderungskündigung 2

§ 1 MHRG enthält in Satz 1 zunächst ein generelles, gesetzliches *Verbot* (§ 134 BGB) jeder Kündigung eines Wohnraummietverhältnisses zum Zwecke der Mietzinserhöhung. Dieses Verbot bezieht sich jedoch nur auf die **ordentliche Kündigung** nach § 564 b BGB sowie auf die gleichstehenden Fälle des § 565 a BGB, so daß eine außerordentliche Kündigung des Vermieters jederzeit möglich bleibt. Auch die ordentliche Kündigung ist zudem nur verboten, wenn sie gerade *zum Zwecke* der Mietzinserhöhung erfolgt. Jede ordentliche Kündigung mit einem anderen Zweck bleibt mithin erlaubt. Dabei trägt der Mieter die **Beweislast** dafür, daß der Vermieter mit der Kündigung in erster Linie eine Mietzinserhöhung bezweckt.

Wenn der Vermieter jedoch zunächst vergeblich, möglicherweise sogar 3
wiederholt, eine Mietzinserhöhung durchzusetzen versucht hatte und erst im Anschluß hieran nach § 564 b BGB kündigt, spricht eine Vermutung dafür, daß er in Wirklichkeit eine Änderungskündigung mit dem Zweck der Mietzinserhöhung aussprechen will (vgl LG Osnabrück WuM 1973, 63; LG Köln WuM 1974, 9). Eine gegen § 1 S 1 MHRG verstoßende, ordentliche Kündigung ist nichtig (oben Rz 2; § 134 BGB).

3. Vertraglicher Ausschluß der Mietzinserhöhung 4

a) Nach § 1 S 3 MHRG kann der Vermieter keine Erhöhung des Mietzinses nach den §§ 2 bis 7 des Gesetzes verlangen, wenn und solange eine Erhöhung durch Vereinbarung der Parteien ausdrücklich oder konkludent ausgeschlossen ist. Ob eine solche Ausschlußvereinbarung vorliegt, ist stets ausschließlich eine Frage der **Auslegung** der Parteiabreden im Einzelfall. Eine besondere Form ist für sie nur im Falle des § 566 BGB vorgeschrieben.

5 **b)** Der **Umfang** des Ausschlusses von Mietzinserhöhungen hängt ebenfalls ganz von den Abreden der Parteien ab. Der Ausschluß kann durchaus auch dem Gegenstand nach *beschränkt* sein; insbes kann der Ausschluß ohne weiteres auf den Grundtatbestand des § 2 MHRG oder auf die Sondertatbestände der §§ 3 bis 7 des Gesetzes beschränkt werden. So kann zB die Vereinbarung einer einheitlichen Warmmiete einen Ausschluß nur von Mietzinserhöhungen nach § 4 MHRG bedeuten, während Mietzinserhöhungen nach § 2 MHRG möglich bleiben (OLG Zweibrücken OLGZ 1981, 347 = WuM 1981, 153; LG Nürnberg-Fürth WuM 1983, 148 f).

6 Auch eine **zeitliche Begrenzung** des Ausschlusses ist möglich. Vor allem bei befristeten oder auflösend bedingten Mietverhältnissen gilt der Ausschluß nur für die ursprünglich vorgesehene Vertragsdauer, nicht jedoch für den sich anschließenden Verlängerungszeitraum aufgrund der §§ 565 b oder 565 a Abs 2. Ebenso zu behandeln sind grundsätzlich Mietverträge, die zunächst für eine feste Zeit abgeschlossen sind und danach auf unbestimmte Zeit fortlaufen sollen, wenn sie nicht rechtzeitig gekündigt werden (vgl § 1 S 3 MHRG). Hier sind Mietzinserhöhungen grundsätzlich nur für die ursprüngliche, fest vereinbarte Vertragsdauer ausgeschlossen, während danach Mietzinserhöhungen aufgrund des MHRG möglich bleiben; das Mieterhöhungsverlangen kann dann auch schon *vor Ablauf* der zunächst vereinbarten, festen Vertragszeit gestellt werden mit der Folge, daß auch schon die Fristen des § 2 Abs 3 und 4 und des § 9 MHRG sofort noch vor Ablauf der festen Vertragsdauer zu laufen beginnen (OLG Zweibrükken OLGZ 1981, 347; 1982, 213 = WuM 1981, 153; 1981, 273; OLG Hamm WuM 1982, 294; OLG Frankfurt WuM 1983, 73). Doch kommt auch hier letztlich alles auf die Abreden der Parteien an. Es ist ebensowohl möglich, daß eine Mietzinserhöhung schon *während* der zunächst vereinbarten Vertragsdauer möglich sein soll (worauf etwa die Vereinbarung einer Wertsicherungsklausel hindeutet, s LG Frankfurt WuM 1976, 31; ZMR 1982, 117; LG Köln ZMR 1980, 151; AG Braunschweig WuM 1982, 299), wie es möglich ist, daß sich aus den Abreden der Parteien ein Ausschluß von Mietzinserhöhungen auch für den *Verlängerungs*zeitraum ergibt (s MünchKomm-Voelskow, § 1 MHRG Rz 6).

7 **c)** Je nach den Umständen des Einzelfalles kann sich ein vertraglicher Ausschluß des Rechts des Vermieters zur Mietzinserhöhung außerdem ergeben aus der Vereinbarung eines Mietverhältnisses auf Lebenszeit des Mieters (§ 567 BGB; LG Lübeck MDR 1972, 612), aus dem Ausschluß des ordentlichen Kündigungsrechts des Vermieters, aus der ausdrücklichen Vereinbarung einer Festmiete oder einer Umsatzmiete in Verbindung mit einer Mindestmiete (BGH LM Nr 10 zu § 19 1. BMietG; Nr 23 zu § 18 1. BMietG), weiter aus der Vereinbarung einer ausgesprochenen Gefälligkeitsmiete (LG Freiburg WuM 1981, 212) sowie aus der Leistung eines

Baukostenzuschusses seitens des Mieters, jedenfalls wenn und solange während des sog Anrechnungszeitraums eine ordentliche Kündigung des Vermieters ausgeschlossen ist (LG Frankfurt WuM 1974, 220; LG Hannover WuM 1979, 168; 1980, 57; LG Bonn WuM 1981, 108; s oben Vorbem 35 zu §§ 535, 536; str). Schließlich kann das Recht des Vermieters zur Mietzinserhöhung nach dem MHRG auch durch Vereinbarungen mit Dritten zugunsten des Mieters ausgeschlossen werden. Besonders nahe liegt diese Annahme bei **Werkförderungsverträgen** mit dem Arbeitgeber des Mieters, wenn und solange der Arbeitgeber aufgrund dieses Vertrages ein Mitwirkungsrecht bei Mietzinserhöhungen hat (s oben Vorbem 26 zu §§ 535, 536). In diesem Zusammenhang ist schließlich auch noch auf § 14 ModEnG hinzuweisen.

d) Das MHRG enthält eine abschließende Regelung für Mietzinserhöhun- **8**
gen bei Wohnraummietverhältnissen. Daneben ist ein Rückgriff auf die Grundsätze über den Wegfall der **Geschäftsgrundlage** nicht mehr möglich (s oben Vorbem 17 zu § 537; LG Lübeck WuM 1972, 58; LG Hannover WuM 1980, 57).

§ 2 MHRG

Der Vermieter kann die Zustimmung zu einer Erhöhung des Mietzinses verlangen, wenn

1. **der Mietzins, von Erhöhungen nach den §§ 3 bis 5 abgesehen, seit einem Jahr unverändert ist und**
2. **der verlangte Mietzins die üblichen Entgelte nicht übersteigt, die in der Gemeinde oder in vergleichbaren Gemeinden für nicht preisgebundenen Wohnraum vergleichbarer Art, Größe, Ausstattung, Beschaffenheit und Lage in den letzten drei Jahren vereinbart oder, von Erhöhungen nach § 4 abgesehen, geändert worden sind, und**
3. **der Mietzins sich innerhalb eines Zeitraums von drei Jahren, von Erhöhungen nach den §§ 3 bis 5 abgesehen, nicht um mehr als 30 vom Hundert erhöht.**

Von dem Jahresbetrag des verlangten Mietzinses sind die Kürzungsbeträge nach § 3 Abs 1 Satz 3 bis 7 abzuziehen, im Falle des § 3 Abs 1 Satz 6 mit elf vom Hundert des Zuschusses.

Der Anspruch nach Absatz 1 ist dem Mieter gegenüber schriftlich geltend zu machen und zu begründen. Dabei kann insbesondere Bezug genommen werden auf eine Übersicht über die üblichen Entgelte nach Absatz 1 Satz 1 Nr 2 in der Gemeinde oder in einer vergleichbaren Gemeinde, soweit die Übersicht von der Gemeinde oder von Interessenvertretern der Vermieter und der Mieter gemeinsam erstellt oder anerkannt worden ist (Mietspiegel); enthält die Übersicht Mietzinsspannen, so genügt es, wenn der verlangte

Mietzins innerhalb der Spanne liegt. Ferner kann auf ein mit Gründen versehenes Gutachten eines öffentlich bestellten oder vereidigten Sachverständigen verwiesen werden. Begründet der Vermieter sein Erhöhungsverlangen mit dem Hinweis auf entsprechende Entgelte für einzelne vergleichbare Wohnungen, so genügt die Benennung von drei Wohnungen.

Stimmt der Mieter dem Erhöhungsverlangen nicht bis zum Ablauf des zweiten Kalendermonats zu, der auf den Zugang des Verlangens folgt, so kann der Vermieter bis zum Ablauf von weiteren zwei Monaten auf Erteilung der Zustimmung klagen. Ist die Klage erhoben worden, jedoch kein wirksames Erhöhungsverlangen vorausgegangen, so kann der Vermieter das Erhöhungsverlangen im Rechtsstreit nachholen; dem Mieter steht auch in diesem Fall die Zustimmungsfrist nach Satz 1 zu.

Ist die Zustimmung erteilt, so schuldet der Mieter den erhöhten Mietzins von dem Beginn des dritten Kalendermonats ab, der auf den Zugang des Erhöhungsverlangens folgt.

Gemeinden sollen, soweit hierfür ein Bedürfnis besteht und dies mit einem für sie vertretbaren Aufwand möglich ist, Mietspiegel erstellen. Bei der Aufstellung von Mietspiegeln sollen Entgelte, die aufgrund gesetzlicher Bestimmungen an Höchstbeträge gebunden sind, außer Betracht bleiben. Die Mietspiegel sollen im Abstand von zwei Jahren der Marktentwicklung angepaßt werden. Die Bundesregierung wird ermächtigt, durch Rechtsverordnung mit Zustimmung des Bundesrates Vorschriften über den näheren Inhalt und das Verfahren zur Aufstellung und Anpassung von Mietspiegeln zu erlassen. Die Mietspiegel und ihre Änderungen sollen öffentlich bekannt gemacht werden.

Liegt im Zeitpunkt des Erhöhungsverlangens kein Mietspiegel nach Absatz 5 vor, so führt die Verwendung anderer Mietspiegel, insbesondere auch die Verwendung veralteter Mietspiegel, nicht zur Unwirksamkeit des Mieterhöhungsverlangens.

Schrifttum: S schon oben vor § 1 MHRG sowie BReg, Bericht, BT-Drucks 8/2610; Barthelmess WuM 1983, 63; Burkhardt JurBüro 1975, 561; Derleder-Schlemmermeyer WuM 1978, 225; Fricke ZMR 1976, 325; Gärtner NJW 1980, 153; Gelhaar MDR 1981, 446; Gramlich 1983, 417; Joch NJW 1982, 1681; Klas WuM 1983, 98; Köhler NJW 1979, 1535; ders, Das neue Mietrecht (1983); Kohl NJW 1981, 320; Landfermann, Gesetz zur Erhöhung des Angebots an Mietwohnungen (1983) 38 ff; Langenberg ZMR 1980, 161; Linthe ZMR 1979, 353; 1981, 67; Marienfeld BlGBW 1977, 211; ZMR 1976, 225, 257; Niederberger WuM 1980, 189; Schmidt-Futterer MDR 1975, 89; FWW 1976, 61; ders -Blank MDR 1975, 1; Schopp ZMR 1977, 257; 1982, 353; Schulz-Trieglaff WuM 1977, 249; BBauBl 1977, 378; Sternel ZMR 1983, 73; Weimar WuM 1976, 89; BlGBW 1977, 158; Betrieb 1977, 854; ZMR 1978, 325; Wiek WuM 1981, 169; BlGBW 1982, 21; Winter WuM 1977, 85.

I. Zweck 1

Der 1975 in Kraft getretene und 1982 zuletzt geänderte § 2 MHRG ist die **zentrale Vorschrift** des ganzen Gesetzes. Nach ihm kann der Vermieter grundsätzlich einmal im Jahr vom Mieter eine Anpassung des vereinbarten Mietzinses an das Niveau der ortsüblichen Vergleichsmiete verlangen. Mit dieser Regelung hat der Gesetzgeber einen *doppelten Zweck* verfolgt (s oben Vorbem 4 zu § 1 MHRG): Auf der einen Seite soll der Mieter vor überhöhten Mietzinsforderungen des Vermieters geschützt werden, die nur aufgrund einer Mangellage am Markt durchsetzbar wären, indem Mietzinssteigerungen in jedem Fall auf das ortsübliche Niveau begrenzt werden; auf der anderen Seite soll aber auch dem Vermieter ein angemessener, marktorientierter Ertrag gewährleistet werden (grdleg BVerfGE 37, 132; 49, 244; 53, 352; BayObLGZ 1981, 105; 1981, 214 = NJW 1981, 1219; 1981, 2259). § 2 MHRG darf deshalb keinesfalls als reine Mieterschutzbestimmung verstanden werden; bei seiner Interpretation ist vielmehr neben dem selbstverständlich gebotenen Mieterschutz *mit gleichem Rang* auch der Anspruch des Vermieters auf einen angemessenen, am Markt orientierten Ertrag zu berücksichtigen (BVerfG aaO; WuM 1982, 146). Gerade hiergegen wird in der Praxis nach wie vor vielfach verstoßen.

II. Überblick 2

§ 2 MHRG gibt dem Vermieter unter bestimmten Voraussetzungen gegen den Mieter einen Anspruch auf Zustimmung zu einer Vertragsänderung durch Anhebung des Mietzinses auf das Niveau der ortsüblichen **Vergleichsmiete.** Erste Voraussetzung dafür ist, daß der Mietzins, von Erhöhungen nach den §§ 3 bis 5 MHRG abgesehen, seit einem Jahr unverändert geblieben ist (Abs 1 Nr 1) sowie daß die Mietzinssteigerungen der letzten drei Jahre zusammen, wiederum von Erhöhungen nach den §§ 3 bis 5 abgesehen, insgesamt nicht mehr als 30 % betragen (Abs 1 Nr 3). Schließlich ist noch erforderlich, daß der vereinbarte Mietzins unter dem Niveau der sog ortsüblichen Vergleichsmiete liegt (Abs 1 Nr 2). Sind diese Voraussetzungen erfüllt, so kann der Vermieter von dem Mieter eine Erhöhung des Mietzinses verlangen. Eine Zustimmungspflicht des Mieters besteht jedoch nur, wenn der Vermieter seinen Anspruch schriftlich geltend macht und begründet (Abs 2 S 1). Die wichtigste Form der Begründung ist dabei die Bezugnahme auf einen sog **Mietspiegel** (Abs 2 S 2). Zur Aufstellung dieser Mietspiegel sind die Gemeinden seit 1983 aufgrund des neuen Abs 5 unter bestimmten Voraussetzungen verpflichtet. Als weitere

Begründungsformen nennt das Gesetz außerdem noch die Verweisung auf ein begründetes Gutachten eines öffentlich bestellten oder vereidigten Sachverständigen sowie die Benennung von drei anderen Wohnungen.

3 Durch das Erhöhungsverlangen wird eine Überlegungsfrist von mindestens zwei Monaten ausgelöst (Abs 3 S 1), damit der Mieter die Angaben des Vermieters über die Höhe der örtlichen Vergleichsmiete nachprüfen und sich darüber schlüssig werden kann, ob er den Antrag des Vermieters auf Vertragsänderung, der in dem Erhöhungsverlangen liegt, annehmen will oder nicht. Stimmt der Mieter zu, so wird der Vertrag entsprechend geändert, so daß der Mieter von dem in Absatz 4 bestimmten Zeitpunkt ab den erhöhten Mietzins schuldet. Stimmt der Mieter hingegen nicht zu, so kann der Vermieter binnen einer weiteren Klagefrist von zwei Monaten **Klage auf Zustimmung** des Mieters zu der Vertragsänderung erheben (Abs 3 S 1). Wird die Klage erhoben, ohne daß ihr ein wirksames Erhöhungsverlangen vorausgegangen ist, so kann das Erhöhungsverlangen noch während des Rechtsstreits nachgeholt werden (Abs 3 S 2 idF von 1982). Hat die Klage daraufhin Erfolg, so schuldet der Mieter den erhöhten Mietzins von dem in Abs 4 bestimmten Zeitpunkt ab. Der Vermieter ist jedoch nicht verpflichtet, während der Klagefrist die Zustimmungsklage zu erheben; er kann vielmehr auch, wenn ihm dies günstiger erscheint, ein erneutes Erhöhungsverlangen an den Mieter richten, womit das geschilderte Verfahren von neuem beginnt. Hingegen löst die Unterlassung der Klageerhebung binnen der Klagefrist nicht mehr wie nach der früheren Fassung des § 2 Abs 3 S 2 MHRG eine Sperrfrist von neun Monaten aus.

III. Wartefrist

4 **1.** Nach Abs 1 Nr 1 des § 2 MHRG kann der Vermieter von dem Mieter die Zustimmung zu einer Erhöhung des Mietzinses nur verlangen, wenn der Mietzins, von Erhöhungen nach den §§ 3 bis 5 des Gesetzes abgesehen, **seit einem Jahr unverändert** ist. Mit dieser Regelung wollte der Gesetzgeber eine gewisse Kontinuität in die Mietzinsentwicklung bringen und den Mieter vor allzu rasch aufeinanderfolgenden Mietzinserhöhungen schützen (OLG Oldenburg WuM 1981, 83; 1982, 105). Die Wartefrist *beginnt* mit Vertragsschluß oder mit der letzten Mietzinserhöhung, sei es durch Vereinbarung der Parteien, sei es nach § 2 MHRG (s Sternel MDR 1983, 74). Im letzteren Fall richtet sich der Fristbeginn nach § 2 Abs 4 MHRG, so daß der Zeitpunkt der Fälligkeit der letzten Mietzinserhöhung maßgebend ist. Bei Eintritt eines neuen Mieters in den Vertrag durch

Vertrag mit dem Vermieter und dem Mieter tritt an die Stelle des Vertragsschlusses der Eintritt des neuen Mieters als maßgebender Zeitpunkt (AG Frankfurt WuM 1982, 77).

2. Ein *vor Ablauf* der Wartefrist abgesandtes Erhöhungsverlangen des Vermieters ist (entgegen der früher hM) nicht etwa unwirksam, löst aber auch nicht die Fristen des § 2 Abs 3 und 4 MHRG aus; diese Fristen beginnen vielmehr erst mit **Ende** der Wartefrist zu laufen (OLG Oldenburg OLGZ 1981, 197 = WuM 1981, 83; 1982, 105). **5**

IV. Erhöhungsbetrag **6**

Der Anspruch des Vermieters auf Änderung des Mietvertrages durch Erhöhung des Mietzinses setzt – außer der Einhaltung der Wartefrist (dazu oben Rz 4) – vor allem voraus, daß der vereinbarte Mietzins hinter der ortsüblichen Vergleichsmiete zurückbleibt, so daß die Anwendung des § 2 MHRG stets den **Vergleich** zweier Größen erforderlich macht (Nr 2 zu § 2 Abs 1 MHRG). Diese beiden Größen sind der vereinbarte Mietzins (unten Rz 7) sowie die ortsübliche Vergleichsmiete (unten Rz 8 ff). Die Ermittlung *beider* Größen ist häufig mit ganz erheblichen Schwierigkeiten verbunden; oft lassen sie sich nur ganz grob schätzen, so daß grundsätzlich nur *spürbare* Unterschiede den Anspruch des Vermieters auf Mietzinserhöhung auszulösen vermögen (LG Mannheim MDR 1976, 316; sehr str).

1. Ausgangsmietzins **7**

Unter dem Mietzins wird in § 2 MHRG überwiegend die sog Grund- oder **Kaltmiete,** dh der Mietzins ohne Nebenkosten, verstanden. Dies trifft indessen nur in dem – freilich die Regel bildenden – Fall zu, daß auch die Vergleichsmiete auf der Basis der Grundmieten, dh der Mieten ohne alle Nebenkosten, berechnet worden ist. In diesem Fall bleibt folglich, wenn die Parteien stattdessen eine Warmmiete vereinbart hatten, nichts anderes übrig, als den vereinbarten Mietzins durch Ausscheidung des Nebenkostenanteils auf die (hypothetische) Grundmiete umzurechnen, damit die beiden Größen vergleichbar werden (LG Berlin WuM 1980, 81). Bei einer derartigen Umrechnung wird häufig ohne ganz grobe Schätzungen nach § 287 ZPO nicht auszukommen sein (LG Nürnberg-Fürth WuM 1983, 148).

2. Vergleichsmiete **8**

a) Der von den Parteien vereinbarte Mietzins (oben Rz 7) muß der sog Vergleichsmiete gegenübergestellt werden, worunter das Gesetz (Nr 2 des

§ 2 Abs 1 MHRG) die üblichen Entgelte versteht, die in der Gemeinde oder in vergleichbaren Gemeinden für nicht preisgebundenen Wohnraum vergleichbarer Art, Größe, Ausstattung, Beschaffenheit und Lage in den letzten drei Jahren vereinbart oder, von Erhöhungen nach § 4 MHRG abgesehen, geändert worden sind. § 2 MHRG stellt mithin vor allem die Aufgabe, diese sog ortsübliche Vergleichsmiete zu ermitteln.

9 Die ortsübliche Vergleichsmiete wird allgemein als der für vergleichbare Wohnungen am Markt *tatsächlich durchschnittlich gezahlte Mietzins* definiert. Es handelt sich hierbei mithin um einen objektiven Maßstab, der anhand eines repräsentativen Querschnitts der Mietzinsen für im Sinne des Gesetzes vergleichbare Wohnungen zu ermitteln ist. Dabei werden freilich seit dem Änderungsgesetz von 1982 nur noch *Daten aus den letzten drei Jahren* vor dem Erhöhungsverlangen berücksichtigt, worunter Neuabschlüsse, einvernehmliche Mieterhöhungen und Mieterhöhungen aufgrund der §§ 2, 3 und 5 MHRG fallen (dazu eingehend Barthelmess WuM 1983, 64; Köhler 62 ff; Sternel ZMR 1983, 75). Alle anderen Daten müssen hingegen bei der Ermittlung des repräsentativen Querschnitts vernachlässigt werden. Das gilt auch für sog **Ausreißer,** dh für ungewöhnlich hohe oder ungewöhnlich niedrige Mieten, die nur aus den besonderen Verhältnissen des Einzelfalls erklärlich sind (grdleg BVerfGE 37, 132, 143; 53, 352, 358; BVerfG WuM 1981, 53; BayObLGZ 1981, 105; 1981, 214 = WuM 1981, 100; 1981, 208; OLG Karlsruhe NJW 1982, 242; OLG Hamm WuM 1983, 108; OLG Köln WuM 1978, 76; Begr z RegE, BT-Drucks 7/2011, 10; Begr z Änderungsgesetz 1982, BT-Drucks 9/2079, 16).

10 Zur **Ermittlung** der ortsüblichen Vergleichsmiete greifen die Gerichte heute, wo immer möglich, auf Mietspiegel zurück, deren Aufstellung auch vom Gesetzgeber nachdrücklich gefördert wird (§ 2 Abs 5). Wo aber solche Mietspiegel fehlen, bereitet nach wie vor die Ermittlung der ortsüblichen Vergleichsmiete die größten Schwierigkeiten. Auch Sachverständigengutachten helfen hier nur selten weiter.

11 **b)** Bei Ermittlung der am Markt üblichen Durchschnittsmiete darf nach § 2 Abs 1 Nr 2 und 3 MHRG nur auf den Mietzins für solchen nicht preisgebundenen Wohnraum in derselben Gemeinde oder in vergleichbaren Gemeinden abgestellt werden, der gerade *hinsichtlich des* **Wohnwerts** mit der fraglichen Wohnung vergleichbar ist *und* für den der Mietzins in den letzten drei Jahren vereinbart oder geändert worden ist. Der Wohnwert ist dabei allein nach den Kriterien Art, Größe, Ausstattung, Beschaffenheit und Lage der Wohnung zu beurteilen. Dies bedeutet, daß auch für die Vergleichbarkeit der Wohnungen ausschließlich auf die genannten Wohnwertmerkmale abzustellen ist, während alle anderen Merkmale, mögen sie auch am Markt noch so hoch bewertet werden, für den Vergleich irrele-

vant sind (OLG Hamm WuM 1983, 108). Die Vergleichbarkeit der Wohnungen ist hierbei zudem schon dann zu bejahen, wenn sie *hinsichtlich der Wohnwertmerkmale* nur im *wesentlichen* oder auch nur annähernd miteinander vergleichbar sind, da es kaum jemals zwei Wohnungen gibt, die in *jeder* Beziehung vergleichbar sind. Unterschiede im einzelnen spielen hingegen keine Rolle, während größere Unterschiede gegebenenfalls durch frei zu schätzende Zu- und Abschläge auszugleichen sind (BGH LM Nr 6 zu § 24 1. BMietG; OLG Köln WuM 1978, 76).

Als erstes Wohnwertmerkmal nennt das Gesetz die **Art** des Wohnraums. 12
Hierunter versteht man die Struktur des Hauses und des Wohnraums. Gemeint sind Merkmale wie Altbau oder Neubau, Baujahr (soweit dadurch der Wohnwert beeinflußt wird), die Zahl der Räume sowie die Art des Hauses als Einfamilien-, Reihen- oder Mehrfamilienhaus. Aber auch Neubauwohnungen und umfassend renovierte Altbauwohnungen können je nach den Umständen des Einzelfalles durchaus vergleichbar sein (LG Mannheim WuM 1975, 172; LG Bochum WuM 1982, 18). Hingegen gehören die Kosten der Erbauung und die Art und Weise der *Finanzierung* des Wohnraums nicht zu den Wohnwertmerkmalen, weil durch diese Umstände der objektive Wohnwert nicht beeinflußt wird (OLG Karlsruhe WuM 1982, 67; LG Bonn WuM 1982, 22).

Mit der **Größe** ist neben der Zimmerzahl vor allem die in Quadratmetern 13
meßbare Wohnfläche der eigentlichen Wohnräume gemeint, die allgemein nach der DIN 283 gemessen wird. Zur **Ausstattung** gehört hingegen alles, was dem Mieter außer den Räumen vom Vermieter zur ständigen Benutzung zur Verfügung gestellt wird. Beispiele sind die sanitären Einrichtungen, eingebaute Küchen, die Heizung, die Fußböden, besondere Isolierungen, Gemeinschaftsantennen, Raumteiler uäm (BayObLGZ 1981, 214 = NJW 1981, 2259; LG Mannheim WuM 1978, 32). Solche Einrichtungen sind jedoch nur dann zu berücksichtigen, wenn sie *vom Vermieter* stammen, nicht hingegen, wenn sie vom Mieter stammen; im letzteren Fall ist deshalb zum Vergleich auf Wohnungen ohne derartige Einrichtungen abzustellen, außer wenn die Parteien etwas Abweichendes vereinbart haben oder wenn der Vermieter dem Mieter die Kosten für die von ihm geschaffenen Einrichtungen ersetzt hat (BayObLGZ 1981, 214).

Mit **Beschaffenheit** des Wohnraums meint das Gesetz einmal Zuschnitt, 14
Zustand und Zahl der Räume einschließlich der mitvermieteten Hausteile, zum anderen Art und Gestaltung der ganzen Umgebung im weitesten Sinne. Beispiele sind außer der Raumeinteilung das Vorhandensein und der Zustand von Nebenräumen und Treppenhäusern sowie das Vorhandensein einer Garage oder eines Gartens. Hingegen gehört nicht hierher die Frage, ob die Wohnung *Mängel* aufweist, weil dann der Mietzins nach § 537 BGB zu mindern ist (OLG Celle WuM 1982, 180). Etwas anderes

gilt nur für *unbehebbare* Mängel wie zB erheblichen Fluglärm, so daß in solchen Fällen mit frei zu schätzenden Abschlägen auf die Vergleichsmiete zu arbeiten ist (LG Wiesbaden WuM 1981, 164; LG Mannheim WuM 1977, 124).

15 Als letztes Wohnwertmerkmal nennt das Gesetz schließlich noch die **Lage.** Darunter fällt sowohl die Lage in einem bestimmten Ortsteil als auch die in demselben Haus, so daß nur Wohnungen in gleichen oder doch in im wesentlichen ähnlichen Wohngebieten vergleichbar sind (LG Hamburg WuM 1979, 60).

16 **c)** Wohnungen, die hinsichtlich der genannten Merkmale (oben Rz 11 ff) miteinander vergleichbar sind, dürfen grundsätzlich nur berücksichtigt werden, wenn sie **in derselben Gemeinde** im Sinne eines einheitlichen Wohngebiets liegen. Auf vergleichbare Wohnungen in *Nachbargemeinden* ist statt dessen nur abzustellen, wenn in derselben Gemeinde keine vergleichbaren Wohnungen zu finden sind und wenn obendrein die Wohnungsmärkte in beiden Gemeinden im wesentlichen dieselben Merkmale aufweisen.

17 **d)** In den Vergleich dürfen schließlich *nur* **frei finanzierte,** dh nicht preisgebundene Wohnungen einbezogen werden. Daraus ergibt sich das Problem, wie die Wohnungen der **gemeinnützigen Wohnungsunternehmen** zu behandeln sind, da diese Unternehmen, wollen sie nicht die Vorteile der Gemeinnützigkeit verlieren, nur angemessene Preise verlangen dürfen (§ 7 Abs 2 Wohnungsgemeinnützigkeitsgesetz). Indessen handelt es sich hierbei nur um eine interne Bindung der gemeinnützigen Wohnungsunternehmen ohne jede Außenwirkung im Verhältnis zum Mieter (OLG Hamm OLGZ 1981, 478 = NJW 1981, 2262). Für Mietzinserhöhungen der gemeinnützigen Wohnungsunternehmen gilt daher uneingeschränkt das *MHRG.* Zur Begründung ihres Erhöhungsverlangens dürfen sie sich dabei auch ohne weiteres auf Mietspiegel beziehen, selbst wenn darin die von den gemeinnützigen Wohnungsunternehmen verlangten Mietzinsen nicht besonders berücksichtigt worden sind. In dem Erhöhungsverlangen braucht dann auch nicht dargelegt zu werden, daß der geforderte Mietzins den Anforderungen des Wohnungsgemeinnützigkeitsgesetzes entspricht; im Verhältnis zum Mieter gilt vielmehr ausschließlich das MHRG (OLG Hamm aaO; OLG Karlsruhe WuM 1982, 67; OLG Frankfurt WuM 1982, 128; OLG Braunschweig WuM 1982, 316; LG Bonn WuM 1982, 22; LG Mannheim WuM 1980, 181). Ebenso wenig wie es einen Sondermarkt für diese Wohnungen gibt, gibt es auch einen solchen für Wohnungen der **Stationierungskräfte**, so daß auch insoweit allein das MHRG maßgebend ist (OLG Hamm WuM 1983, 78).

3. Kürzungsbeträge 18

Nach **Modernisierungsmaßnahmen** hat der Vermieter die Wahl, ob er nach § 2 oder nach § 3 MHRG vorgehen will (s oben Vorbem 15 zu § 1 MHRG). Wählt der Vermieter den Weg über § 2 MHRG, so sind nach Abs 1 S 2 von dem Jahresbetrag der ortsüblichen Vergleichsmiete die Kürzungsbeträge des § 3 Abs 1 S 3 bis 7 MHRG abzuziehen, damit auch der Mieter in den Genuß dieser öffentlichen Mittel zur Wohnungsmodernisierung kommt (s im einzelnen unten § 3 Rz 19 ff).

4. Kappungsgrenze* 19

Durch das Änderungsgesetz von 1982 ist mit Wirkung vom 1. 1. 1983 ab eine Obergrenze für Mietzinserhöhungen aufgrund des § 2 MHRG eingeführt worden. Denn nach der neuen Nr 3 des § 2 Abs 1 MHRG setzt der Anspruch auf Mietzinserhöhung außerdem noch voraus, daß sich der Mietzins innerhalb eines Zeitraums von *drei* Jahren, von Erhöhungen nach den §§ 3 bis 5 MHRG abgesehen, *nicht* um *mehr als* **30 %** erhöht hat. Dadurch soll verhindert werden, daß die Mietzinserhöhung in Einzelfällen ein zu starkes Ausmaß annimmt. Deshalb darf die Mietzinserhöhung in drei Jahren maximal 30 % der jeweiligen Ausgangsmiete betragen, wobei aber Obergrenze stets das Niveau der ortsüblichen Vergleichsmiete ist. Unberücksichtigt bleiben hierbei freilich Mietzinserhöhungen nach den §§ 3 bis 5 des Gesetzes (s die Begr zum RegE, BT-Drucks 9/2079, 16). Wie der Vermieter die Mietzinserhöhung auf den Zeitraum von 3 Jahren verteilt, ist ihm überlassen; er kann auch bei Beginn der Dreijahresfrist sofort den Mietzins um 30% erhöhen mit der Folge, daß dann spätere Mietzinserhöhungen nicht mehr möglich sind (str). Bei der Kappungsgrenze müssen aber auch alle Mietzinserhöhungen aus der Zeit vor Inkrafttreten der Kappungsgrenze am 1. 1. 1983 berücksichtigt werden. Dasselbe gilt auch für alle vereinbarten Mietzinserhöhungen, selbst wenn dadurch eine Mietzinserhöhung nach den §§ 3 bis 5 MHRG abgewendet werden sollte (str). Schließlich ist die Kappungsgrenze auch bei Wegfall der Preisbindung für öffentlich geförderten Wohnraum (oben Vorbem 13 vor § 1 MHRG) zu beachten, so daß hier gegebenenfalls nur eine stufenweise Anpassung einer sehr niedrigen Kostenmiete an die Marktmiete möglich ist (aM zB AG Neuss WuM 1983, 114 f). Ein Verstoß gegen die Kappungsgrenze zieht aber nicht die Unwirksamkeit des Erhöhungsverlangens nach sich; dieses

---

* **Schrifttum:** Barthelmess WuM 1983, 64; Heitgress WuM 1983, 64; Klas WuM 1982, 98; Köhler, 64 f; Landfermann, 40 ff; Sternel ZMR 1983, 75 f; Vogel-Welter NJW 1983, 432; Heitgress WuM 1983, 148.

ist vielmehr nur im Ausmaß der Überschreitung der Kappungsgrenze unbegründet, im übrigen aber wirksam. Zum Übergangsrecht s HEITGRESS WuM 1983, 148.

V. Erhöhungsverlangen

20 **1.** Sind die Voraussetzungen des § 2 Abs 1 MHRG erfüllt (oben Rz 4 ff), so kann der Vermieter von dem Mieter die Zustimmung zu einer Änderung des Mietvertrages dahingehend verlangen, daß der Mietzins auf das Niveau der ortsüblichen Vergleichsmiete angehoben wird. Den Abschluß des hierzu nach § 305 BGB stets erforderlichen Änderungsvertrages muß dabei der Vermieter, um anschließend seinen Anspruch gerichtlich durchsetzen zu können, in einer ganz bestimmten Form dem Mieter antragen (s Abs 2 des § 2 MHRG). Dieses sog Mieterhöhungsverlangen ist somit der Sache nach nichts anderes als ein (besonders **formalisierter) Antrag** im Sinne des *§ 145 BGB* auf Abschluß eines Änderungsvertrages nach § 305 BGB, dh eine einseitige, empfangsbedürftige Willenserklärung, durch deren Zugang beim Mieter ein sog vorgerichtliches Vorverfahren ausgelöst wird (BayObLGZ 1982, 78 = WuM 1982, 105, 107; OLG Hamm WuM 1982, 204 = NJW 1982, 2076). Geht das Erhöhungsverlangen von einem Bevollmächtigten des Vermieters aus, so kann es der Mieter entsprechend *§ 174 BGB* zurückweisen, wenn der Bevollmächtigte dabei nicht eine Vollmachtsurkunde vorlegt (OLG Hamm aaO).

21 **2.** Der Zustimmungsanspruch des Vermieters ist als unselbständiges, vertragliches Nebenrecht *nicht* selbständig *abtretbar* (BGH LM Nr 4 zu § 1092 BGB; LG Hamburg WuM 1979, 260; 1980, 59). Im Falle der **Veräußerung** des Grundstücks steht der Zustimmungsanspruch nach § 571 BGB dem Erwerber erst vom Augenblick seines Eigentumserwerbs ab zu; vorher kann der Erwerber, auch wenn ihm die Mietzinsansprüche abgetreten worden sind, vom Mieter keine Mietzinserhöhung nach § 2 MHRG verlangen (s oben § 571 Rz 9). Sind an dem Mietvertrag auf einer oder auf beiden Seiten *mehrere* Personen *beteiligt,* so muß das Erhöhungsverlangen von allen Vermietern ausgehen und sämtlichen Mietern zugehen, außer wenn sich die Beteiligten entsprechend gegenseitig bevollmächtigt haben (OLG Celle WuM 1982, 102; BayObLG WuM 1983, 107 für Eheleute als Mieter; LG Köln WuM 1977, 143; LG München I WuM 1980, 110). Eine bloße, formularmäßige, gegenseitige Bevollmächtigung der Mieter genügt hierfür freilich nach § 9 Abs 2 AGBG grundsätzlich nicht (BayObLG aaO; LG Hamburg ZMR 1978, 311; aM OLG Schleswig WuM 1983, 130).

22 **3.** Für das Erhöhungsverlangen ist durch § 2 Abs 2 MHRG eine besondere **Form** vorgeschrieben worden. Der Anspruch muß nämlich schriftlich geltend gemacht *und* begründet werden. Maßgebend ist somit § 126 BGB, so

daß grundsätzlich eine eigenhändige Unterschrift unter dem Erhöhungsverlangen erforderlich ist. Eine Ausnahme gilt nur in dem Sonderfall des § 8 MHRG. Zu dem Begründungserfordernis s eingehend unten Rz 24 ff.

4. Das Erhöhungsverlangen muß die gewünschte Vertragsänderung und insbes den Erhöhungsbetrag sowie den Erhöhungszeitpunkt (aM OLG Koblenz WuM 1983, 132) *genau bezeichnen* und den unbedingten Willen des Vermieters erkennen lassen, eine entsprechende Vertragsänderung zu erreichen (§ 145 BGB; BGHZ 26, 310, 314; BGH LM Nr 32 zu § 125 BGB; LG Flensburg WuM 1973, 46). Freilich ist die Nennung eines gegen § 2 Abs 4 MHRG verstoßenden und damit zu frühen **Erhöhungszeitpunkts** unschädlich, weil dann einfach der gesetzliche Fälligkeitszeitpunkt gilt. Nennt der Vermieter hingegen einen späteren Zeitpunkt, so ist er hieran gebunden. Der Vermieter kann außerdem (entgegen § 145 BGB) sein Erhöhungsverlangen nachträglich jederzeit ermäßigen oder *zurücknehmen;* lediglich eine nachträgliche Erhöhung ist ausgeschlossen (LG Stuttgart NJW 1974, 1252; im einzelnen str). 23

VI. Begründung des Erhöhungsverlangens

1. Allgemeines 24

Das Erhöhungsverlangen muß schriftlich begründet werden (§ 2 Abs 2 S 1 MHRG). Mit diesem ungewöhnlichen Formerfordernis verfolgt der Gesetzgeber den **Zweck,** dem Mieter eine Nachprüfung zu ermöglichen, ob das Erhöhungsverlangen berechtigt ist, damit er sich während der anschließenden Überlegungsfrist (§ 2 Abs 3 S 1 MHRG) darüber schlüssig werden kann, wie er sich zu dem Verlangen des Vermieters stellen will (grdleg BVerfGE 49, 244, 249 f; 53, 352; BGHZ 26, 310, 312 f; 84, 392 = NJW 1982, 2867; OLG Karlsruhe NJW 1982, 242; OLG Stuttgart WuM 1982, 108). Durch den Begründungszwang soll der Vermieter zugleich davon abgehalten werden, ein Erhöhungsverlangen sozusagen „ins Blaue hinein", dh willkürlich und ohne sachliche Rechtfertigung zu stellen.

Hieraus folgt, daß die Begründung des Erhöhungsverlangens unter keinen Umständen mit dem *Beweis* der ortsüblichen Vergleichsmiete im Prozeß verwechselt werden darf, weil es sich dabei um grundverschiedene Dinge handelt (BVerfGE 53, 352). Während sich nämlich der Beweis der ortsüblichen Vergleichsmiete allein nach der ZPO richtet (§§ 286 f), genügt es für die Begründung des Erhöhungsverlangens bereits, daß der Mieter anhand der Hinweise des Vermieters die Berechtigung der Mietzinserhöhung *überprüfen* und sich ein eigenes Bild hiervon machen kann. Weiterge- 25 hende Anforderungen dürfen hingegen an die Begründung des Erhöhungsverlanges nicht gestellt werden, um dem Vermieter die Durchsetzung seines berechtigten Anspruchs auf Mietzinserhöhung nicht übermäßig zu erschweren (BGHZ 84, 392). Das Erhöhungsverlangen ist daher nur dann (ausnahmsweise) mangels Begründung unwirksam, wenn der Vermieter ganz auf eine Begründung verzichtet oder wenn er lediglich eine solche Begründung gibt, die schon auf den ersten Blick kein Erhöhungsverlangen nach § 2 MHRG zu rechtfertigen vermag, weil sie von ganz falschen Voraussetzungen ausgeht, weil sie zB allein auf Preis- und Kostensteigerungen abstellt (LG Köln WuM 1974, 10; LG Gießen WuM 1975, 16).

26 **2. Mietspiegel**

Nach Abs 2 S 2 des § 2 MHRG kann zur Begründung des Erhöhungsverlangens „insbesondere" Bezug genommen werden auf eine Übersicht über die üblichen Entgelte nach Abs 1 S 1 Nr 2 in der Gemeinde oder in einer vergleichbaren Gemeinde, soweit die Übersicht von der Gemeinde *oder* von Interessenvertretern der Vermieter und der Mieter gemeinsam erstellt oder anerkannt worden ist. Einzelheiten der Aufstellung dieser sog Mietspiegel regelt das Gesetz in Abs 5. Abs 6 fügt jedoch hinzu, daß die Bezugnahme auf Mietspiegel, die den Anforderungen des Abs 5 des § 2 MHRG nicht genügen, nicht zur Unwirksamkeit des Erhöhungsverlangens führt. Schließlich ist noch bestimmt, daß es bei der Angabe von Mietzinsspannen in dem Mietspiegel zur Begründung ausreicht, wenn der verlangte Mietzins innerhalb der Spanne liegt (§ 2 Abs 2 S 2 HS 2 MHRG).

27 **a)** Mietspiegel gelten in der Praxis allgemein als das bei weitem zuverlässigste Instrument zur Ermittlung der ortsüblichen Vergleichsmiete (s oben Vorbem 9 zu § 1 MHRG). Auch die Bundesregierung fördert deshalb mit Nachdruck die Aufstellung von Mietspiegeln durch möglichst viele Gemeinden. Diese **positive Beurteilung** der Mietspiegel ist jedoch allenfalls berechtigt, wenn sie wenigstens den Mindestanforderungen des § 2 MHRG genügen. Andere „Mietspiegel", zB Mietspiegel, die allein von den Interessenvertretern der Vermieter oder der Mieter oder von Maklerverbänden aufgestellt worden sind, sind hingegen nicht verwertbar, so daß auf sie auch nicht zur Begründung eines Erhöhungsverlangens Bezug genommen werden kann (LG Essen WuM 1973, 24).

28 Erste Voraussetzung für das Vorliegen eines wirksamen Mietspiegels ist, daß er eine **Übersicht** *über die üblichen Entgelte* in der Gemeinde oder in vergleichbaren Gemeinden für nicht preisgebundenen Wohnraum vergleichbarer Art, Größe, Ausstattung, Beschaffenheit und Lage gibt, die in

den letzten drei Jahren vereinbart oder, von Erhöhungen nach § 4 abgesehen, geändert worden sind (Abs 2 S 2 HS 2 iVm Abs 1 Nr 2 des § 2 MHRG; s die Begr z RegE, BT-Drucks 9/2079, 17). Daraus folgt zunächst, daß in dem Mietspiegel weder die Entgelte für preisgebundenen Wohnraum noch solche Entgelte berücksichtigt werden dürfen, die aufgrund anderer gesetzlicher Bestimmungen an Höchstbeträge gebunden sind (§ 2 Abs 5 S 2 MHRG; BReg aaO). Außerdem müssen solche Mietzinsen außer Betracht bleiben, die wie Staffelmieten überhaupt nicht unter das MHRG fallen (s § 10 Abs 3; STERNEL ZMR 1983, 76), sowie schließlich auch solche Mietzinsen, die letztmalig, von Erhöhungen nach § 4 abgesehen, vor mehr als drei Jahren geändert worden sind, weil solche **Altmieten** nicht mehr die erforderliche Marktorientierung aufweisen (§ 2 Abs 1 Nr 2 MHRG). Aus demselben Grund sollen die Mietspiegel auch im Abstand von zwei Jahren der Marktentwicklung *angepaßt* werden, damit sie die Marktverhältnisse zutreffend widerspiegeln können (§ 2 Abs 5 S 3 MHRG; BARTHELMESS WuM 1983, 67).

b) Weiter ist erforderlich, daß der Mietspiegel entweder von einer Gemeinde oder von den Interessenvertretern der Vermieter und der Mieter gemeinsam *aufgestellt* worden ist. Gleich steht der Fall, daß der Mietspiegel zwar nur von einer Seite aufgestellt, sodann aber von der anderen ganz oder teilweise ausdrücklich als richtig anerkannt worden ist. Die bei weitem größte Autorität genießen dabei natürlich die von **Gemeinden** aufgestellten Mietspiegel. Deshalb bestimmt jetzt § 2 Abs 5 S 1 MHRG idF des Änderungsgesetzes von 1982, daß Gemeinden, soweit hierfür ein Bedürfnis besteht und dies mit einem für sie vertretbaren Aufwand möglich ist, Mietspiegel erstellen *sollen*. Die Einzelheiten der Aufstellung und der Anpassung von Mietspiegeln werden hierbei in einer von der Bundesregierung noch zu erlassenden Rechtsverordnung geregelt werden (Abs 5 S 4 des § 2 MHRG). Schließlich ist noch bestimmt, daß Mietspiegel und ihre Änderungen öffentlich bekannt zu machen sind (§ 2 Abs 5 S 5 MHRG). **29**

Nach § 2 Abs 2 S 2 MHRG genügt zur Begründung des Erhöhungsverlangens die **Bezugnahme** auf einen Mietspiegel, der den genannten Anforderungen genügt (oben Rz 27 ff). Abs 6 fügt jedoch hinzu, daß die Verwendung anderer und insbes *veralteter Mietspiegel* dann nicht zu Unwirksamkeit des Erhöhungsverlangens führt, wenn bei Abgabe des Erhöhungsverlangens kein Mietspiegel vorliegt, der den Anforderungen des § 2 Abs 5 MHRG entspricht. Es soll maW nicht zum Nachteil des Vermieters ausschlagen, wenn der Mietspiegel Mängel aufweist oder von der aufstellenden Gemeinde nicht regelmäßig an die wirtschaftliche Entwicklung angepaßt wird (ebenso schon OLG Hamburg WuM 1983, 11; 1983, 80; OLG Stuttgart WuM 1982, 198; LG Bochum WuM 1982, 18; s dazu BARTHEL- **30**

MESS WuM 1983, 63, 67; kritisch STERNEL ZMR 1983, 73, 77). *Anders* jedoch, wenn der Mietspiegel von unzuständigen Stellen stammt (oben Rz 27), wenn er schon auf den ersten Blick wertlos ist oder wenn er zu Wohnungen der fraglichen Art gar keine Aussagen enthält, zB Leerfelder ausweist (LG Bochum aaO; LG Hamburg WuM 1982, 21). Zulässig ist aber die Verwendung von Mietspiegeln von *Nachbargemeinden,* wobei der Vermieter grundsätzlich keine weiteren Angaben zur Vergleichbarkeit der Gemeinden machen muß (OLG Stuttgart WuM 1982, 108). Weist der Mietspiegel wie idR *Mietzinsspannen* aus, so genügt es außerdem, wenn der verlangte Mietzins innerhalb der Spanne liegt; hingegen braucht der Vermieter – entgegen einer früher verbreiteten Meinung – keine zusätzliche Begründung mehr für die Einordnung seines Erhöhungsverlangens in die Mietzinsspanne zu geben (§ 2 Abs 2 S 2 HS 2 MHRG; s die Begr z RegE, BT-Drucks 9/2079, 16; BARTHELMESS WuM 1983, 65 f).

31 Da Mietspiegel und ihre Änderungen grundsätzlich öffentlich bekannt gemacht werden sollen (§ 2 Abs 5 S 5 MHRG), kann davon ausgegangen werden, daß die Mietspiegel idR jedermann ohne weiteres zugänglich sind. Der **Mietspiegel** muß deshalb dem Erhöhungsverlangen nur **beigefügt** werden, wenn er ausnahmsweise nicht allgemein zugänglich ist (OLG Braunschweig WuM 1982, 272). In dem Erhöhungsverlangen muß aber die *Wohnung* anhand der Unterscheidungsmerkmale des Mietspiegels soweit *beschrieben* werden, daß der Mieter auf Anhieb die betreffende Gruppe und Untergruppe des Mietspiegels finden und daraus ablesen kann, ob das Verlangen des Vermieters berechtigt ist oder nicht, soweit nicht die betreffenden Merkmale dem Mieter ohnehin genau bekannt sind (im einzelnen sehr str).

32 c) Kommt es im Anschluß an das Erhöhungsverlangen des Vermieters zum **Prozeß,** so hat der Mietspiegel hier nur noch die Funktion eines Parteigutachtens und ist folglich wie der gesamte Parteivortrag vom Gericht frei zu würdigen (OLG Hamburg WuM 1983, 11). Die Gerichte gehen jedoch Einwänden des Mieters gegen die Richtigkeit eines Mietspiegels nur noch in Ausnahmefällen nach, sobald sie sich einmal von der Zuverlässigkeit des Mietspiegels überzeugt haben (vgl LG Mannheim WuM 1978, 32; LG Hamburg WuM 1978, 146; s unten Rz 51).

33 **3. Sachverständigengutachten**

a) Zur Begründung des Erhöhungsverlangens kann nach § 2 Abs 2 S 3 MHRG ferner auf ein mit Gründen versehenes Gutachten eines öffentlich bestellten oder vereidigten Sachverständigen verwiesen werden. Solche Gutachten dienen in der Praxis als Begründungsmittel vor allem dort, wo (noch) keine Mietspiegel von den Gemeinden aufgestellt worden sind.

Das Gutachten muß aber von einem nach § 36 Abs 1 GewO **öffentlich bestellten** oder **vereidigten Sachverständigen** stammen. Gutachten anderer Sachverständiger können allenfalls in Ausnahmefällen als sonstige Begründungsmittel Verwendung finden (vgl hierzu LG Hamburg ZMR 1980, 248; LG Berlin WuM 1982, 246). Der Sachverständige muß außerdem für ein Gebiet bestellt sein, in das auch die Mietzinsbewertung fällt. Es ist hingegen nicht erforderlich, daß der Sachverständige gerade speziell für die Mietzinsbewertung bestellt worden ist, wenn nur zu seinem Tätigkeitsbereich – unter anderem auch – die Mietzinsbewertung gehört (BGHZ 83, 366, 369 ff). Deshalb genügen zB zur Begründung des Erhöhungsverlangens auch Gutachten von Sachverständigen für Grundstücks- und Gebäudeschätzungen (BGHZ 83, 366 gegen OLG Oldenburg OLGZ 1981, 196). Erfüllt der Sachverständige diese Voraussetzungen, so spielt es außerdem auch keine Rolle, wenn er zugleich als Makler tätig ist (OLG Oldenburg OLGZ 1981, 200 = WuM 1981, 150).

b) Das **Gutachten** muß dem Erhöhungsverlangen, zu dessen Begründung **34**
es dient, als Anlage **beigefügt** werden (OLG Braunschweig WuM 1982, 272; zT aM LG München II WuM 1983, 147) und mit *Gründen* versehen sein, damit der Mieter, entsprechend dem Zweck des Begründungserfordernisses (oben Rz 24), in der Lage ist, sich selbst anhand des Gutachtens ein Bild über die Berechtigung des Verlangens des Vermieters zu machen. Das Gutachten muß deshalb in der Begründung und im Ergebnis nachvollziehbar sein und erkennen lassen, daß der Sachverständige von einem zutreffenden Begriff der ortsüblichen Vergleichsmiete ausgegangen ist sowie daß er ordentlich und gründlich gearbeitet und seinen spezifischen Sachverstand richtig angewandt hat; schließlich muß das Gutachten erkennen lassen, daß der Sachverständige bei seiner Anfertigung objektiv und neutral vorgegangen ist (OLG Karlsruhe WuM 1982, 269; 1983, 133; OLG Frankfurt NJW 1981, 2820 = WuM 1981, 273; OLG Oldenburg OLGZ 1981, 194 = WuM 1981, 150; s Mietrecht § 2 MHRG Rz 72-76).

Hieraus folgt, daß in solchen Gemeinden, in denen *Mietspiegel* bereits **35**
existieren, der Sachverständige grundsätzlich hierzu Stellung nehmen muß, da nicht davon ausgegangen werden kann, daß der Sachverständige über umfangreicheres Datenmaterial als die Aufsteller von Mietspiegeln verfügt (LG Stuttgart NJW 1974, 1252; LG Hamburg MDR 1976, 934). Das Gutachten ist deshalb unverwertbar, wenn der Sachverständige ohne jede Begründung von dem Mietspiegel für die betreffende Gemeinde abweicht (LG Köln WuM 1982, 77). Eine **Besichtigung** der betreffenden Wohnung durch den Sachverständigen ist hingegen nicht stets erforderlich. Sie ist insbes dann entbehrlich, wenn es, zB in einer großen Wohnanlage, zahlreiche Wohnungen gleicher Art gibt und der Sachverständige eine andere, entsprechende Wohnung besichtigt hat (OLG Oldenburg

OLGZ 1981, 200 = WuM 1981, 150; OLG Celle WuM 1982, 180; LG Hamburg WuM 1980, 64; LG Hannover WuM 1981, 31; dazu mit Recht kritisch Sternel ZMR 1983, 73, 77).

36 Der Sachverständige muß sich einen möglichst *repräsentativen Überblick* über den betreffenden Wohnungsmarkt verschaffen. Das Gesetz schreibt ihm jedoch nicht vor, wie er dabei vorzugehen hat. Die Art der Materialsammlung und das Verfahren bei deren Auswertung sind maW dem Sachverständigen überlassen, sofern er dabei nur mit dem nötigen Sachverstand vorgeht. Daraus folgt vor allem, daß der Sachverständige in seinem Gutachten (entgegen der früher hM) nicht bestimmte **Vergleichsobjekte** in identifizierbarer Weise oder allgemein zu bezeichnen braucht, sondern sich auch mit dem pauschalen Hinweis auf ihm bekannte Vergleichsobjekte und die dafür gezahlten Mieten begnügen kann, wenn er nur angibt, daß ihm solche Wohnungen bekannt sind, wie er sie ermittelt hat, anhand welcher Kriterien er die Vergleichbarkeit der Wohnungen beurteilt hat und wie danach die betreffende, konkrete Wohnung in das allgemeine Mietpreisgefüge einzuordnen ist (grdleg OLG Karlsruhe WuM 1982, 269 ff; 1983, 133 ff; OLG Frankfurt NJW 1981, 2820; OLG Oldenburg OLGZ 1981, 194; vgl auch die Hinweise des Bundesjustizministeriums zur Begründung des Mieterhöhungsverlangens durch Sachverständigengutachten, abgedruckt Mietrecht § 2 MHRG Rz 150).

37 **c)** Kommt es aufgrund des Erhöhungsverlangens des Vermieters zu einem **Prozeß** mit dem Mieter, so hat das vom Vermieter zur Begründung seines Erhöhungsverlangens vorgelegte Sachverständigengutachten lediglich die Bedeutung eines Parteigutachtens, dessen Beweiswert vom Gericht frei zu würdigen ist (§ 286 ZPO; OLG Frankfurt WuM 1981, 273, 274; OLG Karlsruhe WuM 1982, 269, 271). Holt das Gericht jetzt ein weiteres Sachverständigengutachten ein, so bleibt zu berücksichtigen, daß an ein derartiges *gerichtliches Gutachten* über die Höhe der Vergleichsmiete *wesentlich* strengere Anforderungen hinsichtlich des Inhalts und der Begründung als an das vom Vermieter zur Begründung seines Erhöhungsverlangens vorgelegte Gutachten zu stellen sind (OLG Frankfurt und OLG Karlsruhe aaO; LG Traunstein WuM 1979, 81). Die **Kosten** des zur Begründung des Erhöhungsverlangens eingeholten Gutachtens hat in jedem Fall der Vermieter zu tragen (sehr str; s Mietrecht § 2 MHRG Rz 79 m Nachw).

38 **4. Vergleichsobjekte**

a) DerVermieter kann sein Erhöhungsverlangen schließlich auch noch dadurch begründen, daß er auf entsprechende Entgelte für einzelne, vergleichbare Wohnungen hinweist, wobei die Benennung von **drei Wohnungen** genügt (§ 2 Abs 2 S 4 MHRG idF von 1982). *Zweck* dieser Vorschrift ist es auch, dem Vermieter durch Herabsetzung der Anforderungen an die Begründung des Erhöhungsverlangens die Durchsetzung seines gesetzlichen Anspruchs auf Anpassung des Mietzinses an die ortsübliche Vergleichsmiete zu *erleichtern,* so daß es unzulässig ist, an die Benennung der Vergleichswohnungen übertriebene Anforderungen zu stellen (BVerfGE 49, 244, 249 f; 53, 352; BVerfG WuM 1982, 146; BGHZ 84, 392 = NJW 1982, 2867).

b) Aus dem Zweck des Begründungserfordernisses (oben Rz 24) folgt, daß **39** die drei Vergleichswohnungen nur so **bezeichnet** zu werden brauchen, daß der Mieter sie unschwer auffinden und auf ihre Vergleichbarkeit überprüfen kann, während weitergehende Angaben entbehrlich sind (BVerfGE 49, 244, 249 f; 53, 352; BVerfG WuM 1982, 146; BGHZ 84, 392 = NJW 1982, 2867). Deshalb reicht es in aller Regel aus, wenn die Vergleichswohnungen durch ihre Adresse, die wesentlichen Ausstattungsmerkmale und vor allem den Quadratmeterpreis beschrieben sind; entbehrlich sind hingegen weitergehende Angaben etwa über die Größe der Vergleichswohnungen sowie namentlich die Benennung der Mietvertragsparteien (BVerfG und BGH aaO; aM zuvor insbes BayObLGZ 1981, 283; 1982, 78; 1982, 173 = WuM 1981, 255; 1982, 105; 1982, 154; s Mietrecht § 2 MHRG Rz 84–86 a). Es bestehen dabei auch grundsätzlich keine Bedenken dagegen, daß sich der Vermieter die genannten Daten über eine *Datenzentrale* beschafft (BGHZ 84, 392; aM zB LG Hamburg WuM 1978, 146, 149 f).

c) Während nach der früheren Fassung des § 2 Abs 2 MHRG „idR die **40** Benennung von drei Wohnungen anderer Vermieter" erforderlich war, ist seit der Änderung von 1982 „die Benennung von drei Wohnungen" ausreichend. Der Gesetzgeber wollte dadurch auch die Heranziehung von Wohnungen aus dem **Bestand des Vermieters** selbst zulassen (Begr z RegE, BT-Drucks 9/2079, 16). Die früher lebhaft umstrittene Frage, ob die drei Vergleichswohnungen grundsätzlich drei verschiedenen, *anderen* Vermietern gehören müssen, hat sich damit erledigt (s dazu BGHZ 84, 392; OLG Karlsruhe OLGZ 1982, 335 = NJW 1982, 242; OLG Koblenz WuM 1982, 127; BayObLGZ 1982, 78 = WuM 1982, 105; BARTHELMESS WuM 1983, 66; aM freilich STERNEL ZMR 1983, 78). Dasselbe gilt für die Frage, ob sich der Vermieter in Ausnahmefällen zur Begründung auch mit der Benennung von *weniger* als drei Vergleichswohnungen begnügen kann, da der Gesetzgeber 1982 die Worte „idR" in dem jetzigen S 4 des § 2 Abs 2 MHRG gestrichen hat, so daß fortan stets die Benennung von (wenigstens) drei Vergleichwohnungen desselben oder anderer Vermieter nötig ist (BARTHELMESS und STERNEL aaO; aM KÖHLER 67).

d) Schließlich ist noch erforderlich, daß die vom Vermieter benannten, **41** anderen Wohnungen mit der Wohnung des Mieters nach Wohnwertmerkmalen **vergleichbar** sind und (grundsätzlich) in derselben Gemeinde wie die Wohnung des Mieters liegen (LG München II WuM 1982, 131). Das Erhöhungsverlangen ist folglich nicht ordnungsgemäß begründet, wenn die Wohnungen schon auf den ersten Blick nichts miteinander gemein haben, sondern verschiedenen Märkten angehören, wie es zB der Fall ist, wenn Wohnungen mit Einzimmer-Appartements verglichen werden (LG Heidelberg WuM 1982, 214). Eine unterschiedliche Größe der verglichenen Wohnungen steht aber ihrer Vergleichbarkeit nicht entgegen, da es hier allein auf den Quadratmeterpreis ankommt (BVerfGE 53, 352; BVerfG WuM 1982, 146; BayObLGZ 1982, 173 = WuM 1982, 154).

42 **5. Andere Begründungen**

Die im Gesetz näher geregelten Beweismittel (S 2 bis 4 des § 2 Abs 2 MHRG) sind nicht die allein zulässigen, mit denen der Vermieter sein Erhöhungsverlangen begründen kann; vielmehr sind auch alle anderen Beweismittel zugelassen, sofern nur die Angaben für den Mieter nachprüfbar sind. **Beispiele** solcher anderen Beweismittel sind Gutachten oder Urteile über vergleichbare Wohnungen, die amtliche Wohngeldstatistik (LG Hamburg WuM 1978, 134; 1978, 146), Mietgutachten oder Auskünfte der Gemeinden sowie die Offenkundigkeit der Ortsüblichkeit eines bestimmten Mietzinses.

VII. Zustimmung des Mieters

43 **1.** Das Mieterhöhungsverlangen des Vermieters ist nichts anderes als ein Antrag auf Abschluß eines Änderungsvertrages (oben Rz 20), den der Mieter jederzeit während der Fristen des § 2 Abs 3 S 1 MHRG annehmen kann. Hat der Vermieter Klage erhoben, so ist die Annahme des Antrags auch noch nach Ablauf dieser Fristen möglich; andernfalls stellt die **Annahme** des Mieters nach Fristablauf nur einen neuen Antrag dar, dem der Vermieter freilich in aller Regel zustimmen dürfte (s §§ 150 Abs 1, 151 BGB). Die Annahme setzt dabei auch nicht voraus, daß das Erhöhungsverlangen des Vermieters den Anforderungen des § 2 MHRG entspricht, da sich die Parteien stets auch außerhalb des § 2 MHRG über eine Mietzinserhöhung einigen können; ob dies der Fall ist, ist immer nur eine Frage der Auslegung der Parteierklärungen im Einzelfall (KG ZMR 1982, 378). Daher kann die Annahme durchaus auch *konkludent* erfolgen, etwa dadurch, daß der Mieter ohne weiteres über längere Zeit hinweg den geforderten, höheren Mietzins zahlt (LG Berlin MDR 1982, 235; LG Hamburg WuM 1978, 193; im einzelnen str). **Schriftform** ist für die Annahmeer-

klärung nur in den Fällen des § 566 BGB erforderlich. Dabei hindert den Mieter auch nichts, dem Antrag des Vermieters nur *teilweise* zuzustimmen, so daß der Vermieter dann nur wegen der Differenz Klage auf Zustimmung zu erheben braucht (Köhler 68).

2. Die **Fälligkeit** des erhöhten Mietzinses richtet sich in erster Linie nach den Abreden der Parteien (§ 10 Abs 1 MHRG). Nur wenn die Parteien keine besonderen Abreden über diese Frage getroffen haben, gilt § 2 Abs 4 MHRG, wobei es dann auf den Zeitpunkt, zu dem der Mieter den Antrag des Vermieters angenommen hat, nicht ankommt (s im einzelnen unten Rz 53). **44**

VIII. Zustimmungsklage

1. Fristen **45**

Der Zugang eines (wirksamen) Mieterhöhungsverlangens beim Mieter löst verschiedene Fristen aus. Die erste ist die sog Überlegungs- oder Zustimmungsfrist von zwei Monaten (§ 2 Abs 3 S 1 MHRG), an die sich eine weitere Klagefrist von ebenfalls zwei Monaten anschließt, wenn der Mieter binnen der Zustimmungsfrist dem Erhöhungsverlangen nicht zustimmt (§ 2 Abs 3 S 1 MHRG). Hingegen zieht der Ablauf der Klagefrist seit dem Änderungsgesetz von 1982 *nicht* mehr eine weitere Sperrfrist von nochmals neun Monaten nach sich (s dazu Mietrecht § 2 MHRG Rz 141 ff); vielmehr kann der Vermieter seitdem, wenn er nicht rechtzeitig binnen der Klagefrist Klage erhoben hat, das Mieterhöhungsverlangen jederzeit wiederholen, freilich mit der Folge, daß dadurch erneut die Zustimmungs- und die Klagefrist ausgelöst werden (Begr z RegE, BT-Drucks 9/2079, 16). Verschiedene Erhöhungsverlangen zum selben Termin haben aber immer denselben Gegenstand und können daher auch nur ein Erhöhungsverfahren auslösen (OLG Oldenburg ZMR 1983, 34). Unberührt bleibt auch die Wartefrist des Abs 1 Nr 1, sobald der Mieter einem der verschiedenen Erhöhungsverlangen zugestimmt hat (oben Rz 4 f; Barthelmess WuM 1983, 63, 66).

a) Die **Zustimmungsfrist,** früher meistens Überlegungsfrist genannt, beträgt mindestens zwei Monate und beginnt mit Ablauf des Monats, in dem dem Mieter das Erhöhungsverlangen zugegangen ist. Die Berechnung der Frist richtet sich dann nach den §§ 187 ff BGB, so daß auch § 193 BGB Anwendung findet (str). Erst mit Ablauf der Zustimmungsfrist beginnt die Klagefrist von ebenfalls zwei Monaten zu laufen. **46**

Aus dem Zweck der Zustimmungsfrist, dem Mieter ausreichend Zeit zur Entscheidung über das Erhöhungsverlangen des Vermieters zu geben, **47** folgt, daß die Einhaltung der Zustimmungsfrist **Prozeßvoraussetzung** für die anschließende Zustimmungsklage ist. Eine vor Ablauf der Zustimmungsfrist erhobene Zustimmungsklage ist mithin unzulässig (KG OLGZ 1981, 83 = WuM 1981, 54; BayObLGZ 1982, 78; 1982, 173 = WuM 1982, 105; 1982, 154; OLG Hamburg WuM 1983, 11). Da es jedoch stets genügt, daß die Prozeßvoraussetzungen im Augenblick der letzten mündlichen Verhandlung vor der letzten Instanz vorliegen, reicht es auch hier aus, wenn die Zustimmungsfrist erst in diesem Augenblick abgelaufen ist, so daß eine vorher erhobene und infolgedessen zunächst unzulässige Klage auch durch Fristablauf *während* des Rechtsstreits nachträglich zulässig werden kann (KG und BayObLG aaO). Die Einhaltung der Zustimmungsfrist ist außerdem *entbehrlich,* weil ohne Sinn, wenn der Mieter bestimmt und endgültig seine Zustimmung zu dem Erhöhungsverlangen des Vermieters verweigert hat (KG OLGZ 1981, 83).

48 Der Lauf der Zustimmungsfrist wird nur durch Zugang eines wirksamen, vor allem ordnungsgemäß begründeten Mieterhöhungsverlangens ausgelöst (OLG Koblenz WuM 1982, 127; BayObLGZ 1982, 78; 1982, 173 = WuM 1982, 105; 1982,154). Eine auf ein **unwirksames Erhöhungsverlangen** gestützte Zustimmungsklage ist mithin (mangels Ablaufs der Zustimmungsfrist) stets unzulässig. Nach § 2 Abs 3 S 2 MHRG idF des Änderungsgesetzes von 1982 kann jedoch auch dieser Mangel jederzeit während des Rechtsstreits dadurch behoben werden, daß der Vermieter während des Rechtsstreits ein wirksames Erhöhungsverlangen *nachholt,* wodurch dann freilich erneut die Zustimmungsfrist des § 2 Abs 3 S 1 MHRG ausgelöst wird (ebenso schon BayObLGZ 1982, 78; 1982, 173 = WuM 1982, 105; 1982, 154; Mietrecht § 2 MHRG Rz 109-117; s dazu bes Barthelmess WuM 1983, 66 f; Köhler 67 f; Landfermann 45 ff; Sternel ZMR 1983, 78 f; früher sehr str). Kostennachteile drohen dem Mieter hiervon nicht, da er nach Zugang eines wirksamen Erhöhungsverlangens während des Rechtsstreits den Antrag des Vermieters mit der Kostenfolge des § 93 ZPO anerkennen oder ihm mit der Kostenfolge des § 91 a ZPO zustimmen kann (Begr z RegE, BT-Drucks 9/2079, 17; AG Bonn WuM 1983, 56; Köhler 68). Erforderlich ist aber in jedem Fall eine echte „*Nachholung*" des Erhöhungsverlangens im Rechtsstreit, so daß der Vermieter nicht etwa ein zB wegen mangelnder Begründung unwirksames Erhöhungsverlangen im Rechtsstreit einfach ergänzen kann, indem er zB die fehlende Begründung nachschiebt; er muß vielmehr stets ein vollständiges, schriftliches und begründetes Erhöhungsverlangen – *außerhalb* des Rechtsstreits – an den Mieter richten, das als solches, dh für sich allein den Anforderungen des § 2 Abs 2 MHRG genügt. Daraus folgt vor allem, daß die Nachholung nicht schon in der Klageschrift gesehen werden kann (AG Bad Homburg WuM 1983, 113).

Volker Emmerich

Durch Zustellung eines *Schriftsatzes* im Rechtsstreit ist die Nachholung nur möglich, wenn dabei das Schriftformerfordernis des § 2 Abs 2 S 1 MHRG eingehalten wird, wofür die beglaubigte Abschrift eines Schriftsatzes nur genügt, wenn die Beglaubigung von dem Prozeßvertreter des Vermieters selbst stammt (Sternel ZMR 1983, 78). Mit Rücksicht auf § 174 BGB muß außerdem die Vollmacht des Prozeßvertreters dem Schriftsatz beigefügt werden (OLG Hamm WuM 1982, 203). Ein solches neues, wirksames Erhöhungsverlangen (anstelle des ersten unwirksamen) stellt einen neuen Streitgegenstand, seine Einführung in den Prozeß mithin eine Klageänderung dar (Mietrecht § 2 MHRG Rz 113; zweifelnd Landfermann 46). Für diese Klageänderung gilt jedoch nicht § 263 ZPO, da die generelle Zulässigkeit der Klageänderung hier aus § 2 Abs 3 S 2 MHRG folgt (Barthelmess WuM 1983, 66f). In Zweifelsfällen ist der Vorsitzende außerdem nach *§ 139 ZPO* für verpflichtet zu erachten, den Vermieter auf die Bedenken gegen die Wirksamkeit seines Erhöhungsverlangens und auf die Möglichkeit der Nachholung eines Erhöhungsverlangens sowie dann nach dieser Nachholung den Mieter auf die Möglichkeit der sofortigen Zustimmung oder Anerkennung mit der Kostenfolge der §§ 91a und 93 ZPO hinzuweisen (Köhler 67f; Landfermann 46). Daraus folgt jedoch nicht, daß das Gericht dem Vermieter auch bei der **Terminierung** entgegenkommen müßte; stellt sich vielmehr in der mündlichen Verhandlung heraus, daß das Erhöhungsverlangen unwirksam ist und daß die Klage infolgedessen abweisungsreif ist, so hat das Gericht auf Antrag des Beklagten entsprechend zu entscheiden (AG Lübeck WuM 1983, 51; Mietrecht § 2 MHRG Rz 117; aM Landfermann 46). Es liegt auch kein Aussetzungsfall vor (§§ 148, 149 ZPO); ebensowenig ist das Gericht verpflichtet, die mündliche Verhandlung zu *vertagen* und eine neuen Verhandlungstermin erst nach Ablauf der Zustimmungsfrist anzusetzen (§ 227 ZPO). Die Parteien haben lediglich die Möglichkeit, nach § 251 ZPO übereinstimmend das Ruhen des Verfahrens zu beantragen. Das Gericht wird dem jedoch nur zustimmen, wenn Aussicht auf eine außergerichtliche Einigung der Parteien besteht. Schließlich scheidet die Möglichkeit einer „Nachholung" des Mieterhöhungsverlangens überhaupt aus, wenn der Klage gar kein oder kein ernst gemeintes Erhöhungsverlangen vorausgegangen ist. Dasselbe gilt, wenn der Vermieter auf jede Begründung verzichtet hatte oder wenn er das Erhöhungsverlangen nur mündlich gestellt hatte (Köhler 67; aM Landfermann 47).

b) Nach Ablauf der Überlegungsfrist muß der Vermieter spätestens bin- **49**
nen einer weiteren Frist von zwei Monaten Klage erheben, wenn er nicht seinen Anspruch auf Zustimmung des Mieters zu der gewünschten Vertragsänderung aufgrund des bereits gestellten Erhöhungsverlangens verlieren will (§ 2 Abs 3 S 1 MHRG). Die Frist beginnt am 1. Tag nach Ab-

lauf der Überlegungsfrist und endet am letzten Tag des folgenden, zweiten Kalendermonats (§ 188 Abs 2 BGB). Die Frist wird auch nicht dadurch gehemmt, daß ihr Endtermin in die Gerichtsferien fällt (LG Hamburg WuM 1978, 54). Die **Klagefrist** ist eine Ausschlußfrist, gegen deren Versäumung es keine Wiedereinsetzung in den vorigen Stand gibt (§ 233 ZPO). Zur Fristwahrung reicht jedoch nach § 270 Abs 3 ZPO Einreichung der Klage noch vor Fristablauf aus, sofern nur die Zustellung demnächst erfolgt. Eine *nach* Fristablauf erhobene Klage ist stets als unzulässig abzulehnen. Nach Streichung der früheren Sperrfrist hindert den Vermieter aber nichts, in diesem Fall ein erneutes Erhöhungsverlangen zu stellen, wodurch dann freilich die Fristen des § 2 Abs 3 S 1 MHRG erneut ausgelöst werden.

50 **2. Antrag**

Die Klage auf Erteilung der Zustimmung des Mieters ist eine **Leistungsklage,** so daß der Antrag auf Abgabe einer Willenserklärung durch den Mieter gerichtet sein muß; mit der Zahlungsklage kann die Zustimmungsklage grundsätzlich nicht verbunden werden (§ 259 ZPO). Der *Antrag* muß gemäß § 253 ZPO bestimmt sein, so daß der Vermieter in der Klage genau angeben muß, um welchen Betrag der Mietzins aus welchem konkreten Mietverhältnis zu welchem Zeitpunkt erhöht werden soll. Ein unbezifferter Antrag ist unzulässig (s LG Freiburg MDR 1975, 60). Sind auf einer oder beiden Seiten *mehrere* Personen beteiligt, so müssen sie außerdem stets gemeinsam klagen oder gemeinsam verklagt werden (LG Hamburg WuM 1973, 186). Die Klage ist schlüssig, wenn der Vermieter substantiiert die Erfüllung aller Tatbestandsmerkmale des § 2 MHRG vorträgt (BVerfGE 53, 352).

51 **3. Beweis**

Der Vermieter trägt die Beweislast für **alle Voraussetzungen** des von ihm behaupteten Anspruchs auf Zustimmung des Mieters zu der gewünschten Vertragsänderung. Besondere Schwierigkeiten bereitet ihm dabei naturgemäß der Beweis der von ihm behaupteten Höhe der ortsüblichen Vergleichsmiete. IdR wird er diesen Beweis freilich schon durch die Bezugnahme auf einen ordnungsgemäß aufgestellten und veröffentlichten Mietspiegel führen können (zu dessen Bedeutung im Prozeß s schon oben Rz 32).

52 Im Prozeß können beide Parteien ihren **Vortrag** jederzeit in jeder Rich-

tung **ergänzen,** vertiefen und berichtigen. Der Vermieter ist dabei nicht an das Begründungsmittel gebunden, auf das er sein Erhöhungsverlangen gestützt hat. Im Rechtsstreit kann er sich vielmehr auch auf jedes andere, zulässige Beweismittel stützen; eine Klageänderung liegt hierin nicht (BVerfGE 37, 132, 149; 53, 352; BGH LM Nr 3 zu § 24 1. BMietG; wegen der Einzelheiten s Mietrecht § 2 MHRG Rz 126-132 m zahlr Nachw).

IX. Fälligkeit **53**

Nach § 2 Abs 4 MHRG idF des Änderungsgesetzes von 1982 schuldet der Mieter den erhöhten Mietzins nach Erteilung der Zustimmung, sei es freiwillig, sei es durch rechtskräftiges Urteil, vom Beginn des **dritten** Kalendermonats ab, der auf den Zugang des Erhöhungsverlangens folgt. Die Fälligkeit des erhöhten Mietzinses fällt folglich mit dem Beginn der Klagefrist zusammen. Auf den Zeitpunkt, zu dem das Urteil ergeht oder rechtskräftig wird, kommt es dabei nicht an. Infolgedessen können sich bei längerer Prozeßdauer und Erfolg der Zustimmungsklage ganz erhebliche Rückstände ergeben, mit denen der Mieter auch sofort in Verzug ist, so daß er dafür Verzugszinsen schuldet (§§ 284 Abs 2, 286 Abs 1, 288 und 289 BGB; LG Köln WuM 1979, 195; 1980, 76). Die daraus an sich folgende Kündigungsmöglichkeit des Vermieters (§ 554 BGB) ist jedoch durch § 9 Abs 2 MHRG erheblich eingeschränkt worden.

§ 3 MHRG

Hat der Vermieter bauliche Maßnahmen durchgeführt, die den Gebrauchswert der Mietsache nachhaltig erhöhen, die allgemeinen Wohnverhältnisse auf die Dauer verbessern oder nachhaltig Einsparungen von Heizenergie bewirken (Modernisierung), oder hat er andere bauliche Änderungen aufgrund von Umständen, die er nicht zu vertreten hat, durchgeführt, so kann er eine Erhöhung der jährlichen Miete um elf vom Hundert der für die Wohnung aufgewendeten Kosten verlangen. Sind die baulichen Änderungen für mehrere Wohnungen durchgeführt worden, so sind die dafür aufgewendeten Kosten vom Vermieter angemessen auf die einzelnen Wohnungen aufzuteilen. Werden die Kosten für die baulichen Änderungen ganz oder teilweise durch zinsverbilligte oder zinslose Darlehen aus öffentlichen Haushalten gedeckt, so verringert sich der Erhöhungsbetrag nach Satz 1 um den Jahresbetrag der Zinsermäßigung, der sich für den Ursprungsbetrag des Darlehens aus dem Unterschied im Zinssatz gegenüber dem markt-

üblichen Zinssatz für erststellige Hypotheken zum Zeitpunkt der Beendigung der Maßnahme ergibt; werden Zuschüsse oder Darlehen zur Deckung von laufenden Aufwendungen gewährt, so verringert sich der Erhöhungsbetrag um den Jahresbetrag des Zuschusses oder des Darlehens. Ein Mieterdarlehen, eine Mietvorauszahlung oder eine von einem Dritten für den Mieter erbrachte Leistung für die baulichen Änderungen stehen einem Darlehen aus öffentlichen Haushalten gleich. Kann nicht festgestellt werden, in welcher Höhe Zuschüsse oder Darlehen für die einzelnen Wohnungen gewährt worden sind, so sind sie nach dem Verhältnis der für die einzelnen Wohnungen aufgewendeten Kosten aufzuteilen. Kosten, die vom Mieter oder für diesen von einem Dritten übernommen oder die mit Zuschüssen aus öffentlichen Haushalten gedeckt werden, gehören nicht zu den aufgewendeten Kosten im Sinne des Satzes 1. Mittel der Finanzierungsinstitute des Bundes oder eines Landes gelten als Mittel aus öffentlichen Haushalten.

Der Vermieter soll den Mieter vor Durchführung der Maßnahmen nach Absatz 1 auf die voraussichtliche Höhe der entstehenden Kosten und die sich daraus ergebende Mieterhöhung hinweisen.

Der Anspruch nach Absatz 1 ist vom Vermieter durch schriftliche Erklärung gegenüber dem Mieter geltend zu machen. Die Erklärung ist nur wirksam, wenn in ihr die Erhöhung aufgrund der entstandenen Kosten berechnet und entsprechend den Voraussetzungen nach Absatz 1 erläutert wird.

Die Erklärung des Vermieters hat die Wirkung, daß vom Ersten des auf die Erklärung folgenden Monats an der erhöhte Mietzins an die Stelle des bisher zu entrichtenden Mietzinses tritt; wird die Erklärung erst nach dem Fünfzehnten eines Monats abgegeben, so tritt die Wirkung erst vom Ersten des übernächsten Monats an ein.

Diese Fristen verlängern sich um drei Monate, wenn der Vermieter dem Mieter die voraussichtliche Mieterhöhung nach Absatz 2 nicht mitgeteilt hat oder wenn die tatsächliche Mieterhöhung gegenüber dieser Mitteilung um mehr als zehn vom Hundert nach oben abweicht.

Schrifttum: Blank NJW 1978, 2183; Derleder NJW 1975, 1677; WuM 1976, 197; Freund-Barthelmess NJW 1976, 2191; ZMR 1977, 1, 33; Gelhaar ZMR 1978, 164; Gellwitzki ZMR 1978, 225; 1980, 353; Hamm NJW 1979, 2496; Hermes ZMR 1976, 229; Kummer WuM 1981, 145; von Lackum ZMR 1979, 193; Marienfeld ZMR 1978, 38; Mitzkus NJW 1981, 199; Warnecke ZMR 1976, 228; Weimar ZMR 1976, 34.

I. Zweck 1

§ 3 MHRG, der letztmalig 1978 geändert worden ist, bezweckt in erster Linie die umfassende Modernisierung des zum Teil erheblich überalterten Wohnungsbestandes (vgl OLG Hamburg OLGZ 1981, 367 = NJW 1981, 2820; OVG Berlin ZMR 1978, 62; 1978, 189). Der Zweck des § 3 MHRG, dessen Verwirklichung auch im öffentlichen Interesse liegt, deckt sich daher weithin mit dem des Modernisierungs- und Energieeinsparungsgesetzes (**ModEnG**) vom 12. 7. 1978 (BGBl I 993). Darüber hinaus steht die Regelung des § 3 MHRG auch sachlich in engstem Zusammenhang mit der des ModEnG. Hinzuweisen ist insoweit vor allem auf die allgemein auch für § 3 MHRG übernommenen Definitionen der §§ 3 und 4 ModEnG sowie auf die unmittelbar auf den §§ 2 und 3 MHRG aufbauende Mietpreisbindung nach den §§ 14 bis 16 ModEnG im Falle der Förderung von Modernisierungsmaßnahmen durch öffentliche Mittel (s Mietrecht § 3 MHRG Rz 7 ff m Nachw).

II. Duldungspflicht 2

1. Bauliche Maßnahmen der in § 3 MHRG bezeichneten Art werden häufig in die dem Mieter überlassene Wohnung eingreifen, so daß sich die Frage stellt, ob der Mieter zur Duldung der fraglichen Maßnahmen verpflichtet ist. Diese Frage beurteilt sich nicht nach § 3 MHRG, sondern allein nach den *§§ 541 a* und *541 b BGB* (idF des Änderungsgesetzes von 1982). Will der Mieter die Durchführung der Modernisierungsmaßnahmen nicht hinnehmen, so ist der Vermieter folglich in jedem Fall genötigt, zuvor gegen den Mieter auf **Duldung** nach den §§ 541 a und 541 b BGB zu **klagen** (OLG Hamm OLGZ 1981, 329 = NJW 1981, 1622). Sobald jedoch der Mieter die Durchführung der Maßnahmen tatsächlich einmal geduldet hat, kann er sich später nach Treu und Glauben nicht mehr darauf berufen, an sich nicht zur Duldung verpflichtet gewesen sein (so LG Hamburg WuM 1979, 170).

2. Umstritten ist, ob die Erfüllung der Voraussetzungen der §§ 541 a und 3
541 b BGB für die Anwendung des § 3 MHRG genügt (sog Duldungstheorie) oder ob darüber hinaus eine Zustimmung des Mieters zu den Modernisierungsmaßnahmen erforderlich ist (sog Zustimmungstheorie), weil und soweit durch die vom Vermieter geplanten Maßnahmen der Leistungsgegenstand und damit der Vertrag geändert wird (§ 305 BGB). Die hM hat sich inzwischen in diesem Streit im Interesse einer möglichst unbehinderten, umfassenden Wohnungsmodernisierung für die **Duldungstheorie** und gegen die weitergehende Zustimmungstheorie entschieden (so

die Rechtsentscheide OLG Hamburg OLGZ 1981, 340 = WuM 1981, 127; OLG Hamm OLGZ 1981, 322 = NJW 1981, 1622, beide im Anschluß an den Bericht der Bundesregierung, BT-Drucks 8/2610, 13 f). Auf der Linie der Duldungstheorie liegt offenbar auch der neue, erst 1982 in das BGB eingefügte § 541 b, da nach dessen Abs 1 die Duldungspflicht des Mieters ua auch von den finanziellen Auswirkungen der vom Vermieter geplanten Modernisierungsmaßnahmen abhängt. Gleichwohl ist an der **Zustimmungstheorie** festzuhalten, da nur auf ihrer Basis ein wirksamer Schutz des Mieters gegen die Gefahr des Hinausmodernisierens möglich ist und da nicht angenommen werden kann, daß der Gesetzgeber mit § 3 MHRG eine Einschränkung des grundlegenden § 305 BGB bezweckt hat (ebenso schon BGH LM Nr 2 zu AltbaumietenVO; LG Hamburg WuM 1978, 34).

III. Voraussetzungen

4 **1. Bauherr**

§ 3 MHRG ist nur anwendbar, wenn die fraglichen Maßnahmen vom Vermieter stammen. Bauherr muß maW in jedem Fall der **Vermieter** sein. § 3 MHRG ist hingegen unanwendbar, wenn die Maßnahmen von *Dritten* (wenn auch letztlich auf Kosten des Vermieters) durchgeführt werden (str). § 3 MHRG gilt daher weder für Modernisierungsmaßnahmen des Mieters (BayObLGZ 1981, 214 = NJW 1981, 2259) noch für Maßnahmen der öffentlichen Hand, selbst wenn deren Kosten letztlich auf den Vermieter umgelegt werden (LG Lübeck WuM 1981, 44).

5 **2. Baumaßnahmen**

§ 3 MHRG gilt außerdem nur für *bauliche* Maßnahmen und Änderungen des Vermieters. Die Anwendung des § 3 MHRG setzt folglich stets voraus, daß in bezug auf die Wohnung, das Haus oder das ganze Grundstück ein neuer, baulicher Zustand geschaffen wird, der zumindest wirtschaftlich in sachlichem Zusammenhang mit dem Mietgebrauch steht, wobei von den Legaldefinitionen der §§ 3 und 4 ModEnG ausgegangen werden kann. Unanwendbar ist § 3 MHRG hingegen auf bloße, vom Vermieter angebrachte **Einrichtungen und Ausstattungen,** wenn und solange sie frei beweglich bleiben oder doch jederzeit wieder entfernt werden können, weil es dann an dem erforderlichen, neuen, baulichen Zustand fehlt (vgl für die Auswechslung technischer Geräte AG Kiel WuM 1977, 171).

3. Modernisierung 6

§ 3 Abs 1 S 1 MHRG unterscheidet im Anschluß an die §§ 3 und 4 ModEnG Modernisierungsmaßnahmen und andere bauliche Änderungen sowie innerhalb der Modernisierungsmaßnahmen weiter Maßnahmen der Gebrauchswerterhöhung, der Verbesserung der Wohnverhältnisse und der Einsparung von Heizenergie.

a) Modernisierungsmaßnahmen fallen zunächst unter § 3 MHRG, wenn es 7 sich um Baumaßnahmen des Vermieters (oben Rz 4 f) handelt, die den **Gebrauchswert** der Mietsache nachhaltig *erhöhen,* wobei wegen der Einzelheiten auf die *§§ 3 und 4 ModEnG* zu verweisen ist. Aus diesen Vorschriften folgt, daß der Begriff der Gebrauchswerterhöhung weit auszulegen ist (KG OLGZ 1966, 149; LG Hamburg MDR 1974, 494). Er umfaßt daher sämtliche Maßnahmen des Vermieters, durch die die Nutzbarkeit der Wohnung als solche für den Mieter verbessert wird, weil das Wohnen bequemer, sicherer, gesünder oder angenehmer wird. Die Gebrauchswerterhöhung muß aber *nachhaltig,* dh von Dauer und eindeutig spürbar sein, so daß ganz geringfügige Erhöhungen des Gebrauchswerts auszuscheiden haben. Dabei ist ein objektiver Maßstab anzulegen, so daß es auf die Einstellung des einzelnen, konkret betroffenen Mieters nicht ankommt. Jedoch muß in jedem Fall *Nutznießer* der Maßnahmen der Mieter bleiben. Maßnahmen, die allein dem Vermieter zu Gute kommen, fallen in keinem Fall unter § 3 MHRG, so daß zB eine Umstellung der Heizanlage nicht zu einer Gebrauchswerterhöhung führt, wenn der Betrieb der Anlage allein dem Vermieter obliegt (KG OLGZ 1966, 149; OVG Berlin WuM 1974, 90; LG Hamburg MDR 1974, 494; aM zB BVerwGE 27, 202; BVerwG ZMR 1976, 304). Ebenso zu beurteilen sind schließlich Maßnahmen, durch die lediglich die Nutzfläche der Wohnung vergrößert wird; auch sie enthalten keine Erhöhung des Gebrauchswerts der Wohnung für den Mieter (LG Kiel WuM 1977, 120; 1977, 125).

Innerhalb der so verstandenen Modernisierungsmaßnahmen unterschei- 8 det das Gesetz nicht weiter zwischen notwendigen, nützlichen und Luxusmaßnahmen, so daß grundsätzlich auch die letzteren die Folgen des § 3 MHRG auslösen können (Problem der Luxusmodernisierung; s dazu auch unten Rz 17 aE). Eine *Aufzählung* der wichtigsten, hiernach vom Gesetz erfaßten Modernisierungsmaßnahmen findet sich in § 4 Abs 1 ModEnG. **Beispiele** sind der Ersatz einfach verglaster Fenster durch Doppelfenster oder durch eine sonstige Isolierverglasung (OLG Celle WuM 1981, 151; LG Oldenburg WuM 1980, 86), der Einbau einer Zentralheizung oder einer Warmwasserversorgungsanlage (OVG Berlin WuM 1974, 90; ZMR 1978, 62), eine Umstellung der Heizung, sofern damit Vorteile für den Mieter verbunden sind, eine Verbesserung des Wohnungszuschnitts, der

Einbau von Bädern oder Toiletten sowie die Verlegung besserer Bodenbeläge sowie stärkerer Steigleitungen oder von Leitungen mit höheren Anschlußwerten (OVG Berlin ZMR 1978, 189).

9 **b)** Baumaßnahmen berechtigen den Vermieter außerdem dann zur Mietzinserhöhung, wenn sie eine dauernde **Verbesserung der allgemeinen Wohnverhältnisse** zur Folge haben. Nach § 4 Abs 2 ModEnG fallen darunter insbes die Anlage und der Ausbau von nicht öffentlichen Gemeinschaftsanlagen wie Kinderspielplätzen, Grünanlagen, Stellplätzen und anderen Verkehrsanlagen. Weitere Beispiele sind der Anschluß an die Kanalisation oder an Versorgungsleitungen, der Einbau eines Fahrstuhles, der Bau von Garagen, der Einbau einer Waschküche, die Beleuchtung der Wege und Eingänge sowie die Beseitigung störender Nebengebäude oder Mauern.

10 **c)** Seit 1978 erfaßt § 3 darüber hinaus auch alle Maßnahmen, die nachhaltig **Einsparungen von Heizenergie** bewirken (ebenso § 3 Abs 2 ModEnG). Eine Aufzählung solcher Maßnahmen findet sich in § 4 Abs 3 ModEnG sowie in der auf der Grundlage des § 6 Abs 3 ModEnG 1978 abgeschlossenen Verwaltungsvereinbarung, der ein Katalog energiesparender Maßnahmen beigefügt ist (abgedruckt in Mietrecht § 3 MHRG Rz 35 e). Aus diesen Beispielskatalogen folgt vor allem, daß die Anwendung des § 3 MHRG auf energiesparende Maßnahmen nicht voraussetzt, daß durch sie zugleich der Wohnwert der einzelnen Wohnungen erhöht wird. Die erzielten Einsparungen müssen aber nachhaltig, dh von Dauer und wesentlich sein und wenigstens mittelbar dem Mieter zu Gute kommen, da allein dem Vermieter zu Gute kommende Kostensenkungen eine Mietzinserhöhung für den Mieter nicht zu rechtfertigen vermögen.

11 **d)** Von den Modernisierungsmaßnahmen müssen vor allem die **Instandsetzungsmaßnahmen** unterschieden werden, da deren Kosten den Vermieter nach § 536 BGB treffen (ebenso § 3 Abs 3 und 4 ModEnG; LG Oldenburg WuM 1980, 86; AG Darmstadt WuM 1982, 299). Keine Modernisierungsmaßnahmen sind daher *zB* die Erneuerung des Hausanstrichs (AG Bremerhaven WuM 1980, 14), der Anstrich des Treppenhauses, sonstige Schönheitsreparaturen, die Erneuerung des Daches oder der elektrischen Anlagen (AG Darmstadt WuM 1977, 213) sowie die Ersetzung verrotteter Fenster durch neue Fenster (LG Oldenburg WuM 1980, 86; AG Darmstadt WuM 1982, 299). Das schließt nicht aus, daß im Einzelfall Instandsetzungs- und Modernisierungsmaßnahmen zusammenfallen können. Für die Anwendung des § 3 MHRG ist dann eine Aufteilung der Kosten erforderlich (s unten Rz 17).

4. Andere bauliche Änderungen 12

§ 3 MHRG gilt schließlich noch für solche baulichen Änderungen, die auf Umständen beruhen, die der Vermieter nicht zu vertreten hat. Gedacht ist hierbei vor allem an solche Maßnahmen, die auf **behördlichen Anordnungen** beruhen und die auch ein sorgfältiger Vermieter weder voraussehen noch vermeiden konnte (OLG Hamburg MDR 1975, 493; LG Hamburg MDR 1974, 759). *Beispiele* sind Modernisierungsgebote nach § 39 e BBauG, die Umstellung von Stadtgas auf Erdgas, die nachträgliche Verkabelung von Freileitungen, der nachträgliche Einbau der Kanalisation (LG Wiesbaden WuM 1982, 77), der Einbau von Grenzwertgebern in Öltanks oder von Sicherheitstüren in Fahrstühlen sowie der Ausbau von Zufahrtswegen, Kinderspielplätzen und Parkplätzen.

IV. Erhöhungsbetrag

1. Nach Durchführung der baulichen Maßnahmen hat der Vermieter die 13
Wahl, ob er nach *§ 2 oder* nach *§ 3 MHRG* vorgeht (s oben Vorbem 15 zu § 1 MHRG; OLG Hamm WuM 1983, 17). Entscheidet er sich für den Weg nach § 2 MHRG, so kann er freilich nicht mehr anschließend den bereits erhöhten Mietzins nochmals nach § 3 MHRG erhöhen. Ergänzend sind außerdem in jedem Fall die §§ 14 und 15 ModEnG zu beachten, die bei Förderung der Maßnahmen durch öffentliche Mittel eine (vertragliche) Mietpreisbindung zur Folge haben (s oben Rz 1).

2. Geht der Vermieter nach § 3 MHRG vor, so kann er eine Erhöhung der 14
jährlichen Miete um **11 %** der aufgewandten Kosten verlangen. Mit der jährlichen Miete ist dabei der insgesamt im letzten Jahr vom Mieter gezahlte Mietzins und nicht etwa der zwölffache Betrag des im letzten Monat vor der Modernisierung gezahlten Mietzinses gemeint (str).

3. Berücksichtigungsfähig sind außerdem nur die dem Vermieter **tatsäch-** 15
lich entstandenen Baukosten einschließlich der Baunebenkosten, und zwar in ihrer Gesamtheit (OLG Hamburg OLGZ 1981, 367 = NJW 1981, 2820; OVG Berlin WuM 1974, 90; ZMR 1978, 63; 1978, 189). *Nicht* dazu gehören die Finanzierungskosten des Vermieters (OLG Hamburg aaO), die Aufwendungen des Mieters aus Anlaß der Baumaßnahmen, die der Vermieter ersetzen muß (§ 541 b Abs 3 BGB), vom Mieter oder von Dritten für den Mieter übernommene Kosten sowie namentlich alle Kosten, die mit Zuschüssen aus öffentlichen Haushalten gedeckt werden (§ 3 Abs 1 S 6 und 7 MHRG).

Sind die Modernisierungsmaßnahmen mit **Instandsetzungsmaßnahmen** 16
verbunden (oben Rz 11), zB bei der Ersetzung alter, verrotteter, einfacher

Fenster durch moderne Isolierverglasung, so müssen die Gesamtkosten im Wege der Schätzung auf die Verbesserungs- und die Instandsetzungsmaßnahmen aufgeteilt werden. Im Rahmen des § 3 MHRG durch Abzug zu berücksichtigen sind dann freilich nur diejenigen auf die Instandsetzungsmaßnahmen entfallenden Kosten, die im Augenblick der Vornahme der Modernisierungsmaßnahmen bereits *fällig* waren. Nicht abzuziehen sind hingegen, jedenfalls nach hM, die nur fiktiven, ersparten, zukünftigen Reparaturkosten, etwa bei der Ersetzung an sich noch brauchbarer, alter Fenster durch moderne, weit bessere Fenster (OLG Hamm OLGZ 1981, 329 = NJW 1981, 1622; WuM 1983, 13; OLG Celle WuM 1981, 151; LG Dortmund ZMR 1979, 281; 1980, 249; LG Hamburg MDR 1978, 935; 1981, 1021). Dem ist jedoch nicht zu folgen, weil dadurch die Gefahr begründet wird, daß der Vermieter Reparaturmaßnahmen vorzieht, um sie dann als Verbesserungsmaßnahmen auf Kosten des Mieters durchführen zu können (s Mietrecht § 3 MHRG Rz 46 f). Auf keinen Fall darf der Vermieter jedenfalls auf Kosten des Mieters einen unnötigen und *übertriebenen Aufwand* treiben, weil er damit seine vertragliche Treuepflicht verletzte (§§ 242, 249, 276 BGB; s oben Rz 8).

17 **4.** In **Mehrfamilienhäusern** werden die baulichen Maßnahmen idR gleichzeitig mehrere oder sogar alle Wohnungen betreffen. Für diesen Fall bestimmt S 2 des § 3 Abs 1 MHRG, daß die umlagefähigen Kosten vom Vermieter angemessen auf die einzelnen Wohnungen *aufzuteilen* sind. Die Kosten müssen folglich auf alle begünstigten Mieter, nicht nur auf einzelne von ihnen, umgelegt werden, und zwar angemessen, dh nach billigem Ermessen (§ 315 BGB). Im Zweifel wird sich die Aufteilung dabei nach der Wohnfläche zu richten haben; jedoch kommen auch andere Kriterien in Betracht, etwa wenn einzelne Wohnungen stärker als andere von den fraglichen Maßnahmen profitieren (LG Frankfurt WuM 1983, 115; s auch unten Rz 21).

18 **5.** Sind die Kosten des Vermieters durch **Zuschüsse** oder Darlehen Dritter und insbesondere der öffentlichen Hand verbilligt worden (vgl insbes § 13 ModEnG), so darf der Vermieter die auf diese Weise ersparten Kosten nicht auf die Mieter umlegen. Deshalb müssen, damit auch die Mieter in den Genuß derartiger Zuschüsse und Darlehen kommen, von den Baukosten bestimmte *Kürzungsbeträge* abgezogen werden, selbst wenn der Vermieter nicht nach § 3, sondern nach § 2 MHRG vorgeht (§§ 2 Abs 1 S 2 und 3 Abs 1 S 3-7 MHRG).

19 Eine Kürzung kommt zunächst in Betracht, wenn die Kosten ganz oder teilweise durch zinsverbilligte oder zinslose Darlehen aus öffentlichen Haushalten oder der Finanzierungsinstitute des Bundes oder eines Landes gedeckt werden (§ 3 Abs 1 S 3 und 7 MHRG). Dasselbe gilt, wenn Zuschüsse oder Darlehen zur Deckung der laufenden Aufwendungen ge-

währt werden (§ 3 Abs 1 S 3 HS 2 MHRG). Ebenso zu behandeln sind schließlich Mieterdarlehen, Mietvorauszahlungen und Leistungen, die von Dritten wie zB von einem Arbeitgeber für den Mieter für die baulichen Änderungen erbracht werden (S 4 des § 3 Abs 1 MHRG). Die **Berechnung** des Kürzungsbetrages ist dabei immer dieselbe: Es muß zunächst der jährliche Erhöhungsbetrag (s oben Rz 15 f) ermittelt werden; davon ist dann der jährlich vom Vermieter tatsächlich *absolut* ersparte Betrag infolge der Zinsverbilligung oder der Zuschüsse abzuziehen. Der Rest kann auf die Mieter umgelegt werden.

Ist die Finanzierung für die einzelnen Wohnungen unterschiedlich erfolgt, **20**
so muß der Erhöhungsbetrag **für jede Wohnung gesondert** berechnet werden. Deshalb ist es nötig, grundsätzlich auch für jede einzelne Wohnung gesondert festzustellen, wie hoch die jeweiligen Darlehen und Zuschüsse sind. Nur wenn dies nicht möglich ist, sind die Kürzungsbeträge nach S 5 des § 3 Abs 1 MHRG nach dem Verhältnis der für die einzelnen Wohnungen aufgewandten Kosten aufzuteilen (s oben Rz 18). – Eine weitere Kürzung des schließlich zu zahlenden, neuen Mietzinses kann sich noch ergeben, wenn der Mieter vor Durchführung der Maßnahmen an sich zur *Minderung* berechtigt war, der Mietzins aber bisher tatsächlich noch nicht gemindert worden war. Bestehen dann die Mängel auch nach der Durchführung der Maßnahmen fort, so ist die zunächst nach § 3 MHRG erhöhte Miete anschließend wieder gemäß § 537 Abs 1 BGB zu mindern (BGH LM Nr 9 zu § 18 1. BMietG; LG Mannheim WuM 1978, 95).

6. Der Erhöhungssatz beträgt seit dem 1. 7. 1978 **11%** der berücksichti- **21**
gungsfähigen Kosten abzüglich der Kürzungsbeträge. Eine Kappungsgrenze besteht dabei an sich nicht, so daß der erhöhte Mietzins durchaus auch das Niveau der ortsüblichen Vergleichsmiete überschreiten kann. Eine *Obergrenze* ergibt sich gleichwohl aus den Wucherverboten des § 302 a StGB und des § 5 WiStG idF des Änderungsgesetzes von 1982 (aM offenbar der Rechtsentscheid des OLG Hamm WuM 1983, 18 für § 5 MHRG und für § 5 WiStG). Auch eine **Befristung** der Mietzinserhöhung sieht das Gesetz nicht vor, so daß der Vermieter den nach § 3 erhöhten Mietzins auch dann noch verlangen kann, wenn die Baumaßnahmen längst bezahlt sind. Zu berücksichtigen bleibt aber auch hier stets *§ 14 ModEnG,* aus dem sich zusätzliche Bindungen des Vermieters ergeben können.

V. Verfahren **22**

Während § 2 MHRG dem Vermieter lediglich einen Anspruch auf Zustimmung des Mieters zu einer Vertragsänderung gibt, verleiht § 3 MHRG ebenso wie die §§ 4 und 5 des Gesetzes dem Vermieter ein **Gestaltungs-**

recht, durch dessen Ausübung er ohne Mitwirkung des Mieters einseitig den Mietzins erhöhen kann. Dieses Gestaltungsrecht wird durch die sog Erhöhungserklärung ausgeübt, der außerdem grundsätzlich ein Hinweis des Vermieters auf die voraussichtliche Höhe der entstehenden Kosten und die sich daraus ergebende Mieterhöhung vorausgehen soll (§ 3 Abs 2 MHRG).

23 **1. Hinweispflicht**

Nach § 3 Abs 2 MHRG soll der Vermieter den Mieter *vor* Durchführung der Baumaßnahmen auf die voraussichtliche Höhe der entstehenden Kosten und die sich daraus ergebende Mieterhöhung hinweisen. Eine entsprechende Regelung findet sich im Rahmen der Vorschriften über die Duldungspflicht des Mieters in § 541 b Abs 2 S 1 BGB, wo zugleich eine Frist von zwei Monaten für die Ausübung der Hinweispflicht vorgeschrieben ist. Zweck dieser Regelung ist es, dem Mieter eine sachgerechte Ausübung seines besonderen Kündigungsrechtes aus § 9 Abs 1 S 2 MHRG zu ermöglichen. Deshalb muß der **Hinweis vor Beginn** der Baumaßnahmen erfolgen, und zwar wohl innerhalb der *Frist* des § 541 b Abs 2 S 1 BGB (das Gesetz schweigt). Eine besondere *Form* ist für den Hinweis nicht vorgeschrieben. Der Hinweis muß jedoch die voraussichtliche Höhe der entstehenden Baukosten und die sich daraus ergebende Mieterhöhung, und zwar möglichst exakt, enthalten, damit der Mieter abschätzen kann, was auf ihn zukommt (AG Recklinghausen WuM 1982, 78). Ein *Verstoß* des Vermieters gegen die Hinweispflicht hat an sich nur zur Folge, daß sich die Fälligkeit des erhöhten Mietzinses um drei Monate verschiebt (s unten Rz 30). Ein schuldhafter Verstoß gegen die Hinweispflicht kann aber darüberhinaus auch eine positive Vertragsverletzung darstellen.

24 **2. Erhöhungserklärung**

a) Nach § 3 Abs 3 MHRG ist der Anspruch auf Mietzinserhöhung wegen Baumaßnahmen vom Vermieter durch schriftliche Erklärung gegenüber dem Mieter geltend zu machen. Dies kann, da auch der Anspruch auf den erhöhten Mietzins erst nach Durchführung der Baumaßnahmen entsteht, ebenfalls erst *nach Abschluß* der Baumaßnahmen geschehen. Eine vorher abgegebene Erklärung ist unwirksam, kann aber jederzeit nach Abschluß der Maßnahmen wiederholt werden (BayObLG ZMR 1972, 26).

25 **b)** Die Erhöhungserklärung ist eine einseitige, empfangsbedürftige Willenserklärung, für die **Schriftform** vorgeschrieben ist (§§ 126, 130 BGB iVm § 8 MHRG; BGH LM Nr 26/27 zu § 18 1. BMietG). Die Erklärung muß auf die Erhöhung des Mietzinses wegen der Durchführung bestimm-

ter Baumaßnahmen gerichtet sein, den Willen des Vermieters erkennen lassen, fortan einen bestimmten, höheren Mietzins zu fordern, und außerdem nach S 2 des § 3 Abs 3 MHRG begründet sein.

Erster und wichtigster Bestandteil der *Begründung* der Erhöhungserklärung ist die **Berechnung** des auf die einzelne Wohnung entfallenden Erhöhungsbetrages. Die Berechnung muß dabei von den Gesamtkosten der Baumaßnahme ausgehen und diese auf die einzelnen, durchgeführten Maßnahmen aufschlüsseln. Außerdem muß die Begründung Aufschluß über die Finanzierung der Maßnahmen geben. Schließlich ist aus den genannten Angaben in übersichtlicher und leicht verständlicher Weise der auf die einzelnen Wohnungen entfallende Erhöhungsbetrag abzuleiten, wobei auch der jeweils angewandte Verteilungsschlüssel zu nennen ist (s BGH LM Nr 8, 13 und 26/27 zu § 18 1. BMietG; LG Hagen WuM 1978, 242; LG Hamburg WuM 1973, 64; 1976, 236; LG Frankfurt WuM 1983, 115). Zur Überprüfung der Berechnung hat der Mieter dabei auch ein Recht auf **Einsicht** in die bei dem Vermieter liegenden Belege (s LG Hamburg WuM 1976, 236; LG Kassel MDR 1965, 140; LG Münster ZMR 1972, 214). Schließlich muß in der Erhöhungserklärung noch der auf den einzelnen Mieter entfallende Erhöhungsbetrag selbst genau als Ergebnis der Berechnung genannt werden (str). **26**

Der zweite Bestandteil der nach S 2 des § 3 Abs 3 MHRG erforderlichen Begründung ist die **Erläuterung** der Erhöhungserklärung entsprechend den Voraussetzungen nach Abs 1. Gemeint ist damit die Erläuterung und Begründung der durchgeführten Maßnahmen im einzelnen (LG Hamburg WuM 1982, 247). **27**

c) Verstößt die Erhöhungserklärung gegen die genannten Anforderungen, so ist sie **unwirksam** und löst keinerlei Rechtsfolgen aus. Der Vermieter kann die Erhöhungserklärung aber jederzeit *nachholen*. Auch hindert den Mieter nichts, sich auf eine unwirksame Erhöhungserklärung hin mit dem Vermieter über eine Mietzinserhöhung zu einigen (LG Mannheim NJW 1975, 316; LG Osnabrück WuM 1978, 10; vgl auch für den Fall der Zuvielforderung BGH LM Nr 13 zu § 18 1. BMietG). **28**

VI. Fälligkeit **29**

Ist die Erhöhungserklärung wirksam, so wird der Mietzins von dem in § 3 Abs 4 S 1 MHRG bestimmten Zeitpunkt ab erhöht, wobei das Gesetz danach unterscheidet, ob dem Mieter die Erhöhungserklärung bis zum Ende des 15. Tages eines Monates oder danach zugeht. Nach S 2 des § 3 Abs 4 MHRG wird die Fälligkeit darüberhinaus um weitere 3 Monate hinausgeschoben, wenn der Vermieter gegen seine Hinweispflicht verstoßen hat (s oben Rz 24).

30 **VII. Klage**

Wenn der Mieter trotz des Vorliegens der Voraussetzungen des § 3 MHRG den erhöhten Mietzins nicht freiwillig zahlt, muß der Vermieter Zahlungsklage erheben. Zuständig ist das Amtsgericht nach § 29 a ZPO. Die **Beweislast** für sämtliche Voraussetzungen des Erhöhungsrechts trägt dabei der Vermieter (AG Dillingen WuM 1982, 300).

31 **VIII. Abweichende Vereinbarungen**

§ 3 MHRG ist nach § 10 Abs 1 des Gesetzes zwingend, so daß Vereinbarungen, die zum Nachteil des Mieters von § 3 MHRG abweichen, unwirksam sind (s BGH LM Nr 10 zu § 18 1. BMietG; LG Osnabrück WuM 1978, 10). Hingegen kann § 3 MHRG vertraglich sowohl verschärft als auch ganz ausgeschlossen werden (§ 1 S 3 MHRG). Ein konkludenter **Ausschluß des Erhöhungsrechts** des Vermieters kann sich dabei zB aus der Vereinbarung einer Umsatzmiete in Verbindung mit einer Mindestmiete ergeben (BGH LM Nr 23 zu § 18 1. BMietG). Auch aus der Leistung hoher Zuschüsse des Mieters zu den Baukosten des Vermieters kann ein Ausschluß weitergehender Mietzinserhöhungen zu folgern sein.

§ 4 MHRG

Für Betriebskosten im Sinne des § 27 der Zweiten Berechnungsverordnung dürfen Vorauszahlungen nur in angemessener Höhe vereinbart werden. Über die Vorauszahlungen ist jährlich abzurechnen.

Der Vermieter ist berechtigt, Erhöhungen der Betriebskosten durch schriftliche Erklärung anteilig auf den Mieter umzulegen. Die Erklärung ist nur wirksam, wenn in ihr der Grund für die Umlage bezeichnet und erläutert wird.

Der Mieter schuldet den auf ihn entfallenden Teil der Umlage vom Ersten des auf die Erklärung folgenden Monats oder, wenn die Erklärung erst nach dem Fünfzehnten eines Monats abgegeben worden ist, vom Ersten des übernächsten Monats an. Soweit die Erklärung darauf beruht, daß sich die Betriebskosten rückwirkend erhöht haben, wirkt sie auf den Zeitpunkt der Erhöhung der Betriebskosten, höchstens jedoch auf den Beginn des der Erklärung vorausgehenden Kalenderjahres zurück, sofern der Vermieter die Erklärung innerhalb von drei Monaten nach Kenntnis von der Erhöhung abgibt.

Ermäßigen sich die Betriebskosten, so ist der Mietzins vom Zeitpunkt der Ermäßigung ab entsprechend herabzusetzen. Die Ermäßigung ist dem Mieter unverzüglich mitzuteilen.

Schrifttum: Glaser, Die umlegungsfähigen Sammelheizungskosten, BlGBW 1980, 102; ders, Umlegung der Kosten des Wasserverbrauchs auf die Mieter, BlGBW 1980, 49; Goch, Die Umlage von Nebenkosten im freifinanzierten Wohnungsbau, WuM 1977, 25; Korff, Zum Begriff der „Heizungskosten", DWW 1978, 86; Langenberg, Die Erhöhung von Betriebskostenpauschalen gemäß § 4 Abs 2, 3 MHG, ZMR 1982, 65; Lau, Zur Umlegung von Mietnebenkosten, ZMR 1978, 357; Lenhard, Die Mietzinsanhebung nach § 4 Abs. 2 und 3 MHG auf dem Hintergrund von § 10 Abs. 1 MHG, DWW 1979, 104; Pardey, Änderung des Umlegungsmaßstabes für Mietnebenkosten, ZMR 1978, 97; Pütz, Die Betriebskostenabrechnung, WuM 1979, 69; Rupp, Der Umlegungsschlüssel für Wassergeld und Warmwasser, BlGBW 1979, 5; Schmidt-Futterer, Die Verjährung und Verwirkung der Ansprüche auf Heizkosten, BB 1971, 943; Sternel, Heiz- und Nebenkosten. Umlage – Erhöhung – Abrechnung, WuM 1981, 73; Weimar, Betriebskostenpauschale und Vorauszahlung auf die Betriebskosten, Betrieb 1982, 687; Wichardt, Zur Abrechnung von Nebenkosten, ZMR 1980, 1; Zeuner, Die Substantiierungspflicht des Mieters bei Einwendungen gegen Nebenkostenabrechnungen im Prozeß, ZMR 1981, 161.

I. Allgemeines 1

Die Vorschrift betrifft Betriebskosten für vermieteten Wohnraum. In Abs 1 wird klargestellt, daß die Parteien Vorauszahlungen in angemessener Höhe vereinbaren können. Nach Abs 2 und 3 steht dem Vermieter das Recht zu, Erhöhungen der Betriebskosten durch schriftliche Erklärung anteilig auf den Mieter umzulegen. Hierdurch wird eine einfache und praktikable Weitergabe von Kostensteigerungen ermöglicht, die schwer kalkulierbar sind und regelmäßig außerhalb der Einflußsphäre des Vermieters liegen. Im Interesse des Mieters besteht nach Abs 4 die Verpflichtung des Vermieters, bei einer Ermäßigung der Betriebskosten den Mietzins entsprechend herabzusetzen.

II. Vorauszahlungen auf Betriebskosten (Abs 1)

1. Vereinbarung (Abs 1 S 1) 2

a) Nach Abs 1 S 1 dürfen für **Betriebskosten** iS des § 27 II. BVO Vorauszahlungen nur in angemessener Höhe vereinbart werden. Unter den Begriff der Betriebskosten fallen die Kosten, die dem Eigentümer bzw Erbbauberechtigten durch das Eigentum am Grundstück bzw Erbbaurecht oder durch den bestimmungsmäßigen Gebrauch des Gebäudes oder der Wirtschaftseinheit, der Nebengebäude, Anlagen, Einrichtungen und des Grundstücks laufend entstehen. Die Anlage 3 zu § 27 II. BVO enthält eine abschließende Aufzählung. Dadurch wird der Anwendungsbereich des § 4 MHRG bestimmt. Zugleich ergibt sich daraus im Hinblick auf § 10 Abs 1 die Grenze für Vorauszahlungen und Erhöhungen. Welche Betriebskosten der Mieter im einzelnen zu tragen hat, richtet sich nach den Vereinbarungen der Parteien (LG Köln WuM 1982, 277; AG Dortmund WuM 1982, 161). Ist hierüber nichts bestimmt, sind sämtliche Nebenkosten mit dem Mietzins abgegolten. Die Abwälzung bedarf stets einer eindeutigen Vereinbarung und kann nicht allein auf § 4 gestützt werden (AG Wuppertal WuM 1980, 18). Vereinbarungen über umlagefähige Betriebskosten werden nicht dadurch geändert, daß der Mieter einmalig oder auch über mehrere Jahre nicht vertragsgemäße Betriebskostenabrechnungen unbeanstandet läßt (LG Wuppertal WuM 1982, 300).

3 Zu den Betriebskosten iS der *Anlage 3* zu § 27 II. BVO gehören die laufenden öffentlichen Lasten des Grundstücks wie die Grundsteuer, die Kosten der Wasser- und Warmwasserversorgung und die Heizungskosten (§§ 535, 536 Rz 23 ff; Mietrecht § 4 MHRG Rz 6 a). Die Heizungskosten umfassen in erster Linie den verbrauchten Brennstoff (LG Wuppertal WuM 1979, 141 m Anm Goch), die Kosten der Lieferung, des Betriebsstroms, der Bedienung, der Überwachung und Pflege sowie der Reinigung der Anlage und des Betriebsraums. Als Betriebskosten sind weiter zu nennen Aufwendungen für den Betrieb von Fahrstühlen, Straßenreinigung, Müllabfuhr, Entwässerung, Hausreinigung, Ungezieferbekämpfung, Gartenpflege, Beleuchtung, Schornsteinreinigung, Sach- und Haftpflichtversicherung, Gemeinschaftsantenne, maschinelle Wascheinrichtung und sonstige Aufwendungen, die mit der Bewirtschaftung unmittelbar zusammenhängen. Ausgeschlossen sind allgemeine Verwaltungskosten (LG Frankfurt ZMR 1980, 278 m Anm Schneider WuM 1982, 79; LG Wiesbaden ZMR 1981, 121 m Anm Barthelmess; AG Freiburg WuM 1982, 215) sowie Instandhaltungs- und Instandsetzungskosten (LG Braunschweig ZMR 1973, 154; LG München I WuM 1978, 184).

4 **b)** Der Mieter ist zu **Vorauszahlungen** auf die Betriebskosten nur verpflichtet, wenn dies vereinbart ist. Hierfür trifft den Vermieter die Beweislast (AG Rheine WuM 1980, 42). Abs 1 räumt dem Vermieter keinen gesetzlichen Anspruch auf Vorauszahlungen ein (LG Hamburg WuM 1978, 242). Es besteht mangels vertraglicher Regelung auch kein Anspruch, eine vereinbarte Vorauszahlung zu erhöhen, die sich später als zu niedrig erweist (LG Köln WuM 1974, 153). Auch Abs 2 ist insoweit nicht anwendbar (Mietrecht § 4 MHRG Rz 7). Haben die Parteien vereinbart, die Vorauszahlungen bei einem Ansteigen der Betriebskosten zu erhöhen, muß der Vermieter sein Erhöhungsverlangen in der Weise erläutern, daß der Mieter die zugrunde liegenden Tatsachen ohne Schwierigkeiten nachprüfen kann (LG Essen ZMR 1981, 207 m Anm Tiefenbacher; LG Mannheim WuM 1978, 124). Zulässig ist, eine prozentuale Erhöhung nach den Kosten der vergangenen Abrechnungsperiode zu vereinbaren. Das gleiche gilt bis zur Grenze der Angemessenheit auch für eine Vereinbarung, die den Vermieter berechtigt, einen außerordentlichen Vorschuß zu ver-

langen, wenn die Heizölpreise so weit steigen, daß sie durch die bisherigen Vorschüsse nicht gedeckt sind (AG Ludwigshafen ZMR 1989 180).

Von den Vorauszahlungen zu unterscheiden ist die **Betriebskostenpauschale**, zu deren Zahlung sich der Mieter unabhängig vom tatsächlichen Verbrauch verpflichtet und bei der deshalb eine spätere Abrechnung unterbleibt (§§ 535, 536 Rz 30). § 4 ist hierauf grundsätzlich nicht anzuwenden (LG Essen ZMR 1982, 79). Die spätere Erhöhung ist nur kraft einer Parteivereinbarung möglich, die auch schon im ursprünglichen Mietvertrag getroffen werden kann (Mietrecht § 4 MHRG Rz 8; LG Köln WuM 1982, 301; aM Langenberg ZMR 1982, 65). Auch eine Anpassung wegen Änderung der Geschäftsgrundlage kommt nicht ohne weiteres in Betracht (AG Walsrode WuM 1979, 12; weitergehend AG Mönchengladbach-Rheydt ZMR 1981, 309). 5

c) Vorauszahlungen dürfen nur in **angemessener Höhe** vereinbart werden. Angemessen sind die Vorauszahlungen, wenn sie an der Höhe der zu erwartenden Betriebskosten ausgerichtet werden. Es kann von den Erfahrungswerten der vergangenen Jahre ausgegangen werden, wobei diese Werte wegen möglicher Kostensteigerungen überschritten werden können. Die Vorauszahlungen können unabhängig vom tatsächlichen, jahreszeitlich schwankenden Verbrauch in gleichbleibender Höhe vereinbart werden. 6

d) **Entstehung und Fälligkeit** der Vorauszahlungen hat das Gesetz den Parteivereinbarungen überlassen. Hierfür kann die Zahlungsweise des Mietzinses maßgeblich sein, was mangels ausdrücklicher Regelung als stillschweigend vereinbart gelten darf. 7

2. Abrechnung (Abs 1 S 2) 8

a) Der Vermieter muß über die Vorauszahlungen jährlich abrechnen. Der **Inhalt** der Abrechnungspflicht entspricht dem der Rechenschaftslegung iS des § 259 BGB (§§ 535, 536 Rz 27; Mietrecht § 4 MHRG Rz 11; BGH NJW 1982, 573). Sie ist auf Mitteilung einer Rechnung gerichtet, dh einer geordneten Gegenüberstellung von Einnahmen und Ausgaben. Die Abrechnung muß einschließlich der zugrunde gelegten Ausgangswerte allgemeinverständlich und nachvollziehbar sein (AG Bensheim WuM 1980, 232). Bei Abrechnung der Heizungskosten muß der Brennstoffverbrauch genau angegeben werden. Hierzu sind der Bestand zu Beginn und am Ende der Heizperiode, ggf durch Schätzung, und die in der Zwischenzeit bezogene Menge zu ermitteln (LG Wuppertal WuM 1979, 141 m Anm Goch). Eine besondere Form ist gesetzlich nicht vorgeschrieben (Mietrecht § 4 MHRG Rz 12).

b) Der Umfang der **Abrechnungsperiode** darf ein Jahr nicht überschrei- 9 ten. Längere Zeiträume können von den Parteien nicht vereinbart werden (§ 10 Abs 1). Eine Abrechnung für kürzere Zeit ist hingegen gestattet. Der Abrechnungszeitraum braucht nicht mit dem Kalenderjahr übereinzustimmen und nicht ständig gleich lang zu sein, wenn die Parteien ihn nicht vertraglich festgelegt haben.

10 c) Die **Fälligkeit** eines Rückzahlungs- oder Nachzahlungsanspruchs tritt erst nach ordnungsgemäßer Abrechnung ein (OLG Hamm WuM 1982, 72; LG Hamburg WuM 1977, 94). Verlangt der Mieter Einsicht in die Abrechnungsunterlagen, kann er die Zahlung bis zur Gestattung der Einsichtnahme nach § 273 verweigern (AG Dortmund WuM 1980, 241). Mangels anderer Vereinbarungen ist der Anspruch sofort fällig (§ 271 BGB).

11 d) Eine **Verletzung der Abrechnungspflicht** durch den Vermieter berechtigt den Mieter, weitere Vorauszahlungen (LG Mannheim WuM 1974, 145) oder die Begleichung einer Restschuld zu verweigern. Der Anspruch auf eine Nachzahlung ist verwirkt, wenn der Vermieter die Abrechnung verzögert und der Mieter deshalb darauf vertrauen darf, nicht mehr für einen zurückliegenden Abrechnungszeitraum in Anspruch genommen zu werden (OLG Hamm WuM 1982, 72; KG WuM 1981, 270). Dies ist weitgehend eine Frage der tatsächlichen Würdigung (OLG Karlsruhe WuM 1981, 271). Für die Dauer der Verzögerung wird meistens auf ein Jahr abgestellt, wobei vom Ablauf der Abrechnungsperiode ausgegangen wird (LG Bonn WuM 1979, 235; Mietrecht § 4 MHRG Rz 14). Die Vereinbarung einer bestimmten Vorauszahlung schafft für den Mieter grundsätzlich keinen Vertrauenstatbestand des Inhalts, die Vorauszahlung decke in etwa die anfallenden Nebenkosten ab. Die Nachzahlung ist deshalb nicht auf einen bestimmten Prozentsatz begrenzt (OLG Stuttgart NJW 1982, 2506 = 5 in RE Miet m abl Anm Lechner WuM 1983, 5; LG Lübeck WuM 1981, 45; aM AG Eschweiler WuM 1980, 233; AG Hamburg WuM 1982, 247).

III. Umlegung erhöhter Betriebskosten (Abs 2 und 3)

12 1. Allgemeines

Nach Abs 2 ist der Vermieter berechtigt, Erhöhungen der Betriebskosten durch schriftliche Erklärung anteilig auf den Mieter umzulegen. Er ist dabei nicht an die Obergrenze der ortsüblichen Vergleichsmiete oder des § 5 WiStrG (vgl OLG Hamm WuM 1983, 18 = 26 in RE Miet) gebunden. Es handelt sich um ein Gestaltungsrecht, dessen Ausübung unmittelbar zu einem Zahlungsanspruch führt. Eine Zustimmung des Mieters ist nicht erforderlich. Die Regelung greift nicht ein, wenn sich der Mieter vertraglich verpflichtet hat, die tatsächlich entstandenen Betriebskosten zu übernehmen. Die Rechte des Vermieters aus § 4 können vertraglich ausgeschlossen werden (§ 1 S 3). Ein solcher Ausschluß kann ausdrücklich vereinbart sein oder sich aus den Umständen, insbesondere aus der Vereinbarung eines befristeten Mietverhältnisses mit festem Mietzins oder einer Betriebskostenpauschale, ergeben (Mietrecht § 4 MHRG Rz 17). Das gleiche ist anzunehmen, wenn die Parteien als Mietzins vorbehaltlos einen Bruttobetrag vereinbart haben, durch den die nicht bezifferten Nebenkosten pauschal mit abgegolten sein sollen (OLG Zweibrücken NJW 1981, 1622 = 2 in RE Miet).

2. Erhöhung der Betriebskosten 13

a) Es muß eine **Erhöhung** der Betriebskosten eingetreten sein, die begrifflich durch § 27 II. BVO festgelegt werden (Rz 2 f). Dies ist der Fall, wenn die gesamten Betriebskosten höher geworden sind als zur Zeit des Vertragsabschlusses oder einer späteren Neufestsetzung nach § 4. Es kommt nicht auf die Erhöhung einer einzelnen Betriebskostenart an, sondern auf den Gesamtbetrag (LG Berlin MDR 1981, 849). Unerheblich ist, ob die Betriebskosten im Mietvertrag gesondert ausgewiesen oder in einer einheitlichen Mietsumme enthalten sind. Auch eine neu hinzutretende Betriebskostenart ist zu berücksichtigen, wenn der Mieter nach dem Mietvertrag verpflichtet ist, die betreffende Kostenart zu tragen. Kosten, die der Mieter nicht übernommen hat, sind vertraglich ausgeschlossen. Dieser Ausschluß erstreckt sich auch auf das Erhöhungsrecht des Vermieters (AG Hannover WuM 1977, 172). Soweit dem Vermieter das Erhöhungsrecht zusteht, kann er abweichend von § 2 Abs 1 Nr 1 mehrere kurzfristig aufeinanderfolgende Erhöhungen ohne zeitliche Verzögerung auf den Mieter überwälzen. Auf die Vorhersehbarkeit der Kostensteigerung kommt es nicht an. Deshalb ist die durch den Wegfall einer Grundsteuervergünstigung eintretende Erhöhung umlegbar (OLG Karlsruhe NJW 1981, 1051 = 2 in RE Miet; aM AG Lampertheim WuM 1981, 57). Grundsätzlich ist auch unerheblich, ob es sich um eine vermeidbare Erhöhung der Betriebskosten handelt. Dem Vermieter steht eine gewisse Ermessensfreiheit zu. Er ist aber nach § 242 BGB gehalten, nicht auf dem Wege des § 4 Abs 2 völlig in seinem Belieben stehende Kosten auf den Mieter abzuwälzen (Mietrecht § 4 MHRG Rz 21).

b) Dem Vermieter ist eine **anteilige Umlegung** der Betriebskosten auf den **14**
Mieter gestattet (Abs 2 S 1). Gesetzlich wird der Umlegungsmaßstab durch die Verordnung über die verbrauchsabhängige Abrechnung der Heiz- und Warmwasserkosten vom 23. 2. 1981 (BGBl I 261) vorgeschrie-

ben (§§ 535, 536 Rz 25; eingehend PERUZZO, Heizkostenabrechnung nach Verbrauch [2. Aufl 1983]). Im übrigen können die Parteien den Umlegungsmaßstab vertraglich bestimmen. Dies ist auch für spätere Erhöhungen maßgebend. Die Vereinbarung kann stillschweigend getroffen werden (LG Berlin MDR 1981, 405). Allein die Zahlung von Betriebskosten durch den Mieter ist allerdings nicht als Einverständnis mit dem zugrunde liegenden Umlegungsmaßstab zu beurteilen (LG Hannover WuM 1978, 123 m Anm SCHOPP MDR 1979, 57). Wegen der vertraglichen Bindung ist eine einseitige Änderung durch den Vermieter, insbesondere durch Aushang eines Rundschreibens (AG Düren WuM 1980, 40), nicht möglich (LG Köln WuM 1978, 93, 95). Haben die Parteien vertraglich keinen Umlegungsmaßstab festgelegt, steht das Bestimmungsrecht dem Vermieter zu und ist aufgrund der §§ 315, 316 BGB nach billigem Ermessen auszuüben (LG Köln WuM 1978, 207).

15 **3. Geltendmachung der Umlegung (Abs 2)**

a) Die Umlegung ist durch **schriftliche Erklärung** des Vermieters gegenüber dem Mieter geltend zu machen (Abs 2 S 1). Die Erklärung muß bei einer Mehrheit von Mietern an alle Mieter gerichtet werden (OLG Celle WuM 1982, 102 = 2 in RE Miet). Dies gilt bei Ehegatten auch dann, wenn sie getrennt leben und einer von ihnen ohne einverständliche Aufhebung des mit ihm bestehenden Mietverhältnisses aus der Wohnung ausgezogen ist (BayObLG WuM 1983, 107 = 15 in RE Miet). Es handelt sich um eine einseitige, empfangsbedürftige Willenserklärung, die dem gesetzlichen Formerfordernis des § 126 genügen muß. In § 8 ist hinsichtlich der eigenhändigen Unterschrift eine Ausnahme zugelassen, wenn die Erklärung mit Hilfe automatischer Einrichtungen gefertigt ist.

16 b) Für den **Inhalt** der Erklärung verlangt Abs 2 S 2 als Wirksamkeitsvoraussetzung, daß der Grund für die Umlage bezeichnet und erläutert wird, etwa durch Hinweis auf die eine Kostensteigerung verursachende Stelle wie Gemeinde oder Stadtwerke und das Datum des Gebührenbescheids oder der Rechnung. Da dem Mieter eine Nachprüfung möglich sein soll, muß der Erhöhungsbetrag zumindest als Differenzbetrag zwischen früheren und neuen Kosten erkennbar (LG Berlin MDR 1981, 849) oder berechenbar sein.

17 c) Ein **Verstoß** gegen Abs 2 macht die Erhöhungserklärung unwirksam. Die rügelose Zahlung eines rechtswidrig angeforderten Erhöhungsbetrags führt nicht zu einer Vereinbarung über die Mietzinserhöhung (LG Itzehoe WuM 1980, 60). Wird die Einsichtnahme in die Belege verweigert, steht dem Mieter nach § 273 BGB nur ein Zurückbehaltungsrecht hinsichtlich

des erhöhten Betrags zu, das die Wirksamkeit der Erhöhung unberührt läßt.

4. Wirkungseintritt der Umlegung (Abs 3) 18

a) Die Erklärung, mit der der Vermieter eine Umlegung erhöhter Betriebskosten geltend macht, wird nach § 130 BGB mit dem **Zugang** beim Mieter wirksam.

19 **b)** Bei einer **zukünftigen Erhöhung** der Betriebskosten schuldet der Mieter den auf ihn entfallenden Teil der Umlage vom Ersten des auf die Erklärung folgenden Monats an. Ist die Erklärung erst nach dem Fünfzehnten eines Monats abgegeben worden, tritt diese Wirkung am Ersten des übernächsten Monats ein (Abs 3 S 1). Entscheidend ist der Zeitpunkt des Zugangs.

20 **c)** Bei einer **rückwirkenden Erhöhung** der Betriebskosten läßt Abs 3 S 2 in begrenztem Umfang eine rückwirkende Überwälzung der anteiligen Umlage auf den Mieter zu.

aa) Die Erklärung des Vermieters, mit der die Umlage geltend gemacht wird, muß darauf beruhen, daß sich die Betriebskosten **rückwirkend** erhöht haben. Dies ist der Fall, wenn sich die Erhöhung auf eine Zeit bezieht, die vor der jeweiligen Geltendmachung gegenüber dem Vermieter liegt.

21 **bb)** Der Vermieter muß seine Erklärung **innerhalb von drei Monaten nach Kenntnis** von der Erhöhung abgeben. Unter Abgabe ist auch hier wie im Fall des Abs 3 S 1 HS 2 (Rz 19) der Zugang beim Mieter zu verstehen (Mietrecht § 4 MHRG Rz 29). Die Dreimonatsfrist beginnt mit der positiven Kenntnis des Vermieters von der Erhöhung. Legt der Vermieter gegen einen Gebührenbescheid Rechtsmittel ein, kommt es für die Kenntnis auf den Bescheid oder das Urteil an, durch den die Erhöhung endgültig festgestellt wird (LG München DWW 1978, 99 m Anm Glock-Bub).

22 **cc)** Die Rückwirkung der Umlage erstreckt sich grundsätzlich auf den **Zeitraum**, für den die erhöhte Belastung vom Vermieter zu tragen ist. Das Gesetz begrenzt diesen Zeitraum für die vom Mieter zu zahlende Umlage auf den Beginn des der Erklärung des Vermieters vorausgehenden Kalenderjahres. Entscheidend ist der Zugang.

23 **dd)** Nach der **Beendigung des Mietverhältnisses** ist eine rückwirkend erhöhte Umlage gegenüber dem früheren Mieter ausgeschlossen, da der Mietvertrag als Grundlage für eine auf § 4 gestützte einseitige Änderung weggefallen ist.

IV. Herabsetzung des Mietzinses bei Ermäßigung der Betriebskosten (Abs 4)

24 1. Allgemeines

Ermäßigen sich die Betriebskosten, ist der Vermieter verpflichtet, den Mietzins vom Zeitpunkt der Ermäßigung ab entsprechend herabzusetzen und dem Mieter die Ermäßigung unverzüglich mitzuteilen. Der Mietzins wird nicht kraft Gesetzes gesenkt. Es bedarf einer Gestaltungserklärung seitens des Vermieters, auf die der Mieter einen klagbaren Anspruch hat.

25 2. Ermäßigung der Betriebskosten

Es muß eine Ermäßigung der Betriebskosten (Rz 2 f) eingetreten sein (Abs 4 S 1). Dies ist der Fall, wenn die gesamten Betriebskosten niedriger geworden sind als zur Zeit des Vertragsabschlusses oder einer Neufestsetzung nach § 4. Entscheidend ist der Gesamtbetrag, nicht eine einzelne Betriebskostenart. Unerheblich ist, ob der Mietzins zuvor nach Abs 2 wegen gestiegener Betriebskosten erhöht worden ist (vgl aber § 5 Abs 3). Der Umlegungsmaßstab für die Ermäßigung entspricht den bei einer Erhöhung anzuwendenden Grundsätzen (Rz 14).

26 3. Mitteilung der Ermäßigung

Nach Abs 4 S 2 ist die Ermäßigung dem Mieter unverzüglich, dh ohne schuldhaftes Zögern (§ 121 Abs 1 S 1 BGB), mitzuteilen, nachdem der Vermieter von der Ermäßigung der Betriebskosten Kenntnis erlangt hat. Eine Begründung und besondere Form sind für die Erklärung nicht vorgeschrieben.

27 4. Wirkungseintritt der Herabsetzung

Die Herabsetzung des Mietzinses beruht auf einer einseitigen, empfangsbedürftigen Willenserklärung des Vermieters, der Mitteilung des Abs 4 S 2. Diese Erklärung wird nach § 130 BGB mit dem Zugang beim Mieter wirksam. Davon zu unterscheiden ist der Zeitpunkt, zu dem der Mietzins herabgesetzt wird. Abs 4 S 1 verpflichtet den Vermieter, den Mietzins vom Zeitpunkt der Ermäßigung der Betriebskosten ab entsprechend herabzusetzen. Der Mieter hat auf die Abgabe dieser Willenserklärung einen im Wege der Leistungsklage durchzusetzenden Anspruch (Mietrecht § 4 MHRG Rz 43 f). Sobald der Mietzins durch die Gestaltungserklärung des

Vermieters rückwirkend herabgesetzt worden ist, entsteht ein Bereicherungsanspruch des Mieters auf Rückzahlung der zuviel entrichteten Betriebskosten (§ 812 Abs 1 S 2 BGB).

§ 5 MHRG

Der Vermieter ist berechtigt, Erhöhungen der Kapitalkosten, die nach Inkrafttreten dieses Gesetzes infolge einer Erhöhung des Zinssatzes aus einem dinglich gesicherten Darlehen fällig werden, durch schriftliche Erklärung anteilig auf den Mieter umzulegen, wenn

1. der Zinssatz sich
   a) bei Mietverhältnissen, die vor dem 1. Januar 1973 begründet worden sind, gegenüber dem am 1. Januar 1973 maßgebenden Zinssatz,
   b) bei Mietverhältnissen, die nach dem 31. Dezember 1972 begründet worden sind, gegenüber dem bei Begründung maßgebenden Zinssatz
   erhöht hat,

2. die Erhöhung auf Umständen beruht, die der Vermieter nicht zu vertreten hat,

3. das Darlehen der Finanzierung des Neubaues, des Wiederaufbaues, der Wiederherstellung, des Ausbaues, der Erweiterung oder des Erwerbs des Gebäudes oder des Wohnraums oder von baulichen Maßnahmen im Sinne des § 3 Abs. 1 gedient hat.

§ 4 Abs. 2 Satz 2 und Absatz 3 Satz 1 gilt entsprechend.

Ermäßigt sich der Zinssatz nach einer Erhöhung des Mietzinses nach Absatz 1, so ist der Mietzins vom Zeitpunkt der Ermäßigung ab entsprechend, höchstens aber um die Erhöhung nach Absatz 1, herabzusetzen. Ist das Darlehen getilgt, so ist der Mietzins um den Erhöhungsbetrag herabzusetzen. Die Herabsetzung ist dem Mieter unverzüglich mitzuteilen.

Das Recht nach Absatz 1 steht dem Vermieter nicht zu, wenn er die Höhe der dinglich gesicherten Darlehen, für die sich der Zinssatz erhöhen kann, auf eine Anfrage des Mieters nicht offengelegt hat.

Geht das Eigentum an dem vermieteten Wohnraum von dem Vermieter auf einen Dritten über und tritt dieser anstelle des Vermieters in das Mietverhältnis ein, so darf der Mieter durch die Ausübung des Rechts nach Absatz 1 nicht höher belastet werden, als dies ohne den Eigentumsübergang möglich gewesen wäre.

Schrifttum: Bilda, Zur Hypothekenzinserhöhung über vereinbarte Höchstsatzklauseln hinaus, ZMR 1975, 161; Derleder, Inflatorische Impulse des Gesetzes zur Regelung der Miethöhe? WuM 1976, 197 und 221; von Lackum, Zur kapitalkostenbedingten Mieterhöhung gemäß Paragraph 5 MHG, DWW 1981, 225; Weimar, Die Möglichkeit der Umlage von

Erhöhungen der Hypotheken- und Grundschuldzinsen auf den Wohnraummieter, Betrieb 1975, 631; ders, Zur Zinssteigerungsumlage gem. § 5 MHRG, BlGBW 1982, 5.

1 I. Allgemeines

Die Vorschrift betrifft Kapitalkosten für vermieteten Wohnraum. Nach Abs 1 steht dem Vermieter unter bestimmten Voraussetzungen das Recht zu, Erhöhungen der Kapitalkosten, die auf einer Erhöhung des Zinssatzes für ein dinglich gesichertes Baudarlehen beruhen, durch schriftliche Erklärung anteilig auf den Mieter umzulegen. Die Wirtschaftlichkeit des Hausbesitzes soll bei starken Bewegungen auf dem Kapitalmarkt durch eine Umlegung erhöhter Kapitalkosten gewahrt bleiben. Eine Ermäßigung der Kapitalkosten führt im Gegensatz zur Regelung des § 4 Abs 4 nur dann zur Herabsetzung des Mietzinses, wenn der Vermieter zuvor die Miete wegen gestiegener Kapitalkosten erhöht hat. Anderenfalls würden jene Vermieter benachteiligt, die auf eine frühere Erhöhung verzichtet oder zu einem nicht kostendeckenden Mietzins vermietet haben.

II. Umlegung erhöhter Kapitalkosten (Abs 1, 2, 4, 5)

2 1. Allgemeines

Die Vorschrift ermöglicht es dem Vermieter, abweichend von dem in § 2 vorgeschriebenen Verfahren eine Mieterhöhung wegen gestiegener Kapitalkosten durch schriftliche Erklärung einseitig gegenüber dem Mieter durchzusetzen. Dabei ist der Vermieter nicht an die Obergrenze der ortsüblichen Vergleichsmiete oder des § 5 WiStrG (OLG Hamm WuM 1983, 18 = 26 in RE Miet) gebunden. Es handelt sich um ein Gestaltungsrecht, dessen Ausübung unmittelbar zu einem Zahlungsanspruch des Vermieters führt. Der Mieter hat gegenüber einer Umlegung erhöhter Kapitalkosten ein Kündigungsrecht nach § 9 Abs 1 S 2.

3 2. Erhöhung der Kapitalkosten

Der Vermieter ist berechtigt, Erhöhungen der Kapitalkosten, die nach Inkrafttreten des MHRG infolge einer Erhöhung des Zinssatzes aus einem dinglich gesicherten Darlehen fällig werden, durch schriftliche Erklärung anteilig auf den Mieter umzulegen. Da § 5 eine Sonderregelung darstellt, kann der Vermieter abweichend von § 2 Abs 1 Nr 1 mehrere kurzfristig aufeinanderfolgende Erhöhungen der Kapitalkosten ohne zeitliche Verzögerung auf den Mieter umlegen.

a) Der Begriff der **Kapitalkosten** ist im MHRG nicht ausdrücklich geregelt. Gemeint sind damit nur Fremdkapitalkosten. Eine im öffentlich geförderten Wohnungsbau maßgebende Begriffsbestimmung der Fremdkapitalkosten enthält § 21 II. BVO. Von diesem Begriff kann auch im Rahmen des § 5 ausgegangen werden, da die II. BVO eine Grundlage für den Erlaß dieser Vorschrift bildete. Hiernach gehören zu den Kapitalkosten die Zinsen für Fremdmittel, laufende Kosten, die aus Bürgschaften für Fremdmittel entstehen, sonstige wiederkehrende Leistungen aus Fremdmitteln, namentlich Rentenschulden, Erbbauzinsen sowie laufende Nebenleistungen, vor allem Verwaltungskostenbeiträge. **4**

b) Umlagefähig sind nur Zinsen für ein **dinglich gesichertes Baudarlehen**. **5**
Der Begriff des Darlehens ergibt sich aus § 607 BGB. Nach Abs 1 Nr 3 muß das Darlehen der Finanzierung des Neubaues, des Wiederaufbaues, der Wiederherstellung, des Ausbaues, der Erweiterung oder des Erwerbs des Gebäudes oder des Wohnraums gedient haben. Gleichgestellt sind bauliche Maßnahmen iS des § 3 Abs 1, wobei aber die Grundfinanzierung derartiger Maßnahmen durch das Recht auf Mieterhöhung nach dieser Vorschrift abgedeckt wird, so daß nur spätere Zinssteigerungen für diese Finanzierungsmittel von § 5 erfaßt werden.

aa) Die Mieterhöhung ist auf solche Fälle beschränkt, in denen das **6**
Grundstück als Pfandobjekt für **Baudarlehen** dient, die für Maßnahmen im gesetzlich umschriebenen Sinne verwendet worden sind. Die Finanzierungszwecke sind insofern zu präzisieren, als auch der Erwerb des Grundstücks hierunter fällt, wenn das Gebäude selbst anderweitig finanziert worden ist oder wenn es sich um ein angrenzendes, selbständiges Grundstück handelt, das den Mietern zum Gebrauch überlassen ist. Da ein Erbbaurecht nicht den Begriff des Darlehens iS des § 607 BGB erfüllt, wird eine Erhöhung des Erbbauzinses nicht vom Gesetzeswortlaut erfaßt. Angesichts des gesetzgeberischen Zwecks ist allerdings eine entsprechende Anwendung erwägenswert.

bb) Das Darlehen muß **dinglich gesichert** sein. Als dingliche Sicherung **7**
kommt im allgemeinen eine Hypothek oder Grundschuld in Betracht (§§ 1113, 1191 BGB). Aus dem Gesetzeswortlaut läßt sich nicht entnehmen, daß das Darlehen durch das vermietete Grundstück gesichert sein muß. Deshalb reicht eine Sicherung durch andere Grundstücke des Vermieters oder dritter Personen aus (Mietrecht § 5 MHRG Rz 9).

c) Es muß eine **Erhöhung der Kapitalkosten** eingetreten sein. Dies bedeu- **8**
tet, daß die Kapitalkosten insgesamt gestiegen sein müssen. Nicht maßgebend ist der sich aus einer Zinserhöhung ergebende Unterschiedsbetrag, sondern der dadurch bei den gesamten Fremdkapitalkosten eintretende Differenzbetrag. Damit werden zunächst alle Schwankungen bei den sonstigen Bestandteilen der Fremdkapitalkosten ausgeglichen.

9 **d)** Die Steigerung der Kapitalkosten muß infolge einer **Erhöhung des Zinssatzes** für das Baudarlehen eingetreten sein.
aa) Nur eine auf gestiegenen **Zinsen** beruhende Erhöhung der Kapitalkosten ist umzulegen. Zinsen sind wiederkehrende Vergütungen für den Gebrauch eines Kapitals, die nach Bruchteilen dieses Kapitals berechnet und im voraus dem Betrage nach bestimmt oder bestimmbar sind. Es kommt nicht auf die Bezeichnung an, sondern auf den wirtschaftlichen Kern, der in der Vergütung für den Gebrauch eines Kapitals bestehen muß (RGZ 168, 284, 285; BGH MDR 1971, 203; Canaris NJW 1978, 1891). Hiernach gehört zu den Zinsen nur ein Teil der in § 21 II. BVO genannten Fremdkapitalkosten. Auszuscheiden sind Bürgschaftsprovisionen, Erbbauzinsen, soweit eine entsprechende Anwendung abgelehnt wird (Rz 6), Kaufpreisraten sowie Verzugs- und Strafzinsen. Das gleiche gilt für Leistungen, die nicht dem Betrag nach bestimmt oder bestimmbar sind, und für einmalige Abzüge wie Disagio, Kredit- und Bearbeitungsgebühren sowie mit der Sicherung des Baudarlehens zusammenhängende Kosten wie Lebensversicherung und Eintragungsgebühren. Zinsen für Darlehen zur Vor- und Zwischenfinanzierung von Baukrediten werden dagegen erfaßt (OLG Karlsruhe WuM 1982, 273 = 21 in RE Miet).

10 **bb) Zinssatz** ist der nach Bruchteilen des überlassenen Kapitals berechnete Maßstab für die Vergütung. Der Grund für die Erhöhung des Zinssatzes wird durch § 5 nicht bestimmt. Er kann deshalb nicht auf Ursachen beschränkt werden, die vom Kapitalmarkt ausgelöst werden. Es kann auch nicht danach differenziert werden, ob die Zinssteigerung, wie etwa bei Wegfall befristeter Zinsermäßigungen, voraussehbar war oder nicht (aM LG Mannheim WuM 1977, 189; Sternel Rz III 319).

11 **cc)** Das Gesetz beschränkt durch eine **Stichtagsregelung** das Recht zur Mieterhöhung. Zum einen wird eine zeitliche Grenze dadurch gezogen, daß nur solche Zinserhöhungen in Betracht kommen, die nach Inkrafttreten des WKSchG II, dh dem 1. 1. 1975 (Art 8 Abs 1), infolge einer Erhöhung des Zinssatzes fällig werden. Für die Fälligkeit der Zinsen ist der Darlehensvertrag oder mangels ausdrücklicher Regelung § 608 BGB maßgebend. Eine weitere Grenze legt Abs 1 Nr 1 fest, indem als Bezugspunkte für die Zinssatzerhöhung bei Mietverhältnissen, die vor dem 1. 1. 1973 begründet worden sind, der am 1. 1. 1973 maßgebende Zinssatz, bei Mietverhältnissen, die nach dem 31. 12. 1972 begründet worden sind, der bei Begründung maßgebende Zinssatz bestimmt werden. Bei Eintritt eines Grundstückserwerbers ist auf den Vertragsabschluß mit dem früheren Vermieter abzustellen (AG Heidelberg WuM 1981, 238 m Anm Zimmermann; AG Hamburg WuM 1981, 112 m Anm Zimmermann WuM 1981, 239 u Anm Weimar ZMR 1982, 217 sowie von Lackum DWW 1981, 225). Nur der sich hiernach ergebende Differenzbetrag ist umlagefähig.

dd) Die **Höhe** der umlagefähigen Zinsen wird durch § 5 nicht absolut begrenzt. Eine Schranke bildet allerdings § 138 BGB. Eine nichtige Zinsvereinbarung zwischen Darlehensgläubiger und Vermieter begründet keine Rechte aus § 5. **12**

e) Die Erhöhung der Kapitalkosten muß auf Umständen beruhen, die der **Vermieter nicht zu vertreten** hat (Abs 1 Nr 2). Ausgangspunkt ist § 276 BGB, wonach Vorsatz und Fahrlässigkeit zu vertreten sind. Dieser Beurteilungsmaßstab wird relevant, wenn auf eine Vertragspflicht des Vermieters abgestellt wird, den Mieter nicht unnötig zu belasten. Im übrigen kann auf die vergleichbare Regelung des § 23 Abs 1 S 2 II. BVO zurückgegriffen werden, die verhindern soll, daß eine bei vernünftiger wirtschaftlicher Betrachtungsweise überflüssige Verteuerung der Wohnung auf den Mieter, der hierauf keinen Einfluß hat, abgewälzt wird (vgl BGH Betrieb 1971, 769, 771). **13**

aa) Hiernach hat der Vermieter eine überflüssige und vermeidbare Kapitalkostenerhöhung **zu vertreten** (OLG Hamburg MDR 1975, 493; LG Hamburg MDR 1974, 759, 760). Dies ist der Fall, wenn er mit der Tilgung in Verzug gerät und wegen einer Kündigung ein teureres Darlehen aufnehmen muß. Das gleiche gilt bei einem Verkauf aus einer wirtschaftlichen Notlage und dem dadurch ausgelösten Fortfall einer günstigen Zinsklausel für den Rechtsnachfolger, weil diese Umstände dem Risiko der Vermieterseite zuzuordnen sind (vgl OLG Hamburg aaO). Ebenso ist zu entscheiden, wenn die Erhöhung der Kapitalkosten auf einer Umschuldung beruht, die aus Anlaß einer Grundstücksveräußerung vorgenommen wird (OLG Hamm NJW 1982, 891 = 14 in RE Miet). Dies wird nunmehr auch durch Abs 5 sichergestellt (Rz 26). Eine Umfinanzierung zur Ablösung öffentlicher Bindungen ist idR zu vertreten, weil auch die Vorschriften über den öffentlich geförderten Wohnungsbau die Wirtschaftlichkeit des Grundbesitzes zu gewährleisten suchen und die damit verbundenen Bindungen dem Vermieter nicht unzumutbar sind. Ebenso ist der Ersatz von Eigenkapital durch teurere Fremdmittel zu vertreten (aM MünchKomm-Voelskow Anh § 564 b BGB, § 5 MHRG Rz 12). **14**

bb) **Nicht zu vertreten** hat der Vermieter solche Kostensteigerungen, die bei einer ordnungsgemäßen, wirtschaftlichen Verwaltung des Grundstücks auch im Hinblick auf das Interesse des Mieters an möglichst geringen Kosten unvermeidbar sind. Dies ist bei Zinssteigerungen aufgrund entsprechender Klauseln im Darlehensvertrag anzunehmen, die auf den allgemeinen Kapitalmarktzins abstellen. Derartige Klauseln sind üblich. Auch der Fortfall einer befristeten Zinsermäßigung ist für den Vermieter unvermeidbar, wenn mit dem Darlehensgeber keine anderen Vereinbarungen möglich waren (aM OLG Karlsruhe NJW 1982, 893 = 14 in RE Miet; LG Freiburg MDR 1982, 58). Die Umlegung der bei einer Umschul- **15**

dung entstandenen Mehrkosten scheitert nicht daran, daß das abgelöste Darlehen nur der Zwischenfinanzierung gedient hat und daß auch das neue Darlehen seinerseits der Zwischenfinanzierung dient (OLG Karlsruhe WuM 1982, 273 = 21 in RE Miet).

16 f) Dem Vermieter ist nach Abs 1 eine **anteilige Umlegung** der Kapitalkostenerhöhung auf den Mieter gestattet. Für den Umlegungsmaßstab gelten die gleichen Grundsätze wie zu § 4 (dort Rz 14). Handelt es sich um Ausbauten, Erweiterungen oder Umbauten, die nur einem Teil der Mieter zugute gekommen sind, können die Kosten lediglich insoweit umgelegt werden.

17 **3. Geltendmachung der Umlegung**

a) Die Umlegung erhöhter Kapitalkosten ist durch **schriftliche Erklärung** des Vermieters gegenüber dem Mieter geltend zu machen (Abs 1). Es handelt sich um ein Gestaltungsrecht, das durch einseitige, empfangsbedürftige Willenserklärung auszuüben ist. Sie muß bei einer Mehrheit von Mietern an alle Mieter gerichtet werden (OLG Celle WuM 1982, 102 = 2 in RE Miet). Dies gilt bei Ehegatten auch dann, wenn sie getrennt leben und einer von ihnen ohne einverständliche Aufhebung des mit ihm bestehenden Mietverhältnisses aus der Wohnung ausgezogen ist (BayObLG WuM 1983, 107 = 15 in RE Miet). Die Erklärung muß dem gesetzlichen Formerfordernis des § 126 BGB genügen, soweit nicht bei Anfertigung mit automatischen Einrichtungen die Ausnahme des § 8 eingreift.

18 b) Für den **Inhalt** der Erklärung verweist Abs 2 auf § 4 Abs 2 S 2. Hiernach ist für die Wirksamkeit der Erklärung erforderlich, daß in ihr der Grund für die Umlage bezeichnet und erläutert wird. Erhöhungsbetrag und Umlegungsmaßstab müssen bestimmt oder bestimmbar angegeben werden. Im übrigen gelten die Ausführungen zu § 4 entsprechend (dort Rz 16 f).

19 **4. Wirkungseintritt der Umlegung**

Die Erklärung, mit der der Vermieter eine Umlegung erhöhter Kapitalkosten geltend macht, wird nach § 130 BGB mit dem Zugang wirksam. Wegen der Verpflichtung des Mieters verweist § 5 Abs 2 auf § 4 Abs 3 S 1. Mangels einer Verweisung auf § 4 Abs 3 S 2 ist damit im Gegensatz zu den Betriebskosten eine Umlegung rückwirkend erhöhter Kapitalkosten ausgeschlossen. Der Mieter schuldet den auf ihn entfallenden Teil der Umlage vom Ersten des auf die Erklärung folgenden Monats an. Ist die Erklärung erst nach dem Fünfzehnten eines Monats zugegangen, tritt diese Wirkung am Ersten des übernächsten Monats ein (§ 4 Rz 19). Der Vermieter kann seine Erklärung schon vor Fälligkeit der ersten erhöhten Zinsrate abgeben, so daß Zinserhöhung und Mieterhöhung zusammenfallen. Die Umlage ist mangels abweichender Vereinbarungen mit dem Mietzins fällig.

5. Ausschluß und Begrenzung des Rechts zur Mieterhöhung 20

a) Ein **vertraglicher Ausschluß** der Rechte des Vermieters aus § 5 ist nach § 1 S 3 möglich. Eine solche Vereinbarung kann ausdrücklich getroffen werden oder sich aus den Umständen, insbesondere aus einer Befristung des Mietverhältnisses bei festem Mietzins, ergeben. Neben einem allgemeinen Ausschluß der Mieterhöhung ist eine besondere Vereinbarung hinsichtlich gestiegener Kapitalkosten nicht erforderlich.

b) Nach Abs 4 besteht ein **gesetzlicher Ausschluß** des Rechts zur Mieter- 21
höhung, wenn der Vermieter die Höhe der dinglich gesicherten Darlehen, für die sich der Zinssatz erhöhen kann, auf eine Anfrage des Mieters nicht offengelegt hat.

aa) Der Mieter muß eine **Anfrage** an den Vermieter gerichtet haben. Sie 22
hat inhaltlich die Höhe der dinglich gesicherten Darlehen zu betreffen, für die sich der Zinssatz erhöhen kann. Form, Zeitpunkt und Anzahl sind gesetzlich nicht festgelegt. Daraus ist zu schließen, daß der Mieter die Anfrage während der ganzen Vertragsdauer in angemessenen Zeitabständen wiederholen kann. Gegenüber der im Schrifttum zT vertretenen Ansicht, die Anfrage könne schon vor Abschluß des Mietvertrags von einem Mietinteressenten an den Vermieter gerichtet werden (Schmidt-Futterer-Blank C 342), ist zu bedenken, daß es zu einem unzumutbaren Eingriff in die Privatsphäre des Vermieters führen würde, wenn er seine Verschuldung gegenüber jedem beliebigen Mietinteressenten offenbaren müßte. Dies ist auf einen abschlußreifen Vertrag zu begrenzen.

bb) Der Vermieter hat auf die Anfrage des Mieters die Höhe der dinglich 23
gesicherten Darlehen, für die sich der Zinssatz erhöhen kann, offenzulegen. Damit wird der **Inhalt der Mitteilung** gesetzlich festgelegt. Er umfaßt nur die Höhe der Baudarlehen, für die eine umlagefähige Zinssatzerhöhung in Betracht kommt. Name des Gläubigers, Art und Dauer der Belastung, Zinssatz und Inhalt etwaiger Zinsklauseln sind nach dem Gesetzeswortlaut nicht mitzuteilen. Da es sich nicht um eine Rechenschaftslegung iS der §§ 259 f BGB handelt, ist der Vermieter nicht gezwungen, dem Mieter Einblick in die Unterlagen zu gestatten. Über Form und Frist trifft das Gesetz keine Regelung. Die Anfrage ist deshalb formlos innerhalb einer angemessenen Frist zu beantworten.

cc) Der Mieter hat keinen Anspruch auf Offenlegung. Die **Rechtsfolge** 24
eines Verstoßes des Vermieters gegen Abs 4 besteht in dem Ausschluß des

Rechts auf Mieterhöhung. Der Verstoß kann darin liegen, daß der Vermieter auf Anfrage die Offenlegung ganz unterläßt oder eine wahrheitswidrige bzw unvollständige Antwort erteilt. Der Rechtsausschluß besteht für die gesamte Dauer des Mietverhältnisses und betrifft sämtliche Baudarlehen, auch soweit sie von einer nur teilweise unrichtigen Antwort nicht betroffen waren.

25 **dd)** Die **Beweislast** für den Zugang der Anfrage beim Vermieter obliegt dem Mieter. Der Vermieter muß beweisen, daß er die erforderlichen Angaben richtig und rechtzeitig gemacht hat.

26 **c)** Mit Abs 5 ist durch das Gesetz zur Erhöhung des Angebots an Mietwohnungen vom 20. 12. 1982 (BGBl I 1912) eine **Begrenzung** der Mieterhöhung eingefügt worden. Geht das Eigentum an dem vermieteten Wohnraum von dem Vermieter auf einen Dritten über und tritt dieser anstelle des Vermieters in das Mietverhältnis ein, so darf der Mieter durch die Ausübung des Rechts nach Abs 1 nicht höher belastet werden, als dies ohne den Eigentumsübergang möglich gewesen wäre. Hierdurch soll klargestellt werden, daß höhere Zinsbelastungen, die durch einen Eigentumsübergang und eine damit verbundene höhere Verschuldung verursacht werden, nicht auf den Mieter abgewälzt werden können (Begr z Gesetzentw BT-Drucks 9/2079, 17). Dies entspricht der neueren Rspr (OLG Hamm NJW 1982, 891 = 14 in RE Miet; OLG Karlsruhe NJW 1982, 893 = 14 in RE Miet; LG Hamburg MDR 1982, 58). Die Vorschrift ist primär auf eine Veräußerung iS des § 571 BGB zugeschnitten. Ihr Anwendungsbereich erfaßt jedoch auch gesetzliche oder vertragliche Fälle der Einzel- oder Gesamtrechtsnachfolge hinsichtlich des vermieteten Wohnraums und des Mietverhältnisses.

III. Herabsetzung des Mietzinses bei Ermäßigung des Zinssatzes (Abs 3)

27 1. Allgemeines

Der Vermieter ist nach Abs 3 verpflichtet, den Mietzins herabzusetzen, wenn sich der Zinssatz für ein dinglich gesichertes Baudarlehen nach einer aufgrund des Abs 1 vorgenommenen Mieterhöhung wieder ermäßigt. Gleichgestellt ist die Tilgung des Darlehens. Die Herabsetzung ist dem Mieter unverzüglich mitzuteilen. Der Mietzins wird nicht kraft Gesetzes gesenkt. Der Vermieter muß eine Gestaltungserklärung abgeben, auf die der Mieter einen klagbaren Anspruch hat.

2. Ermäßigung des Zinssatzes 28

Der Zinssatz ermäßigt sich, wenn der Vergütungsmaßstab gesenkt wird. Eine Verminderung des tatsächlich zu zahlenden Zinsbetrags bei fortschreitender Tilgung ist unerheblich. Der Zweck der Vorschrift, den Mieter bis zur Grenze einer früheren Mieterhöhung wieder zu entlasten, läßt es zu, eine Ermäßigung auch dann zu berücksichtigen, wenn die frühere Erhöhung wegen eines anderen Darlehens vorgenommen worden ist.

3. Tilgung des Darlehens 29

Der Mietzins ist nach Abs 3 S 2 herabzusetzen, wenn das dinglich gesicherte Baudarlehen vollständig getilgt ist und damit keine Zinskosten mehr anfallen. Der Mietzins ist nur bis zu einem früheren Erhöhungsbetrag herabzusetzen, ohne daß es bei der Finanzierung durch mehrere dinglich gesicherte Baudarlehen darauf ankommt, ob die frühere Erhöhung auf dem getilgten Darlehen beruhte.

4. Umfang der Herabsetzung 30

Der Mietzins ist nach einer Ermäßigung des Zinssatzes entsprechend herabzusetzen, höchstens aber um eine auf Abs 1 gestützte frühere Erhöhung (Abs 3 S 1). Das gleiche gilt bei einem Fortfall der Zinskosten wegen Tilgung des Darlehens (Abs 3 S 2). Damit bleiben dem Vermieter die von Anfang an in den Mietzins einkalkulierten Zinsbeträge erhalten, da eine Anpassung an die tatsächlichen Kapitalkosten nicht vorgeschrieben ist. Der Mietzins ist entsprechend dem bei der vorausgegangenen Erhöhung angewandten Umlegungsmaßstab herabzusetzen.

5. Mitteilung der Herabsetzung 31

Die Herabsetzung des Mietzinses ist dem Mieter nach Abs 3 S 3 unverzüglich mitzuteilen. Im übrigen gilt das gleiche wie bei einer Ermäßigung der Betriebskosten nach § 4 Abs 4 S 2 (dort Rz 26).

6. Wirkungseintritt der Herabsetzung 32

Die Willenserklärung des Vermieters, mit der er den Mietzins einseitig herabsetzt, wird nach § 130 BGB durch den Zugang beim Mieter wirksam. Der Mieter kann im Wege der Leistungsklage die Abgabe einer entsprechenden Willenserklärung des Vermieters durchsetzen (Mietrecht § 5 MHRG Rz 47 f). Der Vermieter ist verpflichtet, den Mietzins vom Zeitpunkt der Ermäßigung des Zinssatzes ab zu senken. Der überzahlte Mietzins ist nach Bereicherungsrecht zu erstatten (§§ 812 ff BGB).

§ 6 MHRG

Hat sich der Vermieter von öffentlich gefördertem oder steuerbegünstigtem Wohnraum nach dem Wohnungsbaugesetz für das Saarland in der Fassung der Bekanntmachung vom 7. März 1972 (Amtsblatt des Saarlandes S. 149), zuletzt geändert durch Artikel 3 des Wohnungsbauänderungsgesetzes 1973 vom 21. Dezember 1973 (Bundesgesetzbl. I S. 1970), verpflichtet, keine höhere Miete als die Kostenmiete zu vereinbaren, so kann er eine Erhöhung bis zu dem Betrag verlangen, der zur Deckung der laufenden Aufwendungen für das Gebäude oder die Wirtschaftseinheit erforderlich ist. Eine Erhöhung des Mietzinses nach den §§ 2, 3 und 5 ist ausgeschlossen.

Die Erhöhung nach Absatz 1 ist vom Vermieter durch schriftliche Erklärung gegenüber dem Mieter geltend zu machen. Die Erklärung ist nur wirksam, wenn in ihr die Erhöhung berechnet und erläutert wird. Die Erklärung hat die Wirkung, daß von dem Ersten des auf die Erklärung folgenden Monats an der erhöhte Mietzins an die Stelle des bisher zu entrichtenden Mietzinses tritt; wird die Erklärung erst nach dem Fünfzehnten eines Monats abgegeben, so tritt diese Wirkung erst von dem Ersten des übernächsten Monats an ein.

Soweit im Rahmen der Kostenmiete Betriebskosten im Sinne des § 27 der Zweiten Berechnungsverordnung durch Umlagen erhoben werden, kann der Vermieter Erhöhungen der Betriebskosten in entsprechender Anwendung des § 4 umlegen.

Ermäßigen sich die laufenden Aufwendungen, so hat der Vermieter die Kostenmiete mit Wirkung vom Zeitpunkt der Ermäßigung ab entsprechend herabzusetzen. Die Herabsetzung ist dem Mieter unverzüglich mitzuteilen.

Die Absätze 1 bis 4 gelten entsprechend für Wohnraum, der mit Wohnungsfürsorgemitteln für Angehörige des öffentlichen Dienstes oder ähnliche Personengruppen unter Vereinbarung eines Wohnungsbesetzungsrechtes gefördert worden ist, wenn der Vermieter sich in der in Absatz 1 Satz 1 bezeichneten Weise verpflichtet hat.

1 **I. Allgemeines**

Die Vorschrift enthält eine Sonderregelung über Erhöhung und Herabsetzung des Mietzinses für öffentlich geförderten und steuerbegünstigten Wohnraum im Saarland sowie für dort belegenen Wohnraum, der mit

Wohnungsfürsorgemitteln für Angehörige des öffentlichen Dienstes oder ähnliche Personengruppen unter Vereinbarung eines Wohnungsbesetzungsrechts gefördert worden ist. Die öffentliche Förderung des Wohnungsbaus beruht im Saarland auf Sonderbestimmungen (WobauG für das Saarland idF vom 10. 6. 1980 [ABl Saarland 802], geändert durch Art 27 Unterart 4 2. Haushaltsstrukturgesetz vom 22. 12. 1981 [BGBl I 1523, 1547]; Förderungsbestimmungen zum WobauG für das Saarland idF vom 12. 3. 1975 nebst Anlage [ABl Saarland 776, 782] nebst Änderungen vom 25. 7. 1978 [ABl Saarland 753], 22. 8. 1979 [ABl Saarland 790] und 5. 5. 1981 [ABl Saarland 306]). Die Besonderheit besteht darin, daß die Bindung an die Ziele des öffentlich geförderten Wohnungsbaus und die Verpflichtung des Vermieters zur Einhaltung der Kostenmiete auf privatrechtlicher Grundlage beruhen. Die Vorschriften des MHRG sollen sicherstellen, daß der öffentlich geförderte Wohnungsbau im Saarland behandelt wird wie der im übrigen Bundesgebiet preisgebundene Wohnraum, für den die Kostenmiete durch gesetzliche Vorschriften festgelegt ist.

II. Erhöhung der Kostenmiete (Abs 1, 2, 5)

1. Voraussetzungen 2

a) Nach Abs 1 S 1 muß ein **Mietverhältnis über Wohnraum** vorliegen, der nach dem WobauG Saar öffentlich gefördert oder als steuerbegünstigt anerkannt ist. Gleichgestellt wird nach Abs 5 Wohnraum, der mit Wohnungsfürsorgemitteln für Angehörige des öffentlichen Dienstes oder ähnliche Personengruppen unter Vereinbarung eines Wohnungsbesetzungsrechts gefördert worden ist (vgl § 87 a Abs 1 S 1 WobauG II).

b) Der Vermieter muß sich verpflichtet haben, keine höhere Miete als die **Kostenmiete** zu vereinbaren. Diese Verpflichtung ist nach § 29 Abs 2 WobauG Saar in dem Vertrag über die Gewährung öffentlicher Mittel auf privatrechtlicher Grundlage gegenüber der öffentlichen Hand einzugehen. 3

c) Die **laufenden Aufwendungen** für das Gebäude oder die Wirtschaftseinheit dürfen von dem bisher vereinbarten Mietzins nicht gedeckt sein. Für das Gebäude, das den Wohnraum enthält, ist eine Wirtschaftlichkeits- und Lastenberechnung aufzustellen. In der Berechnung sind die laufenden Aufwendungen zu ermitteln und den Erträgen gegenüberzustellen. Laufende Aufwendungen sind die entstehenden Kapitalkosten und bestimmte Bewirtschaftungskosten. 4

5 **2. Rechtsfolgen**

a) Der Vermieter hat ein **Recht auf Mieterhöhung** bis zu dem Betrag, der zur Deckung der laufenden Aufwendungen für das Gebäude oder die Wirtschaftseinheit erforderlich ist. Er braucht die Differenz nicht voll auszuschöpfen.

6 b) Für die **Geltendmachung** der Mieterhöhung ist eine schriftliche Erklärung gegenüber dem Mieter vorgeschrieben (Abs 2 S 1). Es handelt sich um ein Gestaltungsrecht, das durch einseitige, empfangsbedürftige Willenserklärung auszuüben ist (vgl Abs 2 S 3). Die Erklärung muß dem gesetzlichen Formerfordernis des § 126 BGB genügen, soweit nicht bei Anfertigung mit automatischen Einrichtungen die Ausnahme des § 8 eingreift.

7 c) Der **Inhalt** der Erklärung muß neben dem Verlangen nach Mieterhöhung eine Berechnung und Erläuterung dieser Erhöhung enthalten (Abs 2 S 2). Eine Wirtschaftlichkeitsberechnung ist entgegen § 10 Abs 1 S 3 und 4 WoBindG nicht beizufügen, da diese Regelung für das Saarland nicht gilt (§ 33 b WoBindG) und § 6 MHRG keine entsprechende Vorschrift enthält.

8 d) Der **Wirkungseintritt** der Mieterhöhung setzt nach § 130 BGB den Zugang der Erklärung voraus. Nach Abs 2 S 3 schuldet der Mieter den erhöhten Mietzins vom Ersten des auf die Erklärung folgenden Monats an. Ist die Erklärung erst nach dem Fünfzehnten eines Monats zugegangen, tritt diese Wirkung am Ersten des übernächsten Monats ein. Dem Mieter steht ein Kündigungsrecht aus § 9 Abs 1 S 2 zu. Eine Erhöhung des Mietzinses nach den §§ 2, 3 und 5 ist ausgeschlossen (Abs 1 S 2).

III. Umlegung erhöhter Betriebskosten (Abs 3)

9 **1.** Der Vermieter kann **Erhöhungen** der Betriebskosten in entsprechender Anwendung des § 4 umlegen, soweit im Rahmen der Kostenmiete Betriebskosten iS des § 27 II. BVO durch Umlagen erhoben worden sind. Diese Sonderregelung ist erforderlich, weil von der nach § 6 maßgebenden Kostenmiete nur die laufenden Aufwendungen erfaßt werden (§ 29 Abs 2 WobauG Saar), hierzu aber nach Nr 15 Abs 2 der Anlage zu den Förderungsbestimmungen zum WobauG Saar nur ein Teil der Betriebskosten gehört. Außerhalb der laufenden Aufwendungen sind durch Umlage Kosten der Wasserversorgung, der zentralen Heizungsanlage, des Fahrstuhlbetriebs, der Straßenreinigung und Müllabfuhr zu decken.

10 **2.** Für eine **Ermäßigung** der Betriebskosten, die durch Umlage erhoben

werden, ist § 4 Abs 4 entsprechend anzuwenden, auch wenn in § 6 Abs 3 eine ausdrückliche Verweisung fehlt.

IV. Herabsetzung der Kostenmiete (Abs 4) **11**

Bei einer Ermäßigung der laufenden Aufwendungen, die in der Kostenmiete berücksichtigt sind (§ 29 Abs 2 WobauG Saar), ist der Vermieter nach Abs 4 S 1 verpflichtet, die Kostenmiete mit Wirkung vom Zeitpunkt der Ermäßigung ab entsprechend herabzusetzen. Die Aufwendungen haben sich ermäßigt, wenn der Gesamtbetrag der einzelnen Kostenansätze gegenüber der Zeit des Vertragsabschlusses oder einer späteren Neufestsetzung nach § 6 niedriger geworden ist. Der Vermieter ist verpflichtet, dem Mieter die Herabsetzung der Kostenmiete unverzüglich mitzuteilen. Die Regelung entspricht § 4 Abs 4 S 2 (dort Rz 26).

§ 7 MHRG

Für Bergmannswohnungen, die von Bergbauunternehmen entsprechend dem Vertrag über Bergmannswohnungen, Anlage 8 zum Grundvertrag zwischen der Bundesrepublik Deutschland, den vertragschließenden Bergbauunternehmen und der Ruhrkohle Aktiengesellschaft vom 18. Juli 1969 (Bundesanzeiger Nr. 174 vom 18. September 1974), bewirtschaftet werden, kann die Miete bei einer Erhöhung der Verwaltungskosten und der Instandhaltungskosten in entsprechender Anwendung des § 30 Abs. 1 der Zweiten Berechnungsverordnung und des § 5 Abs. 3 Buchstabe c des Vertrages über Bergmannswohnungen erhöht werden. Eine Erhöhung des Mietzinses nach § 2 ist ausgeschlossen.

Der Anspruch nach Absatz 1 ist vom Vermieter durch schriftliche Erklärung gegenüber dem Mieter geltend zu machen. Die Erklärung ist nur wirksam, wenn in ihr die Erhöhung berechnet und erläutert wird.

Die Erklärung des Vermieters hat die Wirkung, daß von dem Ersten des auf die Erklärung folgenden Monats an der erhöhte Mietzins an die Stelle des bisher zu entrichtenden Mietzinses tritt; wird die Erklärung erst nach dem Fünfzehnten eines Monats abgegeben, so tritt diese Wirkung erst von dem Ersten des übernächsten Monats an ein.

Im übrigen gelten die §§ 3 bis 5.

Schrifttum: Eickhoff-Wuttig, Der Rahmen zulässiger Mieterhöhungen für Bergmannswohnungen im Geltungsbereich des Ruhrkohlevertrages, ZMR 1983, 147; Schopp, Zur Grundlage von § 7 MHG, dem Vertrag über Bergmannswohnungen, ZMR 1982, 1.

Jürgen Sonnenschein

1 **I. Allgemeines**

Es handelt sich um eine begrenzte Sonderregelung für die in Abs 1 bezeichneten Bergmannswohnungen. Bergarbeiterwohnungen sind durch das Gesetz zur Förderung des Bergarbeiterwohnungsbaues im Kohlenbergbau vom 23. 10. 1951 (BGBl I 865), zuletzt geändert durch § 23 WoModG vom 23. 8. 1976 (BGBl I 2429), einem Sonderrecht unterstellt worden. Das Sonderrecht gilt nach § 24 Abs 2 des Gesetzes zum großen Teil auch für Bergmannswohnungen iS des § 3 Abs 1 b) des Gesetzes über Bergmanssiedlungen vom 10. 3. 1930 (RGBl I 32). Bergarbeiterwohnungen und Bergmannswohnungen unterliegen einer Zweckbindung. Sie dürfen nur an Wohnungsberechtigte iS des § 4 des Gesetzes vermietet werden. Darüber hinaus sind im Vertragswerk zur Neuordnung des Ruhrbergbaus zwischen der Bundesrepublik Deutschland, der Ruhrkohle AG und den beteiligten Bergbauunternehmen vom 18. 7. 1969 (auszugsweise in BAnz Nr 174 vom 18. 8. 1974, 12) die ohne öffentliche Förderung errichteten Bergmannswohnungen bestimmten Preisbindungsvorschriften unterworfen worden (§ 5 Abs 3 des Vertrages, Anlage 8 zum Grundvertrag). Die Sonderregelung des § 7 MHRG bezweckt, daß für die Bergmannswohnungen, die von der Ruhrkohle AG bewirtschaftet werden, entsprechend den früheren Bestimmungen nur Erhöhungen der Kapitalkosten und gewisser Bewirtschaftungskosten abgewälzt werden.

II. Erhöhung des Mietzinses wegen gestiegener Verwaltungs- und Instandhaltungskosten (Abs 1–3)

2 **1. Voraussetzungen**

a) Nach Abs 1 S 1 muß ein **Mietverhältnis über eine Bergmannswohnung** vorliegen, die von einem Bergbauunternehmen entsprechend dem Vertrag über Bergmannswohnungen, Anlage 8 zum Grundvertrag zwischen der Bundesrepublik Deutschland, den vertragschließenden Bergbauunternehmen und der Ruhrkohle AG vom 18. 7. 1969 bewirtschaftet wird (LG Dortmund ZMR 1982, 23; Eickhoff-Wuttig ZMR 1983, 147; Schopp ZMR 1982, 1). Hiervon sind Altbau- und freifinanzierte Wohnungen betroffen.

3 **b)** Es muß eine **Erhöhung der Verwaltungskosten oder der Instandhaltungskosten** eingetreten sein (Abs 1 S 1). Wegen der Bezugnahme auf § 30 II. BVO ergibt sich der Begriff dieser Bewirtschaftungskosten aus den Vorschriften der Verordnung (§§ 26, 28 II. BVO). Andere Bewirtschaf-

tungskosten wie Abschreibung, Betriebskosten und Mietausfallwagnis (§ 24 Abs 1 II. BVO) werden nicht erfaßt.

2. Rechtsfolgen 4

a) Der Vermieter hat ein **Recht auf Mieterhöhung** bis zu den nach § 26 für die Verwaltungskosten und nach § 28 II. BVO iVm § 5 Abs 3 S 1 c) des Vertrags über Bergmannswohnungen maßgebenden Beträgen. Für die Geltendmachung ist eine schriftliche Erklärung gegenüber dem Mieter vorgeschrieben (Abs 2 S 1). Es handelt sich um ein Gestaltungsrecht, das durch einseitige, empfangsbedürftige Willenserklärung auszuüben ist (Abs 3). Die Erklärung muß dem gesetzlichen Formerfordernis des § 126 BGB genügen, soweit nicht bei Anfertigung mit automatischen Einrichtungen die Ausnahme des § 8 eingreift. Inhaltlich muß die Erklärung neben dem Verlangen nach Mieterhöhung eine Berechnung und Erläuterung enthalten (Abs 2 S 2).

b) Der **Wirkungseintritt** der Mieterhöhung setzt nach § 130 BGB den Zu- 5
gang der Erklärung voraus. Der Mieter schuldet den erhöhten Mietzins vom Ersten des auf die Erklärung folgenden Monats an. Ist die Erklärung erst nach dem Fünfzehnten eines Monats zugegangen, tritt diese Wirkung am Ersten des übernächsten Monats ein. Dem Mieter steht ein Kündigungsrecht aus § 9 Abs 1 S 2 zu. Eine Erhöhung des Mietzinses nach § 2 ist ausgeschlossen (Abs 1 S 2).

III. Erhöhung des Mietzinses wegen baulicher Änderungen und gestiegener Betriebs- oder Kapitalkosten (Abs 4) 6

Nach Abs 4 gelten im übrigen die §§ 3–5. Damit kann der Mietzins auch bei baulichen Änderungen sowie gestiegenen Betriebs- und Kapitalkosten unter den Voraussetzungen der genannten Vorschriften erhöht werden.

IV. Herabsetzung des Mietzinses 7

Eine Herabsetzung des Mietzinses ist in § 7 nicht ausdrücklich vorgesehen. Soweit sich die Betriebs- oder Kapitalkosten ermäßigen, ergibt sich die dahin gehende Pflicht des Vermieters aus der Verweisung des Abs 4 auf § 4 Abs 4 (dort Rz 24 ff) und § 5 Abs 3 (dort Rz 27 ff). Eine Herabsetzung des Mietzinses ist in § 5 Abs 3 S 2 des Vertrags über Bergmannswohnungen vorgesehen, wenn die Fremdkapitalkosten der zum Bau dieser Wohnungen aufgenommenen Darlehen sinken.

§ 8 MHRG
Hat der Vermieter seine Erklärungen nach den §§ 2 bis 7 mit Hilfe automatischer Einrichtungen gefertigt, so bedarf es nicht seiner eigenhändigen Unterschrift.

Schrifttum: KÖHLER, Die Problematik automatisierter Rechtsvorgänge, insbesondere von Willenserklärungen, AcP 182 (1982) 126.

1 **I. Allgemeines**

Die Erklärungen des Vermieters, die nach den §§ 2–7 zur Geltendmachung einer Mieterhöhung erforderlich sind, bedürfen nach diesen Vorschriften grundsätzlich der schriftlichen Form (§ 126 BGB). § 8 läßt eine Ausnahme vom Erfordernis der eigenhändigen Unterschrift zu, wenn die Erklärung mit Hilfe automatischer Einrichtungen gefertigt ist. Die Vorschrift soll nach dem Vorbild des § 10 Abs 1 S 5 WoBindG den Bedürfnissen moderner Bürotechnik Rechnung tragen.

2 **II. Voraussetzungen**

Es muß sich um eine Mieterhöhungserklärung nach den §§ 2–7 handeln, die mit Hilfe automatischer Einrichtungen gefertigt ist. Entsprechend dem Zweck der Vorschrift sind hierunter alle Verfahren zu verstehen, durch die ein Schriftstück mittels einer selbsttätigen Vorrichtung zum Zwecke der Arbeitserleichterung im Büro vervielfältigt werden kann. Hierzu gehört die Vervielfältigung durch Druck, Umdruckverfahren, Matrize, Fotokopie, Fotografie, Speicherschreibmaschinen und vor allem die Herstellung durch Schreibautomaten elektronischer Datenverarbeitungsanlagen (AG Bremerhaven WuM 1980, 136). Es spielt keine Rolle, ob dies erkennbar ist. Erklärungen durch Fernschreiber oder Telegramm fallen nicht unter die Bestimmung.

3 **III. Rechtsfolgen**

Die Mieterhöhungserklärung bedarf nicht der eigenhändigen Unterschrift des Vermieters. Die Vorschrift macht damit nicht eine schriftliche Urkunde entbehrlich. Die Absenderangabe des Vermieters muß auf jeden Fall als Abschluß der Erklärung in Gestalt einer vervielfältigten Unterschrift, Namensangabe des Zeichnenden oder eines Stempels erscheinen. Bei juristischen Personen oder Handelsgesellschaften muß der handlungsberechtigte Vertreter erkennbar sein. Die bloße Firmenbezeichnung reicht nicht als Unterschrift aus (LG Essen MDR 1979, 57).

§ 9 MHRG

Verlangt der Vermieter eine Mieterhöhung nach § 2, so ist der Mieter berechtigt, bis zum Ablauf des zweiten Monats, der auf den Zugang des Erhöhungsverlangens folgt, für den Ablauf des übernächsten Monats zu kündigen. Verlangt der Vermieter eine Mieterhöhung nach den §§ 3, 5 bis 7, so ist der Mieter berechtigt, das Mietverhältnis spätestens am dritten Werktag des Kalendermonats, von dem an der Mietzins erhöht werden soll, für den Ablauf des übernächsten Monats zu kündigen. Kündigt der Mieter, so tritt die Mieterhöhung nicht ein.
Ist der Mieter rechtskräftig zur Zahlung eines erhöhten Mietzinses nach den §§ 2 bis 7 verurteilt worden, so kann der Vermieter das Mietverhältnis wegen Zahlungsverzugs des Mieters nicht vor Ablauf von zwei Monaten nach rechtskräftiger Verurteilung kündigen, wenn nicht die Voraussetzungen des § 554 des Bürgerlichen Gesetzbuchs schon wegen des bisher geschuldeten Mietzinses erfüllt sind.

Schrifttum: Derleder, Zum Kündigungsrecht des Mieters nach einer Mieterhöhung, MDR 1976, 802; Schmid, § 9 Abs. 2 MHG und die Möglichkeiten seiner entsprechenden Anwendung, WuM 1982, 199; Schmidt-Futterer, Die Kündigung des Mieters wegen Mieterhöhung, WuM 1976, 65.

I. Allgemeines 1

Die Vorschrift räumt in Abs 1 dem Mieter ein vorzeitiges Kündigungsrecht gegenüber einer auf die Bestimmungen des MHRG gestützten Mieterhöhungserklärung des Vermieters ein. Sie gilt für befristete und unbefristete Mietverhältnisse in gleicher Weise. Entsprechend der Regelung des § 11 WoBindG soll der Mieter einer Mieterhöhung durch Kündigung aus dem Wege gehen können. Es handelt sich um eine außerordentliche befristete Kündigung, für die abweichend von § 565 Abs 5 BGB besondere Kündigungsfristen bestimmt sind. In Abs 2 wird das Kündigungsrecht des Vermieters wegen Zahlungsverzugs des Mieters mit dem nach den §§ 2–7 erhöhten Mietzins beschränkt. Dies soll sicherstellen, daß der Mieter in seinen Entschließungen, ob er einer nach § 2 geforderten Mieterhöhung zustimmen will, nicht mittelbar durch eine drohende Kündigung beeinflußt wird. Darüber hinaus soll gewährleistet sein, daß nicht wegen der Mieterhöhungsbeträge, die während eines Rechtsstreits aufgelaufen sind, alsbald nach der Rechtskraft des Urteils wegen Zahlungsverzugs nach § 554 BGB gekündigt werden kann.

II. Kündigungsrecht des Mieters (Abs 1)

2 **1. Voraussetzungen**

a) Mieterhöhungsverlangen des Vermieters

Der Vermieter muß eine Mieterhöhung nach den §§ 2, 3, 5, 6 oder 7 verlangen. Ausgenommen vom vorzeitigen Kündigungsrecht ist die Mieterhöhung nach § 4 wegen erhöhter Betriebskosten. Nach überwiegender Auffassung kommt es unabhängig von der Wirksamkeit nur auf das tatsächliche Verlangen nach Mieterhöhung an, da es dem Mieter idR nicht möglich ist, die Wirksamkeit innerhalb angemessener Zeit gerichtlich überprüfen zu lassen (Mietrecht § 9 MHRG mwN; AG Ibbenbüren WuM 1982, 216; aM STERNEL Rz III 337). Das Kündigungsrecht entsteht frühestens mit Zugang einer Mieterhöhungserklärung (§§ 130 ff BGB). Es ist ausgeschlossen, wenn sich der Mieter damit durch Zustimmung nach § 2 oder in sonstiger Weise hinsichtlich der übrigen Fälle einverstanden erklärt. Hat der Mieter zunächst gekündigt, erklärt er sich dann aber mit der Mieterhöhung einverstanden, können die Parteien den Eintritt der Rechtsfolgen der wirksam gewordenen Kündigung nur einverständlich beseitigen (§ 564 BGB Rz 36 f).

3 **b) Sonstige Kündigungsvoraussetzungen**

aa) Ein bestimmter **Inhalt** ist für die Kündigungserklärung des Mieters nicht vorgeschrieben. Er braucht weder einen Kündigungsgrund noch einen Kündigungstermin anzugeben (§ 564 BGB Rz 11 f). Die Kündigung wirkt zum nächst zulässigen Termin. Die Angabe der Kündigungsgründe ist nur als Sollvorschrift in § 564 a Abs 1 S 2 BGB vorgesehen.

4 **bb)** Die Kündigungserklärung bedarf nach § 564 a Abs 1 S 1 BGB der **Schriftform** (§ 126 BGB).

5 **cc)** Die **Fristen** für eine Kündigung sind in Abs 1 hinsichtlich der einzelnen Mieterhöhungserklärungen unterschiedlich geregelt. Wird die Mieterhöhung auf verschiedene Gründe gestützt, steht dem Mieter ein Wahlrecht zu, auf welche Kündigungsregelung er sich berufen will. Macht er insoweit keine Angaben, wirkt die Kündigung zum nächst zulässigen Termin. Die Fristen sind nach den §§ 187 ff BGB zu berechnen. Eine Wiedereinsetzung in den vorigen Stand bei Fristversäumnis ist nicht vorgesehen. Dabei spielt es keine Rolle, ob der Mieter zunächst den Ausgang eines Rechtsstreits um die Mieterhöhung abgewartet hat. Eine Verlängerung der Frist zur Ausübung des vorzeitigen Kündigungsrechts ist für diesen Fall nicht vorgesehen (Mietrecht § 9 MHRG Rz 15).

6 **α)** Verlangt der Vermieter eine **Mieterhöhung nach § 2**, kann der Mieter bis zum Ablauf des zweiten Monats, der auf den Zugang des Erhöhungs-

verlangens folgt, für den Ablauf des übernächsten Monats kündigen (Abs 1 S 1). Daraus ergibt sich, daß dem Mieter zunächst eine Überlegungsfrist wie in § 2 Abs 3 S 1 von mindestens zwei Monaten zur Ausübung der Kündigung erhalten bleibt. Die Kündigungsfrist selbst beträgt nochmals mindestens zwei Monate bis zum Ablauf des übernächsten Monats.

β) Wenn der Vermieter eine **Mieterhöhung nach den §§ 3, 5–7** verlangt, 7
kann der Mieter das Mietverhältnis spätestens am dritten Werktag des Kalendermonats, von dem an der Mietzins erhöht werden soll, für den Ablauf des übernächsten Monats kündigen (Abs 1 S 2).

2. Rechtsfolgen 8

Die Vorschrift räumt dem Mieter ein Recht zur außerordentlichen befristeten Kündigung ein. Neben der Beendigung des Mietverhältnisses hat die Kündigung zur Folge, daß die Mieterhöhung nicht eintritt (Abs 1 S 3). Dies ist insoweit bedeutsam, als sich der Mietzins vor dem in Abs 1 bestimmten Kündigungstermin erhöhen würde. Der Mieter, der sich deshalb von dem Mietverhältnis lösen will, soll auch nicht mehr vorübergehend belastet werden. Ist die Mieterhöhung schon vor der Kündigung eingetreten, fällt sie rückwirkend fort. Beruft sich der Mieter auf andere Gründe und kündigt er deshalb zu einem anderen Termin, als es in Abs 1 vorgesehen ist, handelt es sich nicht um eine vorzeitige Kündigung iS dieser Vorschrift. Die Mieterhöhung wird deshalb nicht beeinträchtigt.

III. Kündigungsrecht des Vermieters (Abs 2)

1. Wenn der Mieter rechtskräftig zur Zahlung eines erhöhten Mietzinses 9
nach den §§ 2–7 verurteilt worden ist, steht dem Vermieter ein Kündigungsrecht wegen Zahlungsverzugs des Mieters mit den **Erhöhungsbeträgen** aus § 554 BGB nicht vor Ablauf von zwei Monaten nach der rechtskräftigen Verurteilung zu. Die Regelung schließt im Gegensatz zu Abs 1 eine Mieterhöhung wegen gestiegener Betriebskosten nach § 4 ein. Eine vor Ablauf von zwei Monaten ausgesprochene Kündigung ist nichtig (§ 134 BGB) und kann auch nicht zu einem späteren Zeitpunkt Rechtswirkungen entfalten. Der zeitweise Ausschluß des Kündigungsrechts wegen Zahlungsverzugs gilt nicht, wenn die Mieterhöhung auf einer Vereinbarung der Parteien beruht, da es dann an einem Urteil fehlt (aM SCHMID WuM 1982, 199).

2. Das Kündigungsrecht des Vermieters aus § 554 BGB wird durch Abs 2 10 nicht beeinträchtigt, soweit der Mieter mit dem **bisher geschuldeten Mietzins** in Verzug gerät.

§ 10 MHRG

Vereinbarungen, die zum Nachteil des Mieters von den Vorschriften der §§ 1 bis 9 abweichen, sind unwirksam, es sei denn, daß der Mieter während des Bestehens des Mietverhältnisses einer Mieterhöhung um einen bestimmten Betrag zugestimmt hat.

Abweichend von Absatz 1 kann der Mietzins für bestimmte Zeiträume in unterschiedlicher Höhe schriftlich vereinbart werden. Die Vereinbarung eines gestaffelten Mietzinses darf nur einen Zeitraum bis zu jeweils zehn Jahren umfassen. Während dieser Zeit ist eine Erhöhung des Mietzinses nach den §§ 2, 3 und 5 ausgeschlossen. Der Mietzins muß jeweils mindestens ein Jahr unverändert bleiben und betragsmäßig ausgewiesen sein. Eine Beschränkung des Kündigungsrechts des Mieters ist unwirksam, soweit sie sich auf einen Zeitraum von mehr als vier Jahren seit Abschluß der Vereinbarung erstreckt.

Die Vorschriften der §§ 1 bis 9 gelten nicht für Mietverhältnisse

1. über preisgebundenen Wohnraum,
2. über Wohnraum, der zu nur vorübergehendem Gebrauch vermietet ist,
3. über Wohnraum, der Teil der vom Vermieter selbst bewohnten Wohnung ist und den der Vermieter ganz oder überwiegend mit Einrichtungsgegenständen auszustatten hat, sofern der Wohnraum nicht zum dauernden Gebrauch für eine Familie überlassen ist,
4. über Wohnraum, der Teil eines Studenten- oder Jugendwohnheims ist.

Schrifttum: Blank, Die Wirksamkeit von Mietanpassungsklauseln bei befristeten und unbefristeten Mietverhältnissen über Wohnraum, WuM 1974, 1; Dürkes, Wertsicherungsklauseln (9. Aufl 1982), D 380 ff; Gramlich, Das Gesetz zur Erhöhung des Angebots an Mietwohnungen, NJW 1983, 417; Köhler, Das neue Mietrecht 1983. Gesetz zur Erhöhung des Angebots an Mietwohnungen (1983); Landfermann, Gesetz zur Erhöhung des Angebots an Mietwohnungen. Erläuterungen und Materialien (1983); Lechner, Aktuelle Probleme des Mietrechts, ZMR 1982, 166, 171; Lenhard, Die Mietzinsanhebung nach § 4 Abs 2 und 3 MHG auf dem Hintergrund von § 10 Abs 1 MHG, DWW 1979, 104; Löwe, Unabdingbarkeit des Wohnraumkündigungsschutzgesetzes, NJW 1972, 2109; Sternel, Neues Wohnraummietrecht. Zum Gesetz zur Erhöhung des Angebots an Mietwohnungen, MDR 1983, 356, 361; Weimar, Mieterhöhungen außerhalb des förmlichen Mieterhöhungsverfahrens gemäß § 2 MHG, ZMR 1978, 325; ders, Mieterhöhungsvereinbarung bei frei finanzierten Wohnungen, Betrieb 1979, 879; Wichardt, Wirksamkeit von einseitigen Willenserklärungen während der Preisbindung von Wohnraum, ZMR 1980, 99.

I. Allgemeines 1

Die Vorschrift stellt in Abs 1 HS 1 den Grundsatz auf, daß Vereinbarungen, die zum Nachteil des Mieters von den Vorschriften der §§ 1–9 abweichen, unwirksam sind. Sie soll solchen Vertragsbestimmungen entgegenwirken, die mit den Grundgedanken des sozialen Mietrechts im allgemeinen und den Zielen des MHRG im besonderen nicht zu vereinbaren sind. Eine Ausnahme läßt Abs 1 HS 2 für den Fall zu, daß der Mieter während des Bestehens des Mietverhältnisses einer Mieterhöhung um einen bestimmten Betrag zustimmt. Eine weitere Ausnahme findet sich in Abs 2, der die Vereinbarung eines gestaffelten Mietzinses unter bestimmten Voraussetzungen für zulässig erklärt. In Abs 3 werden gewisse Mietverhältnisse vom Geltungsbereich des MHRG ausgenommen, da sich Mieterhöhungen für preisgebundenen Wohnraum nach besonderen Vorschriften richten und die übrigen Mietverhältnisse generell von dem Schutz des sozialen Mietrechts ausgenommen sind.

II. Abweichende Vereinbarungen (Abs 1)

1. Grundsatz der Unabdingbarkeit (Abs 1 HS 1) 2

a) Nachteilige Vereinbarungen
Vereinbarungen, die zum Nachteil des Mieters von den Vorschriften der §§ 1–9 abweichen, sind unwirksam. Eine Vereinbarung ist für den Mieter nachteilig, wenn der Vermieter objektiv eine günstigere Rechtsstellung erhält, als sie ihm in formeller oder materieller Hinsicht durch das MHRG eingeräumt wird. Ist eine Klausel generell geeignet, die Rechtsstellung des Mieters insoweit zu verschlechtern, kommt es nicht darauf an, ob sich der Mieter im Einzelfall aufgrund der Klausel auch einmal besser stehen könnte (OLG Koblenz OLGZ 1981, 459 = WuM 1981, 207 = 2 in RE Miet; LG Hamburg WuM 1975, 194).

aa) Der **Ausschluß der Kündigung** zum Zwecke der Mieterhöhung (§ 1 3
S 1) kann nicht durch Vereinbarung der Parteien abbedungen werden, da der Schutz des MHRG damit hinfällig wäre.

bb) Eine von der **Mieterhöhung im Wege des Vergleichsmieteverfahrens** 4
nach § 2 zum Nachteil des Mieters abweichende Vereinbarung ist ausgeschlossen. Dies gilt für die vorgeschriebenen formellen und materiellen Voraussetzungen. So ist eine *Schiedsgutachterklausel* unwirksam, soweit der Mieter dadurch im voraus einer Leistungsbestimmung durch den Gutachter zustimmt (LG Frankfurt WuM 1974, 156; LG Hamburg MDR 1981, 848; aM LG Wiesbaden ZMR 1974, 148). Ein Schiedsgutachter kann nicht

das ordentliche Gerichtsverfahren oder das Schiedsgerichtsverfahren der §§ 1025 ff ZPO ersetzen. Vor allem für *Mietanpassungsklauseln* ist neben dem Vergleichsmieteverfahren kein Raum. Solche Klauseln sind nach hM unwirksam, soweit sie abweichend von § 2 eine höhere Mietzinsverpflichtung begründen sollen (LG Hamburg WuM 1976, 187). Dies gilt für Wertsicherungsklauseln, Spannungsklauseln und Leistungsvorbehalte in gleicher Weise, weil sie dem Mieter wegen der vertraglichen Bindung die freie Entscheidung nehmen, ob er der später dementsprechend geforderten Mieterhöhung zustimmen will (Mietrecht § 10 MHRG Rz 11; vgl Dürkes, Wertsicherungsklauseln, D 380 ff). Die Mieterhöhung aufgrund von Anpassungsklauseln wird durch das WKSchG nicht berührt, wenn die Erhöhung bereits vor dem Inkrafttreten des Gesetzes wirksam geworden ist (BGH WM 1977, 418, 419). Das Verbot von Mietanpassungsklauseln betrifft nur die unter das MHRG fallenden Mietverhältnisse, also nicht die nach § 10 Abs 3 ausgenommenen Mietverhältnisse, die nicht als Wohnraummiete zu beurteilenden Mischmietverhältnisse mit überwiegendem Mietanteil für die Geschäftsräume (BGH WM 1977, 643) und Geschäftsraummietverhältnisse. Eine Sonderregelung enthält Abs 2 für die Vereinbarung eines Staffelmietzinses (vgl zur früheren Rechtslage Mietrecht § 10 MHRG Rz 12; OLG Schleswig NJW 1981, 1964 = 1 in RE Miet; LG Frankfurt WuM 1981, 43).

5 **cc)** Die Parteien können nicht zum Nachteil des Mieters von den Voraussetzungen des § 3 für **Mieterhöhungen wegen baulicher Änderungen** abweichen. Es dürfen weder einzelne materielle noch formelle Voraussetzungen modifiziert werden.

6 **dd)** Das gleiche gilt für die **Mieterhöhung wegen gestiegener Betriebskosten**. Die Vereinbarung unangemessen hoher Vorauszahlungen ist wegen Verstoßes gegen § 4 Abs 1 unzulässig. Ebenso ist ein vertraglicher Verzicht auf die jährliche Abrechnung und die Vereinbarung eines längeren Abrechnungszeitraums zu beurteilen. Unwirksam ist nach überwiegender Auffassung die Übernahme von Nebenkosten durch den Mieter, die nicht unter die Betriebskosten iS des § 4 fallen, zB Verwaltungskosten (LG Frankfurt WuM 1982, 78 m Anm Schneider; LG München ZMR 1981, 205; AG Freiburg WuM 1982, 215; aM LG Braunschweig WuM 1982, 79 m abl Anm Schneider; LG Wiesbaden ZMR 1981, 121 m abl Anm Barthelmess; AG Düsseldorf DWW 1983, 20).

7 **ee)** Ähnliches wie zu den Betriebskosten gilt für die Berücksichtigung von **Kapitalkosten** nach § 5.

8 **ff)** Das **Kündigungsrecht** des Mieters aus § 9 Abs 1 kann vertraglich weder aufgehoben noch beschränkt werden. Die Parteien können nicht vereinbaren, daß die Mieterhöhung trotz der Kündigung für die restliche Vertragszeit eintreten soll. Die Schutzfrist aus § 9 Abs 2 gegenüber einer frist-

losen Kündigung wegen Zahlungsverzugs kann nicht abgekürzt werden.

b) Vorteilhafte Vereinbarungen 9

Vereinbarungen, die zum Vorteil für den Mieter von den Vorschriften der §§ 1–9 abweichen, sind ebenso zulässig wie Vereinbarungen, die sich weder positiv noch negativ auf seine Rechtsstellung auswirken. Vorteilhaft ist es für den Mieter, wenn vereinbart wird, die Mieterhöhung solle einen bestimmten oder bestimmbaren Betrag, der unter der Vergleichsmiete des § 2 liegt, nicht überschreiten (LG Münster DWW 1977, 20). Das gleiche gilt, wenn die Mieterhöhung wegen baulicher Änderungen nach § 3 Abs 1 S 1 unter der Grenze von 11 vH der aufgewendeten Kosten bleiben soll. Es ist möglich, die Wartefrist des § 2 Abs 1 Nr 1 (LG Hamburg MDR 1981, 848) und die Überlegungsfrist des § 2 Abs 3 S 1 zu verlängern oder die Mieterhöhung an die Zustimmung eines Dritten zu binden (LG Düsseldorf WuM 1981, 286). Auch im übrigen können die Parteien strengere formelle und materielle Voraussetzungen für ein Mieterhöhungsverlangen nach den §§ 2–7 aufstellen. Es ist ferner zulässig, den Wirkungseintritt der Mieterhöhung vertraglich über den gesetzlich vorgeschriebenen Zeitpunkt hinauszuschieben und die Kündigungsfristen des § 9 Abs 1 zu verkürzen.

c) Rechtsfolgen 10

aa) Als Rechtsfolge bestimmt Abs 1 HS 1 die **Unwirksamkeit** einer zum Nachteil des Mieters von den §§ 1–9 abweichenden Vereinbarung. Damit ist Nichtigkeit von Anfang an gemeint. Im übrigen bleibt der Mietvertrag von der Unwirksamkeit einer einzelnen Bestimmung grundsätzlich unberührt (BGB § 556 a Rz 59). Sind Teile einer Vertragsbestimmung unwirksam, ist die Aufrechterhaltung im übrigen nach § 139 BGB zu beurteilen. Diese Vorschrift wird durch Abs 1 nicht ausgeschlossen (OLG Schleswig NJW 1981, 1964 = 1 in RE Miet; aM Schmidt-Futterer-Blank C 411).

bb) Soweit der Mieter aufgrund einer unwirksamen Vereinbarung eine erhöhte Miete gezahlt hat, ist ihm der Vermieter nach den Vorschriften über die ungerechtfertigte Bereicherung zur **Rückzahlung** verpflichtet (§§ 812 ff BGB). Zu beachten ist, daß eine vorbehaltlose Zahlung der erhöhten Miete als konkludente Zustimmung zu einer nach Abs 1 HS 2 zulässigen Mieterhöhung um einen bestimmten Betrag beurteilt werden kann (Rz 12) und damit einen Bereicherungsanspruch ausschließt. 11

12 **2. Zustimmung zur Mieterhöhung um einen bestimmten Betrag (Abs 1 HS 2)**

a) Voraussetzungen

aa) Durch Abs 1 HS 2 hat der Gesetzgeber klargestellt, daß freiwillige Vereinbarungen über Mieterhöhungen abweichend von den gesetzlichen Vorschriften getroffen werden können. Die **Zustimmung des Mieters** muß vorliegen. Das Gesetz geht davon aus, daß die Mieterhöhung durch einen Änderungsvertrag vereinbart wird. Das Zustandekommen richtet sich nach den allgemeinen Vorschriften (§§ 145 ff BGB). Soweit nicht vertraglich oder gesetzlich nach § 566 BGB Formbedürftigkeit besteht, sind die Erklärungen formlos wirksam. Durch eine formlos vereinbarte Mieterhöhung wird eine Schriftformklausel nur abbedungen, wenn sich dies eindeutig aus dem Parteiwillen ergibt (LG Hannover MDR 1979, 937). Im übrigen kann in der vorbehaltlosen Zahlung des verlangten Erhöhungsbetrags eine konkludente Annahmeerklärung des Mieters liegen. Dies ist eine Frage der Auslegung (Sternel Rz III 3). Ist ein fester Mietzins unter ausdrücklichem Ausschluß des Erhöhungsrechts vereinbart, kann allerdings nicht ohne weiteres darin, daß der Mieter freiwillig einen höheren Mietzins zahlt, eine konkludente Aufhebung der früheren Sondervereinbarung gesehen werden (AG Bielefeld WuM 1980, 197).

13 **bb)** Die Vereinbarung muß eine **Mieterhöhung** betreffen. Hierfür kommen neben § 2, der schon gesetzlich eine Zustimmungserklärung des Mieters voraussetzt, die §§ 3–7 in Betracht, die eine einseitige Mieterhöhung zulassen. Nach Sinn und Zweck der Ausnahmeregelung werden auch die Wartefrist des § 2 Abs 1 Nr 1 und der Zeitpunkt des Wirkungseintritts einer Mieterhöhung erfaßt (LG Hamburg NJW 1973, 1287; LG Köln WuM 1973, 172). Nicht unter den Begriff der Mieterhöhung fallen abweichende Vereinbarungen über Kündigungsvorschriften (§ 1 S 1, § 9), Mietherabsetzung (§ 4 Abs 4, § 5 Abs 3, § 6 Abs 4, § 7 Abs 4) und Betriebskostenvorauszahlungen (§ 4 Abs 1).

14 **cc)** Die Parteien müssen eine Mieterhöhung um einen **bestimmten Betrag** vereinbaren. Dies ist der Fall, wenn der Erhöhungsbetrag ohne fremde Hilfe und außerhalb des Mietvertrags liegender Umstände zu berechnen ist. Der Betrag muß sich aus der Vereinbarung selbst ergeben oder durch Bezugnahme auf einen bestimmten Prozentsatz der bisherigen Miete zu ermitteln sein. Unzulässig ist es, die genaue Bestimmung einer späteren Berechnung des Vermieters (LG Osnabrück WuM 1978, 10) oder eines Dritten, wie etwa eines Schiedsgutachters, vorzubehalten. Unzulässig ist deshalb auch die Vereinbarung von Mietanpassungsklauseln jeder Art, soweit sie zum Nachteil des Mieters von den §§ 1–9 abweichen.

15 **dd)** Die Vereinbarung muß während des **Bestehens des Mietverhältnisses**

abgeschlossen werden. Damit sind alle abweichenden Vereinbarungen vor oder bei Abschluß des Mietvertrags ausgeschlossen. Auf die Überlassung des Wohnraums kommt es nicht an (Barthelmess § 10 Rz 36; aM Derleder in AK § 10 Rz 5).

b) Rechtsfolgen 16

Eine Vereinbarung, die zum Nachteil des Mieters von den §§ 1–9 abweicht, ist unter den Voraussetzungen des Abs 1 HS 2 wirksam. Eine Grenze bilden die Vorschriften des § 5 WiStrG zur Mietpreisüberhöhung und des § 302 a StGB zum Wucher (§ 134 BGB). Darüber hinaus wirkt der nach Abs 1 HS 2 abgeschlossene Änderungsvertrag auf die Vorschriften des MHRG zurück. Im Anschluß an eine einvernehmliche Mieterhöhung ist § 9 über die Kündigung durch den Mieter nicht anzuwenden. Ein Änderungsvertrag löst die einjährige Wartefrist des § 2 Abs 1 Nr 1 für Mieterhöhungen im Wege des Verfahrens nach § 2 aus. Nicht betroffen werden Mieterhöhungen nach den §§ 3–7, bei denen keine Wartefrist eingreift. Hat der Mieter einem Vertragsangebot des Vermieters iS des Abs 1 HS 2 nicht zugestimmt, greift die Klagefrist des § 2 Abs 3 S 1 nicht ein, da es sich nicht um ein Erhöhungsverlangen iS dieser Vorschrift handelt (LG Mannheim WuM 1977, 142).

III. Vereinbarung eines gestaffelten Mietzinses (Abs 2)

1. Allgemeines 17

Durch das Gesetz zur Erhöhung des Angebots an Mietwohnungen vom 20. 12. 1982 (BGBl I 1912) ist als Ausnahme vom Vergleichsmieteverfahren die Vereinbarung eines gestaffelten Mietzinses zugelassen worden (Gramlich NJW 1983, 417, 418; Köhler, 72 ff; Landfermann 52 ff; Sternel MDR 1983, 356, 361). Die Vorschrift ist am 1. 1. 1983 in Kraft getreten, gilt jedoch nach Art 4 Nr 3 des Gesetzes für nach dem 31. 12. 1980 bezugsfertig gewordenen Wohnraum schon rückwirkend ab 1. 1. 1981. Mit dieser rechtspolitisch umstrittenen Regelung soll der Wohnungsbau verstärkt werden, indem Investitionsentscheidungen durch eine feste Kalkulation erleichtert werden. Bei älteren Gebäuden ist im Hinblick auf die regelmäßig erheblichen Kosten der Unterhaltung ein entsprechendes Bedürfnis anerkannt worden (Begr z Gesetzentw BT-Drucks 9/2079, 9). Der Mieter kann die auf ihn zukommenden Belastungen durch den Mietzins besser übersehen. Für beide Parteien werden die mit Mieterhöhungen nach § 2 verbundenen Unsicherheiten ausgeschlossen. Die Vorschrift birgt aber für jede Partei im Vergleich zu der nach § 2 erreichbaren Höhe des Mietzinses auch beträchtliche Risiken in sich.

18 **2. Voraussetzungen**

a) Gestaffelter Mietzins

Der Mietzins kann für bestimmte Zeiträume in unterschiedlicher Höhe vereinbart werden. Ein derart gestaffelter Mietzins muß betragsmäßig ausgewiesen sein. Dies kann durch Angabe bestimmter Steigerungsbeträge oder des jeweils insgesamt zu zahlenden Mietzinses geschehen. Unzureichend ist es, wenn die Steigerung nur in Prozenten ausgedrückt wird, weil dies für den Mieter zu unübersichtlich ist (vgl Begr z RegE eines MietRÄndG 1981 BT-Drucks 9/791, 20). Die bestehende Vergleichsmiete bildet keine Grenze, sondern nur die Verbote des Mietwuchers (§ 302 a StGB) und der Mietpreisüberhöhung (§ 5 WiStrG). Die Vorschrift ist auf einen Staffelmietzins zugeschnitten, der sich stufenweise erhöht. Eine gestaffelte Senkung des Mietzinses wird nicht erfaßt, da Abs 2 auf Abs 1 Bezug nimmt und diese Vorschrift nur Mieterhöhungen betrifft. Im übrigen gilt Abs 2 für Wohnraum in Alt- und Neubauten mit Ausnahme der Übergangsvorschrift (Rz 17) in gleicher Weise.

19 **b) Zeitraum**

Die Vereinbarung eines gestaffelten Mietzinses darf einen Zeitraum bis zu jeweils zehn Jahren umfassen. Damit ist eine absolute Grenze nur für die einzelne Vereinbarung gesetzt. Es wird nicht ausgeschlossen, nach Ablauf dieses Zeitraums erneut einen gestaffelten Mietzins zu vereinbaren. Der Mietzins muß jeweils mindestens ein Jahr unverändert bleiben, um den Mieter wie im Vergleichsmieteverfahren nicht kurzfristig ständigen Mieterhöhungen auszusetzen.

20 **c) Vereinbarung**

Der gestaffelte Mietzins kann bei Neuabschluß eines Mietvertrags vereinbart werden. In gleicher Weie steht es den Parteien frei, eine dahin gehende Vereinbarung später im Wege eines Änderungsvertrags zu treffen. Bei einem bestehenden Mietverhältnis hat der Vermieter jedoch keinen darauf gerichteten Anspruch. Unerheblich ist, ob es sich um ein Mietverhältnis auf bestimmte oder unbestimmte Zeit handelt.

21 **d) Form**

Für die Vereinbarung ist Schriftform vorgeschrieben (§ 126 BGB). Soweit ein Mietvertrag auf die Dauer von mehr als einem Jahr abgeschlossen wird, ergibt sich der Formzwang aus § 566 BGB. Aus § 566 S 2 BGB ist aber nicht zweifelsfrei zu entnehmen, daß bei fehlender Schriftform auch die Staffelmietvereinbarung unwirksam ist. Deshalb hat der Gesetzgeber das Schriftformerfordernis wiederholt (Begr z Gesetzentw aaO 17).

3. Rechtsfolgen 22

a) Mieterhöhung
Nach Ablauf des jeweils bestimmten Zeitraums tritt die maßgebende Mieterhöhung aufgrund der vertraglichen Vereinbarung ein. Weitere Erklärungen der Parteien sind nicht erforderlich. Ist die Zeitspanne, für die ein gestaffelter Mietzins vereinbart worden ist, insgesamt abgelaufen, gilt der am Ende erreichte Mietzins in dieser Höhe weiter, bis eine Mieterhöhung aufgrund der §§ 2 ff vorgenommen oder eine neue Vereinbarung über einen gestaffelten Mietzins einvernehmlich durch einen Änderungsvertrag getroffen wird.

b) Ausschluß anderweitiger Mieterhöhungen 23
Für die Dauer einer Staffelmietvereinbarung ist eine Erhöhung des Mietzinses nach den §§ 2, 3 und 5 ausgeschlossen. Eine Kombination der Staffelmiete mit diesen Formen der Mieterhöhung ist dem Vermieter verwehrt. Ausgenommen ist nur eine Mieterhöhung wegen gestiegener Betriebskosten nach § 4.

4. Ausschluß einer Beschränkung des Kündigungsrechts 24

Obwohl es unerheblich ist, ob das Mietverhältnis auf bestimmte oder unbestimmte Zeit eingegangen wird, geht der Gesetzgeber davon aus, daß die Vermieter zur Absicherung ihrer Kalkulation den Mietern Verträge vorlegen werden, in denen neben der Vereinbarung eines gestaffelten Mietzinses auch das Kündigungsrecht des Mieters für längere Zeit ausgeschlossen ist. Unter Berücksichtigung der möglichen Zwangslage der Wohnungssuchenden beim Abschluß eines Mietvertrags ist deshalb der Ausschluß des Kündigungsrechts des Mieters auf vier Jahre begrenzt worden (Begr z Gesetzentw aaO 18).

IV. Geltungsbereich des MHRG (Abs 3)

1. Preisgebundener Wohnraum (Nr 1) 25

a) Das MHRG gilt nicht für preisgebundenen Wohnraum. Eine **gesetzliche Mietpreisbindung** besteht für die mit öffentlichen Mitteln geförderten Sozialwohnungen (§§ 1 ff WoBindG), für die mit Wohnungsfürsorgemitteln geförderten steuerbegünstigten oder frei finanzierten Neubauwohnungen (§§ 87 a, 111 WobauG II; OLG Karlsruhe Justiz 1981, 78 = 3 in RE Miet), für die mit Annuitätshilfen geförderten steuerbegünstigten

Neubauwohnungen (§§ 88–88 c WobauG II) sowie bis zum 31. 12. 1989 für Altbauwohnungen in Berlin (Altbaumietenverordnung Berlin vom 21. 3. 1961 [BGBl I 230], §§ 15, 18 Abs 1 Nr 3 BMietG II idF des Art 1 Nr 1 und 2 des Dritten Gesetzes zur Änd mietrechtlicher und mietpreisrechtlicher Vorschriften im Land Berlin vom 3. 8. 1982 [BGBl I 1106]). Diese Preisbindung für Altbauwohnungen in Berlin verstößt nicht gegen Art 14 GG (BGH WuM 1979, 209). Unerheblich ist es, wenn der Wohnraum in anderer Weise öffentlich gefördert oder verbilligt ist. Deshalb gilt das MHRG auch für Wohnraum der gemeinnützigen Wohnungsunternehmen (LG Braunschweig NJW 1973, 1053; LG Mannheim NJW 1975, 316). LAG-Wohnungen sind wegen der Förderung mit Ausgleichsmitteln nach § 254 Abs 3 LAG nicht preisgebunden (AG Norderstedt WuM 1982, 157).

26 **b)** Das **Verfahren einer Mieterhöhung** nach den Vorschriften des MHRG kann nach der neueren Rspr schon während der Dauer der Preisbindung durch ein Zustimmungsverlangen nach § 2 oder eine einseitige Mieterhöhungserklärung nach den §§ 3 ff eingeleitet werden, wenn der Vermieter damit die Erhöhung des Mietzinses für die Zeit ab Beendigung der Preisbindung erreichen will (OLG Hamm WuM 1980, 262 m abl Anm Herpers = NJW 1981, 234 m Anm Köhler = 2 in RE Miet; KG NJW 1982, 2077 = 7 in RE Miet). Diese Rspr steht in Widerspruch zu der bislang eindeutig hM (Mietrecht § 10 MHRG Rz 33 mwN). Davon zu unterscheiden ist der Fall, daß eine Erhöhung des Mietzinses bei Wohnraum, der dem MHRG unterliegt, auf bestimmte Zeit durch Vereinbarung der Parteien ausgeschlossen ist. Hier kann der Vermieter schon vor Ablauf der vertraglich bestimmten Zeit eine Mieterhöhung verlangen, die nach Ablauf dieser Zeit wirksam werden soll (OLG Hamm NJW 1983, 829 = 23 in RE Miet).

27 **2. Wohnraum zu nur vorübergehendem Gebrauch (Nr 2)**

Wohnraum, der zu nur vorübergehendem Gebrauch vermietet ist, unterliegt nicht dem MHRG. Dies entspricht der in anderen Vorschriften bestimmten Ausnahme derartigen Wohnraums von der Geltung des sozialen Mietrechts (BGB § 556 a Rz 54 ff).

28 **3. Möblierter Einliegerwohnraum (Nr 3)**

Ausgenommen vom Geltungsbereich des MHRG ist Wohnraum, der Teil der vom Vermieter selbst bewohnten Wohnung ist und den der Vermieter ganz oder überwiegend mit Einrichtungsgegenständen auszustatten hat, sofern der Wohnraum nicht zum dauernden Gebrauch für eine Familie überlassen ist. Dies entspricht dem Tatbestand des § 565 Abs 3 BGB (dort Rz 29 ff).

4. Studenten- und Jugendwohnheim (Nr 4) **29**

Nach der durch das Gesetz zur Erhöhung des Angebots an Mietwohnungen vom 20. 12. 1982 (BGBl I 1912) eingefügten Regelung der Nr 4 gelten die Vorschriften des MHRG nicht für Mietverhältnisse über Wohnraum, der Teil eines Studenten- oder Jugendwohnheims ist. Diese Ausnahme entspricht dem Tatbestand des § 564 b Abs 7 Nr 3 BGB (dort Rz 109; vgl im übrigen zu Heimverträgen § 556 a Rz 56, § 564 b Rz 3, 70).

Artikel 4
Anwendung auf bestehende Mietverhältnisse

Ein Mietverhältnis, das zur Zeit des Inkrafttretens dieses Gesetzes besteht, richtet sich von diesem Zeitpunkt an nach dem neuen Recht.
Artikel 3 § 3 ist auch auf vor Inkrafttreten dieses Gesetzes begonnene bauliche Änderungen anzuwenden, die nach Inkrafttreten dieses Gesetzes beendet werden.

Die Vorschrift enthält eine Übergangsregelung für die zur Zeit des Inkrafttretens des WKSchG II bestehenden Mietverhältnisse. Sie unterliegen von diesem Zeitpunkt an dem neuen Recht, dh dem WKSchG II. Dieser Zeitpunkt ist nach Art 8 Abs 1 grundsätzlich der 1. 1. 1975.

Artikel 5
Geltung für mieterschutzfreie Mietverhältnisse über Wohnraum im Land Berlin

Die Artikel 1 bis 4 gelten im Land Berlin für Mietverhältnisse über Wohnraum, auf die die §§ 1 bis 19 und 24 bis 31 des Mieterschutzgesetzes nicht anzuwenden sind.

Mit Ablauf des 31. 12. 1975 ist das MietSchG in Berlin außer Kraft getreten (Art 1 § 2 Nr 3 des Dritten G zur Änd des Schlußtermins für den Abbau der Wohnungszwangswirtschaft und über weitere Maßnahmen auf dem Gebiete des Mietpreisrechts im Land Berlin vom 30. 10. 1972 [BGBl I 2051]). Damit bestehen insoweit keine Ausnahmen mehr vom Anwendungsbereich des WKSchG II, so daß Art 5 gegenstandslos geworden ist (vgl zur Sonderregelung des § 564 b Abs 2 Nr 2 BGB im Land Berlin § 32 Abs 2 WoBindG; § 11 BMietG XII).

Artikel 6
Sondervorschriften für München und Hamburg

In der kreisfreien Stadt München und im Landkreis München (Gebietsstand bis zum 30. Juni 1972) sowie in der Freien und Hansestadt Hamburg gilt Artikel 3 § 2 bis zum 31. Dezember 1976 mit der Maßgabe, daß bei Wohnungen, die bis zum 20. Juni 1948 bezugsfertig geworden sind und weniger als sechs Wohnräume einschließlich Küche haben, die Zustimmung zu einer Erhöhung des Mietzinses höchstens für einen Betrag verlangt werden kann, der die Grundmiete nicht um mehr als zehn vom Hundert übersteigt.
Grundmiete im Sinne des Absatzes 1 ist die Miete, die am 31. Dezember 1974 preisrechtlich zulässig war, abzüglich folgender in ihr enthaltener Beträge:
1. Umlagen für Wasserverbrauch,
2. Kosten des Betriebs der zentralen Heizungs- und Warmwasserversorgungsanlagen,
3. Umlagen für laufende Mehrbelastungen seit dem 1. April 1945,
4. Untermietzuschläge,
5. Zuschläge wegen Nutzung von Wohnraum zu anderen als Wohnzwekken,
6. Mieterhöhungen für Wertverbesserungen nach § 12 der Altbaumietenverordnung.

Die Sondervorschriften für Altbauwohnungen in der kreisfreien Stadt München und im Landkreis München sowie in der Freien und Hansestadt Hamburg sind durch Zeitablauf mit dem 31. 12. 1976 außer Kraft getreten.

Artikel 7
Berlin-Klausel

Dieses Gesetz gilt nach Maßgabe des § 13 Abs. 1 des Dritten Überleitungsgesetzes vom 4. Januar 1952 (Bundesgesetzbl. I S. 1) auch im Land Berlin.

Artikel 8
Inkrafttreten

Dieses Gesetz tritt am 1. Januar 1975 in Kraft.
Soweit das Mieterschutzgesetz noch in Geltung ist, treten die Artikel 1 bis 4 mit dessen Außerkrafttreten in Kraft. Das Inkrafttreten des Artikels 5 nach Absatz 1 bleibt hiervon unberührt.

Jürgen Sonnenschein

Anhang

Rechtsentscheide (Übersicht)

Die Hinweise beziehen sich auf amtliche Sammlungen, NJW bzw WuM und RE Miet (= THIELER-FRANTZIOCH-UETZMANN, Rechtsentscheide Mietrecht).

Bundesgerichtshof

28. 1. 1981, VIII ARZ 6/80	BGHZ 79, 288 = NJW 1981, 1040 = 1 in RE Miet
21. 4. 1982, VIII ARZ 16/81	BGHZ 84, 90 = NJW 1982, 1696 = 6 in RE Miet
21. 4. 1982, VIII ARZ 2/82	BGHZ 83, 366 = NJW 1982, 1701 = 7 in RE Miet
8. 7. 1982, VIII ARZ 3/82	BGHZ 84, 345 = NJW 1982, 2186 = 9 in RE Miet
20. 9. 1982, VIII ARZ 1/82	BGHZ 84, 392 = NJW 1982, 2867 = 11 in RE Miet
20. 9. 1982, VIII ARZ 5/82	WuM 1982, 324 = 12 in RE Miet
20. 9. 1982, VIII ARZ 13/82	13 in RE Miet

Bayerisches Oberstes Landesgericht

21. 7. 1970, Allg. Reg. 20/70	BayObLGZ 1970, 169 = NJW 1970, 1748
30. 11. 1971, Allg. Reg. 31/71	BayObLGZ 1971, 363 = NJW 1972, 685 = 1 in RE Miet
21. 11. 1980, Allg. Reg. 83/80	BayObLGZ 1980, 360 = NJW 1981, 580 = 2 in RE Miet
19. 1. 1981, Allg. Reg. 103/80	BayObLGZ 1981, 1 = NJW 1981, 1275 = 3 in RE Miet
9. 2. 1981, Allg. Reg. 126/80	BayObLGZ 1981, 15 = NJW 1981, 994 = 4 in RE Miet
19. 3. 1981, Allg. Reg. 7/81	BayObLGZ 1981, 105 = NJW 1981, 1219 = 5 in RE Miet
24. 6. 1981, Allg. Reg. 41/81	BayObLGZ 1981, 214 = NJW 1981, 2259 = 6 in RE Miet
14. 7. 1981, Allg. Reg. 32/81	BayObLGZ 1981, 232 = NJW 1981, 2197 = 7 in RE Miet
20. 8. 1981, Allg. Reg. 30/81	BayObLGZ 1981, 283 = NJW 1981, 2818 = 8 in RE Miet
1. 9. 1981, Allg. Reg. 58/81	BayObLGZ 1981, 300 = NJW 1981, 2759 = 9 in RE Miet

24. 11. 1981, Allg. Reg. 64/81	BayObLGZ 1981, 343 = NJW 1982, 451 = 10 in RE Miet
9. 2. 1982, Allg. Reg. 105/81	BayObLGZ 1982, 78 = NJW 1982, 1292 = 11 in RE Miet
2. 3. 1982, Allg. Reg. 115/81	BayObLGZ 1982, 135 = NJW 1982, 1159 = 12 in RE Miet
1. 4. 1982, Allg. Reg. 68/81	BayObLGZ 1982, 173 = WuM 1982, 154 = 13 in RE Miet
25. 5. 1982, Re Miet 2/82	BayObLGZ 1982, 217 = NJW 1982, 2003 = 14 in RE Miet
21. 2. 1983, Allg. Reg. 112/81	WuM 1983, 107 = 15 in RE Miet
25. 2. 1983, Re Miet 1/82	WuM 1983, 129 = 16 in RE Miet

Kammergericht Berlin

12. 1. 1981, 8 W RE Miet 4154/80	OLGZ 1981, 83 = WuM 1981, 54 = 1 in RE Miet
25. 2. 1981, 8 W RE Miet 5071/80	OLGZ 1981, 205 = NJW 1981, 1048 = 2 in RE Miet
21. 4. 1981, 8 W RE Miet 1397/81	OLGZ 1981, 325 = NJW 1981, 2470 = 3 in RE Miet
22. 6. 1981, 8 W RE Miet 4340/80	OLGZ 1981, 462 = NJW 1981, 2307 = 4 in RE Miet
14. 8. 1981, 8 W RE Miet 3471/81	WuM 1981, 270 = 5 in RE Miet
29. 1. 1982, 8 W RE Miet 4902/81	NJW 1982, 2077 = 7 in RE Miet
3. 3. 1982, 8 W RE Miet 2291/81	NJW 1982, 1468 = 8 in RE Miet
24. 5. 1982, 8 W RE Miet 988/82	WuM 1982, 289 = 9 in RE Miet
28. 5. 1982, 8 W RE Miet 4712/81	WuM 1982, 293 = 10 in RE Miet
9. 8. 1982, 8 W RE Miet 4905/81	WuM 1982, 262 = 11 in RE Miet
3. 2. 1983, 8 W RE Miet 5683/81	WuM 1983, 81 = 12 in RE Miet
28. 2. 1983, 8 W RE Miet 2922/82	WuM 1983, 135 = 13 in RE Miet
14. 3. 1983, 8 W RE Miet 5383/82	WuM 1983, 128 = 14 in RE Miet

14. 3. 1983, 8 W RE Miet 5384/82	WuM 1983, 128 = 15 in RE Miet

Oberlandesgericht Braunschweig

15. 3. 1982, 1 UH 1/82	WuM 1982, 316 = 1 in RE Miet
19. 4. 1982, 1 UH 1/81	WuM 1982, 272 = 2 in RE Miet

Hanseatisches Oberlandesgericht in Bremen

7. 11. 1980, 1 UH 1/80 (a)	WuM 1981, 8 = 1 in RE Miet
30. 8. 1982, 1 UH 1/82 (a)	NJW 1983, 689 = 2 in RE Miet

Oberlandesgericht Celle

16. 3. 1981, 2 UH 1/80	NJW 1981, 1625 = 1 in RE Miet
20. 1. 1982, 2 UH 1/81	OLGZ 1982, 254 = WuM 1982, 102 = 2 in RE Miet
27. 4. 1982, 2 UH 2/81	WuM 1982, 180 = 4 in RE Miet
28. 9. 1982, 2 UH 1/82	WuM 1982, 317 = 5 in RE Miet

Oberlandesgericht Frankfurt

23. 6. 1971, 14 W 14/71	WuM 1971, 168
6. 3. 1981, 20 RE Miet 1/80	OLGZ 1981, 228 = NJW 1981, 1277 = 1 in RE Miet
12. 3. 1981, 20 RE Miet 2/80	OLGZ 1981, 219 = WuM 1981, 123 = 2 in RE Miet
22. 9. 1981, 20 RE Miet 1/81	NJW 1982, 453 (LS) = WuM 1981, 272 = 3 in RE Miet
5. 10. 1981, 20 RE Miet 2/81	NJW 1981, 2820 = 4 in RE Miet
2. 11. 1981, 20 RE Miet 3/81	NJW 1982, 188 = 5 in RE Miet
3. 3. 1982, 20 RE Miet 1/82	NJW 1982, 1822 = 6 in RE Miet
23. 7. 1982, 20 RE Miet 2/82	WuM 1982, 325 = 7 in RE Miet
23. 12. 1982, 20 RE Miet 4/82	WuM 1983, 73 = 8 in RE Miet
28. 12. 1982, 20 RE Miet 3/82	NJW 1983, 1004 = 9 in RE Miet

Hanseatisches Oberlandesgericht zu Hamburg

10. 7. 1969, 4 RE Miet 1/69	WuM 1970, 148
25. 3. 1981, 4 U 201/80	NJW 1981, 2308 = 1 in RE Miet
22. 4. 1981, 4 U 200/80	OLGZ 1981, 340 = WuM 1981, 127 = 2 in RE Miet
14. 5. 1981, 4 U 203/80	OLGZ 1981, 367 = NJW 1981, 2820 = 3 in RE Miet
27. 7. 1981, 4 U 27/81	OLGZ 1981, 484 = NJW 1981, 2258 = 4 in RE Miet
17. 12. 1981, 4 U 130/81	OLGZ 1982, 319 = NJW 1982, 1157 = 5 in RE Miet
18. 12. 1981, 4 U 179/81	WuM 1982, 290 = 6 in RE Miet
7. 4. 1982, 4 U 167/81	NJW 1983, 182 = 9 in RE Miet
3. 5. 1982, 4 U 215/81	WuM 1982, 177 (LS) = 10 in RE Miet
6. 10. 1982, 4 U 133/82	WuM 1983, 13 = 11 in RE Miet
12. 11. 1982, 4 U 174/82	WuM 1983, 11 = 12 in RE Miet
15. 11. 1982, 4 U 181/81	NJW 1983, 1004 (LS) = WuM 1983, 20 = 13 in RE Miet
20. 12. 1982, 4 U 1/82	NJW 1983, 828 = 14 in RE Miet
20. 12. 1982, 4 U 25/82	NJW 1983, 580 (LS) = WuM 1983, 49 = 15 in RE Miet
16. 2. 1983, 4 U 7/83	WuM 1983, 80 = 16 in RE Miet

Oberlandesgericht Hamm

26. 8. 1968, 4 ReMiet 1/68	NJW 1968, 2339 = 1 in RE Miet
9. 10. 1980, 4 ReMiet 2/80	WuM 1980, 262 = 2 in RE Miet
31. 10. 1980, 4 ReMiet 1/80	OLGZ 1981, 65 = NJW 1981, 290 = 3 in RE Miet
3. 12. 1980, 4 ReMiet 3/80	OLGZ 1981, 71 = NJW 1981, 584 = 4 in RE Miet
13. 1. 1981, 4 ReMiet 5/80 und 6/80	OLGZ 1981, 74 = NJW 1981, 1626 (LS) = WuM 1981, 53 = 5 in RE Miet

27. 2. 1981, 4 ReMiet 4/80	OLGZ 1981, 211 = NJW 1981, 1049 = 6 in RE Miet
31. 3. 1981, 4 ReMiet 3/81	OLGZ 1981, 337 = NJW 1981, 2585 = 7 in RE Miet
27. 4. 1981, 4 ReMiet 2/81	OLGZ 1981, 329 = NJW 1981, 1622 = 8 in RE Miet
14. 7. 1981, 4 ReMiet 1/81	OLGZ 1981, 470 = NJW 1981, 2362 = 9 in RE Miet
14. 7. 1981, 4 ReMiet 4/81	OLGZ 1981, 478 = NJW 1981, 2262 = 10 in RE Miet
1. 10. 1981, 4 ReMiet 6/81	OLGZ 1982, 112 = NJW 1982, 341 = 11 in RE Miet
23. 11. 1981, 4 ReMiet 8/81	NJW 1982, 452 = 12 in RE Miet
27. 12. 1981, 4 ReMiet 5/81	OLGZ 1982, 326 = NJW 1982, 891 = 14 in RE Miet
1. 2. 1982, 4 ReMiet 7/81	NJW 1982, 1401 (Datum: 8. 3. 1982) = 15 in RE Miet
24. 2. 1982, 4 ReMiet 12/81	NJW 1982, 1403 = 16 in RE Miet
19. 5. 1982, 4 ReMiet 10/81	NJW 1982, 2005 = 17 in RE Miet
28. 5. 1982, 4 ReMiet 11/81	NJW 1982, 2076 = 18 in RE Miet
14. 7. 1982, 4 ReMiet 4/82	NJW 1982, 2563 = 19 in RE Miet
23. 7. 1982, 4 ReMiet 3/82	WuM 1982, 290 = 20 in RE Miet
17. 8. 1982, 4 ReMiet 1/82	OLGZ 1982, 481 = NJW 1982, 2876 = 21 in RE Miet
17. 8. 1982, 4 ReMiet 2/82	WuM 1982, 326 = 22 in RE Miet
9. 9. 1982, 4 ReMiet 8/82	NJW 1983, 829 = 23 in RE Miet
6. 10. 1982, 4 ReMiet 13/81	NJW 1983, 48 = 24 in RE Miet
30. 10. 1982, 4 ReMiet 6/82	NJW 1983, 289 = 25 in RE Miet
23. 11. 1982, 4 ReMiet 10/82	WuM 1983, 18 = 26 in RE Miet
9. 12. 1982, 4 ReMiet 12/82	NJW 1983, 826 = 27 in RE Miet

28. 12. 1982, 4 ReMiet 5/82	NJW 1983, 947 (LS) = WuM 1983, 78 = 28 in RE Miet
3. 2. 1983, 4 ReMiet 7/82	NJW 1983, 1332 = 30 in RE Miet
21. 2. 1983, 4 ReMiet 15/82	WuM 1983, 107 = 31 in RE Miet
3. 3. 1983, 4 ReMiet 9/82	WuM 1983, 108 = 32 in RE Miet

Oberlandesgericht Karlsruhe

3. 7. 1970, 1 RE-Miet 1/70	NJW 1970, 1746
31. 3. 1971, 1 RE-Miet 2/70	OLGZ 1971, 414 = NJW 1971, 1182
16. 2. 1973, 5 RE-Miet 1/72	NJW 1973, 1001 = 1 in RE Miet
4. 11. 1980, 10 W 47/80 (R)	OLGZ 1981, 78 = NJW 1981, 1051 = 2 in RE Miet
4. 12. 1980, 10 W 30/80 (R)	OLGZ 1981, 81 = WuM 1981, 270 = 3 in RE Miet
10. 2. 1981, 3 RE-Miet 1/81	OLGZ 1981, 207 = NJW 1981, 1278 = 4 in RE Miet
25. 3. 1981, 3 RE-Miet 2/81	OLGZ 1981, 354 = NJW 1981, 1741 = 5 in RE Miet
1. 7. 1981, 9 RE-Miet 1/81	OLGZ 1981, 466 = NJW 1981, 2823 = 6 in RE Miet
7. 7. 1981, 3 RE-Miet 3/81	OLGZ 1982, 85 = WuM 1981, 248 = 7 in RE Miet
7. 7. 1981, 9 RE-Miet 2/81	WuM 1981, 271 = 8 in RE Miet
24. 7. 1981, 3 RE-Miet 4/81	OLGZ 1982, 96 = NJW 1982, 1290 = 9 in RE Miet
22. 9. 1981, 3 RE-Miet 5/81	OLGZ 1982, 111 = NJW 1982, 344 = 10 in RE Miet
7. 10. 1981, 3 RE-Miet 6/81	OLGZ 1982, 117 = NJW 1982, 54 = 11 in RE Miet
27. 10. 1981, 3 RE-Miet 10/81	OLGZ 1982, 331 = NJW 1982, 391 = 12 in RE Miet
10. 11. 1981, 3 RE-Miet 7/81	OLGZ 1982, 335 = NJW 1982, 242 = 13 in RE-Miet
23. 12. 1981, 3 RE-Miet 8/81	NJW 1982, 893 = 14 in RE Miet
23. 12. 1981, 3 RE-Miet 9/81	NJW 1982, 890 = 15 in RE Miet

14. 1. 1982, 9 RE-Miet 3/81	NJW 1982, 889 = 16 in RE Miet
2. 2. 1982, 3 RE-Miet 11/81	NJW 1982, 1161 = 18 in RE Miet
8. 6. 1982, 3 RE-Miet 1/82	NJW 1982, 2004 = 19 in RE Miet
20. 7. 1982, 3 RE-Miet 2/82	WuM 1982, 269 = 20 in RE Miet
9. 8. 1982, 9 RE-Miet 1/82	WuM 1982, 273 = 21 in RE Miet
24. 8. 1982, 3 RE-Miet 3/82	NJW 1982, 2829 = 22 in RE Miet
7. 10. 1982, 9 RE-Miet 4/81	WuM 1983, 165 (LS) = 23 in RE Miet
26. 10. 1982, 3 RE-Miet 4/82	NJW 1983, 579 = 24 in RE Miet
29. 12. 1982, 9 RE-Miet 2/82	WuM 1983, 133 = 25 in RE Miet
30. 3. 1983, 3 RE-Miet 1/83	NJW 1983, 1499 = 26 in RE Miet

Oberlandesgericht Koblenz

25. 5. 1981, 4 W-RE 277/81	OLGZ 1981, 455 = WuM 1981, 204 = 1 in RE Miet
5. 6. 1981, 4 W-RE 248/81	OLGZ 1981, 459 = WuM 1981, 207 = 2 in RE Miet
8. 2. 1982, 4 W-RE 10/82	WuM 1982, 127 = 3 in RE Miet
12. 1. 1983, 4 W-RE 654/82	WuM 1983, 73 = 4 in RE Miet
11. 3. 1983, 4 W-RE 69/83	WuM 1983, 132 = 5 in RE Miet

Oberlandesgericht Köln

28. 6. 1968, 2 W 103/68	NJW 1968, 1834 (Az: 2 W 103/58) = WuM 1968, 179

Oberlandesgericht Oldenburg

23. 6. 1970, 5 UH 1/70	WuM 1970, 132 = 1 in RE Miet
3. 8. 1973, 5 UH 1/73	NJW 1973, 1841 = 2 in RE Miet

11. 9. 1980, 5 UH 2/80	OLGZ 1981, 198 = WuM 1982, 121 = 3 in RE Miet
14. 10. 1980, 5 UH 9/80	OLGZ 1981, 383 = 4 in RE Miet
14. 10. 1980, 5 UH 10/80	WuM 1982, 100 = 5 in RE Miet
10. 11. 1980, 5 UH 11/80	OLGZ 1981, 202 = WuM 1981, 177 = 6 in RE Miet
19. 12. 1980, 5 UH 13/80	OLGZ 1981, 194 = WuM 1981, 150 = 7 in RE Miet
22. 12. 1980, 5 UH 1/80	OLGZ 1981, 196 = WuM 1981, 55 = 8 in RE Miet
23. 12. 1980, 5 UH 3/80	OLGZ 1981, 197 = WuM 1981, 83 = 9 in RE Miet
2. 1. 1981, 5 UH 4/80	OLGZ 1981, 200 = WuM 1981, 150 = 10 in RE Miet
2. 1. 1981, 5 UH 5/80	11 in RE Miet
2. 1. 1981, 5 UH 6/80	12 in RE Miet
2. 1. 1981, 5 UH 7/80	13 in RE Miet
2. 1. 1981, 5 UH 8/80	14 in RE Miet
22. 1. 1981, 5 UH 14/80	WuM 1982, 100 = 15 in RE Miet
19. 2. 1981, 5 UH 12/80	OLGZ 1981, 315 = WuM 1981, 125 = 16 in RE Miet
23. 4. 1981, 5 UH 1/81	WuM 1982, 124 = 17 in RE Miet
26. 5. 1981, 5 UH 2/81	WuM 1982, 123 = 20 in RE Miet
13. 7. 1981, 5 UH 3/81	WuM 1982, 101 = 18 in RE Miet
4. 12. 1981, 5 UH 4/81	WuM 1982, 105 = 19 in RE Miet
25. 2. 1982, 5 UH 1/82	WuM 1982, 126 = 21 in RE Miet

Schleswig-Holsteinisches Oberlandesgericht in Schlewsig

24. 3. 1981, 6 RE-Miet 1/80	OLGZ 1981, 375 = NJW 1981, 1964 = 1 in RE Miet
1. 6. 1981, 6 RE-Miet 1/81	OLGZ 1981, 456 = NJW 1981, 2261 = 2 in RE Miet
23. 11. 1981, 6 RE-Miet 2/81	OLGZ 1982, 228 = NJW 1982, 449 = 3 in RE Miet

18. 6. 1982, 6 RE-Miet 3/81	NJW 1983, 49 = 4 in RE Miet
25. 6. 1982, 6 RE-Miet 1/82	NJW 1982, 2672 = 5 in RE Miet
17. 1. 1983, 6 RE-Miet 3/82	NJW 1983, 1333 (LS) = WuM 1983, 75 = 6 in RE Miet
22. 3. 1983, 6 RE-Miet 4/82	WuM 1983, 130 = 7 in RE Miet

Oberlandesgericht Stuttgart

11. 11. 1968, 8 W 71/68	NJW 1969, 240
6. 3. 1969, 8 W 324/68	NJW 1969, 1070
7. 7. 1981, 8 RE Miet 1/81	OLGZ 1981, 467 = NJW 1981, 2365 = 1 in RE Miet
2. 2. 1982, 8 RE Miet 4/81	OLGZ 1982, 255 = NJW 1982, 945 = 2 in RE Miet
26. 2. 1982, 8 RE Miet 5/81	NJW 1982, 1160 = 3 in RE Miet
10. 3. 1982, 8 RE Miet 3/81	NJW 1982, 1294 = 4 in RE Miet
10. 8. 1982, 8 RE Miet 6/81	NJW 1982, 2506 = 5 in RE Miet
20. 8. 1982, 8 RE Miet 7/81	NJW 1982, 2673 = 6 in RE Miet

Oberlandesgericht Zweibrücken

17. 2. 1981, 3 W 191/80	OLGZ 1981, 350 = WuM 1981, 177 = 1 in RE Miet
21. 4. 1981, 3 W 29/81	OLGZ 1981, 347 = NJW 1981, 1622 = 2 in RE Miet
17. 8. 1981, 3 W-RE-66/81	OLGZ 1982, 213 = WuM 1981, 273 = 3 in RE Miet
5. 10. 1981, 3 W-RE-77/81	WuM 1982, 177 (LS) = ZMR 1982, 115 = 4 in RE Miet

Sachregister

Fette Zahlen ohne Zusatz bezeichnen die Paragraphen des BGB. Magere Zahlen und Buchstaben bezeichnen die Randziffern der Kommentierung.